전면적인 종엄치당에는 마침표가 없다

"13.5"국가 중점 출판물 출판계획 프로젝트

시진핑 신시대 중국 특색 사회주의 사상 학습 총서

명예 총괄 편집 | 왕웨이광 王偉光

총괄 편집 | 셰푸잔 謝伏瞻

편집 | 왕징칭 王京淸 차이팡 蔡昉

총괄 기획 | 자오젠잉 趙劍英

시진핑 신시대
중국 특색
사회주의 사상
학습 총서

전면적인 종엄치당에는 마침표가 없다

장잉웨이(張英偉)·궁모우훙(公茂虹) 지음

김선녀(金善女) 왕맹(王萌) 옮김

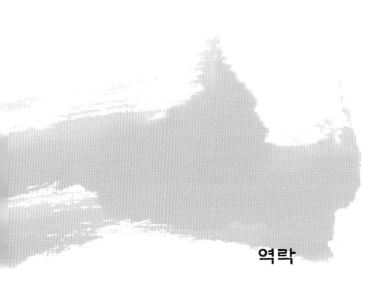

역락

QUAN MIAN CONG YAN ZHI DANG YONG YUAN ZAI LU SHANG

全面從嚴治黨永遠在路上 by 張英偉, 公茂虹

ZHANG YINGWEI and GONG MAOHONG

Copyright © 2019 by China Social Sciences Press

All rights reserved.

Original Chinese edition published by China Social Sciences Press

Korean translation rights © 2021 YOUKRACK PUBLISHING CO.

시대정신의 정수
위대한 실천의 지침

———

셰푸잔(謝伏瞻)[1]

시진핑 총서기는 "마르크스주의는 끊임없이 발전하고 있는 개방적인 이론으로 항상 시대의 선두에 있다"고 지적했다.[2] 시진핑 신시대 중국 특색 사회주의 사상은 시대와 함께 나아가는 마르크스주의의 품격을 더욱 확대·발전시켰을 뿐 아니라 시대의 발전에 순응하고, 시대의 관심에 호응함으로써 '새로운 시대에 어떠한 중국 특색 사회주의를 어떻게 유지·발전시킬 것인가'라는 중대한 시대적 과제에 과학적으로 답을 했으며, 마르크스주의 중국화에서 새로운 비약을 실현했다. 시진핑 신시대 중국 특색 사회주의 사상은 마르크스주의, 중국 특색 사회주의, 국정운영 및

———

1   저자는 중국사회과학원 원장, 당조 서기이자 학부주석단 주석
     직을 맡고 있다.
2   시진핑, 「마르크스 탄생 200주년 기념 대회 연설」(2018년 5월 4
     일), 인민출판사, 2018년판, 9면.

당 통치와 관리에 있어 새로운 지평을 연 현대 중국 마르크스주의이자 21세기 마르크스주의이며, 시대정신의 본질이자 위대한 실천지침이라 할 수 있다.

1. 시대와 인민의 질문에 과학적으로 답을 했다

마르크스는 "문제는 시대의 격언이고, 시대가 스스로의 내면 상태를 가장 실질적으로 나타내는 목소리이다."라고 언급한 바 있다.[3] 시진핑 총서기 역시 "시대에 입각해 특정한 시대적 문제를 해결해야만 시대의 사회 진보를 추진할 수 있고, 시대에 따라 그 시대의 구체적인 목소리에 귀를 기울여야만 사회 조화를 촉진하는 시대의 호각을 불 수 있다"는 심오한 의견을 피력했다.[4] 시진핑 신시대 중국 특색 사회주의 사상은 시대의 질문과 인민의 물음에 과학적으로 답을 했고, 시대와 인민이 제기한 중대한 이론과 현실 문제에 답을 하고 해결하는 가운데 마르크스주의 중국화의 최신 성과를 형성하여 신시대 중국 특색 사회주의의 위대한 승리를 쟁취하는 과학적 지침이 되었다.

---

3 『마르크스엥겔스 전집』, 제1권, 인민출판사, 1995년판, 203면.

4 『지강신어』에 실린 시진핑의 「문제는 시대의 슬로건이다」(2006년 11월 24일), 저장(浙江)인민출판사, 2007년판, 235면.

(1) 현 시대의 본질과 특징을 깊이 분석해 '인류가 어디로 나아가야 하는가'라는 중요한 문제에 과학적으로 답을 했다

시진핑 총서기는 "지금 우리가 처한 시대는 마르크스의 시대에 비해 심오한 변화를 보이고 있지만, 500년 세계 사회주의의 관점에서 보면 우리는 여전히 마르크스가 규정한 역사적 시대에 처해 있다."[5]라고 지적했다. 자본주의의 기본적인 모순에 대한 마르크스와 엥겔스의 분석과 자본주의는 반드시 소멸하고 사회주의가 승리한다는 역사유물론은 구시대적인 관점이 아니다. 이는 마르크스주의에 대한 우리의 굳건한 믿음이고, 사회주의는 반드시 승리한다는 신념에 대한 과학적인 근거이다.

시대의 본질은 바뀌지 않았지만 당대 자본주의는 새로운 특징을 보여주고 있다. 한편으로 자본주의의 생산성 수준은 오늘날에도 여전히 세계에서 앞서가고 있고, 계층 갈등 완화, 자체 조정 및 체제 복구 능력이 여전히 강하며, 위기를 넘기고 극복할 수 있는 능력과 공간을 가지고 세계 경제와 정치 질서에 대해서도 여전히 강한 통제력을 가지고 있다. 반면 현재 자본주의에도 새로운 변화들이 많이 일어나면서 새로운 문제들이 많이 생겼다. 시진핑 총서기가 지적했듯이 "많은 서방 국가 경제의 지속적인 침체, 양극화 및 사회 갈등 심화는 자본주의의 고유한 생산 사회화와 생산 수단의 사적 소유 사이의 갈등이 여전히 존재하지만 그 표현 형태와 특성은 다소 다르다."[6] 현 시대의 본질과 단계별 특성으로 인해 일련의 중대한 세계적인 문제가 나타났다. 세계적으로 빈부 격차가 점점 심각해지고 있고,

---

5   『시진핑, 국정운영을 논하다』, 제2권, 외문출판사, 2017년판, 66면.

6   시진핑, 「철학과 사회과학업무 간담회 연설」(2016년 5월 17일), 인민출판사, 2016년판, 14면.

글로벌 경제 성장의 모멘텀이 심각하게 부족하다. 패권주의와 강권정치가 여전히 존재하고 있고, 지역의 핫 이슈들이 잇달아 발생하고 있으며, 테러, 사이버 안보, 심각한 전염성 질병, 기후변화와 같은 비전통적 안보 위협이 계속 만연해 세계 평화와 발전에 위협이 되고 있다. 이와 함께 세계 다극화, 경제 글로벌화, 사회 정보화와 문화적 다양성이 더욱 발전함에 따라 패권주의와 강권정치에 반대하는 평화세력이 빠르게 발전했으며, 세계 거버넌스 체계와 국제 질서의 변혁이 가속화되고 있다. 비합리적인 세계 경제 정치 질서가 지속되기는 어려워지면서 인류 사회는 대변혁과 발전 및 중요한 조정의 시기로 들어서며 '백 년에 한 번 있을까 말까 한 미증유의 대변혁'에 직면하게 된다. 새로운 시대적 조건에서 인류가 직면한 중대한 글로벌 도전에 어떻게 대처하고, 인류를 어두운 전망을 가진 미래가 아닌 밝은 미래로 어떻게 이끌어 가야 하는가라는 중대한 문제에 대해 과학적으로 답을 해야 한다. 이는 '인류가 어디로 나아가야 하는가'와 관련된 중요한 시대적 과제이다. 시진핑 총서기는 전 인류의 입장에 서서 이 중요한 질문에 과학적으로 답을 하고, 새로운 사상과 새로운 관점을 제시하며, 인류 사회의 발전 법칙에 대한 이해를 심화시키고, '세상에 어떤 문제가 있고, 우리가 어떻게 해야 하는가'라는 해결이 시급한 현실적인 문제에 대하여 구체적인 답을 내놓았다.

(2) 세계 사회주의 운동의 새로운 상황과 특징에 대한 분석을 통해 '사회주의가 어디로 나아가야 하는가'에 대한 중대한 문제에 과학적으로 답을 했다

시진핑 총서기는 다음과 같은 깊이 있는 관점을 내놓았다. "사회주의는 처음 등장한 후 현재에 이르기까지 500여 년의 역사를 가지고 있다. 공상에서 과학으로, 이론에서 실천으로, 한 나라에서 여러 나라로의 발전을 이룩했다". 특히 10월혁명의 위대한 승리는 과학적 사회주의를 이론에서 실천으로, 이상에서 현실로 이끌어 인류 역사 발전의 신기원을 열었다. 제2차 세계대전 이후 많은 사회주의 국가들이 나타났으며, 세계 사회주의 운동이 왕성하게 발전했다. 그러나 1980년대 말 90년대 초 소련과 동유럽에 급격한 변화가 발생하면서 세계 사회주의 운동은 심각한 좌절을 맛보며 침체에 빠졌다.

21세기 들어 서구 자본주의 국가들이 심각한 위기를 겪으면서 세계에서의 영향력이 계속 감소했다. 반면, 중국 특색 사회주의는 눈부신 성과를 거두었고, 다른 국가와 지역의 사회주의 운동과 진보 역량들도 다소 발전했다. 하지만, 당분간 두 시스템이 협력하고 경쟁하는 상황은 오랫동안 존재할 것이기 때문에 세계 사회주의 발전은 여전히 갈 길이 멀다. 이런 배경과 조건에서 세계 사회주의 운동이 수렁에서 벗어나 발전하고 활성화할 수 있을 것인지, '서양은 지고 동양이 떠오르고', 사회주의가 약화되고 자본주의가 강세를 띠는 전반적인 상황을 바꿀 수 있을 것인가에 대한 중대한 질문에 반드시 답을 해야 한다. 이는 '사회주의가 어디로 나아가야 하는가'와 관련된 중대한 문제이기 때문이다. 시진핑 총서기는 역사와 현실 그리고 미래에 대한 철저한 이해를 통해 이러한 중대한 질문에 과학적으로 답하고, 사회주의 발전 법칙에 대한 이해를 심화시켰으며, 과학적 사회주의 발전을 강화했다. 신시대 중국 특색 사회주의의 발전은 세계 사회주의의 새로운 발전을 이끄는 기치이자 중요한 기둥이 되었다.

(3) 당대 중국의 새로운 역사적 위치와 새로운 문제에 대한 심층 분석을 통해 '중국이 어디로 나아가야 하는가'라는 문제에 과학적으로 답을 했다

세계 사회주의 운동이 심각한 도전에 직면하고, 침체된 상황에서 중국은 중국 특색 사회주의 노선을 따라 흔들림없이 개척해 나가면서 오랜 노력 끝에 경제, 과학기술, 국방 등 분야에서 세계 선두로 올라서며 국제적 위상을 드높이는 새로운 모습으로 세계 민족의 숲에 우뚝 서게 되었다. 중국 특색 사회주의가 신시대에 들어선 것은 '중화인민공화국 발전사와 중화민족 발전사에서 중요한 의미를 가지고, 세계 사회주의 발전 및 인류사회의 발전 역사에서도 큰 의의를 가진다'.[7]

중국 특색 사회주의는 새로운 시대로 접어 들었고, 중국은 점점 더 세계무대의 중심에 다가가고 있으며 그 영향력과 호소력 및 지도력이 끊임없이 향상되어 마르크스주의와 사회주의를 믿는 사람들이 많아지고 있다. 이렇게 두 사회제도의 세력 균형 또한 마르크스주의와 사회주의에 유리한 방향으로 심오한 변화가 일고 있다. 때문에 서구 자본주의 국가들이 중국에 대한 침투와 공격을 계속 늘리고 있으며, 중국 내 '화평연변(Peaceful Evolution)'[8]과 '색깔혁명'[9]과 같은 위험도 끊임없이 커지고 있다. 따라서 새로운 시대에 어떻게 새로운 역사적 특징을 갖는 위대한 투쟁을 전개할지,

---

7 시진핑, 「샤오캉사회 전면실현의 결정적인 승리를 이룩하고 신시대 중국 특색 사회주의의 위대한 승리를 거두자-중국공산당 제19차 전국대표대회(이하 19차 당대회라고 약칭함) 보고」(2017년 10월 18일), 인민출판사, 2017년판, 12면.

8 옮긴이 주: 서방 국가들이 비폭력적 수단과 방법으로 변화를 유도하여 사회주의국가를 와해시키는 전략.

9 옮긴이 주: 비폭력 형식으로 정권교체를 실현하는 사회운동.

새로운 시대에서 나타날 수 있는 국내의 주요 사회 갈등을 어떻게 잘 해결할지, 국제적으로 국가 안보와 주권 그리고 발전 이익을 어떻게 수호하고, 새로운 시대 중국 특색 사회주의의 승리를 쟁취해 중화민족의 위대한 부흥을 실현할지와 같은 문제에 대해 과학적인 사고로 답을 해야 할 필요가 있다. 이는 '중국이 어디로 나아가야 하는가'와 직결된 중대한 문제이다. 시진핑 총서기는 새로운 역사적 입장을 바탕으로 과학적으로 이 중요한 질문에 답을 함으로써 중국 특색 사회주의 건설 법칙에 대한 인식을 심화시켰다. 아울러 이는 마르크스주의 중국화의 역사적 진전에 있어서 이정표적 의미를 갖는다.

(4) 새로운 시대 중국공산당이 직면한 리스크와 도전을 깊이 분석해 '중국공산당이 어디로 나아가야 하는가'라는 중대한 문제에 과학적으로 답을 했다

중국공산당은 중국 노동자계급의 선구자이자 중화민족과 중국 인민의 선봉대로써 위대한 자아혁명과 사회혁명을 끊임없이 추진해왔다. 중화민족은 일떠서고 부유해지고 강해지기까지의 위대한 비약을 했고, 중화민족의 위대한 부흥이라는 밝은 미래를 맞이하였다. 그러나 장기집권과 개혁개방이 지속적으로 심화되고, 외부 환경이 복잡하게 변화하고 있는 새로운 역사 여건 속에서 당에도 큰 변화가 일어났다. 장기집권, 개혁개방, 시장경제 및 외부환경으로부터의 '4가지 시련'은 오랫동안 복잡하게 변했고, 해이한 정신, 능력부족, 민심이반, 부패만연과 같은 '4가지 위험'이 극심해졌다. "우리 당은 복잡한 집권 환경에 직면해있다. 뿐만 아니라 당의 진보성에 영향을 주고 당의 순수성을 약화시키는 요소들도 복잡하게 얽혀 있으며, 당내 존재하는 불순한 사상과 조직, 불순한 작태와 같은 두드러진 문제들이 아직 해결되지 않고 있다"[10]고 지적한 시진핑 총서기의 말처럼 중국 공산당이 전대미문의 시련과 위험을 견디고 자신의 진보성과 순수성을 항상 유지할 수 있는지, 시대의 최전선에서 인민의 중추로써 항상 강한 지도 핵심 역량이 될 수 있는지 여부와 관련된 중요한 문제에 대해 과학적으로 답을 해야 한다. 이는 '중국 공산당이 어디로 나아가야 하는가'와 관련된 중요한 문제이다. 도전과 위험을 충분히 감당할 용기를 가진 시진핑 총서기는 이 중요한 질문에 과학적으로 대답하고, 공산당 집권법칙에 대한 이해의 깊이를 더함으로써 마르크스주의 집권당 건설을 새로운 차원으로 추진했다.

요컨대 인류가 어디로 나아가고, 사회주의가 어디로 나아가며, 당대 중국이 어디로 나아가고, 중국공산당이 어디로 나아가야하는지와 같은 시대적 질문과 인민의 질문, 이러한 중대한 이론과 현실적인 문제가 하나로 집중된 것이 바로 시대의 중요한 과제인 '새로운 시대에 어떠한 중국 특색 사회주의를 어떻게 견지하고 발전시킬 것인가'라는 문제이다. 시진핑 동지를 대표로 하는 중국공산당은 이론과 실천의 결합을 통해 이러한 중요한 시대적 과제에 대해 체계적으로 답하면서 시진핑 신시대 중국 특색 사회주의 사상을 창안했다. 이러한 마르크스주의 중국화의 최신 성과는 중국의 것일 뿐 아니라 세계의 것이며, 중국 인민의 행동 지침이자 전 인류의 사상적 공동 자산이다.

---

10   시진핑, 「샤오캉사회 전면실현의 결정적인 승리를 이룩하고 신시대 중국 특색 사회주의의 위대한 승리를 거두자-19차 당대회 보고」(2017년 10월 18일), 인민출판사, 2017년판, 61면.

2. 풍부한 이념적 의미, 엄격한 이론적 체계

시진핑 신시대 중국 특색 사회주의 사상은 이념적 의미가 풍부하고, 개혁, 발전, 안정, 내정, 외교, 국방, 당과 국가 관리 및 군 관리와 같은 모든 분야를 총망라한 체계가 완전하고 논리적으로 치밀하고 상호 연계된 사상 이론 체계를 구축했다.

(1) 신시대 중국 특색 사회주의의 고수와 발전은 시진핑 신시대 중국 특색 사회주의 사상의 핵심 요지이다

중국 특색 사회주의는 우리 당이 중국의 현실과 긴밀하게 연계하고, 심층적인 탐구와 혁신을 통해 거둔 근본적인 성과이자, 개혁개방 이후 당의 모든 이론과 실천의 주제이다. 중화인민공화국 수립 후, 마오쩌둥(毛澤東) 동지를 중심으로 한 1세대 중앙 지도부는 당 전체와 인민의 단합을 이끌며 중국 정세에 적합한 사회주의 건설의 길을 모색하기 시작했다. 개혁개방 이후, 덩샤오핑(鄧小平) 동지를 핵심으로 한 2세대 중앙 지도부, 장쩌민(江澤民) 동지를 위시한 3세대 중앙 지도부, 후진타오(胡錦濤) 동지가 총서기로 있을 당시의 당 중앙은 중국 특색 사회주의 견지와 발전이라는 주제를 중심으로 '사회주의가 무엇이며 어떻게 사회주의를 건설할 것인가', '어떤 당을 어떻게 건설할 것인가', '어떤 발전을 어떻게 이룰 것인가'와 같은 중대한 문제를 깊이 분석하고, 과학적으로 답을 하고 중국 특색 사회주의 건설에 대한 인식을 끊임없이 심화시켜 덩샤오핑 이론, '3개 대표론[三個代表]'[11]

---

11 옮긴이 주: 선진 생산력(자본가), 선진문화 발전(지식인), 광대한 인민(노동자·농민)의 근본 이익을 대표해야 한다는 이론.

이라는 중요한 사상과 과학발전관을 확립함으로써 중국 특색 사회주의 이론 체계를 끊임없이 풍부하게 만들었다.

18차 당대회 이후 시진핑 동지를 핵심으로 한 당중앙은 일관되게 이 주제를 고수하고, 새로운 시대적 여건과 새로운 실천 요구를 긴밀하게 결합하여 새로운 비전을 가지고 '새로운 시대에 어떠한 중국 특색 사회주의를 어떻게 고수하고 발전시켜야 하는가'라는 중요한 시대적 과제를 둘러싸고 과학적으로 답을 하여 시진핑 신시대 중국 특색 사회주의 사상을 창시함으로써 신시대 중국 특색 사회주의의 본질적인 특징, 발전 법칙과 건설 경로를 심도 있게 명시하고 신시대에 중국 특색 사회주의를 고수하고 발전시키기 위한 과학적인 지침과 기본적인 준수사항을 제시했다.

(2) '명확하게 해야 하는 8가지[八個明確]"[12]는 시진핑의 신시대 중국 특색 사회주의 사상의 주요 내용이다

시진핑 총서기는 마르크스주의의 기본 원리와 당대 중국의 구체적

---

12 옮긴이 주: ①사회주의 현대화와 중화민족의 위대한 부흥을 실현하기 위해 중국 특색 사회주의를 고수하고 발전시키는 것을 명확하게 한다. ②새로운 시대의 중국 사회의 주요 갈등은 아름다운 생활에 대한 늘어나는 인민들의 수요와 불균형하고 충분치 못한 발전 사이의 갈등임을 명확하게 한다. ③중국 특색 사회주의는 '오위일체'를 일반적인 배치로 삼고, '4가지 전면'을 전략적 배치로 삼을 것을 명확하게 한다. ④전면적인 개혁 심화의 목표는 개발도상국의 사회주의 제도를 완비하고 발전시키고, 국정 운영 체계와 운영 능력의 현대화를 추진하는 것임을 명확하게 한다. ⑤법치 추진의 목표는 중국 특색 사회주의 법치 체계와 사회주의 법치국가를 건설하는 것임을 명확하게 한다. ⑥새로운 시대 강군에 대한 당의 목표는 당의 지휘에 따라 싸움에서 승리하고, 우수한 기풍의 인민군대를 건설해 세계 최고 군대로 만드는 것임을 명확하게 한다. ⑦중국 특색의 대국 외교가 새로운 국제관계와 인류 운명공동체 구축을 추진하는 것임을 명확하게 한다. ⑧중국공산당 지도가 중국 특색 사회주의의 가장 중요한 특징을 명확하게 한다.

실천을 창의적으로 통합하여 새로운 시대에 중국 특색 사회주의를 고수하고 발전시키기 위한 일반 목표와 임무, 전반적인 배치와 전략적 포석 및 발전 방향, 발전 방식, 발전 동력, 전략적 절차, 외부조건, 정치적 보장과 같은 일련의 기본적인 문제를 체계적으로 구체화했다. 아울러 '명확하게 해야 하는 8가지'를 상세하게 요약함으로써 시진핑 신시대 중국 특색 사회주의 사상의 주요 내용을 구성했다. 첫 번째, 국가 발전의 관점에서 중국 특색 사회주의를 유지하고 발전시키는 전반적인 목표와 과제 및 전략적 단계를 분명하게 했다. 두 번째, 인간과 사회 발전의 관점에서 새로운 시대 중국 사회의 주요 모순을 분명히 하고 해결함으로써 사람의 전면적인 발전과 모두가 함께 부유해질 수 있는 사회적 이상을 명확하게 했다. 세 번째, 총체적인 배치와 전략적 포석의 관점에서 새로운 시대 중국 특색 사회주의 사업의 발전 방향과 정신 상태를 명확하게 했다. 네 번째에서 일곱 번째까지는 개혁, 법치, 군대, 외교 분야로 각각 나누어 새로운 시대 중국 특색 사회주의 고수와 발전을 위한 개혁의 모멘텀, 법치 보장, 군사 안보 보장 및 외부 환경 보장 등을 명확하게 했다. 여덟번째, 가장 본질적인 특징과 최대의 장점, 최고 정치 지도력의 관점에서 새로운 시대에 중국 특색 사회주의를 유지하고 발전시키기 위한 근본적인 정치적 보장을 명확하게 했다.

'명확하게 해야 하는 8가지'는 새로운 시대에 중국 특색 사회주의를 고수하고 발전시키기 위한 가장 핵심적이고 중요한 이론과 함께 실천 문제를 포함하고 있다. 즉, 중국 특색 사회주의의 가장 본질적인 특성뿐 아니라 당과 국가의 앞날과 운명을 결정하는 근본적인 힘을 포함한다. 중국이 시대를 따라 잡기 위한 법보와 함께 중국의 모든 문제를 해결할 수 있는 기반과 열쇠도 포함되어 있다. 사회주의 정치 발전의 필연적인 요구뿐 아니라 중국 특색 사회주의의 본질적인 요구와 중요한 보장도 담겨있다. 국가와 민족 발전을 위한 깊이 있고 근본적이며 지속적인 힘과 공동 발전이라는 근본적인 목적도 포함하고 있다. 중화민족의 영속적인 발전을 위한 천년대계뿐 아니라 우리 당의 국정운영에 대한 중요한 원칙도 포함되어 있다. '두 개 100년' 분투목표 실현을 위한 전략적 지지와 함께 중화민족의 위대한 부흥 실현을 위한 필연적인 요구사항도 포함하고 있다. 중국몽(中國夢) 실현을 위한 국제환경과 안정적인 국제 질서를 포함하고, 우리 당의 가장 뚜렷한 품격이 담겨 있다. 이런 내용들은 논리적인 단계성을 갖추고, 내용적으로 상호보완을 이루어 시진핑 신시대 중국 특색 사회주의 사상의 체계성, 과학성, 혁신력을 중점적으로 보여주었다.

(3) '견지해야 하는 14가지[十四個堅持]'는 새로운 시대에서 중국 특색 사회주의를 고수하고 발전시키기 위한 기본 방략이다

'견지해야 하는 14가지'는 시진핑 신시대 중국 특색 사회주의사상의 중요한 구성 부분으로 신시대 중국 특색 사회주의를 고수하고 발전시키기 위한 기본적인 방략이다. 주요 내용은 다음과 같다. 모든 일에 대한 당의 지도력, 인민 중심의 입장, 전면적인 개혁 심화, 새로운 발전 이념, 인민의 주인 역할, 전면적인 법치, 사회주의 핵심 가치 체계, 발전 중 민생 보장과 개선, 인간과 자연의 조화로운 공존, 전반적인 국가 안보관, 인민군에 대한 당의 절대적인 지도력, '일국양제(一國兩制)'와 조국 통일 추진, 인류 운명공동체 구축 추진, 전면적인 종엄치당 등을 견지해야 한다.

'견지해야 하는 14가지'의 기본 방략은 전방위적 발전 요구를 포함

전면적인 종엄치당에는 마침표가 없다

한 중국 특색 사회주의 실천 요구를 바탕으로 공산당 집권 법칙, 사회주의 건설 법칙, 인류사회의 발전 법칙에 대한 이해를 심화시켰다. 모든 업무에 대한 당의 지도를 견지하고, 전면적인 종엄치당의 최고의 중요성을 구현하면서 중국공산당이 현재 중국의 최고 정치 지도 역량이라는 것을 단단히 틀어쥐고 각별히 초점을 맞추었다는 것을 보여주었다. 인민 중심의 기본 입장을 고수하고 전면적인 개혁 심화를 견지하는 기본 방법을 충분히 구현했다. 중국 특색 사회주의 '오위일체'라는 전반적인 포석과 '4가지 전면'이라는 전략적 배치의 기본 요구를 포함하고, 핵심적이고 특수한 분야에서의 기본적인 요구를 강조했다. 즉, 전반적인 국가 안보관의 견지를 통해 국가 안보 분야의 기본적인 요구를 구현했다. 인민군에 대한 당의 절대적인 리더십 견지를 통해 군대와 국방 건설 분야에서의 기본적인 요구를 구현했다. '일국양제'의 견지와 조국 통일 추진을 통해 홍콩, 마카오, 타이완 업무에 대한 기본 요구 사항을 구현했다. 인류 운명공동체 구축 추진에 대한 견지를 통해 외교 업무 분야의 기본적인 요구사항을 구현했다. 전반적으로 '견지해야 하는 14가지'라는 기본 방략은 행동 강령과 중요한 대책 조치의 측면에서 볼 때, 경제, 정치, 법치, 과학기술, 문화, 교육, 민생, 민족, 종교, 사회, 생태문명, 국가안보, 국방과 군대, '일국양제'와 조국 통일, 통일 전선, 외교, 당 건설 등 모든 분야에 걸쳐 과학적으로 답을 하고, 전략적인 배치를 하여 실천성과 운영성을 가진 근본적인 요구를 이루었다. 이는 '두 개 100년' 분투목표와 중화민족의 위대한 부흥인 중국몽 실현을 위한 '로드맵'과 '방법론'이고 과학적인 행동 강령과 실천지침이다.

(4) 시진핑 신시대 중국 특색 사회주의 사상은 엄격한 이론 체계이다

시진핑 신시대 중국 특색 사회주의 사상은 마르크스주의의 기본 입장과 관점 및 방법을 고수하며 중국 특색 사회주의의 생생한 실천에 뿌리를 두고 있다. 시대적 과제에 초점을 맞추고, 시대를 위한 청사진을 그리며, 시대의 악장을 연주함으로써 체계가 완벽하고 논리가 치밀하고 내재적으로 통일된 과학적 이론 체계를 구축했다. 시진핑 신시대 중국 특색 사회주의사상은 인민의 입장과 과학적인 논리가 뚜렷하고, 풍부한 사고와 함께 이행 방법들을 담고 있다. 아울러 마르크스주의를 견지하고 발전시키는 변증법적 통일을 구현하고 사물 발전의 객관적 법칙성을 파악하고 인간의 주관적 능동성을 발휘하는 변증법적인 통일을 구현했으며, 중국 국정에 입각하는 것과 세계 발전 대세를 파악하는 것과의 변증법적인 통일을 보여줌으로써 마르크스주의 발전의 새로운 장을 열었다.

풍부한 내용을 담고 있는 시진핑 신시대 중국 특색 사회주의 사상은 과학적인 이론 지침이자 근본적인 행동 강령이다. '명확히 해야 하는 8가지'는 새로운 시대에 어떠한 중국 특색 사회주의를 고수하고 발전시켜 나갈 것인가에 대한 문제에 초점을 맞추어 신시대 중국 특색 사회주의 발전에서의 생산력과 생산 관계, 경제 기초와 상부 구조, 발전 목표와 실천 프로세스 등의 변증법적 관계를 과학적으로 설명했고, 경제건설, 정치건설, 문화건설, 사회건설, 생태문명 건설 및 국방, 외교, 당 건설의 각 분야를 망라한 것으로 이 과학 이론체계 구축을 위한 기본 골자라 할 수 있다. '견지해야 하는 14가지'는 새로운 시대에 중국 특색 사회주의를 어떻게 유지하고 발전시킬 것인가에 대한 문제에 편중하고, 새로운 시대의 실천 요구에 따라 리더십, 발전 사상과 근본 경로, 발전이념과 정치제도, 국정운영, 사상문화, 사회민생, 녹색발전, 국가 안보, 군대 건설, 조국통일, 국제관계, 당 건설 등 분야에 대해 이론적 분석의 깊이를 더하고, 정책적 지도를 명확하게 했다. 이는 시진핑 신시대 중국 특색 사회주의 사상의 이론적 정수와 핵심 요지를 구체적으로 펼친 것으로써 당의 기본 이론 및 노선과 함께 당과 인민사업 발전에서 근본적으로 따라야 하는 사항이다.

한마디로 시진핑 신시대 중국 특색 사회주의 사상은 역사와 현실, 미래를 관통하고, 중국 땅에 뿌리를 내리고, 인민의 염원을 반영하고 시대의 진보와 발전 요구에 부응하는 과학 이론 체계이다. '현실에 입각한 실사구시'를 견지하고, '문제 지향적 원칙'을 고수하며, '시대의 목소리'에 귀를 기울이고, 우리가 지금 하고 있는 일을 중심으로 인민이 가장 관심을 가지는 직접적이고 현실적인 이익 문제 해결에 주안점을 두고, 중국 특색 사회주의의 대업을 순조롭게 추진했다. 항상 당과 국가사업의 장기적인 발전에 맞춰 전면적인 샤오캉사회 건설에서 기본적인 현대화 실현을 거쳐 전면적인 사회주의 현대화 강국을 건설하는 전략적 포석을 이루었고, 중화민족의 위대한 부흥인 중국몽을 실현하기 위한 가장 강한 목소리를 냈다.

3. 마르크스주의 발전에 독창적인 공헌을 했다

시진핑 총서기는 "신중국 창건 이후, 특히 개혁개방 이후 중국에는 심각한 변화가 일어났다. 이러한 거대한 역사 변화속에서 중국인은 그 속에 내포되어 있는 역사 경험과 발전 법칙을 더 잘 보여줄 수 있는 능력과 자격을 갖추었고, 중국은 마르크스주의 발전을 위해 독창적인 기여를 했다"[13]고 지적했다. 시진핑 신시대 중국 특색 사회주의 사상은 마르스크주의를 혁신적으로 발전시킨 모델이다. 마르크스주의 철학, 정치경제학, 과학적 사회주의에 대한 철저한 이해를 통해 마르크스주의의 기본 원리와 당대 중국의 구체적 현실과의 유기적인 결합을 구현했고, 우수한 중화 전통문화와 인류문명의 성과에 대한 계승과 발전을 보여주었으며, 마르크스주의에 실천적, 이론적, 민족적, 시대적 특성을 부여했다. 이는 당대 중국 마르크스주의와 21세기 마르크스주의이며 마르크스주의의 융성한 발전을 위해 중국은 독창적인 공헌을 했다.

(1) 변증법적 유물론과 역사유물론에 새로운 의미를 부여했다

시진핑 총서기는 "변증법적 유물론과 역사유물론은 마르크스주의의 세계관이고 방법론이며, 모든 마르크스주의 이론의 초석이다. 마르크스 철학은 공산주의의 비장의 무기이다. 마르크스주의의 철학적 지혜의 자양분을 끊임없이 받아들여야 한다"고 강조했다.[14] 시진핑 신시대 중국 특색 사회주의 사상은 변증법적 유물론과 역사유물론을 당과 국가의 모든 업무에 창조적으로 운용함으로써 마르크스주의 철학을 풍부히 하고 발전시켰다. 예를 들어 시진핑 총서기는 인류 사회 발전 법칙과 관련한 사상을 배우고 실천해야 한다고 강조하고, 공산주의의 원대한 이상과 신념이 공산당원들의 정치적 영혼이자 정신적 지주이고, 공산주의의 실현은 단계적 목표를 하나하나 이루는 역사적 과정이며 "지금 우리의 노력과 미래 세대의

---

13 『시진핑, 국정운영을 논하다』, 제2권, 외문출판사, 2017년판, 66면.
14 시진핑, 「변증법적 유물론은 중국공산당의 세계관이자 방법론이다」, 구시, 2019년 제1기.

지속적인 노력은 모두 공산주의 실현이라는 위대한 목표를 향해 나아간다",[15] 공산주의의 원대한 이상을 중국 특색 사회주의의 공통된 이상과 통합시키고, 우리가 하고 있는 일과 통일시켜야 한다고 제기했다. 인민의 입장을 고수하는 것과 관련한 사상을 배우고 실천해야 한다고 강조하고, 항상 인민의 입장을 근본 입장으로 삼고, 인민을 위한 행복 도모를 근본 사명으로 삼아 성심성의껏 인민을 섬기는 근본 취지를 유지하고, 대중 노선을 관철하고, 인민의 주체 지위와 개척 정신을 존중하고, 항상 인민들과 깊은 연대 관계를 유지하고, 일치단결하는 위대한 힘을 모으고, 인민을 이끌고 단합시켜 역사적 위업을 창조하고, 사람과 사회의 포괄적인 발전과 진보를 끊임없이 추진해야 한다고 제기했다. 생산력과 생산관계와 관련한 사상을 배우고 실천해야 한다고 강조하고, 사회 진보를 추진하는 가장 활동적이고 혁명적인 요소는 생산력이고, 사회주의의 근본적인 임무는 생산력을 해방하고 발전시키는 것이기 때문에 발전을 최우선으로 두고, 생산관계 조정을 통해 사회 생산력 발전을 위한 활력을 자극하고, 상부구조를 완비함으로써 경제기초 발전의 요구를 만족시켜 중국 특색 사회주의가 보다 규칙적으로 발전해 나갈 수 있도록 해야 한다고 제기했다. 새로운 시대 중국 사회의 주요 갈등은 날로 증가하는 더 나은 삶에 대한 인민들의 수요와 불균형하고 불충분한 발전 사이의 모순임을 밝혔다. 사회 모순 운동 이론의 적용을 강조하고, 유물변증법의 기본 방법을 배우고 숙지하고, 마르크스주의 방법론을 풍부하게 만들고 발전시켜야 한다고 강조하고, 전략적

---

15   『18대 이후 중요 문헌 선집』(상)에 실린 시진핑 「중국 특색 사회주의를 견지하고 발전시키는데 대한 몇 가지 문제」(2013년 1월 5일), 중앙문헌출판사, 2014년판, 115면.

사고와 역사적 사고, 변증적 사고와 혁신적 사고, 법적 사고력과 마지노선 사유[16]의 능력을 강화했다. 이러한 새로운 사상과 관점, 새로운 방법은 새로운 시대의 여건에서 변증법적 유물론과 역사유물론의 기본 원리와 방법론에 새로운 시대적 의미를 부여함으로써 마르크스주의 철학의 실천적 품격을 빛내고, 마르크스주의 철학의 창조적 운용을 새로운 경지로 끌어올렸을 뿐 아니라, 중국 인민이 세계를 이해하고 변화시키는데 강한 정신적인 힘을 제공하고, 세계를 변화시키는 진리의 위대한 힘을 발휘시켰다.

(2) 마르크스주의 정치 경제학의 새로운 장을 열었다

시진핑 총서기는 "마르크스주의 정치경제학의 기본 원리와 방법론을 잘 배우면 과학적인 경제 분석 방법을 익히고 경제 운영 과정을 이해하고, 경제와 사회의 발전 법칙을 파악하고 사회주의 시장 경제를 제어하는 능력을 향상하고, 중국 경제 발전의 이론과 실천 문제에 답하는데 도움이 된다"고 지적했다.[17] 시진핑 총서기는 중국 국정과 발전 관행을 바탕으로 세계와 중국 경제가 직면한 새로운 상황과 문제에 대한 심층적인 연구를 통해 마르크스주의 정치경제학의 기본 원리를 새로운 시대 중국 경제 및 사회 발전 현실과 결합하여 중국 경제 발전을 위한 실천의 규칙적인 성과를 다듬고 요약했으며, 실천 경험을 체계화된 경제학 이론으로 승화시켜 시진핑 신시대 중국 특색 사회주의 경제 사상을 이루었다. 예를 들어 발

---

16   옮긴이 주: 최악을 상정하고 준비하여 최고의 결과를 얻어내자는 사고방식.

17   시진핑, 『전면적인 개혁 심화 견지를 논하다』에 실린 「시진핑, 당대 중국 마르크스주의 정치경제학의 새로운 경지를 끊임없이 열자」(2015년 11월 23일), 중앙문헌출판사, 2018년판, 187면.

전은 인민을 위한 것이라는 마르크스주의 정치경제학의 기본 입장을 견지하고, 인민 중심의 발전 사상을 고수하고 모두가 잘 사는 공동 번영의 길을 향해 변함없이 나아가고, 전 인민이 함께 누리고, 포괄적으로 공유하며, 함께 만들고 공유하고, 점진적으로 공유하는 것을 추진함으로써 전 인민의 공동 번영을 실현할 것을 제기하여 사회주의 생산 본질과 목적에 관한 마르스크주의 이론을 발전시켰다. 중국 경제와 사회 발전의 법칙에 대한 우리 당의 이해가 깊어졌음을 반영하는 혁신, 조정, 녹색, 개방, 공유의 새로운 발전 개념을 창의적으로 제시하고 실천하여 마르크스주의 발전관을 혁신했다. 중국 사회주의의 기본적인 경제제도와 분배제도를 유지하고 보완하고, 공유제 경제를 확고하게 다지고 발전시키고, 비공유제 경제의 발전을 적극적으로 장려하고 지원하고 유도하고, 노동에 따른 분배를 주체로 여러 분배 방식이 병존하는 분배제도를 완비하고, 이를 통해 개혁 발전의 성과를 모든 인민들에게 공평하게 돌아가게 만들고, 효율성과 공정성의 유기적인 통일을 실현할 것을 제기함으로써 마르크스주의 소유제이론과 분배이론을 발전시켰다. 사회주의 시장경제 체제 완비를 통해 자원 분배에서 시장이 결정적 역할을 하도록 하고, 정부의 역할이 더욱 잘 발휘될 수 있도록 함으로써 중국 특색 사회주의 건설 법칙에 대한 우리 당의 인식에 혁신적인 진전을 가져오고, 사회주의 시장경제 발전이 새로운 단계로 진입했음을 상징적으로 보여주었다. 고속 성장 단계에서 질적 발전 단계로 전환하는 중국 경제의 중대한 변화에 착안하여 경제발전의 뉴노멀에 능동적으로 적응을 하고, 파악하고 이를 이끌고, 품질제일, 효율과 이익 우선을 위해 공급측 구조 개혁을 메인으로 경제 발전의 질적·효율적 변혁과 함께 원동력의 변혁을 추진하고, 현대화 경제체계를 구축하여 사회주의 경제 건설 이론을 발전시켰다. 전면적인 샤오캉사회 실현과 중화민족의 위대한 부흥인 중국몽 실현을 위한 전략적 측면에서 빈곤퇴치 난관돌파를 국정운영에서 중요한 위치에 두고, 정확한 빈곤구제와 정확한 빈곤퇴치와 같은 중요한 사상을 내놓아 중국이 추진한 빈곤감소 사업은 큰 성과를 거두고 세계 빈곤 감소에 중대한 공헌을 했다. 대외개방의 기본 국가 정책을 유지하면서 더 고차원적인 개방형 경제를 발전시키고, 적극적인 글로벌 경제 거버넌스 참여와 함께 '일대일로' 건설 추진을 제기하여 사회주의 대외개방 이론을 심화시켰다. 이러한 일련의 새로운 사상과 이념, 새로운 논단은 마르크스주의 정치경제학의 기본 원리와 방법론을 창조적으로 발전시키고 유지함으로써 중국 특색 사회주의 정치경제학의 학술 체계, 담론 체계, 방법론 체계에 대한 혁신적인 발전을 실현했다. 아울러 당대 중국 사회주의 정치경제학, 21세기 마르크스주의 정치경제학의 새로운 장을 펼쳤을 뿐 아니라 국제경제학 분야에서 교조적인 서구 경제학 이론과 개념, 방법과 담론을 깨뜨려 마르크스사회주의 정치 경제학 발전에 큰 기여를 했다.

(3) 과학적 사회주의의 새로운 경지를 열었다

시진핑 총서기는 "과학적 사회주의의 기본원칙을 잃어버려서는 안된다. 잃어버린다면 사회주의가 아니다"[18]라고 지적했다. 과학적 사회주의에 대한 이론적 사고와 경험에 대한 요약, 중국 특색 사회주의 견지와 발전에 대한 책임과 탐구는 시진핑 신시대 중국 특색 사회주의 사상이 형성되

18　『18차 당대회 이후 중요 문헌 선집』(상)에 실린 시진핑 「중국 특색 사회주의를 견지하고 발전시키는데 대한 몇 가지 문제」(2013년 1월 5일), 중앙문헌출판사, 2014년판, 109면.

고 발전하는 모든 과정에서 나타났다. 시진핑 신시대 중국 특색 사회주의 사상은 과학적 사회주의의 기본원칙에 입각해 이론과 실천, 제도와 문화를 비롯한 각 분야의 혁신을 추진하고, 과학적 사회주의에 관한 일련의 새로운 사상을 제시했다. 예를 들어 과학적 사회주의의 기본원칙을 중국의 구체적인 현실, 역사와 문화 전통, 시대적 요구와 결합해 '중국 특색 사회주의는 그 어떤 다른 주의가 아닌 사회주의이다'[19]를 제시했는데, 이는 과학적 사회주의 이론 논리와 중국 사회 발전과 역사 논리와의 변증법적인 통일이고, 중국에 뿌리를 두고, 중국 인민의 염원을 반영하며, 중국과 시대의 발전진보 요구에 부응하는 과학적 사회주의이다. 중국 특색 사회주의 사업의 총체적 배치는 '오위일체'이고, 전략적 배치는 '4가지 전면'임을 확인하고, 확고한 '4가지 자신감[四個自信]'[20]을 강조하고 전면적인 개혁 심화가 중국 특색 사회주의를 유지하고 발전시키는 근본적인 원동력임을 확인한 것은 사회주의의 포괄적 발전에 관한 마르크스주의 인식을 풍부히 하고 발전시켰다. 과학적 사회주의의 기본원리를 적용해 당대 중국의 실질적 문제를 해결하고 중국 특색 사회주가 새로운 시대에 들어섬과 동시에 사회주의 현대화 강국을 건설할 데 관한 사상을 창조적으로 제시하여 사회주의 발전단계 이론을 풍부히 하고 발전시켰다. 중국 특색 사회주의 제도 유지와 보완, 지속적인 국가 통치 체계와 통치 능력의 현대화 추진에 관한 사상을 창조적으로 제시함으로써 국가 통치 체계와 통치 능력 현대

---

19 『18차 당대회 이후 중요 문헌 선집』(上)에 실린 시진핑, 「중국 특색 사회주의를 견지하고 발전시키는데 대한 몇가지 문제」(2013년 1월 5일), 중앙문헌출판사, 2014년판, 109면.

20 옮긴이 주: 노선 자신감(道路自信), 이론 자신감(理论自信), 제도 자신감(制度自信), 문화 자신감(文化自信).

화에 대한 참신한 과학적 사회주의 이론을 창안했고, 마르크스주의 국가 이론과 사회 통치 이론을 풍부히 하고 발전시켰다. 인류 역사 발전의 관점에서 국제 정세의 심오한 변화를 정확하게 파악하고, 평화와 발전, 협력과 상생의 시대 조류에 따라, 미래에 대한 비전을 가지고 인류 운명공동체 구축에 관한 중요한 사상을 제시했다. 즉, 평화가 지속되고 보편적으로 안전하며, 공동으로 번영하고 개방적이고 포용적이며 깨끗하고 아름다운 세계를 구축함으로써 미래 사회 발전에 관한 마르크스주의 이론을 풍부히 하고 발전시켰다. 중국 특색 사회주의의 가장 본질적인 특징과 중국 특색 사회주의제도의 최대 장점은 중국 공산당의 지도력이고, 당은 최고 정치 지도 역량이며, 새로운 시대 당 건설에 대한 총체적인 요구와 새로운 시대 당의 조직 노선, 당 건설에서 정치 건설의 중요함을 부각시키고, 전면적인 종엄치당을 항상 견지하는 등 중대한 사상을 창조적으로 제기하여 마르크스주의 집권당이 장기 집권에서 직면하게 되는 일련의 중대한 문제들에 대해 과학적으로 답을 하고, 공산당 집권 법칙에 대한 이해를 심화함으로써 마르크스주의 정당 건설 이론을 풍부히 하고 발전시켰다. 이러한 중요한 이론적 관점은 세계 사회주의 500여 년의 역사, 과학적 사회주의의 170여 년의 역사, 특히 근 70년 동안의 중화인민공화국 사회주의 건설에서의 긍정적인 경험과 부정적인 경험에 대한 총결산을 통해 얻은 중요한 결론으로써 21세기에 어떻게 과학적 사회주의를 견지하고 발전시킬 것인가와 같은 중대한 이론과 실천에 대한 질문에 답하고, 과학적 사회주의의 기본 원리를 풍부히 하고 발전시켰으며 과학적 사회주의의 살아있는 생명력을 충분히 보여주고, 사회주의의 위대한 기치를 중국 대지에 높이 휘날리게 하고 과학적 사회주의를 새로운 발전 단계로 끌어올렸다.

실천은 끝이 없고, 이론 혁신에도 끝이 없다. 시진핑 총서기는 "세계는 시시각각으로 변하고 있고, 중국도 마찬가지로 시시각각 변화하고 있다. 우리는 이론적으로 시대에 발맞추어 끊임없이 법칙을 이해하고, 이론적 혁신, 실천적 혁신, 제도적 혁신과 문화적 혁신을 포함한 모든 분야의 혁신을 지속적으로 추진해야 한다"고 지적했다.[21] 오늘날의 시대 변화, 중국 발전의 폭과 깊이는 마르크스주의 고전작가들의 당시의 상상을 훨씬 능가한다. 이는 우리들에게 마르크스주의로 시대를 살피고, 이해하고 이끌어 가고, 생생하고 풍부한 당대 중국의 실천을 통해 마르크스주의의 발전을 추진할 것을 요구하고 있다. 이는 보다 넓은 안목으로 당대 발전을 위한 마르크스주의의 현실적인 기초와 실천적 필요를 살펴가면서 21세기 마르크스주의를 계속 발전시키며, 마르크스주의 발전의 새로운 경지를 끊임없이 열어 마르크스주의가 더 찬란한 진리의 빛을 발산하게 해야 한다.

4. 시진핑 신시대 중국 특색 사회주의 사상으로 철학과 사회과학 업무를 이끌어야 한다

시진핑 총서기는 "마르크스주의의 지침을 따르는 것은 당대 중국 철학과 사회 과학이 다른 철학 및 사회과학과 구분되는 근본적인 지표로써

---

21 시진핑, 「샤오캉사회 전면실현에서 결정적인 승리를 이룩하고 신시대 중국 특색 사회주의의 위대한 승리를 거두자-19차 당대회 보고」(2017년 10월 18일), 인민출판사, 2017년판, 26면.

반드시 기치 명확하게 견지해야 한다"[22]고 지적했다. 마르크스주의 지침을 따르지 않게 되면 철학과 사회과학이 영혼과 방향을 잃고 궁극적으로 해야 할 역할을 발휘할 수 없게 된다. 시진핑 신시대 중국 특색 사회주의 사상은 진리를 빛내고 시대의 정수를 응축한 당대 중국 마르크스주의로써 새로운 시대 철학과 사회과학의 최대 성과이다. 시진핑 신시대 중국 특색 사회주의 사상을 고수하는 것이 마르크스주의를 진정으로 유지하고 발전시키는 것이다. 시진핑 신시대 중국 특색 사회주의 사상으로 정신을 무장하고, 실천을 지도하며, 업무를 추진하는 것은 모든 일을 잘 하기 위한 중요한 전제 조건이다. 시진핑 신시대 중국 특색 사회주의 사상의 지도를 견지하면 중국 철학과 사회과학은 기준과 근간을 가지게 되고 철학과 사회과학 연구는 올바른 정치 방향과 학술적 지향점 및 가치관을 보장할 수 있고, 시대와 보조를 맞추어 사람들과 함께 분발정진하며 철학과 사회과학의 번영과 발전을 실현할 수 있다.

(1) 시진핑 신시대 중국 특색 사회주의 사상을 철저히 배우고 이해하고 이행해야 한다

시진핑 신시대 중국 특색 사회주의 사상을 배우고, 홍보하고 실천하는 것은 철학과 사회과학계의 첫 번째 정치적·이론적 과제이다. 새로운 시대가 부여한 중국 특색을 가진 철학과 사회과학을 구축하는 숭고한 사명을 가지고 다음과 같이 행동해야 한다. 첫째, 배우고 익혀야 한다. 이 사상이 내포하고 있는 핵심 요지, 풍부한 의미와 중대한 가치를 깊이 배우고 이

22 　시진핑, 「철학과 사회과학 업무 간담회 연설」(2016년 5월 17일), 인민출판사, 2016년판, 8면.

해하며, 마르크스주의 이론의 보물 창고를 풍부히 하고 발전시키는데 기여한 독창성을 깊이 깨닫고, 철학과 사회과학 업무에 대한 지도적 의미를 잘 파악해야 한다. 둘째, 정통해야 한다. 시진핑 신시대 중국 특색 사회주의 사상에 일관된 입장과 관점 및 방법을 배워야 하고 철저하게 이행하려면 왜 그러한지 알아야할 뿐 아니라 그러한 까닭도 알아야 한다. 시진핑 총서기가 그렇게 언급한 이유가 무엇이며 어떤 시각에서 그것을 언급했는지를 깨달아야 한다. 셋째, 이행해야 한다. 철학과 사회과학업무간담회에서 시진핑 총서기의 중요한 연설과 중국 사회과학원 창립 40주년 및 중국사회과학원 역사연구원 설립 축전 정신을 철저하게 이행하고, 시진핑 신시대 중국 특색 사회주의 사상을 철학과 사회과학의 모든 분야와 부분에서 실행해야 한다. 학술 연구, 교실 수업, 성과 평가, 인재양성 등 모든 부분에 걸쳐 당의 혁신 이론을 다양한 학문과 개념, 범주에서의 통합을 촉진함으로써 당의 중요한 이론과 혁신 성과를 철학과 사회과학에 잘 융합되도록 해야 한다. 그리하여 체계성과 학리성을 함께 중시하고, 투철한 이론과 활발한 문체를 겸비한 높은 수준의 연구 성과를 내놓고, 당대 중국 마르크스주의와 21세기 마르크스주를 연구하고 해석하는 학술경전을 펴내여 마르크스주의 중국화·현대화·대중화를 촉진하기 위해 새로운 기여를 하여야 한다.

(2) 새로운 시대 중대한 이론과 현실적 문제를 연구하고 답을 찾는 것을 주요 공략 방향으로 삼아야 한다

문제는 시대의 목소리이다. 시진핑 총서기는 "당대 중국의 위대한 사회 변혁은 단순하게 중국 역사 문화를 이어가는 마더보드가 아니고, 마르크스주의 고전 작가의 생각을 원용한 것이 아니며, 다른 나라의 사회주의 실천을 재판하거나 국외 현대화 발전의 복사판도 아니기 때문에 기성의 교과서를 찾는 것은 불가능하다"고 재차 강조했다.[23] 중국의 특색과 풍격, 중국의 기개를 갖춘 철학과 사회과학을 구축하기 위해서는 중국의 현실에 기반을 두고, 우리가 하고 있는 일에 중점을 두어야 한다. 문제 지향적으로 당과 국가의 전반적인 사업에 주안점을 두고, 새로운 시대에서의 중대한 이론과 현실적 문제, 대중이 주목하는 관심사와 어려운 문제, 당 중앙이 관심을 두는 전략과 전술 문제에 초점을 맞추어야 한다. 특히 시진핑 총서기가 언급한 일련의 중대한 문제에 초점을 맞추어야 한다. 예를 들어 사상적으로 마르크스주의의 지도적 입장을 다지고, 사회주의의 핵심 가치관을 육성하고 실천하며, 당 전체와 전국의 모든 민족과 인민이 단결해 노력할 수 있는 공통의 사상적 기반을 다지는 방법, 새로운 발전 이념을 이행하고 공급측 구조 개혁을 가속화하며 경제 발전 모드 전환을 통한 발전의 질과 효율성 제고 방법, 보다 나은 민생 보장과 향상을 통한 사회 공정성과 정의를 증진시키는 방법, 개혁 정책 결정의 수준을 높이고 국가 거버넌스 체계와 능력의 현대화를 추진하는 방법, 사회주의 문화 강국 건설을 가속화하고, 문화 소프트파워를 증강시키며 국제적으로 중국의 발언권을 향상시키는 방법, 당의 지도력과 지배력을 향상시키고 반부패와 변화 및 리스트 저항 능력 강화 방안 등 이러한 문제들에 대한 연구에 크게 이바지해야 한다. 이를 통해 중앙의 의사 결정에 중요한 참고가 되고, 사업 발전에 중요한 추진 역할을 할 수 있는 우수한 성과를 내며, 중국의 사회발전과 인류 사회

---

23   시진핑, 「철학과 사회과학업무 간담회 연설」(2016년 5월 17일), 인민출판사, 2016년판, 21면.

발전의 위대한 논리 흐름을 밝힘으로써 중화민족의 위대한 부흥이라는 중국몽 실현을 위한 지적인 지원을 제공해야 한다.

(3) 중국 특색 철학과 사회과학의 학과·학술·담론 체계 구축에 박차를 가해야 한다

철학과 사회과학의 특징과 스타일, 기개는 일정한 단계까지의 발전에 의해 만들어진 결과로써 성숙도의 지표이자 실력의 상징이며 자신감의 발현이다. 중국 특색 철학과 사회과학 구축은 새로운 시대에 중국 철학과 사회과학의 번영과 발전을 위한 고귀한 사명이며, 많은 철학과 사회과학자들의 신성한 의무이다. 철학과 사회과학 학계는 높은 정치·학술적 의식을 가지고, 강한 책임감과 절박함과 담당정신으로 '3대 체계' 건설 가속화를 위해 더 강한 조치를 취하고, 실질적인 진전과 함께 큰 성과를 거두어야 한다. 시진핑 총서기의 철학과 사회과학 업무 간담회 연설에서 제시한 요구에 따라 중국에 기반을 두고 외국으로부터 배우고, 역사 발굴을 통해 현 시대를 파악하고, 인류를 생각하고 미래를 향한 사고를 가지고 민족성과 계승성을 보여주고, 창조력과 시대정신, 체계성과 전문성을 구현해야 한다. 이를 바탕으로 중국 철학과 사회과학의 학과 체계, 학술 체계, 담론 체계를 구축함으로써 모든 분야와 요소를 아우르는 포괄적인 철학과 사회과학 체계를 이루어 중국 특색과 풍격, 중국의 기개를 담은 철학과 사회과학 건설을 위한 토대를 마련해야 한다. 아울러 중국 철학과 사회과학연구의 국제적인 영향력을 강화하고, 국가 문화의 소프트파워를 향상시켜 '학술 속의 중국', '이론 속의 중국', '철학과 사회과학 속의 중국'을 전 세계에 알려야 한다.

(4) 이론과 실제가 연계된 마르크스주의 학풍을 발양해야 한다

중국 철학과 사회과학의 번영과 발전을 위해 학풍 문제를 잘 해결하고 학풍 건설을 강화해야 한다. 시진핑 총서기는 "실천에서 벗어난 이론은 경직된 도그마가 되어 그 생명력과 활력을 잃게 된다"고 지적했다.[24] 철학 및 사회과학 종사자들은 이론과 실제를 연계해야 한다. 수작을 숭상하고, 신중하게 학문에 임하고, 성실함과 책임을 추구하는 우수한 학풍을 적극 발양하기 위해 노력함으로써 바르고 공정하고, 서로를 배우면서 긍정적으로 발전할 수 있는 학술 생태를 조성해야 한다. 좋은 학문 윤리를 확립하고, 의식적으로 학문 규범을 준수하여 널리 배우고 자세히 묻고, 신중하게 생각하고 판단하며 성실하게 이행하는 것에 주의를 기울여야 한다. '학자로서 도를 넓히'는 가치에 대한 추구를 통해 사람됨과 일, 학문을 진정으로 통일해야 한다. '학문을 하는데 있어서는 오로지 진리만을 추구하고, 글을 쓰는데 있어서는 반드시 근거가 있고 절대로 빈말을 해서는 안 된다'는 신념을 고수하고, 외로움과 유혹을 견디고, 마지노선을 지킴으로써 큰 학문과 진정한 학문에 뜻을 세워야 한다. 사회 책임을 최우선으로 두고, 학술 연구의 사회적 영향을 진지하게 고려하고, 사회주의 핵심 가치관을 의식적으로 실천해야 한다. 선과 아름다움, 진실을 추구하고 전하는 사람으로서 깊은 학문적 수양을 통해 존중을 얻고, 고매한 인격과 매력으로 분위기를 이끌어야 한다. 조국과 인민을 위해 덕을 세우고, 입언(立言)을 하는 가운데에 자아 성취를 하고 가치를 실현함으로써 선진 사상의 옹호자이자 학술 연구의 개척자, 사회 풍조의 선도자, 중국공산당 집권의 확고한 지지

---

24 시진핑, 「변증법적 유물론은 중국공산자의 세계관이자 방법론이다」, 구시, 2019년 제1기.

자가 되어야 한다.

(5) 철학과 사회과학에 대한 당의 전면적인 리더십을 유지하고 강화해야 한다

철학과 사회과학 사업은 당과 인민의 중요한 사업이고, 철학과 사회과학 전선은 당과 인민의 중요한 전선이다. 철학과 사회과학 사업에 대한 당의 전반적인 리더십을 강화하고 개선하는 것은 수준 높은 성과를 내고 우수한 인재를 배출하고 '3대 체계' 구축에 박차를 가하는 근본적인 정치적 보장이다. '4가지 의식(四個意識)'[25]을 확고하게 수립하고, '4가지 자신감'을 확고히 하고, '수호해야 할 두 가지[兩個維護][26]를 꿋꿋하게 지켜내야 한다. 사상적, 정치적, 행동적으로 시진핑 동지를 위시로 한 당 중앙과의 고도의 일치를 흔들림 없이 유지하고, 당 중앙과 전체 당에서 시진핑 총서기의 핵심 지위를 확고부동하게 수호하며, 당 중앙의 권위와 중앙 집중화된 통합 리더십을 흔들림 없이 수호함으로써 철학과 사회과학이 항상 중심에 초점을 맞추고, 전반적인 상황에 부합하도록 보장해야 한다. 정치적 리더십과 업무 지도를 강화하고, 철학과 사회과학 발전 법칙을 존중하며, 철학과 사회과학을 지도하는 업무 능력을 향상시키고 번영과 발전, 유도와 관리라는 두 마리 토끼를 모두 꽉 잡아야 한다. 지식인에 대한 당의 정책을 성실하게 이행해야 한다. 노동, 지식, 인재 및 창조를 존중하며, 정치적으로 충분히 신뢰하고 사상적으로 적극적으로 이끌며, 업무적으로 여건

---

25   옮긴이 주: 정치의식, 대국 의식, 핵심 의식, 일치의식.

26   옮긴이 주: 당 중앙과 당 전체에서의 총 서기의 핵심적 지위 수호, 당 중앙의 권위와 중앙 집중 통일 지도 수호.

을 마련하고, 생활적으로 관심을 가지고 보살피며 그들을 위해 실질적이고 좋은 일을 하고, 그들의 어려움을 해결해 주어야 한다. 평등하고 건전하고 충분히 이치를 말할수 있는 학술적 논쟁을 활기차게 펼치고, 학술적 관점과 스타일이 다른 학파들이 함께 연구하고 평등하게 토론하는 백화제방과 백가쟁명의 방침을 확실하게 이행해야 한다. 학문적 문제와 정치적 문제를 정확히 구분하되 일반적인 학술 문제를 정치 문제로 삼아서는 안 되고, 정치 문제를 일반적인 학술 문제로 취급해서도 안 된다. 학술연구를 내세워 학문적 도덕 및 헌법과 법률에 위배되는 가짜 학술행위를 하는 것과 학술 문제와 정치 문제를 혼동하고 학문적 문제를 정치적 문제에 대한 해결책으로 처리하는 단순한 관행도 반대한다.

이백의 시구 중에 '여러 인재들이 아름답고 밝은 시대에 속하게 되어 시운을 타고 함께 도약하였다[群才屬休明, 乘運共躍鱗]'라는 말이 있다. 중국 특색 사회주의는 새로운 시대로 접어들었다. 지금은 철학 및 사회과학의 번영과 발전의 시대이자 철학과 사회과학 종사자들의 전도가 유망한 시대이기도 하다. 많은 철학 및 사회과학 종사자들은 시진핑 신시대 중국 특색 사회주의 사상에 관한 지침을 고수하며 분발하여 신시대의 철학 및 사회과학 발전을 위한 새로운 장을 써내려감으로써 '두 개 100년' 분투 목표와 중화민족의 위대한 부흥인 중국몽 실현을 위해 새로운 큰 공헌을 해야 한다.

　　18차 당 대회 이후 시진핑 동지를 대표로 하는 중국공산당은 시대의 발전에 따라 당과 국가사업 발전 전반에 걸쳐 중국 특색 사회주의의 유지 및 발전을 둘러싸고 이론과 실제를 결합하여 '새로운 시대에 어떠한 중국 특색 사회주의를 어떻게 유지하고 발전시킬 것인가'라는 중대한 시대적 과제에 대해 체계적인 답을 함으로써 시진핑 신시대 중국 특색 사회주의 사상을 확립했다. 풍부한 내용과 심오한 사상을 가지고 있는 시진핑 신시대 중국 특색 사회주의 사상은 생산력과 생산 관계, 경제 기반과 상부구조의 모든 부분과 연관되어 있고, 경제 건설, 정치 건설, 문화 건설, 생태 문명 건설, 당 건설 및 국방과 군대 건설, 외교 업무 등 분야를 포함함으로써 완벽한 체계와 논리 정연한 과학 이론 체계를 형성했다. 시진핑 신시대 중국 특색 사회주의 사상은 마르크스-레닌주의, 마오쩌둥 사상,

덩샤오핑 이론, '3개 대표'의 중요 사상, 과학발전관을 계승하고 발전시킨 마르크스주의 중국화의 최신 성과일 뿐 아니라 당대 중국의 마르크스주의, 21세기의 마르크스주의이며, '두 개 100년'이라는 분투 목표와 중화민족의 위대한 부흥을 실현하기 위해 전체 당과 인민들이 따라야 하는 행동 지침이다. 시진핑 신시대 중국 특색 사회주의 사상에 대해 깊이 배우고 열심히 연구하고 과학적으로 해석하는 것은 새로운 시대가 중국 철학과 사회과학 종사자들에게 부여한 숭고한 사명이자 책임이다.

2015년 말, 시진핑 총서기의 일련의 중요 연설의 정신과 국정운영에 대한 새로운 이념과 사상, 새로운 전략을 깊이 배우고, 철저하게 이행하기 위해 중국사회과학출판사 자오젠잉(趙劍英)사장은 「시진핑 총서기의 일련의 중요 연설 정신 및 국정운영에 대한 새로운 이념과 사상 및 새로운 전략 학습 총서」를 집필하고 출판하는 사업을 조직하고 계획했다. 중국사회과학원 당조는 강한 정치의식, 대국의식, 핵심의식, 일치의식으로 이 작업에 큰 중요성을 부여하고, 중앙의 관련 배치와 요구에 따라 우수하고 유능한 과학 연구팀을 꾸려 시진핑 총서기의 일련의 중요 연설 정신과 국정운영에 대한 새로운 이념과 사상, 새로운 전략과 관련하여 집중적인 공부와 심층적인 연구, 과학적인 해석을 하면서 총서 집필 작업에 매진했다.

2016년 7월, 전국철학사회과학업무판공실의 비준을 거쳐 「시진핑 총서기의 일련의 중요 연설 정신 및 국정운영에 대한 새로운 이념과 사상 및 새로운 전략 학습 총서」의 집필과 출판은 18차 당 대회 이후 국정운영에 대한 당 중앙의 새로운 이론과 사상, 새로운 전략 연구를 위한 국가사회과학기금의 특별 프로젝트 중 하나로 정립되었고, 당시 중국사회과학원 원장 겸 당조 서기였던 왕웨이광(王偉光) 동지가 수석 전문가를 맡았다. 2016

년 4월에 설립된, 18차 당 대회 이후 국정운영에 대한 당 중앙의 새로운 이론과 사상, 새로운 전략 연구를 위한 국가사회과학기금 특별 프로젝트는 정치, 경제, 문화, 군사 등 13개 중점 연구 방향을 포함하고 있다. 이 과제는 특별 프로젝트에서 군사학과를 제외한 12개의 연구 방향에 대해 유일하게 다방면에 걸쳐 진행된 다각적인 학제 간 연구 과제로써 그에 상응하는 12개의 하위 프로젝트팀을 구성했다.

연구팀은 19차 당 대회를 앞두고 19차 당 대회를 위한 헌정 프로젝트로 1차 원고를 완성해 중앙선전부에 제출하여 승인을 받았다. 19차 당 대회 이후, 연구팀은 시진핑 총서기의 최신 중요 연설과 19차 당 대회 정신을 바탕으로 중앙선전부의 검토 의견에 따라 여러 차례 수정해 다듬고, 책명을 「시진핑 신시대 중국 특색 사회주의 사상 학습 총서」로 정했다.

중국사회과학원 원장 겸 당조 서기인 셰푸잔 동지가 본 프로젝트에 대한 연구와 총서 저작과 수정 사항을 명확하게 지시하고, 서문을 작성했다. 왕웨이광 동지는 연구팀의 수석 전문가로서 전체 연구 과제와 서브 연구 과제의 기본 틀과 요구사항 및 실시 계획 수립을 총괄했다. 중국사회과학원 부원장 겸 당조 부서기 왕징칭(王京清) 동지는 본 총서의 연구와 집필에 항상 지대한 관심을 가지고 출판 작업을 지도했으며, 중국사회과학원 부원장 차이팡(蔡昉) 동지가 과제 연구와 글쓰기에 대한 구체적인 조율 및 지도 책임을 담당했다. 중국사회과학원 과학연구국 국장 마위엔(馬援) 등 동지들의 프로젝트 보고와 경비 관리 분야에 대한 강력한 지원이 뒷받침되었다. 중국사회과학원출판사는 프로젝트 책임부서로써 본 총서를 총괄 기획하고, 당 위원회 서기 겸 사장인 자오젠잉(趙劍英) 동지의 지도하에 높은 정치 책임 의식을 가지고 사회과학원의 당조와 연구팀 전문가들이 과

제 연구 관리, 프로젝트 운영 및 편집 출판 업무에 성실하게 임할 수 있도록 협조를 아끼지 않았다. 중국사회과학출판사 총편집 보조 왕인(王茵) 동지, 중대 프로젝트 출판센터 주임 보조 쑨핑(孫萍) 동지가 프로젝트 관리와 운영에 많은 노력을 보태주었다.

3년이 넘는 기간 동안 100명에 가까운 연구팀의 전문가와 학자들이 시진핑 동지가 부동한 역사시기에 발표했던 중요 연설과 저술을 깊이 학습하고, 깊이 연구한 후 정성들여 원고를 집필했다. 수십 차례의 이론 세미나, 전문가의 원고 심사 회의를 거치면서 여러 차례 수정을 거쳤다. 시진핑 신시대 중국 특색 사회주의 사상의 시대적 배경, 이론적 기원, 실천적 기반, 주제, 주요 관점 및 핵심 요지에 대한 체계적인 해석을 시도했고, 시진핑 신시대 중국 특색 사회주의 사상이 내재하고 있는 이론적 논리와 정신적 본질을 전체적으로 파악하고, 당대 중국 마르크스주의 및 21세기 마르크스주의의 이론적 형태와 위대한 이론 및 실천적 의미를 완전하게 보여주기 위해 노력한 결과 전체 약 300만 자로 이루어진 「시진핑 신시대 중국 특색 사회주의 사상 학습 총서」 12권이 탄생하게 되었다.

(1) 『당대 마르크스주의 철학의 새로운 경지를 열다』
(2) 『새롭고 위대한 신시대 당 건설 프로젝트 심층 추진』
(3) 『인민 중심의 새로운 발전 이념 고수』
(4) 『신시대 중국 특색 사회주의 정치경제학 구축』
(5) 『전면적인 법치를 통한 법치중국 건설』
(6) 『신시대 사회주의 문화강국 건설』
(7) 『신시대 중국 특색 사회주의 문예 역사적 사명 실현』

(8) 『생태문명 건설 이론 확립 및 실천 모색』

(9) 『중국 특색 사회주의 농촌 활성화의 길로 나아가다』

(10) 『시진핑 신시대 중국 특색 사회주의 외교사상 연구』

(11) 『시진핑 신시대 국정운영의 역사관』

(12) 『전면적인 종엄치당에는 마침표가 없다』

　　시진핑 신시대 중국 특색 사회주의 사상은 심오하고 광범위하며, 풍부한 내용을 담고 있습니다. 집필진이 최대한의 노력을 기울였으나, 수준의 한계로 아직 배우고 체득하지 못한 부분이 있을 수 있기 때문에 연구와 해석에서 누락된 부분이 있을 수 있다. 개선과 보완을 위해 독자 여러분들의 귀중한 의견과 함께 지도 편달을 부탁드린다.

　　마지막으로 총서 집필과 출판 작업에 참여해주신 전문가 및 학자, 각급 지도자, 편집, 교정, 인쇄 등 모든 실무자들께 진심으로 감사의 뜻을 전한다.

「시진핑 신시대 중국 특색 사회주의 사상 학습 총서」연구팀

수석전문가 왕웨이광

중국사회과학출판사

2019년 3월

차례

서언

시진핑(習近平) 총서기는 '중국공산당 제19차 전국대표대회'(이하 '19차 당대회'라고 약칭함) 보고에서 "중국 특색 사회주의가 '신시대(新時代)'로 진입한 만큼 중국공산당은 새로운 기상으로 새로운 성과를 내야 한다"[1]고 밝혔다. 제19기 중앙기율검사위원회 제2차 전체회의에서는 "행장을 새롭게 꾸리고 새 출발하여 마침표가 없다는 집념으로 전면적인 종엄치당(從嚴治黨·엄격한 당 관리)을 더욱 심화시켜야 한다"[2]고 강조했다. 제19기 중앙기율검사위원회 제3차 전체회의에서는 "전면적인 종엄치당을 지속적으로 추진하고, 당의 기풍과 청렴한 정치(廉政) 확립을 계속적으로 추진해야 한다"[3]고 말했다. 개혁개방 40주년 기념식에서는 전면적인 종엄치당을 견지하고 당의 창조력과 응집력, 전투력을 개혁개방 40년에 반드시 견지해야 하는

1 시진핑, 「전면적인 샤오캉 사회 실현으로 신시대 중국 특색 사회주의의 위대한 승리를 쟁취하자-19차 당대회에서의 보고」(2017년 10월 18일), 「19차 당대회 문건 모음집」, 인민출판사, 2017년판, 9면.

2 「시진핑, 19기 중앙기율검사위원회 2차 전체회의에서 중요한 연설을 발표하여 "19차 당대회 정신을 전면적으로 관철해 실행에 옮기고, 영원히 마침표가 없다는 집념으로 종엄치당을 심화시켜 나가자"를 강조」, 인민일보, 2018년 1월 12일, 1면.

3 「시진핑, 19기 중앙기율검사위원회 3차 전체회의에서 중요한 연설을 발표하여 "전면적 종엄치당의 더 큰 전략적 성과 쟁취해 반부패 투쟁의 압도적인 승리를 공고히 하고 발전시켜야"를 강조」, 인민일보, 2019년 1월 12일, 1면.

9가지의 귀중한 경험 중 하나로 삼아야 한다면서 "중국의 일을 잘 처리하는 관건은 당에 있고, 당의 자체 관리와 전면적인 종엄치당을 견지하는 데 있다"[4]고 강조했다. 그러면서 당의 자체 관리와 전면적인 종엄치당 견지는 18차 당대회 이후 당 건설이라는 새로운 위대한 사업을 추진한 경험을 총괄한 것이자 세계 정세가 심오하게 변화하는 역사적 과정에서 중국공산당이 항상 시대의 선두에 서고, 대내외적인 각종 리스크와 시련에 대응하는 역사적 과정에서 언제나 전 인민의 기둥이 되며, 중국 특색 사회주의를 견지하고 발전시키는 역사적 과정 및 중화 민족의 위대한 부흥인 '중국의 꿈(中國夢)'을 실현하는 역사적 과정에서 시종일관 강력한 지도 핵심이 되도록 보장하는 근본이라고 밝혔다.

18차 당대회 이후 시진핑 총서기를 필두로 하는 당 중앙은 사회주의 현대화 및 중화민족의 위대한 부흥 실현을 중국 특색 사회주의 건설을 위한 총체적인 임무로 설정하고 '두 개 100년(兩個一百年)' 분투 목표를 제시했다. '두 개 백년' 분투 목표란 중국공산당 창당 100주년(2021년)까지 전면적인 샤오캉(小康·의식주 걱정 없이 풍요로운) 사회 건설을 완성하고, 신중국 건국 100주년(2049년) 시점까지 부강하고 민주적이며 문명적이면서 조화롭고 아름다운 사회주의 현대화 강국을 건설하는 것을 말한다. 시진핑 총서기는 중화 민족의 위대한 부흥을 실현하는 '중국의 꿈'을 제시했다. 시진핑 총서기는 18기 지도부와 함께 2012년 11월 국가박물관에서 열린 '부흥의 길(復興之路)' 전시회를 참관하면서 "중화민족의 위대한 부흥을 실현하

---

4   시진핑, 「개혁개방 40주년 기념식 연설」(2018년 12월 18일), 인민일보, 2018년 12월 19일, 2면.

는 것은 근대 이후 중화민족의 가장 위대한 꿈"[5]이라고 역설했다. 2013년 3월에는 '중국의 꿈'의 기본적인 함의는 국가 부강과 민족 진흥, 인민의 행복을 실현하는 것"[6]이라며 '중국의 꿈'이 내포한 의미를 설명했다. '중국의 꿈'은 국가의 꿈이고, 민족의 꿈이며 모든 중국인들의 꿈이다. 이 꿈은 국가가 추구하는 바와 민족이 지향하는 바, 그리고 인민의 염원을 한데 모아 여러 세대에 걸친 중국인의 숙원을 응집하고, 중화 민족과 전체 인민의 이익을 구현한 것으로 모든 중국의 아들딸들이 공통적으로 지닌 소망이다. 이 꿈은 당대(當代)[7] 중국공산당이 전국의 인민을 이끌고 초심을 잃지 않으며 계속 나아가기 위해 분투하고 노력하는 목표이다. 근대 이후 이 꿈을 달성하는 것은 새로운 시대에 중국공산당의 역사적 사명이다.

중국의 꿈을 실현하는 유일한 방법은 중국 특색 사회주의를 고수하고 발전시키는 것이다. 당대 중국의 위대한 사회 변혁은 중국 역사 문화의 원판을 단순하게 연장한 것도, 마르크스주의 경전 작가들이 구상한 모델을 단순하게 모방한 것도, 다른 국가 사회주의 실천의 재판도 아니고, 외국의 현대화 발전의 재탕도 아니므로 기성 교과서를 찾을 수 없다. 중국공산당은 전국의 여러 민족을 이끌고, 역사적인 경험을 바탕으로 힘들었던 탐색의 여정 끝에 자신의 발전에 적합한 중국 특색 사회주의 길을 찾았다. 이 길은 쉽게 찾은 것도, 하늘에서 뚝 떨어진 것도 아니다. 개혁·개방 40여 년

---

5   시진핑, 「중국의 꿈, 부흥의 길」(2012년 11월 29일), 「18차 당대회 이후 주요 문헌 선집」(상), 중앙문헌출판사, 2014년판, 84면.

6   시진핑, 「인류 운명공동체 구축을 추진하자를 논함」, 중앙문헌출판사, 2018년판, 8면.

7   옮긴이 주: 중국의 역사 구분에서 '당대'는 신중국 건국(1949년)부터 현재까지를 일컬음. '근대(近代)'는 1840년 아편전쟁 발발부터 1919년 5·4운동까지, '현대(現代)'는 1919년 5·4운동부터 1949년 신중국 출범까지를 말함.

의 위대한 실천과 중화인민공화국 수립 이후 70여 년의 지속적인 탐색에서 비롯되었고, 공산당이 인민을 이끌고 약100년에 걸친 위대한 사회주의 혁명의 실천에서 찾은 것이며, 근대 이후 170여 년간 중화민족의 발전 과정에 대한 깊은 성찰과 5000여 년의 유구한 역사를 가진 중화민족의 문명 계승을 통해 비롯된 것으로 깊은 역사적인 연원과 폭넓은 현실적인 토대를 가지고 있다. 이 길은 과학적 사회주의 기본 원칙을 고수하면서도 시대적 여건에 따라 뚜렷한 중국적 특색을 부여하면서 얻어낸 길로써 중국의 국정에 입각해 민족 부흥을 실현하고 국가 발전을 촉진함으로써 인민에게 끊임없이 혜택을 주는 탄탄대로이다. 시진핑 총서기는 "지나온 길을 되돌아보고 다른 사람의 길과 비교하며 멀리 내다보아야만 우리가 어디서 왔고, 어디로 가는지 분명하게 알 수 있고 많은 문제들을 깊이 들여다 볼 수 있고 정확하게 파악할 수 있다"고 지적하면서 "중국 특색의 사회주의를 고수하고 발전시키는 것은 일관적이어야 한다"[8]고 강조했다. 시진핑 총서기는 중국 특색 사회주의 법칙에 대한 우리의 이해는 전례없이 높은 수준에 이르렀지만, 아직도 실천을 통해 깊이를 더하고, 동요없이 확고하게 시대와 더불어 중국 특색 사회주의를 발전시켜 나가야 한다고 지적하고, 중국 특색 사회주의의 실천적, 이론적, 민족적, 시대적 특색을 끊임없이 풍성하게 만들어 중국 특색 사회주의를 고수하고 발전시키기 위한 위대한 서사시를 계속해서 훌륭하게 써내려가야 한다고 밝혔다. 이는 이 시대의 중국공산당원이 가져야 할 숭고한 책임이자 역사적인 사명이다. 또한 중국

---

8   「시진핑, 19차 당대회 정신 학습 관철 세미나반 개강식에서 중요 연설을 발표하여 "시간
     이 나를 기다려 주지 않는다는 정신으로 분초를 다투어 업무에 열중하고 신시대 중국 특
     색 사회주의의 새로운 국면을 열어나가자"」, 인민일보, 2018년 1월 6일, 1면.

전면적인 종엄치당에는 마침표가 없다

공산당원들이 중국 특색 사회주의 노선과 이론, 제도와 문화에 대한 자신감을 끊임없이 강화해 인류 문명 발전을 위한 새로운 길을 열기 위해 노력할 것을 요구하고 있다.

시진핑 총서기를 위시한 당 중앙위원회는 신시대 중국 특색 사회주의의 전반적인 상황을 유지하고 발전시키는 방침에 입각해 전면적인 샤오캉 사회 실현, 전면적인 개혁 심화, 전면적인 의법치국(依法治國·법률에 의하여 나라를 다스림, 이하 '법치'), 전면적인 종엄치당을 실현하기 위한 전략적 레이아웃을 구성하고 제안했다. 시진핑 총서기는 '4개 전면(四個全面)', 즉 전면적인 샤오캉 사회 실현, 전면적인 개혁 심화, 전면적인 법치, 전면적인 종엄치당의 전략적 포석은 새로운 역사적 출발점에서 중국의 발전에 대한 실질적인 요구와 인민들의 간절한 바람에서 비롯되었고, 중국이 직면하고 있는 두드러진 갈등과 문제들을 해결하기 위해 제안된 것[9]이라고 지적하고, 새로운 정세에서 당과 국가의 여러 가지 사업을 위한 전략적 목표와 조치를 확립하는 것이 중화민족의 위대한 부흥인 중국의 꿈을 실현하기 위한 뒷받침이 된다고 배경을 설명했다. 전면적인 샤오캉 사회 실현은 중국의 전략적 목표이다. 이 목표를 2020년까지 실현하게 되면 중국의 국가 발전 수준이 한층 더 높아질 수 있기 때문에 모든 노력을 여기에 집중해야 한다. 전면적인 개혁 심화, 전면적인 법치, 전면적인 종엄치당은 세 가지 주요 전략적 조치로서 전면적인 샤오캉 사회 실현을 위해 필수불가결한 요소이다. 전면적인 개혁 심화가 이루어지지 않으면 발전을 위한 추진

---

9   시진핑, 「'4개 전면'의 전략적 배치를 조화롭게 추진하자」(2014년 12월-2015년 9월), 「18차 당대회 이후 주요 문헌 선집」(중), 중앙문헌출판사, 2016년판, 249면.

력이 떨어지고, 사회는 활력이 없어지게 된다. 전면적인 법치를 이루지 못하면 국가와 사회 생활의 운영 질서가 흐트러져 사회 안정과 조화를 실현할 수 없게 된다. '쇠를 벼리려면 쇠메가 단단해야 한다'는 말이 있다. 당이 앞장서서 나라를 제대로 이끌어 나가려면 자신부터 단단하고 올곧아야 한다는 의미다. 전면적인 '엄격한 당 관리'를 하지 못하면 이를 제대로 해 낼 수 없게 되고 리더십의 핵심 역할도 발휘하기 어렵다.[10] '4개 전면'의 전략적 배치는 오늘날 중국과 세계의 실질적인 발전 상황을 반영하고, 국내외의 전반적인 상황을 과학적으로 종합해 현 단계에서 당과 국가, 군대에 대한 관리, 내정, 외교, 국방, 개혁, 발전 및 안정과 같은 중대한 이론과 현실적인 문제에 관해 깊이 있는 답을 제시했다. 이는 새로운 역사적 조건에서 국정운영을 위한 중국공산당의 종합적인 전략으로써 시진핑 총서기를 중심으로 한 당 중앙이 중국 특색 사회주의를 견지하고 발전시킨 실천적 탐구와 이론적 혁신의 최신 성과를 집약한 것이다.

중국의 일을 잘 처리하는 관건은 당이 얼마나 당을 잘 관리하는 지와 전면적인 종엄치당을 잘 하는지에 달려있으며, 당의 지도를 견지하는 것에 달려있다. '시진핑 신시대 중국 특색 사회주의 사상'은 이론과 실천의 결합을 통해 새로운 시대에 어떠한 중국 특색 사회주의를 어떻게 고수하고 발전시키는지에 대한 중대한 시대적 과제에 체계적인 답을 제시하는 과정에서 중국 특색 사회주의 제도의 가장 본질적인 특징과 최대의 장점은 중국공산당이 이끄는 것이며, 당이 최고의 정치 주도 세력이라는 점

---

10 시진핑, 「'4개 전면'의 전략적 배치를 조화롭게 추진하자」(2014년 12월-2015년 9월), 「18차 당대회 이후 주요 문헌 선집」(중), 중앙문헌출판사, 2016년판, 248면.

을 명확하게 밝혔다. 당이 모든 일을 지도하는 것은 전면적인 샤오캉 사회 실현과 새로운 시대의 중국 특색 사회주의라는 위대한 승리를 보장하는 근본이다. 시진핑 총서기는 당의 지도를 견지하고 완비하는 것은 당과 국가의 근본이자 생명선으로써 전 인민의 행복과 이익에 직결된다[11]고 지적했다. 그는 중국공산당원의 투쟁 능력은 신중국의 성립에 의해 이미 설명되었고, 건설과 발전에 대한 중국공산당원의 수행 능력은 개혁개방 추진에 의해 증명되었다고 강조하고, 날로 복잡해지는 국내외 환경 속에서 당의 지도를 견지하고, 중국 특색 사회주의를 고수하고 발전시킬 수 있는지에 대해서는 대를 이어 답해야 한다고 설파했다.[12] 당의 지도를 견지하려면 당이 항상 중국 특색 사회주의 사업의 강한 지도 핵심이 되도록 한층 더 보장해야 하고, 당의 지도가 경제, 정치, 문화, 사회, 생태문명건설, 국방 및 군의 건설, 조국통일, 외교, 당 건설과 같은 당과 국가 사업의 모든 분야에서 구체화되고 실행되도록 보장해야 한다. 이는 뭇별들이 달을 에워싼 것과 같은데 여기에서 '달'은 바로 중국공산당이다. 국가 통치 시스템이라는 바둑판에서 당 중앙이 중군영을 지키는 '장군'이 되고, 차와 말, 포가 각자의 역할을 잘 수행한다면 대국에서 승리할 수 있다.[13] 당, 정부, 군대, 인민과 사회 모든 전반적인 부분을 당이 이끈다. 모든 분야와 부분에서 자발적으로 당 중앙의 집중적이고 통일적인 지도를 견지하고, 당의 지도를 강화하고 개선하며, 전반 국면을 감독하고 조정하는 당의 핵심적인 지위를 항

11   시진핑, 「중국공산당 창당 95주년 기념식에서의 연설」(2016년 7월 1일), 인민일보, 2016년 7월 2일, 2면.

12   「시진핑의 사회주의 정치건설에 관한 논술 요약집」, 중앙문헌출판사, 2017년판, 25면.

13   「시진핑의 사회주의 정치건설에 관한 논술 요약집」, 중앙문헌출판사, 2017년판, 31면.

상 견지해야 한다.

첫째, 당의 지도를 견지하려면 반드시 당 건설을 강화해야 한다. 시진핑 총서기는 중국의 일을 잘 처리하려면 먼저 중국공산당의 일을 잘 처리해야 한다고 지적했다.[14] 당의 지도가 중국 특색 사회주의의 발전을 결정해왔고, 당의 지도는 또 당 건설을 기반 및 선결조건으로 한다. 당이 튼튼하고, 인민들과 끈끈한 유대관계를 가지면서 국가가 번영을 이루고 안정되면 인민들은 행복하고 평안하게 살 수 있다. 당과 인민 사업의 발전 단계에 맞게 당 건설도 추진되어야 한다. 이는 당 건설을 위해 반드시 파악해야 하는 기본 법칙이다. 19차 당대회에서 새로운 시대의 당 건설을 강화하기 위해서는 "당의 전면적인 지도를 견지 및 강화하고 당의 자체적인 관리와 전면적인 종엄치당을 견지해야 한다. 당의 장기 집권 능력 건설과 선진성, 순결성 확립 강화를 주축으로 하고, 당의 정치 건설을 필두로 하며, 확고한 이상과 신념을 근간으로 하고, 당 전체의 적극성, 능동성, 창조성을 동원하는데 주안점을 두어 당의 정치, 사상, 기풍, 조직, 규율 건설을 전면적으로 추진해야 한다. 제도를 마련하고 그 속에 관철시켜 반부패를 심도 있게 추진하고 당 건설의 질을 끊임없이 향상시킴으로써 항상 시대의 선두주자로 나서고, 사람들의 진정한 지지를 받고, 용감하게 자아혁명을 진행하고, 어떤 어려움과 시련이 있어도 견뎌내며 활력 넘치는 마르크스주의 집권당을 건설해야 한다"[15]고 밝혔다. 이러한 주문은 18차 당대회 이후 당 건설 강화

---

14 「시진핑의 전면적 종엄치당에 관한 논술 요약집」, 중앙문헌출판사, 2016년판, 6면.

15 시진핑, 「전면적인 샤오캉 사회 실현으로 신시대 중국 특색 사회주의의 위대한 승리를 쟁취하자-19차 당대회에서의 보고」(2017년 10월 18일), 「19차 당대회 문건 모음집」, 인민출판사, 2017년판, 49-50면.

전면적인 종엄치당에는 마침표가 없다

와 전면적인 종엄치당을 추진하고, 당내에 존재하는 두드러진 모순과 문제를 해결하기 위한 현실적인 필요성과 당의 선진성과 순결성을 유지하고 당의 창의력과 응집력, 전투력을 강화하기 위한 현실적인 요구에서 비롯된 것이자 당의 성격과 취지를 유지하고, 당과 인민 대중이 끈끈한 혈연관계를 유지하기 위한 현실적인 필요이며, 당의 통치 지위를 탄탄히 하고, 당의 집권 능력을 높이며, 당의 통치 기반을 확대해야 하는 현실적인 요구에서 나온 것으로 새로운 시대에 중국이 위대한 당 건설 프로젝트를 발전시키는 기본 원칙이다. 새로운 시대의 중국공산당은 옛 것을 계승하고 미래를 창조해야 하고, 당 건설을 중국 특색 사회주의의 최우선 과제로 삼아 당을 잘 건설하고 강하게 건설해야 하며, 나아가 중화민족 전체의 단결을 통해 국가를 잘 꾸리고, 민족 발전을 추진함으로써 중화민족의 위대한 부흥 목표를 향해 용감하게 나아가야 한다.

둘째, 당의 지도를 견지해 전면적인 종엄치당을 실질적으로 이행해야 한다. 당이 스스로를 관리해야 당을 잘 관리할 수 있고, 엄격하게 당을 관리해야 당을 잘 꾸려나갈 수 있다. 전면적인 종엄치당은 당 건설의 새로운 위대한 프로젝트를 추진하기 위한 필연적인 요구로 18차 당대회 이후 중앙에서 당 건설을 위해 제시한 명확한 주제이다. 전면적인 종엄치당은 당 관리와 통제를 새로운 단계로 추진했고, 당 건설을 새로운 차원으로 끌어 올렸다. 개혁개방 이후 시장경제와 대외개방이 당원과 간부에게 미치는 영향이 크고, 사회 전반에 걸친 갈등이 당에 필연적으로 직접 반영될 수밖에 없는 만큼 당을 다스리는 데 더 강한 의식과 더 많은 조치, 더 큰 노력을 기울여야 한다. 시진핑 총서기는 "원활한 당 업무를 위해서는 엄격함이 보장되어야 한다. 기풍을 확립하고 당을 건설하는데도 그러하고, 당과 국가의 모든 일에서도 마찬가지"[16]라고 지적했다. 18차 당대회 이후 중국이 오랫동안 해결하고 싶었으나 해결하지 못했던 문제를 해결하고, 과거에 하고 싶었으나 하지 못했던 일들을 이루어내고, 당과 국가 사업에서 역사적인 변혁을 추진할 수 있었던 이유는 시진핑 총서기를 필두로 당 중앙이 전면적인 종엄치당을 견지하고, 당이 직면하고 있는 중대한 위험과 시련, 그리고 당내에 존재하는 문제들에 과감하게 마주함으로써 당을 혁명적으로 더 강하게 단련시켜 당과 국가 사업의 발전을 위해 정치적으로 탄탄한 뒷받침을 제공했기 때문이다. 어렵고 복잡한 상황과 과제에 직면할수록 전면적인 종엄치당을 견지해야 하고, 당의 선진성과 순결성을 항상 유지하고, 당의 자아 정화, 자아 완비, 자아 혁신, 자아 향상 능력을 강화해야 한다. 전면적인 종엄치당을 해야만 나라의 부강과 인민의 행복을 근본적으로 보장할 수 있고, 중화민족의 위대한 부흥인 중국의 꿈을 실현하고, 중국 특색 사회주의를 견지하고 발전시키는 새로운 서사시를 쓸 수 있다.

셋째, 당의 지도를 견지하려면 당풍과 청렴 정치 확립, 반부패 투쟁을 강화해야 한다. 시진핑 총서기는 중국공산당이 인민을 단합시켜 이끌고 개혁 개방을 추진하는 것을 새로운 위대한 혁명으로 간주하고, 전면적인 종엄치당을 견지하는 것을 자아 혁명으로 삼았다. 과감한 자아 혁명은 마르크스주의 집권당의 내재적 요구이자 중국공산당의 가장 뚜렷한 품격이며, 중국공산당의 최대 강점이기도 하다. 중국공산당의 위대함은 잘못을 범하지 않은 데 있는 것이 아니라 자신의 결점을 덮어 감추거나 기피하지

---

16 시진핑, 「당의 군중노선 교육실천활동 결산 회의에서의 연설」(2014년 10월 8일), 인민일보, 2014년 10월 9일, 2면.

전면적인 종엄치당에는 마침표가 없다

않고 과감하게 문제를 직면하고 강한 자아 복원력을 가지고 있는 데 있다. 19기 중앙정치국 상무위원들과 함께 내외신 기자들을 만난 자리에서 시진핑 총서기는 "중국공산당이 이어가려는 중화민족의 천년 대업에서 100년은 바야흐로 한창때다! 중국공산당은 세계 최대의 정당이다. 크다면 큰 모양을 갖춰야 한다. 중국공산당이 인민을 이끌고 위대한 사회 혁명과 위대한 자아 혁명을 할 수 있다는 사실은 충분히 증명되었다"[17]고 지적했다. 새로 선출된 중앙위원회 위원, 후보위원 및 성부급(省部級·장차관급) 주요 지도 간부를 대상으로 하는 '시진핑 신시대 중국 특색 사회주의 사상과 19차 당대회 정신을 학습하고 관철하자'를 주제로 열린 세미나에서 시진핑 총서기는 '2개 혁명'의 개념에 대해 설명하면서 "새로운 시대에 중국 특색 사회주의를 고수하고 발전시키는 위대한 사회 혁명을 잘 수행하기 위해서는 우리 당이 과감하게 자아 혁명을 단행하고, 당을 더 강건하게 만들어야 한다"고 강조했다.[18] 19기 중앙기율검사위원회 3차 전체회의에서 시진핑 총서기는 "사회주의 혁명을 진행하는 동시에 끊임없이 자아혁명을 진행하는 것은 우리 당이 다른 정당과 차별화되는 가장 큰 특징이자 우리 당이 끊임없이 승리에서 새로운 승리로 향해 가는 관건이다. 우리가 시종일관 당의 성격과 취지를 잊지 않고 용감하게 자신의 문제를 직시하면서 뼈를 깎아 독을 치료하는 결심과 의지로 당의 선진성과 순결성을 해치는 모든 요

---

17 「시진핑, 19기 중공중앙정치국 상무위원회와 내외신 기자회견에서 '신시대는 새로운 기상으로 새로운 성과 내야…중국인민의 생활은 해마다 더 좋아질 것'을 강조」, 인민일보, 2017년 10월 26일, 2면.

18 「시진핑, 19차 당대회 정신 학습 관철 세미나반 개강식에서 연설을 발표하여 "시간이 나를 기다려 주지 않는다는 정신으로 분초를 다투어 신시대 중국 특색 사회주의의 새로운 국면을 열자"를 강조」, 인민일보, 2018년 1월 6일, 1면.

인을 제거해야만 당의 장기 집권 조건에서 자아 정화와 자아 완비, 자아 혁신, 자아 향상을 실현할 수 있다"고 피력했다.[19] 부패는 중국공산당이 직면한 최대의 위협이다. 당풍(黨風)과 청렴정치 확립, 반부패 투쟁은 인심의 향배가 걸린 사안이다. 당이 과감하게 자아 혁명을 하기 위해서는 당의 분위기와 기강을 바로잡는 노력을 꾸준히 경주해야 하고, 부패와의 전쟁에서 압도적인 승리를 거두어야 한다. 중국공산당이 일관되게 당풍청렴건설을 중시하지 않고, 부패를 결연히 척결하지 않았더라면 중국의 경제와 사회는 이렇게 큰 성과를 거둘 수 없었을 것이고, 안정적인 개혁과 발전 추세도 다질 수 없었을 것이다. 반부패에는 마침표가 없다는 자세로 겉으로 드러난 현상과 근본적 문제를 동시에 해결하고, 청렴하고 공정한 간부, 청렴한 정부, 깨끗하고 투명한 정치를 보장해야만 비로소 역사의 주기율에서 벗어날 수 있으며, 당과 국가가 장기적으로 평안할 수 있다. 이것은 중국공산당이 동서고금의 역사적 교훈을 깊이 있게 요약한 중요한 결론이다.

전면적인 종엄치당을 실천하는데 있어서 시진핑 총서기를 위시한 당 중앙은 몸소 실천하고 솔선수범하면서 당의 정치 건설을 최우선에 두고 당의 정치 지도를 견지하면서 당내 정치생활을 강화하고 규제하는 한편 정치 능력과 정치 생태계를 정화하는 데 힘썼다. 당 중앙 '8항 규정(八項規定)'[20] 정신 이행을 전면적인 종엄치당의 돌파구로 삼아 기풍을 쇄신하

---

19   「시진핑, 19기 중앙기율검사위원회 3차 전체회의에서 연설을 발표하여 "전면적 종엄치당의 더 큰 전략적 성과 쟁취해 반부패 투쟁의 압도적인 승리를 공고히 하고 발전시켜야"를 강조」, 인민일보, 2019년 1월 12일, 1면.

20   옮긴이 주: 제18기 중앙정치국이 업무태도 개선 및 대중과의 밀착과 관련하여 통과시킨 8개 규정. 조사연구 방법 개선, 회의 및 행사 간소화, 문건과 회의 속보 간결화, 출장 활동 규범화, 경호 업무 개진, 언론 보도 개선, 원고 발표 통제, 근검절약 실천 등을 주요 내용으

고 탁한 물을 흘려보내고 맑은 물을 끌어들이기 위해 흔들림 없이 형식주의, 관료주의, 향락주의, 사치풍조 등의 '4풍(四風)'을 척결하고, 새로운 기풍을 세웠다. 엄중한 부패 처벌을 전면적인 종엄치당의 중요한 임무로 삼아 '호랑이(부패한 고위 관료), 파리(부패한 하급 관료), 여우(해외도피 탐관) 잡기'를 다각적으로 병행하고, 감히 부패하지 못하게 하고, 부패할 수도 없으며, 부패를 생각조차 못하도록 일제히 추진하였다. 기강 확립을 전면적인 종엄치당의 근본적인 전략으로 삼아 정치기율과 정치규범 확립을 부각하고, 규율을 당 관리와 통제의 최전선에 두었다. 전면적인 종엄치당을 당내 감독을 강화하는 중요한 뒷받침으로 삼아 국가 감찰제도를 확립하는 정층설계(Top Level Design, 톱다운 방식)를 통해 당의 장기 집권 하에서 자기 감독 난제를 해결하였다. 엄격한 관리를 통해 간부를 잘 활용하는 것을 전면적인 종엄치당의 키포인트로 삼아 '관건적 소수'로 꼽히는 지도간부 관리에 힘썼고, 주요 지도간부, 특히 고위 간부에 초점을 맞추어 이들에 대해 엄격한 교육과 관리, 감독을 실시하고, '용인(用人)' 방침을 바로 잡았다. 당규(黨規)와 제도에 따라 당을 다스리는 것을 견지하고, 당내 법규와 제도의 확립을 강화하며, 당내 법규와 제도 시스템을 개선하면서 겉으로 드러난 현상과 근본적 원인을 동시에 해결하고 권력을 제도권 안으로 끌어들였다. 종엄치당의 정치적 책임 이행을 전면적인 종엄치당의 중요한 수단으로 삼고 모든 단계에서 주체적 책임과 감독 책임을 이행하여 전면적인 종엄치당을 깊이 있게 발전시켰다. 이러한 조치들은 모두 중국공산당이 처한 역사적 위치와 당면한 복잡한 상황, 짊어진 사명과 임무를 바탕으로 일부 지방

로 함.

과 부문의 당 지도력 약화, 당 건설 부족, 당 관리·통제 미흡, 당의 신념 약화, 느슨한 조직과 해이해진 당의 기강과 같은 문제에 초점을 맞춰 내놓은 것이다. 목적은 당 관리 및 통제를 엄격하고 치밀하며 강경하게 이끌어 당의 선진성과 순결성을 시종일관 유지하기 위함이다. 당의 지도를 견지하고, 당의 자체 관리와 전면적인 종엄치당을 견지하는 것은 새로운 역사적 특징을 지닌 위대한 투쟁과 중국 특색 사회주의라는 위대한 사업을 추진하고, 민족 부흥의 위대한 꿈을 실현하기 위한 근본적인 보장이며, 중국공산당이 시대에 발맞춰 선진성과 순결성을 항상 유지하는 필연적인 요구임이 실천을 통해 증명되었다.

당을 관리하고 다스리는 실천 모색 과정에서 시진핑 총서기는 전면적인 종엄치당을 위한 일련의 중요한 논술을 제시했다. 이러한 중요한 논술은 공산당의 집권 법칙과 사회주의 건설 법칙, 인류 사회의 발전 법칙을 더욱 깊이 있게 파악함으로써 마르크스주의 중국화를 위한 새로운 지평을 열었고, 당 관리 및 통제의 새로운 지평을 열었다. 전면적인 종엄치당은 새로운 시대에 당이 해야 할 사명을 담고 있다.[21] 18차 당대회 이후 종엄치당이 탁월한 성과를 거두면서 과거에 쉽게 근절할 수 없다고 여겨졌던 나쁜 풍조들을 제거했고, 관행으로 여겨진 고질적인 현상을 극복했으며, 오랜 기간 해결할 수 없고 해결하지 못했던 난제를 해결했고, 당과 국가 내부에 존재했던 심각한 복병을 제거하였다. 이를 통해 당내 정치생활 분위기가 쇄신되고 당의 정치 생태계가 뚜렷이 호전되었으며, 당의 창의력과 응

---

21   왕치산, 「전면적 종엄치당, 새로운 시대 당이 해야 할 사명을 담아-18기 6중 전체회의 정신 학습 관철」, 인민일보(人民日報), 2016년 11월 8일, 3면.

집력, 전투력이 크게 향상되었다. 또한 당의 단결과 통일이 더욱 공고해졌고, 당과 민중의 관계가 눈에 띄게 개선되었으며, 혁명적인 단련 중에서 당이 더욱 강해졌다. 19차 당대회 개최 후 1년여 동안 전면적인 종엄치당이 새로운 중대한 성과를 거두면서 당의 집중적이고 통일적인 지도가 더욱 강력해졌고, 당 건설의 새로운 위대한 사업이 전방위적으로 강화되었으며, 전면적인 종엄치당의 실효성이 제고되었고, 당내 정치 생태계가 더욱 개선되어 당이 새로운 시대의 새로운 과정에서 더욱 강력한 생기와 활력을 내뿜었다. 이는 전반적으로 심오한 영향을 주는 고무적인 변화로써 당과 국가 사업 발전을 위한 강한 긍정적 에너지를 축적하였다. 물론 전면적인 종엄치당이 거둔 중요한 단계적 성과는 그 이상이다. 즉각적이고도 장기적인 성과도 있고, 명시적이면서도 암묵적인 성과도 있으며, 실천적이면서도 이론적인 성과도 있다. 그 중에서 시진핑 총서기의 전면적인 종엄치당 사상은 전면적인 종엄치당이 거둔 가장 중요한 이론적 성과이며, 전면적인 종엄치당 실천의 결정체이자 정수로 꼽힌다.

이 책은 전면적인 종엄치당에 관한 시진핑 총서기의 중요한 논술을 깊이 있게 연구하고, 이를 바탕으로 이루어진 학습 및 연구 성과 중 하나로 전면적인 종엄치당의 중요한 의미, 위상과 역할, 방침과 원칙, 목표와 요구 사항, 상황과 과제, 내포되어 있는 사고의 방향, 제도와 메커니즘, 방식과 방법, 경로와 조치, 기본 법칙 등을 체계적으로 귀납하고, 이론적으로 요약했다. 목적은 당원과 간부, 특히 당 업무와 기율 검사 업무에 종사하는 간부들이 '시진핑 신시대 중국 특색 사회주의 사상'을 학습하고 관철하는데 참고를 제공하는 데 있다. 이 책은 전국철학사회과학업무판공청이 승인해 입안한 특별 프로젝트[22] 연구 성과 중 하나이다. 전면적인 종엄치당에 관한 시진핑 총서기의 중요한 논술을 바탕으로 관련 연설, 지시, 기고문 등에 담겨있는 전면적인 종엄치당 사상에 대해 포괄적이고 체계적으로 정리함으로써 체계적인 사상 이론을 형성하는 것이 상기 프로젝트 과제 연구의 기본적인 사고 방향이다. 풍부한 의미를 내포하고 있는 시진핑 총서기의 전면적인 종엄치당 사상의 핵심은 당의 리더십 강화이다. 당의 리더십 강화는 당 건설 강화와 분리할 수 없으며, 당 건설 강화를 위해서는 전면적인 종엄치당이 필수적이다. 전면적인 종엄치당을 위해서는 끊임없이 당의 기풍을 개선하고 청렴한 정치 풍토를 확립하고, 부패를 척결해야 한다. 이는 당의 리더십 강화를 위한 내재적인 논리이자 실천적인 요구이다. 전면적인 종엄치당은 당 건설과 깊은 관련이 있으며, 새로운 정세에서 당 건설의 중점이자 하이라이트, 중요한 맥락이다. 양자 관계를 보면, 전면적인 종엄치당은 당 건설의 중요한 구성부분이기는 하나 전부는 아니다. 전면적인 종엄치당은 당풍과 청렴 정치 확립, 반부패 투쟁과 매우 밀접한 연관이 있다. 당 기풍과 청렴한 정치 확립, 반부패 투쟁은 전면적인 종엄치당의 중요한 구성 부분이긴 하되 전부는 아니다. 이에 대해 왕치산(王岐山) 동지는 18기 중앙기율검사위원회 6차 전체회의에서 상세하게 설명한 바 있다.[23] 이를 바탕으로 이 책의 연구 내용은 당 건설과 관련된 내용을 포함하지만, 당

---

22 국가사회과학기금 18차 당대회 이후 당중앙 국정운영 새로운 이념과 사상, 전략 연구 특별 프로젝트 '시진핑 국정운영 사상 연구'(프로젝트 승인번호:16ZZD001)

23 왕치산, 「전면적 종엄치당은 기율을 전면에 내세우고, 당규약이 부여한 신성한 직책을 충실하게 이행한다-중국공산당 18기 중앙기율검사위원회 6차 전체회의에서의 업무 보고」, 인민일보, 2016년 1월 25일, 3면.

　　　　　　　　　　　　　　　　　　　전면적인 종엄치당에는 마침표가 없다

건설에 초점을 맞추는 것이 아니라 당풍청렴건설, 반부패 투쟁의 관점에서 18차 당대회 이후 전면적인 종엄치당의 실천적 경험을 총화하고, 시진핑 총서기의 전면적인 종엄치당 중요 논술을 요약하였다. 시대는 문제를 내고, 공산당원은 문제에 답하며, 인민은 답안지를 검사한다. 당 관리와 전면적인 종엄치당 방침을 일관되게 관철하고 이행하는 한 중국공산당은 신시대에서 새로운 기상으로 새로운 성과를 내고, 더욱 강력해지고, 언제나 인민과 함께 생각하고 함께 일할 수 있을 것이라고 믿어 마지않는다.

제1장

전면적인 종엄치당의

새로운 단계

'중국공산당 제18차 전국대표대회'(이하 약칭 '18차 당대회') 이후 중국 특색 사회주의는 새로운 시대로 접어들었다. 시진핑 총서기를 중심으로 당 중앙은 새로운 시대의 당 건설에 대한 요구에 부응하여 중국공산당이 당을 관리하고 다스려온 역사적 경험을 집대성한 바탕에서 당의 리더십 강화와 당 건설에 주안점을 두고 당 관리와 통제를 대대적으로 추진하여 전면적인 종엄치당의 새로운 단계를 열었다. 시진핑 총서기는 '당의 자체 관리(黨要管黨)'와 '종엄치당(從嚴治黨·엄격한 당 관리)'에 주안점을 두고 당 역사상 처음으로 전면적인 종엄치당을 제시하고, 전면적인 종엄치당이 직면한 국내외 정세에서 특히 두드러지는 문제에 대한 향방과 당 건설에서 존재하는 두드러지는 문제를 피력하였다. 아울러 당 관리(管黨)와 통제(治黨·당을 다스림)에서 전면적인 종엄치당에 이르기까지에 담겨 있는 심오한 의미에 대해 밝히고, 전면적인 종엄치당의 풍부한 의미를 설명했다. 전면적인 종엄치당 견지를 신시대 중국 특색 사회주의를 고수하고 발전시키기 위한 기본 전략의 중요한 부분으로 삼고, 전면적인 종엄치당이 거둔 탁월한 성과가 당과 국가 사업이 역사적인 성취를 거두고 변혁을 이루어 내는 데 결정적인 역할을 했음을 충분히 인정하고, 18차 당대회 이후 전면적인 종엄치당의 중요한 경험을 종합해 전면적인 종엄치당을 위해서는 사상으로 당을 건설하는 '사상건당(思想建黨)' 방침과 제도로서 당을 다스리는 '제도치당(制度治黨)' 방침의 통일, 사명 완수와 문제 지향 통일, '관건적 소수'와 '절대다수'의 관리 통일, 권력 행사와 책임 감당의 통일, 엄격한 관리와 관심·신뢰의 통일, 당내 감독과 대중 감독의 통일을 고수해야 한다고 밝혔다.[1] 또한 당풍(黨風)과 청렴정치(廉政) 확립 및 반부패 투쟁을 위해 높은 기준을 고수하는 것과 마지노선을 준수하는 것의 통일, 책임과 처벌의 통일, 문제 찾기와 개혁 심화의 통일, 인재 선발·등용과 엄격한 관리의 통일을 견지해야 한다고 제기했다.[2] 19기 중앙검사기율위원회 3차 전체회의에서 시진핑 총서기는 개혁개방 40년간 당의 지도를 견지한 것과 엄격한 당 관리의 귀중한 경험을 깊이 있게 정리하여 '5가지 반드시(五個必須)'를 제시했다. '5가지 반드시'란 첫째, 반드시 당 중앙의 권위와 집중적이고 통일된 지도를 단호하게 수호해 당의 보폭 일치와 행동 통일을 보장해야 한다. 둘째, 나라를 다스리려면 우선 당을 다스려야 하고 당을 다스림에 있어서는 반드시 엄격함을 견지하여 당이 중국 특색 사회주의 사업의 기둥이 되도록 보장해야 한다. 셋째, 인민중심을 견지하여 당을 세운 것은 공을 위한 것이고, 집권은 인민을 위함임을 보장해야 한다. 넷째, 개혁 혁신과 분투 기풍을 견지하여 당이 항상 시대의 선두에 서도록 보장해야 한다. 다섯째, 소극적 부패 현상과 투쟁하여 당이 영원히 깨끗하고 청렴한 정치적 진

---

1 「시진핑, 19기 중앙기율검사위원회 2차 전체회의에서 중요한 연설을 발표하여 "19차 당 대회 정신을 전면적으로 관철해 실행에 옮기고, 영원히 마침표가 없다는 집념으로 종엄치 당을 심화시켜 나가자"를 강조」, 인민일보, 2018년 1월 12일, 1면.

2 「18기 중앙기율검사위원회 역대 전체회의 문건자료 모음집」, 중국방정출판사, 2017년 판, 312-313면.

면목을 유지하도록 보장해야 한다.[3] 18기 중앙기율검사위원회 7차 전체회의에서 당풍청렴건설, 반부패 투쟁을 위한 '4가지 통일'의 중요한 지침을 제시한 것으로부터 19기 중앙기율검사위원회 2차 전체회의에서 전면적인 종엄치당을 위한 '6가지 통일'의 경험을 명확히 한 것, 또 19기 중앙기율검사위원회 3차 전체회의에서 개혁개방 40년간 당 관리와 통제를 위한 '5가지 반드시'의 귀중한 경험을 깊이 있게 총정리한 것은 중국공산당이 전면적인 종엄치당의 규칙성을 부단히 새로운 수준으로 향상시켰음을 방증한다. 이러한 중요한 사상과 이념, 방침, 원칙은 새로운 상황에서 당 관리와 통제의 실천적 혁신을 강력하게 추진하였고, 새로운 상황에서 당 건설의 새로운 여정과 당 관리의 새로운 장을 열었다. 전면적인 종엄치당 제시는 당을 관리하고 당을 다스린 중요한 이정표로써 역사적인 상징성을 띠며, 신시대 중국 특색 사회주의를 견지하고 발전시키는 데 중대한 이론적, 실천적 의의가 있다.

1. 당 관리와 통제로부터 전면적인 종엄치당 시행

18차 당대회 이후 시진핑 총서기는 중국공산당이 당을 관리하고 다스린 우수한 전통을 고수하고 이를 높이 추켜들고 중국 특색 사회주의가 새로운 발전 단계에 처한 현실과 당 건설의 필요성에 입각해 전면적인 종

---

3   「시진핑, 19기 중앙기율검사위원회 3차 전체회의에서 중요 연설을 발표하여 "전면적 종엄치당의 더 큰 전략적 성과 쟁취해 반부패 투쟁의 압도적인 승리를 공고히 하고 발전시켜야"를 강조」, 인민일보, 2019년 1월 12일, 1면.

엄치당을 창조적으로 제시하였다. 이로써 당 관리와 통제는 새로운 역사적 발전 단계로 들어서게 되었다.

(1) 종엄치당은 중국공산당의 우수한 전통이다

중앙 지도부 취임 초기 시진핑 총서기는 당의 자체 관리와 종엄치당을 강조했다. 그는 중국공산당 18기 중앙위원회 1차 전체회의(당 18기 1중전회라고 약칭함)에서 "새로운 상황에서 중국공산당의 자체 건설은 일련의 새로운 상황과 새로운 문제, 새로운 도전에 직면해 있어 당의 자체 관리와 종엄치당 임무 이행이 과거 어느 때보다도 더 막중하고 시급하다"고 지적했다. 이어 "우리는 더 큰 결심과 용기로 당의 자체 건설을 잘해 세계 정세가 심오하게 변화하는 역사적 과정에서 당이 항상 시대의 선두에 서고, 국내외 각종 위험과 시련에 대응하는 역사적 과정에서 항상 인민들의 기둥이 되며, 중국 특색 사회주의를 견지하고 발전시키는 역사적 과정에서 항상 강력한 지도 핵심이 되도록 확보해야 한다"면서 "당을 관리하고 다스리는 것은 한시도 게을리 할 수 없다"고 강조했다.[4]

당의 자체 관리 및 종엄치당은 중국공산당의 일관된 방침이다. 이 같은 방침은 마르크스주의 경전 작가의 프롤레타리아 정당 건설에 관한 중요한 논술이 중국 혁명과 건설, 개혁의 역사적 과정 속에서 끊임없이 발전하고 보완되면서 형성되었다. 마르크스와 엥겔스는 과학적 사회주의 이론을 창안하면서 프롤레타리아 정당이 당을 관리하고 다스린 일련의 사상을 체계적으로 기술했다. 마르크스와 엥겔스는 당원과 대중이 지도력을 광범

---

4   시진핑, 「전국조직업무회의에서의 연설」(2013년 6월 28일), 당건연구, 2013년 8호.

위하게 감독하고, 지도적 책임을 지는 사람을 과감하게 비평하며, 그들의 업무에 대해 합리적인 조언을 할 수 있고, 당을 구실로 모든 사람을 이용해 사적인 목적을 이루는 부패 현상에 맞서 싸우고, 당내 부패하고 타락한 당원을 단호히 축출해야 한다고 요구할 수 있다고 주장하면서 "우리는 지금 당의 규율을 절대적으로 유지해야 한다. 그렇지 않으면 아무것도 이루지 못할 것"이라고 강조했다.[5] 소비에트 정권의 부패 현상에 대해 레닌은 청렴한 정부 건설과 부정부패 인사 처벌 강화, 관료주의 극복, 감독 강화 등 일련의 주장을 제시했다. 그는 "이름뿐인 당원은 그냥 준다고 해도 원하지 않는다",[6] "당원의 칭호와 역할을 높이고, 또 높이기 위해 노력해야 한다",[7] "활발한 사업을 가로막는 늑장 행위와 관료주의를 엄하게 다스려야 한다"[8]고 강조했다. 레닌은 부적격 당원은 즉시 퇴출시켜야 하며 공산당원의 범죄는 일반인보다 더 엄중하게 처벌해야 한다고 주장했다. 경전 작가들의 논술은 중국공산당이 당을 관리하고 다스리는 데 과학적인 이론 근거를 제공했다.

마오쩌둥(毛澤東) 동지를 핵심으로 하는 제1세대 중앙 지도부는 당을 관리하고 다스리는 것에 큰 중요성을 부여했다. 신민주주의 혁명 시기에 마오쩌둥 동지는 당 건설이 중국 혁명의 승리를 쟁취하는 비결이라고 밝혔다. 1937년 10월 그는 '현재 항전 형세와 당의 임무 보고서 개요'에서 "우리 간부들이 당과 나라를 다스리고, 중국 전체와 전 세계 사람들과 대

5   「마르크스엥겔스선집」 제29권, 인민출판사, 1972년판, 413면.

6   「레닌선집」 제37권, 인민출판사, 1986년판, 215면.

7   「레닌선집」 제7권, 인민출판사, 2013년판, 272면.

8   「레닌선집」 제42권, 인민출판사, 1987년판, 361면.

화할 수 있고, 그들을 위해 일할 수 있도록 하기 위해서는 원대한 정치적 안목과 정치가로서의 품격을 가지도록 해야 한다"[9]고 지적했다. 그는 〈'공산당원' 발간사〉에서 당 건설을 '위대한 공사'에 비유했다. 1959년 6~7월, 그는 루산(廬山)회의에서 농촌 당 기층(基層·말단) 조직의 리더십 문제를 논의하면서 "기층 당의 활동이 약해졌다. 당이 당을 관리하지 못하고 행정만 관리하고 있다"고 지적했다.[10] 1963년 1월, 중앙은 〈전국조직업무회의 회의록〉에서 "당이 당을 관리해야 한다. 당 건설은 민주주의 혁명 시기와 사회주의 건설 시기 우리의 중요한 비결 중 하나이다. 집권당은 항상 당 건설 강화에 주의를 기울이고, 민주집중제(Democratic centralism)[11]를 성실하게 이행하며, 간부와 당원들에게 더 엄격하고 높은 기준을 제시해야 한다. 이는 불변의 진리이다. 당이 스스로를 관리하지 않는다면 당의 노선과 정책, 방침이 철저하게 실현될 수 없고, 당조직이 타락해 변질될 위험이 있다"[12]고 지적했다. '당의 자체 관리' 개념과 원칙은 이 때 처음 당 문헌에 등장했다.

당 11기 3중전회 이후, 덩샤오핑(登小平) 동지를 위시한 제2세대 중앙 지도부는 당을 관리하고 다스리는 것과 관련해 새로운 요구를 제시했다. 1982년 4월, 덩샤오핑 동지는 새로 나타난 부정부패의 심각성과 위해성에 대해 "부정부패의 바람이 거세게 불고 있다. 우리가 진지하게 주의를 기울이지 않고 단호하게 막지 않는다면 중국공산당과 국가가 '면모를 바꾸느냐'의

---

9   「마오쩌둥 문선」 제2권, 인민출판사, 1993년판, 60면.

10   「마오쩌둥 문선」 제8권, 인민출판사, 1999년판, 81면.

11   옮긴이 주: 사회주의국가 운용의 기본적인 원리로 '인민민주주의'의 기초 위에서 권력을 집중 행사하는 제도.

12   「건국 이후 주요 문헌 선집」(제16권), 중앙문헌출판사, 1997년판, 92면.

전면적인 종엄치당에는 마침표가 없다

문제가 실제로 불거질 것이다. 그냥 경고가 아니다"라고 엄중하게 지적했다.[13] 1989년 6월, 덩샤오핑 동지는 몇몇 중앙 책임자들과의 대화에서 "상무위원회의 동지들은 당 건설에 집중해야 한다. 당을 관리해야 하는데 관리하지 않으면 안 된다"고 강조했다.[14] 장쩌민(江澤民) 동지를 핵심으로 하는 제3세대 중앙 지도부는 당 관리와 통제를 더욱 강조했다. 2000년 1월 장쩌민 동지는 15기 중앙기율검사위원회 4차 전체회의에서 "나라를 다스리려면 우선 당을 다스려야 하고 당을 다스림에 있어서는 반드시 엄격해야 한다"고 강조하고, 4가지 요구를 제시했다. 첫째, 지도간부에게 엄격하게 요구하고, 엄격하게 교육해야 한다. 둘째, 지도간부는 엄격한 선발과정과 심사를 통해 임용해야 한다. 셋째, 지도간부를 엄격하게 감독해야 한다. 넷째, 지도간부의 기율 위반과 위법 행위에 대해서는 엄중하게 조사하고 처벌해야 한다.[15] 21세기에 진입해 후진타오(胡錦濤) 동지를 총서기로 하는 당 중앙은 당 관리와 통제의 긴박성을 강조하면서 당을 관리하고 다스리는 임무가 과거 어느 때보다 더 힘들고 시급한 과제라고 지적했다.[16]

'당의 자체 관리'와 '종엄치당' 방침이 세워지기까지는 세 단계 과정을 거쳤다. 첫 번째 단계에서는 '당의 자체 관리'와 '종엄치당' 개념이 다방면에서 제시되었다. 1963년 1월 중앙은 〈전국조직업무회의 회의록〉에

---

13 「덩샤오핑 문선」 제2권, 인민출판사, 1994년판, 403면.

14 「덩샤오핑 문선」 제3권, 인민출판사, 1993년판, 314면.

15 「장쩌민, 중앙기율검사위원회 제4차 전체회의에서 연설, '치국은 치당이 선행되고 치당은 엄격해야'를 강조」, 인민일보, 2000년 1월 15일, 1면.

16 「후진타오, 중국공산당 창당 90주년 기념식 연설」(2011년 7월 1일), 인민일보, 2011년 7월 2일 1면.

서 '당의 자체 관리' 이념을 처음 제시했다. 1985년 11월 중앙은 〈농촌 전체 당 정돈 업무 배치에 관한 통지〉에서 '종엄치당'을 처음 사용하고, "종엄치당을 하려면 체면을 위하여 진리를 따지지 않고, 인정을 위하여 원칙을 따르지 않으며, 파벌을 위하여 당성(黨性)의 희생도 마다하지 않는 부정부패 풍조를 결연히 척결해야 한다"[17]고 지적했다. 두 번째 단계에서는 '당의 자체 관리와 종엄치당'을 제시했다. 14차 당대회에서는 당의 자체 관리와 종엄치당을 견지할 것을 강조하면서 '종엄치당 견지'를 당장(黨章·당규약)에 삽입했다. 세 번째 단계에서는 '당의 자체 관리와 종엄치당'을 당 건설의 방침과 원칙으로 격상시켰다. 15차 당대회에서는 "각급 당위원회가 '당의 자체 관리' 원칙을 견지하고, 당 건설과 모든 사업에서 종엄치당의 방침을 관철해야 한다"고 지적했다. 16차 당대회에서는 "당의 자체 관리와 종엄치당 방침을 견지해야 한다"고 제안했다. 2009년 9월, 당 17기 4중전회는 '당의 자체 관리와 종엄치당을 견지해 당을 관리하고 다스리는 수준을 높인다'를 중국공산당 집권 60년의 자체 건설을 위한 기본 경험으로 삼았다. 18차 당대회 이후 시진핑 주석을 핵심으로 하는 당 중앙은 중국공산당이 오랫동안 형성한 '당의 자체 관리와 종엄치당' 방침을 계속 견지하면서 새로운 실천을 통해 '전면적인 종엄치당'으로 발전시켰고, 19차 당대회에서 새로 개정한 당규약에 삽입함으로써 당 관리 및 통제의 새로운 국면을 열었다.

---

17 「신시대 농업과 농촌 사업 중요 문헌 선집」, 중앙문헌출판사, 1992년판, 367면.

(2) 전면적인 종엄치당을 제기하다

18차 당대회 이후 시진핑 총서기는 당의 자체 관리와 종엄치당을 바탕으로 전면적인 종엄치당 사상을 최초로 제시했다. 전면적인 종엄치당 사상은 당을 관리하고 다스리는 법칙에 대해 오랫동안 연구하고 통찰력 있는 사고를 한 끝에 얻은 중대한 이론적 성과이다.

2014년 10월, 시진핑 총서기는 당의 '군중노선 교육실천활동(群衆路線敎育實踐活動)'[18] 결산 회의에서 전략적이고 전반적인 시각에 입각해 최초로 전면적인 종엄치당의 기본 윤곽을 잡았고, 전면적인 종엄치당의 주요 내용을 개괄했다. 이때는 '전면적인 종엄치당'의 규범적인 개념이 아직 공식적으로 제시되지 않았다. 그는 종엄치당에 대한 책임 이행, 사상을 통한 당 건설과 제도를 통한 치당(治黨) 방침의 긴밀한 결합 견지, 당내에서 엄격한 정치생활, 엄격한 간부 관리 견지, 당 기풍 개선의 지속적인 심화, 엄격하고 공정한 당 기강 확립, 인민의 감독 역할 발휘, 종엄치당 규율 파악 등 8가지 요구를 제기하고, 종엄치당을 바탕으로 계속 탐구하고 끊임없이 전진하면서 전면적인 종엄치당을 추진할 것을 요구했다.

12월, 시진핑 총서기는 장쑤(江蘇)를 시찰하면서 '전면적인 종엄치당'의 과학적 범주를 제시하고, "전면적인 종엄치당은 새로운 당 건설의 위대한 사업을 추진하기 위한 필연적인 요구이다. 전면적인 샤오캉 사회 실현, 전면적인 개혁 심화, 전면적인 법치, 전면적인 종엄치당을 조화롭게 추진

---

18 옮긴이 주: 당의 선진성과 순결성 유지 및 발전을 둘러싸고 '위민(爲民), 무실(務實), 청렴(淸廉)'을 주제로 현처급 이상 지도기관과 지도부, 지도간부를 중심으로 전체 당원에게 마르크르주의 군중관점과 당의 군중노선 교육을 강화하는 전당 차원의 교육실천활동으로 2013년 하반기부터 시작되었음.

함으로써 개혁개방과 사회주의 현대화를 새로운 차원으로 끌어올려야 한다"고 강조했다.[19] 이는 당 관리와 통제를 '전면적인 종엄치당'으로 격상시켜 당 관리와 통제에서 전면적인 종엄치당으로의 도약을 실현한 것이다. 이와 관련하여 왕치산 동지는 "'당의 자체 관리 및 종엄치당'에서 '전면적인 종엄치당'을 제시한 것은 중공중앙의 당 관리와 통제에 대한 인식이 깊어졌고, 상황과 임무가 그렇게 되어가고 있음을 보여 준다"고 지적했다.[20] 시진핑 총서기가 제시한 전면적인 종엄치당은 당 관리와 통제에 대한 중국공산당의 사상과 인식이 새로운 수준으로 발전했음을 시사한다.

2015년 2월, 시진핑 총서기가 전면적인 종엄치당을 '4개 전면'의 전략적 포석에 포함시키면서 당 관리와 통제의 전략적 위상이 더욱 부각되었다. 성부급 주요 간부 대상 '4중전회 정신을 학습하고 관철하자'를 주제로 열린 세미나에서 시진핑 총서기는 18차 당대회 이후 당 중앙은 중국 특색 사회주의를 고수하고 발전시키는 차원에서 전면적인 샤오캉 사회 실현, 전면적인 개혁 심화, 전면적인 법치, 전면적인 종엄치당의 전략적 포석을 제시했다고 밝혔다. 이 전략적 포석에는 전략적 목표뿐 아니라 전략적 조치도 포함되어 있기 때문에 각각의 '전면'은 중대한 전략적 의미를 지닌다. 전면적인 샤오캉 사회 실현이 전략적 목표이고, 전면적인 개혁 심화, 전면적인 법치와 전면적인 종엄치당은 3대 전략적 조치이다.[21] 당 18기 3

19 시진핑, 「'4개 전면'의 전략적 배치를 조화롭게 추진하자」(2014년 12월-2015년 9월), 「18차 당대회 이후 주요 문헌 선집」(중), 중앙문헌출판사, 2016년판, 247면.

20 왕치산, 「전면적 종엄치당, 당 집권의 정치적 기반 강화-전국정치협상회의 제12기 상무위원회 제18차 회의에서의 연설」, 구시, 2016년 23호.

21 시진핑, 「'4개 전면'의 전략적 배치를 조화롭게 추진하자」(2014년 12월-2015년 9월), 「18차 당대회 이후 주요 문헌 선집」(중), 중앙문헌출판사, 2016년판, 248면.

중, 4중, 5중전회에서 전면적인 개혁 심화, 전면적인 법치, 전면적인 샤오 캉 사회 실현을 주제로 연구하고 배치한 데 이어 6중전회에서는 전면적인 종엄치당에 대해 전문적으로 연구했다. 당 18기 3중, 4중, 5중, 6중전회는 전면적인 개혁 심화, 전면적인 법치, 전면적인 샤오캉 사회 실현, 전면적인 종엄치당을 구체적이고 깊이 있게 논의함으로써 18차 당대회 정신을 관철 하고 이행하는 전략적 계획을 완전하게 구현했다.

(3) '4개 전면'의 전략적 배치에 포함시키다

시진핑 총서기는 전면적인 종엄치당을 '4개 전면'이라는 전략적 배 치에 포함시킨 것에 대한 중요한 의미와 더불어 전면적인 종엄치당과 전 면적인 샤오캉 사회 실현, 전면적인 법치, 전면적인 개혁 심화와의 관계를 설명했다. 그는 18차 당대회 이후 '4개 전면'의 전략적 배치에 전면적인 종 엄치당을 포함시킨 것은 새로운 역사적 조건에서 중국공산당이 세계와 국 가, 당의 변화에 대응하기 위한 필연적인 선택이라고 밝혔다.[22] '4개 전면' 의 전략적 배치는 당 중앙이 중국 특색 사회주의를 견지하고 발전시키는 관점에서 중화민족의 위대한 부흥인 '중국의 꿈' 실현에 주안점을 두고 제 시해 마련한 것으로 새로운 역사적 여건에서 중국공산당의 국정운영에 대 한 마스터플랜이다. 전면적인 종엄치당은 '4개 전면' 전략 배치의 중요한 구성 부분이자 많은 새로운 역사적 특징을 가진 위대한 투쟁의 중요한 내 용으로써 중국 특색 사회주의 견지 및 발전과 '두 개 100년' 분투목표 실

---

22 「시진핑, 18기 6중전회 제2차 전체회의에서의 연설(발췌)」(2016년 10월 27일), 구시, 2017 년 1호.

현, 중화민족의 위대한 부흥인 '중국의 꿈' 실현을 위해 특별한 정치적 의미와 실천적 의의를 가진다.

1) 전면적인 샤오캉 사회를 실현하는데 있어서의 근본적인 보장이다

당 관리·통제와 전면적인 샤오캉 사회 실현과의 관계는 시진핑 총서기가 국정운영에서 가장 먼저 고려한 문제다. 그는 18기 중앙정치국 제1차 '그룹 스터디'(이하 집단학습)를 주재하면서 "우리 당은 전면적인 샤오캉 사회 실현, 사회주의 현대화 추진, 중화민족의 위대한 부흥을 실현하기 위해 인민을 단합시키고 인솔해야 하는 중대한 책임을 지고 있다. 당이 강건하게 인민과의 끈끈한 혈연관계를 유지하면 국가가 번영과 안정을 실현하고 인민이 평안하고 행복해질 것이다"라고 지적했다.[23] 전면적인 샤오캉 사회 실현이 일정대로 완성될 수 있는지는 근본적으로 경제 및 사회 발전에서 중국공산당이 지도 핵심 역할을 얼마나 잘 수행하느냐에 달려있고, 중국공산당이 이끌고 발전하는 능력과 수준에 달려있다. 전면적인 종엄치당은 당을 강력하게 만들고 전면적인 샤오캉 사회를 건설하기 위한 근본적인 정치적 뒷받침을 제공하기 위해서이다. 이는 주로 아래와 같은 방면에서 나타난다.

첫째, 하나의 청사진을 끝까지 밀어붙여야 한다. 시진핑 총서기는 "좋은 청사진을 끝까지 밀어붙여 확실한 성과를 내야한다. 우리는 '못 박기 정신'이 필요하다. 망치질 한번으로 못을 완전히 박을 수 없기 때문에

---

23   시진핑, 「중국 특색 사회주의를 견지하고 발전시켜 나가는 것을 중심에 놓고 18차 당대회 정신을 학습하고 선전하고 관철하자」(2012년 11월 17일), 「18차 당대회 이후 주요 문헌 선집」(상), 중앙문헌출판사, 2014년판, 79면.

못이 단단히 박힐 때까지 여러 번 망치질을 해야 한다. 하나를 단단히 박고 나서 또 다른 것도 계속해 나간다면 반드시 효과를 보게 될 것"이라고 지적했다.[24] 그는 또 "간부가 일을 하고 새로운 사업을 추진하려면 정확한 정치 업적관을 수립해야 하고, 일의 성공이 꼭 나 한 사람에 의해 이뤄지는 것이 아니라는 자세와 일을 성사시키는 데는 내가 빠지면 안 된다는 역사적 책임감을 가지고 못 박기 정신을 발양하고 착실하게 일해야 한다"고 강조했다.[25] 시진핑 총서기가 언급한 청사진은 전면적인 샤오캉 사회 실현이며, 이 목표를 이용하여 당 전체의 힘을 결집하고 단결하여, 인민을 이끌고 이 목표를 이루기 위해 노력해야 한다는 것이다.

둘째, 과감하게 책임지고 용감하게 성과를 내야 한다. 시진핑 총서기는 "전면적인 샤오캉 사회 실현 승리를 위한 역사적인 대단결의 막이 열렸고, 전면적인 샤오캉 사회 실현을 향한 험난한 임무가 우리 세대의 어깨에 달려있다. 이를 악물고 숨을 죽이고 힘을 모아 의지를 불태우며 스퍼트를 올려야 할 때다. 전면적인 샤오캉 사회 실현의 위대한 진군에 모든 중국인들에게 나름대로의 책임이 있다. 지도간부들은 과감하게 책임져야 한다"고 지적했다.[26] 전면적인 종엄치당은 지도간부의 책임감 문제 해결에 중점을 둔다. 능력 미달로 인해 할 수 없고, 불충분한 동기 부여로 인해 하고 싶

---

24 「시진핑의 전면적인 샤오캉 사회 실현에 관한 논술 요약집」, 중앙문헌출판사, 2016년판, 188면.

25 「시진핑, 중앙당교(국가행정대학) 중청년 간부 교육반 개강식에서 중요 연설을 발표하여 "항상 배우고 새롭게 하는 과정에서 이론 수양을 강화하고, 지행합일하는 과정에서 책임지고 성과 내야"를 강조」, 인민일보, 2019년 3월 2일, 1면.

26 「시진핑의 전면적인 샤오캉 사회 실현에 관한 논술 요약집」, 중앙문헌출판사, 2016년판, 201면.

지 않으며, 책임감 부족으로 감히 행동하지 못하는 문제들을 해결하기 위해 주력해야 한다.

셋째, 당원 간부들의 실질적인 문제 해결 능력을 향상시킨다. 시진핑 총서기는 19차 당대회 보고에서 "정치적 지도 역량을 강화하여 전략적 사유, 혁신적 사유, 변증법적 사유, 법치적 사유, 마지노선 사유를 견지해야 한다"고 제시했다.[27] 그는 또 중국의 발전 분야가 지속적으로 확대되고, 분업은 갈수록 복잡해지고, 형태는 더욱 고급화되고 있으며, 국제 및 국내의 연계가 더욱 긴밀해지면서 당 지도부의 발전에 대한 요구가 높아지고 있다고 거듭 강조했다. 상황을 분석하든 결정하든, 개발 문제나 대중의 관심사와 관련된 문제를 해결하기 위해서는 전문적인 사고와 소양, 전문적인 방법이 필요하다.[28] 전면적인 종엄치당은 모든 면에서 지도간부의 자질과 능력 향상을 목표로 집중해 지도간부의 정치적 지도 역량을 강화함으로써 지도간부가 경제사회 발전을 이끄는 전문가가 되도록 해야 한다.

2) 개혁을 전면적으로 심화함에 있어서의 필연적인 요구이다

전면적인 종엄치당과 전면적인 개혁 심화는 '4개 전면'에서 중요한 전략적 조치이다.

첫째, 전면적인 개혁 심화의 정확한 방향을 확실히 잡으려면 당의 지

---

27 시진핑, 「전면적인 샤오캉 사회 실현으로 신시대 중국 특색 사회주의의 위대한 승리를 쟁취하자-19차 당대회에서의 보고」(2017년 10월 18일), 「19차 당대회 문건 모음집」, 인민출판사, 2017년판, 55면.

28 「시진핑의 전면적인 샤오캉 사회 실현에 관한 논술 요약집」, 중앙문헌출판사, 2016년판, 198면.

도로 개혁을 이끌고 추진해야 한다. 시진핑 총서기는 "개혁개방의 정확한 방향을 항상 견지해야 한다"고 강조해 왔다. 그는 "방향이 앞길을 결정하고 노선이 운명을 결정한다"면서 "우리의 개혁개방은 방향과 입장, 원칙이 있다. 우리의 개혁은 중국 특색 사회주의 노선에서 부단히 전진하는 개혁이므로 폐쇄적이고 경직된 낡은 길을 가서도 안 되고, 기치를 바꾸어 잘못된 길로 가서도 안 된다.[29] 개혁을 추진하는 목적은 우리나라 사회주의 제도의 자체적 완비와 발전을 부단히 추진해 사회주의에 새로운 생기와 활력을 불어넣기 위함이다. 여기에서 가장 핵심적인 것은 당의 지도를 견지 및 개선하고, 중국 특색 사회주의 제도를 견지 및 완비하는 것이다. 이 원칙에서 벗어나면 목표와 완전히 상반된다"[30]고 말했다. 개혁개방 40주년 기념식에서 시진핑 총서기는 "중국처럼 5000여 년의 문명사를 가진 13억이 넘는 인구 대국에서 개혁 발전을 추진하는 데는 금과옥조로 떠받들 수 있는 교과서도 없고 중국 인민에게 가르쳐줄 교사도 없다"면서 "우리는 운명을 자신의 손에 쥐어야 하고, 의지가 바뀌지 않고 사상이 변하지 않는 확고함이 있어야 한다", "무엇을 개혁하고 어떻게 개혁하는지는 중국 특색 사회주의 제도 완비와 발전, 국가 거버넌스 체계와 거버넌스 능력 현대화를 추진하는 총체적 목표와의 부합 여부를 근본적인 잣대로 삼아 개혁해야 할 것, 개혁할 수 있는 것은 확고하게 개혁하고, 개혁하지 말아야 하고 개혁할 수 없는 것은 확고하게 개혁하지 말아야 한다"고 피력했다.[31] 이런

---

29 「시진핑의 전면적 개혁 심화에 관한 논술 요약집」, 중앙문헌출판사, 2014년판, 14면을 참조.

30 「시진핑의 전면적 개혁 심화에 관한 논술 요약집」, 중앙문헌출판사, 2014년판, 18면.

31 시진핑, 「개혁개방 40주년 기념식 연설」(2018년 12월 18일), 인민일보, 2018년 12월 19일, 2면.

중요한 논설은 시진핑 총서기를 핵심으로 하는 당 중앙이 한결같이 개혁개방의 정확한 방향을 견지하는 결심과 의지를 보여준다.

둘째, 전면적 개혁을 심화하고, 국가 거버넌스 체계와 거버넌스 능력 현대화를 추진하려면 전체 국면을 총괄하고 각 측을 조정하는 역할을 발휘해야 한다. 시진핑 총서기는 전면적인 개혁 심화는 한 분야의 단일 조항 개혁이 아닌 시스템적 공학으로 한 사람 혹은 몇몇 부서에 의존해 시행하기에는 역부족이므로 반드시 당 중앙의 통일적인 배치와 지도를 통해 총괄적으로 조정하고 전체적으로 추진해야 한다고 강조했다.[32] 18기 3중전회 결정에 따라 중앙은 개혁의 총체적 설계, 총괄 조정, 전체 추진, 이행 독촉을 책임지는 '전면개혁심화영도소조'(19기 3중전회 이후 '중앙전면개혁심화위원회'로 개칭)를 설립했다. 시진핑 총서기는 사령탑을 맡아 당 중앙이 개혁을 추진하는 측면에서 전반 부분을 총괄하고 각 분야를 조정하는 지도 핵심 역할을 강력하게 발휘하도록 진두지휘했다. 그는 "전체와 관련된 주요 개혁은 중앙에서 통일적으로 배치해야 하고, 각 지역과 부서는 마음대로 무턱대고 달려들어 개혁을 추진하는 것이 아닌 중앙의 요구에 따라 개혁을 추진해야 한다.[33] 자신에게 필요한 것을 취사선택 하거나 개혁을 명분으로 국부적인 이익을 강화하지 말아야 하고, 당과 국가 사업 전반을 생각하면서 문제를 보고, 업무를 추진해야 한다. 지엽적인 이익 때문에 서로 견제하고 상쇄하는 것을 방지해야 한다"[34]고 말했다.

---

32   「시진핑의 전면적 개혁 심화에 관한 논술 요약집」, 중앙문헌출판사, 2014년판, 138-140면.

33   「시진핑의 전면적 개혁 심화에 관한 논술 요약집」, 중앙문헌출판사, 2014년판, 143면.

34   「시진핑의 전면적 개혁 심화에 관한 논술 요약집」, 중앙문헌출판사, 2014년판, 152면.

전면적인 종엄치당은 전면적인 개혁 심화 공략전을 잘 치르기 위한 강력한 뒷받침이 되어야 한다. 시진핑 총서기가 언급한 것처럼 당 건설의 각종 사업이 전면적 개혁 심화를 둘러싸고 임무를 정하고 조치를 추가하고 메커니즘을 세워야 하고, 전면적인 개혁 심화를 보장하고 촉진하는 실제적인 성과로 검증해야 한다.[35] 18차 당대회 이후 당 중앙은 전면적 개혁 심화, 국가 안보, 사이버 보안과 정보화, 군민융합 발전 등 당과 국가 사업 전반에 관련된 중요한 분야에 의사결정조정기구를 설립해 관련 분야 개혁 업무에 대한 지도와 총괄적인 조정을 강화하는 등 중차대한 역할을 했다. 특히 시진핑 총서기의 진두지휘 하에 18차 당대회 이후 1600개 조항이 넘는 개혁 방안을 내놓았다. 어렵고 힘든 많은 일들을 해결하고, 급류와 험난한 여울을 건느듯 위험한 고비와 난관을 헤쳐 나가면서 개혁은 본격적으로 힘을 내 많은 난관을 돌파하고 안정적으로 추진되고 종적으로 추진되는 양상을 보였다.[36]

셋째, 전면적인 개혁 심화 공략전을 치르는 과정에서 당 건설 제도 개혁을 적극적으로 추진해야 한다. 이는 전면적인 개혁 심화의 중요한 내용이자 당 건설의 과학적 수준을 포괄적으로 향상시키는 중요한 조치이다. 중앙의 통일적인 배치에 따라 당의 조직 제도 개혁을 심화하고, 민주집중제를 잘 견지하며, 당내 생활을 엄격히 하고, 조직의 규율을 강화하기 위해 주력해야 한다. 간부 선발과 임용에서 나타날 수 있는 새로운 상황과 문제를 잘 해결할 수 있도록 간부 선발 및 임용제도의 개혁 심화를 위해 주

35   「시진핑의 전면적 개혁 심화에 관한 논술 요약집」, 중앙문헌출판사, 2014년판, 146면.
36   시진핑, 「개혁개방 40주년 기념식 연설」(2018년 12월 18일), 인민일보, 2018년 12월 19일, 2면.

력해야 한다. 효율적으로 운용되고, 간편하고 쉬운 인선(人選)·용인(用人) 제도를 구축하여 당과 인민이 필요로 하는 좋은 간부를 양성해야 한다. 간부 관리 업무에 존재하는 맹점에 초점을 맞춰 제도적 틀을 촘촘히 짜도록 간부관리제도 개혁에 주력해야 한다. 당 기풍 정상화를 위한 제도를 개선하고 완비함으로써 중앙 '8항' 규정을 이행하고, 형식주의, 관료주의, 향락주의, 사치풍조 등 '4풍(四風)' 문제를 끊임없이 해결하기 위해 주력해야 한다. 기층 조직이 진정으로 강해질 수 있도록 당 전체의 기층 당조직 체계를 완비하는데 주력해야 한다. 권력 운영에 대한 제약과 감독 체계를 강화해 과학적이고 효과적으로 권력을 제약하고 조정하는 메커니즘을 수립하고, 반부패체제 메커니즘의 혁신과 제도적 보장을 강화하며, 완벽한 책임추궁제도를 구축해 권력과 일, 인력 관리에 더 잘 활용할 수 있도록 주력해야 한다. 개혁 전 과정을 관통하는 제도를 마련해 기본적인 법규제도와 구체적인 시행세칙을 중요하게 고려하고 종목별 제도의 건설을 중시하고 기본제도와 구체적인 제도, 실질적 제도와 절차적 제도 간의 유기적 연결을 중시함은 물론 당내의 모든 법규와 제도가 서로 조화를 이루고, 긴밀하게 연결되어 총체적인 힘을 발휘할 수 있도록 당 건설 제도의 집행과 감독을 강화하는 데 관심을 기울여야 한다.

3) 전면적인 법치를 실행함에 있어서의 기본 전제이다

전면적 법치는 전면적인 종엄치당을 위해 장기간 안정적인 법치적 보장을 제공한다. 전면적인 법치는 국가 통치 분야에서 광범위하고도 심오한 혁명이고, 중국공산당이 국정운영을 위해 스스로를 보완하고 향상시킨 결과이며, 중국 특색 사회주의를 고수하고 발전시키기 위한 본질적인

전면적인 종엄치당에는 마침표가 없다

요구이자 중요한 선결조건이다. 법에 의해 나라를 통치하고, 사회주의 법치 국가를 건설하려면 당의 지도를 견지해야 한다. 당의 지도 속에서 엄격하게 법치를 이행해야만 국가와 사회 생활에서 법치가 질서 있게 추진될 수 있다.

첫째, 당의 지도와 법치의 관계를 정확하게 인식해야 한다. 시진핑 총서기는 "중국이 장기간 안정을 유지하기 위해서는 공산당의 지도를 견지하는 것이 가장 근본이다. 당의 지도는 당과 국가 사업 발전의 '정해신침'(定海神針·중국 고대소설 '서유기'에 나오는 무기, 즉 여의봉)이다.[37] 따라서 중국 특색 사회주의 법치의 길을 고수하기 위해서는 중국공산당의 지도를 견지하는 것이 가장 근본"이라고 언급했다. 중국공산당의 지도 지위는 헌법에 의해 결정된다. 13기 전국인민대표대회 1차회의가 헌법을 개정할 때 헌법 서언에서 당의 지도 지위를 확정한 것에 기반해 총칙에서는 '중국공산당의 지도는 중국 특색 사회주의의 가장 본질적인 특징'이라고 명확히 규정해 전반을 총괄하고 각 측을 조정하는 당의 지도적 위상을 강화함으로써 당의 지도 제도화와 법치화를 강력하게 추진했다. 중국이 말하는 법치와 헌법에 의한 집권은 서구의 '입헌 정치'와는 본질적으로 다르다. 어떤 이유로든 중국공산당의 지도를 부정하는 사람은 잘못된 것이고 해로운 것이다. 이는 모두 헌법에 위배되는 것으로 결코 받아들일 수 없다.

시진핑 총서기는 특히 '당이 큰가 법이 큰가', '권력이 큰가 법이 큰가'라는 문제를 정확하게 인식해야 한다고 강조했다. 사회적으로 다른 의도가 있는 사람들이 '당이 큰가 법이 큰가'라는 문제에 대해 열중하는 것

---

37   시진핑, 「당의 전면적인 법치에 대한 지도 강화」, 구시, 2019년 4호.

과 관련하여 시진핑 총서기는 이는 거짓 명제이고 정치적 함정[38]이라고 일침을 날렸다. 당과 법이 본질적으로 동일한 이상 누가 크고 작은 지의 문제는 존재하지 않는다. 현실 속에서 '당이 큰가 법이 큰가'와 혼동하기 쉬운 것은 '권력이 큰가 법이 큰가'의 문제이다. 이는 참 명제이며, 전면적인 법치 추진에서 집중적으로 해결해야 하는 문제이다. 모든 당조직과 지도간부, 당원은 헌법과 법률을 준수해야 하고, 당을 등에 업고 행세할 수 없으며, 당의 지도를 개인이 말로 법을 대신하고, 권력으로 법을 누르고, 사사로운 정에 이끌려 법을 왜곡하는 방패로 삼아서는 안 된다. 특히 지도간부는 법을 준수하고 배우고 활용하는 모범이 되어야 하며 실제적인 행동으로 사회 전체가 법을 준수하고 배우고 활용하도록 이끌어야 한다.[39]

둘째, 법치에 대한 당의 지도를 견지하고 개선해야 한다. 당의 지도는 사회주의 법치의 가장 근본적인 보장이다. 시진핑 총서기는 전면적인 법치는 당의 지도를 강화하고 개선해 당 지도가 법치 능력과 수준을 높이고 당의 집권 지위를 공고히 하기 위함이지 당의 지도를 약화시키기 위해서가 아니라고 지적했다.[40] 당의 법치에 대한 지도는 당 지도 입법, 법 집행 보장, 사법 지원, 법 준수 솔선수범에서 구체적으로 구현된다. 아울러 당이 전면적 법치의 제도와 업무 메커니즘을 완벽히 하는 것은 법정 절차를 통해 당의 주장이 국가 의지가 되고 법률을 형성하도록 해야 하고, 법률을 통해 당의 정책이 효과적으로 실시되도록 보장해야 하며, 전면적인 법치의

---

38   「시진핑의 전면적인 법치에 관한 논술 요약집」, 중앙문헌출판사, 2015년판, 34면.

39   시진핑, 「당의 전면적인 법치에 대한 지도 강화」, 구시, 2019년 4호.

40   시진핑, 「당의 전면적인 법치에 대한 지도 강화」, 구시, 2019년 4호.

전면적인 종엄치당에는 마침표가 없다

정확한 방향을 확보하도록 해야 한다. 19기 3중전회 이후 당 중앙은 당의 전면적 법치에 대한 집중적이고 통일적인 지도를 견지하고 전면적인 법치 업무를 총괄적으로 추진하는 데 목적을 두고 전면의법치국위원회를 설립하기로 결정했다.

셋째, 의법치국(依法治國)과 의규치당(依規治黨), 즉 법에 따른 국가 통치와 법규에 의한 당 관리를 통일해야 한다. 시진핑 총서기는 "전면적인 의법치국은 정치와 법치, 의법치국과 의법치당의 관계를 정확하게 처리해야 한다"고 강조하고 "의규치당이 당심에 깊이 파고들어야 의법치국이 민심에 깊숙이 들어갈 수 있다"고 말했다. 그는 "의법치국과 의규치당의 상호보완적인 역할을 발휘해 헌법 법률에 의거해 국정을 운영하도록 보장해야 하고, 당내 법규에 의거해 당 관리와 통제, 종엄치당을 보장해야 한다"고 주문했다.[41] 이런 의미에서 보면 전면적인 종엄치당은 전면적인 법치의 전제일 뿐만 아니라 전면적인 법치의 내재적 요구이기도 하다.

넷째, 당규약의 엄정성과 권위성 유지를 최우선 순위에 두고, 과학적인 내용에 빈틈없는 절차와 완벽한 부대 조치를 갖추어 효과적으로 운영될 수 있는 당내 법규제도 체계를 구축하기 위해 노력해야 한다. 2016년 12월, 당내 법규 업무 회의 개최를 앞두고 시진핑 총서기는 당내 법규제도 구축 강화에 대한 중요한 지시를 내리고, 법치주의 및 제도와 당규에 의한 치당(治黨) 방침을 총괄적으로 계획해 통일적으로 구축해야 하며, 개혁과 혁신 정신으로 당 건설 부분의 법규·제도적 결점을 보완함으로써 창당 100주년에 비교적 완비된 당내 법규제도 체계를 형성하도록 해야 한다고

---

41 시진핑, 「당의 전면적인 법치에 대한 지도 강화」, 구시, 2019년 4호.

강조했다.[42] 2018년 2월, 중공중앙은 새로운 시대 당내 법규제도 건설 추진에 대해 정층설계(Top Level Design, 톱다운 방식)를 진행하고 지도사상과 목표 임무, 중점 프로젝트, 이행 요구를 제시한 '중앙 당내 법규제정 업무 두 번째 5개년 규획(2018-2022년)'을 발표했다.

2. 전면적인 종엄치당이 직면한 정세

시진핑 총서기가 전면적인 종엄치당을 제시한 데는 심오한 국내외적인 배경이 있다. 이는 복잡한 대내외 정세와 당 건설이 직면한 엄중한 정세에 대한 정확한 판단에서 나온 것으로 세계의 정세와 국가의 상황, 당정(黨情)의 발전과 변화를 과학적으로 파악하여 내린 중대한 전략적 결정이다.

(1) 국제 정세가 심각하고 복잡다단한 변화를 일으키고 있다

시진핑 총서기는 세계 대세에 대한 민감한 통찰과 심오한 분석을 바탕으로 "현재 세계는 100년 이래 없었던 격변기에 있다"는 판단을 내렸다. 그는 19차 당대회 보고에서 큰 발전과 큰 변혁, 큰 조정의 시기에 처해 있는 세계의 시대적 주제는 여전히 평화와 발전이라고 지적했다. 2017년 12월, 그는 2017년도 재외공관원 업무회의 대표들을 접견한 자리에서 "세계에 눈을 돌리면 우리가 마주하는 것은 지난 100년 이래 없었던 격변"이라

---

42 「시진핑, 당내 법규 제도 건설 강화에 대해 중요 지시를 하고 "법치와 제도·당규에 의한 당 관리의 총괄적 추진 및 일체 건설 견지해야"를 강조」, 인민일보, 2016년 12월 26일, 1면을 참조.

고 말했다.[43] 2018년 9월, 중국-아프리카 협력포럼(FOCAC) 베이징 정상회의 개막식에서 발표한 기조연설에서 "세계 각국 인민의 운명이 오늘처럼 이렇게 긴밀하게 연결된 적이 없었다. 아울러 우리는 전례 없는 도전에 직면해 있다. 패권주의와 강권정치가 여전히 존재하고, 보호주의와 일방주의가 고개를 들고 있다. 전락 습격, 기아와 감염병이 곳곳에서 발생해 전통적인 안보와 비전통적인 안보 문제가 복잡하게 교차하고 있다"고 지적했다.[44]

시진핑 총서기는 국제 정세의 특징을 다음과 같이 분석했다.

첫째, 평화, 발전, 협력, 윈윈이 시대의 추세가 되었다. 2013년 3월 모스크바국제관계학원 연설에서 "낡은 식민체제가 무너지고, 냉전 시기의 집단 대립이 사라지면서 더 이상 혼자서 세계의 일을 주재할 수 있는 국가는 없게 되었다. 많은 신흥 시장 국가와 개발도상국이 빠르게 발전하고 있고, 10억 명 이상의 인구와 수십억 명의 사람들이 현대화를 향해 발걸음을 재촉하고 있으며, 여러 개발센터들이 세계 각 지역에서 점점 형성되고 있으며, 국제 세력 균형은 세계 평화와 발전에 도움이 되는 방향으로 계속 발전하고 있다"고 지적했다.[45] 4월, 그는 2013년 보아오(博鰲) 아시아포럼 연차총회 기조연설에서 세계 각국의 상호 연계가 갈수록 긴밀해지고, 상호 의존이 날로 깊어지면서 많은 개발도상국과 전 세계 수십억 인구는 현대

---

43 「시진핑, 2017년도 재외공관원 업무회의 참석 공관원 접견 및 연설 발표」, 인민일보, 2017년 12월 29일, 1면.

44 시진핑, 「손 잡고 운명을 같이 하고 한 마음으로 발전을 촉진하자-중국-아프리카협력포럼(FOCAC) 베이징 정상회의 개막식에서의 기조연설」(2018년 9월 3일), 인민일보, 2018년 9월 4일, 2면.

45 시진핑, 「인류 운명공동체 구축 견지를 논함」, 중앙문헌출판사, 2018년판, 5면을 참조.

화를 위해 노력하고 있고, 평화와 발전, 협력과 윈윈이라는 시대적 흐름이 더욱 강력해지고 있다고 강조했다.[46] 2015년 3월, 그는 보아오 아시아 포럼 연례회의 기조연설에서 "70여 년 전 유엔 창설 이후 세계는 유례없는 중대한 변화를 겪었고, 인류 운명에 역사적인 변화가 일어났다. 세계 식민 체계가 와해되었고, 냉전 대치는 더 이상 존재하지 않는다. 각국의 상호 연계와 의존이 갈수록 깊어지고, 평화와 발전, 협력과 윈윈이라는 시대적 흐름을 향해 나아가고 있다. 국제 세력 균형이 세계 평화를 수호하는 방향으로 나아가면서 전반적인 국제 정세는 안정 유지와 각국의 공동 발전을 추구하는데 더 좋은 조건을 갖추게 되었다"고 말했다.[47]

둘째, 세계 평화를 수호하고 공동 발전을 촉진하기 위해서는 아직도 갈 길이 멀고 임무가 막중하다. 2013년 3월 모스크바국제관계학원 연설에서 그는 "인류는 여전히 많은 어려움과 도전에 직면해 있고, 국제 금융 위기의 심층적인 영향이 계속 나타나고 있다. 다양한 보호주의가 눈에 띄게 고조되고 있고, 지역 문제가 곳곳에서 일어나고 있으며 패권주의와 강권 정치, 신간섭주의가 대두되고 있다. 군비경쟁, 테러, 사이버 안보와 같은 전통적인 안보위협과 비전통적 안보위협이 얽혀있는 상황이다. 세계평화를 수호하고 공동발전을 촉진하기 위해서는 아직도 갈 길이 멀다"고 지적했다.[48] 4월, 그는 보아오 아시아포럼 연례회의 기조연설에서 "세계는 여전히 불안정한 가운데 발전 문제도 여전히 부각되고 있다. 세계 경제가 심

---

46   시진핑, 「인류 운명공동체 구축 견지를 논함」, 중앙문헌출판사, 2018년판, 28면.

47   위의 책, 204면.

48   위의 책, 5-6면.

층적인 조정기로 접어들면서 전반적인 회복이 어려워지고 있다. 국제금융 분야에는 여전히 많은 리스크가 존재하고 있고, 다양한 형태의 보호주의 가 늘어나면서 각국의 경제 구조 조정이 쉽지 않은 상황이기 때문에 글로 벌 거버넌스 메커니즘의 개선이 시급한 상황이다. 각국의 공동 발전 실현 은 아직도 책임이 막중하고 가야 할 길이 멀다"고 강조했다.[49] 2014년 9월, 그는 제14차 상하이협력기구(SCO) 서밋 이사회 회의에서 "오늘날 세계는 복잡하고 심오한 변화를 겪고 있다. 국제 정세의 전반적인 안정을 유지하 는 좋은 상황들이 많이 있기는 하지만 세계는 여전히 불안정하다. 각종 지 역 갈등과 국부적인 전쟁이 여기저기에서 일어나고 있다. 여러 가지 이슈 가 동시다발로 고조되고 있고, 일부 지역의 긴장과 대립이 격화되고 있다. 세계 경제는 계속 완만한 회복세를 보이고 있지만 새로운 성장동력이 부 족하다. 국제 관계에서의 불공정과 불평등이 여전히 두드러지며, 세계 평 화 수호와 공동 발전을 도모하기 위해서는 아직도 책임이 무겁고 갈 길이 멀다"고 지적했다.[50]

셋째, 인류 운명공동체를 만들어야 한다. 2013년 3월 그는 모스크바 국제관계학원 연설에서 국가 간 상호 연계와 의존성이 전례없이 깊어졌 고, 인류는 역사와 현실이 교차하는 지구촌이라는 시공간에서 함께 생활 하면서 점점 더 서로의 운명을 같이 하는 운명공동체를 이루고 있다고 지

---

49   시진핑, 「인류 운명공동체 구축 견지를 논함」, 중앙문헌출판사, 2018년판. 28면.

50   시진핑, 「마음과 힘 모으고 성의를 다해 협력해 상하이협력기구를 새로운 단계로 추진하 자-상하이협력기구(SCO) 회원국 14차 정상회의에서의 연설」(2014년 9월 12일), 인민일보, 2014년 9월 13일. 3면.

적했다.[51] 2014년 5월, 그는 중국국제우호총회 및 중국인민대외우호협회 60주년 기념행사에서 세계 다극화, 경제 글로벌화, 사회 정보화의 지속적인 발전과 함께 각국의 이해관계가 한데 어우러져 흥망성쇠를 함께 하고, 동고동락하는 운명공동체를 이루고 있다고 지적했다.[52] 7월, 그는 브라질 의회 연설에서 인류 운명 공동체 의식을 제창하고, 자국의 이익을 추구할 때 타국을 합리적으로 고려하고, 자국의 발전을 추구하면서 모든 국가 공동 발전을 촉진해 보다 평등하고 균형 잡힌 새로운 글로벌 개발 파트너십 구축을 제안했다.[53] 2017년 1월, 유엔 제네바 본부에서 '인류 공동운명체를 함께 만들자' 제하의 기조연설에서 인류 운명 공동체 이념을 깊이 있고, 포괄적이며 체계적으로 설명하고 다음과 같이 말했다. "평화의 횃불을 대대로 전해주고, 발전의 동력을 끊임없이 이어나가면서 문명의 빛을 밝히는 것이 세계 각국 모든 이들이 기대하는 바이고 이 시대 정치가들이 마땅히 져야 할 책임이다. 중국의 방안은 인류 운명공동체를 구축해 상생과 공영을 실현하는 것이다.[54] 인류 운명공동체를 구축하는 위대한 과정을 함께 추진하고, 대화와 협의를 통해 함께 만들어 공유하고, 상생 협력, 상호교류, 녹색 저탄소 발전을 추구하면서 지속적으로 평화를 유지하고, 보편적인 안전이 보장되면서 함께 번영할 수 있는 개방적이고 포용적이며 깨끗하고

51   시진핑, 「인류 운명공동체 구축 견지를 논함」, 중앙문헌출판사, 2018년판, 5면.

52   위의 책, 105면.

53   시진핑, 「전통적 친선을 선양해 협력의 새로운 지평을 열자-브라질 의회에서의 연설」
      (2014년 7월 16일), 인민일보, 2014년 7월 18일, 3면.

54   시진핑, 「인류 운명공동체 구축 견지를 논함」, 중앙문헌출판사, 2018년판, 416면.

아름다운 세상을 만들어야 한다."[55] 19차 당대회 보고에서 시진핑 총서기는 인류 운명공동체 구축을 중심으로 중국공산당은 "늘 세계 평화의 건설자, 세계 발전의 기여자, 국제질서의 수호자"[56]가 되어 세계 평화와 발전을 위해 새로운 중대한 공헌을 해야 한다고 언급했다.

넷째, 중국과 세계의 연계가 전례없이 긴밀하다. 2013년 1월, 시진핑 총서기는 18기 중앙정치국 제3차 집단학습을 주재하면서 "세계의 번영과 안정은 중국의 기회이고, 중국의 발전은 세계의 기회"라고 지적했다. 또 "세계적 안목을 수립하고 국내 발전과 대외 개방을 더욱 더 잘 통합하고, 중국의 발전을 세계의 발전과 연계시키며, 중국 인민의 이익을 각국 인민들과의 공동 이익과 결합함으로써 각국과의 상호 협력을 끊임없이 확대해야 한다"면서 "보다 더 적극적인 자세로 국제문제에 참여해 함께 대응하면서 세계 발전을 위해 공헌할 수 있도록 노력해야 한다"고 덧붙였다.[57] 2015년 4월 그는 파키스탄 의회 연설에서 중국과 세계의 상호 교류와 이익 융합이 더욱 긴밀해지고 있다고 말했다.[58] 2018년 6월, 그는 중앙외사업무 회의에서 "역사가 전진하는 대세를 파악하고, 자신도 그 속에 뛰어들어 중국과 세계와의 관계에서 문제를 보고, 세계 구도의 변화 중에서 중국의 위

55   시진핑, 「인류 운명공동체 구축 견지를 논함」, 중앙문헌출판사, 2018년판, 418-422면.

56   시진핑, 「전면적인 샤오캉 사회 실현으로 신시대 중국 특색 사회주의의 위대한 승리를 쟁취하자-19차 당대회에서의 보고」(2017년 10월 18일), 「19차 당대회 문건 모음집」, 인민출판사, 2017년판, 21면.

57   시진핑, 「인류 운명공동체 구축 견지를 논함」, 중앙문헌출판사, 2018년판, 2면, 3면.

58   시진핑, 「중국-파키스탄 운명공동체 구축해 협력공영의 새 여정을 열자-파키스탄 의회에서의 연설」(2015년 4월 21일), 인민일보, 2015년 4월 22일, 2면.

상과 역할을 똑똑히 파악해야 한다"고 강조했다.[59]

중국공산당은 인류에 더 큰 공헌을 할 책임이 있다. 18차 당대회 이후 시진핑 총서기는 복잡하게 변하고 있는 국제 정세를 겨냥해 여러 중요한 국제 무대에서 인류를 위해 새로운 공헌을 하겠다고 거듭 천명하고, "국제사회는 중국의 목소리를 듣고, 중국의 방안(方案)을 기다리고 있는데 중국이 결석할 수는 없다"고 강조했다.[60] 2012년 11월, 그는 18기 중앙정치국 상무위원들과 함께 내외신 기자들을 만난 자리에서 세계 민족의 숲에서 중화민족이 강인하게 자립하도록 만들어 인류를 위해 더 새롭고 더 큰 공헌을 하도록 하는 것이 중국의 책임이라고 밝혔다.[61] 2013년 3월 반기문 당시 유엔 사무총장과의 통화에서 그는 중국이 끊임없이 발전함에 따라 이행해야 할 자신의 국제적 의무를 다하고 유엔과의 협력을 심화하며 국제사회의 공정성과 정의를 함께 수호하고, 국제협력을 촉진함으로써 인류 평화와 발전에 더 크게 기여하도록 노력할 것이라고 밝혔다.[62] 2014년 11월 제9차 G20(주요20개국) 정상회의에서 중국은 경제 성장의 추세를 계속 유지하면서 세계 경제 성장을 촉진하는 데 더 크게 기여할 것이라고 강조

59 「시진핑, 중앙외사업무회의에서 신시대 중국 특색 사회주의 외교사상을 지도사상으로 견지하여 중국 특색적 대국 외교의 새 국면 열어야 한다고 강조」, 인민일보, 2018년 6월 24일, 1면.

60 「시진핑 국가주석 2016년 신년사 발표」, 인민일보, 2016년 1월 1일, 1면.

61 시진핑, 「인민의 아름다운 생활에 대한 지향이 우리의 분투 목표이다」(2012년 11월 15일), 「18차 당대회 이후 주요 문헌 선집」(상), 중앙문헌출판사, 2014년판, 69-70면.

62 「시진핑 주석, 반기문 유엔 사무총장과 통화하여 "다자주의를 적극적으로 제창하고 실천해 인류의 평화와 발전 사업에 더 많이 기여해야"를 강조」, 인민일보, 2013년 3월 22일, 1면.

했다.[63] 2015년 11월 파리에서 열린 제21차 유엔기후변화협약당사국총회 (COP21) 개막식에서 중국이 공정하고 효과적인 글로벌 기후변화 대응 체제를 마련하고, 보다 높은 수준의 지속 가능한 발전을 실현하고, 상생할 수 있는 국제 관계 구축을 위해 공헌해야 한다고 말했다. 2016년 11월, 제24차 APEC 정상회담 비공식회의에서 "중국은 '일대일로(一帶一路: 육상·해상 실크로드)'[64] 이니셔티브를 적극적으로 추진하는 동안 역내 협력국가들과 함께 의논하고, 건설하고 공유함으로써 유라시아 대륙 연결 사업을 위해 공헌을 해야 한다"고 강조했다.[65] 2017년 1월, 그는 세계경제포럼(World Economic Forum) 기조연설에서 중국의 발전은 세계의 기회이며, 중국은 경제 글로벌화의 수혜자이자 기여자라면서 '일대일로' 구상은 중국이 주창했지만 성과는 세계가 누린다고 강조했다.[66] 5월 베이징에서 열린 '일대일로' 국제 협력 정상 포럼에서는 협력 계획을 함께 논의하고, 협력 플랫폼을 구축하고, 협력 성과를 공유하여 세계 및 지역 경제가 당면한 문제의 해결책을 찾고, 연동 발전을 달성하기 위한 새로운 에너지를 주입해 '일대일로' 건설로

63 「시진핑, 제9차 G20정상회담에 참석 및 연설을 발표하여 경제 개혁을 함께 추진하는 발전 파트너 및 포괄적 성장 전략 이행 주창, 중국은 경제 성장 추세 유지하고 세계 경제 성장 추진을 위해 더 크게 기여할 것이라고 강조」, 인민일보, 2014년 11월 16일, 1면.

64 옮긴이 주: One belt, One road(B&R). 중국이 주도하는 신(新) 실크로드 전략 구상으로 중앙아시아를 거쳐 유럽을 잇는 실크로드 경제벨트(Road economic belt)와 동남아시아~인도양~아프리카~유럽을 연결하는 21세기 해상 실크로드(21st Century Maritime Silk Road)의 약칭.

65 시진핑, 「미래를 바라보며 개척해 아시아태평양의 발전과 번영을 촉진하자-아시아태평양경제협력체(APEC) 제24차 정상회의 1세션에서의 발언」(2016년 11월 20일), 인민일보, 2016년 11월 22일, 2면.

66 시진핑, 「인류 운명공동체 구축 견지를 논함」, 중앙문헌출판사, 2018년판, 409면, 412면.

모든 국가의 인민들이 더 잘 살 수 있도록 하자고 제시했다. 19차 당대회에서 "중국공산당의 초심과 사명은 중국 인민의 행복과 중화민족의 부흥을 도모하는 것"[67]이라고 밝히고, "중국공산당은 인류를 위해 새롭고 더 큰 공헌을 하는 것을 항상 자신의 사명으로 생각한다"[68]고 강조했다. 이와 상응하여 시진핑 총서기는 보고에서 "중국공산당은 중국 인민의 행복을 도모하는 정당이며, 인류의 진보를 위해 노력하는 정당"[69]이라고 밝혔다. 2018년 4월, 인민대회당에서 안토니오 구테흐스 유엔 사무총장을 접견한 자리에서 시진핑 총서기는 "우리가 하는 모든 것은 인민을 위해 행복을 도모하고, 민족을 위해 부흥을 도모하고, 세계를 위해 대동(大同)을 도모하는 것"이라고 설명했다.[70] 그러면서 "이는 우리 당이 세계무대에서 점점 더 중요한 역할을 하고 인류의 발전에 점점 더 큰 기여를 하고 있다는 판단에 따른 것으로 중국공산당이 중국의 혁명과 건설 개혁을 주도한 역사적 경험을 구현했고, 세계의 발전과 인류의 진보 사업을 추진하는 중에서 새로운 시대 중국 특색 사회주의의 뛰어난 공헌을 반영했다"고 덧붙였다. 19차 당대회 폐막 직후 베이징에서 열린 중국공산당과 세계 정당 고위급 대화에

---

67 시진핑, 「전면적인 샤오캉 사회 실현으로 신시대 중국 특색 사회주의의 위대한 승리를 쟁취하자-19차 당대회에서의 보고」(2017년 10월 18일), 「19차 당대회 문건 모음집」, 인민출판사, 2017년판, 1면.

68 시진핑, 「전면적인 샤오캉 사회 실현으로 신시대 중국 특색 사회주의의 위대한 승리를 쟁취하자-19차 당대회에서의 보고」(2017년 10월 18일), 「19차 당대회 문건 모음집」, 인민출판사, 2017년판, 46면.

69 시진핑, 「전면적인 샤오캉 사회 실현으로 신시대 중국 특색 사회주의의 위대한 승리를 쟁취하자-19차 당대회에서의 보고」(2017년 10월 18일), 「19차 당대회 문건 모음집」, 인민출판사, 2017년판, 46면.

70 「시진핑 주석, 안토니오 구테흐스 유엔 사무총장 접견」, 인민일보, 2018년 4월 9일, 1면.

전면적인 종엄치당에는 마침표가 없다

서 시진핑 총서기는 '더 나은 세상을 함께 만들어가자' 제하의 기조연설을 발표하면서 "정당은 시대의 발전에 순응하고 인류 진보의 추세를 파악하며, 사람들의 공통된 기대에 부응하고, 원대한 포부를 가지고 과감하게 책임지고 자발적으로 시대의 사명을 책임져야 한다"고 강조했다. 세계 120여 개국 약 300개 정당과 정치조직의 지도자 600여 명이 국내외 대표로 참석한 가운데 열린 회의에서 채택한 중요한 성과물인 〈베이징 이니셔티브〉의 핵심 내용은 19차 당대회에서 제시한 정치 주장을 기반으로 했다. 세계 정당 발전사에서 거의 유례없이 독보적인 규모와 내용으로 세계 정당 협력 교류의 신기원을 열었고, 중국공산당이 세계 최대 정당으로서 갖는 고유한 지위와 독특한 역할을 부각시켰다. 국제 상황에 대한 시진핑 총서기의 심층적인 분석은 책임 있는 대국으로써 중국이 세계 발전 촉진을 위해 중요한 리더십을 발휘하고 있음을 잘 보여주고 있으며, 인류 발전 촉진에 대한 중국공산당의 책임을 나타냈다. 중국이 세계무대의 중앙에 점점 더 가까이 다가가고 인류를 위해 끊임없이 더 많은 기여를 하고 있는 새로운 시대에 중국공산당은 새로운 국제 정세의 필요에 부응하기 위해 더욱 강력하게 건설되어야 한다.

(2) 당면한 과업이 과거보다 더 어렵고 막중하다

시진핑 총서기는 국내 상황 전반에 대해 심오하고 투철하게 분석했다. 그는 19차 당대회 보고에서 "중국 특색 사회주의가 새로운 시대로 진입하면서 중국 사회의 주요 갈등은 인민들의 나날이 늘어나는 아름다운 생활에 대한 수요와 불균형적이고 불충분한 발전 간의 갈등으로 전환되었다"고 지적했다. 현재 국내 상황은 전반적으로 훌륭하다. 경제 건설은 큰 성과를 이뤘고, 전면적인 개혁 심화는 획기적인 돌파구를 마련했으며, 민주적인 법치 건설은 큰 발걸음을 내디뎠다. 사상과 문화 건설이 중대한 진전을 이뤘고, 인민의 생활이 부단히 개선되고 있으며, 생태문명 건설이 효과를 보이고 있다. 이러한 것들은 모두 중국이 모든 사업을 잘 해내기 위한 튼실한 토대를 마련했다. 아울러 신시대에 중국공산당이 인민을 지도해 위대한 사회 혁명을 진행함에 있어서 아우르는 분야의 광범위성, 관련 이익 구도 조정의 심오함, 관련 갈등과 문제의 첨예성, 체제 메커니즘적 장애 돌파의 험난성, 위대한 투쟁 형국의 복잡성은 모두 전례가 없는 것임을 깊이 인식해야 한다. "중화민족의 위대한 부흥은 절대로 징을 치고 북을 울리면서 가뿐하게 이루어낼 수 있는 것이 아니다. 당 전체가 더욱 험난하고 더욱 힘겨운 노력을 기울일 준비를 해야 한다."[71] 시진핑 총서기는 국내 상황의 특징을 분석하고, 우환의식과 책임의식을 강화해 당의 위대한 자아혁명을 끝까지 진행해야 한다고 강조했다.

첫째, 경제 발전이 새로운 정상 상태, 즉 '뉴노멀(New normal)'에 진입했다. 2014년 5월 허난 시찰에서 최초로 뉴노멀을 언급한 시진핑 총서기는 "중국의 발전은 중요한 전략적 기회기에 처해 있으므로 믿음을 가지고 현재 중국의 경제발전이 처한 단계적인 특징에 입각해 뉴노멀에 적응하고 전략적인 평정심을 유지해야 한다"[72]고 말했다. 2016년 1월 성부급 간부

71 　시진핑, 「전면적인 샤오캉 사회 실현으로 신시대 중국 특색 사회주의의 위대한 승리 쟁취-19차 당대회에서의 보고」(2017년 10월 18일), 「19차 당대회 문건 모음집」, 인민출판사, 2017년판, 12면.

72 　「시진핑, 허난 시찰에서 "개혁 심화와 우위 발휘, 혁신적 사고를 총괄적으로 고려해 경제의 지속적이고 건강한 발전과 사회의 조화로운 안정 보장해야"를 강조」, 인민일보, 2014년 5월 11일, 1면.

대상 '당 18기 5중전회 정신을 학습하고 관철하자'를 주제로 열린 세미나에서 '제13차 5개년 계획'[73] 기간 중국 경제 발전의 현격한 특징은 뉴노멀에 진입한 것이라고 강조했다. 뉴노멀에서 중국의 경제 발전 특징을 요약하면 고속 성장에서 중고속 성장으로 성장속도를 전환해야 하고, 규모와 속도를 중시하던 것에서 품질과 효율을 앞세우는 발전 방식으로 바꾸어야 한다. 양적 증가와 생산능력 확대를 위주로 하던 것에서 재고 조정과 증가세 최적화를 병행하는 경제구조로 조정해야 하고, 자원과 저렴한 노동력 등 요소 투입에 의존하는 것에서 혁신 주도형으로 성장 동력을 전환해야 한다. 이러한 변화는 중국의 경제 형태가 더욱 고급화되고, 분업이 더욱 고도화되며, 구조가 더욱 합리적인 단계로 나아가기 위해 거쳐야 하는 필연적인 과정이다. 이런 광범위하면서도 심층적인 변화를 이루기란 결코 쉬운 일이 아닌 만큼 중국으로서는 만만치 않은 새로운 도전이라고 할 수 있다.[74]

둘째, 전면적 샤오캉 사회 실현의 결승단계, 즉 마무리 시기에 진입했다. 시진핑 총서기는 당 18기 5중전회에서 다음과 같이 지적했다. 전면적 샤오캉 사회를 예정대로 건설하려면 충분한 여건을 갖추어야 하는데 막중한 과제에도 직면해 있어 전진의 길이 순탄하지 않고, 많은 갈등이 중첩되고, 리스크와 복병이 늘어나는 도전이 여전히 엄준하고 복잡하다. 제

---

73 옮긴이 주: 중화인민공화국 인민경제 및 사회발전 제13차 5개년(2016-2020년) 계획 요강을 지칭함.

74 「시진핑, 성부급 주요 지도간부의 당 18기 5중전회 정신 학습 및 관철 주제 세미나반 개강식에서 연설을 발표하여 "5중전회 정신 관철해 전면적인 샤오캉 사회 예정대로 건설해야"를 강조」, 인민일보, 2016년 1월 19일, 1면.

대로 대처하지 못하거나 시스템적인 리스크가 발생한다든지 와해적인 (disruptive) 잘못을 범한다면 전면적인 샤오캉 사회 실현 과정이 늦춰져 시기를 놓치거나, 심지어 중단될 수도 있다. 따라서 전(全) 당원은 마음가짐과 업무 준비를 철저히 하고, 상황을 정확하게 파악하고, 믿음을 확고히 하여 계속해서 완강하게 분투해야 한다.[75]

　　시진핑 총서기는 19차 당대회 보고에서 '신시대(新時代)'의 의미와 관련해 중국 특색 사회주의 신시대는 전면적인 샤오캉 사회를 건설하고, 더 나아가 전면적인 사회주의 현대화 강국 건설을 건설하는 시대라고 천명했다. 전면적인 샤오캉 사회 실현 완성에 관해 시진핑 총서기는 "지금부터 2020년까지가 전면적인 샤오캉 사회를 건설하는 결정적인 시기로 16차 당대회, 17차 당대회, 18차 당대회에서 제시한 전면적인 샤오캉 사회 실현의 다양한 요구에 따라 중국 사회의 주요 모순과 변화를 긴밀히 접목해 '경제 건설, 정치 건설, 문화 건설, 사회 건설, 생태문명 건설'[오위일체(五位一體)]를 총괄적으로 추진하고, '과학강국 전략, 교육강국 전략, 인재강국 전략, 혁신 주도형 발전 전략, 농촌진흥 전략, 지역 협력 발전 전략, 지속가능 발전 전략, 군민(軍民) 융합 발전 전략'[7대 전략]을 확고하게 추진해야 한다. 중점 파악, 결점 보완, 약점 강화를 부각시켜야 한다. 특히 주요 리스크를 예방, 해결하고, 빈곤에서 벗어나며, 오염과의 전쟁에서 승기를 잡아 전면적인 샤오캉 사회 실현이 인민의 인정을 받고 역사의 검증을 이겨낼 수 있도록 해야 한다"고 말했다. '전면적인 사회주의 현대화 강국 건설'과 관련해 시진핑 총서기는 2단계 발전 전략을 제시했다. 첫 번째 단계는 2020

75　「시진핑, 당 18기 5중전회 2차 전체회의에서의 연설」, 구시, 2016년 1호.

　　전면적인 종엄치당에는 마침표가 없다

년부터 2035년까지로 15년간 분투해 기본적인 사회주의 현대화를 실현한다. 두 번째 단계는 2035년부터 21세기 중엽까지로 다시 15년을 분투해 중국을 부강하고 민주적이고 문명적이며 조화롭고 아름다운 사회주의 현대화 강국으로 건설한다. '2단계' 발전 전략은 새로운 시대 중국 발전의 새로운 추세에 부응할 뿐만 아니라 전면적인 사회주의 현대화 국가 건설이라는 새로운 여정을 열었다.

셋째, 전면적인 개혁 심화가 공략기에 진입했다. 시진핑 총서기는 "40년을 거치면서 중국의 개혁은 심층부에 진입해 개혁의 폭과 깊이가 크게 확장되었다"면서 "우리나라의 발전 과정에서 새로운 상황과 문제가 시시각각 발생하고 있다. 게다가 대다수는 우리가 과거에 잘 알지 못했거나 익숙하지 않은 것들이다. 따라서 중국이 발전한 후에 나타나는 새로운 상황과 문제를 어떻게 하면 정확하게 인식하고 적절하게 처리하느냐가 현재 중국공산당이 직면한 중요한 과제"라고 강조했다.

ㄱ) 개혁 공감대를 응집하는 어려움이 커졌다. 시진핑 총서기는 현재 사회 구조와 이익 구도, 사상과 이념이 크게 조정되고 바뀌면서 모든 분야의 이익을 전반적으로 두루 고려하는 임무가 막중하다고 지적했다. 개혁을 심화하는 문제에서 사상과 이념의 장애는 체제 밖이 아닌 체제 내부에서 비롯되는 경우가 많다. 사상이 해방되지 않으면 각종 이익 고착화의 문제점이 어디에 있는지를 똑똑히 알기 어려워 올바른 돌파 방향과 주안점을 찾기가 어렵고, 창의적인 조치를 내놓기도 어렵다.

ㄴ) 개혁의 난도와 리스크가 확대되었다. 현재 중국이 발전 관건 시기와 개혁 공략기, 갈등이 부각되는 시기에 접어들면서 중국이 직면한 갈등이 더욱 복잡해졌다. 과거 장기적으로 누적된 갈등도 있고, 과거의 모순을

해결하는 과정에서 새로 생겨난 갈등도 있는데 정세와 환경이 변화함에 따라 새로 나타난 갈등이 대부분이다. 이런 갈등은 발전 단계에서 필연적으로 대두되는 것들로 피할 수도 돌아갈 수도 없다.

ㄷ) 개혁이 당의 집권 능력과 리더십이 한층 더 검증하고 있다. 전면적인 개혁 심화는 공략전이자 공산당의 집권 능력에 대한 중대한 검증이다. 시진핑 총서기는 '중앙전면개혁심화지도팀' 제1차 회의에서 "일부 지방이나 기관, 부서, 간부는 전면적인 개혁심화의 험난함, 복잡성, 관련성, 체계성에 대한 평가가 부족하다. 혹자는 전면적인 개혁 심화의 중요성과 긴박성에 대한 인식 부족으로 말미암아 개혁 기풍을 철저히 잡지 못하거나 업무를 제대로 해내지 못하고 있다. 따라서 모든 지도간부의 사상정치 역량과 조직 동원 능력, 복잡한 갈등을 처리하는 능력 제고가 시급하다. 나타날 가능성이 있는 어려움 앞에서 변화에 놀라거나 당황하지 말고 당과 인민이 어려움을 이겨낸 것을 바탕으로 '4풍'의 고질병 근절과 개혁 난제 해소의 접목을 추진하고, 이미지 확립, 정신 고취와 마음 응집, 힘의 결집 접목을 추진하여 당원과 간부들이 사상과 기풍을 갈고 닦아 인민을 단합시키고 이끌어 개혁 청사진을 현실로 만들어야 한다"고 지적했다.

시진핑 총서기가 주재한 18차 당대회 보고서 초안 마련 업무에서는 '중국 특색 사회주의를 발전시키는 것은 장기적이고 험난한 역사적 과업이므로 반드시 새로운 역사적 특징을 가진 위대한 투쟁을 준비해야 한다'[76]를 삽입했다. 18차 당대회 이후 전국조직업무회의와 전국선전업무회

76 후진타오, 「흔들림 없이 중국 특색 사회주의의 길을 따라 전진하고, 전면적인 샤오캉 사회 실현을 위해 분투하자」, 중앙문헌출판사, 중국방정출판사, 2014년판, 11면.

전면적인 종엄치당에는 마침표가 없다

의, 중앙경제업무회의, 전면개혁심화지도팀 회의, 전국 '양회(兩會)',[77] 중앙
정치국 집단학습 등 여러 행사에서 '많은 새로운 역사적 특징을 지닌 위대
한 투쟁'의 심오한 의미에 대해 피력했다. 19차 당대회 보고에서는 "우리
당은 인민을 단합시키고 인솔하여 중대한 도전에 효과적으로 대응하고,
리스크를 막아내며 장애를 극복하고 중대한 모순을 해소해 많은 새로운
역사적 특징을 지닌 위대한 투쟁을 단행해야 한다"면서 "쾌락을 탐하거나
소극적이고 나태한 행위, 갈등을 회피하는 행위와 사상은 모두 잘못된 것"
이라고 강조했다. 시진핑 총서기는 당 전체에 '더욱 자발적으로 해야 할 5
가지(五個更加自覺)'와 '단호해야 할 5가지(五個堅決)'를 제시했다. 첫째, 더욱
자발적으로 당의 지도와 중국 사회주의 제도를 견지하고, 당의 지도와 중
국 사회주의 제도를 약화시키고 왜곡하고 부정하는 모든 언행을 단호하게
반대한다. 둘째, 더욱 자발적으로 인민의 이익을 지키고, 인민의 이익을 훼
손하고 대중으로부터 이탈하는 모든 행위에 단호하게 반대한다. 셋째, 더
욱 자발적으로 개혁과 혁신이라는 시대의 흐름에 뛰어들고, 모든 고질적
폐단을 단호히 근절한다. 넷째, 더욱 자발적으로 중국의 주권과 안보, 발
전 이익을 수호하고, 조국을 분열시키거나 민족의 단결과 사회의 조화, 안
정을 해치는 모든 행위를 단호히 배격한다. 다섯째, 더욱 자발적으로 각종
리스크를 예방하고, 정치와 경제, 문화, 사회 등 분야와 자연계에 나타나
는 모든 어려움과 도전에서 단호하게 승리한다. '더욱 자발적으로 해야 할
5가지'와 '단호히 해야 할 5가지'는 위대한 투쟁의 장기성과 복잡성, 험난

---

77   옮긴이 주: 중국에서 매년 3월에 개최되는 전국인민대표대회(全國人民代表大會)와 전국인
      민정치협상회의(全國人民政治協商會議)의 통칭.

함을 시사한다. 위대한 투쟁에서 계속적으로 승리를 이끌어내기 위해서는 전체 당원들의 투쟁 정신을 발양하고 투쟁 능력을 높이는 것이 급선무다. 현재 중국은 역사상 그 어느 시기보다도 중화민족의 위대한 부흥의 목표에 근접해 있고, 이 목표를 달성할 자신과 역량이 있다. 동시에 당면한 상황은 예전보다 더욱 심각하고 복잡해졌으며, 당면한 과제는 과거보다 더욱 어렵고 막중해졌다.

(3) 당을 관리하고 다스리는 것이 과거보다 더 긴박하다

시진핑 총서기는 당의 건설이 직면한 상황을 객관적으로 분석했다. 전반적으로 보면 중국공산당은 과학적인 이론 무장을 견지하고 진보적인 특징이 분명한 정당이고, 인민을 위해 전심전력으로 봉사하는 정당이며, 많은 리스크와 시련을 이겨내고 끊임없이 스스로를 성숙시키는 정당으로 한결같이 전국의 민족과 인민을 이끌고 중국 특색 사회주의 핵심 역량을 견지하고 발전시켜 왔다. 한편, 새로운 역사적 출발점에서 중국공산당이 직면한 장기 집권 시련, 개혁개방 시련, 시장경제 시련, 외부 환경 시련 등 '4대 시련(四大考驗)'은 장기적이고 복잡하고 엄준하며, 정신적 나태의 위험, 능력 부족의 위험, 대중 이탈의 위험, 해야 할 일을 하지 않는 행위를 일컫는 '소극적 부패'의 위험 등 '4대 위험(四大危險)'이 더욱 첨예하게 당 앞에 놓여 있다. 당 안팎 및 대내외적인 많은 복잡한 요인들이 당의 건전한 조직에도 많은 병원균을 감염시키면서 일부 당원과 간부는 이상과 신념, 사상 정치적 자질, 업무 능력, 기풍 면에서 건전하지 못한 상태에 있다.

첫째, 당의 집권 지위가 당원과 간부단에 뚜렷한 변화를 가져왔다. 이런 변화를 당의 집권 위상이 당원과 간부단에 가져온 변화는 당내에서 안일함과 쾌락을 꾀하면서 힘들게 분투하는 것을 원하지 않는 사람이 많아진 점, 집권당의 지위와 신망을 이용해 사리사욕을 채우려는 사람이 많아진 점, 고압적으로 군림하거나 실제 상황 및 대중에게서 이탈하는 사람이 많아진 점으로 요약할 수 있다.

둘째, 당풍청렴건설, 반부패 투쟁 상황이 여전히 엄준하고 복잡하다.

기풍 측면에서 보자면, '4풍' 문제가 누적되고 고질화되면서 형식주의, 관료주의, 향락주의, 사치풍조가 두드러지고 있다. 당 내부나 사회적으로 암묵적인 관행이 성행하면서 정치 생태계와 사회 환경이 오염되었고, 기풍 문제가 갈수록 심각해지고 있으며, 당내에서는 잡지 않으면 안 될 정도로 상당히 심각한 지경에 이르렀다. 기율 측면에서 보자면, 당의 정치기율과 규범을 훼손하는 문제가 매우 심각해지면서 조직의 기강 해이가 당의 큰 우환거리가 되었다. 청렴기율을 위반하고 경제적 이익을 꾀하는 부정부패가 심각하고, 누차 금지해도 '4풍'이 근절되지 않고 있으며, 공공연히 기율을 어기는 일도 빈번하다. 부패 측면에서 보자면, 부패는 중국공산당이 직면한 최대 위협이며, 당의 건강한 조직에 자생하는 암적인 존재다. 2014년 6월 시진핑 총서기는 중앙정치국 상무위원회의 순시 상황 보고를 받는 자리에서 "부패현상이 만연하는 추세가 아직도 효과적으로 억제되지 않고 있다"[78]고 일침했다. 2015년 1월 18기 중앙기율검사위원회 5차 전체회의에서 "부패활동이 줄어들기는 했지만 근절되지는 않았고, 반부패 체제 메커니즘이 구축되기는 했으나 아직 완벽하게 다듬어지지는 못했다.

---

78 「시진핑의 당풍·청렴정치 확립 및 반부패 투쟁에 관한 발언 요약집」, 중앙문헌출판사, 중앙방정출판사, 2015년판, 99면.

사상교육이 강화되기는 했으나 사상 방어선이 아직 견고하게 구축되지 않았다. 기존의 누적된 부패를 줄이고, 부패가 늘어나지 못하도록 막고, 정치 생태계를 재편하는 업무가 험난하고 막중하다"[79]고 강조했다. 18차 당대회 이후 일부 부정부패 인사는 다른 사람의 의견을 무시한 채 고집을 부리면서 멈추지 않았을 뿐만 아니라 수위를 더 높이기도 했다. 어떤 경우는 부패 네트워크가 칡넝쿨처럼 얽힌 '제도적 부패(systemic corruption)' 문제가 있는가 하면, 어떤 지방에서는 동종 업종이나 파벌, 연고 등으로 엮여 끌어주고 밀어주며 형성한 부패 사슬이 끊어지면서 둑이 무너지듯 줄줄이 낙마하기도 했다. 이런 부패 사례들은 그 죄질이 매우 나쁠 뿐만 아니라 정치적으로도 악영향을 주어 경종을 울렸다. 부패 문제는 복잡하며, 부패 문제는 흔히 정치 문제와 공존하고, 부정부패 인사는 종종 정치적으로 변질되고, 경제적으로 탐욕을 저지르며, 타락한 생활을 하고, 전횡적인 특징을 동시에 지니는 경우가 많다. 지역적인 부패와 영역적인 부패가 엮이면서 동일한 지역이나 영역에 부패 혐의자들이 직장 내에 집중되거나 줄줄이 연루된 사건이 늘어나고 있다. 채용비리와 권력형 비리가 얽히면서 권력과 권력, 권력과 금전, 권력과 성(性)의 거래가 비일비재하다. 정경유착 및 상급자와 하급자가 결탁해 함께 부정을 저지르는 비리 사슬이 얽히고, 내부 거래를 이용해 자산을 편취하는 이익 빼돌리기(터널링) 수단이 은폐적이고 방식이 다양하다. 어떤 경우는 공공연히 대항하기도 하고 조직의 심사를 방해하기도 해 장애물을 조성하기도 한다. 당 전체가 5년여 동안 함께 노력한 끝에

---

79 「시진핑, 18기 중앙기율검사위원회 5차 전체회의에서 연설, '개혁을 심화하고 성과를 공고히 하고 적극적으로 확장해 반부패 투쟁을 심화해야'」, 인민일보, 2015년 1월 14일, 1면.

전면적인 종엄치당에는 마침표가 없다

늘어나는 부패 문제는 효과적으로 억제되었고, 기존의 부패 문제는 대량으로 조사해 처벌함으로써 반부패는 현격한 성과를 거두었다. 동시에 현재 중국이 반부패 투쟁에서 압도적인 승리를 거두긴 했으나 아직 완전한 승기를 잡지 못했음을 직시해야 한다. 2019년 1월, 시진핑 총서기는 성부급 주요 지도간부 대상 '마지노선 사유를 견지하여 중대한 위험을 예방하는 데 주력하자'를 주제로 열린 세미나에서 반부패 투쟁 정세가 여전히 엄준하고 복잡하다면서 무관용의 결심은 한치도 흔들리지 않고 반부패 강도도 추호도 약화되지 않았으므로 마침표가 없다는 강인함과 집념으로 반부패 투쟁 총력전과 지구전을 잘 치러야 한다고 강조했다.[80]

셋째, 당 건설 업무가 많은 난제에 직면했다. 사회가 다양하게 발전하면서 사람들의 생각이 다원화되고 복잡해지는 특징이 갈수록 뚜렷해지고 있다. 이는 필연적으로 당내 사상통일의 난도를 높인다. 거대 정당인 중국공산당이 사상을 통일하기란 대대로 쉽지 않은 문제다. 모든 당원을 당 조직에 편입해 관리하고, 엄정한 조직 기강과 규정을 마련했지만 당 전체로 보자면 일부 당조직은 미약하고 분산돼 있고, 일부 당원과 간부는 감독을 제대로 받기 어려우며, 단체 관리가 제대로 이루어지지 않고 틈이 생기는 상황이 비일비재하다. 당 내부에 사상문제와 이익갈등이 대량 존재한다. 관련된 당원이나 간부가 많은 갈등이 여타 사회 갈등과 얽히고설키면서 이를 절충하고 처리하기가 더욱 어려워졌다. 당내 생활의 정치성, 원칙

---

80 「시진핑, 성부급 주요 지도간부의 '마지노선 사고를 견지해 중대한 리스크를 예방하고 해소하는 데 힘쓰자'를 주제로 열린 세미나반 개강식에서 연설, '예방·통제 능력을 높여 중대한 위험을 예방하고 해결하는 데 힘써 지속적이고 건강한 경제 발전 및 사회 안정 유지해야'」, 인민일보, 2019년 1월 22일, 1면.

성이 떨어지고, 자유주의를 비롯해 환심을 사기 위해 비위를 맞추고 불의도 눈감아 주며 시세에 영합하는 이른바 '호인주의(好人主義)'가 늘어났다. 제도가 엄격하게 집행되지 않는 상황이 대량으로 존재하고 허울뿐인 제도도 부지기수다. 당 관리와 통제가 엄격하지 않고 책임 이행이 제대로 이루어지지 않는 경우도 허다하다. 어떤 기업의 수장은 당의 관념이 약화돼 '사장' 노릇을 즐기다 '서기'로 불리면 생소한 느낌을 받고 어리둥절해 하기도 한다. 서기로 임명될 때는 어느 누구도 자신이 그럴만한 깜냥이 되지 못한다고 거절하지 않다가 직무를 수행할 때는 마치 자신과 아무런 관계도 없는 일인 냥 행세한다. 이는 사상이 심각하게 약화됐음을 보여주는 대목이다. 느슨하고 해이하며 물렁해진 당 관리의 두드러진 문제들이 더욱 첨예하게 당 앞에 놓여 있다.

넷째, 당조직과 당 자체의 상황에 중대하면서도 심각한 변화가 나타나 당 건설의 질을 높이고, 당조직의 정치기능과 조직기능을 시급히 강화해야 할 필요성이 있다. 중국공산당이 직면한 집권환경이 복잡하고, 당의 진보성에 영향을 끼치고 당의 순수성을 약화시키는 요인 또한 복잡하며, 당내에 존재하는 사상과 조직, 기풍이 불순한 등의 문제들이 아직 근본적으로 해결되지 않았다. 당이 직면한 집권, 개혁개방, 시장경제, 외부 환경과 같은 시련의 장기성과 복잡성을 깊이 인식하는 한편 정신적 나태, 능력 부족, 대중 이탈, 소극적 부패 위험의 첨예성과 심각성을 깊이 인식해야 한다.

다섯째, 세계와 국내 정세, 당내 상황의 심오한 변화로 인해 강력한 자아혁명 정신, 자아정화의 탄탄한 특징 유무가 당의 흥망성쇠를 결정짓는 관건 요인이 되었다. 8956만4천 명의 당원과 457만2천 개의 기층 당조직[81]을 보유한 세계 최대 정당이 집권 지위에 있고 집권 자원을 장악하고 있으면 집권 실적의 후광을 등에 업고 자신의 부족한 점을 등한시 하거나 자신의 문제를 무시하는 현상이 나타나기 쉽고, '다른 사람의 운명을 바꾸기는 쉬우나 자신의 운명을 바꾸기는 어려운' 지경에 빠지기 쉽다. 중국공산당이 항상 시대의 선봉, 민족의 중추, 마르크스주의 집권당이 되려면 초심을 잊지 말고 사명을 명심해야 하고, 자신이 공산당원이고 혁명자임을 잊지 말아야 하며, 혁명 정신을 상실하지 말아야 한다. 또 혁명 투지를 유지하고, 자아혁명의 정신을 발휘해야 한다. 용감하게 자아 혁명하는 관건은 실천 과정에서 자아 정화와 자아 완비, 자아 혁신, 자아 향상 등 '4개의 자아'를 실현하는 것이다. 자아 정화는 불순물을 걸러내고 독소를 제거하고 암적 존재 같은 불건전한 사상을 없애는 것이다. 자아 완비는 조직을 회복시키고 메커니즘을 완벽히 하며 기능을 다양하게 하는 것이다. 자아 혁신은 시대의 변화와 함께 발전해 자아를 초월하는 것이다. 자아 향상은 새로운 능력을 키우고 새로운 지평을 여는 것이다. 변증법적 통일의 유기적인 전체이자 당이 시대와 함께 발전하면서 안에서 밖으로 심오하게 개조하고 심도 있게 리모델링한 '4개의 자아'는 중국공산당이 양적에서 질적으로 변화하는 순환과 왕복, 나선형 상승의 완전한 과정을 구성했고, 중국공산당이 자신의 역량에 기반해 문제를 발견하고 편차를 바로잡고 혁신을 추진하면서 계속해서 집권능력의 전체적인 향상을 이루어내는 선순환을 형성했다. '4개의 자아'는 당이 인민을 지도해 사회혁명과 자아혁명을 진행하는 위대한 실천 속에서 통일되었다.

---

81 「2017년 중국공산당 당내 통계 공보」, 인민일보, 2018년 7월 1일, 2면.

시진핑 총서기는 전면적인 종엄치당이 직면한 상황에 대한 정확한 분석을 통해 전면적인 종엄치당의 중요성과 긴박성, 당을 관리하고 다스리는 임무가 과거 어느 때보다 더욱 복잡하고 긴박하다고 밝히고, 전면적인 종엄치당은 여전히 책임이 무겁고 갈 길이 멀다고 강조했다. 역사적 사명이 영광스러울수록 분투 목표를 원대하게 세우고, 집권환경이 복잡할수록 위기의식을 강화해야 하며, 당을 엄격하게 관리해야 할수록 문제가 불거지기 전에 미연에 방지함으로써 중국공산당이 영원히 불패의 지반에 서도록 해야 한다. 전 당원은 당의 집권 위상과 지도 위상은 저절로 장기간 유지되는 것이 아니므로 당을 관리하고 당을 꽉 잡지 않으면 큰 문제가 생길 수도 있고, 그 결과는 당의 사업 실패로만 그치지 않고 당과 국가의 패망을 초래하는 위험이 될 수도 있음을 명심해야 한다. 당 전체가 당의 자체 관리와 전면적인 종엄치당을 강화해야 한다는 점을 깊이 자각해 당의 집권 능력과 지도력을 높이고, 당의 자정능력과 자체적 완비, 혁신, 향상 능력을 강화해야 한다. 무릇 당의 창조력과 응집력, 전투력에 영향을 미치는 문제는 즉시 해결해야 한다. 무릇 당의 선진성과 순결성을 해치는 현상은 결단코 바로잡아야 한다. 무릇 당의 건강한 조직에 자생하는 암적 존재는 철저히 제거해야 한다. 이렇게 함으로써 중국 특색 사회주의를 발전시키는 역사적 과정에서 당이 항상 강력한 리더 핵심이 되도록 해야 한다.

3. 전면적인 종엄치당의 함의

시진핑 총서기는 전면적인 종엄치당의 기본적인 함의에 대해 "전면적인 종엄치당의 핵심은 당의 전면적인 지도를 강화하는 것으로 기초는 '전면'에 있고, 관건은 '엄함'에 있으며, 요지는 '다스림'에 있다"고 간략하게 설명했다. '전면'이란 당 전체를 관리하고, 다스림에 있어 당 건설의 모든 영역과 분야, 부문을 포괄하는 것을 말한다. 중점은 '관건적 소수(關鍵小數)'를 관리하는 것이다. '엄함'은 확실하고 과감하고 장기적으로 엄격하게 관리하는 것이다. '다스림'은 당 중앙에서 성·시·현 당위원회에 이르기까지, 중앙 부위(部委: 부와 위원회), 국가기관 부처 당조[82](당위)[83][이하 당조직(당위원회)]에서 기층 당지부에 이르기까지 모두가 주체적인 책임을 져야 한다는 것이다. 각급 기율검사위원회는 감독책임을 지고 과감하게 악역을 맡아 용감하게 기율을 집행하고 책임을 물어야 한다. 그 목적은 느슨하고 해이하며 물렁했던 당 관리와 통제를 엄격하고 치밀하며 강경하게 이끌기 위한 것이다.

(1) 핵심은 당의 전면적인 지도 강화이다

전면적인 종엄치당의 핵심은 당의 전면적인 지도를 견지하고 강화하는 것이다. 당의 지도를 견지함에 있어 가장 근본적인 것은 당 중앙의 권위와 집중적이고 통일적인 지도를 견지하는 것이다. 19차 당대회에서는 중국 특색 사회주의의 가장 본질적인 특징은 중국 공산당이 지도하는 것이고, 중국 특색 사회주의 제도의 최대 우위는 중국 공산당이 지도하는 것이며, 당이 최고의 정치적 지도 역량이라고 천명하고, '당이 모든 업무에 대

---

82   옮긴이 주: 당조(黨組): 국가 기관이나 민간 단체 지도부 내의 당조직. 당 그룹.

83   옮긴이 주: 당위(黨委): 중국공산당의 각급 위원회.

한 지도를 견지한다'를 신시대 중국 특색 사회주의의 기본 전략과 방침을 견지하고 발전시키는 제1조로 삼았다. 아울러 당, 정부, 군대, 인민과 사회 모든 전반적인 부분에서 당이 모든 것을 지도한다고 강조하고, 당의 전면적인 지도를 견지하고 강화하는 근본 원칙을 철저히 지켜야 한다고 명확하게 밝혔다.

시진핑 총서기는 당의 전면적인 지도를 견지하고 강화하는 것은 국가의 미래 운명에 직결된다면서 중국의 모든 사업은 이를 기초로 세워지고, 모든 것들이 이런 가장 본질적인 특징과 최대의 우월성에 기반하고 있다고 밝혔다. 당의 전면적인 지도 강화를 전면적인 종엄치당의 핵심으로 설정한 것은 당의 지도가 중국 특색 사회주의의 가장 본질적인 특징이라는 기본적인 판단에 따른 것이다. 즉, 당의 지도는 중국 특색 사회주의의 가장 본질적인 특징이다. 시진핑 총서기의 전면적인 종엄치당에 관한 중요한 논술은 중국 특색 사회주의 본질에 대한 새로운 인식을 기본 전제로 삼은 동시에 이 본질을 전면적인 종엄치당의 핵심 내용으로 삼았다. 이런 참신한 논증은 역사와 현실적인 관점뿐 아니라 사상과 이론적인 관점에서 중국 특색 사회주의의 내재적인 규정성을 잘 드러냈으며, 중국 특색 사회주의의 본질적인 특징에 대한 중국공산당의 인식을 심화시켰다. 이는 중국공산당 자신의 위상과 역할에 대한 인식을 새로운 수준으로 끌어올리는 한편 전면적인 종엄치당을 위해서도 탄탄한 사상적, 이론적 토대를 마련했다.

중국 특색 사회주의의 가장 본질적인 특징인 당의 지도는 시진핑 총서기가 중국공산당에 대한 본질, 중국공산당의 장기 집권 및 국가 실정, 당의 상황에 대한 심층적 사고에 기반해 근본적인 측면에서 중국 특색 사회주의의 본질적인 의미에 대해 과학적으로 진단한 것이다. 시진핑 총서기는 허난(河南)성 란카오(蘭考)현위원회 상무위원회 주제 민주생활회에 참석해 연설하면서 "우리는 근본으로 돌아가 중국공산당은 마르크스주의를 당을 세우는 근본으로 하고, 공산주의 실현을 최고 이상으로 삼으며, 한 마음 한 뜻으로 인민을 위해 봉사하는 것을 근본 취지로 한다는 점을 인식해야 한다. 이것이 곧 공산당원의 근본이다"라면서 "이런 것들이 없다면 뿌리 없는 나무"라고 말했다. 중국은 공산주의와 사회주의 이상을 바탕으로 중국 특색 사회주의 노선과 이론, 제도를 확립함으로써 전체 논리를 성립했다. 중국공산당의 전체 노선과 이론, 제도의 논리 관계는 바로 여기에 있다. 중국 최대의 국정(國情)은 중국 공산당의 지도이고, 이것이 바로 중국 특색이라는 점을 똑똑히 인식해야 한다. 무엇이 중국 특색인가? 이것이 곧 중국 특색이다. 이는 당의 신앙이라는 근본에서 당의 지도가 중국 특색 사회주의의 가장 본질적인 특징임을 분명히 밝혔다.

당의 지도는 중국 특색 사회주의의 고유성을 규정하는 성질이다. 이런 성질은 중국의 혁명과 건설, 개혁의 역사적 과정에 깊이 내재되어 있고, 중국 특색 사회주의 사업 발전의 구체적인 실천 과정에서 구현된다. 아울러 다른 정당과 비교되면서 존재한다. 시진핑 총서기는 중국 공산당이 지도하는 제도는 중국 자신의 것이지 어디에서 복제해 온 것도, 맹목적으로 모방한 것도 아니라고 지적했다. 10월 혁명의 바람이 불어 닥쳤지만 중국 공산당은 소련식의 정당이 되지 않았다. 냉전 종식 후 소련이 해체되고 동유럽이 급변했지만 중국은 꿋꿋이 자신의 길을 고수했기에 비로소 오늘이 있을 수 있었다. 이는 내재적인 규정성에서 당의 지도가 중국 특색 사회주의의 가장 본질적인 특징임을 잘 설명하는 대목이다.

당의 지도는 일관되게 중국 특색 사회주의 사업의 발전을 결정해 왔다. 당의 지도는 당의 건설을 기초와 전제로 한다. 시진핑 총서기는 중국의 일을 잘 처리하려면 우선 중국 공산당의 일을 잘 처리해야 한다면서 다음과 같이 언급했다. "당의 지도를 견지하고 완비하는 것은 당과 국가의 근본이자 명맥이며, 전국 여러 민족과 인민의 이익과 행복에 직결된다. 당이 튼튼하고, 인민들과 혈연관계를 유지하면 국가가 번영을 이루고 안정되면 인민들의 행복지수도 높아진다. 당과 인민 사업의 발전 단계에 맞게 당 건설도 추진되어야 한다. 이는 당의 건설을 강화함에 있어 반드시 파악해야 하는 기본 법칙이다. 당을 잘 건설하는 것을 최대의 치적으로 삼아야 한다. 중국공산당이 약해지고 분산되고, 무너진다면 다른 정치적 업적이 무슨 의미가 있겠는가? 따라서 반드시 당의 건설을 중국 특색 사회주의의 최우선 과제로 삼아야 한다."

시진핑 총서기는 여러 장소에서 당의 전면적인 지도를 견지하고 강화할 것을 강조했다. 정치 건설 측면에서 중국 특색 사회주의 민주 정치 건설의 관건은 '당의 지도(領導), 인민이 나라의 주인, 의법치국(依法治國)'을 유기적으로 통일하는 것이라고 밝혔다. 3자의 유기적인 통일을 고수하는데 있어 가장 근본적인 것은 당의 지도를 견지하는 것이다. 전국인민대표대회(전인대) 제도를 견지·완비하고, 전국인민정치협상회의(정협) 업무와 통일전선 업무, 민족 업무, 대중 단체조직 업무를 잘하려면 추호의 동요없이 중국공산당의 지도를 견지해야 한다. 당의 지도는 중국 특색 사회주의 법치의 혼이자 중국의 법치와 서방 자본주의 국가 법치의 최대 차이점이다. 경제 건설 측면에서는 경제업무가 중심업무이고, 당의 지도는 중심업무 중에서 잘 구현되어야 한다고 강조했다. 세계 2위의 경제대국 '중국호

(號)'를 잘 이끌어 갈 수 있는지, 경제사회의 지속적이고 건전한 발전을 유지할 수 있는지 여부는 근본적으로 경제와 사회 발전 중에서 당의 지도 핵심 역할을 잘 발휘하는지의 여부에 달려있다. 문화 건설 측면에서 당의 언론 관리가 당의 지도를 견지하는 중요한 측면이라고 역설했다. 사회 건설 측면에서 시진핑 총서기는 중앙빈곤구제개발 업무회의에서 빈곤 퇴치 총력전을 펼칠수록 당의 지도를 강화하고 개선해야 한다고 강조했다. 각급 당위원회와 정부는 굳건한 믿음을 가지고 과감히 책임지는 자세로 빈곤퇴치의 직책을 짊어지고 빈곤 퇴치 임무를 완수해야 한다. 생태문명건설 측면에서 '중국 공산당이 인민을 지도해 사회주의 생태문명을 건설한다'를 당규약에 삽입하고 행동강령으로 삼았다. 국방과 군대건설 측면에서 한 치의 흔들림 없이 군대에 대한 당의 절대적인 지도를 견지하고, 단호하게 당의 지휘에 복종하는 것이 건군의 혼이자 강군의 혼이라고 강조했다.

시진핑 총서기가 제시한 전면적인 종엄치당에 관한 중요한 논술의 근본적인 요지는 당의 지도를 견지하고 강화하는 데 있다. 장기적으로 국내외 적대세력이 중국의 진보를 부정하고, 중국의 제도를 폄훼하고, 중국의 부족한 부분을 과장하고, 자신들의 가치관을 주입하는 공격의 화살은 당의 지도를 겨냥한 것이므로 이에 근본적으로 반격해야 한다고 시진핑 총서기는 지적했다. 저우융캉(周永康) 전 중국공산당 정치국 상무위원, 보시라이(薄熙來) 전 충칭시 서기, 쉬차이허우(徐才厚) 전 중앙군사위원회 부주석, 궈보슝(郭伯雄) 전 중앙군사위원회 부주석, 링지화(令計劃) 전 통일전선 업무 부장 등이 당의 집중적이고 통일적인 지도를 심각하게 훼손하고, 정치기율과 규범을 심각하게 위반한 문제 등 일부 분야에서 당의 지도력을 약화시키는 문제가 존재했다. 중앙 순시 결과에서 어떤 지방과 부서에 당의 지도력 약화, 당의 건설 부족, 전면적 종엄치당 미흡과 더불어 당 관리가 지나치게 느슨하고 해이하고 물렁한 문제가 있는 것으로 나타났다. 당의 지도력 약화는 현재 중국의 주요 도전이다. 이런 상황을 고치지 않으면 당의 집권 능력을 약화시키고, 당의 집권 기반을 흔들게 될 것이며, 심지어 당과 인민의 미래를 망칠 수도 있다. 그는 "현재 중국에서 중국공산당의 정치 역량을 능가하는 것은 없다"고 강조했다. 중국의 정치 안정, 경제 발전, 민족 단결, 사회 안정의 근본점이자 중국 사회 안정의 최대 안정장치인 중국공산당의 지도는 절대 한 치의 흔들림도 허용하지 않는다. 당의 지도를 견지하는 방향성 문제에서는 선명한 깃발을 내걸고 입장을 확고히 하고 절대 망설이거나 숨기거나 스스로 마비되어서는 안 된다. 이는 모두 전면적인 종엄치당의 본질에 대해 파악한 것으로 전면적인 종엄치당의 심오한 의미를 풍부히 하고 발전시켰다.

(2) 기초는 전면에 있다

전면적인 종엄치당이 우선적으로 강조하는 것은 '전면'이다. 이는 당을 관리하고 다스리는 데 있어서 기본적인 요구 조건이다. '전면'은 다음 세 부분에서 구현된다.

첫째, 당 관리와 통제의 주체는 전 범위를 포괄하므로 전면적인 종엄치당은 당 전체에 의지해야 한다. 2014년 6월, 시진핑 총서기는 18기 중앙정치국 제16차 집단학습을 주재한 자리에서 "우리는 당 건설에 집중해야 한다. 과학적인 이념 확립, 적극적인 개혁 혁신, 객관적인 규칙 준수, 실질적인 성과에 주목하는 사고 방향에 따라 종엄치당의 요구가 실질적으로 이행되도록 함으로써 우리 당이 갈수록 성숙해지고, 강대해지고, 전투력을 가지도록 해야 한다. 이는 당 전체의 정치적 책임이다"[84]라고 지적했다. 12월 장쑤 시찰 업무에서 "종엄치당은 당 전체의 공통된 임무"라고 강조하면서 다음과 같이 덧붙였다. "당 중앙에서 당의 지방조직, 기층 당지부에 이르기까지 각급 당조직이 전면적인 종엄치당의 주체인 만큼 전면적인 종엄치당에서 정치적 책임을 가진다. 아울러 당의 업무 부처도 전면적인 종엄치당의 주체이다. 당의 건설과 당의 사업 중 직무 태만이나 책임을 다하지 않은 경우 책임을 추궁해야 한다."

둘째, 당 관리의 객체는 전 범위를 포괄하므로 전면적 종엄치당은 당 전체를 관리해야 하고 당 전체를 다스려야 한다. 전면적 종엄치당은 각급 모든 유형의 당조직을 포함하므로 전체 당원을 기율로 다스려야 한다. 각급 당과 정부 기관의 당조직이나 국유기업체와 사업기관(事業單位),[85] 새로운 경제 조직과 사회 조직 중의 당조직은 물론 농촌 향진, 촌 1급의 기층 당조직이나 도시 거리, 지역사회 안의 기층 당조직을 막론하고, 당의 고위급 지도간부나 일반 당원에 관계없이 모두가 전면적인 종엄치당의 대상이며 특혜와 예외란 있을 수 없다. 시진핑 총서기는 어느 누구도 요행심리를 가져서는 안 되고, 법을 초월한 자비를 바라서도 안 된다. 면죄부를 받는 '단서철권'이나 '철모자왕'은 없다고 지적했다. 지도간부라는 '관건적 소수'를 틀어쥐고, 각급 지도간부를 엄격하게 관리하는 것이 당 전체를 관리하고 통제하는 핵심이다. 시진핑 총서기는 또 "엄격한 관리의 요구가 실제적으로 이행될 수 있으려면 지도기관과 지도간부가 앞장서는 것이 매우

---

84 「시진핑의 전면적 종엄치당에 관한 발언 요약집」, 중앙문헌출판사, 2016년판, 6면.

85 옮긴이 주: 정부가 국유자산을 이용해 설립한 교육, 과학기술, 문화, 의료 등의 활동에 종사하는 사회서비스조직.

중요하다. 지도기관과 지도간부가 제대로 모범을 보여야 하부에서 보고 따라할 것이다. 각급 지도기관과 지도간부, 특히 중앙기관과 중앙국가기관, 고위급 지도간부는 솔선수범 의식을 강화해 언제 어느 때나 엄격하게 요구하고 귀감이 되어야 한다"고 말했다.

셋째, 당 관리와 통제의 내용은 전 범위를 포괄한다. 즉 전면적인 종엄치당은 당을 관리하고 당을 다스리는 모든 분야를 아우른다. 당을 관리하고 통제하는 것은 복잡한 시스템 공학으로 당의 정치와 사상, 조직, 기풍, 기율, 제도 건설 및 반부패 등 다방면에 관계되므로 어느 한 방면만을 중시해 다른 방면을 소홀히 해서는 안 된다. 당을 관리하고 다스리는 어느 한 부분에라도 취약점이나 문제가 생기면 당 관리 전반에 직간접적으로 영향을 미친다는 것이 역사적 경험을 통해 입증되었다. 시진핑 총서기는 "당 건설은 전면적으로 엄격해야 한다"[86]면서 "새로운 정세와 문제에 마주해 당내 정치생활을 엄격하게 하고, 개혁혁신 정신으로 제도적 취약점을 보완함으로써 당의 조직 생활과 당원 교육관리가 진정으로 엄격하게 이루어질 수 있도록 해야 한다"[87]고 강조했다.

(3) 관건은 엄격함에 있다

전면적인 종엄치당의 핵심은 '엄(嚴)'을 필두에 내세워 엄격함을 요구

---

86   시진핑, 「18기 중앙기율검사위원회 제6차 전체회의에서의 연설」(2016년 1월 12일), 인민일보, 2016년 5월 3일, 2면.

87   「시진핑, '양학일주' 학습교양 실시에 대해 특별지시…'문제 지향성 부각해 실질적인 성과 거두고, 전면적인 종엄치당이 각 지부에서 이행되도록 해야'」, 인민일보, 2016년 4월 7일, 1면.

한 것이다. 시진핑 총서기는 전면적인 종엄치당은 공산당이 세운 군령장으로 말한 바를 행동으로 옮겨야 하고, '엄격'을 최우선에 두고, 종엄치당을 개혁개방과 현대화 건설의 전 과정은 물론 당의 건설과 당내 생활의 모든 분야에 관철시켜 엄격함에 대한 요구와 조치를 진정으로 수행해야 하고, 상부와 하부, 일, 사람에 대해서도 엄격함을 진정으로 실천해야 한다고 강조했다. 어느 한 순간 엄격하게 단속하는 데 그치는 것이 아니라 확실하고 과감하고 장기적으로 엄격하게 관리해야만 해결하지 못하는 문제가 없고, 작은 갈등이 고치기 어려운 적폐가 되지 않으며, 사소한 문제가 큰 우환거리가 되지 않는다. 지속적인 노력을 통해 '굳이 잘 할 필요 없다'는 심리나 '대충 때우자'는 생각, '시늉만 하면 된다'는 해이한 생각을 철저하게 바로잡아야 한다. 18차 당대회 이후 당 관리와 통제의 중요한 특징은 '엄(嚴)'을 필두에 놓고 엄격을 강조했다는 점이다. '엄'은 엄격하고 준엄해야 뿐만 아니라 요구 수준도 '가장 엄격'에 도달해야 함을 의미한다. 시진핑 총서기는 가장 엄격한 기준과 가장 준엄한 조치로 기풍 문제를 단속해야 한다고 강조했다. '엄격'에 방점을 찍은 것은 주로 다음 여섯 가지 측면에서 구현된다.

첫째, 사상 관리. 전면적인 종엄치당을 위하여 우선 엄격한 사상교육을 진행해야 한다. 시진핑 총서기는 "당원이나 간부에게 있어서 사상의 타락은 가장 심각한 병이다. 사상이 한 치만 해이해져도 행동은 한 자나 해이해진다. 사상적인 면의 먼지도 늘 닦아내야 한다. 수시로 거울에 비춰보고, 의관을 바로 하며, 먼지가 있으면 씻어내고, 아프면 병을 치료해야 한다"[88]

<hr>

88 시진핑, 「당의 군중노선 교육실천활동 결산 회의에서의 연설」(2014년 10월 8일), 인민일보,

고 말했다. 사상을 엄격하게 틀어쥐려면 당 전체가 이상과 신념을 확고히 하여 중국 특색 사회주의 노선과 이론, 제도, 문화에 대한 '4가지 자신감'을 강화하도록 교육하고 지도해야 한다. 특히 당성과 도덕교육을 강화하여 당원과 간부가 확고한 이상과 신념을 가지고 공산당원의 정신적 추구를 견지하고 정신적인 '칼슘'을 보충하도록 교육하고 지도해야 한다. 또 경고교육을 강화하여 당원, 간부들이 각성하고 마지노선을 명확히 긋고 경외심을 가지도록 하며, 사상적인 측면에서 주도적으로 레드라인을 긋고, 행위에서 경계를 명확히 하고, 법과 기율을 경외하고 규칙을 준수하도록 해야 한다. 사상적으로 엄격해야만 전체 당원이 방향을 잡고, 옳고 그름을 분명히 하여 이상과 신념을 보다 더 굳건히 하고, 정확한 세계관과 인생관, 가치관을 확립할 수 있다. 이를 통해 각급 당원 지도간부들이 사심과 잡념을 버리고 인민을 위해 전심전력으로 봉사하는 취지를 명심하도록 할 수 있다.

둘째, 당 관리. 중국 공산당은 마르크스주의 당 건설 원칙에 따라 세워졌고 당의 중앙조직, 지방조직, 기층조직을 포함한 엄격한 조직적 체계를 형성했다. 이는 세계의 그 어떤 다른 정당이 가지지 못한 우위이다. 시진핑 총서기는 당의 조직 체계 건설에 역점을 두고 당의 정치적 리더십, 사상적 견인력, 군중 조직력, 사회적 호소력을 부단히 강화하여 당원을 조직하고 인재를 결집시키고 군중을 동원하여 당의 원대한 목표를 달성하기 위해 단합하고 분투해야 한다고 강조했다.[89] 이는 조직 차원에서 종엄치당

2014년 10월 9일, 2면.

89   시진핑, 「전국조직업무회의에서의 연설」(2018년 7월 3일), 당건연구, 2018년 9호.

을 이행하고, 각급 당조직이 종엄치당 면에서 더욱 더 실제적으로 행동할 것을 요구한다. 모든 계급과 분야의 당조직을 막론하고 당이 부여한 직책을 엄정하고 성실하게 대해야 하며, 요구에 따라 조직을 엄하게 관리해야 한다. 당조직은 당원과 간부를 관리해야 하고, 당원과 간부는 당조직의 관리를 자발적으로 받아들여야 한다. 이는 중국공산당의 중요한 규칙이다. 관리기준을 엄격히 하고, 관리사슬을 연장하고, 관리책임을 이행하여 모든 당원과 간부를 조직관리에 편입시켜야 한다. 당조직은 모든 당원과 간부들에게 상황과 문제를 분명하게 설명하여 확실한 조치를 취하도록 해야 한다. 당원이 되는 관문을 엄격히 하고, 정치기준을 최우선 순위에 두어 당원이 정치적으로 합격점을 받도록 보장해야 한다. 동기가 불순하거나 입당하여 이익만 꾀하려는 자는 입당시키지 말아야 한다. 당원의 일상적인 교육과 관리를 엄격히 하여 많은 당원들을 평소에도 대중들속에서 보아낼 수 있도록 하고, 당원들이 결정적인 순간에 나서고, 위급한 순간에 모든 것을 내던질 수 있도록 하며, 선봉 모범 역할을 잘 발휘하도록 해야 한다. 당원 퇴출을 위한 채널을 마련해 당원의 자격을 상실한 경우에는 즉시 조직처리를 하고, 도덕적 해이, 타락, 변질된 경우는 단호하게 당에서 제명해야 한다.

셋째, 기율 집행. 시진핑 총서기는 기강 확립을 강화하는 것이 전면적인 종엄치당의 근본적인 대책[90]으로 기율이 엄격하지 않으면 종엄치당이 제대로 이루어질 수 없다고 강조했다. 중국공산당은 혁명적 이상과 강철 같은 기율을 기반으로 조직된 마르크스주의 정당으로 엄격한 기율은

---

90 「시진핑의 전면적 종엄치당에 관한 발언 요약집」, 중앙문헌출판사, 2016년판, 111면.

중국공산당의 영광스러운 전통이자 고유의 우위이다. 전면적인 종엄치당을 고수하고 기강 확립을 강화하는 것은 특히 중요하다. 각오에만 의존해서는 안 되며 반드시 강제성 구속이 있어야 하고 강제적으로 추진해야 한다.[91] 따라서 종엄치당에 있어서 처벌은 절대 느슨해서는 안 된다. 기율 위반 문제에 대한 조사와 처리에서 문제가 있거나 적발한 문제는 철저히 조사해야 한다. 듣고도 못 들은 척하거나 힘든 것은 피하고 쉬운 일만 골라 하는 행위, 큰일은 작은 일로, 작은 일은 없던 일로 덮는 행위를 지양해야 한다. 어느 누구도 숨기거나 단순화하거나 임시변통하는 일이 없어야 한다. 권세가 크다고 파격적 대우를 하거나 문제가 작다고 하찮게 여기거나 혹은 많은 사람이 위반했다고 해서 방임하지 말아야 하고, '뒷문'이나 '지붕창'을 열어두지 말아야 하며, '깨진 유리창 이론(Broken windows theory)'[92]에서 말하는 파장이 나타나지 않도록 해야 한다. 특히 반부패와 청렴제창 측면에서 호랑이(고위급 관료)와 파리(하위급 관료)를 일망타진해야 한다. 지도 간부의 기율위반 사건을 철저하게 조사하는 한편 대중 주변의 그릇된 풍조와 부패 문제를 철저히 해결해야 한다.

넷째, 관료 관리. 시진핑 총서기는 당 관리의 으뜸은 간부를 잘 관리하는 것이고, 종엄치당의 관건은 관료를 엄격히 다스리는 것이라고 지적했다. 당의 각급 조직은 인사 부조리를 척결하고, 인선(人選)과 용인(用人)

---

91 「시진핑의 엄정한 당 기율과 규범에 관한 발언 요약집」, 중앙문헌출판사, 중국방정출판사, 2016년판, 5면.

92 옮긴이 주: 익명성이 보장되고 책임이 분산되어 있으면 자기 규제의식이 저하되어 몰개성화가 발생하면서 정서적, 충동적, 비합리적 행동을 저지르고 주위 사람들의 행동에 쉽게 휩쓸린다는 시카고대학의 범죄학 교수인 켈리(G. Kelly)가 제시한 이론.

환경 개선에 힘써야 한다. 간부 선발과 임용에서 덕과 재능 겸비를 고수하되 덕을 우선시해야 하고, 전국 방방곡곡의 유능한 인재를 뽑는 방침을 견지하고, 사업을 지상과제로 삼고 공정하며 충성스럽고 깨끗하게 책임을 지는 소질이 높은 간부를 만드는 데 힘쓰는 원칙을 고수해야 한다. 어느 누구도 당의 간부를 사유재산으로 여겨서도 안 되고, 당 내에서 인신적 예속 관계가 있어서는 안 된다. 당내 동지의 왕래는 규범적이고 순수해야 하고, 지도간부는 당원을 함부로 대해서는 안 되며, 당원은 지도간부에게 아첨하지 말아야 한다. 실수에 대한 관용·시정 제도를 마련해 간부가 일을 하는 과정, 특히 개혁, 혁신하는 과정에서 시행착오로 인해 범한 실수를 너그럽게 대해야 한다.

다섯째, 기풍. 시진핑 총서기는 업무 기풍 측면의 문제는 절대로 작은 일이 아니기 때문에 불량한 풍조를 단호하게 몰아내지 않고 그대로 둘 경우 보이지 않는 벽처럼 중국공산당과 인민 대중을 갈라놓아 중국공산당은 결국 뿌리와 혈맥, 힘을 잃어버리게 될 것이라고 지적했다.[93] 기풍을 잡고 개선하는 것은 전면적인 종엄치당의 중요한 착안점이자 주력 방향이다. 기풍 확립 문제에서 항상, 세부적으로, 장기간 꾸준히 중도에 포기하지 말고 끈질기게 계속 노력하고 오래오래 공을 들여야 한다. 기풍 확립에 있어 한편으로는 당의 우수한 기풍을 널리 계승하고, 당의 우수한 기풍 가운데서 자양분을 흡수해야 한다. 혁명 선배들의 혁명열정과 분투정신을 항상 간직하고 어려움에 맞서 진취적으로 나서고 착실하게 일해 인민의 행복지수를 높여야 한다. 다른 한편으로 기풍 폐단 척결에 힘써 '4풍' 문제

---

93 「시진핑의 전면적 종엄치당에 관한 발언 요약집」, 중앙문헌출판사, 2016년판, 148면.

해결을 계속 밀고 나가 좋지 않은 풍조를 몰아내고, 그릇된 풍조가 재발하지 못하도록 막아 당내에 청렴하고 바른 기강을 세워야 한다. 기풍을 잡는 문제에서 "견지하고 견지하고 또 견지해 기풍 확립을 끝까지 추진해야 한다"[94]면서 "강철 같은 기강으로 각종 측면의 공공연한 기율 위반 행위는 그것이 얼마든 모두 처리해야 한다"고 말했다.

　여섯째, 반부패. 시진핑 총서기는 부패 문제가 중국공산당에 주는 폐해가 가장 크고, 부정부패 인사를 처벌하는 것은 당심과 민심이 원하는 바인 만큼 당내에서 부정부패 인사가 숨을 곳이 없도록 해야 한다고 지적했다. 이는 당과 인민이 끈끈한 관계를 유지하고, 당의 집권 기반과 집권 위상을 공고히 다지기 위한 필연적인 요구이다.[95] 2015년 3월, 그는 12기 전인대 3차 회의 장시(江西) 대표단 심의에 참가했을 때 반부패를 철저히 추진하여 '썩은 나무'를 뽑아내고 '병든 나무'를 치료하고, '비뚤어진 나무'를 바로 세워 지도간부들이 각성과 경고, 경계로 삼도록 하라고 주문했다.[96] 2016년 7월, 중국공산당 창당 95주년 기념식에서 "우리는 완강한 의지와 성품으로 무관용의 태도가 변하지 않도록 견지하고, 사건은 반드시 조사하고 부패는 반드시 처벌함으로써 부정부패 인사들이 당내에서 숨을 곳이 없도록 해야 한다!"[97]고 강조했다. 2017년 1월, 18기 중앙기율검사위원회 7

94　시진핑, 「18기 중앙기율검사위원회 제6차 전체회의에서의 연설」(2016년 1월 12일), 인민일보, 2016년 5월 3일, 2면.

95　「시진핑의 당풍·청렴정치 확립 및 반부패 투쟁에 관한 발언 요약집」, 중앙문헌출판사, 중국방정출판사, 2015년판, 7면.

96　「시진핑, 장더장, 위정성, 왕치산, 전국 양회 일부 대표단 심의토론 참석」, 인민일보, 2015년 3월 7일, 1면.

97　「시진핑, 중국공산당 창당 95주년 기념식에서의 연설」, 인민일보, 2016년 7월 2일, 2면.

차 전체회의에서 부패 처벌 강도가 절대 약화되지 않도록 하고, 무관용 태도가 절대 바뀌지 않도록 함으로써 부패와 싸우는 정의로운 전쟁에서 단호하게 이겨야 한다고 설파했다.[98]

(4) 요지는 다스림에 있다

전면적인 종엄치당은 관리도 해야 하고 다스리기도 해야 하는데 요지는 다스림에 있다. '치(治)'는 '병든 나무'를 치료하고, '썩은 나무'를 뽑는 것이다. 중국공산당은 개혁개방 초창기부터 당의 자체 관리와 엄격한 당 관리를 강조했다. 하지만 당내에는 왜 아직도 많은 문제들이 존재하고, 어떤 문제들은 매우 심각하기까지 한가? 그 원인은 당 관리와 통제가 엄격하지 않고 책임을 제대로 이행하지 않으며, 지나치게 느슨하고 해이하고 물렁하기 때문이다. 새로운 역사적 조건에서 장기적으로 복잡하고 심각한 '4대 시련'과 더욱 첨예하게 당 앞에 놓인 '4대 위험'에 당면해 중국공산당은 당을 다스리는 데 총력을 기울여야 한다. 뼈를 깎아 독을 치료하고, 독사에게 물린 손목을 서슴없이 잘라내는 결단력과 용기로 당내에 존재하는 각종 '병증'의 근원을 단호하게 제거해 당의 조직을 건강하게 유지해야 한다. 2013년 6월, 시진핑 총서기는 당의 군중노선 교육실천 활동 업무회의에서 "'병을 치료한다'는 것은 실패를 교훈으로 삼아 경계하고, 병을 치료해 사람을 구하는 '징전비후, 치병구인(懲前毖後 治病救人)'의 방침을 고수하고 상황을 구분하여 증상에 맞는 해결책을 모색하는 것"이라고 설명했다.[99]

---

98 「18기 중앙기율검사위원회 역대 전체회의 문건자료 모음집」, 중국방정출판사, 2017년 판, 313면.

99 시진핑, 「당의 군중노선 교육실천활동 업무회의에서의 연설」(2013년 6월18일), 당건연구,

2016년 1월, 그는 18기 중앙기율검사위원회 6차 전체회의에서 "실패를 교훈으로 삼아 경계하고 병을 치료해 사람을 구하는 것은 우리 당의 일관된 방침이자 당 스스로가 당 건설을 위해 강화해온 역사적 경험이다. 일상생활에서 문제가 발생하면 엄격하게 관리해야 한다. 처벌은 다스리는 것이 근본이고, 처벌을 하는 이유는 다스리기 위해서이다"라고 강조했다.[100]

'다스림'이라는 요지를 잡으려면 우선적으로 혁명을 끝까지 밀어붙이는 정신을 발양해야 한다. 시진핑 총서기는 "마르크스주의 정당이 선진성과 순결성을 유지하고, 숭고한 사명을 완수하기 위해서는 진심으로 잘못을 보완하고, 잘못이 있으면 재빨리 시정하고, 잘못을 고쳐 선해지고, 귀에 거슬리는 말도 들어 현명해져야 하며, 자신의 문제를 해결하는데 한 순간도 소홀함이 없어야 하고, 항상 시대에 발맞추어 인민과의 요구를 실천해야 한다. 이는 우리 당이 항상 혁명정신을 유지하고 발양할 것을 요구한다. 특히 개혁개방 후의 박수갈채와 찬사 속에서 혁명 정신을 잃어버려서는 안 되며, 점점 현실에 안주해 진보하거나 투쟁할 생각을 하지 않고 쾌락을 탐하는 상태에 들어가지 말아야 한다, 전면적인 종엄치당 중의 '다스림'은 과감하게 칼날을 내부로 향하는 용기로 당내의 완고한 고질병을 수술하고, 끝까지 밀어붙이는 못 박기 정신으로 당 관리와 통제를 세심하게 실행할 것을 요구한다. 각급 당 위원회는 당규약과 당 규율, 기율에 대조하고, 당의 이론과 노선, 방침, 정책에 대조해 '군자의 자기 점검은 늘 잘못이 있는 것처럼 해야 한다'는 자세로 자신의 부족한 점과 약점을 발견해야 한

2013년 7호.

100　시진핑, 「18기 중앙기율검사위원회 제6차 전체회의에서의 연설」(2016년 1월 12일), 인민일보, 2016년 5월 3일, 2면.

　　　　　　　　　　　　전면적인 종엄치당에는 마침표가 없다

다. 또 얕은 곳에서 깊은 곳, 표면에서 내부로의 분석을 실시해 부끄러움을 알고 나서 용기를 내고, 머물 곳을 알아야 뜻을 정할 수 있다를 실천해야 한다. 정의를 위해 주저함 없이 용감하게 나아가고, 강자에 맞서 진검승부를 펼치는 용기와 마침표가 없는 패기로 당의 선진성과 순결성에 영향을 미치는 문제, 당내 정치 생활과 당내 감독 분야에 존재하는 문제, 인민 대중이 강한 불만을 제기하는 두드러진 문제를 해결하고, 실제 성과로 인민의 신뢰를 얻어야 한다.

'다스림'이라는 요지를 시행함에 있어 가장 근본적인 것은 책임을 명확히 하고 철저히 이행하며 엄중하게 책임을 묻는 데 있다. 첫째, 책임을 명확히 한다. 시진핑 총서기는 역사와 현실을 통해 책임을 명확히 하지 않고, 이행하지 않고, 추궁하지 않으면 종엄치당을 진행할 수 없다는 것이 입증되었다[101]면서 전면적인 종엄치당은 당 전체의 책임이므로 각급 당조직이 정치적인 책임을 져야 한다고 지적했다. 둘째, 철저히 이행한다. 각급 지도간부는 올바른 치적관을 수립해 당을 잘 건설하는 것을 최대의 치적으로 삼고, 당 건설 업무와 중심업무를 같이 기획, 배치, 이행해야 한다. 특히 당위원회 서기에 대한 심사는 우선 당 건설의 실제 효과를 살펴야 하며, 기타 지도간부를 심사하는 것도 당 건설 업무에 대한 심사 가중치를 확대해야 한다. 목적은 당조직이 종엄치당의 책임을 이행하도록 독촉하기 위함이다. 셋째, 엄중하게 문책한다. 수천 번을 동원하는 것보다 문책 한 번 하는 것이 더 효과적이다. 시진핑 총서기는 "업무 중에서 나타나는 일부

---

101 시진핑, 「당의 군중노선 교육실천활동 결산 회의에서의 연설」(2014년 10월 8일), 인민일보, 2014년 10월 9일, 2면.

간부들의 문제는 맞춤형 조치를 취해 해결해야 한다. 능력이 부족하면 교육과 실천 단련, 총정리 향상을 강화해야 한다. 책임정신이 부족하면 책임을 명확히 하고 감독검사를 강화해야 한다. 마땅히 하여야 할 일을 일부러 하지 않는 부작위(不作爲)에 속하는 경우 엄격한 비판교육과 기율집행, 문책을 실시해야 한다.[102] 엄중한 문책을 통해 책임을 이행하도록 하고, 압력을 아래로 전달해 당원의 일상 관리감독을 강화하고 당 관리 및 통제의 나사를 꽉 조여야 한다"[103]고 강조했다. 아울러 당의 문책 업무 강화를 통해 전면적인 종엄치당에 대한 강렬한 정치적 메시지를 내보내 책임의식을 고취하고 책임감을 일깨우는 한편 당조직과 지도간부들이 확실하게 책임을 지도록 하여 당의 지도가 강력한 힘을 갖도록 함으로써 느슨하고 해이하며 물렁했던 당 관리와 통제를 엄격하고 치밀하며 강경하게 이끌어야 한다고 피력했다.

4. 사상에 의한 당 건설과 제도에 의한 당 관리를 통일적으로 추진해야 한다

18차 당대회 이후 시진핑 총서기는 중국공산당이 사상을 통한 당 건설의 우수한 전통을 고수하는 바탕에서 사상 관리와 엄격한 사상 확립을

---

102 「시진핑, 저장 시찰…'실제적인 곳에서 영원히 선두를 걸어 새 지평을 모색해야'」, 인민일보, 2015년 5월 28일, 1면.

103 시진핑, 「18기 중앙기율검사위원회 제6차 전체회의에서의 연설」(2016년 1월 12일), 인민일보, 2016년 5월 3일, 2면.

당 관리와 통제의 범주에 포함시키고, 사상 이론은 영혼이고, 제도 건설은 보장이므로 사상 문제 해결에 역점을 두고 '메인 스위치'를 단단히 잠그는 한편 제도적 문제 해결에 역점을 두고 제도 규칙의 태엽을 단단히 조여야 한다고 강조했다. 아울러 엄격한 사상 관리를 중심으로 공산당원은 혁명적 이상은 하늘보다 높다는 이념을 세우고, 끊임없이 칼슘을 공급해 뼈를 튼튼히 하고, 근본을 탄탄하게 하고 원기를 길러 신시대 중국 특색 사회주의 사상으로 두뇌를 무장하고, 자발적으로 공산주의의 원대한 이상과 중국 특색 사회주의 공통적 이상의 확고한 신앙자, 충실한 실천자가 되어야 한다는 등 일련의 새로운 사상과 요구를 제시했다. 이를 바탕으로 사상을 통한 당 건설과 제도를 통한 당 관리가 동시에 같은 방향으로 힘을 내 사상으로 당 건설을 강화하는 과정이 제도를 통한 당 통제를 강화하는 과정이 되도록 하고, 제도를 통해 당 통제를 강화하는 과정이 사상을 통해 당 건설을 강화하는 과정이 되도록 하는 것을 견지해 사상 관리와 엄격한 사상 확립을 구체화하고 제도적 차원에서 이행되도록 하여 세계관, 인생관, 가치관의 '메인 스위치' 문제를 확실하게 해결함으로써 당 관리와 통제를 위한 탄탄한 사상적 토대를 다지도록 해야 한다고 제시했다.

(1) 혁명적 이상은 하늘보다 높다

18차 당대회 이후 시진핑 총서기는 사상관리 개념을 제시하고, 사람을 관리하는 것은 곧 사상을 관리하는 것이며, 일도 관리해야 하고 사상도 관리해야 한다고 강조했다. '혁명적 이상은 하늘보다 높다'는 시진핑 총서기가 강조한 사상관리와 사상을 통한 당 건설에서 가장 생동하고 우렁차며 인구에 회자되는 표현이다. '혁명적 이상은 하늘보다 높다'가 의미하는 바는 비단 이상과 신념을 굳건히 한다는 것에만 그치지 않는다. 이는 공산 당원의 정치적 신앙을 굳건히 하고, 당성을 강화하며, 공산당원의 선진성과 순결성을 유지하는 등 사상을 통한 당 건설 분야의 내용도 포함한다. 사상관리와 사상을 통한 당 건설의 목적은 당의 사상적 순결을 유지해 마르크스주의에 대한 신앙과 공산주의 이상과 중국 특색 사회주의 신념을 확고히 하면서 이상의 혼을 단단히 하고 정신적 칼슘을 잘 보충하며, 중화 전통문화와 당의 우수한 전통에서 풍부한 사상적, 도덕적 자원을 흡수하여 근본을 튼튼하게 하고 원기를 기르기 위함이다.

사상관리와 사상에 입각한 당 건설에 있어 가장 근본적인 것은 사상적 순결을 유지하는 것이다. 시진핑 총서기는 당의 순결성을 유지하는 관점에서 사상적 순결의 중요성에 대해 피력하면서 사상적인 순결은 마르크스주의 정당이 순결성을 유지하는 근본이며, 신앙적인 순결은 공산당원의 가장 근본적인 순결이라고 강조했다. 사상적 순결을 유지함에 있어서 가장 중요한 것은 공산주의에 대한 확고한 신앙과 중국 특색 사회주의에 대한 확고한 신념을 유지하는 것이다. 당원과 당의 지도간부가 사상이 불순하면 이상과 신념이 확고할 수 없고, 옳고 그름에 대한 판단이 모호해지며, 정치적 입장이 흔들리기 쉽다. 당이 영원히 변색하지 않고, 국가의 장기적인 안정을 보장하는 차원에서, 그리고 새로운 정세에서 당이 직면한 리스크와 도전에 대응하는 것에서 출발해 당의 사상적 순결을 한결같이 유지하고, 당의 순결성을 유지하기 위해 노력을 경주해야 한다.

사상관리 제시는 당의 성격에 기반해 내린 판단이다. 사상관리를 당 관리·통제의 최우선 순위로 설정함에 있어서 가장 결정적인 역할을 한 것은 당의 성격이다. 사상관리의 가장 근본은 마르크스주의 신앙을 확고히 하는 것이다. 시진핑 총서기는 당의 성격적 관점에서 당의 정치적 신앙과 이상, 신념을 확고히 하는 것에 대해 예리하게 분석했다. 그는 "중국공산당은 마르크스주의 이론으로 무장한 선진정당으로 마르크스주의에 대한 신앙, 사회주의와 공산주의에 대한 신념은 공산당원의 정치적 영혼이고, 공산당원이 어떠한 시련도 견뎌낼 수 있도록 하는 정신적 지주이다."[104] 중국공산당을 공산당이라 부르는 이유는 창당한 날부터 중국공산당이 공산주의를 원대한 이상으로 수립했기 때문이다. 중국공산당이 거듭된 좌절을 이겨내고 일어설 수 있었던 것은 중국공산당이 원대한 이상과 숭고한 추구가 있었기 때문이다. 중국공산당이 강력한 힘이 있는지 없는지는 당 전체의 이상과 신념이 확고한지를 봐야 하고, 개개 당원의 이상과 신념이 확고한지를 더더욱 주의 깊게 봐야 한다.

시진핑 총서기는 공산당원에게 있어서 이상과 신념의 가치와 의미를 설명했다. 2012년 11월, 그는 18기 중앙정치국 제1차 집단학습을 주재하면서 확고한 이상과 신념으로 공산당원의 정신적 추구를 고수하는 것이 공산당원이 입신양명하는 근본이라고 강조했다. 2013년 1월, 신임 중앙위원회 위원, 후보위원들이 참석한 '18차 당대회 정신을 학습하고 관철하자' 주제 세미나에서 "중국공산당의 90여 년 역사에서 선대 공산당원들은 민족 독립과 인민의 해방을 추구하기 위해 유혈혁명을 마다하지 않았는데 그들이 의지한 것은 신앙이었고, 그 목적은 이상을 위해서였다"라고 지적했다. 6월 전국조직업무회의에서 확고한 이상과 신념을 좋은 간부의 첫째

---

104 「중국 특색 사회주의를 견지하고 발전시키는 것에 몇 가지 관한 문제」(2013년 1월 5일), 「18차 당대회 이후 주요 문헌 선집(상)」, 중앙문헌출판사, 2014년판, 115면.

기준으로 꼽고 좋은 간부인지 아닌지를 판단할 때는 우선적으로 이 기준을 살펴야 한다고 강조했다. 이상과 신념이 확고하지 않으면 마르크스주의를 믿지 않고 중국 특색 사회주의를 믿지 않아 정치적으로 부적격이므로 격랑을 헤쳐 나갈 수 없다. 이런 간부는 아무리 인내심이 강하다고 해도 중국공산당이 필요로 하는 좋은 간부가 아니다. 2016년 9월, 홍군장정승리 80주년 전시회를 참관하면서 시진핑 총서기는 현재 시대가 변했고 조건도 변했지만 중국 공산당원이 분투하는 이상과 사업은 변하지 않았다고 강조했다. 간부와 대중을 이끌고 중국 특색 사회주의의 노선, 이론, 제도, 문화적 자신감을 확고히 하여 '두 개 100년' 분투 목표를 달성하고, 중화민족의 위대한 부흥인 '중국의 꿈'을 달성하는 새로운 여정에서 한 마음으로 분투하고 용감하게 전진해야 한다. 그는 또 당성의 관점에서 기풍 문제의 사상적 근원을 분석하고, 기풍 문제는 본질적으로 당성 문제라고 지적했다. 신념은 근본이고, 기풍은 형태이다. 근본이 바르면 형태가 모이고, 근본이 바르지 않으면 형태는 흩어진다. 당의 우수한 기풍을 유지하고 드높이며, 이상과 신념을 굳건히 하는 것은 근본이다. 공산당원에게 있어서 기풍 문제를 잘 해결할 수 있느냐 없느냐는 마르크스주의에 대한 신앙, 사회주의와 공산주의에 대한 신념, 당과 인민에 대한 충성심을 가늠하는 매우 중요한 잣대이다. 당을 관리하고 다스림에 있어 신앙과 신념 분야의 문제를 근본적으로 해결해야 한다.

시진핑 총서기는 이상과 신념의 동요가 마르크스주의 정당에 미치는 폐해에 대해 피력했다. 마르크스주의 정당이 마르크스주의 신앙과 사회주의 신념, 공산주의 신념을 포기하면 궤멸할 수 있다. 마르크스주의를 이탈하거나 포기하면 중국공산당은 영혼을 잃고 방향을 잃게 될 수 있다. 그는 또 당의 간부진에 존재하는 신앙과 신념 부분의 문제에 대해 이상과 신념의 동요가 가장 위험한 동요이고, 이상과 신념의 타락이 가장 치명적인 타락이라고 거듭 경고했다. 한 정당의 쇠락은 종종 이상과 신념의 상실 혹은 부족에서 시작된다. 이상과 신념이 없거나 확고하지 않으면 정신적으로 '칼슘'이 결핍돼 '골연화증'에 걸릴 수 있다. 그는 소련의 해체와 소련 공산당이 몰락한 원인을 꼼꼼하게 분석했다. 소련은 이데올로기 분야의 투쟁이 매우 치열해 소련의 역사와 소련 공산당의 역사, 레닌과 스탈린을 부정하고, 역사허무주의를 주장하면서 사상이 혼란스러워지고, 각급 당조직이 유명무실해졌으며, 군대가 당의 지도하에 있지 않게 되었다고 지적했다. 결국 방대한 규모의 소련 공산당은 와해됐고, 거대한 사회주의 국가 소련은 지리멸렬했다. 2015년 12월, 그는 전국당교(黨校)[105]업무회의에서 국내외 각종 적대 세력이 늘 중국공산당의 깃발을 바꾸고 이름을 바꾸려고 하는 목적은 마르크스주의의 신앙과 사회주의, 공산주의에 대한 신념을 없애려는 것이라고 강조했다.

시진핑 총서기는 또 신앙과 신념 등 사상적인 측면에서 생긴 문제가 일부 간부들이 부패와 변질, 비리를 저지르는 근원이라고 진단했다. 그는 18차 당대회 이후 적발된 전형적인 부패사건들을 분석하고 정치적 신앙, 이상과 신념, 가치관 등의 분야에서 간부들의 사상에 생긴 문제의 폐단을 설명했다. 2012년 11월, 그는 18기 중앙정치국 제1차 집단학습을 주재한 자리에서 현실 생활에서 일부 당원과 간부에게 이런저런 문제가 생기는 것은 본질적으로 신앙적인 혼돈과 정신적인 방향 상실 때문이라고 지

105　옮긴이 주: 중국공산당 간부 양성 기관.

적했다. 2013년 6월, 전국조직업무회의에서는 "현재, 형식주의, 관료주의, 향락주의, 사치풍조가 왜 성행하는가? 왜 끊임없이 사람들이 부정부패 인사로 전락하거나 심지어 변절해 적에게 투항하고, 범죄의 나락으로 떨어지는가? 본질적으로는 이상과 신념이 확고하지 못하기 때문"이라고 지적했다. 7월 허베이에서 당의 군중노선 교육실천활동 시찰 지도를 하면서 다음과 같이 말했다. "다년간 중앙은 '2개의 반드시(兩個務必)'[106]를 거듭 강조하면서 기풍 개선을 중심으로 많은 문건을 발표하고 조치를 취했다. 하지만 왜 '2개의 반드시'를 위배하고, 아직도 많은 사람들이 형식주의, 관료주의, 향락주의와 사치풍조에 동조하는가? 왜 아직도 일부 사람들이 비리를 저지르는 것을 즐기는가? 주관적으로 말하자면 주요 원인은 일부 동지들의 세계관, 인생관, 가치관 문제가 제대로 해결되지 않았기 때문이다. '2개의 반드시' 견지에 대해 사상적 인식을 바로잡지 않았고 사상적 기초를 제대로 정립하지 못했기 때문이다." 2015년 9월, 18기 중앙정치국 제26차 집단학습을 주재하면서 변질분자와 부정부패 인사들이 옆길로 빠지고 돌아올 수 없는 길로 들어선 가장 근본적인 이유를 되짚어보면 이상과 신념에 동요가 생겼고, 생사의 시련, 이익의 유혹, 어려움과 좌절 앞에서 투지가 흔들렸고, 신분을 망각했으며, 충성심이 사라졌기 때문이라고 지적했다.

사상을 관리하는 핵심은 근본을 튼튼하게 하고 원기를 다스리는 데 있다. 시진핑 총서기는 이론적인 측면에서 공산당원의 근본을 설명했다. 중국 공산당원의 근본은 마르크스주의에 대한 신앙, 중국 특색 사회주의

---

106 옮긴이 주: 동지들에게 겸허하고 신중하며 오만하지 않고 조급해 하지 않는 기풍을 반드시 길러주고, 각고의 노력으로 분투하는 기풍을 반드시 길러 주어야 한다는 것을 말하며, 마오쩌둥이 중국공산당 제7기 중앙위원회 제2차 전체회의 보고에서 제시함.

전면적인 종엄치당에는 마침표가 없다

와 공산주의에 대한 신념, 당과 인민에 대한 충성이다. 마르크스주의는 창당 및 건국의 근본적인 지도사상이다. 지도사상은 일개 정당의 정신적인 기치다. 중국공산당이 근대 이후 각종 정치역량이 완수할 수 없는 험난한 임무를 완수할 수 있었던 것은 마르크스주의라는 과학적 이론을 항상 자신의 행동 지침으로 삼고 실천 과정에서 끊임없이 마르크스주의를 다양화하고 발전시키는 것을 견지했기 때문이다. 이는 중국공산당이 과거 모든 정치적 역량이 자신의 특수한 이익을 추구하는 국한에서 벗어나도록 했고, 유물변증의 과학정신, 사심과 두려움 없는 원대한 포부로 중국의 혁명, 건설, 개혁을 이끌고 추진하도록 했으며, 부단히 진리를 추구하고 잘못을 수정해 나가도록 했다. 중국공산당은 순경이나 역경을 막론하고 마르크스주의에 대한 신앙이 흔들린 적이 없다.[107] 사업을 추진함에 있어서 근본과 조상, 초심을 잃지 말아야 한다. 중국공산당이 단단히 해야 하는 근본은 신앙과 신념, 충성심을 확고히 하는 것이다.[108] 시진핑 총서기는 18기 중앙정치국 제33차 집단학습에서 근본을 단단히 해야 한다면서 사상과 정치 건설을 최우선에 두고 당원, 특히 지도간부들이 신앙의 기본을 튼튼히 다지고, 정신적 칼슘을 보충해 사상의 방향키를 단단히 잡는 한편 당의 의식, 당원 의식, 목적의식을 강화하고, 진리, 원칙, 규칙을 고수해 신념, 인격, 실천으로 입신양명하도록 이끌어야 한다고 강조했다.

사상관리는 최종적으로 조직과 기풍에서 사상적인 순결을 실행에 옮겨 조직의 순결과 기풍의 순결을 실현해야 한다. 특히 사상확립이 제도에

---

107 「시진핑, 중국공산당 창당 95주년 기념식에서의 연설」(2016년 7월 1일), 인민일보, 2016년 7월 2일, 2면.

108 시진핑, 「전국당교업무회의에서의 연설」(2015년 12월 11일), 구시, 2016년 9호.

서 실행되도록 해야 한다. 시진핑 총서기는 당나라 위징(魏徵)이 태종에게 올린 상소 '십사소(十思疏)' 중 '나무가 크게 자라기를 바라는 자는 나무의 뿌리를 견고하게 해주고, 물이 멀리까지 흘러가기를 바라는 자는 그 물이 시작되는 곳에 도랑을 쳐준다'(求木之長者, 必固其根本, 欲流之遠者, 必浚其泉源)는 구절을 인용해 사상이라는 근본에서부터 조직, 기풍, 부패 등 분야의 문제를 해결해야 한다는 점을 설명했다. 당원이나 간부가 사상의 메인 스위치를 단단히 틀어쥐쥐 않으면 공사(公私) 관계를 정확하게 처리할 수 없고, 정확한 시비관, 의리관, 권력관, 사업관이 결여되며 궤도와 경계를 벗어나고, 파이프가 새는 것을 피할 수 없게 된다. 조직 기율은 정체성 강화를 통해 조직의 기율성을 강화해야 한다. 기풍 확립은 이상과 신념을 확고히 하여 기풍 전환을 실현함으로써 당의 기풍이 전면적으로 순결해지도록 해야 한다. 반부패는 사상 확립을 통해 당원과 간부들이 부패와 변질을 막는 사상 방어선을 구축하여 두려워서 감히 부패하지 못하고, 부패가 불가능한 기초에서 부패를 생각조차 못하게 해야 한다. 요약하면 사상관리, 사상확립 강화를 당을 관리하고 다스리는 최우선 과제로 삼고, 사상적인 면의 순수함을 이용해 당의 선진성과 순결성을 보장해야 한다.

(2) 사상을 엄격히 해야 한다

18차 당대회 이후 전면적인 종엄치당은 우선적으로 사상을 엄격하게 다잡았다. 세부적으로 보면, 꾸준히 이론 무장을 강화하고, 한치의 느슨함 없이 당성교육을 강화하고, 항심을 가지고 끈질기게 도덕교육을 강화하여 당원과 간부들의 마음 속 등불을 밝히고, 교육과 지도를 통해 당원과 간부들이 사상적 방어선을 구축하여 당성과 본성을 초지일관 유지하도록 했다.

첫째, 사상이론 확립에 역점을 둔다. 교육과 지도를 통해 당원과 간부들이 마르크스-레닌주의, 마오쩌둥 사상, 덩샤오핑 이론, '3개 대표' 중요 사상, 과학적 발전관, 시진핑 신시대 중국 특색 사회주의 사상을 열심히 배우고 실천하여 공산주의의 원대한 이상과 중국 특색 사회주의 공통된 이상의 확고한 신앙자와 충실한 실천자가 되도록 하고, 확고한 이론으로 확고한 행동을 보장하고, 깨어있는 사상으로 냉철한 권력 사용을 보장해야 한다.

시진핑 총서기는 마르크스주의는 공산당원의 '경전'이라면서 원작을 읽고 원문을 학습하여 원리를 깨달아야 한다고 강조했다. 당 18기 1중전회에서는 당 전체의 이론 무장 업무를 강화할데 관한 임무를 제시했다. 그 후 중앙정치국 집단학습을 주재해 마르크주주의 이론을 다섯 차례에 걸쳐 학습했다. 이 가운데 18기 중공중앙정치국은 2013년 12월 역사유물주의의 기본 원리와 방법론에 대한 제11차 집단학습, 2015년 1월 변증법증 유물주의 기본원리와 방법에 대한 제20차 집단학습, 2015년 11월 마르크스주의 정치경제학 기본원리와 방법론에 대한 제28차 집단학습, 2017년 9월 당대 세계 마르크스주의 사조 및 그 영향에 대한 제43차 집단학습 등 네 차례에 걸친 마르크스주의 이론 관련 학습을 실시했다. 19기 중앙정치국은 주제 학습을 1회 실시했다. 즉 2018년 4월 '공산당 선언' 및 그 시대적 의의에 대해 제5차 집단학습을 진행했다. 마르크스주의 이론을 활용해 중국 특색 사회주의의 새로운 실천을 지도하여 당 전체의 이론 무장 업무를 위해 귀감이 되었다. 그는 마르크스주의를 대함에 있어서 교조주의적인 태도를 취해서도, 실용주의의 태도를 취해서도 안 되며, 마르크스주의의 학습과 연구는 조금 하다가 말거나 수박 겉핥기식으로 하는 태도를 취해서도 안 된다고 강조했다. 그는 당원과 간부들에게 마르크스주의 기본이론을 열심히 학습해 비장의 솜씨를 단련하라고 거듭 주문했다. 마르크스-레닌주의, 마오쩌둥 사상, 덩샤오핑 이론, '3개 대표' 중요 사상', 과학적 발전관, 특히 그 속을 관통하는 마르크스주의 입장과 관점, 방법을 잘 터득해야만 공산당의 집권 법칙과 사회주의 건설 법칙, 인류사회의 발전 법칙을 깊이 인식하고 정확하게 파악할 수 있으며, 시종일관 이론과 신념을 항상 확고히 할 수 있다. 뿐만 아니라 복잡하게 변화하는 상황에서 과학적인 지도사상과 정확한 전진방향을 견지할 수 있고, 인민을 이끌고 바른 길을 갈 수 있으며, 중국 특색 사회주의를 끊임없이 밀고 나갈 수 있다. 그는 "마르크스주의에 대한 경건함과 집념, 지극한 믿음과 심후함을 진정으로 실천에 옮겨야 하고",[109] 당의 이론으로 최신 성과를 혁신해 두뇌를 무장하고 실천을 지도하며 사업을 추진해야 한다고 강조했다.

둘째, 당성교육과 당성수양에 역점을 둔다. 당원과 간부들이 올바른 세계관, 권력관, 사업관을 확립하여 정치적 입장을 항상 분명히 하고 목적의식을 강화함으로써 당의 영광스러운 전통과 우수한 기풍을 선양하도록 교육하고 지도해야 한다.

18차 당대회 이후, 시진핑 총서기는 당성교육을 '공산당원이 자신을 갈고 닦고 당성을 함양하는 필수과목이자 공산당원의 심학(心學)'[110]으로 삼았다. 그는 당성에 대해 여러 번 이론을 피력하면서 공산당원은 스스로 당성수양을 강화하고 당 의식, 목적의식, 집권의식, 대국의식, 책임의식을

---

109 「시진핑의 전면적 종엄치당에 관한 논술 요약집」, 중앙문헌출판사, 2016년판, 64면.

110 시진핑, 「전국당교업무회의에서의 연설」(2015년 12월 11일), 구시, 2016년 9호.

증진해 당을 위해 걱정하고, 국가를 위해 책임을 다하고, 인민을 위해 공헌해야 한다고 말했다. 18기 중앙기율검사위원회 3차전체회의에서 "마르크스주의 집권당인 우리 당은 강대한 진리의 힘을 가지고 있을 뿐만 아니라 강대한 인격의 힘도 가지고 있다. 진리의 힘은 우리 당의 정확한 이론에서 집중적으로 구현되고, 인격의 힘은 우리 당의 우수한 기풍에서 집중적으로 구현된다"[111]고 강조했다. 당성은 당원과 간부의 입신(立信), 입업(立業), 입언(立言), 입덕(立德)의 초석이다. 2014년 1월, 18기 중앙기율검사위원회 3차 전체회의에서 다음과 같이 지적했다. 당성의 강약을 평가하는 근본적인 가늠자는 공(公)과 사(私)이다. 당의 간부는 공정한 태도로 공과 사를 분명히 하고, 공적인 일을 최우선시하고, 공적인 일을 위해서는 사적인 일도 헌신할수 있어야 한다. 한 마음으로 대중을 위해 봉사하고, 공공심에 기반한 일이어야만 당당한 사람이 될 수 있고, 권력을 신중하게 사용할 수 있으며, 공명정대하고 떳떳하게 행동할 수 있다.[112]

시진핑 총서기는 조직의 기율성은 당성 수양의 중요한 내용이며, 당성은 본질적으로 입장 문제라고 강조했다. 그는 전체 당원에게 당 의식을 강화해 자신의 첫 번째 신분은 공산당원이고, 첫 번째 직책은 당을 위해 일하는 것임을 명심해 조직에 충성하고, 언제 어느 때나 당과 한 마음 한 뜻이 되어야 한다고 주문했다. 조직의식을 강화해 자신이 당의 사람이고 조직의 일원임을 늘 생각하고, 자신이 마땅히 해야 하는 의무와 책임을 항상

111 「시진핑의 엄정한 당 기율과 규범에 관한 발언 요약집」, 중앙문헌출판사, 중국방정출판사, 2016년판, 98면.

112 「시진핑의 당풍·청렴정치 확립 및 반부패 투쟁에 관한 발언 요약집」, 중앙문헌출판사, 중국방정출판사, 2015년판, 79면.

잊지 말아야 한다. 조직을 믿고, 조직에 의지하고, 조직에 복종하며, 조직의 배치와 기율 구속을 자발적으로 받아들이고, 당의 단결과 통일을 자발적으로 수호해야 한다. 2014년 10월, 그는 전군(全軍)정치업무회의에서 당성원칙을 견지하는 것은 정치업무의 근본적인 요구 사항이므로 당의 원칙과 당의 사업, 인민의 이익을 최우선으로 견지하면서 당원으로서 당의 기준에 따라 자신에게 요구하고, 당의 앞날을 걱정하며, 실제 행동으로 당의 사업을 위해 공헌하고, 당을 사랑하고, 당을 걱정하고, 당을 번창시키고, 보호하는 것을 업무의 모든 단계에서 이행해야 한다고 피력했다. 2015년 12월, 중앙정치국 주제 민주생활회에서 "앞으로 당의 우수한 전통과 기풍을 회복하고 발양하는 임무가 매우 막중해질 것으로 전망된다"고 밝혔다.[113]

시진핑 총서기는 당 18기 6중전회에서 당내 정치문화 건설을 강화해야 한다고 언급했다. 18기 중앙기율검사위원회 7차 전체회의에서는 당내 정치문화의 의미를 설명하고, 당내 정치문화 건설에 대한 요구를 제시하면서 공산당원의 가치관을 견지해야 한다고 강조했다.

셋째, 도덕 확립에 역점을 둔다. 당원과 간부들을 교육하고 지도하여 그들이 사회주의 핵심가치관[114]을 모범적으로 실천하고 양호한 도덕성을 확립하여 사회주의 도덕 모범, 신의 실천 미풍양속의 선도자, 공정성과 정

---

113 「중앙정치국 '삼엄삼실' 주제 민주생활회 열어 '삼엄삼실' 실천상황 대조 점검 및 당풍·청렴정치 확립 강화 조치 토론연구」, 인민일보, 2015년 12월 30일, 1면.

114 옮긴이 주: 18차 당대회에서 제시한 것으로 국가 차원의 가치 목표인 부강·민주·문명·화합과 사회 차원의 가치관인 자유·평등·공정·법치, 개인 차원의 가치 준칙인 애국·프로정신·성실 신용·우호를 기본 내용을 함.

의의 수호자가 되어 공산당원의 고상한 품격과 청렴한 성품을 항상 유지하도록 해야 한다.

시진핑 총서기는 당의 역사로부터 사상적, 도덕적 지혜를 흡수하여 당의 우수한 전통을 적극적으로 선양해야 한다고 강조했다. 2013년 6월, 중앙정치국 제7차 집단학습을 주재할 때 당과 국가의 역사를 배우는 것은 중국 특색 사회주의를 견지 및 발전시키고, 당과 국가가 각종 사업을 계속해서 추진하는 필수과목이라면서 이 과목은 필수적일 뿐 아니라 반드시 마스터해야 한다고 역설했다. 7월, 시바이포(西柏坡) 혁명 유적지에서 '2개의 반드시'를 되새기면서 "징강산(井岡山)과 옌안(延安), 시바이포와 같은 혁명성지에 올 때마다 정신적, 사상적 세례를 받는다. 매번 올 때마다 당의 성격과 취지의 생동적인 교육을 받게 되는데 그건 바로 공복(公僕) 의식과 인민을 위하는 마음이 더욱 확고해지는 것이다. 중국의 혁명사는 공산당원들에게 최고의 영양제이다. 이런 위대한 역사를 자주 되새기면 마음속에 긍정 에너지가 더 많아질 것이다"라고 밝혔다.

18차 당대회 이후 시진핑 총서기는 마오쩌둥, 덩샤오핑, 천윈(陳雲), 후야오방(胡耀邦) 등 프롤레타리아 혁명가의 탄생 기념 연설이나 중국인민 항일전쟁승리 70주년, 중국공농홍군 장정 승리 80주년, 중국공산당 창당 95주년과 같은 기념식 연설, 란저우 군구(軍區) 시찰, 푸젠(福建)성 상항(上杭)현 구톈(古田)진 전군정치업무회의 참석, 난징군구 기관 시찰, 허베이성에서 당의 군중노선 교육실천활동 조사연구 지도 및 시바이포 기념관 참관, 산둥에서 이멍(沂蒙) 정신전 시찰 및 참관, 란카오에서 당의 군중노선 교육실천활동 조사연구 지도를 할 때 우수한 혁명 전통을 계승하고 고양해 이상과 신념의 불씨, 홍색 전통의 유전자를 대대로 물려주어 혁명사업의 횃불이 전해지고 혈맥이 영원히 이어지도록 하자고 설파했다.

(3) 사상에 의한 당 건설이 제도에 의한 당 관리의 과정에 구현되도록 해야 한다

사상에 의한 당 건설 방침과 제도에 의한 당 관리 방침의 긴밀한 결합은 시진핑 총서기가 강조한 당 관리·통제의 중요한 원칙이며, 이 원칙의 핵심은 결합에 있다. 18차 당대회 이후 시진핑 총서기는 사상관리 이념을 제시하면서 제도를 통한 치당을 강화하는 과정이 사상으로 당 건설을 강화하는 과정이 되도록 하고, 사상으로 당 건설을 강화하는 과정이 제도를 통한 당 통제를 강화하는 과정이 되도록 해야 한다고 제시하고, 사상관리 방식의 혁신을 강조했다. 한편으로는 사상적 요구를 새로 제정된 당내 법규에 포함시켜 제도를 통한 사상관리를 실현했고, 다른 한편으로는 사상교육 방식을 혁신하여 사상교육의 내용이 규범화, 제도화를 통해 구체적인 사상교육 속에서 구현되도록 했다.

첫째, 사상교육은 제도규정을 이행하는 것과 결합하여 진행해야 한다. 시진핑 총서기는 사상관리를 제도상의 이념으로 구현해야 한다고 제시하고, 종엄치당은 교육에 의존해야 하고, 제도에도 의존해야 하는데 하나는 하드(hard)하고 하나는 소프트(soft)하므로 양자가 동시에 힘을 내도록 하려면 같은 방향을 향해 동시에 힘을 가해야 한다고 강조했다. 사상교육이 알맹이 없는 공론에 그쳐서는 안 되므로 반드시 사상교육을 제도설계 속에 융합시켜 사상적인 요구가 강제성 요구가 되도록 해야 한다.

18차 당대회 이후 중앙 8항 규정을 출범하고, 〈새로운 정세에서 당내 정치생활에 관한 몇 가지 준칙〉을 제정했다. 개정된 〈중국공산당 청렴자율

준칙〉과 〈중국공산당 기율처분조례〉, 〈중국공산당 순시업무조례〉, 〈중국공산당 당내 감독조례〉를 시행하고, 〈중국공산당 문책조례〉와 〈중국공산당 기율검사기관 감독 및 기율 집행 업무 규범〉 등 당내 법규를 발표해 권력, 책임, 감당 설계 제도 및 이론, 사상, 제도 구축 체계를 중심으로 정치, 사상, 청렴결백 측면에서 당원에 대한 높은 기준과 요구를 제도적으로 확립하고, 이를 당 관리와 통제의 구체적인 실천 중에서 구현시켰다. 일례로 〈새로운 정세에서 당내 정치생활에 관한 몇 가지 준칙〉은 당원에게 봉건미신과 신앙종교를 믿지 못하도록 규정했다. 〈중국공산당 기율처분조례〉는 4가지 기본원칙을 위반한 잘못된 발언과 중앙의 국정방침을 함부로 논하는 것을 정치기율 위반 행위에 포함시켰다. 이들은 모두 조직 차원에서 당원에게 주문한 사상적 요구와 정치적 요구이다. 이들 요구를 제도 규정과 행위 규범으로 전환시키는 것을 통해 사상교육의 실효성을 강화했다.

둘째, 사상교육 성과를 제도로 승화시키고 고착시켜야 한다. 사상교육 성과공고화를 통해 일상적으로 실시되고 장기적인 효과로 이어질 수 있는 제도를 마련해야 한다.

18차 당대회 이후 당 중앙은 전당(全黨) 차원에서 당의 군중노선 교육 실천활동, '삼엄삼실' 주제 교육과 '양학일주(兩學一做)'[115] 학습 교육을 실시했다. 이러한 교육은 타파와 확립을 병행하고 규정과 제도 수립에 주목하고, 기풍 전환과 개선을 중점으로 하는 제도를 더욱 정비해 제도의 집행력과 구속력을 강화함으로써 사상을 통한 당 건설 및 제도를 통한 치당을 위

115　옮긴이 주: 시진핑이 제시한 교육방법으로 공산당 당규약(黨章)과 지도자의 연설문을 학습하여 참된 공산당원이 되자는 것을 말함.

해 귀중한 경험을 쌓았다. 2014년 10월, 시진핑 총서기는 당의 군중노선 교육실천활동 결산 회의에서 이번 교육실천활동은 "존재하는 문제에 대해 명시적, 암묵적으로 조사해 기율 위반 사건을 즉시 적발하여 공개하고 폭로했다. 당원과 간부, 특히 지도간부의 대조 점검에 대해 구체적인 기준을 마련하여 반드시 자신이 직접 발로 뛰면서, 문제를 구체적이고 실제적으로 조사하고, 문제 분석과 인식에 있어서 원칙성을 가지고 자신에게 하듯 깊이 들여다보라"고 주문했다. 주제 민주생활회와 조직생활회에 대해 비판과 자아비판은 수박 겉할기식으로 해서는 안 되며, 실질적인 문제는 회피하고 표면적인 문제만 다루어서도, 힘든 것은 피하고 쉬운 것만 골라 해서도, 원칙보다 '좋은 게 좋은 것'이라는 생각에서 두루두루 원만하게 지내서도 안 된다고 명확하게 지시했다. 정리 개혁 프로젝트에 대해서는 장부관리를 실행해 하나를 완성할 때마다 하나씩 삭제하도록 했다"[116]고 설명했다. 2015년 12월, 공산당 중앙정치국은 주제 민주생활회를 소집해 '삼엄삼실' 실천 상황을 대조 점검한 후 '삼엄삼실'에 포커스를 맞춰 문제 지향성을 강조한 이번 특별교육은 사상, 기풍, 당성적인 측면에서 현처급 이상 지도간부에게 또 한번 집중적으로 '칼슘 보충'과 '급유'를 했다고 평가했다. 특히 정치기율과 규범의 고삐를 단단히 조임으로써 당풍과 청렴정치 건설을 위해 더욱 명확한 방향을 설정했다고 자평하고, 내친김에 후반기 교육 업무까지 잘 마쳐 지도간부들이 '삼엄삼실'을 일상적으로 실천해 장기적인 효과로 이어질 수 있도록 해야 한다고 밝혔다. 2017년 4월, 시진

---

116 시진핑, 「당의 군중노선 교육실천활동 결산 회의에서의 연설」(2014년 10월 8일), 인민일보, 2014년 10월 9일, 2면.

전면적인 종엄치당에는 마침표가 없다

핑 총서기는 '양학일주(兩學一做)' 학습 교양에 대해 중요한 지침을 내리면서 "'양학일주' 학습 교육은 사상과 조직으로 당을 건설하고, 제도로 당을 다스리는 유력한 수단이자 전면적인 종엄치당의 기초적인 사업인 만큼 계속해서 견지해 나가야 한다"면서 "사상과 정치 건설을 최우선에 두고 당 규약으로 당원, 간부의 언행을 규범화하고, 당의 혁신이론으로 당 전체를 무장시켜 전체 당원이 적격 당원이 되도록 이끌어야 한다"고 강조했다.

이러한 당내 사상교육의 효과적인 방법은 제도건설과 유기적으로 결합해 당내 생활을 규범화하는 강제성 구속력을 형성함으로써 사상교육이 제도 속에서 진정으로 구현될 수 있도록 했다.

제2장

당의 정치 건설을 필두로 해야 한다

시진핑 총서기는 19차 당대회 보고에서 최초로 당의 정치 건설을 새로운 시대 당 건설의 총체적 배치에 포함시키고, 당 정치 건설은 당의 근본적인 건설이므로 '당의 정치 건설을 최우선에 두고 당의 정치 건설을 필두로 해야 한다고 강조했다.[1] 이는 18차 당대회 이후 전면적인 종엄치당 실천에서 제시한 중대한 명제이며, 마르크스주의 당 관리 및 통제 이론의 중대한 혁신이자 전면적인 종엄치당에서 당의 정치 건설의 극단적인 중요성을 부각시킨 것으로 심대한 역사적 의미와 중대한 현실적 의미가 있다.

새로운 시대 전면적인 종엄치당의 필요성에 따라 시진핑 총서기는 당의 정치 건설을 새로운 단계로 격상시키고, 당의 정치 건설이 가지는 최우선 지위 및 여타 각종 건설에 대한 필두 역할을 강조했다. 지위 역할에서 당의 정치 건설은 당의 근본적인 건설로 당의 건설방향과 효과를 결정하며, "당의 정치 건설을 이룩하지 못하거나 당의 정치 건설이 이끄는 방향에 어긋나면 당의 기타 건설도 예기한 성과를 이룰 수 없다"고 역설했다.[2]

---

1   시진핑, 「전면적인 샤오캉 사회 실현으로 신시대 중국 특색 사회주의의 위대한 승리 쟁취-19차 당대회에서의 보고」(2017년 10월 18일), 「19차 당대회 문건 모음집」, 인민출판사, 2017년판, 50면.

2   「시진핑, 중공중앙정치국 제6차 집단학습에서 "당의 정치 건설을 당의 근본적인 건설로

목표 임무에서 "전 당이 중앙에 복종해 당 중앙의 권위와 집중적이고 통일적인 지도를 견지하도록 보장하는 것이 당 정치 건설의 최우선 과제"라고 강조했다.[3] 실현 경로에서 당내 정치생활 강화 및 규범화, 민주집중제의 각종 제도 정비와 이행을 강조했다. 실천요구에서 당내 정치 생태계 정화와 당내 정치 문화 건설, 정치적 각성과 정치적 역량 제고 등을 언급했다. 이런 중요한 논술들은 신시대 중국 특색 사회주의 제도의 위대한 실천과 접목하여 당의 우수한 전통을 회복하고 선양한 동시에 마르크스주의 집권당의 정치 건설 이론을 다양화하고 발전시켜 전면적인 종엄치당을 위해 튼실한 정치적 토대를 다졌다.

1. 당의 정치 건설은 당의 건설에서 근본이 되는 건설이다

19차 당대회는 당의 정치 건설을 가장 두드러진 위치에 두고, "당의 정치 건설은 당의 근본적인 건설이며, 이는 깊고 멀리 내다보고 고려한 것이자 충분한 논증과 실천적 근거를 가지고 있다"고 강조했다.

삼아 당이 승리에서 승리를 향해 나아가도록 중요한 버팀목 돼야" 강조」, 인민일보, 2018년 7월 1일, 1면.

3 시진핑, 「전면적인 샤오캉 사회 실현으로 신시대 중국 특색 사회주의의 위대한 승리 쟁취-19차 당대회에서의 보고」(2017년 10월 18일), 「19차 당대회 문건 모음집」, 인민출판사, 2017년판, 50면.

전면적인 종엄치당에는 마침표가 없다

(1) 마르크스주의 정당의 역사적 경험 총화

당의 정치 건설을 필두로 하는 중국공산당은 마르크스주의 정당 역사 경험을 총괄한 정당이다. 2014년 10월, 시진핑 총서기는 당 18기 4중전회에서 중국공산당은 마르크스주의 정당으로서 정치를 중시하는 것이 두드러진 특징과 우위라고 지적했다. 강력한 정치적 보장이 없으면 당의 단결과 통일은 공염불에 그칠 뿐이다.[4] 2017년 2월, 성부급 주요 간부 대상 '당 18기 6중전회 정신을 학습하고 관철하자'를 주제로 열린 세미나 개강식에서 역사적 경험을 통해 마르크스주의 정당인 중국공산당은 선명한 기치를 내걸고 정치를 중요시해야 한다는 것이 입증되었다고 강조했다. 정치를 중요시하는 것은 중국당이 철분을 보충하여 뼈를 튼튼히 하고 신체를 강하게 만드는 근본적인 보장이자 중국공산당이 자아혁명의 용기를 함양하고 자정 능력을 증진하며 해독 살균력을 높이고 정치 면역력을 키우는 근본적인 방법이다. 10월, 19차 당대회 보고에서 선명한 기치를 내걸고 정치를 중시하는 것은 마르크스주의 정당인 중국공산당의 근본적 요구라고 강조했다. 2018년 6월, 19기 중공중앙정치국 제6차 집단학습을 하면서 시진핑 총서기는 마르크스주의 정당은 정치적 고상함을 추구하며, 숭고한 정치적 사상과 순결한 정치적 품격, 엄정한 정치 규율을 가지고 있다고 밝혔다. 마르크스주의 정당이 정치적으로 선진성을 상실했다면 당의 선진성과 순결성을 유지할 수 없다. 중국 공산당이 당의 정치 확립을 당의 근본적 건설로 삼은 것은 이런 논리에 기반을 두고 있다.

---

4 「시진핑의 전면적 종엄치당에 관한 논술 요약집」, 중앙문헌출판사, 2016년판, 80면.

(2) 전면적인 종엄치당의 정치적 사고 방향

당의 정치 확립을 필두로 삼은 것은 18차 당대회 이후 전면적인 종엄치당의 정치적 사고와 맥락을 같이 한다. 2014년 10월, 시진핑 총서기는 당 18기 4중전회에서 "부패 문제는 흔히 정치 문제와 공존한다. 정치 문제를 언급하지 않고, 부패 문제만 따질 수는 없다. 간부가 정치적으로 문제가 생기면 부패 못지않게 당에 해가 되며, 심지어는 부패문제보다 더 심각한 경우도 있다"고 지적했다. 2015년 12월, 그는 중앙정치국 '삼엄삼실'을 주제로 한 민주생활회에서 "중앙정치국이 확고한 정치적 방향을 견지하는 것에 앞장서야 한다"고 강조했다.[5] 2016년 1월, 18기 중앙기율검사위원회 6차 전체회의에서 "전면적인 종엄치당과 엄정한 당 기율은 절대 정치 문제를 피해갈 수는 없으며, 정치에 미치는 폐해는 정치적 관점에서 인식해야 한다. 당은 정치를 중요시해야 하며, 정치 기율을 최우선에 두고 폐단과 후환을 없애야 한다"고 강조했다. 10월, 당 18기 6중전회 제2차 전체회의에서 "18차 당대회 이후 전면적인 종엄치당이 추진되면서 당내에 존재하는 심각한 갈등과 문제들이 폭로되었다. 저우융캉, 보시라이, 쉬차이허우, 궈보슝, 링지화 등은 경제적으로 탐욕을 일삼고, 생활적으로 타락했을 뿐 아니라 정치적으로 야심만만해 겉으로만 따르는 척 하면서 딴마음을 품고 작당하여 사리사욕을 꾀하고 파벌과 조직을 결성하는 등 많은 정치적인 음모 활동을 저질렀다"고 지적했다.

18차 당대회 이후의 실제적인 상황을 보면 일부 지방과 부처가 당의 지도력을 약화시키고, 당 건설이 부족하고, 전면적인 종엄치당에 최선을

---

5   「시진핑의 전면적 종엄치당에 관한 논술 요약집」, 중앙문헌출판사, 2016년판, 67면.

전면적인 종엄치당에는 마침표가 없다

다하지 않았고, 일부 당원 지도간부는 제멋대로 정치기율과 정치규범을 위반하고, 당에 불충하고 불성실하며, '기회주의자'와 '이중인격자'의 행동을 저질렀다. 정치 생태계가 오염되고 혼탁해진 근본적인 원인은 당의 정치 건설을 철저히 하지 못한 데 있다. 중앙검사기율위원회 관련 책임자들이 19차 당대회 브리핑에서 밝힌 것처럼 중앙기율검사위원회가 적발한 중관간부(中管幹部)[6] 사건은 거의 모두 정치 기율을 위반한 행위였고, 절대다수는 정치 문제와 경제 부패가 얽힌 문제들이었다. 5년간 전면적인 종엄치당이 탁월한 효과를 거두면서 당과 국가 내부에 존재하는 심각한 잠재 위험이 제거되었고, 당내 정치생활 분위기가 쇄신되었으며, 당내 정치 생태계가 뚜렷하게 호전되었다. 당의 창조력, 응집력, 전투력이 현저히 강화되어 당의 단결과 통일이 더욱 공고해지고, 당과 군중의 관계가 눈에 띄게 개선되었다. 혁명성을 단련하는 과정에서 당이 더욱 강건해지고 새롭고 강한 활력이 생겨나면서 당과 국가 사업의 발전을 위해 강력한 정치적 보장을 제공했다. 이 가운데 중요한 경험 중 하나는 당 건설 중에서 정치 확립의 중요한 위상을 부각시킨 것이다. 특히 당의 지도와 당의 건설을 전면적으로 강화해 당 관리와 통제의 정치적 책임을 모든 단계에서 이행함으로써 느슨하고 해이하고 물렁했던 당 관리 상황을 바꾸었다. 2018년 6월, 19기 중앙정치국 제6차 집단학습에서 시진핑 총서기는 18차 당대회 이후 당의 정치 확립 강화를 충분히 긍정하는 한편 정치적 신앙을 굳건히 하고, '4개 의식'을 강화하며, 당 중앙의 권위와 집중적이고 통일된 지도를 유지하

---

6   옮긴이 주: 1984년 이후 청급(廳級), 국급(局級)의 인사권은 모든 지방당위원회에 이관하고, 중앙조직부에서는 오직 성급(省級) 간부만 관리하는데, 이를 중관간부라고 함.

고, 당의 정치 기율과 정치 규범을 엄정히 하며, 새로운 정세에서 당내 정치 생활을 강화 및 규범화하고, 당내 정치 생태계를 정화하며, 당풍을 바르게 하고 부패를 척결하고 악행을 처벌하는 등의 분야에서 현저한 성과를 거두었다고 지적했다.

(3) 신시대 당 건설의 필두

19차 당대회는 새로운 시대 당 건설의 총체적 요구 중 당의 정치 확립을 강화할 것을 제시하고, 당의 정치 건설은 당의 근본적인 건설로 당의 건설방향과 효과를 결정한다고 피력했다. 당의 정치 확립을 최우선 순위에 두고 정치 확립으로 당의 기타 각종 건설을 통솔해 당원과 간부들이 진심으로 당에 충성하고, 당을 위해 근심을 분담하고, 당을 위해 책임을 다하고, 인민을 복되게 하는 것을 근본적인 정치적 책임으로 삼아 새로운 시대 '4대 시련'과 '4대 위험'에 효과적으로 대응함으로써 당의 새로운 기상으로 새로운 성과를 보여주어야 한다고 강조했다.

2018년 1월, 시진핑 총서기는 19기 중앙기율검사위원회 2차 전체회의에서 당의 정치 확립을 필두로 견지하면서 당 중앙의 권위와 집중적이고 통일적인 지도를 단호하게 수호해야 한다고 강조했다. 그러면서 당 중앙이 내린 결정과 배치는 모든 당조직이 철저히 이행하고, 정치적 입장, 정치적 방향, 정치적 원칙, 정치적 노선에서 항상 당 중앙과 같은 차원의 수준을 유지해야 한다고 말했다. 또 "당의 지도간부는 언제 어떤 상황에서도 정치적으로 안정성과 신뢰성이 있어야 한다"면서 "당에 충성하고 성실하며, 당 중앙과 한 마음 한 뜻이 되어 당의 지휘에 복종하고 당을 위해 맡은 바 책임을 다해야 한다"고 덧붙였다. 6월, 중앙정치국 제6차 집단학습을 하면서 시진핑 총서기는 다음과 같이 말했다. "실천을 통해 당의 정치 확립은 당의 건설 방향과 효과를 결정하므로 당의 정치 확립에 매진하지 않거나 당의 정치 확립이 가리키는 방향에서 괴리되면 당의 기타 건설도 예기한 성과를 거두기 어렵다는 것을 깊이 인식하게 되었다. 정치적 방향은 당의 생존과 발전에 있어 최우선적인 문제로 당의 미래 운명과 사업의 성패에 직결된다. 공산주의의 원대한 이상과 중국 특색 사회주의의 공동 이상, '두 개 100년' 분투 목표, 당의 기본 이론과 노선, 전략은 중국공산당이 고수해야 하는 정치적 방향이다. 당의 정치 건설을 강화하려면 정치적 나침반 역할을 발휘하고 당 전체가 이상과 신념, '4가지 자신감'을 굳건히 하여 새로운 시대 중국 특색 사회주의 위대한 사업을 견지하고 발전시키는 데 전당의 지혜와 역량을 결집하도록 이끌어야 한다. 또한 당이 중대한 전략을 짜고, 중대한 정책을 마련하며, 중대한 임무를 배치하고, 중대한 업무를 추진하는 실천 과정에서 정확한 방향을 견지하여 항상 시간표와 목표에 비교해 편차를 즉시 교정하여 당의 정치적 방향에서 벗어나고 위배되는 행위를 철저히 바로잡음으로써 당과 국가의 사업이 늘 정확한 방향을 따라 발전하도록 보장해야 한다. 각급 당 조직을 정확한 정치 방향을 고수하는 강한 전투 보루로 건설하고, 교육을 통해 당원과 간부들이 흔들림 없이 정확한 방향을 따라 전진하도록 해야 한다. 7월, 그는 중앙과 국가기관이 당의 정치 확립을 추진하는 것에 대해 중요 지시를 내리고, 당 중앙의 권위와 집중적이고 통일된 지도를 앞장서서 수호하고, '3가지 귀감' 이 되어 '모범 기관'을 건설하라고 주문했다. 그는 중앙과 국가기관 각급 당 조직과 당원, 간부들이 '4개 의식'을 수립하고 '4가지 자신감'을 확고히 하며, 당 중앙의 권위와 집중적이고 통일된 지도를 앞장서서 수호하는 한편 신시대 중국 특색 사회주의 사상을 학습하고 관철함에 있어 귀감이 되고, 시종일관 당 중앙과 같은 차원의 수준을 유지하는 것에서 귀감이 되며, 당 중앙의 각종 결정과 배치를 철저히 관철 이행하는 데서 귀감이 되어 당 중앙이 안심하고 인민 대중이 만족할 수 있는 모범 기관을 건설하길 바란다고 밝혔다. 이를 통해 정치 건설이 신시대 당 건설에서 가장 중요한 것임을 거듭 확인할 수 있다. 2019년 1월, 중앙정치국 회의는 심의를 통해 〈당의 정치 건설을 강화하는 것에 대한 중공중앙정치국의 의견〉을 채택해 새로운 정세에서 당의 정치 건설 각 측면에 대해 배치하고, 당 전체가 중앙에 복종하고 당 중앙의 권위와 집중적이고 통일적인 지도를 유지하도록 보장하는 것은 당의 정치 건설에 있어서 최우선 과제라고 밝혔다. 또한 각급 당 조직과 많은 당원, 간부들이 항상 시진핑 총서기를 핵심으로 하는 당 중앙과 같은 차원의 수준을 유지해 당 전체가 의지와 행동을 통일하고 보폭을 일치시켜 전진하도록 하라고 주문했다. 아울러 정치적 신앙을 확고히 하고 정치적 지도를 강화하고 정치적 능력을 향상하고 정치 생태계를 정화하는 한편 당의 정치건설을 필두로 당의 각종 건설을 전면적으로 추진함으로써 당의 건설을 질적이고 포괄적으로 높여야 한다고 강조했다. 각급 당위원회(당 조직)는 지역 현지 부처의 당 정치 건설의 주체적 책임을 져야 하고, 각급 지도기관과 지도간부는 당의 정치 건설을 강화하는 각 분야의 사업을 확실하게 이행하는 데 앞장서야 한다고 명확히 밝혔다.

(4) 최대의 정치는 민심이다

시진핑 총서기는 민심을 사회 정치 문제를 관찰하는 바로미터로 비유하고, 당의 정치 건설을 강화하려면 민심과 긴밀히 맞물리게 하는 것이 최대의 정치라고 강조했다. 2013년 6월, 그는 당의 군중노선 교육실천활동 업무회의에서 민심을 얻어야 천하를 얻을 수 있고, 민심을 잃으면 천하를 잃게 되므로 인민의 옹호와 지지는 당 집권의 가장 견고한 근간이라고 밝혔다. 민심의 향배는 당의 생사존망에 직결된다. 2016년 1월, 19기 중앙기율검사위원회 제6차 전체회의에서 "민심은 최대의 정치이며 정의는 최강의 역량"이라면서 "천하를 어떻게 다스릴 것인가? 민심을 얻으면 된다! 천하가 어찌 혼란스러운가? 민심을 잃었기 때문이다!"라고 말했다. 사회 상황과 민심을 살피는 것은 정치 문제를 관찰하는 바로미터이다. 7월, 그는 중국공산당 창당 95주년 기념식에서 인민의 입장은 중국공산당의 근본적인 정치적 입장이고 마르크스주의 정당이 다른 정당과 차별화되는 뚜렷한 징표라고 강조했다. 당과 인민이 같은 배를 타고 생사고락을 함께 하면서 한결같이 혈연적 유대를 유지하는 것은 당이 모든 어려움과 위험을 이겨내는 근본적인 뒷받침이며 '백성을 얻으면 나라를 얻고, 백성을 잃으면 나라를 잃는다'는 이치와 맥을 같이 한다. 2017년 4월, 난닝에서 기층대표 좌담회를 소집해 주재하는 자리에서 좋은 방침과 정책은 인민으로부터 나오고 인민의 소망에 순응해야 하며 인민의 생각에 부합해야 한다고 피력했다. 당의 지도 업무의 정확한 방법은 대중의 의견을 집중해 정확한 결정을 형성하고, 다시 대중 속으로 가서 이를 홍보하고 설명함으로써 대중이 결정을 행동에 옮기도록 하고, 군중노선에서 이런 결정이 정확한지를 검증해야 한다.

19차 당대회 보고에서 "우리 당은 인민이 뽑았고 인민들 속에 뿌리를 내리며 인민을 위해 일하므로 군중에게서 이탈하면 생명력을 잃게 된다. 당과 인민 대중의 혈연적 연계 유지를 중심으로 대중 관념과 대중 감정을 증진하고 당 집권의 대중 기반을 강화해야 한다. 대중이 강한 불만을 제기하는 문제는 엄숙하고 진정성 있게 대해야 하고, 대중의 이익을 해치는 행위는 모두 철저하게 바로잡아야 한다"고 강조했다. 2017년 10월, 시진핑 총서기는 당 19기 1중전회에서 "신시대의 여정에서 전 당 동지들은 인민이 가장 관심을 가지고, 인민과 가장 직결되며, 가장 현실적인 이익 문제를 잘 파악해 인민 대중이 관심을 가지는 일을 자신의 중대사로 삼아 인민 대중이 관심을 가진 일을 함에 있어서 인민의 이익을 많이 도모하고, 인민의 걱정을 많이 해결해주어야 한다. 교육, 취업, 의료, 양로, 주거, 취약계층 지원에서 계속적으로 새로운 진전을 거두고 사회의 공평과 정의를 촉진하고 전면적 발전과 전체 인민의 공동 부유를 촉진해야 한다"고 강조했다. 2018년 6월, 그는 19기 중앙정치국 제6차 집단학습에서 당의 정치 건설 강화는 민심에 깊이 맞물리는 것이 최대의 정치이며, 민심과 민의를 얻고 인민의 지혜와 힘을 결집하는 중요한 주력점이라고 지적했다. 또 "인민의 입장을 확고히 하고 당의 군중노선을 관철하면서 인민과 함께 생각하고 일하며 '4풍', 특히 형식주의와 관료주의를 철저히 척결함으로써 항상 당과 인민 대중의 혈연적 연계를 유지해야 한다. 교육과 격려를 통해 많은 당원과 간부들의 진취심과 분발정신을 드높여 안정적인 성장, 개혁 촉진, 구조 조정, 민생 혜택, 리스크 예방에 에너지와 마음을 쏟도록 하고, 난제를 해결하고 난관을 뚫고 인민 대중이 가장 관심을 가지고 가장 직접적이고 가장 현실적인 이익 문제 해결 주력에 에너지와 마음을 쏟도록 해야 한다"고 강조했다.

당의 정치 건설은 전면적인 종엄치당에서 통섭적인 지위를 가지고 있으며 벼리의 역할을 하므로 정치 건설을 철저히 하면 정치적인 면에서

전면적인 종엄치당에는 마침표가 없다

전면적인 종엄치당의 요구를 확실하게 파악할 수 있고, 새로운 시대 전면적인 종엄치당의 '근본'과 '영혼'을 지킬 수 있다.

2. 당 중앙의 권위 및 집중적이고 통일적인 지도를 견지해야 한다

시진핑 총서기는 19차 당대회 보고에서 "당 전체가 중앙에 복종하도록 보장하고 당 중앙의 권위와 집중적이고 통일적인 지도를 견지하는 것이 당 정치 건설의 최우선 임무"라고 밝혔다.[7] 18차 당대회 이후 시진핑 총서기는 당의 지도를 현시대 중국의 가장 근본적인 정치 원칙으로 삼고, 당의 지도를 견지하는 것은 우선 당 중앙의 권위와 집중적이고 통일적인 지도를 견지하는 것이라고 강조하면서 최우선 과제를 중심으로 일련의 새로운 요구를 제시했다.

(1) '4개 의식'을 확고하게 수립해야 한다

2016년 1월, 시진핑 총서기는 중앙정치국 회의를 주재하면서 '4개 의식(四個意識)'의 요구를 제시하고, 정치의식, 대국(大局)의식, 핵심(核心)의식, 일치(看齊)의식을 강화해 사상, 정치, 행동 면에서 당 중앙과 같은 차원의 수준을 의식적으로 유지해야만 공산당을 더욱 단결·통일시키고, 강한 힘

---

7   시진핑, 「전면적인 샤오캉 사회 실현으로 신시대 중국 특색 사회주의의 위대한 승리 쟁취-19차 당대회에서의 보고」(2017년 10월 18일), 「19차 당대회 문건 모음집」, 인민출판사, 2017년판, 50면.

을 가지도록 하고, 시종일관 중국 특색 사회주의 사업의 강력한 지도핵심이 되도록 할 수 있다고 강조했다. '4개 의식'은 당 중앙의 권위와 집중적이고 통일적인 지도를 견지하는 중요한 사상적 토대이다. '4개 의식'을 확고하게 수립하려면 정치적 입장, 정치적 방향, 정치적 원칙, 정치적 노선에서 당 중앙과 같은 차원의 수준을 유지해야 한다.

첫째, 정치의식을 강화하라는 것은 선명한 기치를 내걸고 정치를 중요시 해 정치적으로 분별력이 있는 사람이 되도록 하라는 것이다. 시진핑 총서기는 중국공산당은 마르크스주의 정당이며, 정치를 중시하는 것은 중요한 특징과 우위라고 지적했다.[8] 2013년 8월, 전국 사상선전 업무회의에서 "원칙적인 옳고 그름에 관계된 문제와 정치적인 원칙문제에서 능동성을 강화하고, 주도권을 쥐어야 하며, 주도권 싸움에서 이기도록 하여 간부들이 옳고 그름의 경계를 긋고 모호한 인식을 없애도록 도와야 한다"[9]고 강조했다. 2015년 1월, 그는 중앙당교의 연수프로그램에 참가한 각 지방 현위원회 서기들과의 좌담에서 당 간부는 어떤 지방이나 어떤 직위에서의 업무를 막론하고 당성 입장과 정치 의식을 증진해 풍랑과 시련을 견뎌낼 수 있어야 하고, 정치적 방향에서 어긋나서는 안 된다고 말했다.[10] 2016년 1월, 18기 중앙기율검사위원회 6차 전체회의에서 각급 지도간부는 언제나 정치적 기율의 끈을 단단히 조이고 당의 지도를 흔들림 없이 견지하여 당의 노선과 방침, 정책이 모호해지지 않도록 관철하고 항상 정치적으로 분

8　「시진핑의 전면적 종엄치당에 관한 논술 요약집」, 중앙문헌출판사, 2016년판, 80면.

9　「시진핑, 전국사상선전업무회의에서 대국을 가슴에 품고 대세를 파악하고 대사에 착안하여 사상 선전 업무를 잘 하도록 힘쓰자고 강조」, 인민일보, 2013년 8월 21일, 1면.

10　시진핑, 「자오위루(焦裕祿)식 현서기가 되자」, 중앙문헌출판사, 2015년판, 6면.

　　　　　　　전면적인 종엄치당에는 마침표가 없다

별력 있는 사람이 되어야 한다고 강조했다.[11]

둘째, 대국의식을 강화하라는 것은 대국적인 관점에서 스스로 문제를 살피고, 대국적인 관점에서 업무를 생각하고 포지셔닝하고 배치해 대국을 정확하게 인식하고, 자발적으로 대국에 복종하며, 결연히 수호하라는 것이다. 시진핑 총서기는 "각 측면의 결정과 배치를 제정하는 데 있어서는 우선적으로 정확한 대국적 관점이 있어야 한다. 당과 국가의 대국으로부터 문제를 생각하고 문제를 살펴야 한다. 특히 관할 분야의 업무는 당 중앙의 중대한 결정과 배치와 연계하고 통일시켜야 한다"고 강조했다. 2013년 6월, 그는 중앙정치국 회의에서 당과 국가의 업무, 개혁 발전의 안정, 당의 지도와 사회주의 정권 안전, 당과 전국의 단결이라는 대승적인 국면을 정확하게 인식하고 확고하게 수호해 대승적인 차원에서 자발적으로 문제를 생각하고 업무를 처리해야 한다고 강조했다.[12] 7월, 허베이에서 당의 군중노선 교육실천활동 조사와 연구를 지도하면서 고위급 간부는 대세를 살피고 대사를 도모하고 대승적인 차원에서 자발적으로 문제를 생각하고 업무를 처리하는 것에 능해야 한다고 피력했다.[13] 2014년 10월, 당 18기 4중전회에서 개혁은 기존의 직능과 권한, 이익을 건드리게 마련이라면서 건드려야 하는 것은 과감하게 건드려야 하고 각 분야는 대세에 복종해야 한다고 말했다. 각 부처는 대승적 의식을 증진하여 대승적인 차원에서 자발적으로 문제를 생각하고 행동하고, 부처 이기주의를 벗어나 서로 지지하고

---

11   시진핑, 「18기 중앙기율검사위원회 제6차 전체회의에서의 연설」(2016년 1월 12일), 인민일보, 2016년 5월 3일, 2면.

12   「시진핑의 전면적 종엄치당에 관한 논술 요약집」, 중앙문헌출판사, 2016년판, 77면.

13   위의 책, 78면.

협조해야 한다고 말했다. 2015년 12월, 중앙정치국 '삼엄삼실' 주제 민주생활회에서 당과 국가의 대승적인 차원에서 문제를 생각하고 살피려면 우선 사상, 정치, 행동에서 당과 같은 차원의 수준을 자발적으로 유지해야 하며, 당 중앙의 중대한 결정과 배치 정신의 함의를 철저히 학습해 이해하고 깨달은 후에 자신의 소관 분야의 업무에 의식적으로 관철시켜야 한다고 밝혔다.[14] 2016년 1월, 성부급 주요 지도간부 대상 '당 18기 5중전회 정신 학습 관철'을 주제로 한 세미나에서 대국적 의식, 전략 의식을 증진해 지방이나 부처, 눈앞의 것만 계산하는 것이 아닌 크고, 전체적이며, 장기적인 계산에 능해야 하며, 지엽적인 이익을 위해 전반 이익을 해치거나 일시적인 이익을 위해 근본적인 이익과 장기적인 이익을 해쳐서는 안 된다고 강조했다.[15] 2월, 당의 신문여론업무 좌담회에서 대국적인 차원에서 자각적으로 사고하고 행동하며, 중심을 둘러싸고 대세를 위해 일하는 중에 좌표와 포지셔닝을 정확히 찾아 당과 국가의 대승적 차원에 복종하고 일하는데 어긋남이 없어야 하고, 당과 인민이 필요로 할 때 빠지지 말아야 한다고 역설했다.[16]

셋째, 핵심의식을 강화하라는 것은 중국공산당의 지도를 견지하고, 당 중앙의 결정 배치에 복종해 시진핑 동지를 핵심으로 하는 당 중앙과 같은 차원의 수준을 유지해 중국 특색 사회주의 역사를 발전시키는 과정에서 당이 항상 강력한 지도 핵심이 되도록 보장하도록 하는 것이다. 시진핑

---

14 「시진핑의 전면적 종엄치당에 관한 논술 요약집」, 중앙문헌출판사, 2016년판, 85면.

15 시진핑, 「성부급 주요 지도간부의 당 18기 5중전회 정신 학습 관철 주제 세미나반에서의 연설」(2016년 1월 18일), 인민일보, 2016년 5월 10일, 2면.

16 「시진핑의 전면적 종엄치당에 관한 논술 요약집」, 중앙문헌출판사, 2016년판, 88면.

총서기는 2012년 11월 당 18기 12중전회에서 "우리는 중앙의 권위를 수호하는 데 앞장서야 한다. 사상과 정치, 행동 면에서 스스로 당 중앙과 같은 수준을 유지해 중앙의 노선과 방침, 정책과 중대한 결정과 배치를 철저히 관철 집행하고, 한 곳만 생각하고 한 곳으로 힘을 쏟아 중앙의 정책과 법령이 원활히 소통되도록 해야 한다"고 말했다.[17] 2013년 6월, 그는 중앙정치국 회의에서 중앙정치국원들에게 당 중앙의 권위를 자발적으로 수호하고, 사상과 정치, 행동 면에서 스스로 당 중앙과 같은 수준을 유지하며, 당의 기율 규제를 자발적으로 받아들이고, 중앙정치국이 내린 결정과 배치를 성실하게 집행하며, 중대한 문제는 규정에 따라 품의·보고하고, 실제적인 행동으로 중앙정치국과 같은 차원의 단결과 통일, 보폭을 일치시키는 양호한 이미지를 수립하는 데 앞장서야 한다고 강조했다.[18] 7월, 허베이에서 군중노선 교육실천활동을 조사, 연구, 지도하면서 고위급 간부들에게 "고위급 간부는 당의 노선과 방침, 정책을 철저히 관철 집행하고, 중앙의 정책과 법령이 원활히 소통되도록 하는 것과 실제에 입각해 창조적으로 업무를 처리하는 것의 관계를 정확하게 처리해야 하며, 중앙의 정책과 배치를 관철하고 집행하는 것에서 절대 타협하지 말아야 하고, 선택을 하거나 임시변통을 하는 일이 없어야 하며, 상부의 정책에 대책을 마련하는 행위를 하지 말아야 한다. 또 중앙의 국정 방침과 중대한 업무배치에 대해 함부로 이러쿵저러쿵 비평하지 말아야 한다. 어떤 상황에서도 정치 기율을 준

17   「시진핑의 전면적 종엄치당에 관한 논술 요약집」, 중앙문헌출판사, 2016년판, 77면.
18   상동.

수하고 중앙의 권위를 자발적으로 수호해야 한다"고 말했다.[19] 2014년 1월, 18기 중앙기율검사위원회 3차전체회의에서 사업을 지도하는 핵심 역량은 중국공산당이라고 강조했다. 중앙위원회, 중앙정치국, 중앙정치국 상무위원회는 당의 지도 결정의 핵심이다. 당 중앙이 내린 결정과 배치는 당의 조직부, 선전부, 통전부, 정법부 등을 비롯해 인민대표대회, 정부, 정협, 법원, 검찰원의 당조직, 사업기관, 인민단체 등의 당조직이 철저히 이행해 당 조직이 역할을 발휘하도록 해야 한다.[20]

넷째, 일치의식을 강화하라는 것은 항상, 주도적으로 당 중앙을 비롯해 당의 이론과 노선, 방침, 정책에 일사불란하게 일치하라는 것이다. 2014년 5월, 시진핑 총서기는 중앙판공청을 시찰하면서 당 중앙과 같은 차원의 수준을 유지하려면 전면적이어야 하고, 사상과 정치, 행동 면에서 전방위적으로 당 중앙에 일치해 생각과 언행이 일치하고, 사상과 실천이 일치되도록 해야 한다고 강조했다.[21] 10월, 당의 군중노선 교육실천활동 결산 회의에서 당 중앙의 권위는 당 전체가 자발적으로 수호해야 하고, 자신의 모든 업무 속에서 구체적으로 구현되도록 해야 하며, 겉으로만 당 중앙과 일치성을 유지해야 한다고 외치면서 실제로는 대수롭지 않게 여겨서는 안 되고, 중앙의 정책과 방침을 위반하고 제멋대로 독단적으로 행동해서는 더더욱 안 된다고 지적했다.[22] 2015년 12월, 그는 전국당교업무회의에

19 「시진핑의 전면적 종엄치당에 관한 논술 요약집」, 중앙문헌출판사, 2016년판, 78면.

20 시진핑, 「당의 조직기율을 엄정하게 하고 조직의 기율성을 강화하라」(2014년 1월 14일), 「18차 당대회 이후 주요 문헌 선집」(상), 중앙문헌출판사, 2014년판, 722면.

21 시진핑, 「판공청 업무는 '5개 견지'를 이행해야 한다」, 비서업무(秘書工作), 2014년 6호.

22 시진핑, 「당의 군중노선 교육실천활동 결산 회의에서의 연설」(2014년 10월 8일), 인민일보,

전면적인 종엄치당에는 마침표가 없다

서 "한 팀이 항상 일치하지 않으면 늘 일치하라고 외치고 오른쪽, 왼쪽, 중앙으로 일치하라고 외쳐야 한다. 우리는 중앙을 기준으로 일치해야 하고, 대회를 기준으로 일치해야 한다. 일치는 원칙이고, 편차가 있는 것은 실제 생활이다. 편차가 있으면 일치시키라고 외쳐야 한다"는 마오쩌둥 동지가 7차 당대회 예비회의 석상에서 한 명언을 인용했다. 그는 "마오쩌둥 주석의 이 말은 심오한 이치를 담고 있다. 군대와 마찬가지로 소질 있는 부대를 다시 훈련하는 데도 늘 일치를 외친다. 더군다나 큰 소리로, 수시로 외쳐야 한다. 물론 대열 전체를 일치시키는 것은 형태적인 것이기 때문에 비교적 쉬운 일이지만 사상과 정치, 행동적인 면에서 일치시키는 것은 그리 쉽지 않다. 늘 일치를 외치는 것은 우리 당이 자신의 건설을 강화한 규칙과 경험에서 나온 것이다. 늘 일치를 외치고, 각급 당 조직이 모두 항상 일치를 외쳐야만 시시각각 경각심을 가지고 편차를 즉시 바로잡을 수 있고, 당이 항상 일치해 사기를 드높이는 분발 상태를 유지하도록 할 수 있다"고 강조했다.[23] 같은 달 그는 중앙정치국 '삼엄삼실' 주제 민주생활회에서 "각급 지도간부는 일치의식을 가지고 자발적으로 당 중앙에 일치하고, 당의 이론과 노선, 방침, 정책에 일치해야 한다. 중앙정치국원들은 강한 일치의식을 가져야 하며, 항상 일치하고 주도적으로 일치해야 한다. 그렇게 해야만 진정으로 일치할 수 있다. 이것이 가장 중요한 정치다"라고 말했다.[24]

시진핑 총서기는 '4개 의식'을 강화해야 한다고 여러 차례 피력했다.

2014년 10월 9일, 2면.

23 시진핑, 「전국당교업무회의에서의 연설」(2015년 12월 11일), 구시, 2016년 9호.

24 「시진핑의 전면적 종엄치당에 관한 논술 요약집」, 중앙문헌출판사, 2016년판, 84면.

그는 중국인민해방군 전구(戰區) 창설대회에서 다음과 같은 내용의 명령을 발표했다. "각 전구는 추호의 흔들림 없이 지휘에 복종하고 당의 군대에 대한 절대적 지도를 견지하고, 정치로 군대를 건설하는 원칙을 견지해야 하며, 정치의식, 대국의식, 핵심의식, 일치의식을 강화해야 한다. 당 중앙 및 중앙군사위원회와 같은 차원의 수준을 자발적으로 유지하고, 정치기율과 규범을 엄수하며, 당 중앙 및 중앙군사위원회의 명령과 지시를 철저히 집행해야 한다."[25] 그는 로켓군기관을 시찰하면서 "추호의 흔들림 없이 군대에 대한 당의 절대적 지도를 견지하고, 당의 과학적 이론 무장을 철저히 하며 정치기율과 정치규범을 엄격히 하고, 군인의 정치의식과 대국의식, 핵심의식, 일치의식을 강화해 시종일관 당 중앙과 같은 차원의 수준을 유지하도록 보장하고 당 중앙과 중앙군사위원회의 지휘에 단호히 복종하도록 해야 한다"고 강조했다.[26] 중앙전면개혁심화지도팀 제25차 회의에서는 "각급 당위원회는 당 중앙의 개혁 배치를 결연히 관철 이행하고, 정치의식과 대국의식, 핵심의식, 일치의식을 확고히 수립하며, 개혁 집중력을 강화하고 개혁자원에 초점을 모아 혁신 활력을 고취시키고, 목표임무 실행, 정확한 실시, 혁신 모색, 효과 추적, 메커니즘 보장에 힘써 더욱 효과적으로 개혁 업무를 추진해야 한다"고 강조했다.[27] 전국 국유기업 당 건설 업무회의에서 그는 "국유기업 수장은 신념을 확고히 하고 맡은 일을 감당하며 자신의 첫 번째 직무는 당을 위해 일하는 것임을 명심해야 한다. 정

25   「베이징에서 중국인민해방군 전구(戰區) 창설대회 시진핑 주석, 각 전구에 군기 수여 및 훈령 발표」, 인민일보, 2016년 2월 2일, 1면.

26   「시진핑의 전면적 종엄치당에 관한 논술 요약집」, 중앙문헌출판사, 2016년판, 90면.

27   위의 책, 9면.

전면적인 종엄치당에는 마침표가 없다

치의식과 대국의식, 핵심의식, 일치의식을 확고히 수립해 당을 사랑하고, 걱정하고, 번창시키고, 보호하는 것이 경영 관리의 모든 업무에서 이루어지도록 해야 한다"고 말했다.[28] 중국공산당 창당 95주년 기념식에서 "전(全) 당은 '4개 의식'을 강화해야 한다. 당 전체 동지들은 정치의식, 대국의식, 핵심의식, 일치의식을 강화해 당에 충성하고, 당을 위해 근심을 분담하고, 당을 위해 책임을 다해야 한다"고 피력했다.[29] 홍군장정승리 80주년 기념식에서 "당 중앙의 집중적이고 통일적인 지도를 견지하고 각급 당 조직과 당원, 간부 중 정치의식, 대국의식, 핵심의식, 일치의식을 강화해 사상, 정치, 행동 면에서 시종일관 당 중앙과 같은 차원의 수준을 유지하도록 해야 한다"고 역설했다. 당 18기 6중전회에서 각급 당조직과 당원은 정치기율과 정치규범을 자발적으로 준수하고, 정치의식, 대국의식, 핵심의식, 일치의식을 부단히 강화하여 정치적 신앙을 준수하고 정치적 입장을 확고히 하며 정치적 방향을 정확하게 파악해야 한다"고 말했다. [30]

(2) '2개의 수호(兩個維護)'를 실천해야 한다

'2개의 수호'는 18차 당대회 이후 당의 정치 건설을 강화한 귀중한 경험이자 중국공산당의 가장 중요한 정치기율 및 정치규범이다. '4개 의식'의 강약 여부는 '2개의 수호'를 실천했는지 여부를 봐야 한다.

---

28 「시진핑의 전면적 종엄치당에 관한 논술 요약집」, 중앙문헌출판사, 2016년판, 9면.

29 시진핑, 「중국공산당 창당 95주년 기념식에서의 연설」(2016년 7월 1일), 인민일보, 2016년 7월 2일, 2면.

30 「시진핑, 당 18기 6중전회 제2차 전체회의에서의 연설(발췌)」, 구시, 2017년 1호.

1) 시진핑 총서기의 당 중앙의 핵심, 당 전체의 핵심 지위를 수호해야 한다

'2개의 수호'를 실천하려면 우선적으로 시진핑 총서기의 당 중앙의 핵심, 당 전체의 핵심 지위를 수호해야 한다. 이는 당 중앙의 권위와 집중적이고 통일적인 지도를 수호하는 것과 같은 차원의 수준을 통일하는 것이다. 시진핑 총서기의 핵심적 지위를 수호하는 것은 곧 당 중앙의 권위를 수호하는 것이다. 당 중앙의 권위를 수호하려면 우선적으로 시진핑 총서기의 핵심 지위를 수호해야 한다. 당 전체에서 당 영수의 핵심 지위를 명확히 하는 것은 마르크스주의 정당 건설의 중대한 과업임이 실천을 통해 나타났다.

첫째, 마르크스주의 정당의 근본 조직 원칙 관점에서 볼 때 민주집중제는 마르크스주의 정당의 근본적인 조직 원칙이다. 정치 핵심 혹은 지도 핵심은 민주집중제를 시행하는 마르크스주의 정당조직의 유니크한 제도적 장치이며, 민주집중제의 일부분으로 의사결정의 효율을 보다 더 높이고, 긴급한 순간과 중대한 문제에서 당 전체가 행동을 통일하는 능력을 유지할 수 있도록 하는 데 도움이 된다.

둘째, 프롤레타리아 정당의 권위를 수호하는 관점에서 볼 때 세계 사회주의 사업의 흥망은 프롤레타리아 정당의 권위에 달려있다고 해도 과언이 아니다. 프롤레타리아 정당을 창당하고, 노동자운동을 지도하는 과정에서 마르크스, 엥겔스, 레닌은 일관되게 프롤레타리아운동에 대한 '권위'의 필요성과 중요성을 강조했다. 마르크스주의 경전 작가는 지도자, 정당, 계급, 대중 간의 관계를 설명하면서 인민은 역사의 창조자이며, 선진계급의 정치적 대표 인물인 프롤레타리아 지도자는 실천가이자 이론가로 역사적인 과업을 해결하려는 소망이 남보다 강렬해 이들이 제시하는 사상은 사회 변혁의 선도가 될 수 있고, 대중을 위해 혁명투쟁의 방향을 제시할 수 있으며, 혁명투쟁에서 지도 핵심적인 역할을 할 수 있다고 강조했다.

셋째, 중국공산당의 역사적 경험 관점에서 볼 때 실천 중에서 강한 중앙 지도부 핵심을 형성하는 것은 중국공산당 같은 거대 정당과 대국에 있어서 특히 중요하다. 중국공산당은 창당 초반기 한동안 강한 지도핵심이 형성되지 않은 탓에 당의 사업이 우여곡절을 겪었다. 심지어 실패 위험에 직면하기도 했다. 쭌이회의(遵義会議)에서 홍군과 당 중앙에서 마오쩌둥 동지의 지도 지위를 확립하면서 중국공산당은 정치적으로 차츰 성숙해졌다. 마오쩌둥 동지를 핵심으로 하는 제1세대 중앙 지도부를 형성해 중국 인민을 단합시키고 인솔하여 항일전쟁, 해방전쟁의 위대한 승리를 이룩하고, 신중국을 건립한 데 이어 사회주의 개조와 건설의 위대한 성과를 이룩했다. 개혁개방 초기, 당 11기 3중전회는 덩샤오핑 동지를 핵심으로 하는 제2세대 중앙 지도부를 확립했다. 덩샤오핑 동지를 핵심으로 한 당 중앙의 강건한 지도 아래 중국공산당은 '하나의 중심, 두 개의 기본점(一个中心, 两个基本点)'[31]이라는 기본 노선을 제정해 시행하고, 중국 특색 사회주의 노선을 모색했다. 당 13기 4중전회는 장쩌민 동지를 핵심으로 하는 제3세대 중앙 지도부를 확립해 세계적으로 사회주의 운동이 침체기에 있는 상황에서 중국 특색 사회주의 사업을 21세기로 진출시키는 데 성공했다. 당의 역사적 경험을 총괄해 당 14기 4중전회는 〈당 건설 강화를 위한 몇 가지 중대한 문제에 관한 중공중앙의 결정〉에 '당의 역사는 실천 과정에서 형성된

---

31   옮긴이 주: 하나의 중심은 경제건설, 두 개의 기본점은 개혁·개방과 4가지 기본원칙(사회
      주의 노선, 인민민주독재, 공산당 영도, 마르크스-레닌주의·마오쩌둥 사상)을 말함.

강한 중앙 지도부가 있어야 하고, 지도부 안에 반드시 핵심이 있어야 함을 입증했다. 이런 지도부와 핵심이 없으면 당의 사업은 승리할 수 없다'고 기술했다.[32]

넷째, 당의 위대한 투쟁의 필요성 관점에서 볼 때 중국공산당은 많은 새로운 역사적 특징을 가진 위대한 투쟁을 하고 있다. '두 개 100년' 분투 목표 달성과 중화민족의 위대한 부흥인 '중국의 꿈' 달성 등은 일련의 중대한 도전과 위험, 저항, 모순에 직면했으므로 중국공산당의 강인한 지도 핵심이 있어야만 승리에서 새로운 승리를 향해 끊임없이 나아갈 수 있다.

상술한 원인에 기반해 2016년 10월 열린 당 18기 6중전회에서는 '한 나라와 한 정당의 지도 핵심은 매우 중요하다'는 중요한 명제를 제시하고, 시진핑 동지를 당 중앙의 핵심, 전 당의 핵심으로 확립할 것을 명확히 했으며, '시진핑 동지를 핵심으로 하는 당 중앙'을 정식으로 제안했다. 아울러 중국의 일을 잘 처리하는 관건은 당에 있고, 관건은 당 관리와 종엄치당에 있으며, 당 관리의 관건은 당 중앙에 있고, 당 중앙의 관건은 지도핵심에 있다고 강조했다. 19차 당대회는 '시진핑 신시대 중국 특색 사회주의 사상'을 당규약에 삽입하고, 당의 지도사상으로 확립해 전당 차원에서 시진핑 총서기의 핵심 지위를 한층 더 명확히 했다. 이는 역사의 선택이자 시대의 선택, 인민의 선택으로 명실상부하게 모두가 바라는 바이고 당심과 민심에 순응하는 것으로 심대한 역사적 의미와 중대한 현실적인 의미가 있다.

32　「당의 건설을 강화하는 몇 가지 중대한 문제에 관한 중공중앙의결정」, 인민출판사, 1994년판, 12면.

　　　　　　전면적인 종엄치당에는 마침표가 없다

2) 당 중앙의 권위 및 집중적이고 통일적인 지도를 수호해야 한다

시진핑 총서기는 당 중앙의 권위와 집중적이고 통일적인 지도를 견지하는 것을 당의 지도를 강화하는 구체적인 구현과 관건으로 삼고, 당과 국가의 항구적인 평안을 수호하는 근본적인 요구사항으로 삼았다. 또 당 중앙은 대뇌이자 중추이며 당 중앙은 최고의 권위자를 유일한 기준으로 삼고, 최종 결정을 하는 권위를 가져야 한다고 강조했다. 2015년 12월, 전국당교업무회의에서 "중국에서 중국공산당이 집권하는 것은 중국과 중국 인민, 중화민족에 있어 큰 행운"이라면서 "중국의 근대사와 현대사, 혁명사를 깊이 이해하면 중국공산당의 지도가 없었더라면 중국과 중국 민족이 오늘날의 성과를 이루기 어려웠을 것이며, 오늘 같은 국제적 위상을 지니기 어려웠을 것임을 쉽게 발견할 수 있다"고 피력했다.[33] 같은 달, 중앙정치국 '삼엄삼실' 주제 민주생활회에서 중국공산당처럼 큰 정당과 국가가 집중·통일되지 않고, 당 중앙의 강건한 지도력이 없고, 강력한 중앙의 권위가 없어서는 안 될뿐더러 상상할 수도 없다고 역설했다. 당 중앙의 권위를 수호하는 것은 절대 일반적인 문제나 개인적인 일이 아니다. 이는 방향성과 원칙성의 문제이자 당성, 대승적인 차원의 것이고 당과 민족, 국가의 미래 운명에 관계되는 것이다.[34] 2016년 10월, 〈새로운 정세에서 당내 정치 생활에 관한 몇 가지 준칙〉과 〈중국공산당 당내감독 조례〉에 관한 설명에서 당 중앙의 집중적이고 통일적인 지도를 견지하고 당의 지도 핵심을 확립하고 수호하는 것은 당 전체, 전국 민족 인민의 공통된 소망이자 전면적

---

33 시진핑, 「전국당교업무회의에서의 연설」(2015년 12월 11일), 구시, 2016년 9호.

34 「시진핑의 전면적 종엄치당에 관한 논술 요약집」, 중앙문헌출판사, 2016년판, 84면.

인 종엄치당 추진, 당의 창조력과 응집력, 전투력을 향상시키는 시급한 요구이고, 당과 국가 사업 발전의 올바른 방향을 유지하도록 보장하는 근본이라고 설명했다.[35] 12월, 18기 중앙정치국 2016년 민주생활회를 소집해 주재하면서 당의 역사와 신중국 발전의 역사는 중국공산당처럼 큰 정당과 중국 같은 대국을 잘 다스리려면 당의 단결과 집중·통일을 보장하는 것이 매우 중요하고, 당 중앙의 권위를 수호하는 것이 매우 중요함을 시사한다고 말했다.[36] 2017년 2월, 성부급 주요 간부 대상 '당 18기 6중전회 정신을 학습하고 관철하자'를 주제로 열린 세미나에서 당 중앙이 권위가 있어야만 당 전체를 단단하게 결집시킬 수 있고, 더 나아가 전국 여러 민족 인민을 긴밀히 단합시킬 수 있으며, 모두가 한 마음이 되어 무적의 막강한 힘을 모을 수 있다고 강조했다.[37] 12월, 19기 중앙정치국 민주생활회를 주재한 자리에서 당 전체가 중앙에 복종하는 것과 당 중앙의 권위와 집중적이고 통일적인 지도를 견지하는 것을 당 정치 건설의 최우선 과제로 삼아야 한다고 강조했다. 당 중앙의 권위와 집중적이고 통일적인 지도를 수호하는 것은 중국의 혁명과 건설, 개혁의 중요한 경험이자 성숙한 마르크스주의 집권당의 중대한 창당 원칙이다.[38]

35 시진핑, 「〈새로운 정세에서 당내 정치생활에 관한 몇 가지 준칙〉 및 〈중국공산당 당내 감독조례〉에 관한 설명」(2016년 10월 24일), 인민일보, 2016년 11월 3일, 2면.

36 「중공중앙정치국 민주생활회 개최, 당 18기 6중전회 정신 관철이행 대조 점검 및 당내 정치생활과 당내 감독 조치 강화 연구…시진핑 총서기 회의 주재 및 연설 발표」, 인민일보, 2016년 12월 28일, 1면.

37 「당 중앙의 권위 수호, 민주집중제 관철」(2017년 2월 13일), 「18차 당대회 이후 주요 문헌선집」(하), 중앙문헌출판사, 2018년판, 585면.

38 「중공중앙정치국 민주생활회 열어 시진핑 신시대 중국 특색 사회주의 사상 학습 관철, 시진핑 동지를 핵심으로 하는 당 중앙의 권위와 집중적이고 통일된 지도 수호, 19차 당대회

전면적인 종엄치당에는 마침표가 없다

시진핑 총서기가 당 중앙의 권위와 집중적이고 통일된 지도 수호의 중요성을 강조한 이유는 한 동안 당 중앙의 권위를 무시하는 현상이 광범위하게 발생했고, 일부에서는 매우 심각했기 때문이다. 시진핑 총서기는 성부급 주요간부를 대상으로 열린 '당 18기 6중전회 정신 학습 관철'을 주제로 한 세미나에서 이런 문제가 표출되는 형태에 대해 예를 들어 설명했다. 혹자는 입장이 확고하지 못하고 원칙이 없어 중대한 원칙적 문제와 옳고 그름에 관계된 문제에서 입장이 흔들리고 애매모호한 태도를 취하고, 당 중앙과 같은 수준을 유지하지 못했다. 혹자는 자신이 옳다고 생각하며 함부로 지껄이고 중대한 정치적 문제에서 당 중앙의 정신과 어긋나는 의견을 공개적으로 발표하고, 당 중앙의 정책과 방침에 이러쿵저러쿵 불평했다. 혹자는 명령을 이행하지 않고 금지된 것을 멈추지 않고 당의 결의와 당 중앙의 정책 배치를 관철하는 것에서 상부의 정책에 대책을 마련했다. 혹자는 문제가 있는 줄 뻔히 알면서도 제지하거나 보고하기는커녕 자신도 그 속에 들어가 부추기고, 당 중앙에 대해 꼼수를 부렸다. 혹자는 허위로 날조하고, 윗사람을 기만하고 아랫사람을 속이며 사전에 품의하지 않고 사후에 보고하지 않거나 성적만 보고하고 문제와 부족한 점을 보고하지 않았으며, 당 중앙에 숨겼다. 혹자는 독단적으로 결정하고 속이면서 당 중앙의 결정과 배치를 제대로 이행하지 않거나 선택적으로 이행하고 임시변통하여 당 중앙의 결정과 배치가 관철되고 집행되는 과정에서 변형되고 변질되거나 실질적인 효과를 발휘하지 못하도록 만들었다. 혹자는 거만하

각종 결정 포치 전면적 관철 이행 상황을 주제로 대조 점검 진행, 인민일보, 2017년 12월 27일, 1면.

고 겉으로만 따르는 척 하면서 딴마음을 품고 당 조직 위에 군림하면서 자신이 주관하는 정무나 소관하는 지방과 부처를 '독립왕국'이나 '개인 소유 영지'로 여겨 천지가 진동할 듯 당 중앙을 수호하자고 구호를 외치면서 실제로는 공개적이거나 변칙적으로 당 중앙을 팔아 축재하고 당 중앙을 배반하고 제멋대로 행동했다. 혹자는 야심이 팽배하고 권력욕에 집착해 당 내부에 자신의 세력을 심어놓고 각종 비조직에서 파별 활동을 하거나 심지어 공개적으로 당을 분열시키는 정치 결탁을 일삼아 당 중앙에 맞섰다. 이는 일부 사람들의 안중에는 정치 기율이 없고, 당 중앙의 권위를 무시하는 것이 매우 심각한 지경에 이르렀으며, 철저하게 극복하지 않는다면 당과 인민 사업에 심각한 해를 끼치게 될 것임을 설명한다.[39] 이런 논술을 통해 당의 전면적인 지도, 특히 당 중앙의 권위와 집중적이고 통일적인 지도를 견지하는 것이 당대 중국의 최대 정치 원칙임을 알 수 있다. 중국이 이런 성적을 거둘 수 있었던 것은 당의 지도가 있었기 때문에 가능했지만, 직면한 문제점 역시 당의 지도력 약화와 관련이 있으므로 절대 당의 지도를 벗어나서는 안 된다.

당 중앙의 권위와 집중적이고 통일적인 지도를 수호하려면 일부 사상 인식과 행동에 대한 잘못된 인식을 없애야 한다.

첫째, 당 중앙의 권위 수호와 민주집중제 실행, 당내 민주 발양을 대립적 시각으로 보아야 한다. 시진핑 총서기는 "우리가 실행하는 민주집중제는 집중적이고 민주적이며, 기율이 있고 자유와 통일된 의지도 있으며,

---

39 「당 중앙의 권위 수호, 민주집중제 관철」(2017년 2월 13일), 「18차 당대회 이후 주요 문헌 선집」(하), 중앙문헌출판사, 2018년판, 584-585면.

전면적인 종엄치당에는 마침표가 없다

개인이 마음적으로 편안하고 생동적이고 활발한 제도가 있으면서도 민주와 집중에 긴밀하게 결합된 제도"라고 강조했다. 이어 "우리 당은 대대로 당내 민주를 발전시키는 것을 매우 중시해 왔다. 당의 대표대회 보고, 당의 전체회의 문건, 당의 중요한 문건과 중대한 결정, 정부업무보고, 중대한 개혁발전 조치, 부처의 중요한 업무 문건은 모두 당내에 걸쳐 의견을 수렴해야 한다. 어떤 경우에는 한 번에 그치는 것이 아니라 두 번, 세 번 수렴해야 한다. 부처의 중요한 문건은 어떤 경우 전부 성·구시·의 의견과 건의를 수렴해야 하고, 어떤 경우 중앙과 국가부처 수십 개의 의견과 건의를 수렴해야 한다. 게다가 이들은 모두 거쳐야 하는 절차다. 당 중앙이 중요한 문건을 심의할 때 수렴의견 상황을 보고할 것을 요구한다. 동의한 것도 보고해야 하고, 동의하지 않은 것도 보고해야 한다. 중앙 지도자 동지도 좌담회 개최나 조사연구 실시, 대화, 조사연구 자료 검토 등 다양한 방식을 통해 각 측의 의견과 건의를 청취해야 한다. 당 중앙이 내린 중대한 결정은 매우 신중한 것이므로 중대한 방안은 부처별 토론과 각 유관 중앙지도소도 토론, 국무원 토론을 거친 후에야 중공중앙정치국 상무위원회 회의, 중공중앙정치국 회의에서 심의할 수 있다. 이렇게 하는 목적은 민주를 충분히 발양하고 의견과 건의를 광범위하게 청취하며, 다방면의 의견을 청취함으로써 시비를 잘 구별해 내고, 한쪽 말만 들어 사리에 어둡지 않도록 하며, 과학적, 민주적, 법에 따른 결정을 내리기 위함이다. 그러나 당과 국가 사업의 중대한 결정과 배치의 결정권은 당 중앙에만 있다. 토론하는 과정에서 의견을 충분히 발표하고 기탄없이 이야기 할 수 있고, 개정 의견을 제의할 수 있고, 비판할 수 있고 반대할 수도 있어야 한다. 말하는 사람은 죄가 없다. 하지만 당 중앙이 결정을 내리면 각측은 철저히 집행해야 하며 어떤 결정이 자신의 의견과 맞지 않고 자신의 입맛에 맞지 않는다고 하여 집행하지 않아서는 안 된다. 집행할 때는 전심전력을 다해야 하며, 망설이거나 반신반의하지 말아야 한다. 철저히 집행한다는 조건에서 의견이나 문제가 있으면 당내 절차를 통해 반영하거나 당 중앙에 직접 반영할 수도 있다."[40]

둘째, 당 중앙의 권위를 수호하고 당 중앙과 일치를 유지하는 논리를 각 단계에 적용시킨다. 시진핑 총서기는 다음과 같이 말했다. "모든 단계가 권위를 세우고 일치해야 한다는 것은 정치적으로 잘못된 것이고 심지어 해가 된다. 각급 당위원회와 정부는 당연히 권위가 있어야 한다. 그렇지 않으면 사업을 펼칠 수 없다. 지방과 부처의 사업 배치도 당연히 집행해야 한다. 그렇지 않으면 조직이 무력해진다. 지방과 부처의 동지들은 지방과 부처의 권위는 모두 당 중앙의 권위에서 나오고, 지방과 부처의 사업은 모두 당 중앙의 결정과 배치를 구체적으로 이행하는 것이며, 지방과 부처 사업의 동지들은 독립적으로 존재하는 것도 고립되어 존재하는 것도 아닌 당이 파견해 일하는 것이므로 대담하게 마음대로 권력을 행사할 수 없다는 점을 인식해야 한다. 각 단계가 모두 자신의 권위를 수호해야 한다고 외치고, 각 단계에서 모두 자신에게 일치하라고 외치면 당 중앙의 권위와 당 중앙으로 일치하라는 것은 공허해지고 약해질 것이다. 전당이 당 중앙의 권위를 수호하고, 당 중앙으로만 일치해야만 당원과 간부, 대중의 사상과 행동을 당 중앙의 정신과 결정 배치로 통일시킬 수 있다. 이 점을 진정으로 해낼 수 있어야 지방과 부처의 사업을 잘 할 수 있다."[41]

---

40 「당 중앙의 권위 수호, 민주집중제 관철」(2017년 2월 13일), 『18차 당대회 이후 주요 문헌 선집』(하), 중앙문헌출판사, 2018년판, 586-587면.

41 「당 중앙의 권위 수호, 민주집중제 관철」(2017년 2월 13일), 『18차 당대회 이후 주요 문헌

당 중앙의 권위와 집중적이고 통일적인 지도를 수호하는 것은 공허한 구호가 아닌 행동으로 옮겨야 한다. 2013년 1월, 시진핑 총서기는 18기 중앙기율검사위원회 2차 전체회의에서 당 중앙과 같은 차원의 수준을 유지하는 것은 공허한 구호가 아닌 중대한 정치 원칙이라고 강조했다. 지도 사상과 노선, 방침, 정책 및 전반 국면에 관계되는 중대한 원칙적인 문제에 있어 당 전체는 사상, 정치, 행동 면에서 당 중앙과 같은 차원의 수준을 높은 일치성을 유지해야 한다.[42] 2015년 1월, 중앙당교의 연수프로그램에 참가한 각 지방 현위원회 서기들과의 좌담에서 마음속에 당이 있는 것은 추상적인 것이 아닌 구체적인 것이라고 강조했다. 아울러 정치기율을 엄수해 정치적 방향, 입장, 언론, 행위 측면에서 규칙을 잘 지키고, 당의 지도를 자발적으로 견지하고, 당 중앙과 같은 차원의 수준을 자발적으로 유지하며, 당 중앙의 권위를 자발적으로 수호해야 한다고 덧붙였다.[43] 2017년 10월, 당 19기 1중전회에서 "당 중앙의 권위와 집중적이고 통일적인 지도의 최고 핵심은 정치적 지도이다. 당원과 간부, 특히 고위직 간부의 자질과 실력을 판단하려면 우선 정치적 안정성과 신뢰성을 봐야 한다. 안정성과 신뢰성에 있어서 가장 중요한 것은 '4개 의식'을 확립하고 사상적, 정치적, 행동적인 면에서 자발적으로 당 중앙과 같은 차원의 수준을 유지하고, 당 중앙의 권위와 집중적이고 통일적인 지도를 단호히 수호하고 각 업무를 수행하는데 동요가 없어야 하며 불굴의 의지로 당 중앙의 정책과 결정, 배

선집」(하), 중앙문헌출판사, 2018년판, 588면.

42   「당 중앙의 권위 수호, 민주집중제 관철」(2013년 1월 22일), 「18차 당대회 이후 주요 문헌 선집」(상), 중앙문헌출판사, 2014년판, 132면.

43   시진핑, 「자오위루(焦裕祿)식 현서기가 되자」, 중앙문헌출판사, 2015년판, 6면.

치를 이행해야 하며, 제대로 수행하지 않고 대충하거나, 잔머리를 굴리거나, 꼼수를 부리는 일이 없어야 한다"고 말했다.[44] 2019년 1월, 19기 중앙기율검사위원회 3차 전체회의에서 마음속에 사심없이 당 중앙의 권위를 정확하게 수호하고, 중앙지도자 동지들의 가족, 자녀, 측근, 기타 특정 관계인의 법규 위반과 관여, 부정적으로 이득을 챙기는 등의 행위에 대해, 그리고 자칭 중앙지도자 동지와 특정한 관계가 있다면서 내미는 요구를 결연히 배척해야 한다고 지적했다.[45]

　　19차 당대회 폐막 후 19기 중공중앙정치국 제1차 회의는 〈당 중앙의 집중적이고 통일적인 지도를 강화하고 수호하는 것에 관한 중공중앙정치국의 규정〉(이하 〈규정〉)을 심의했다. 회의는 다음을 강조했다. 당 중앙의 집중적이고 통일적인 지도는 공산당 지도의 최고 원칙으로 근본적인 측면에서 당과 국가의 미래 운명에 직결되고, 인민의 근본적인 이익에 직결된다. 당 중앙의 집중적이고 통일적인 지도를 강화하고 유지하는 것은 전당의 공통된 정치적 책임이며, 우선적으로는 중앙 지도부의 정치적 책임이다. 중앙정치국은 앞장서서 정치의식과 대국의식, 핵심의식, 일치의식을 수립하고, 당규약과 당내 정치생활 준칙을 엄수해야 한다. 당 중앙의 집중적이고 통일적인 지도 강화 및 수호에 관한 19차 당대회의 각종 요구 사항을 전면적으로 실행하고 시진핑 총서기를 핵심으로 하는 당 중앙의 집중적이고 통일적인 지도하에 자발적으로 직책과 업무를 수행하면서 시진핑

44　시진핑, 「당 19기 1중전회에서의 연설」 (2017년 10월 25일), 구시, 2018년 1호.

45　시진핑, 「19기 중앙기율검사위원회 3차 전체회의에서 연설, '전면적 종엄치당의 더 큰 전략적 성과 쟁취해 반부패 투쟁의 압도적인 승리를 공고히 하고 발전시켜야'를 강조」, 인민일보, 2019년 1월 12일, 1면.

　　　　　　　　전면적인 종엄치당에는 마침표가 없다

서기를 당 중앙의 핵심 및 전 당의 핵심으로 하는 지위를 단호하게 수호하고, 의지를 모아 전국 여러 민족 인민의 믿음을 고취해 '두 개 100년' 분투 목표 달성과 사회주의 현대화 강국 건설, 중화민족의 위대한 부흥인 '중국의 꿈'을 달성하는 위대한 목표를 향해 용감하게 전진해야 한다. 〈규정〉은 당 중앙의 집중적이고 통일적인 지도를 강화 및 수호하는 요구를 구체화하고, 다음과 같이 강조했다. 중앙 정치국원은 '4개 의식'을 확립하고, '4가지 자신감'을 확고히 해 중대한 문제는 주도적으로 당 중앙의 연구에 신청해 당 중앙의 결정과 배치를 성실히 이행한 다음, 이행한 중요한 진전을 즉시 보고해야 한다. 당의 간부 정책을 솔선수범해 집행하고 관할 업무와 접목해 당 중앙에 책임지고 간부를 추천해야 한다. 당에 충성하고 성실해야 하며, 당규약을 위반하는 행위, 당의 기율을 어기는 행위, 당 중앙의 집중적인 지도와 단결·통일에 해를 끼치는 언행과 자발적으로 투쟁해야 하며, 관할 부문, 분야 혹은 소재지역의 전면적인 종엄치당 책임을 충실하게 이행해야 한다. 당 중앙과 총서기에게 매년 서면으로 소관 업무를 보고해야 한다. 선전 보도에 관한 규정을 엄격하게 준수해야 한다. 중앙서기처와 중앙기율검사위원회, 전국인민대표대회 상무위원회 당조직, 국무원 당조직, 전국정협 당조직, 최고인민법원 당조직, 최고인민검찰원 당조직은 매년 당 중앙 정치국 상무위원회와 중앙정치국에 업무를 보고해야 한다. 2018년 새로 개정된 〈중국공산당 기율처분조례〉는 '총칙' 지도사상 중에 시진핑 신시대 중국 특색 사회주의 사상 및 시진핑 동지를 핵심으로 하는 당 중앙의 권위와 집중적이고 통일된 지도를 단호하게 수호한다는 내용을 삽입했다. 총칙은 요구 측면에서 당조직과 당원이 '4개 의식'을 확고하게 수립하는 규정을 추가하고, 세칙 '정치 기율' 부분에 중대한 원칙적 문제에서 당 중앙과 일치된 행위를 하지 않는 경우의 처분 규정을 명시했다. 이로써 '2개 수호'는 규범적인 요구와 강제적인 구속력을 갖게 되었다.

(3) 한결같이 당에 충성해야 한다

충성은 공산당원이 반드시 지녀야 할 품격이며, 당에 대한 충성은 당 중앙의 권위를 수호하는 구체적인 행동이다.

18차 당대회 이후 시진핑 총서기는 언제, 어떤 상황에서도 당의 지도간부는 정치적으로 안정성과 신뢰성이 있어야 하며, 당과 대중에게 충성하고 성실해야 하고, 시종일관 당 중앙과 한 마음 한 뜻으로 지휘에 복종하고 당을 위해 책임을 다해야 하며, 기회주의자와 이중인격자를 철저히 배격해야 한다고 거듭 강조했다. 2016년 12월, 중앙정치국 민주생활회에서 당에 충성하고 영원히 당을 배반하지 않는 것이 당규약에 명시된 당원에 대한 기본 요구라고 지적했다. 당에 대한 충성 문제에서 중앙정치국원은 반드시 순수해야 한다. 당에 대한 충성은 추상적인 것이 아닌 구체적인 것이고, 조건적이 아닌 무조건적인 것이며, 말로만 해서도 안 된다. 반드시 당의 신앙과 당조직, 당의 이론과 노선 방침 정책에 대한 충성에서 구현되어야 한다. 그는 "당에 대한 절대적 충성의 키포인트는 '절대' 두 글자에 있다. 즉, 유일하고, 철저하며, 무조건적인 것이고, 어떤 불순물도 섞이지 않은 것이며, 아무런 꾸밈이나 과장됨이 없는 것이다"라고 강조했다. 당에 대한 충성은 "순수해야 하고 추호의 불순물이 섞이지 않아야 하고 허위가 없어야 한다. 당에 대한 충성은 추상적이 아닌 구체적인 것이고, 조건적이 아닌 무조건적인 것이며, 말로만 해서는 안 된다"고 했다. 당에 대한 충성이 행동이 아닌 말로만 표현된다면 '거짓 충성'이다. 또 "칼자루, 총자루, 도장, 붓대, 돈자루를 쥔 동지에 대해 당에 대한 충성 측면에서 엄격하게 요구해야 한다"고 특히 강조했다.

시진핑 총서기는 당내 일부 인사들에게 존재하는 '이중인격' 문제를 예리하게 분석하고 겉과 속이 다른 '이중인격자'는 당과 인민의 사업에 미치는 폐해가 대단히 크므로 즉시 변별해 퇴출해야 한다고 강조했다. 2016년 1월, 18기 중앙기율검사위원회 6차 전체회의에서 "당내 일부 인사들이 이 부분에서 문제가 아주 심각하다는 것이 많은 사건들을 통해 드러났다. 어떤 인사는 진심으로 심신을 수양하지 않고, 신앙을 믿지 않는다. 위장에 능하고, 보여주는 것을 좋아하며, 겉과 속이 다르다. 상부를 기만하고 하부를 속이고, 언행이 다르고, 단상 위에서 하는 말과 단상 아래에서 하는 말이 다르고, 표리부동하며, 수완이 뛰어나다. 어떤 인사는 공개장소에서는 당원과 간부는 이상과 신념을 확고히 해야 한다고 하면서 자신은 뒤에서 인민이 아닌 귀신을 존중하고, 풍수를 믿고, '대사(大師)'를 믿는다. 혹자는 입으로는 흔들림 없이 부패를 척결해야 한다고 주장하면서 뒤에서는 지도간부에 관련된 문제의 단서에 대해 묻지도, 보고하지도 않는다. 어떤 인사는 입만 열면 청렴결백을 외치면서 암암리에 미친 듯이 재물을 긁어 모은다"고 지적했다. 시진핑 총서기는 2018년 7월 전국조직업무회의에서 "18차 당대회 이후 고위급 간부를 조사했는데 일부는 당과 국가 지도부의 간부임에도 당에 대한 충성에 문제가 있었다. 충성은 입으로 하거나 종이에 쓰는 것이 아닌 실제 행동으로 보여주어야 한다. 혹자는 당과 사회주의를 배반하지만 않으면 당에 대한 충성에 문제가 없다고 한다. 이는 피상적 인식이다. 업무 면에서 쉬운 일만 하고 힘든 일은 회피하며, 어렵고 힘든 지방이나 직위에서 일하는 것을 꺼려하는 간부를 당에 충성하는 간부라고 말할 수 있겠는가? 개인 관련 사항을 보고함에 있어 숨기고 근무시간 8시간 이외에는 사람을 찾을 수 없는 간부를 당에 충성하는 간부라고 할 수 있겠는가, 결정적인 순간에 이런 간부를 의지할 수 있겠는가?"라고 지적했다.

상술한 문제를 겨냥해 2013년 8월 랴오닝을 시찰하면서 "지도간부는 기풍 개선과 당성 수양 강화를 심도 있게 결합해 자발적으로 성실과 신의를 중시하며, 규칙을 알고, 기율을 지키고, 솔직담백하고 언행이 일치해야 하며, 경외심과 명확한 척도를 가져야 한다. 당과 대중에 충성하고 성실해야 하며, 단상 위나 아래에서 행동이 같아야 한다. 언제, 어떤 상황에서도 선을 넘거나 상궤를 벗어나선 안 된다"고 강조했다. 2014년 1월, 18기 중앙기율검사위원회 3차 전체회의에서 당원과 간부는 조직을 올바르게 대해야 하고, 당조직에 충성을 다하고 성실해야 한다고 강조했다. 또 당조직 앞에서 당원과 간부는 자신을 속여서도, 나오는 대로 마구 떠벌여서도 안 된다면서 당원, 간부 간에도 언행이 일치해야 하고, 진담, 진실, 속내를 이야기해야 한다고 덧붙였다. 6월, 18기 중앙정치국 제16차 집단학습 시 지도간부는 정도(正道)를 지키고, 바른 기풍을 선양해야 하고, 신념과 인격, 실천을 통한 입신양명을 견지해야 한다고 강조했다. 아울러 솔직담백하고 공명정대해야 하며, 상부와 하부에 진담, 진실, 속내를 얘기해야 한다면서 절대로 허위를 날조하거나 겉과 속이 다르게 행동해서는 안 된다고 역설했다. 2017년 10월, 19차 당대회 보고에서 "'이중인격자'와 '기회주의자'를 철저히 퇴출하라"고 주문했다. 2018년 7월, 전국조직업무회의에서 "정치적 문제는 어떤 경우 영혼 깊은 곳의 것이다. 특히 정치적으로 이중인격자

전면적인 종엄치당에는 마침표가 없다

는 강한 은폐성과 현혹성이 있어 구별해 내기가 어렵다. 하지만 발견할 수 없는 것도 아니다. 현상을 꿰뚫어 본질을 보아야 한다. 말을 듣고 행동을 보고 겉을 관찰하면서 내면을 분석하고, 정치적 충성, 정치적 집중력, 정치적 책임감, 정치적 자율을 봐야 한다. 지도간부가 제멋대로 독단적으로 행동하는 행위, 명령을 이행하지 않고 금지된 것을 멈추지 않는 행위, 상부의 정책에 대책을 마련하는 행위와 같은 각종 거짓 충성적인 사상과 행위에 맞서 싸워야만 당의 기치를 기치로, 당의 방향을 방향으로, 당의 의지를 의지로 하여 항상 정치적으로 분별력 있는 사람이 될 수 있다"고 말했다.

(4) 당의 전면적 지도를 견지하는 제도를 완비해야 한다

당 중앙의 권위와 집중적이고 통일된 지도를 수호하려면 제도적으로 당 중앙의 정책과 법령이 원활하게 소통하고, 업무가 효율적으로 이뤄지도록 보장해야 하고, 당의 전면적인 지도 우위를 발휘하여 당의 노선과 방침, 정책이 구체적으로 이행되도록 해야 한다. 그렇게 하기 위해서는 당과 국가기구를 개혁하고, 당의 전면적인 지도를 견지하는 제도를 완비해 새로운 시대 당과 국가 사업의 장기적인 발전의 요구에 부응해야 한다.

18차 당대회 이후 시진핑 총서기를 필두로 하는 당 중앙은 당과 국가기구 개혁 사업 심화에 대해 높은 중요성을 부여했다. 2013년 11월, 당 18기 3중전회가 통과시킨 〈전면적인 개혁 심화를 위한 몇 가지 중대 사안에 관한 중공중앙의 결정〉은 당과 정부, 단체의 기구 개혁을 총괄하고 부처 간 직책 관계를 정리해야 한다고 명확히 제시했다. 2015년, 시진핑 총서기는 중앙전면개혁심화지도팀에 기구 개혁 심화에 대한 조사 연구를 주문했다. 2017년 7월, 그는 당과 국가기구 개혁 심화에 대해 지시를 내리고, 전면적인 개혁 심화가 추진되면서 당과 국가기구 개혁 업무 심화를 의사일정에 상정해야 한다고 강조했다. 또 "이번의 기구 개혁은 당과 정부, 군, 단체 등 분야를 총괄적으로 고려해 중앙전면개혁심화지도팀이 연구를 주도할 수 있다. 우선적으로 심도 있는 조사를 진행하고 문제 지향적인 태도를 견지하여 각 지역과 부처, 방면의 기구 개혁에 대한 의견을 정확히 파악하고, 기구 설치에 존재하는 문제를 분명하게 파악하고 이를 바탕으로 과학적으로 방안을 작성해야 한다"고 강조했다. 시진핑 총서기는 심도 있는 조사를 바탕으로 당과 국가기구 개혁 심화에 관한 중요한 사상을 제시했는데 이를 '10가지 필수'로 요약할 수 있다. 첫째, 체제 메커니즘 면에서 당의 지도 강화에 대해 제도적 배치를 해야 한다. 둘째, 인민 중심의 발전 사상을 실천해야 한다. 셋째, 당과 정부 관계를 더욱 명확히 해야 한다. 넷째, 사회주의 시장 경제 개혁 방향을 견지해 시장이 자원배치에서 결정적인 역할을 하고 정부의 역할을 더 잘 발휘하도록 해야 한다. 다섯째, 중앙과 지방의 적극성을 충분히 발휘해야 한다. 여섯째, 국가 거버넌스 체계와 거버넌스 능력 현대화 능력 실현에 적합한 당과 국가기구 직능 체계를 구축해야 한다. 일곱째, 고도화되고 협동적이고 효율적인 기관 개혁 원칙을 견지해야 한다. 여덟째, 법치방식으로 개혁을 추진하는 것을 견지해야 한다. 아홉째, 당과 정부, 군, 단체 기관 개혁을 통합해야 한다. 열 번째, 통일과 분리, 지엽과 전반, 현재와 장기, 대소 관계를 잘 처리해야 한다. 그는 "당과 국가기구 개혁 심화에 대한 중요성과 긴박성, 당과 국가기구 개혁 심화 방안의 이행에 대해 새로운 시대적 배경에 놓고 더 높은 차원에서 인식하고 파악해야 한다"고 말했다.

19차 당대회 보고는 기관과 행정 체제 개혁을 심화하려면 각종 기구 설치를 총괄적으로 고려하고 당과 정부 부처 및 내부 설치 기구의 권력을 과학적으로 배치하고 직책을 명확히 해야 한다고 강조했다. 2017년 12월, 시진핑 총서기는 당 19기 3중전회 문건 기안팀 제1차 전체회의를 소집해 주재한 자리에서 중공중앙정치국 상무위원회 회의와 중공중앙정치국 회의 결정을 선언하였다. 당 19기 3중전회 기구 개혁 심화 문제 연구에서 시진핑 총서기는 기안팀 사령탑을 맡았다. 2018년 2월, 당 19기 3중전회 심의는 〈당과 국가기구 개혁 심화에 관한 중공중앙의 결정〉과 〈당과 국가기구 개혁 심화 방안〉을 통과시켰다. 〈당과 국가기구 개혁 심화에 관한 중공중앙의 결정〉은 큰 방향을 제시하는 것이고, 〈당과 국가기구 개혁 심화 방안〉은 구체적인 시공에 관한 것이다. 전체회의는 〈당과 국가기구 개혁 심화 방안〉의 부분적 내용을 법적 절차에 따라 13기 전인대 1차회의 심의에 상정하는 것에 동의했다.

이번 당과 국가기구 개혁은 시진핑 총서기를 필두로 한 당 중앙의 집중적이고 통일적인 지도 하에 진행된 것으로 당이 최고의 정치적 지도 역량이라는 점에 착안해 위상과 역할을 보다 더 제도화 했다. 시진핑 총서기는 기구 설치에서 당이 모든 사업을 지도하는 체제적 우월성을 발휘하여 당이 방향을 파악하고, 대국을 도모하고, 결정을 정하고, 개혁을 촉진하는 능력과 집중력을 높이고, 당과 국가기구가 직책을 이행하는 각 분야와 단계에 당의 지도를 관철 이행시키라고 주문했다. '먼저 세우고 나중에 부수고, 세우지 않으면 부수지 않는다.' 시진핑 총서기는 이를 당과 국가기구 개혁을 질서정연하게 진행하고, 각종 사업이 안정적으로 연계되도록 보장하기 위해 견지해야 할 중요한 원칙으로 삼았다. 그는 '세우기'와 '부수기'의 순서와 변증법적 관계를 잘 파악해야 한다고 강조했다. '세우기'가 '부수기' 보다 선행되어야 하고, '세우기' 전에는 성급하게 '부수지' 말아야 한다. 확실히 세워야만 더 잘 부술 수 있고, 철저히 부수어야만 세우는 데 더 나은 여건을 창출할 수 있다.

첫째, 전반적 국면에 관계된 중대한 사업의 집중적이고 통일적인 지도를 강화해야 한다. 13억이 넘는 인구를 가진 대국에서 중국공산당이 장기 집권하려면 국가, 법제, 정책과 법령, 시장을 통일해야 하고, 경제발전과 깨끗한 정치, 문화 번영, 공정한 사회, 우수한 생태를 실현해야 하며, 신시대 중국 특색 사회주의 각종 사업을 순조롭게 추진해야 한다. 또한 당의 지도를 견지하는 체제 메커니즘을 완비하고 당의 지도라는 최대 우월성을 더 잘 발휘해 위대한 투쟁을 진행하고 위대한 프로젝트를 건설하고 위대한 사업을 추진하고 위대한 꿈을 실현하는 중대한 직책을 잘 짊어져야 한다. 〈당과 국가기구 개혁 심화에 관한 중공중앙의 결정〉은 중대한 사업에 대한 당의 지도 체제와 메커니즘 구축과 완비에 대한 원칙적 요구를 제시했고, 당 중앙은 의사결정조정기관으로 중앙정치국 및 그 상무위원회 지도 하에 업무를 실시하고 중대한 업무에 대해서는 정층설계, 총체적 포석, 총괄 조정, 전체 추진의 중요한 직책을 맡는다고 명시했다. 아울러 다른 분야의 의사조정기관, 각 지역과 부처 당위원회(당조직)가 관련 체제 메커니즘을 개선하는 것에 대해서도 명확한 요구를 제시했다. 이러한 체제적 배치와 원칙적 요구는 제도적인 면에서 당 중앙의 권위와 집중적이고 통일적인 지도를 수호하는 데 도움이 되고, 당 중앙의 정책과 법령이 원활하게 소통되고 효율적인 업무가 이뤄질 수 있도록 하는데도 도움이 된다.

둘째, 동급 조직에서 당 조직의 지도 지위를 강화해야 한다. 당 조직과 기타 조직의 관계를 정리하여 동급 당 조직에서 당 조직의 지도 지위를 강화하는 것은 당의 지도가 전 범위에서 포괄적으로 이루어지도록 하는 중요한 뒷받침이다. 시진핑 총서기는 중국 정치생활에서 당은 지도적인 지위에 있으므로 당의 집중적이고 통일적인 지도를 강화해 인민대표대회, 정부, 정협과 감찰기관, 심판기관, 검찰기관, 인민단체, 기업과 사업기관, 사회조직이 직능을 이행하고 업무를 진행하고 역할을 발휘하도록 지지해야 한다고 강조했다. 이 두 측면은 통일적인 것이다. 18차 당대회 이후 중앙정치국 상무위원회가 전국인민대표대회, 국무원, 전국정협, 최고인민법원, 최고인민검찰원 당조직 업무 보고와 중앙서기처 업무보고를 청취하는 것은 중요한 제도적 배치로 자리 잡았으며, 당 전체에 중요한 시범역할을 했다. 〈당과 국가기구 개혁 심화에 관한 중공중앙의 결정〉은 국가기구, 사업기관, 단체조직, 사회조직, 기업과 기타 조직 중에 설립한 당위원회(당조직)는 설립을 승인한 당위원회의 통일적인 지도를 받아들이고 정기적으로 업무를 보고한다고 제기했다. 동시에 새로운 경제조직과 사회조직 중에 당의 조직기구를 설립해 완비하는 데 박차를 가하라고 제시했다. 이러한 제도적 결정은 전체 국면을 총괄하고 각 측을 조정하는 당의 역할을 각급의 다양한 조직에서 구현되도록 했다.

셋째, 당의 직능 부처 역할을 더 잘 발휘해야 한다. 시진핑 총서기는 당과 국가기관 개혁을 심화하고, 직책을 전환하고 최적화하는 것은 핵심이라고 강조했다. 그는 중앙전면개혁심화위원회 제1차 회의를 주재하면서 직책 개혁에서 강력한 방법을 내놓아 겉만 바꾸는 것이 아닌 환골탈태해야 하고 여러 곳에 분산되고 여러 부분으로 나뉘고 하급만 고치고 상급은 고치지 아니하고 상급만 추진하고 하급은 복지부동한 문제를 철저히 해결해 당 중앙이 명령은 지키고 금지한 것은 하지 않도록 보장하라고 주문했다. 이 요구에 도달하려면 당의 직능 부처가 역할을 제대로 발휘해 당 중앙의 정책 배치가 완수되도록 더 잘 촉진하고, 정치나 사상, 조직 면에서 당이 전면적인 지도를 실현해야 한다. 〈당과 국가기구 개혁 심화에 관한 중공중앙의 결정〉은 당의 조직부, 선전부, 통전부, 정법부, 교육부 등의 직책 배치를 최적화 하고, 직능에 맞게 조정해 전담 시스템과 전담 분야 업무를 총괄해야 한다고 말했다. 아울러 당위원회 사무기관, 당의 파출기관, 당위원회 직속사업기관의 개혁에 대해 원칙적 요구를 제시하고 각급 당위원회(당조직)은 이행 능력을 키우고 조정을 강화하며 직능을 감독해야 한다고 강조했다. 이런 규정과 요구는 당의 이론과 노선, 방침, 정책을 구체적 조치와 업무 실효로 전환하는 데 도움이 된다.

넷째, 당과 정부 기관을 총괄적으로 설치해야 한다. 시진핑 총서기는 〈당과 국가기구 개혁 심화 결정안과 방안에 관한 설명〉에서 조사연구 과정에서 발견한 현행 기구 설치와 국가 거버넌스 체계 및 거버넌스 능력 현대화 요구를 비교해 부적절한 점들을 요약했다. 당의 기구 설치가 미흡하고 당과 정부기구 직책이 중복되는 문제가 있다. 정부기구 직책이 분산되고 교차되며, 정부 직능 전환이 아직 완전하게 이루지지지 못했다. 당과 정부기구의 실제 운영에서 존재하는 이런 두드러진 문제에 대해 시진핑 총서기는 "이번 개혁의 중요한 특징은 당과 정부기구를 총괄적으로 설치한 것이다. 같은 종류의 사항은 한 부처가 총괄하고, 한 가지 일은 한 부처가 책임지는 원칙을 견지해 다원적이거나 책임 소재가 불명확하고, 책임을 회피하거나 전가하는 것을 방지했다. 정확한 포지셔닝, 합리적인 분업, 시너지를 강화하되 기구 중첩과 직능 중복, 업무가 겹치는 것을 방지하도록 당과 국가기구를 과학적으로 설정했다"고 밝혔다. 〈당과 국가기구 개혁 심화에 관한 중공중앙의 결정〉은 당의 유관 기구는 직능이 비슷하고 연결이 긴밀한 기타 부처와 통합적으로 배치할 수 있고, 합병 설립이나 합동근무를 실시할 수 있다고 명시했다. 이렇게 한 것은 통일적이고 효율적인 지도체제를 형성해 당의 집중적이고 통일적인 지도를 보장하고, 기타 기구의 협동과 연동, 효율적인 운영을 보장하며, 당의 리더십을 강화하고, 정부의 집행력을 높이고, 당과 정부의 경계를 타파하는 데 도움이 되었다.

3. 당내 정치생활을 보강하고 규범화해야 한다

18차 당대회 이후 시진핑 총서기를 핵심으로 하는 당 중앙은 당내 정치생활을 강화하고 규범화는 것에 대해 새로운 포지셔닝을 설정하고, 엄숙한 당내 정치생활은 전면적인 종엄치당의 기초라고 강조했다. 당이 당을 관리하려면 우선적으로 당내 정치생활에서부터 관리해야 한다. 종엄치당은 우선적으로 당내 정치생활에서부터 엄격해야 한다. 18차 당대회 이후, 시진핑 총서기는 엄숙한 당내 정치생활에 대한 인식을 새로운 단계로 끌어올려 '강화'와 '규범화'의 명확한 요구를 제시하고, 당내 정치생활을 엄숙히 하는 것은 전면적인 종엄치당의 근본적인 기초업무이자 당 전체의 중대한 임무라고 밝혔다.

시진핑 총서기의 주문을 관철 이행하기 위해 당 18기 6중전회는 당과 국가 사업의 발전에 입각해 중국공산당의 당내 정치생활의 역사적 경험을 총정리하고 전면적인 종엄치당이 당면한 상황과 임무를 명철하게 분석하고, 문제 지향적 태도를 견지하고, 계승과 혁신의 통일을 견지해 〈새로운 정세에서 당내 정치생활에 관한 몇 가지 준칙〉을 심의해 통과시킴으로써 새로운 정세에서 당내 정치생활을 강화하고 규범화하는 것에 대한 전면적인 배치를 통해 당내 정치생활을 엄숙하게 하고, 당내 정치 생태계를 정화하기 위한 기본적인 지침을 마련했다.

(1) 종엄치당은 당내 정치생활을 엄격히 하는 데로부터 출발한다

2016년 8월, 시진핑 총서기는 당외 인사 좌담회에서 〈새로운 정세에서 당내 정치생활에 관한 몇 가지 준칙 제정〉과 〈중국공산당 당내 감독조례(시행)〉 개정에 관한 의견과 건의를 듣는 자리에서 당내 정치생활을 강화하고 규범화하는 것은 중국공산당 자체 건설의 중요한 내용이자 전면적인 종엄치당, '삼엄삼실' 관철의 필연적인 요구라고 지적했다. 당내 정치생활을 강화하고 규범화하는 것은 중국공산당이 당을 자체적으로 관리하고, 종엄치당을 견지하는 문제 중에 마땅히 포함되어야 하는 내용이며 중국공산당의 중요한 역사적 경험이고 중국공산당이 현재 당내 정치생활에 존재하는 심각한 문제를 해결하기 위해 시급히 필요한 것이다. 엄숙한 당내 정치생활은 중국공산당이 선진성과 순결성을 유지하는 중요한 구현이고, 중요한 보장이자 중국공산당이 다른 정당과 차별화되는 선명한 징표이다. 중국공산당은 전국의 여러 민족을 이끌고 중국 특색 사회주의를 견지하고 발전시키면서 중화민족의 위대한 부흥인 '중국의 꿈'을 달성하기 위해 분투하고 있다. '4대 시련'과 '4대 위험'에 당면한 상황에서 중국공산당이 새로운 역사적 특징을 지닌 많은 위대한 투쟁에서 승리를 쟁취하려면 당내 정치생활을 강화 및 규범화하고, 자정능력과 자체적 완비, 혁신, 향상 능력을 강화하면서 선진성과 순결성을 유지하고 발전시키며, 집권 능력을 높

이고, 당 건설의 새로운 위대한 사업을 더 잘 추진해야 한다.[46]

첫째, 당내 정치생활을 엄숙히 하는 것은 당의 우수한 전통과 정치적인 우위이다. 2016년 6월, 시진핑 총서기는 18기 중앙정치국 제33차 집단학습을 주재하면서 다음과 같이 밝혔다. 당내 정치생활을 엄숙하고 성실하게 하는 것은 중국공산당의 우수한 전통이다. 중국공산당은 창당한 날부터 당내 정치생활을 매우 중시했다. 중국공산당의 지난 세월 분투 여정의 엄격하고 성실한 당내 정치생활과 건전하고 깨끗한 당내 정치 생태계는 당의 우수한 기풍을 만드는 토양이고, 당이 왕성한 생기를 발하도록 하는 동력 원천이며, 당의 선진성과 순결성을 유지하고, 당의 혁신력과 응집력, 전투력을 높이는 중요한 조건일 뿐만 아니라 당이 전국 각 민족 인민을 단합해 이끌고 역사적인 사명을 완수하는 강력한 버팀목이며, 중국공산당이 다른 마르크스주의 정당과 차별화되는 선명한 징표임을 방증하고 있다.[47] 10월, 시진핑 총서기는 당 18기 6중전회에서 "엄숙하고 성실한 당내 정치생활을 하는 것은 마르크스주의 정당으로서 우리 당이 다른 정당과 차별화되는 중요한 특징이며 중국공산당의 영광스러운 전통이다. 당내 정치생활을 엄숙하고 성실하게 하는 것은 중국공산당이 당의 성격과 취지를 고수하고, 선진성과 순결성을 유지하는 중요한 비결이며, 당내 갈등을 해소하고 문제를 해결하는 열쇠이고, 당원과 간부가 당성을 수련하는 용광

---

46 「새로운 정세에서 당내 정치 생활 준칙 제정, 〈중국공산당 당내 감독조례(시행)〉 개정에 대한 의견 수렴⋯중공중앙 당외인사 좌담회 개최, 시진핑 총서기 주재 및 연설」, 인민일보, 2016년 10월 29일, 1면.

47 「시진핑, 중앙정치국 제33차 집단학습에서 당내 정치생활을 엄숙히 하고 당내 정치생태를 정화하여 전면적 종엄치당을 위해 중요한 정치적 기반을 다져야 한다고 강조」, 인민일보, 2016년 6월 30일, 1면.

로이자 당의 기풍을 순결하게 하는 '정화장치'라는 것이 장기간의 실천을 통해 입증되었다"고 강조했다.[48]

둘째, 당내 정치생활을 엄숙히 하고, 당내 정치생태계를 정화하는 것은 전면적인 종엄치당을 추진하는 중요한 수단이자 중국공산당이 당내 자체 문제를 해결하고 자정능력과 자체적 완비, 혁신, 향상 능력을 실현하는 중요한 경로이다. 이 핵심을 잡으면 중국공산당은 민심을 더 잘 응집하고 더 건전하고 강한 정당이 될 수 있다. 2014년 1월, 시진핑 총서기는 당의 군중노선 교육실천활동 1차 결산 및 2차 배치 회의에서 당내 생활의 정치성, 원칙성, 전투성을 끊임없이 강화하고, 당내 생활의 저속화와 당내 생활 중의 자유주의, 호인주의를 단호하게 배격하며, 당원과 간부들이 매번의 당내 생활에서 깨닫는 바와 얻는 바가 있도록 해야 한다고 밝혔다.[49] 2016년 6월, 18기 중앙정치국 제33차 집단학습에서는 긍정과 부정, 두 가지 측면의 경험은 당내 정치생활이 정상적이고 건전할 때 중국공산당의 기풍이 바로서고, 단결·통일되고, 생기와 활력이 넘치면서 당의 사업이 비약적으로 발전하는 반면, 반대의 경우에는 병폐가 만연하고 민심이 흩어지며, 각종 잘못된 사상과 그릇된 노선을 즉시 바로잡지 않으면 당과 인민사업에 심각한 손실을 초래한다는 것을 알려준다[50]고 지적했다. 7월, 중국공산당 창당 95주년 기념식에서 연설을 통해 문제 지향성을 부각시키고 저속

---

48 「시진핑, 당 18기 6중전회 제2차 전체회의에서의 연설(발췌)」(2016년 10월 27일), 구시, 2017년 1호.

49 「시진핑, 당의 군중노선 교육실천활동 제1차 결산 및 제2차 배치 회의에서의 연설」(2014년 1월 20일), 당건연구(黨建研究), 2014년 2호.

50 「시진핑의 전면적 종엄치당에 관한 논술 요약집」, 중앙문헌출판사, 2016년판, 37면.

화, 임의화, 진부화, 관대함 등의 두드러진 문제를 겨냥해 당내 정치생활이라는 용광로를 달구어 당내 정치생활의 정치성, 시대성, 원칙성, 전투성을 강화하는 데 힘써야 하고, 당의 자정능력과 자체적 완비, 혁신, 향상 능력을 강화시키는 데 힘쓰고, 당의 지도력과 집권수준을 높이고, 부패와 변질 척결 및 리스크 방어 능력을 증강시키는 데 힘써야 하며, 당 중앙의 권위를 수호하고, 당의 단결과 통일을 보장하고, 당의 선진성과 순결성을 유지하는 데 힘써야 한다고 강조했다.[51]

셋째, 당내 정치생활은 당조직이 당원을 교육·관리하고, 당원이 당성을 수련하는 주요 플랫폼이다. 시진핑 총서기는 당의 정치생활을 엄숙히 하는 것과 당성을 수련하는 관계를 심오하게 설명했다. 2013년 9월, 허베이성위원회 상무위원 주제 민주생활회를 지도하면서 "당성은 엄격한 당내 생활을 단련하는 중에서 끊임없이 강화해야 한다. 당내 생활 속에서의 자유주의와 '호인주의'를 단호하게 반대해야 하고, 당성 원칙을 바탕으로 속마음을 터놓고 가까이 지낼 수 있고, 어깨를 맞대고 분투할 수 있는 진정한 단결력을 키워야 한다"고 말했다. 그는 당내 생활을 당성을 단련하고 사상적 각오를 높이는 용광로에 비유했다. 2014년 1월, 당의 군중노선 교육실천활동 1차 결산 및 2차 배치 회의에서 당내 생활은 당성을 단련하고 사상교육을 강화하는 용광로라면서 용광로에 오랫동안 불을 피우지 않거나 불을 피워도 온도가 충분하지 않으면 강철을 단련할 수 없다고 형상적으로 설명했다. 당내 생활이 한 치 느슨해지면 당원 그룹은 한 자나 흩어진다.

---

51 시진핑, 「중국공산당 창당 95주년 기념식에서의 연설」(2016년 7월 1일), 인민일보, 2016년 7월 2일, 2면.

당원과 간부는 엄격한 당내 생활에서 반복적으로 단련해야만 당성을 굳건히 해 강철을 만들 수 있다. 비판과 자아비판을 건강 수호와 병 치료의 강력한 무기로 삼고, 적극적이고 건전한 사상 투쟁을 통해 당원과 간부의 사상과 영혼을 말끔히 씻어내야 한다.[52] 10월, 당의 군중노선 교육실천활동 결산 회의에서는 다음과 같이 강조했다. 당내 정치생활에 따라 당원, 간부의 기풍이 결정된다. 지도부가 강한지, 전투력이 있는지 여부는 엄숙하고 성실한 당내 정치생활 여부와 긴밀한 연관이 있다. 지도간부가 강한지, 명망이 높은지 여부도 엄숙하고 성실한 당내 정치생활 단련 여부와 밀접한 관련이 있다.[53] 시진핑 총서기는 당내 정치생활이라는 용광로를 달구는 것은 엄숙한 당내 생활을 통해 당원과 간부가 그 어떤 것에도 파괴되지 않는 신체와 정신을 가지도록 단련하는 것이라고 거듭 역설했다.

(2) 당내 정치생활의 정치성·시대성·원칙성·전투성을 강화해야 한다

당내 정치생활을 강화하고 규범화하는 근본적인 요구는 당내에 존재하는 두드러진 갈등을 해소하고 문제를 해결해 다양한 방식의 당내 생활이 모두 실질적인 내용을 가지도록 하고, 당내 정치생활의 정치성, 시대성, 원칙성, 전투성을 강화하기 위한 것이다. 2017년 2월, 시진핑 총서기는 성부급 주요 간부의 당 18기 6중전회 정신 학습·관철 주제 세미나 개강식에서 당내 정치생활의 정치성, 시대성, 원칙성, 전투성 강화에 대해 체계적

---

52 「시진핑, 당의 군중노선 교육실천활동 제1차 결산 및 제2차 배치 회의에서의 연설」(2014년 1월 20일), 당건연구, 2014, 제2호.

53 시진핑, 「당의 군중노선 교육실천활동 결산 회의에서의 연설」(2014년 10월 8일), 인민일보, 2014년 10월 9일, 2면.

으로 설명했다. 그는 "새로운 정세에서 당내 정치생활을 강화하고 규범화하려면 당내 정치생활의 정치성, 시대성, 원칙성, 전투성을 강화하는 데 힘써야 한다"고 강조했다. 당내 정치생활의 정치성을 강화하는 것은 당내 정치생활이 확고하고 정확한 정치 방향을 파악해 당원과 간부들이 자발적으로 당 중앙의 권위를 수호하고, 당의 단결과 집중·통일을 수호하도록 이끌어야 한다. 당내 정치생활의 시대성을 강화하는 것은 당내 정치생활이 시대와 보폭을 맞추고, 시대의 목소리를 귀담아 듣고, 시대의 과제에 답하며, 당내에 나타나는 새로운 문제를 적시에 발견하고 해결함으로써 당내 정치생활이 항상 활력이 넘치도록 하는 것이다. 당내 정치생활의 원칙성을 강화하는 것은 당내 정치생활이 당의 사상원칙과 정치원칙, 조직원칙, 업무원칙을 견지해 원칙에 따라 당내 각종 관계를 처리하고, 당내 갈등을 해소하고 문제를 해결하는 것이다. 당내 정치생활의 전투성을 강화하는 것은 당내 정치생활이 선명한 기치를 내걸고 진리를 고수하고, 잘못을 수정하고, 용감하게 비판과 자아비판을 함으로써 모든 당조직이 권선징악의 전투 장벽이 되도록 하고, 모든 당원이 정의를 수호하고 불의를 제거하는 전투원이 되도록 하는 것이다.[54]

당내 정치생활의 정치성, 시대성, 원칙성, 전투성을 강화하는 것은 당내 정치생활에 존재하는 두드러진 문제에 기반한 냉철한 인식과 분명한 판단에 따른 것이다. 2016년 1월, 시진핑 총서기는 18기 중앙기율검사위원회 6차 전체회의에서 다음과 같이 지적했다. 현재 일부 지방과 부처는 올

---

54 「시진핑, 성부급 주요간부의 당 18기 6중전회 정신 학습 및 관철 주제 세미나반 개강식에서 연설, '두드러진 문제 해결을 돌파구로 삼고 당 18기 6중전회 정신 이행 추진해야'를 강조」, 인민일보, 2017년 2월 14일, 1면.

바른 기풍을 선양하지 않고, 좋지 않은 풍조를 없애지 않는다. '명시적 규칙'은 허울뿐이고, '암묵적 관행'이 판친다. 진리를 추구하고 실질적인 성과를 내는 것을 중시하며, 묵묵히 일하는 사람이 배척당하는 반면, 공을 세우기 좋아하고 명리에 급급한 사람이 물고기가 물을 만난 듯하다. 이런 풍조를 바로잡고 되돌리지 않으면 간부진에 미치는 살상력이 매우 크다.[55]

10월, 당 18기 6중전회에서 〈새로운 정세에서 당내 정치생활에 관한 몇 가지 준칙〉과 관련한 설명에서 당내 정치생활에 나타난 시급히 해결해야 할 두드러진 모순과 문제를 설명했다. 주요 내용은 다음과 같다. "일부 당원, 고위직 간부를 포함한 간부들 중에 이상과 신념이 확고하지 못하고, 당에 충성하지 않고, 기강이 해이하며, 대중과 유리되고, 독단적인 전횡을 일삼으며, 허위 날조하고, 나태하고 무기력하며, 개인주의, 분산주의, 자유주의, 호인주의, 종파주의, 파벌주의, 배금주의가 존재하고, 형식주의, 관료주의, 향락주의와 사치풍조 문제가 심각하다. 자신과 다른 사람은 배척하는 코드 인사를 비롯해 인사청탁, 매관매직, 금권선거 현상이 끊이지 않는다. 권력남용, 뇌물수수, 부패와 타락, 법률과 기율 위반 등의 현상이 만연하고 있다. 특히 고위급 간부 중 극소수는 정치적으로 야심만만하고 권력욕에 미혹돼 겉으로만 따르는 척 하면서 딴마음을 품고 작당하여 사리사욕을 꾀하고 파벌과 조직을 결성해 끼리끼리 편을 갈라 권력과 지위를 도모하는 등 정치 음모 활동을 저지른다."[56] 그는 당 18기 6중전회 제2차 전체

---

55 시진핑, 「18기 중앙기율검사위원회 제6차 전체회의에서의 연설」(2016년 1월 12일), 인민일보, 2016년 5월 3일, 2면.

56 「당 18기 6중전회 문건학습 지도 백문(百問)」, 당건설도서출판사, 학습출판사, 2016년판, 52-53면.

전면적인 종엄치당에는 마침표가 없다

회의에서 18차 당대회 이후 당내 정치생활 문제를 엄숙히 해야 한다고 거듭 강조한 것은 중국공산당이 결정적인 역사적 시기에 있는 만큼 당에서 발생한 중대한 변화와 당원과 대중 관계, 간부와 대중 관계에 나타난 새로운 상황과 문제는 우선 정치적인 면에서 전면적인 종엄치당을 잘 잡는 것이 시급하기 때문이라고 이유를 설명했다.

(3) 당내 정치생활을 강화하고 규범화하는 기본 내용

시진핑 총서기는 18차 당대회 이후 당내 정치생활의 실제 상황과 결합해 당내 정치생활을 강화하고 규범화 하는 함의와 중점에 대해 심오한 논술을 하고, 18차 당대회 이후 당내 정치생활 강화 및 규범화의 요구에 대해 체계적으로 회고했다.

2012년 11월, 시진핑 총서기는 18기 중앙정치국 제1차 회의에서 당의 조직 원칙과 당내 정치생활 준칙을 앞장서서 준수하고, 규칙을 이해하고 기율을 지켜야 한다고 강조했다. 같은 달, 그는 중국 공산당 기관지 인민일보(人民日報)에 '당규약을 진지하게 학습하고 엄격히 준수하자'는 제목으로 발표한 글에서 "당내 정치생활에 관한 당규약의 각종 규정을 엄격하게 집행하고, 과감하게 원칙을 견지하고, 용감하게 비판과 자아비판을 전개하며, 올바른 기운을 선양하고 좋지 않은 풍조를 억제하는 것에 앞장서야 한다"고 강조했다. 2013년 6월, 중앙정치국이 소집한 회의에서 중앙 8항 규정 실시 상황 조사 대조 및 기풍 개선 심화 조치를 토론하고 연구하면서 각급 당조직과 당원, 간부, 특히 주요 간부들에게 자발적으로 당규약을 준수하고, 당의 조직 원칙과 당대 정치생활 준칙에 따라 일을 처리하며, 자발적으로 당의 기율의 제약을 수용할 것을 요구하고, 어떤 개인도 조직위에 군림하는 것을 절대 용납하지 않는다면서 중앙정치국의 동지들이 우선적으로 해내야 한다고 강조했다. 2014년 10월, 당의 군중노선 교육실천 활동 결산 회의에서 종엄치당의 가장 근본은 전당 각급 조직과 전체 당원, 간부들이 모두 당내 정치생활 준칙과 당의 각항 규정에 따라 일을 처리하는 것이라고 지적했다.

시진핑 총서기는 당 고위 간부의 솔선수범을 중시하고 고위 간부는 당원으로서 당의 기준에 따라 자신에게 요구하고, 당의 앞날을 걱정하며, 당의 사업을 위해 공헌하고, 솔선수범하고 귀감이 되어야 한다고 밝혔다. 2016년 10월, 그는 당 18기 6중전회에서 〈새로운 정세에서 당내 정치생활에 관한 몇 가지 준칙〉에 관한 내용을 설명하면서 당내 정치생활을 강화하고 규범화하는 것은 고위 간부를 중점으로 해야 하며, 당의 건설을 강화하려면 지도간부, 특히 고위 간부를 잘 관리해야 한다는 점을 주로 고려해야 하고, 핵심은 중앙위원회와 중앙정치국, 중앙정치국 상무위원회 구성원을 잘 관리하는 것이라고 강조했다. 이들을 잘 관리하면 당 전체에서 귀감 역할을 할 수 있으므로 많은 일들을 잘 처리할 수 있게 된다. 따라서 당내 정치 생활을 강화하고 규범화하려면 반드시 이들부터 잘 관리하는 것에서부터 시작해야 한다. 당 18기 6중전회 제2차 전체회의에서는 고위 간부 중 중앙위원회, 중앙정치국, 중앙정치국 상무위원회 구성원이 가장 먼저 그 책임을 져야 한다고 강조했다. 그러면서 중앙 차원의 각 동지들에게 반드시 이상과 신념의 확고한 추구를 유지할 것, 당의 기본노선을 결연히 수호하고 전면적으로 관철할 것, 당 중앙의 명령을 결연히 복종하고 당 중앙의 권위를 수호할 것, 도덕수양을 강화하고, 사회주의 핵심 가치관을 모범적으로 실천할 것, 당의 정치적 기율과 정치적 규칙을 엄수할 것, 앞장서

전면적인 종엄치당에는 마침표가 없다

서 법을 배우고 준수하고 활용할 것, '4풍' 척결을 꾸준히 견지할 것, 특권 의식 및 특권적 현상과 투쟁할 것, 가풍건설을 중시하고 친인척과 측근을 잘 교육하고 관리할 것, 각 분야의 감독을 겸허하게 받아들일 것 등을 주문했다. 또 당과 국가의 번영과 발달, 장기적인 안정의 전략적인 관점에서 중앙위원회, 중앙정치국, 중앙정치국 상무위원회를 잘 건설하는 것의 중대한 의미와 중앙 차원의 당내 정치생활과 중대한 의미를 인식하고, 중앙 차원의 당내 정치생활과 당내 감독을 확실히 수행함으로써 믿고 복종할 수 있는 귀감 역할을 하고, 당 전체가 전면적인 종엄치당의 새로운 국면을 열도록 추진해야 한다고 피력했다. 2019년 1월, 19기 중앙기율검사위원회 3차 전체회의에서 고위 간부가 당내 정치생활 준칙을 집행하는 것과 관련해 추가적인 요구를 제시하고, 이러한 요구를 집행하려면 중앙정치국, 중앙위원회 구성원들이 결정적인 역할을 해야 한다면서 직위가 높을수록 당이 제시한 기준에 따라 의식적으로 자신에게 엄격하게 요구해야 하고, 강한 당성과 고상한 품격으로 당을 위해 앞장서고 귀감이 되어야 한다고 강조했다.[57]

(4) 당내 정치생활을 강화하고 규범화하는 원칙적인 요구사항

당내 정치생활을 강화하고 규범화하는 것은 당 전체에 제시한 요구이자 당 전체의 공통된 임무이다. 2014년 10월, 당의 군중노선 교육실천활동 결산 회의에서 시진핑 총서기는 새로운 상황에서 당내 정치생활을 강

---

57 「시진핑, 19기 중앙기율검사위원회 3차 전체회의에서 연설, '전면적 종엄치당에서 더 큰 전략적 성과 쟁취해 반부패 투쟁의 압도적인 승리를 공고히 하고 발전시켜야'를 강조」, 인민일보, 2019년 1월 12일, 1면.

화하고 규범화하기 위한 원칙적인 요구사항에 대해 집중적으로 설명했다.

첫째, 당내 정치생활은 정치, 원칙, 규칙을 중시해야 한다. 가장 중요한 것은 마르크스주의 정당이 다른 정당과 구별되는 본질적인 징표를 당 전체가 깊이 인식하도록 하는 것이다. 거짓말, 큰소리, 빈말을 하지 말아야 하고, 임의화, 진부화되지 말아야 하며, 오락화, 저속화 되어서는 더더욱 안 된다. 당내 상하관계, 인간관계, 업무 분위기는 단결과 조화, 순수와 건강, 올바른 기운을 선양하는 것을 강조하고, 끼리끼리 편을 갈라 계파나 파벌을 만들거나 이익집단을 결성하는 것을 용납해선 안 되며, 이익교환을 용납해서도 안 된다.

둘째, 당의 우수한 전통을 고수하고 선양해야 한다. 실사구시를 견지 및 선양하고, 이론과 실제를 연결하고, 대중과 밀착하고, 비판과 자아비판을 하고, 민주집중제 등 우수한 전통을 견지하려면 엄숙하고 성실한 당내 정치생활을 하는 데 영향을 미치는 각종 문제를 잘 해결하는데 힘쓰고, 당내 정치생활의 정치성, 원칙성, 전투성을 높이며, 당내 정치생활의 질과 수준을 높여 당내 정치생활이 진정으로 당원, 간부를 교육하고 개조하는 역할을 하도록 해야 한다. 당내에서 적극적이고 건전한 사상 투쟁을 펼쳐 당원과 간부들이 옳고 그름, 참과 거짓을 분별하고, 진리를 견지하고 잘못을 고치고, 의지를 통일하고 단결을 증진하도록 도와야 한다. 당내 정치생활을 엄숙히 하는 것은 모든 당원과 간부의 일인 만큼 모두가 역할의식과 정치적 책임을 강화해 당원으로서 당의 기준에 따라 자신에게 요구하고, 당의 앞날을 걱정하며, 당의 사업을 위해 기여하고, 당을 사랑하고, 당을 걱정하고, 당을 번창시키고, 당을 수호하는 것이 업무 생활의 각 단계에서 구현되도록 해야 하며, 당내 정치생활 원칙과 제도를 위반한 갖가지 현상과 과감히 투쟁해야 한다.

셋째, 엄숙한 당내 정치생활에 있어서는 일상화, 성실성, 세심함을 중요시 해야 한다. 당 중앙의 권위는 당 전체가 의식적으로 유지해야 하고, 자신의 전체 업무 중에서 구현되도록 해야 한다. 겉으로만 당 중앙과 같은 수준을 유지해야 한다고 외치면서 실제로는 대수롭지 않게 여기거나, 중앙의 정책과 방침을 위반하고 제멋대로 독단적으로 행동해서도 안 된다. 당내 조직과 조직, 조직과 개인, 동지와 동지, 단체 지도와 개인의 분업 직책과 같은 중요한 관계는 모두 민주집중제의 원칙에 따라 설정하고 처리해야 하며, 빠뜨리거나 위치를 바꾸거나 본말이 전도되어서는 안 된다.

시진핑 총서기가 제시한 이러한 원칙적 요구는 〈새로운 정세에서 당내 정치생활에 관한 몇 가지 준칙〉 문건의 초안 마련 과정에서 더 보강되었다. 그는 당 18기 6중전회에서 새로운 준칙에 관한 설명을 하면서 문건 초안을 마련하는 과정에서 문건 기안팀은 다음 원칙에 역점을 두었다고 설명했다.

첫째, 당의 우수한 전통과 귀중한 경험을 계승 및 선양하면서 18차 당대회 이후 당 중앙이 제시한 새로운 이념과 사상, 전략을 관철하고, 당 중앙이 전면적인 종엄치당의 새로운 경험과 조치를 추진한 것을 반영하는 데 역점을 두고 새로운 실천과 결합한 새로운 관점과 조치를 제시해 시대성과 혁신성을 구현한다. 전면적인 종엄치당 주제를 부각시키고, 당의 자정능력과 자체적 완비, 혁신, 향상 능력을 강화하고, 새로운 정세에서 당내 정치생활을 강화하고 규범화 하는 방향과 목표, 원칙, 임무, 조치를 명확하게 밝혀 엄격한 요구와 기준, 조치로 당 전체가 종엄치당 의식을 강화하고 당을 자체적으로 관리하는 책임을 이행하도록 추진한다.

둘째, 당규약을 근본 의거로 견지하면서 당규약 존숭과 관철, 수호를 강조하고 당내 정치생활에 관한 당규약의 요구 구체화, 개혁개방 이후, 특히 요 몇 년 당 중앙이 출범한 중요한 문건과 당내 법규 중 당내 정치생활, 당내 감독에 관한 유관 규정과 요구 체계화에 역점을 두어 당내 정치생활 제도화, 규범화, 절차화를 추진한다.

셋째, 문제 지향적인 태도를 견지하고 당내 정치생활에 존재하는 취약한 분야에 초점을 맞춰 당내 정치생활의 저속화, 임의화, 진부화를 해결하기 위해 이론, 사상, 제도를 중심으로 시스템을 구축하고, 권력과 책임을 중심으로 제도를 설계하는 데 역점을 둔다.

넷째, 총괄적인 조정을 견지하면서 정층설계와 체계적인 계획을 강화하고, 새로운 준칙과 과거의 준칙, 및 기타 당내 법규의 관계 처리에 역점을 두어 맥락을 같이하면서도 시대와 발맞추도록 한다. 필요성과 타당성의 통일을 견지해 정치적으로 당내 정치생활의 강화와 규범화에 대해 원칙적인 요구를 제시하면서도 문제를 겨냥해 실행가능한 조치와 방법을 제기함으로써 피상적이 되지 않도록 한다.

(5) 당내 정치생활을 강화하고 규범화하는 방법과 경로

시진핑 총서기는 전면적인 종엄치당 중에 당내 정치생활이 차지하는 중요한 지위 및 현재 존재하는 두드러진 문제에 입각하여 당내 정치생활을 엄숙히 하는 방법과 경로를 제시했다.

1) 사상교육이라는 이 근본을 잘 틀어쥐어야 한다

사상교육에 힘쓰는 것은 당내 정치생활을 전면적으로 강화하고 규범

전면적인 종엄치당에는 마침표가 없다

화하는 근본이다. 사상교육이라는 근본에 힘쓰고, 정치문화를 함양해야만 우수한 정치 생태의 토양을 기르고 당 전체의 보폭을 일치시키는 초석을 다질 수 있다.

시진핑 총서기는 당내 정치생활 중에서 사상교육의 중요한 역할을 매우 중시했다. 2013년 6월, 그는 중앙정치국 회의를 주재한 자리에서 중앙의 8항 규정 실시 상황 비교 조사 및 기풍 개선을 심화하는 조치를 토론, 연구하면서 사상교육에 착수해 '4풍'의 사상적 근원을 냉철하게 분석하여 세계관, 인생관, 가치관이라는 '메인 스위치' 문제를 잘 해결해야 하다고 지적했다. 2014년 10월, 당의 군중노선 교육실천활동 결산 회의에서 사상교육은 중점을 부각하고 당성과 도덕교육을 강화해 당원과 간부가 이상과 신념을 확고히 하고 공산당원의 정신적 추구를 견지하도록 이끌어야 한다고 밝혔다. 또 당원과 간부는 마르크스-레닌주의, 마오쩌둥 사상, 특히 중국 특색 사회주의 이론 체계를 성실히 학습하고 그 속을 관통하는 입장, 관점, 방법을 자발적으로 운용해 두뇌를 무장하고 실천을 지도하며 업무를 추진함으로써 시종일관 중국 특색 사회주의의 공통 이상을 위해 분투해야 한다고 언급했다.[58] 2016년 10월, 당 18기 6중전회 제2차 전체회의에서는 이론 무장을 꾸준히 강화하고, 당성교육 강화에 긴장의 끈을 늦추지 말며, 도덕교육을 꾸준히 강화해야 하고, 당원과 간부들에 대한 교육과 지도를 통해 그들이 신앙의 근본을 튼튼히 하고 정신적 칼슘을 보충하며 사상의 방향키를 단단히 잡고 진리, 정도, 원칙, 규칙을 고수해 큰 덕을 밝히고

---

58   시진핑, 「당의 군중노선 교육실천활동 결산 회의에서의 연설」(2014년 10월 8일), 인민일보, 2014년 10월 9일, 2면.

공중도덕을 엄격히 지키고 개인 도덕을 준수하면서 품행을 중시하고 절개를 지키며 심성을 수양해 신념, 인격, 실천으로 입신양명하도록 해야 한다고 말했다.[59]

2) 엄정한 기율이라는 이 관건을 잘 틀어쥐어야 한다

엄중한 기율은 당내 정치생활을 전면적으로 강화하고 규범화하는 관건이다. 엄중한 기율로 당내 제도 규제를 강화해야만 느슨하고 해이하며 물렁한 당 관리·통제를 엄격하고 치밀하며 강경하게 이끌 수 있다.

시진핑 총서기는 기율을 엄정하게 다스리는 것을 당내 정치생활을 강화하고 규범화하는 중요한 위치에 놓았다. 엄정한 기율은 당 전체가 의지를 결집하고 단합된 행동으로 보조를 함께 맞추어 전진하기 위한 전제조건이며, 당내 정치생활을 강화하고 규범화하기 위한 내재적인 요구 및 중요한 뒷받침이다. 2014년 10월, 당의 군중노선 교육실천활동 결산 회의에서 "기율 앞에서는 모두가 평등하므로 당내에서는 기율 규제를 받지 않는 특수 당원을 용납하지 않는다"면서 다음과 같이 밝혔다. 각급 당조직과 지도간부는 규율과 직책을 확실하게 집행하고 인정에 호소하거나 인맥, 이익사슬을 거절해야 하며, 유용한 조치를 취해 조직관리의 능률성을 높임으로써 기율 위반 문제를 즉시에 발견하고 조사, 처리해야 한다. 당내 제도 규제를 강화하고 제도의 틀을 단단히 조여야 한다. 〈새로운 정세에서 당내 정치생활에 관한 몇 가지 준칙〉정신에 따라 기존 제도의 규범을 정리

---

59 「시진핑, 당 18기 6중전회 제2차 전체회의에서의 연설(발췌)」(2016년 10월 27일), 구시, 2017년 1호.

전면적인 종엄치당에는 마침표가 없다

해 개정해야 할 것은 개정하고, 보완해야 할 것은 보완하고, 새로 만들어야 하는 것은 새로 만들어 당내 정치생활이 의거하고 준수할 법규와 규정이 있도록 해야 한다. 정치기율과 정치규범은 당의 가장 근본이자 가장 중요한 기율로 정치기율과 규범을 준수하는 것은 당의 정부 기율을 준수하는 기초다. 각급 당조직과 당원들은 자발적으로 정치기율과 규범을 준수하고, 명령은 반드시 이행하고 금지령은 필히 금지하며, 각종 위반기율의 행위를 단호하게 조사함으로써 각종 기율 규칙이 진정으로 '전기를 띤 고압선'이 되도록 하여 '깨진 유리창 이론'에서 말하는 파장이 나타나지 않도록 해야 한다. 각급 당조직은 기율과 규칙을 집행하는 주체적 책임을 지고 있는 만큼 감독과 문책을 강화해 책임을 제대로 이행하지 않는 것에 대해서는 단호하게 책임을 추궁해 느슨하고 해이하며 물렁했던 당 관리와 통제를 엄격하고 치밀하며 강경하게 이끌어야 한다.

3) 인재 선발과 등용이라는 이 인재 활용 방향을 잘 틀어쥐어야 한다

인재 채용과 임용은 당내 정치생활을 전면적으로 강화하고 규범화하는 지향점이다. 인선(人選)·용인(用人)의 방향을 잘 잡아 인재 선발과 등용에 있어서의 그릇된 풍조를 강력하게 단속해야만 인재 등용 환경에서의 깨끗함과 공정함으로 정치 생태계의 정화를 촉진할 수 있다.

시진핑 총서기는 인재 선발과 등용 업무를 매우 중요하게 여겼으며, 이를 당내 정치생활을 엄격히 하는 조직적 뒷받침으로 간주했다. 2013년 6월, 전국조직업무회의에서 "중국공산당은 어질고 유능한 인재 선발을 매우 중요하게 생각해 왔으며, 인재 선발과 등용을 당과 인민사업에 관계되는 핵심적이고 근본적인 문제로 삼아 관철해 왔다. 나라를 다스림에 있어서 으뜸은 사람을 쓰는 데 있다"고 말했다. 2016년 10월, 당 18기 6중전회 제2차 전체회의에서 그는 "인재 선발과 등용은 정치 생태계의 바로미터이며, 인사 부조리와 부패 현상은 정치 생태에 가장 심각한 폐해를 끼치므로 올바른 임용 방침은 당내 정치생활을 엄격히 하는 근본 해결책"이라고 밝혔다.

인선(人選)·용인(用人)의 방향을 잘 잡으려면 첫째, 덕과 재능을 두루 갖춘 사람을 뽑되 덕을 우선시하고, 전국 방방곡곡에서 유능한 인재를 뽑고, 신념이 확고하고, 인민을 위해 일하며, 근면성실하게 직무를 수행하고, 과감하게 책임을 지며, 청렴결백한 좋은 간부 기준을 견지하여야 하며, 정치, 품행, 기풍, 청렴결백, 이미지 관문을 엄격히 하여야 한다. 둘째, 선발과 등용에서의 그릇된 풍조를 강력하게 단속해야 한다. 인사청탁, 매관매직, 금권선거, 당에 직무나 명예, 대우를 청탁하는 행위를 철저히 금지해 인재 등용 풍토를 더욱 깨끗하게 해야 하고, '악화가 양화를 구축하는' 역도태 현상을 바로 잡아야 한다. 마지막으로 간부에 대한 엄격한 관리·감찰 제도 체계를 완비해야 한다. 선발은 엄중하게 하면서 관리는 등한시 하는 문제를 해결하고, 실수에 대한 관용·시정 제도를 마련해 간부가 일을 하는 과정, 특히 개혁, 혁신하는 과정에서 시행착오로 인해 범한 실수를 너그럽게 대하고 격려를 많이 해 주어 많은 간부들이 건전한 정신상태를 유지하고 분발하여 과감히 책임을 지도록 이끌어야 한다.

4) 조직생활이라는 이 상시적인 방식을 잘 활용해야 한다

조직생활은 당내 정치생활을 전면적으로 강화하고 규범화하는 상시적인 수단이다. 시진핑 총서기는 조직 생활이라는 상시적인 수단을 잘 활

전면적인 종엄치당에는 마침표가 없다

용해 비판과 자아비판의 양호한 기풍을 조성해야만 당조직이 당원에 대한 교육·관리·감독을 확실히 강화할 수 있다고 강조했다. 당의 조직생활은 당내 정치생활의 중요한 내용이자 매개체이며, 당조직이 당원에 대한 교육·관리·감독을 진행하는 중요한 형식이다. 그는 당내 조직생활 제도를 엄격히 이행하고, '삼회일과(三會一課)'[60] 제도를 견지해야 한다고 강조했다. 2015년 8월, 시진핑 총서기를 위시한 당 지도부 전체가 '삼엄삼실' 특별 교육 중 소재한 중공중앙판공청 기관 당위원회 직속 당지부의 조직생활회의에 일반 당원 자격으로 참가해 지부 회원들과 함께 교류하고 발언하였다. 회의가 시작되자마자 시진핑 총서기는 "지부 생활회에 참가한 우리는 모두 평등하고, 평범한 일원이다. 이는 또한 공산당원으로서의 마땅한 임무다. 공산당원이라는 칭호는 조직의 칭호이다. 조직 안의 사람은 조직생활을 해야 한다. 조직활동에 참가하지 않는 사람은 당을 떠난 사람이다"라고 말했다.[61] 2017년 8월, 그는 보통 당원의 자격으로 소재지 당지부가 '양학일주' 학습 교육 일상화 및 제도화 추진, 19차 당대회 맞이 업무 주제와 관련해 소집한 조직 생활회에 참석해 지부 동지들과 함께 대화를 나누었다. 그는 "우리의 지부 생활은 이미 관례로 굳어졌다. '삼회일과' 제도는 매우 좋은 제도이다. 우리 당은 무장투쟁 시절부터 지부는 연결선상에 건설되어야 한다고 강조했고, 싼완(三灣) 개편에서 구톈회의에 이르기까지 정치건군(政治建軍) 시작에서부터 당의 기층조직 건설을 강조했다. 우리 지부는

---

60   옮긴이 주: 당의 조직생활의 기본제도로 3회(三會)는 지부당원대회, 당지부위원회, 당소조회를 말하고, 1과(一課)는 당의 기본적인 지식교육 수업을 말함.

61   「충성스럽고 깨끗하며 책임을 감당할 수 있는 중앙판공청원이 되자—중앙판공청 '삼엄삼실' 주제 교육 실시 기록」, 인민일보, 2015년 12월 24일, 4면.

'삼회일과' 제도를 성실하게 집행했다. 중앙에서부터, 나부터 해야 하고, 위에서부터 앞장서서 이 일을 진지하게 잘 해야 한다. 여기 계신 여러분은 모두 보통의 공산당원이고, 당내 생활에서는 평등하다. 당내에서는 평등하게 조직생활을 한다. 이는 당규약을 준수하고 적격한 공산당원이 되는 기본적인 요구사항이다"라고 말했다.[62]

당내 조직생활의 질을 높이는 것에 큰 중요성을 부여한 시진핑 총서기는 각종 방식의 당내 생활은 실질적인 내용이 있도록 해야 맞춤형으로 문제를 해결할 수 있다고 강조하고 품질을 높이려면 형식에 치우치지 말아야 한다면서 하는 것이나 하지 않는 것이 별반 차이가 없다면 무의미하다고 지적했다. 2015년 12월, '삼엄삼실' 주제 교육 기간에 시진핑 총서기는 중앙정치국 주제 민주생활회를 주재하면서 중앙정치국이 앞장서서 '삼엄삼실' 요구 사항 실천을 중심으로 중앙정치국 업무, 18차 당대회 이후 중앙의 기풍 건설, 중앙의 8항 규정 집행, 친인척과 측근들을 엄격하게 교육하고 관리한 실제와 저우융캉 전 중국공산당 정치국 상무위원, 보시라이 전 충칭시 서기, 쉬차이허우 전 중앙군사위원회 부주석, 궈보슝 전 중앙군사위원회 부주석, 링지화 전 통일전선공작부장 등이 부패 혐의로 낙마한 사건의 깊은 교훈을 연계해 당성 분석을 진행하고 비판과 자아비판을 할 것을 주문했다. 중앙정치국 동지들이 차례로 발언을 하고 대조 검사를 진행했다. 시진핑 총서기는 "이런 주제 민주생활회는 중앙정치국 이전에 열린 적이 없다. 이는 한두 번 열고 그칠 것이 아니라 제도화 시켜야 한다. 이는 하는 척 흉내만 내는 것이 아니며, 부질없는 것은 더더욱 아니다"라고

62   「시진핑 국정운영을 논하다」 제2권, 외문출판사, 2017년판, 192면.

지적했다. 2016년 1월, 18기 중앙기율검사위원회 6차 전체회의에서 민주생활회의 개최에 대해 새로운 요구를 제시했다. 그는 "민주생활회는 적시에 소집해야 하고, 중요한 문제나 보편성 문제에 부딪쳐 단체 비판과 자아 비판이 필요한 경우 민주생활회를 개최해야 하며, 일을 분명하게 말하고 철저하게 토론해야 한다"[63]고 강조했다. 10월, 당 18기 6중전회에서는 '삼회일과' 제도, 민주생활회 제도, 지도간부의 이중 조직생활과 당원에 대한 민주적 의결 제도, 허심탄회한 대화 제도 등을 성실하게 이행하고 상시적인 교육과 관리, 감독을 강화해야 한다. 방법과 방식을 혁신하고, 흡인력과 감화력을 강화해 조직생활의 질과 효과를 제고해야 한다고 말했다.

5) 계승과 혁신이라는 이 중요한 일환을 잘 틀어쥐어야 한다

계승과 혁신은 당내 정치생활을 전면적으로 강화하는 중요한 일환이다. 계승과 혁신이라는 중요한 일환을 틀어쥐어야만 장기간 형성된 영광된 전통을 계승할 수 있고, 내용, 형식, 매개체, 방법, 수단 등의 분야에서 끊임없이 개진과 혁신을 단행해야만 당내 정치생활의 역할을 더 잘 발휘할 수 있다. 2016년 6월, 시진핑 총서기는 18기 중앙정치국 제33차 집단학습을 주재하면서 당내 정치생활에서 계승과 혁신의 중요한 역할을 강조하면서 "혁신을 계승하고, 당내 정치생활의 우수한 전통을 계승하고 선양하는 동시에 새로운 실제에 입각해 개진과 혁신을 끊임없이 단행하고, 새로운 경험으로 능숙하게 새로운 실천을 지도하며, 당내 정치생활의 기능과

---

63   시진핑, 「18기 중앙기율검사위원회 제6차 전체회의에서의 연설」(2016년1월 12일), 인민일보, 2016년 5월 3일, 2면.

역할을 더 잘 발휘해 청렴하고 공정한 간부, 청렴한 정부, 깨끗하고 투명한 정치 풍토를 실현함으로써 우리 당이 중국 특색 사회주의의 위대한 사업의 강건한 지도핵심이 되도록 해야 한다"[64]고 덧붙였다. 10월, 시진핑 총서기는 당 18기 6중전회에서 〈새로운 정세에서 당내 정치생활에 관한 몇 가지 준칙〉을 설명하면서 〈준칙〉 초안의 가장 뚜렷한 특징은 계승과 혁신을 유기적으로 통일한 것이라고 설명했다. 이는 공산당이 자체 건설 분야의 경험과 교훈을 강화한 것을 총정리했으며, 공산당이 장기간 실천 중에서 형성한 제도 규정과 우수한 전통을 계승하고 선양한 것이자 18차 당대회 이후 당 중앙이 전면적 종엄치당을 추진한 생동적인 실천을 전면적으로 집대성했으며, 전면적인 종엄치당의 이론과 실천 혁신 성과를 귀납했다. 또한 새로운 정세에서 당의 건설이 직면한 새로운 상황과 문제를 냉철하게 분석해 현재 당내 정치생활에 존재하는 취약 부분에 대해 명확한 조치를 제시하고, 새로운 제도적 장치를 마련함으로써 새로운 정세와 새로운 임무의 엄숙한 당내 정치생활의 요구에 부응했다.[65]

---

64 「시진핑, 중앙정치국 제33차 집단학습에서 당내 정치생활을 엄숙히 하고 당내 정치생태를 정화하여 전면적 종엄치당을 위해 중요한 정치적 기반을 다져야 한다고 강조」, 인민일보, 2016년 6월 30일, 1면.

65 「당 18기 6중전회 문건학습 지도 백문(百問)」, 당건설도서출판사, 학습출판사, 2016년판, 56면.

전면적인 종엄치당에는 마침표가 없다

4. 생동하고 활발한 정치적 분위기를 조성해야 한다

18차 당대회 이후 시진핑 동지를 위시한 당 중앙은 당의 정치 건설 강화에 대해 정층설계와 체계적인 계획을 단행하고, 정치적으로 원칙적인 요구를 제시하는 한편 존재하는 심각한 문제에 대해 실행 가능한 실천적 요구를 제시했다.

(1) 당내 정치 생태계를 정화해야 한다

시진핑 총서기는 깨끗하고 공정한 정치 생태계를 조성하는 것을 당의 정치 건설을 강화하는 기본 목표로 삼았다. 그는 당 전체 동지들에게 정치 생태계는 자연 생태계와 마찬가지로 오염되기는 쉬우나 다스리기는 쉽지 않다고 거듭 경고했다. 2013년 1월, 18기 중앙기율검사위원회 2차 전체회의에서 "업무 기풍을 개선하려면 정치 생태계를 정화하고 청렴하게 정무에 임하는 양호한 환경을 조성해야 한다"고 지적했다. 2016년 1월, 18기 중앙기율검사위원회 6차 전체회의에서 "정치 생태계가 좋으면 민심이 따르고 바른 기운이 넘치는 반면 정치 생태계가 나쁘면 민심이 흩어지고 폐해가 속출한다. 당내 정치생활에 존재하는 두드러진 문제가 당의 사상 도덕 기반을 엄중하게 침식했고, 당의 단결과 집중·통일을 엄중하게 훼손했으며, 당내 정치 생태계와 당의 이미지를 심각하게 훼손했고, 당과 인민사업의 발전에 심각한 영향을 미쳤다. 당내에 존재하는 일부 두드러진 갈등과 문제를 해결하려면 당의 사상 정치 건설을 최우선에 두고 깨끗하고 공정한 정치 생태계를 조성해야 한다"고 지적했다. 10월, 당 18기 6중전회에서 〈새로운 정세에서 당내 정치생활에 관한 몇 가지 준칙〉과 〈중국공산당 당내 감독조례〉에 관한 설명을 하면서 각 분야의 일을 잘하려면 반드시 우수한 정치 생태계가 있어야 한다고 강조했다. 정치 생태가 오염되면 정치 환경이 열악해진다. 정치 생태계가 깨끗하면 정치환경이 우수해진다. 정치 생태계는 자연생태계와 마찬가지로 조금이라도 주의를 기울이지 않으면 오염되기 쉽고, 문제가 생겨 다시 회복하려면 큰 대가를 치러야 한다. 2018년 3월, 그는 13기 전국인민대표대회 1차 회의 중칭대표단 심의에 참가한 자리에서 "깨끗하고 공정한 정치 생태계 조성은 선명한 기치를 내걸고 정치를 중시하고 당 중앙의 권위와 집중적이고 통일된 지도를 수호하는 정치적 요구이고, 깨끗한 기풍과 엄정한 기율로 전면적인 종엄치당이 종적으로 발전하도록 추진하는 절박한 필요이자 훌륭한 당풍과 정치 풍조를 조성하고 개혁 발전 목표가 순조롭게 실현되도록 보장하는 중요한 뒷받침"이라고 강조했다. 6월, 그는 19기 중앙정치국 제6차 집단학습에서 양호한 정치 생태계 조성은 장기적인 임무인 만큼 당의 정치 건설의 기초적이고 일상적인 업무로 삼아 근원을 깨끗하게 하고 숲을 함양하고 올바른 기운을 기르고 근본을 튼튼히 하도록 중단하지 않고 오래오래 공을 들여야 한다고 역설했다. 9월, 그는 동북진흥 추진 좌담회를 주재하면서 동북 지역 당의 정치 건설을 강화하고 당내 정치 생태계를 전면적으로 정화하여 깨끗하고 공정하고 사기를 드높이는 사회적 분위기를 조성해야 한다고 말했다.

18차 당대회 이후, 당 중앙은 당내 정치 생태계 정화를 가장 중요한 위치에 두었다. 수년간의 지속적인 노력 끝에 당내 정치생활에 새로운 분위기가 나타났다. 당내 정치 생태계에서 생기는 문제를 하루아침에 해결할 수 있는 것은 아닌 만큼 계속해서 성과를 확대하고 당 건설 기초 사업을 포기하지 않고 끈질기게 완수해 당 전체에서 당내 정치생활을 엄숙하고 진지하게 하도록 함으로써 청렴하고 공정한 간부, 청렴한 정부, 깨끗하고 투명한 정치가 이루어지도록 해야 한다. 1957년 7월 마오쩌둥 동지가 말한 것처럼 당 전체가 집중적이고 민주적이면서, 기율이 있고 자유로우며, 통일적인 의지가 있고 개인의 마음이 소통되는 생동적이고 활발한 정치 국면을 조성하기 위해 노력해야 한다.

(2) 당내 정치 문화를 건설해야 한다

시진핑 총서기는 당내 정치문화 건설과 선진적인 당내 정치 문화 조성에 힘쓰는 것을 새로운 정세에서 전면적인 종엄치당 추진과 당의 정치 건설을 추진하는 중요한 임무로 삼았다. 2016년 10월, 당 18기 6중전회에서 시진핑 총서기는 "당내 정치생활, 정치 생태, 정치문화는 서로 보완하면서 협력한다. 정치 문화는 정치 생태계의 영혼이고, 은연중에 정치 생태계에 영향을 미친다. 당내 정치문화 건설 강화에 주목해 충성, 성실, 공명정대, 공정, 실시구시, 분투, 청렴결백과 같은 가치관을 제창, 선양하고, 관계학, 후흑학, 처세술, '암묵적 관행'과 같은 저속하고 부패한 정치문화는 선명한 기치를 내걸고 억제하고 배격해 우수한 정치 생태계의 토양을 탄탄하게 다져야 한다"고 말했다.[66] 이는 중국공산당 전체회의 제1차에서 '당내 정치문화'를 공식적으로 언급한 것이자 당의 가치관을 최초로 제시한 것이다. 2017년 2월, 18기 중앙기율검사위원회 7차 전체회의에서 시진핑

---

66 「시진핑, 당 18기 6중전회 제2차 전체회의에서의 연설(발췌)」(2016년 10월 27일), 구시, 2017년 1호.

총서기는 당내 정치문화의 의미를 피력하고, 당내 정치문화 건설을 강화하는 구체적인 요구를 제시했다. 그는 "중국의 당내 정치문화는 마르크스주의를 지도로 하고, 중국의 우수한 전통문화를 기초로 하며, 혁명문화를 근본으로 하고, 사회주의 선진문화를 주체로 하여 중국공산당의 당성을 충분히 구현하는 문화"라고 밝히면서 지도간부는 초심을 잊지 말고 정도(正道)를 견지하고, 문화적 자신감을 확고히 해야 한다고 강조했다. 중국의 우수한 전통문화와 혁명문화, 사회주의 선진문화의 축적과 자양분이 없었더라면 신앙과 신념을 심화시키고 끝까지 추구하기 어려웠을 것이다. 당원과 간부는 인문적 소양과 정신적 경지를 끊임없이 높여 속됨을 배격하고 저속함을 멀리해야 하며, 세속에 영합하지 말아야 한다. 대신에 자신을 수양하고 언행에 신중을 기하고, 올바르지 않은 덕은 자중하고, 청렴하게 스스로를 지켜냄으로써 공산당원의 정치적 진면목을 영원히 간직해야 한다.[67] 시진핑 총서기는 19차 당대회 보고에서 "적극적이고 건전한 당내 정치문화를 발전시키고, 당내 정치 생태계를 전면적으로 정화시켜야 한다"[68]고 지적하고, "충직, 성실, 정직, 공명정대, 실사구시, 청렴결백 등의 가치관을 발양하되 개인주의, 분산주의, 자유주의, 집단이기주의, 호인주의나 종파주의, 끼리끼리만 어울리는 패거리 문화, 텃세 문화를 철저히 배척해야 한다"[69]고 강조했다. 2018년 6월, 그는 19기 중앙정치국 제6차 집단학습에

---

67 「18기 중앙기율검사위원회 역대 전체회의 문건자료 모음집」, 중국방정출판사, 2017년판, 314면.

68 시진핑, 「전면적인 샤오캉 사회 실현으로 신시대 중국 특색 사회주의의 위대한 승리 쟁취-19차 당대회에서의 보고」(2017년 10월 18일), 「19차 당대회 문건 모음집」, 인민출판사, 2017년판, 21면.

69 시진핑, 「전면적인 샤오캉 사회 실현으로 신시대 중국 특색 사회주의의 위대한 승리 쟁

서 "당내 정치 문화 건설을 강화해 당이 제창하는 모든 이상과 신념, 가치 이념, 우수한 전통이 당원과 간부 사상과 마음에 깊이 파고들도록 하고, 우수한 정치 문화로 깨끗하고 공정한 정치 생태계를 함양해야 한다"고 강조했다.[70] 2019년 1월, 그는 19기 중앙기율검사위원회 3차 전체회의에서 "지도간부, 특히 고위 간부는 새로운 정세에서 당내 정치 생활에 관한 몇 가지 준칙을 성실히 관철하고 긍정적이고 건강한 당내 정치 문화를 발전시켜야 한다"고 강조했다. 또 "당내는 건강한 당내 동지 관계를 유지하고 깨끗한 동지 관계, 정직하고 예의바른 상하 관계를 제창하되 결탁하거나 아첨하는 등 좋지 않은 풍조를 단호히 배척하여 당내 관계를 정상화시키고 깨끗해지도록 해야 한다. 건강한 업무 관계 수립에 앞장서 관리하는 공공자원을 개인이나 기관이 연줄을 대고 관계를 맺고 이득을 도모하는 데 사용되지 않도록 해야 한다"고 말했다.[71] 이런 중요한 논술은 당을 관리하고 다스림에 있어 문화의 역할을 설명한 것으로 공산당 내에서 견지해야 할 것, 반대해야 할 것, 제창해야 할 것, 배척해야 할 것을 확실하게 밝혔고, 당대 중국공산당원의 가치 경향을 예리하게 요약해 당을 강하고 번창시키는 데 강력한 가치 버팀목을 제공했다.

취-19차 당대회에서의 보고」(2017년 10월 18일), 「19차 당대회 문건 모음집」, 인민출판사, 2017년판, 50면.

70 「시진핑, 중공중앙정치국 제6차 집단학습에서 "당의 정치 건설을 당의 근본적인 건설로 삼아 당이 승리에서 승리를 향해 나아가도록 중요한 버팀목 돼야" 강조」, 인민일보, 2018년 7월 1일, 1면.

71 「시진핑, 19기 중앙기율검사위원회 3차 전체회의에서 연설, '전면적 종업치당에서 더 큰 전략적 성과 쟁취해 반부패 투쟁의 압도적인 승리를 공고히 하고 발전시켜야'」, 인민일보, 2019년 1월 12일, 1면.

(3) 정치적 각성과 정치적 능력을 제고해야 한다

시진핑 총서기는 19차 당대회 보고에서 "당 전체 동지, 특히 고위 간부는 당성 연마를 강화해 정치적 각성과 정치적 역량을 부단히 제고하고, 당에 충성하고, 당을 위해 근심을 분담하고, 당을 위해 맡은 바 직무를 다하고, 인민을 위한 복지를 근본적인 정치적 책임으로 삼아 공산당원의 정치적 진면목을 영원히 간직해야 한다"고 밝혔다. 정치적 각성과 정치적 역량 제고는 당 정치 건설의 핵심이자 당원 간부가 충실하게 실천해야 하는 정치적 요구다.

18차 당대회 이후 시진핑 동지를 위시한 당 중앙이 정치적 역량을 지도간부의 가장 중요한 능력이자 핵심능력으로 꼽은 것은 정치적 위상과 방향, 입장, 기율, 경각심, 변별력 등 여러 부분에서 구현된다. 이는 당 전체, 특히 당 고위급 간부에게 더 새롭고 더 높은 요구를 제시했다. 2013년 6월, 중앙정치국 특별회의에서 중앙정치국에게 자체 건설을 강화하고 중앙정치국의 업무 수준을 제고할 것을 주문했다. 사상적 정치 수준을 끊임없이 제고하는 것에 대해 언급하면서 중앙정치국이 강한지 아닌지, 각각의 정치국 위원이 강한지 아닌지는 우선 정치적으로 강한지를 봐야 한다고 피력했다. 중앙정치국 건설을 강화하려면 반드시 사상정치 건설을 최우선 순위에 놓고 마르크스주의 정치관으로 자신과 비교해 자신을 고치고 자신을 향상시키는 것을 견지해야 한다. 2015년 12월, 중앙정치국 '삼엄삼실' 주제 교육 및 주제 민주생활회의에서는 중앙정치국원 25명은 모두 마르크스주의 정치가가 되어야 하며, 일반적인 정치가가 아닌 수준 높은 정치가가 되어야 한다고 주문했다. 중국 특색 사회주의 사업호(號)는 중앙정치국원 25명이 방향을 잡는데 의존하고, 당과 국가의 중요한 의사결정과 배치는 중앙정치국원 25명의 총괄적인 조정에 달려 있으며, 대내외적 갈등과 리스크는 중앙정치국 조직의 대응에 달려 있다. 그는 중앙정치국원에 대한 요구를 "정치적으로 분별력 있는 사람이 되려면 정치적 역량이 강해야 하고, 사상·전략·도덕적 집중력이 특히 출중해야 거대한 풍랑의 검증을 견뎌낼 수 있다"고 요약했다. 2016년 1월, 18기 중앙기율검사위원회 6차 전체회의에서 "지도간부의 정치적 경각심과 정치적 변별력을 강화해야 한다"고 지적했다. 2017년 2월, 성부급(省部級·장차관급) 주요 간부 대상 '당 18기 6중전회 정신을 학습하고 관철하자'를 주제로 열린 세미나 개강식에서 시진핑 총서기는 "당의 고위급 간부는 정치적 역량 제고, 확고한 정치적 사상 확립, 정치 방향에 대한 정확한 파악, 확고하고 안정적인 정치적 입장, 정치기율 엄격 준수, 정치적 단련 강화, 정치적 경험 축적에 주목해 당성을 연마하는 전 과정에 자발적으로 정치를 관철시켜 자신의 정치적 역량과 맡은 바 지도직책이 걸맞도록 해야 한다"고 말했다.

19차 당대회 이후 당 19기 1중전회에서 시진핑 총서기는 정치적 각성의 요구와 정치적 역량의 의미를 개괄했다. 그는 "중앙위원회의 모든 동지는 선명한 기치를 내걸고 정치를 중시하고, 마르크스주의 정치가의 기준으로 자신에게 스스로 엄격하게 요구하고 정치적 위치를 정확하게 찾고 정치적 의식을 높이고 정치적 책임감을 강화해야 한다"고 지적하면서 정치적 역량, 특히 방향, 추세, 전반 국면을 파악하는 능력과 정치적 집중력, 정치 국면 통제, 정치적 리스크를 막는 능력에 중시해야 한다고 덧붙였다. 새로 선출된 중앙위원회 중앙위원, 후보위원 및 성부급 주요 지도간부 대상 '시진핑 신시대 중국 특색 사회주의 사상 및 19차 당대회 정신 학습·관철' 주제 세미나 개강식에서 시진핑 총서기는 중앙위원회 위원과 성부급 주요 간부들에게 '반드시 정치적으로 출중해야 한다'고 주문하고, "지도 간부는 반드시 '4개 의식'을 확립해 사상과 정치면에서 정치적 입장과 방향, 원칙, 노선을 중요시하고, 행동과 실천면에서 당 중앙의 권위를 수호하고, 당의 정치 노선을 집행하며, 당의 정치기율과 정치규범을 엄격하게 준수해야 한다"고 강조했다. 19기 중앙정치국 제6차 집단학습을 주재하면서 그는 지도간부들이 정치적 민감성과 정치적 감별력을 강화하도록 교육하고 지도해 밝은 안목을 가지고, 사태를 조기에 파악하고, 행동을 민첩하게 할 수 있도록 해야 한다고 강조했다. 또 각급 지도간부, 특히 고위 간부는 정치적 혜안을 길러 뜬구름이 시야를 가려도 두려워하지 말고 당과 인민이 부여한 정치적 책임을 확실하게 짊어지라고 주문했다. 이러한 논술은 지도간부의 정치적 각성과 역량 제고를 위해 근본적인 지침을 마련했다.

제3장

기풍을 집중하여 쇄신해야 한다

기풍 확립은 시진핑 총서기의 전면적인 종엄치당 추진에 있어서의 착안점이다. 18차 당대회 이후 당 관리와 통제는 기풍 확립에서부터 신호탄을 쏘아 올렸다. 인식 면에서 기풍 확립을 당의 생사존망에 직결되는 높은 수준으로 끌어올렸고, 내용 면에서 관료주의, 형식주의, 향락주의, 사치풍조 등 '4대 악풍'을 단호히 척결해 당의 우수한 전통과 기풍을 회복하고 고양했다. 태도 면에서 돌을 밟으면 돌에 발자국을 남기고, 쇠를 잡으면 쇠에 흔적을 남긴다는 자세로 기풍 확립에 매진했다. 조치 면에서 상부에서 솔선수범해 하부를 이끌고 중앙 8항 규정을 출범하는 것에서부터 시작해 당 전체가 중앙 8항 규정 정신을 실행하고, 사상과 업무, 지도, 간부의 생활 기풍과 학풍(學風), 문풍(文風), 회풍(會風)을 개선하고, 당풍(黨風)으로 정치 풍토와 사회 풍토의 전환을 이끌었다. 5년간의 부단한 노력 끝에 향락주의와 사치풍조가 기본적으로 근절되어 대중이 강한 불만을 제기하는 두드러진 문제들이 효과적으로 억제되었고, 그릇된 풍조의 관성이 전환되면서 기풍 확립은 당 건설의 트레이드 마크가 되었다.

　시진핑 총서기는 19차 당대회 보고에서 당의 분위기와 기강 쇄신을 꾸준히 견지하는 것과 관련해 새로운 배치를 하면서 "기풍 확립을 강화하여 당과 인민의 혈연적 연계를 긴밀히 유지하고, 대중 관념과 대중 감정을 증진해 당 집권의 대중적 기반을 깊숙이 뿌리내리고 두텁게 해야 한다. 대중이 강한 불만을 제기하는 문제는 엄숙하고 진지하게 대해야 하며, 대중의 이익을 훼손하는 행위는 철저히 바로잡아야 한다. 중앙 8항 규정 정신 시행의 성과를 공고하게 확산시키며, 지속적으로 '4풍' 문제를 바로잡고 특권 의식과 특권적 현상을 단호하게 배격해야 한다"고 강조했다.[1] 2017년 10월, 19기 중공중앙정치국 1차 회의는 중앙 8항 규정 관철 이행 관련 시행 세칙을 심의해 통과시켰다. 12월, 시진핑 총서기는 기풍 확립과 관련해 특별지시를 내리고, "'4풍' 척결은 멈출 수 없으며, 기풍 확립은 영원히 길 위에 있다"[2]고 강조했다. 이는 기풍 쇄신은 쉬지 않고 계속될 것이라는 강력한 신호를 당 전체와 사회에 내보낸 것이다.

1. 기풍은 당의 생사존망과 직결된다

당의 기풍 문제에 큰 중요성을 부여한 시진핑 총서기는 당의 생사존망의 관점에서 당 기풍 확립의 중요성을 심오하게 피력하고 "당의 기풍 문제는 당의 생사존망과 직결된다"고 말했다. 당 건설 이론 가운데 당풍(黨風)은 곧 당의 기풍이다. '작풍(作風)'은 마르크스주의 경전 작가가 최초로

---

[1] 시진핑, 「전면적인 샤오캉 사회 실현으로 신시대 중국 특색 사회주의의 위대한 승리 쟁취-19차 당대회에서의 보고」(2017년 10월 18일), 「19차 당대회 문건 모음집」, 인민출판사, 2017년판, 53면.

[2] 「시진핑, 특별지시에서 '4풍' 척결은 멈출 수 없으며, 기풍 확립은 영원히 길 위에 있다고 강조」, 인민일보, 2017년 12월 12일, 1면.

제시했다. 마오쩌둥 동지는 옌안에서 정풍운동(整風運動)[3] 시절에 당의 기풍을 '당풍'으로 약칭하고, 장기간의 분투 중 당이 형성한 우수한 기풍을 이론과 실제 연계, 대중과 긴밀히 연계, 비판과 자아비판 등 3대 기풍으로 요약했다. 시진핑 총서기는 기풍 확립의 성공적인 경험을 총정리하고, 동서고금의 역사적 교훈을 흡수한 바탕에서 기풍과 당의 장래 운명을 긴밀히 연결해 당의 기풍은 민심의 향배를 가른다고 말했다. 2014년 6월, 그는 18기 중공중앙정치국 제16차 집단학습을 주재하면서 "당의 기풍은 당의 이미지이며, 당의 생사존망과 직결된다"면서 "집권당이 기풍 확립을 중요시하지 않고 그릇된 풍조가 당을 침식하도록 내버려 둔다면 민심을 잃게 되고 정권을 상실할 위험이 있다. 중국공산당은 중국에서 장기 집권한 마르크스주의 정당으로서 기풍 문제에서만큼은 한시도 방심해서는 안 된다"고 역설했다.[4] 10월, 당의 군중노선 교육실천활동 결산 회의에서 그는 '사치가 시작될 때 멸망의 위기도 다가온다(奢靡之始, 危亡之漸)'는 북송 정치가 구양수(歐陽修)의 말을 인용해 "그릇된 풍조에서 멀어질수록 대중과의 거리는 좁아질 것이다.[5] 우리는 이를 거울로 삼아야 한다"고 경고했다. 그는 기풍 확립을 당 관리와 통제의 전략적 임무로 삼아야 한다고 강조했다. 또한 개혁이 심화되고 대외개방이 확대됨에 따라 당은 전례 없는 위험과 도전에 직면하게 될 것이므로 당의 기풍 확립을 중차대하고 시급한 과제로 배치

---

3   옮긴이 주: 중국공산당의 당내 투쟁을 효과적으로 전개하기 위하여 마오쩌둥(毛澤東)이 주창한 당원활동 쇄신운동.

4   「시진핑의 당풍·청렴정치 확립 및 반부패 투쟁에 관한 논술 요약집」, 중앙문헌출판사, 중국방정출판사, 2015년판, 8면.

5   시진핑, 「당의 군중노선 교육실천활동 결산 회의에서의 연설」(2014년 10월 8일), 인민일보, 2014년 10월 9일, 2면.

해 기풍 확립에 있어서 한 치의 느슨함이 없도록 해야 하며, 한시도 멈추어서는 안 된다고 지적했다.[6]

(1) 당과 인민과의 피와 살의 연계를 유지해야 한다

당과 인민 대중의 관계 문제에 있어 시진핑 총서기가 늘 주목하는 포커스는 기풍 확립이다. 18기 중앙기율검사위원회 2차 전체회의에서 "업무 기풍에 있어서의 문제는 절대로 작은 일이 아닌 만큼 불량한 풍조를 단호하게 퇴치하지 않고 그대로 둘 경우 보이지 않는 벽처럼 중국공산당과 인민 대중을 유리시켜 중국 공산당은 결국 뿌리와 혈맥, 힘을 잃어버리게 될 것"이라고 강조했다. 그는 당의 군중노선 교육실천활동 업무회의에서 "마르크스주의 집권당의 최대 위험은 대중으로부터 유리되는 것"이라면서 "역사와 현실은 대중과 긴밀히 연계하는 것은 당의 성격과 취지를 구현하는 것이자 중국공산당이 다른 정당과 구별되는 뚜렷한 징표이며 당을 강하고 크게 발전시키는 중요한 요인이라는 것을 알려준다. 또한 당과 인민이 혈연적 연계를 유지할 수 있는지가 당 사업의 성패를 가른다는 것을 알려 준다[7] "고 지적했다. 중국공산당 창당 95주년 기념식에서 "당의 기풍은 당과 대중의 관계 및 민심의 향배를 관찰하는 바로미터"라면서 "당의 기풍이 바르면 민심이 따르게 되어 당과 인민이 동고동락할 수 있다"[8]고 말

---

6   시진핑, 「당의 군중노선 교육실천활동 업무회의에서의 연설」(2013년 6월 18일), 당건연구, 2013년 7호.

7   상동.

8   시진핑, 「중국공산당 창당 95주년 기념식에서의 연설」(2016년 7월 1일), 인민일보, 2016년 7월 2일, 2면.

전면적인 종엄치당에는 마침표가 없다

했다. 아울러 "지도간부의 말 한 마디 행동 하나, 일거수일투족은 대중이 지켜보고 마음에 담아둔다. 간부가 대중을 생각하고 일에 몰두하면 대중은 그를 칭찬하고 지지하고 따를 것이다. 간부가 정무를 내팽개치고 교만하고 사치를 일삼고 방탕 무도하다면 대중은 그를 증오하고 배척하고 멀리할 것"[9]이라고 거듭 강조했다. 업무 기풍에 있어서의 문제는 절대 사소한 일이 아니라면서 바늘구멍으로 황소바람이 들어올 수 있다는 비유를 들어 사소한 것이라도 결코 소홀히 해선 안 된다고 지적했다. 또 "이상한 일을 만나서도 조금도 이상하지 않게 여겨선 안 되고 태연자약해서도 안 된다"고 역설하고, 대중과 유리되면 결국 패망하고 만다는 것을 비유하는 '패왕별희(覇王別姬)' 고사를 예로 들어 "당 전체의 기풍 문제가 이미 잡지 않으면 안 되는 지경에 이르렀다. 바로잡지 않으면 민심을 잃고, 정권을 상실할 위험이 있다"고 경고했다. 란카오현위원회 확대회의에서 시진핑 총서기는 '타키투스의 함정(Tacitus Trap)'에 대해 언급했다. 그는 "구로마 역사학자 타키투스는 공권력이 공신력을 잃게 되면 무엇을 발표하든, 무슨 일을 하든 사회는 부정적으로 평가한다는 이론을 제시했다.[10] 경제가 발전하고 생활수준이 높아졌다고 해서 당과 인민의 관계가 더욱 긴밀해지고, 필연적으로 긴밀해진다는 것은 아니다. 때로는 오히려 소원해지기도 하는데 우리는 물론 이 지경까지 이르지는 않았다. 하지만 존재하는 문제 역시 심각하지 않다는 건 아니므로 해결에 총력을 기울여야 한다"고 말했다. 시진핑 총서기는 기풍 확립에서 당과 인민 대중과의 피와 살의 연계 유지를 중

---

9 「시진핑의 당풍·청렴정치 확립 및 반부패 투쟁에 관한 논술 요약집」, 중앙문헌출판사, 중국방정출판사, 2015년판, 71면.

10 시진핑, 「자오위루(焦裕禄)식 현서기가 되자」, 중앙문헌출판사, 2015년판, 35면.

점으로 하여야 한다고 강조하였다. 2012년 12월, 그는 광둥 시찰업무에서 간부의 기풍 확립을 강화함에 있어서 가장 중요한 것은 당과 인민 대중과의 끈끈한 혈연적 연계라는 핵심 문제에 포커스를 맞추는 것이라고 언급했다. 그는 18기 중공중앙정치국 제16차 집단학습을 주재하면서 기풍 확립의 기본 원칙과 관련하여 마르크스주의의 대중 관점과 당의 군중노선 관철을 견지해 출발점과 지향점을 인민의 근본 이익을 잘 실현하고, 수호하고, 발전시키는 것에 귀결시켜야 하고, 인민을 위해 청렴하게 실무에 임하는 것에 귀결시켜야 한다고 강조했다. 그는 당의 군중노선 교육실천활동 업무회의에서 대중이 강한 불만을 표출하는 두드러진 문제 해결에 집중해 기풍 확립의 새로운 효과로 개혁 발전을 추진하는 긍정 에너지를 모아야 한다고 지적했다. 18차 당대회 후 당의 선진성과 순결성을 유지하는 것과 관련해 당 전체에서 당의 군중노선 교육실천활동을 실시한 목적은 많은 간부, 특히 지도간부가 대중 관점을 한층 더 강화해 대중과 유리되는 각종 문제를 해결하고, 새로운 정세에서 대중 업무를 잘 하는 능력을 높이도록 돕기 위함이다.

시진핑 총서기는 당성의 관점에서 기풍 확립의 본질을 분석했다. 기풍 문제에서 결정적인 역할을 하는 것은 당성이며, 기풍 문제는 본질적으로 당성 문제다. 당성은 본질적으로 입장 문제다. 공산당원은 문제를 생각하고 연구하는 것이나 의사 결정을 하고 일을 처리함에 있어서 당과 인민의 입장에 서야 하며, 개인의 이익을 최우선 순위에 두지 말아야 한다. 이것이 공산당원의 당성 원칙이다. 시진핑 총서기는 송나라 시대 주희가 복건 장주 임지부 시절에 썼던 "높은 지위에 있는 사람일수록 청렴결백하고 수양에 힘쓰고 늘 국가와 인민을 염두에 두어야 한다"는 내용의 대련을 인용해 공산당원, 특히 지도간부는 넓은 마음과 원대한 이상을 품고 시종일관 당과 인민, 국가를 생각하고 자발적으로 당성 원칙을 견지해야 한다[11]는 메시지를 전했다. 2013년 9월, 허베이성위원회 상무위원 주제 민주생활회에 참석해 당성의 강약을 평가하는 잣대는 '공(公)'과 '사(私)' 두 글자에 있다고 밝혔다. 어떤 지도간부는 축재하거나 승진을 도모하기 위해 인력, 물력, 재력을 투입하는 것을 아까워하지 않고 보여주기식에 그치는 전시행정이나 치적 쌓기 사업을 중구난방 벌인다. 어떤 지도간부는 능력에 관계없이 자신과 가까운 사람이나 이익이 되는 사람을 임용하는 코드 인사를 하고, 심지어는 '나를 따르는 자는 번창할 것이요, 나를 거스르는 자는 망할 것이다'를 외치며 독단적인 전횡을 일삼기도 한다. 어떤 지도간부는 권력을 이용해 사리사욕을 채우고, 뇌물을 받고 법을 어기는가 하면 자신과 소집단을 위해 사익을 챙기기도 한다. 심지어 욕심이 하늘을 찔러 채우기가 어렵고, 탐욕이 끝도 없는 지경에 이르기도 한다. 이런 행동을 하는 원인은 '사(私)' 자에 있다. 당 간부는 전심전력으로 인민을 위해 봉사하고, 성심성의껏 당과 인민의 사업을 위해 분투해야 한다. 대공무사(大公無私), 공사분명(公私分明), 선공후사(先公後私), 공이망사(公耳忘私)를 중시해야 한다. 공산당원으로서, 그리고 당의 간부로서 전심전력으로 대중을 위하고 매사 공공심에 기반해야만 올바른 시비관, 의리관, 권력관, 사업관을 가질 수 있고, 대중을 가슴에 담을 수 있을 뿐만 아니라 떳떳할 수 있으며, 권력을 신중히 사용할 수 있고, 공명정대하고 정정당당할 수 있다.

11　시진핑, 「당의 조직기율을 엄정하게 하고 조직의 기율성을 강화하라」(2014년 1월 14일), 「18차 당대회 이후 주요 문헌 선집」(상), 중앙문헌출판사, 2014년판, 766면.

(2) 청렴하고 공정한 분위기를 조성해야 한다

시진핑 총서기는 당의 기풍 확립이 정치 풍토와 사회 풍토에 시범과 견인 역할을 하는 것을 매우 중시했다. 중앙 8항 규정 출범, 중앙 8항 규정 정신 관철 및 이행, '4풍' 타파, 당의 군중노선 교육실천활동과 '삼엄삼실' 주제 교육, '양학일주' 학습 교육을 실시한 목적은 당의 기풍을 순결하게 하여 당의 기풍으로 정치 풍토를 이끌고, 사회 풍토 전환을 촉진하기 위해서였다. 그는 중앙이 8항 규정을 제정한 것은 당의 당 관리와 종엄치당을 구현해 인민 대중의 기대에 적극적으로 부응하고, 당풍과 정치 풍토, 나아가 전체 사회 풍토에 지향적인 역할을 발휘하기 위함이라고 지적했다. '4풍' 척결은 당내에 존재하는 기풍 분야의 두드러진 문제에 착수해 각 분야의 풍조 전부가 좋아지도록 추진하는 역할을 한다. 그는 당의 군중노선 교육실천활동 결산 회의에서 '4풍' 문제 해결의 연장선에서 사상 기풍과 업무기풍, 지도 기풍, 간부의 생활 기풍 개선에 힘쓰고, 학풍, 문풍, 회풍 개선에 힘써야 하며, 근본을 다스리는 업무를 강화해 당원과 간부들이 감히 좋지 않은 풍조에 물들지 못하게 해야 할 뿐만 아니라 좋지 않은 풍조에 물드는 것이 불가능하고 생각조차 못하게 함으로써 당의 기풍이 전면적으로 순결해지도록 해야 한다고 강조했다.

첫째, 깨끗하고 공정한 정치 생태계를 조성해야 한다. 18차 당대회 이후 시진핑 총서기는 '생태' 범주를 정치 분야에 적용해 당내 정치 생태계 정화와 정치 생태계 재편, 정치 생태계의 끊임없는 개선 촉진, 그리고 청렴하고 공정한 정치 생태계 조성을 위해 노력하라고 주문했다. 이를 바탕으로 정치 생태계와 사회 생태계의 관계를 설명하고, 정치 생태계 정화는 자연 생태계 복원과 마찬가지로 하루아침에 이루어지는 것이 아닌 만

전면적인 종엄치당에는 마침표가 없다

큼 종합적인 시책이 필요하고 협동해 추진해야 한다고 강조했다. 시진핑 총서기는 그릇된 풍조가 정치 생태계에 미치는 영향을 심오하게 분석했다. 그는 최근 몇 년 일부 지방과 기업에 '4풍' 문제가 갈수록 늘어나고 당 내 및 사회적으로 암묵적인 관행이 더욱 판을 치면서 정치 생태계와 사회 환경이 오염되었다고 지적했다. 그는 허난성 란카오(蘭考)현위원회 상무위원회 지도부를 대상으로 실시한 주제 민주생활회에 참석해 당내에 올바른 기풍을 고양하는 분위기를 조성해야 한다고 한층 더 지적했다. 18기 중앙기율검사위원회 3차 전체회의에서 "기풍을 다잡는 문제는 작은 승리를 모아 큰 승리로 이끌어야 한다. 작은 악이라고 해서 행해도 되는 게 아니고, 작은 선이라고 해서 행하지 않아도 되는 게 아니다. 당풍과 정치 풍토 확립을 통해 사회 풍조와 민풍(民風)을 이끌고 청렴하게 정무에 임하는 정치 생태계를 조성하기 위해 노력해야 한다"고 강조했다.

둘째, 깨끗하고 공정한 정치환경을 조성해야 한다. 시진핑 총서기는 중국공산당이 장기 집권하는 관점에서 정치풍토에 대한 당 기풍의 결정적인 역할에 대해 깊이 있는 논술을 펼쳤다. 그는 18기 중앙기율검사위원회 6차 전체회의에서 "중국공산당의 집권은 전면적인 집권이며, 입법, 법집행에서 사법에 이르기까지, 중앙 부위(部委: 부와 위원회)에서 지방, 기층에 이르기까지 모두 당의 통일된 지도를 따른다"고 말했다. 중국 공직자 중 당원 비율은 80%가 넘고, 현처급 이상 지도간부 중 당원 비율은 95%가 넘는다. 당원 지도간부 기풍의 호불호는 정치 풍토에 직접 구현된다. 아울러 정치 풍토 방면에 존재하는 심각한 문제 및 그 근원을 분석하고, 권력남용, 인재 선발 및 등용, 법 집행 등 분야에 존재하는 그릇된 기풍에 대해 피력했다. 권력남용 방면에서 많은 사실을 예로 들어 일부 간부가 수중에 조금의 권력이라도 쥐게 되면 온갖 방법으로 이득을 챙길 궁리만 한다고 지적했다. 인재 채용 방면에서 어떤 간부는 참회록에서 자신이 근무한 지방은 정치 여건이 안 좋고 특히 관료 사회의 기강이 해이하며 인사청탁이 비일비재해 다수의 사람들에게서 좋은 평가를 받지 못하는 인물이 예상을 뒤엎고 '다크호스'로 떠오르는 일이 허다했다고 기술했다. 법 집행 분야에서 사회 각계의 불만이 많은 솜방망이 처벌과 사법 불공정, 사법 부패 문제가 심각한 상황에 대해 정법기관은 평소 서민들과 접촉을 많이 하는 부처이고 대중이 당풍과 정치 풍토를 보는 거울이라고 지적했다. 시진핑 총서기는 당풍과 정치 풍토를 함께 바로잡아 당풍으로 정치 풍토를 이끌어야 한다고 강조하면서 각급 지도간부에게 기풍 확립을 강화하라고 지시했다. 2014년 6월, 그는 18기 중공중앙정치국 제16차 집단학습에서 "양호한 정치 환경을 조성함에 있어서 지도간부는 정도(正道)을 고수하고 올바른 기풍을 고양하며, 신념과 인격, 실천으로 입신(立身)하는 것을 견지해야 한다. 솔직담백하고 광명정대해야 하며, 상부와 하부에 진실과 사실을 말해야 한다. 원칙을 고수하고 규칙을 엄수하고 당 기율과 국법에 따라 일을 엄격하게 처리해야 한다. 엄정하게 기강을 잡고, 나쁜 일이나 나쁜 사람은 원수처럼 증오하며, 그릇된 풍조에 대해서는 과감하게 칼을 빼들어야 한다. 각고분투하고 청렴결백해야 하며, 권력을 올바르게 행사해야 하며, 각종 유혹 앞에서 무너지지 말아야 한다"고 지적했다. 10월, 그는 당의 군중노선 교육실천활동 결산 회의에서 각급 지도간부는 솔선수범을 통해 기풍 확립을 강화하고 양호한 정치 환경 조성에 힘써야 한다고 강조했다. 기풍 분야에 나타난 새로운 변화와 문제를 주시해 상응하는 대책과 조치를 적시에 내놓아야 하고, 상황 파악에 민감하고, 문제 해결을 미루지 않아야 하며,

전면적인 종엄치당에는 마침표가 없다

갈등 해소가 적체되지 않도록 해야 하며 또 법을 알면서 고의로 어기는 사람은 단호하게 잘못을 바로잡고, 조사 처벌해야 한다[12]고 강조했다. 2015년 3월, 그는 12기 전인대 3차 회의 지린(吉林) 대표단 심의에 참가했을 때 교육과 지도를 통해 각급 지도간부들이 바르게 서고, 원칙을 중시하며, 기율을 준수하고, 부패를 거부하며, 한 급이 다른 한 급을 이끌고, 한 급이 다른 한 급에 시범효과를 보이도록 함으로써 깨끗하고 공정한 정치 환경을 적극적으로 조성해야 한다고 말했다.

셋째, 사회 풍토를 정화해야 한다. 시진핑 총서기는 당의 기풍이 사회 풍토에 미치는 영향을 심오하게 피력하면서 일부 지방 간부의 불량한 풍조와 특권적 현상이 사회 풍토를 해치고 인민의 강한 불만을 초래한다고 지적했다. 2013년 7월, 그는 베이징군구(北京軍區) 업무보고를 받고 나서 "기층의 풍조가 나쁘면 군인들의 직접적인 이익에 해를 끼치고, 부대 건설 발전의 기초를 흔든다"면서 "사병 주변에서 발생하는 불량 행위를 바로잡는데 총력을 기울여 기층의 민감한 사무에 함부로 개입하거나 기층의 물자 경비를 중간에 가로채는 행위, 입당, 진학, 장교 진급 등에서의 비리, 자신의 직책을 이용하여 향응이나 금품을 요구하는 행위, 병사의 금품 수수나 사병의 이익을 착복하는 등의 문제는 반드시 엄정하게 조사해 처리해야 하며, 절대 관용을 베풀지 말아야 한다"고 지적했다.[13] 2014년 1월, 군중노선 교육실천활동 제1차 결산 및 제2차 배치 회의에서 "거대한 인적네트

---

12 시진핑, 「당의 군중노선 교육실천활동 결산 회의에서의 연설」(2014년 10월 8일), 인민일보, 2014년 10월 9일, 2면.

13 「시진핑의 당풍·청렴정치 확립 및 반부패 투쟁에 관한 논술 요약집」, 중앙문헌출판사, 중국방정출판사, 2015년판, 76면.

워크는 유형적인 것도 있고 무형적인 것도 있는데 많은 간부와 대중을 모두 '네트워크' 안에 집어넣어 명절이나 생일 기념, 관혼상제에 서로 왕래가 끊이질 않아 갚을 수 없는 마음의 빚을 지게 된다. 너나 할 것 없이 인맥으로 엮인 소집단이 있고, 경쟁이나 하듯 이런 소집단을 찾아 가입하고, 조직해 대인관계를 저속화시킨다. 일부 간부는 이로 인해 나쁜 길로 빠지거나 불법 범죄의 길에 들어서기도 한다. 이런 패습이 깊이 뿌리 박혀 있고 틈만 있으면 파고들어 당원과 간부에게 나쁜 영향을 미치기 쉬우므로 절대 만만히 보아서는 안 된다. 선명한 기치를 내걸고 진부한 규정과 낡은 인습, 고질적인 병폐와 싸워 당의 우수한 기풍으로 민풍과 사회 풍토를 호전시켜야 한다"고 강조했다.[14] 아울러 그는 기풍 확립의 효과 측면에서 당 기풍이 사회 풍토에 미치는 시범 효과를 피력했다. '4풍'을 철저히 척결해야 한다. 대중이 가장 관심을 가지고 있는, 가장 시급한 문제에서부터 착수하여 대중의 이익과 직결되는 문제 해결에 힘써 대중 주변의 그릇된 풍조 문제를 해결하고, 기풍 개선 효과가 기층에서 적용되도록 함으로써 대중에게 진정으로 혜택이 돌아가고, 인민 대중이 만족하는 실효를 거두도록 노력해야 한다. 제1차 교육실천활동의 중요한 단계적 성과를 평가하면서 당원과 간부들이 당성 단련을 받도록 함으로써 '4풍' 만연 추세를 잡고 사회 풍조 전체가 호전되도록 이끌었다고 자평했다. 그는 18기 중앙기율검사위원회 6차 전체회의에서 꾸준하게 '4풍'을 바로잡고, 우수한 당 기풍으로 민풍과 사회 풍토를 이끄는 것에 착안하여 진실하고 선량하고 아름다운 것

---

14   「시진핑의 당풍·청렴정치 확립 및 반부패 투쟁에 관한 논술 요약집」, 중앙문헌출판사, 중국방정출판사, 2015년판, 81-82면.

전면적인 종엄치당에는 마침표가 없다

을 고양하고, 거짓과 악, 추한 것을 근절하며, 덕을 숭상하고 선을 지향하며, 현인을 보면 롤모델로 삼아 자신도 그렇게 되기 위해 노력하는 사회적 분위기를 조성하도록 해야 한다고 말했다.

넷째, 반부패와 청렴제창 건설을 추진해야 한다. 시진핑 총서기는 그릇된 풍조를 부패 범주에 포함시키고, 기풍 확립과 반부패와 청렴제창 건설의 관계에 대해 독창적인 논술을 펼쳤다. 18기 중앙기율검사위원회 2차 전체회의에서 금품 수수와 상여금 남발, 상품 지급이나 공금으로 여행, 의형제 맺기, 선물 주고받기, 기프트카드나 소비쿠폰을 여기저기 발송하는 등등의 사례를 예로 들어 기풍 확립과 반부패의 심오한 관계를 설명했다. 사소하게 보이는 이런 일들이 대대적으로 이뤄지면서 부패를 유발하는 직접적인 원인으로 작용하며, 그 폐해는 만만치 않다. 이런 유형의 행위는 실제적으로는 권력을 이용해 사리사욕을 채우므로 필히 굳은 결심으로 해결해야 한다. 이는 중국공산당의 기풍 문제에 대한 인식을 한층 더 심화시켰고 기풍 확립 강화의 긴박성을 높였다.

(3) 확립과 타파를 병행하고 바른 기풍을 고취하고 나쁜 풍조를 근절해야 한다

기풍 확립은 타파(破·부수기)도 중요하지만 확립(立·세우기)에 더 심혈을 기울여야 한다. 시진핑 총서기는 무엇을 확립하고 무엇을 타파할 것인지를 잘 파악해야 한다고 강조했다.

첫째, 당의 우수한 기풍을 확립해야 한다. 그는 우수한 기풍이란 중국공산당이 대대로 견지해온 이론과 실제 연계, 대중과 긴밀한 연계, 비판과 자아비판 및 각고분투, 진리를 추구하고 실질적인 것에 힘쓰는 태도 등을 가리킨다고 전문 서술을 했다. 이 가운데서 가장 근본은 각고분투 정신을 견지하고 발양하는 것이다. 그는 당나라 시인 이상은(李商隱)이 쓴 시의 한 구절 '지난날의 나라와 집안을 살펴보면 성공은 근면과 검소함에서, 실패는 사치에서 말미암았다(歷覽前賢國與家, 成由勤儉破由奢)'를 인용해 각고분투 정신을 견지할 수 있는 지 여부가 당과 인민 사업의 흥망성쇠와 성패를 가르는 대사임을 설명했다. 확립의 핵심은 상시적, 세부적으로, 장기간 공을 들이는 데 있다. 여기서 '상시적'이라 함은 기풍 확립에 있어서 '항상'을 우선 위치에 두고 일상 업무와 유기적으로 융합해 일 관리는 곧 사람 관리이고, 사람 관리는 곧 사상과 기풍 관리라는 것을 실천에 옮기는 것이다. '세부적'이라 함은 간부 대중, 특히 기층 대중이 불만을 표출하는 기풍 문제에 하나하나 꼼꼼히 답하고 구체적으로 해결해 주는 것이다. '장기적'이라 함은 반복적으로 해야 한다는 것으로 작심삼일에 그치거나 집중적으로 할 때는 매서운 기세로 하다가 평소에 자유방임해서는 안 된다는 것을 말한다.

둘째, 타파는 주로 형식주의, 관료주의, 향락주의, 사치풍조 등 '4풍'을 타파하는 것을 말한다. 시진핑 총서기가 '4풍' 척결에 포커스를 맞추어 상세한 설명을 곁들인 이유는 '4풍'은 중국공산당의 성격과 취지에 위배되고, 현재 대중이 극도로 증오하고, 원성이 자자한 문제이기 때문이자 당과 간부 관계를 훼손하는 주요 근원이기 때문이다. 당내에 존재하는 다른 문제는 모두 '4풍'과 관계가 있거나, '4풍'에서 파생된 것들이다. '4풍' 문제가 해결되면 당내 다른 문제들을 해결하는 데도 더 나은 여건을 마련하게 된다.

18차 당대회 이후 공산당 중앙정치국이 우선적으로 업무 기풍 개선에 착수한 것도 이 점을 감안했기 때문이다. 타파는 개혁 심화를 통해 체제와 메커니즘 차원에서 문제를 해결함으로써 기풍 확립이 장기적으로 효과를 거두도록 보장해야 한다. 기풍 확립은 타파와 확립의 통일이다. 이는 '4풍'을 타파하는 동시에 당의 우수한 전통을 세우고, 규칙과 제도를 세워 당의 우수한 전통을 회복하는 동시에 암묵적 관행 등 그릇된 풍조를 타파한다.

2. 중앙8항규정으로부터 '4풍' 척결 시행

시진핑 총서기는 중앙 8항 규정을 출범한 초기부터 기풍 확립에 드라이브를 걸었다. 개혁개방 초기 덩샤오핑은 기풍 확립 강화를 강조하면서 "현재의 역사 전환기에 문제가 산적해 있고 처리해야 할 일들이 많은만큼 당의 지도를 강화하고 당의 기풍을 바로잡는 것은 결정적인 의미가 있다"[15]고 강조했다. 시진핑 총서기는 이 말을 반복 인용하며 18차 당대회 이후에도 기풍 확립 강화는 마찬가지로 결정적인 의미를 지닌다고 역설했다. 8항 규정은 당의 자체 관리 및 전면적인 종엄치당의 구체적인 조치이자 기풍 확립의 착안점이다. 중앙 8항 규정 정신의 관철 이행은 당의 군중노선 교육실천활동이 당 기풍 확립의 착안점에 초점을 맞춰 형식주의, 관료주의 향락주의, 사치풍조 등 '4풍' 문제를 집중적으로 해결하는 데 목적을 두고 있다.

---

15 「덩샤오핑 당풍·청렴정치 확립 및 반부패를 논함」, 중국방정출판사, 1998년판, 6면.

(1) 중앙8항규정 이행으로부터 시작되었다

2012년 11월, 18차 당대회 폐막 후 가진 내외신 기자회견에서 시진 핑 총서기는 당 전체와 전국 인민, 전 세계를 향해 "쇠를 벼리려면 자신부 터 단단해야 한다. 우리의 책임은 당 전체 동지들과 함께 당의 당 관리와 종엄치당을 견지하여 자신에게 존재하는 심각한 문제를 철저히 해결하고, 업무 기풍을 개선하며, 대중과 밀착해 우리 당이 중국 특색 사회주의사업 의 강한 지도핵심이 되도록 하는 것"이라고 선포했다.[16] 2012년 12월 4일 은 기풍 확립에 있어서 상징적인 날이다. 이날 시진핑 총서기가 주재한 공 산당 중앙정치국 회의는 '업무 기풍 개선 및 대중 밀착에 관한 8항 규정'을 심의해 통과시켰다.

8항 규정의 구체적인 내용은 다음과 같다. ① 조사연구를 개선한다. 기층에 가서 실제 상황을 깊이 있게 파악해 경험을 총괄하고, 문제를 연구 해 어려움을 해결하며, 업무를 지도해야 한다. 대중에게서 배우고, 실천을 통해 학습하며, 대중과 좌담을 많이 하고 간부들과 마음을 많이 터놓고, 의 논과 토론을 많이 하며, 대표적인 사례를 많이 분석해야 한다. ② 회의와 활동을 간소화하고, 회의 풍조를 개선한다. 중앙의 명의로 개최하는 전국 적 차원의 각종 회의와 활동을 엄격히 통제하고, 형식적인 업무 배치와 요 구를 제시하는 회의는 개최하지 않으며, 중앙의 승인을 받지 않은 각종 테 이프 커팅식, 정초식과 축하 행사, 기념식, 표창식, 박람회, 세미나 및 각종 포럼 참석을 불허한다. 회의 능률을 높이기 위해 회의는 짧게, 연설은 간략

---

16   시진핑, 「인민의 아름다운 생활에 대한 지향이 우리의 분투 목표다」(2012년 11월 15일), 「18차 당대회 이후 주요 문헌 선집」(상), 중앙문헌출판사, 2014년판, 70면.

하게 하며, 빈말, 상투어는 지양한다. ③ 문건과 보고서는 간결하게 작성하고, 문풍을 개선한다. 실질적인 내용이 담겨 있지 않은 불필요한 문건이나 토막소식은 발표하지 않는다. ④ 해외 방문 활동을 규범화 한다. 외교 업무의 전반 상황에 따라 합리적인 방문 활동을 계획해 수행인원을 엄격하게 통제하고, 교통수단 탑승은 규정에 따른다. 중국 기관, 화교와 교민, 유학생 대표 등의 공항 영접을 금지한다. ⑤ 경호업무를 개선한다. 대중과의 연계에 도움이 되는 원칙을 견지해 교통관제를 줄이며, 일반적인 상황에서는 도로나 회의장소를 봉쇄하지 않는다. ⑥ 뉴스보도를 개선한다. 중앙정치국원의 회의와 행사 참석은 업무 수요, 뉴스 가치, 사회 효과에 따라 보도 여부를 결정하며, 보도 횟수와 글자 수, 보도 시간을 한층 더 줄인다. ⑦ 원고(文稿) 발표를 엄격히 규제하고, 중앙의 통일된 발표문 이외에 개인 명의의 저서나 연설 단행본은 공개적으로 발간할 수 없으며, 축하편지와 축전 발송, 제서(題書)나 제자(題字)도 금지한다. ⑧ 근검절약을 실천한다. 청렴정치 유관 규정을 엄격하게 준수하고 주택, 차량 등 관련 업무와 생활 대우 규정을 엄격하게 집행한다.

중앙 8항 규정 발표와 더불어 종엄치당은 기강 다잡기에서부터 첫발을 내디뎠다. 통계에 따르면 18차 당대회에서 19차 당대회까지 5년간 시진핑 총서기는 51회에 걸쳐 특별지시를 내렸고, 매년 개최된 중앙 전체회의, 중앙기율검사위원회 전체회의, 중앙경제업무회의 같은 중요한 회의에서 기풍 확립에 대해 명확한 요구를 제시했다. 시진핑 총서기는 공산당 중앙정치국 상무위원회 회의 36회, 중공중앙정치국 회의 21회를 개최해 중앙 8항 규정의 철저한 집행과 기풍 확립 강화에 대해 검토하고 배치했다. 당 중앙이 실시한 당의 군중노선 교육실천활동과 '삼엄삼실' 주제 교육,

'양학일주' 학습 교육은 중앙 8항 규정 정신의 철저한 집행과 기풍 확립 해결 분야의 문제를 중점적으로 다루었다. 공산당 중앙정치국은 세 번에 걸쳐 민주생활회를 열어 중앙 8항 규정의 집행 상황을 대조 조사하고 당성 분석을 진행해 비판과 자아비판을 하면서 자체 건설과 기풍 확립을 강화하는 조치를 토론했다.[17] 19차 당대회 폐막식 후 3일째인 2017년 10월 27일 19기 공산당 중앙정치국 1차 회의는 〈중앙 8항 규정 관철 이행에 관한 공산당 중앙정치국의 실시세칙〉을 심의했다. 이는 공산당 중앙정치국의 기풍 확립을 강화하기 위한 세부적인 '규칙'을 마련함으로써 기풍 확립의 새 출발을 위한 동원령을 내린 것이자 진군 나팔을 분 것이다. 19차 당대회 이후 당의 분위기와 기강 쇄신은 중단됨이나 해이함 없이 확고하게 발전하는 추세를 보였다.

시진핑 총서기는 중앙정치국부터 솔선수범해 기풍을 확립하라고 주문했다. 또 중앙정치국이 앞장서서 자신의 태도를 개선하고, 솔선하여 자신의 기풍을 엄격하게 하라고 당부했다. 그는 "올바른 사람이 되려면 먼저 자신을 바르게 해야 하고, 자신을 바르게 해야만 올바른 사람이 될 수 있다. 중앙이 어떻게 하는지, 상부에서 어떻게 하는지, 지도간부가 어떻게 하는지 당 전체가 보고 있다"[18] 고 말했다. 이어 "중앙정치국 동지들이 앞장서서 우수한 기풍을 계승하고 선양해 나가야 한다. 민첩하게 행동하고, 언

---

17 「8항 규정, 탁한 물은 흘려보내고 맑은 물을 끌어들이는 칼-18차 당대회 이후 시진핑 총서기를 핵심으로 한 당 중앙의 8항 규정 관철 집행 및 기풍 확립 추진 종합 서술」, 인민일보, 2017년 9월 29일, 1면.

18 시진핑, 「당의 군중노선 교육실천활동 결산 회의에서의 연설」(2014년 10월 8일), 인민일보, 2014년 10월 9일, 2면.

행에 신중을 기하고, 겸손하고, 실효성을 추구해야 하며, 착실하고 또 착실해야 한다. 전당이 중앙정치국을 보고 있는 만큼 당 전체에 해야 한다고 주문하는 것은 중앙정치국이 우선적으로 실천해야 한다"[19]면서 "중앙정치국 동지는 자기 자신부터 하라"[20]고 당부했다. 중앙군사위원회 확대회의에서는 상부가 솔선수범해 기풍 확립에 힘써야 한다고 재차 강조했다. "중앙정치국 회의에서도 언급했다시피 기풍 확립은 지도간부부터 해야 하고, 지도간부는 우선 중앙 지도부부터 해야 한다. 군대는 군사위원회부터 해야 한다. 최근 군사위원회가 군 기강 정립 강화를 위한 10개 규정을 마련한 것은 군 전체에 솔선수범을 보이기 위한 것이다. 윗사람이 좋아하는 것이 있으면 아랫사람도 덩달아 좋아하고, 윗사람이 잘못하면 아랫사람도 따라 하는 법이므로 각급이 솔선수범해야 한다."[21] 공산당 중앙정치국이 8항 규정을 제정한 직후인 2013년 6월, 그는 중앙정치국 자체 건설 강화 및 중앙정치국 업무 수준 제고와 관련해 5가지를 주문했다. 그 중 네 번째인 '모범 솔선 역할 발휘' 관련 내용은 다음과 같다. "중앙정치국 동지들은 세상은 모든 사람의 것이라는 넓은 흉금으로 사심이나 잡념을 버리고 중국 인민을 위한 이익 도모를 자신의 유일한 추구로 삼아 당의 사업과 인민의 이익, 나라를 위하여 몸과 마음을 바쳐 충성해야 한다. 정확한 권력관, 지위관, 이익관 정립에 앞장서고, 자신의 언행에 신중함을 기하고 스스로를 중

---

19 「시진핑의 엄정한 당 기율과 규범에 관한 논술 요약집」, 중앙문헌출판사, 중국방정출판사, 2015년판, 98면.

20 「시진핑의 전면적 종엄치당에 관한 논술 요약집」, 중앙문헌출판사, 2016년판, 149면.

21 「시진핑의 당풍·청렴정치 확립 및 반부패 투쟁에 관한 논술 요약집」, 중앙문헌출판사, 중국방정출판사, 2015년판, 68면.

히 여기는 자중(自重), 자신의 태도나 행동을 스스로 성찰하는 자성(自省), 스스로 자신의 마음을 경계하는 자경(自警), 분발하고 힘쓰도록 자신을 독려하는 자려(自勵)를 견지해 당의 규율과 국법을 엄수하고, 제도와 절차에 따라 엄격하게 일을 처리해야 한다. 자신의 친인척과 측근을 엄격하게 관리하고, 권력을 이용해 사리사욕을 채우거나 특수화를 꾀하지 말아야 하며, 당 전체와 동지를 위하고, 당과 인민을 사랑하며, 부지런히 정무를 수행하고, 청렴하게 공무에 힘쓰는 본보기를 세워야 한다." 다섯 번째 '인민 대중과의 혈연적 연계를 유지한다'에서는 다음과 같이 주문했다. "당과 국가 정치생활의 최고위층에 있는 중앙정치국은 필히 민정(民情)을 파악하고 민심에 다가가야 한다. 당을 세워 공익에 이바지하는 것과 인민을 위한 집권을 사업 전반에서 이행하려면 당의 군중노선을 성실하게 관철하고, 인민의 주체적 지위를 고수하며, 인민의 개척정신을 발휘시키고, 인민 대중이 가장 관심을 가진 가장 직접적이고 현실적인 이익 문제 해결에 힘써 인민 대중이 실질적인 이익을 얻도록 하고, 인민 대중의 적극성과 능동성, 창조성을 충분히 동원해야 한다."

시진핑 총서기는 솔선수범하고 늘 앞장서서 중앙 8항 규정을 엄격하게 집행해 기풍 확립에서 당 전체에 본보기를 세움으로써 전국 인민에게 자신감과 역량을 전달했다. 2012년 12월, 18차 당대회 후 처음 선전(深圳)을 방문해 조사하는 기간에 시진핑 총서기는 중앙 8항 규정을 엄격하게 지켰다. 도로를 봉쇄하거나 장내를 정돈하지 않았고, 민폐를 끼치지도 않았을 뿐만 아니라 레드카펫이나 환영 현수막을 설치하지 않았고, 수행원을 대동하지도 않아 솔선수범하는 '전시효과(demonstration effect)'를 냈다. 이때부터 19차 당대회 개최 전까지 50회에 걸쳐 151일 동안 전국 각지를 다니며

전면적인 종엄치당에는 마침표가 없다

지방을 방문해 시찰 조사를 하면서 농촌, 지역사회, 공장 작업장, 항구, 부두, 변방 초소를 점검했다. 매번 시찰할 때는 차량을 간소화하고 수행인원을 축소했고, 기층에 들어가 실제 상황을 살피되 실효성을 중시했다. 28회에 걸쳐 191일간 5대주 52개국을 순방했다. 매번 순방은 수행인원을 축소하고, 빽빽한 스케줄을 소화하면서 실무적이고 효율적으로 행사에 임했으며, 중앙 8항 규정 중 외사 활동에 관한 요구를 솔선 수행했다. 또 수행원들에게 재외공관으로부터 선물을 받는 것을 엄금해 대국 정상의 무실역행과 고상한 품격을 보여주었다.

시진핑 총서기가 주재한 중앙정치국 회의에서 8항 규정을 통과시키고 시행한 목적은 엄격한 당 관리로 당이 힘들게 분투해 이룩한 우수한 전통을 계승, 발양하고, 당과 인민 대중과의 혈연적 연계를 긴밀히 하며, 당의 기풍을 근본적으로 개선함으로써 중국공산당이 한결같이 선진성과 순결성을 유지하도록 하기 위함이다. 그는 엄격한 요구를 통해 당의 자체 관리와 종엄치당을 구현하여 인민 대중의 기대에 적극적으로 부응하고, 당풍과 정치 풍토, 나아가 사회 풍토 전체에 견인 역할을 발휘하는 것이 이 분야의 규칙을 제정한 지도사상이라고 지적했다. 그는 18기 중앙기율검사위원회 6차 전체회의에서 "18차 당대회 이후 당 중앙은 당 건설 강화 방법을 논의하면서 "새 일을 맡으면 어디서부터 손을 대야 할지 모르는 문제를 해결해야 한다고 생각했다. 훗날 8항 규정에서부터 착수하기로 결정했다. 손을 댄 것은 제대로 완수하고 감당해야 한다. 음식을 먹을 때 여기 한 입 베어 먹다 저기 한 입 베어 먹지 말아야 하고, 대충 통째로 삼켜 결국에는 아무것도 소화하지 못하는 일이 없어야 한다. 우리는 기풍 확립이라는 기본 노선을 꽉 틀어쥐고 일관되게 차근차근 깊이 파고들어야 한다. 중앙정치국은 자기 자신부터 시작해 솔선수범하는 양호한 분위기를 조성해야 한다"[22]라고 지적했다. 기풍을 바로잡는 과정에서 시진핑 총서기는 '사목입신(徙木立信: 나무를 옮겨 나라의 신뢰를 세움)'의 역할을 특히 강조했다. 그는 허난성 란카오현위원회 상무위원회 확대회의에서 "우리가 '4풍'을 타파하는 것은 '사목입신'의 역할을 하므로 잡으려면 확실하게, 끝까지 잡아야 한다. 허구한 날 늑대가 왔다고 외치지 말아야 한다. 그렇게 하다 마지막에 가면 다들 꾸물거리면서 별일 아닌 듯 여겨 대충 빈둥거리며 버티다 보면 지나가겠지 라고 생각하게 된다. 앞으로 수년 해마다 이런 요구를 제시해야 하며, 그 목표는 인민을 위해 실질적인 것에 힘쓰고 청렴함을 실천하기 위해서이다"라고 말했다.[23]

중앙 8항 규정 실행은 강성이 있어야 하고 조목조목 세분화해야 한다. 시진핑 총서기는 공산당 중앙정치국 회의에서 업무 기풍 개선 및 대중과의 긴밀한 연계와 관련해 연설을 하면서 "규정은 곧 규정이다. '시행'이란 말을 붙이지 않는 건 결연한 태도를 나타내고, 이 규정이 강성이라는 것을 알리기 위함이다. '시행'이라는 말이 왠지 모르게 모호한 느낌을 주는 이유는 먼저 이 규정에 따라 해보고, 해 본 다음에 정식으로 보급하고 일이 년이 지난 후 다시 보완하기 때문"이라면서 "가장 중요한 것은 제대로 실행하는 것이다. 말한 것은 반드시 실행하고, 행하면 반드시 성과를 거두어야 한다. 우리가 말한 것은 빈말이 아니다. 말을 했으면 반드시 실천해야 하고, 문건 상에 쓴 내용은 실제적으로 이행해야 한다. 경호, 뉴스, 문건, 내

---

22   시진핑, 「18기 중앙기율검사위원회 제6차 전체회의에서의 연설」(2016년 1월 12일), 인민일보, 2016년 5월 3일, 2면.

23   시진핑, 「자오위루(焦裕祿)식 현서기가 되자」, 중앙문헌출판사, 2015년판, 37면.

238 —————　　　　　　　　　　　　　　　전면적인 종엄치당에는 마침표가 없다

사, 외사 모두가 각자의 세분화된 실행 방안이 있도록 세칙을 개선해야 한다"고 밝혔다.[24] 중앙 8항 규정을 제안한 후 각 지역 각 부처는 중앙 8항 규정 정신 이행 관련 세칙을 제정했다. 중앙 8항 규정은 중앙정치국이 앞장서서 기풍 개선의 첫 단추를 끼웠다. 중앙 8항 규정 정신 이행은 각 지역 각 부처가 기풍을 확립하는 기본 내용으로 자리잡았다. 기율 심사 단계에서 각급 기검감찰기관은 중앙 8항 규정 정신 위반 행위를 기율 심사 중점에 포함시키는 한편 감독과 기율집행 과정에서 적발한 심각한 문제와 관련해서는 각 지역과 부처에 기풍 확립 제도 조치 집행 상황에 대한 검사를 단행해 제도조치에 대해 실사구시적으로 개정 보완, 세분화, 최적화하도록 독촉하고, 조작과 검사가 가능하도록 하되 할 수 없는 것은 차라리 (개정 내용에) 쓰지 말라고 주문했다. 2017년 9월까지 11개 성·자치구·시, 97개 중앙과 국가기관, 73개 중앙기업과 금융기관 당위원회(당조직)가 중앙 8항 규정 정신 이행 시행방법을 개정한 것으로 집계됐다.

18차 당대회 이후, 중앙 8항 규정 정신 이행 관련 부속제도 마련이 진행되면서 기풍 확립의 제도적 울타리가 갈수록 단단해졌다. 중앙 8항 규정 출범 후 중앙과 유관부처는 당과 국가 지도자의 업무와 생활대우, 절약 실천과 낭비 배격, 국내 공무 접대 기준 등에 대해 명확한 규범을 만들었다. 또 〈당과 정부 기관 절약 실천 및 낭비 배격 조례〉, 〈당과 정부 기관 청사와 부속건물 신축 및 사무실 정리에 관한 통지〉, 〈당과 정부 기관 국내 공무 접대 관리규정〉, 〈공무로 인한 임시 출국 경비 관리 방법〉, 〈공무용 차

24   「시진핑의 당풍·청렴정치 확립 및 반부패 투쟁에 관한 논술 요약집」, 중앙문헌출판사, 중국방정출판사, 2015년판, 68면.

량 제도 개혁 전면 추진에 관한 지도의견〉 등 60여 조항의 중요한 당내 법규를 출범, 중앙 8항 규정 정신에 대해 세분화 및 심화를 진행해 사치낭비 풍조를 원천적으로 근절했다. 아울러 중앙 8항 규정 정신을 당내 법규제도 차원으로 승격시켜 〈중국공산당 청렴자율준칙〉, 〈중국공산당 기율처분조례〉 등을 당내 법규에 포함시켰다. 2016년 1월부터 시행된 〈중국공산당 청렴자율준칙〉은 당의 우수한 전통과 기풍을 계승하고 고양시킬 것과 자발적으로 고상한 도덕적 정조를 함양하고, 중화민족의 전통미덕 선양을 위해 노력하고 청렴자율을 추구하며 감독을 받고 당의 선진성과 순결성을 영원히 유지해야 한다고 적시했다. 2016년 1월 1일부터 시행된 〈중국공산당 기율처분조례〉 제99조는 공무 접대 관리규정을 위반하고 기준과 규범을 벗어나 접대를 하거나 이를 기회를 먹고 마시는 행위에 대한 처분을 명확하게 규정했다. 제100조는 공무용 차량 비치, 구매, 교체, 장식, 사용 관련 규정 위반 혹은 기타 공무용차량 관리 규정을 위반하는 행위의 처분에 대해 규정했다. 제101조는 회의활동 관리규정 위반에서 회의 개최를 금지한 명승지에서 회의를 열거나, 각종 형식의 행사나 축제, 기념식 개최 결정이나 승인 및 무단으로 목표도달 평가 관련 표창행사를 개최하거나 이런 표창 행사를 핑계로 비용을 수취하는 행위의 처분에 대해 명확하게 규정했다. 제102조는 사무실 관리규정 위반 행위의 처분에 대해 명문화했다. 2016년 7월, 직책을 이행하지 않거나 부정확하게 이행하여 '중앙 8항 규정 정신 미이행 및 기풍 건설이 형식적으로 이루어진' 문제를 야기한 당조직과 당 지도간부에 대한 문책 규정을 〈중국공산당 문책조례〉에 포함시켰다. 이런 제도적 규정은 각 당원과 간부의 마음속에 중앙8항 규정 정신과 당의 우수한 전통, 기풍이 깊숙이 뿌리 내리도록 만들었다.

전면적인 종엄치당에는 마침표가 없다

18차 당대회와 중앙 8항 규정 출범 후, 그리고 당의 군중노선 교육실천활동 개최 후에도 공공연히 기율을 위반하는 간부를 단호하게 조사해 처벌했다. 18차 당대회 이후 2018년 10월 31일까지 각급 기검감찰기관은 중앙 8항 규정 정신 위반사례 25만4천808건을 적발해 당원과 간부 34만9천552명을 처벌했고, 20만6천428명에게 당 기율 처분과 행정처분을 내렸다. 기율 위반 사례는 2013년부터 2018년까지 각각 42.1%, 17.1%, 14.6%, 11.9%, 10.3%, 4.0%를 차지해 '4풍' 관련 문제가 해마다 크게 줄어드는 추세를 보여 '4풍'이 두드러지는 문제를 기본적으로 잡았다. 전형적인 문제에 대한 통보 공개를 강화했다. 2018년 11월말 기준 중앙기율검사위원회는 40회에 걸쳐 230건의 전형적인 문제를 통보, 공개함으로써 강력하게 경고해 억제력을 형성했다. 각급 기검감찰기관은 '4풍' 척결 업무 미흡에 대해 엄중하게 문책했다. 2015년, 2016년, 2017년, 2018년 1월~10월 전국 관할범위 내에서 발생한 중앙 8항 규정 정신 위반 문제로 인해 주체적 책임과 감독책임을 추궁 당한 지도간부는 각각 6천10여 명, 6천770여 명, 9천240여 명, 8천850여 명으로 매년 상승하는 추세를 보였다. 이는 문책 강도가 끊임없이 확대되었다는 것을 보여주는 것이자[25] 기율 집행 수위가 갈수록 엄격해지고 있다는 강한 시그널을 내보냄과 동시에 중앙 8항 규정 정신 위반 문제가 효과적으로 억제되었음을 보여준다.

25　「심오한 기풍의 변화–중앙 8항 규정 출범 6주년을 맞아」, 중국기검감찰보, 2018년 12월 4일, 1면.

(2) '4풍'을 단호히 반대하였다

기풍 확립의 목표는 당의 성격과 취지를 위반한 심각한 문제를 해결하기 위함이다. 이는 형식주의, 관료주의, 향락주의, 사치풍조 등 4대 악풍 척결에서 구체적으로 이행되었다. 2013년 6월, 당의 군중노선 교육실천활동은 중앙 8항 규정 정신 관철 이행을 착안점으로 삼고, 주요 임무를 기풍 확립에 초점을 맞춰 형식주의와 관료주의, 향락주의, 사치풍조 등 '4풍' 문제 해결에 집중했다. 2015년 4월, 중앙판공청은 '삼엄삼실' 주제 교육 실시에 대해 안배하고 기풍이 엄격하지 않고 실제적이지 않은 문제를 중점적으로 해결하는 내용을 골자로 한 〈현처급 이상 지도간부 중 '삼엄삼실' 주제 교육 실시에 관한 교육방안〉을 발표했다. 19차 당대회에서 새로 개정한 당규약 제6장 제36조는 "형식주의와 관료주의, 향락주의, 사치풍조 척결"을 당 지도간부가 반드시 구비해야 할 기본적인 조건이라고 명시했다.

1) '4풍' 문제의 주요 표출

시진핑 총서기는 '4풍' 문제의 표출에 대해 상세하게 설명했다. 2013년 6월, 당의 군중노선 교육실천활동 업무회의에서 당원 간부를 동원하는 기풍의 폐단과 행위 악습에 대해 대대적인 조사와 점검, 일소를 단행해 대중이 강한 불만을 제기하는 두드러진 문제를 철저히 해결했다.

형식주의는 주로 앎과 행동의 불일치, 실효성 무시, 잡다한 서류와 빈번한 회의, 겉만 번지르르하거나 헛된 명성을 추구하는 행위, 허위로 날조하는 등의 행위로 표출된다. 혹자는 당의 이론과 업무 수행에 필요한 지식을 열심히 배우지 않거나, 배웠다 해도 상황에 임기응변으로 대처하기 위함이거나 수박 겉핥기식, 피상적인 것에 그치고 실천 중에 진지하게 활용할 의지도 없거니와 능력도 없다. 혹자는 회의를 위한 회의, 서류를 위한 서류에 습관이 되었거나, 허장성세, 앞에 나서서 존재감을 드러내는 데 열중하고, 지도자를 출장 연설에 동원해 조직적으로 뉴스를 발표하고 텔레비전에 등장하는 것을 최대의 중요한 일로 삼으면서 업무는 흐지부지 끝내기 일쑤다. 혹자는 업무의 실효성은 중요시하지 않고 갈등 해소와 문제 해결에 힘쓰지 않으며, 상사에게 인상을 남기기 어려운 일이나 영향력을 키우는 일이 아니면 하지 않고, 업무 보고서나 연말 결산에서 생색이 나지 않는 일은 하지 않는다. 겉치레 의식이나 결산, 표창 등이 줄지어 열리고 있으나 결국 모든 것이 사실과 다르게 과장되고 허위로 날조된 '크리쿤'[26]에 불과하다. 혹자는 기층에 내려가 주마간산(走馬看山)격 조사를 한다. 내려가는 목적은 사진이나 눈도장을 찍기 위한 것으로 차 안에 앉아 한 바퀴 휙 둘러보면서 유리창 너머로 '겉모습'과 '창문'만 보고 '뒤뜰'이나 '구석진 곳'은 살펴보지 않는다. 이를 두고 대중은 "조사 연구는 종잇장에 가려지고, 정책 집행은 산에 가로막힌다"는 말로 조사 연구에서의 작은 차이가 정책 집행에 있어서 큰 차이를 내는 것을 빗대어 말한다. 일부 당 간부는 보고서에 올라온 정보와 데이터, 사례가 거짓이라는 것을 번연히 알면서도 이를 방치하고, 심지어 갖은 궁리를 짜내 허위로 꾸며 태평성세인 것처럼 은폐한다.

관료주의는 주로 현실과 대중에게서 이탈해 고압적인 자세로 군림하면서 현실을 무시하는 현상과 유아독존, 자아 부풀리기 현상 등으로 표출

---

26   옮긴이 주: 구소련의 희곡작가 코르네이추크의 희곡「전선」(1942년)에 등장하는 거짓말쟁이 신문기자.

된다. 혹자는 실제 상황을 알지 못하고 관심을 갖지도 않으며, 어렵고 힘든 지역에 가거나 기층과 대중을 도와 실제적인 문제를 해결하려 들지 않는다. 심지어 자신에게 귀찮은 일이 생길까 싶어 몸을 사리면서 기층이나 일반 대중과 상대하길 꺼린다. 업무적으로는 적당히 얼버무려 책임을 회피하고, 자신의 일을 남에게 미루거나 어영부영 대충 시간을 때운다. 혹자는 지방의 실제 상황과 주민의 의사는 무시한 채 주관적인 판단으로 결정을 내리고, 자신이 장담한다고 큰소리치면서 맹목적으로 일을 벌이거나 프로젝트에 손을 댔다가 꽁무니를 내뺀 후유증을 남기기도 한다. 윗사람에게는 아부하고 온갖 비위를 맞추면서 아랫사람에게는 언성을 높이거나 험상궂은 얼굴 등 고압적인 자세를 하는 이들도 있다. '문턱'이 높아 들어가기가 힘들고 얼굴 보기가 힘들며 일 처리가 힘들다. 심지어 돈을 주지 않으면 일을 처리해주지 않는가 하면, 돈을 받아도 자의적으로 마구 처리하기도 한다. 혹자는 상부의 지시를 기계적으로 받아들이거나 자신에게 필요한 부분만 접수하고, 자기 본위적으로 해석하는 경우도 있고, 상부의 결정을 처리함에 있어서 융통성 없이 틀에 박힌 듯 형식적으로 처리하는 경우도 있다. 혹은 고양이를 본 따 호랑이를 그리듯 독창성 없이 모방하거나 선례를 그대로 적용하기도 하고, 다른 사람이 한 것을 그대로 따라 하는 등 해당 지역이나 부서의 실제 상황은 무시하기 일쑤다. 혹자는 관료주의가 팽배해 독단적으로 일을 처리하고 '내가 제일 잘났어'를 외치며 제멋대로 모든 것을 결정한다. 남의 비판이나 도움은 거절하고 타인의 의견을 받아들이지 않으며 자신의 생각과 다른 의견은 무시한다.

향락주의는 주로 정신적 나태, 진취심 결여, 명리와 쾌락 추구, 쾌락 탐닉, 허례허식 추구, 즐기는 풍조가 성행하는 현상 등으로 표출된다. 혹자는 의지가 박약하고 신념이 흔들린 탓에 '카르페 디엠(현재를 즐기자)'을 인생철학으로 삼아 "오늘 술이 있으면 오늘 취하자", "인생은 타이밍이니 한껏 즐기고 보자"며 '노세 노세'를 외친다. 혹자는 물질적 쾌락을 추구하고 저속한 취미를 즐기며, 신선놀음에 도끼자루 썩는 줄 모르고 뜻을 상실한 채 방탕한 생활과 주색잡기에 빠져 있다. 혹자는 쉬운 일만 골라 하고 힘든 일은 기피하면서 현재 상황에 안주한 채 고생스럽게 일하려 하지 않는다. 현재 알고 있는 학식과 견해에 만족하고 이미 얻은 성과에만 도취되어 새로운 목표를 세우려 하지 않고, 그럴만한 새로운 동력도 부족해 다리를 꼬고 앉아 차를 마시고 신문을 보거나 잡담이나 하면서 방관자적 태도로 허송세월한다.

사치풍조는 주로 겉치레와 낭비, 무절제, 대형 토목공사, 기념일 범람, 사치스러운 생활, 방탕무도, 심지어 권력으로 사익을 도모하거나 부패·타락한 현상으로 표출된다. 어떤 지방에서는 호화 청사를 건립한다. 심지어 1백 묘(畝)²⁷에 이르는 부지에 수 억 위안을 들여 으리으리하게 지어 그 안에 먹고 마시며 놀고 즐기는 모든 구색을 다 갖춰놓는다. 어떤 지방에서는 갖은 핑계로 무슨무슨 날을 만들어 축하하면서 걸핏하면 수백만, 수천만 위안을 들여 인민의 혈세를 축내고 인력과 물자를 낭비한다! 혹자는 개인의 향락에 탐닉해 큰 집을 여러 채 구매하고, 럭셔리카, 맛있는 음식, 명품에 열광한다. 규정을 초과하는 생활 처우를 당연시하면서 늘 부족하다고 느낀다. 혹자는 규정을 초과한 접대를 요구하고 고급 호텔에 묵으면서 산해진미를 즐기고 고급 술을 마시고, 거나한 술판을 벌인 후에도 금

27　옮긴이 주: 땅 넓이의 단위. 1묘는 약666.7제곱미터.

품과 향응을 요구한다. 혹자는 주머니에 값비싼 멤버십카드나 선불카드를 넣고 다니며 고급 사교클럽에서 노느라 본분을 망각하고, 고급 헬스클럽에서 도락(道樂)에 빠져 정신을 못차린다. 명산대천에서 온종일 가무에 빠져 정무를 돌보지 않고, 이국정취에 심취해 취생몽사한다. 혹자는 해외 도박장에서 돈을 물 쓰듯 쓴다. 혹자는 기풍을 소홀히 하고 심지어 도덕적 해이가 도를 넘고, 방탕한 생활을 일삼으면서도 이를 부끄럽게 여기기는커녕 오히려 영광으로 생각하는 경우도 있다.

시진핑 총서기는 사치 현상에 대해 일갈했다. 그는 남북조 시대 진(陳)나라가 사치 때문에 망하고, 인민당도 사치로 인해 타이완으로 패주한 것을 일례로 들어 경각심을 일깨웠다. 남북조 시대의 남조 진나라 황제 진숙보(陳叔寶)는 재위 시절 사치를 일삼으며 국정을 돌보지 않았다. 훗날 수나라 군대가 남하했을 때 진나라 군대는 일격에 무너졌고, 진숙보는 포로로 잡혔다가 병사했다. 훗날 사람들은 그가 지은 시 '옥수후정화(玉樹後庭花)'를 '망국의 음악'이라고 불렀다. 항전 승리 후 인민당은 많은 지역을 관할하면서 금·집·차·돈·여자를 수탈한 결과 인민들의 원성이 들끓으면서 민심을 잃었고 급기야는 공산당이 영도하는 혁명에 패주했다. 이런 것들은 봉건시대, 착취계급의 교만과 사치, 방탕 무도함으로 인해 빚어진 것이다. 중국공산당은 정치적 경각심을 가지고 늘 겸허하고 신중하며 분투하는 업무 기풍을 견지해야 한다. 2013년 1월, 시진핑 총서기는 〈근검절약을 철저히 실천하고 겉치레와 낭비를 배격하자〉 제하의 글에서 선전을 통한 지도를 확대하고 중화민족의 우수한 전통인 근검절약 정신을 널리 고양하며, 절약은 영광이고 낭비는 수치라는 사상 관념을 대대적으로 알려 절약을 실천하고, 낭비를 배격하는 것이 사회 전체에서 자연스러운 기풍으로

자리잡도록 해야 한다고 지적했다.[28]

　　19차 당대회는 중앙 8항 규정 정신 이행 성과를 공고히 하고 확장해 계속적으로 '4풍' 문제를 바로잡아야 한다고 강조했다. 2017년 12월, 시진핑 총서기는 신화사에 〈형식주의와 관료주의의 새로운 표출에 경각심을 가져야 한다〉 제하의 기고문을 내고 '4풍' 척결 행보는 멈추지 않을 것이며, 기풍 확립은 마침표가 없다고 강조했다. 기고문은 18차 당대회 이후 중앙 8항 규정 제정과 집행에서 시작해 당 전체의 '4풍' 척결이 큰 성과를 거뒀지만 형식주의와 관료주의는 여전히 존재한다고 지적했다. 일부 지도간부의 조사 연구는 형식상의 절차에 불과해 조사 현장이 '쇼장'으로 둔갑하기도 한다. 일부 기관은 '문턱'이 낮고 얼굴을 보기는 쉬우나 일처리가 힘들다. 일부 지방은 지도자의 가시권에 있는 프로젝트와 공사에만 치중하고, 대중의 불만은 두려워하지도 않으면서 지도자가 부주의 할까봐 전전긍긍한다. 어떤 지방은 부서마다 중복 회의를 열어 회의를 위한 회의가 되기 일쑤다. 일부 지방은 서류나 문건 작성을 기계적으로 베껴 내놓은 제도나 결정이 조롱박으로 바가지를 그린 것처럼 창의성이라곤 눈 씻고 찾아볼 수 없다. 일부 간부는 일 처리를 질질 끌고 대충대충 하거나 공무를 게을리 하면서 책임을 윗사람에게 떠넘긴다. 일부 지방은 실효성보다 겉치레를 중시하고 '자료 꾸미기'에만 힘을 쏟아 자료 제출을 정치 업적으로 삼기도 한다. 책임을 아랫사람에게 떠넘겨 '직책 이행'을 '책임 미루기'로 변모시키는 간부가 있는가 하면, 상황을 뻔히 알면서도 보고하지 않고, 방

28　「시진핑의 당풍·청렴정치 확립 및 반부패 투쟁에 관한 논술 요약집」, 중앙문헌출판사, 중국방정출판사, 2015년판, 69면.

임하면서 무관심한 태도로 일관하는 간부도 있고, 말과 행동이 다르고 연단 위와 아래서 딴판으로 행동하는 간부도 있다. 그는 이런 것들은 새로운 것처럼 보이나 실제로는 진부한 문제들로 '4풍' 문제의 고질적인 성격과 반복성을 나타낸다고 지적했다. '4풍' 척결은 멈추지 않으며 기풍 확립에는 마침표가 없다. 형식주의와 관료주의는 중국공산당의 성격과 취지, 우수한 기풍에 저촉되는 것으로 중국공산당의 적이고, 인민의 적이다. 각 지역과 부처는 자신이 한 일을 잘 돌이켜 보아 부족한 부분을 찾고 주요 모순을 고쳐야 한다. 특히 태도 표출만 많고 목소리가 높으면서 행동은 적고 실행이 부족한 등 두드러진 문제에 대해서는 확실한 대책을 마련해 고쳐야 한다. 각급 지도간부는 기풍을 바꾸는데 총대를 메고 행동으로 실천하고 솔선수범함으로써 '선두 기러기 효과'를 내야 한다. 시진핑 총서기는 또 '초심을 잊지 말고 사명을 기억하자' 주제 교육에서 형식주의를 경계하고, 훌륭한 기풍으로 좋은 효과를 내도록 보장해야 한다고 강조했다. 2018년 4월, 후베이를 시찰하면서 "현재 형식주의와 관료주의가 여전히 두드러지고, 새로운 표출 형식이 있다. 형식주의와 관료주의 경계를 기풍 확립을 강화하는 중요한 과업으로 삼아 실효성 있고 착실하게 일하는 기풍을 대대적으로 선양해야 한다. 일을 추진함에 있어서는 확실하게 정면으로 맞서야 하고, 문제를 해결함에 있어서는 엄격하고 신속하게, 효과를 볼 때까지 밀어 붙어야 하며, 난제에 직면해서는 과감하게 처리하고 과감하게 책임져야 한다"고 강조했다. 8월, 전국선전사상업무회의에서 '4풍' 중에서 특히 형식주의와 관료주의를 철저하게 척결해야 한다고 거듭 강조했다. 9월, 동북진흥 심화 추진 좌담회를 주재하면서 지도간부는 앞장서서 기풍을 바꿔 진지하고 착실하게 일하고, 확실한 방법을 내놓고, 실무적으로 일하고

　　전면적인 종엄치당에는 마침표가 없다

실효성을 추구하되 형식주의와 관료주의를 방지하고 극복해야 한다고 역설했다. 2019년 1월, 19기 중앙기율검사위원회 3차 전체회의에서 당의 정치 건설을 강화하는 관점에서 형식주의와 관료주의를 경계하는 것을 중요한 과업으로 삼아야 한다고 강조하고, 각 지역과 각 부처 당위원회(당조직)에 주체적인 책임을 이행하고, 형식주의와 관료주의의 새로운 동향과 표출을 주시해 효과적이면서 쓸모 있는 대책을 마련하라고 주문했다.[29] 또 기층간부들이 제기하는 형식주의와 관료주의가 두드러진 문제를 겨냥해 간부들이 무의미한 사무에서 벗어나도록 해주어야 한다고 강조하면서 "지금 '흔적관리'가 보편적이다. 하지만 '흔적'을 중시하면서 '업적'을 중시하지 않고, '흔적'을 남기면서 '마음'을 남기지 않는다. 검사하고 심사하는 명목은 많은데 능률은 높지 않고, 중복되는 것이 많다. 잡다한 서류와 빈번한 회의가 다시 늘어나고 있다. 이런 문제들은 간부들이 시간을 많이 할애해야 하고 에너지를 많이 소모할 뿐 아니라 형식주의와 관료주의를 조장한다. 과거에는 '위에는 실이 천 가닥이지만 그 밑의 바늘은 하나'라고 했는데 지금 기층간부들은 '위에는 망치가 천 개지만 그 밑의 못은 하나', '위에는 칼이 천 자루지만 그 밑의 머리는 하나'라고 한다. 이런 상황은 반드시 바꾸어야 한다!"고 지적했다.[30] 당 중앙은 이런 문제를 바로 잡는 것과 관련해 각 지역과 각 부처, 각 분야에 이행에 힘써야 한다고 주문했다면서 시

29 「시진핑, 19기 중앙기율검사위원회 3차 전체회의에서 연설, '전면적 종엄치당에서 더 큰 전략적 성과 쟁취해 반부패 투쟁의 압도적인 승리를 공고히 하고 발전시켜야'」, 인민일보, 2019년 1월 12일, 1면.

30 시진핑, 「충성스럽고 깨끗하며 책임을 감당할 수 있는 자질이 뛰어난 간부 양성에 힘쓰자」, 구시, 2019년 2호.

진핑 총서기는 다음과 같이 말했다. 정보자원 공유를 강화해 단순하게 흔적의 많고 적음, 상부에 보고한 자료의 많고 적음으로 업무의 호불호를 판단하지 말아야 한다. 기존의 데이터 자료를 이용할 수 있으면 기층에 반복 제공을 요구하지 말아야 한다. 자신의 편의를 도모하기 위해 같은 자료를 반복 요구하거나 매번, 매년 요구하지 말아야 하며, 각 부처가 모두 같은 자료를 요구해서도, 아무나 가서 자료를 요구해서도 안 된다. 이런 분야에서 지침을 마련해 기층이 자료 제공하느라 바쁜 것에서 해방시켜야 한다. 각급이 감독 검사의 양과 횟수를 통제해 합병할 수 있는 동일 유형의 사항은 합병해 진행함으로써 기층의 부담을 덜어 주고, 기층이 업무 수행에 더 많은 시간을 할애할 수 있도록 해야 한다.[31]

2018년 개정한 〈중국공산당 기율처분조례〉는 형식주의와 관료주의의 두드러진 문제에 포커스를 맞춰 당 중앙의 결정과 배치를 관철함에 있어 행하지 않고 행동에만 그치거나, 여론몰이, 겉치레, 단순하게 회의를 위한 회의, 서류를 위한 서류에 치중하고, 실제 업무에서 실행에 옮기지 않는 등의 행위에 대해 처분 규정을 마련함으로써 기율 보장을 통한 기풍 전환을 촉진했다. 아울러 중앙기율검사위원회 판공청은 당의 노선방침과 정책, 중앙의 중대한 결정과 배치를 철저히 실행하는 것, 대중에 연계하고 대중에 서비스하면서 직책 이행에 책임을 다하고 경제와 사회 발전에 서비스하는 것, 학풍·회풍·문풍 및 검사·조사 등 4개 분야 12가지의 두드러진 문제를 겨냥해 특별 단속을 펼치는 내용을 담은 〈시진핑 총서기의 특별지시

---

31 시진핑, 「충성스럽고 깨끗하며 책임을 감당할 수 있는 자질이 뛰어난 간부 양성에 힘쓰자」, 구시, 2019년 2호.

정신을 철저히 실행해 형식주의와 관료주의를 집중적으로 단속하는 것에 관한 업무의견〉을 배포했다. 점으로 면을 이끌고, 점에서 면으로 확대하는 것을 통해 형식주의와 관료주의를 타파하는 주안점을 정확하게 찾았다.

2) '4풍' 문제의 실질 및 근원

시진핑 총서기는 '4풍'의 구체적인 표현을 상세하게 설명하는 한편 '4풍' 문제의 실질과 근원을 심오하게 분석했다. 그는 형식주의의 실질은 주관주의와 공리주의이고, 근원은 잘못된 치적관과 책임감 상실로 인해 요란한 형식으로 착실한 실행을 대체하고, 화려한 외형으로 갈등과 문제를 숨기는 것이라고 지적했다. 관료주의의 실질은 봉건 잔재 사상을 숭배하기 때문이고, 근원은 심각한 관본위사상과 왜곡된 권력관으로 말미암아 관료나리 행세를 하고 군림하면서 대중과 실제에서 이탈하기 때문이다. 일부 지도간부는 행복할수록 힘들었던 과거를 잊지 않고 오늘의 행복을 즐기면서 입으로는 가난한 집안 출신이고 당과 인민이 자신을 키웠다고 주장하면서 말과 행동이 다르다. 관료가 되어 드디어 활개를 펼 수 있게 됐으니 관료의 존엄과 영광을 누려야 한다는 생각에 타의 추종을 불허할 정도로 거들먹거리며 폼을 잡는다. 향락주의의 실질은 혁명의지 박약과 분투의지 약화에 있고, 근원은 세계관, 인생관, 가치관이 올바르지 않고, 쉬운 일만 골라하고 힘든 일은 기피하며, 안일한 것만 추구하고, 관료가 되어 즐길 것만 추구하기 때문이다. 사치풍조의 실질은 계급 착취 사상과 부패한 생활 방식의 반영이며, 근원은 사상 타락과 물욕 팽배, 사치스럽고 방탕하고 호화로운 생활에 탐닉하기 때문이다. '4풍'은 유한한 자원을 낭비하고, 각종 업무를 지연시켰으며, 인민 대중과 멀어지도록 만들었고, 당의 기풍과 정치 풍토를 훼손해 최종적으로 당의 선진성과 순결성을 해쳤고, 당의 집권 기반과 집권 위상을 훼손하는 결과를 낳았다.[32]

3) '무관용'의 태도로 '4풍' 척결

시진핑 총서기는 '4풍' 척결의 주안점에 대해 명확하게 요구했다. 2013년 6월, 그는 당의 군중노선 교육실천활동 업무회의에서 다음과 같이 지적했다. '4풍' 문제를 해결하려면 정확하게 초점거리를 맞추고, 혈자리를 정확하게 찾고, 급소를 잡아야 하며, 주의력을 분산하거나 다른 곳에 초점을 맞추지 않아야 한다. 형식주의를 타파하려면 업무가 실제적으로 이뤄지지 않는 문제를 해결하는 데 역점을 두어야 한다. 교육과 지도를 통해 당원과 간부들이 학풍과 문풍, 회의 기풍을 개선하고 업무 기풍을 개선하며, 옳고 그름에 관계된 원칙적인 문제 앞에서 과감하게 나서서 맡은 바 소임을 다하고, 원칙을 견지하며, 실무에 심혈을 기울이도록 하는 한편, 실제 상황을 살피고, 실제적인 방안을 내고, 실무를 처리하고 실효성을 추구하는 데 에너지를 쏟도록 해야 한다. 관료주의를 타파하려면 인민 대중의 이익은 '나 몰라라' 하거나 마땅히 해야 할 일을 하지 않는 부작위 문제 해결에 역점을 두어야 한다. 교육과 지도를 통해 당원과 간부들이 실제 상황과 기층, 대중에 깊숙이 파고들고 민주집중제를 견지하며 겸허한 자세로 대중에게서 배우고, 대중에 진심으로 책임지고, 대중을 위해 열심히 봉사하며, 대중의 감독을 성심껏 받도록 하되 소극적인 대응과 책임 미루기, 대중의 이익을 침해하는 문제를 철저히 단속해야 한다. 향락주의를 타파하려

---

32 「시진핑의 전면적 종엄치당에 관한 논술 요약집」, 중앙문헌출판사, 2016년판, 154면.

면 현재를 즐기고 보자는 심리와 특권적 현상을 극복하는 데 역점을 두어야 한다. 교육과 지도를 통해 당원과 간부들이 '2개의 반드시'를 명심하고 멸사봉공하면서 청렴하게 직무에 정진하고, 사기를 진작하고 향상심과 분발하는 정신 상태를 유지하도록 해야 한다. 사치풍조를 타파하려면 낭비와 향락 풍조를 몰아내고 교만하고 사치스럽고 문란하고 방탕한 불량 풍조를 근절하는 데 역점을 두어야 한다. 교육과 지도를 통해 당원과 간부들이 절약은 영광이지만 사치는 수치라는 사상 관념을 고수하고 고생을 참고 견디면서 소박하게 생활하고 꼼꼼하고 따지고 면밀하게 계획하고, 모든 일에서 근검한 자세로 모든 일을 처리하도록 해야 한다. '4풍' 문제를 해결하려면 실제 상황에서 출발해 주요 갈등을 처리하고 심각한 문제를 중점적으로 해결하며, 시급한 문제를 서둘러 해결해야 하고, 표적을 정확하게 진단하고 '과녁을 정확하게 겨누고 활을 쏘아' 실효를 거두도록 힘써야 한다.

당의 군중노선 교육실천활동에서 시진핑 총서기는 '4풍' 문제 해결에 대해 '거울에 비추어 보고, 의관을 단정히 하며, 몸을 정결히 하고, 병을 치료하라'는 총체적 요구를 제시했다. 이는 자아 정화, 자아 완비, 자아 혁신, 자아 향상으로 정리할 수 있다.

거울에 비추어 보라는 것은 당규약을 거울로 삼아 당의 기율과 대중의 기대, 선진적 본보기, 기풍 개선의 요구에 비추어 목적의식, 업무 기풍, 청렴자율 측면에서의 문제를 돌이켜 보고, 차이점을 찾아 분명한 방향을 제시하라는 것이다. 거울은 자신을 비출 수 있고 타인을 비출 수도 있다. 여기서는 자신을 비춰보는 것에 주안점을 둔다. 어떤 동지는 현실 생활에서 자기가 잘한다는 착각에 빠져 거울에 비춰보기를 게을리 한다. 어떤 동지는 자신의 문제를 너무 잘 알기 때문에 거울을 비춰보길 두려워한다. 자신의 좋은 모습만 보길 원하는 탓에 화장한 후에 거울에 비춰보는 습관이 있는 동지가 있는가 하면, 자신은 나무랄 데 없이 잘났고, 다른 사람은 못난이라고 생각해 거울을 들고 남을 비춰보길 더 좋아하는 동지도 있다. 이런 현상들은 모두 공산당원의 수양에 부합하지 않는다. 당원과 간부는 과감하게, 부지런히 거울에 비춰봐야 한다. 특히 허물과 실수는 더 깊은 곳, 더 세세한 곳까지 들여다보아 미세한 부분까지 다 드러나도록 해야만 차이점을 찾을 수 있고 자신을 올바르게 수양할 수 있다.

　의관을 단정히 하라는 것은 거울에 비춰보는 것을 바탕으로 인민을 위해 무실역행하고 청렴해야 한다는 요구에 따라 약점과 부족함을 용감하게 직시하고 당의 기율, 특히 정치기율을 엄정히 하며, 용감하게 사상을 무장하고 갈등과 문제를 직시해 지금, 자신부터 행위를 단정하게 하라는 것이다. 또한 당원으로서의 정체성과 수양을 스스로 바르게 가다듬고, 당원의 의무를 다하며, 당의 기율과 국법을 지켜 공산당원의 바람직한 이미지를 유지해야 한다는 의미다. 의관을 바르게 하는 것은 하루 한 번만으로는 부족하다. '하루 여러 번 자신을 반성한다'는 말처럼 늘 자신을 성찰하는 데 게으름이 없어야 한다. 자신의 문제를 직시하고 해결하는 데는 용기가 필요하지만 그렇게 하는 것이 가장 주도적이다. 재난은 종종 사소한 실수가 쌓여 생기고, 지혜롭고 용감한 이도 자기가 좋아하는 것에 탐닉하다 곤경에 처하게 된다. 의관을 단정히 하는 습관을 기르면 초기에 경미할 때 잘 잡아 미연에 방지하는 효과가 있으며, '가벼운 깃털이 쌓이면 배를 앉힐 수 있고, 가벼운 물건도 많이 모이면 수레의 축을 부러뜨릴 수 있다(積羽沉舟, 群輕折軸)'는 말처럼 사소하다고 내버려두어 초래되는 악영향을 효과적으로 피할 수 있다.

정결히 하라는 것은 정풍(整風) 정신으로 비판과 자아비판을 실시하여 문제가 발생하는 원인을 심층적으로 분석해 사상과 행위 측면의 먼지를 말끔히 씻어내 실제 문제를 해결함은 물론, 사상적인 문제도 해결함으로써 공산당원의 정치적 진면목을 지켜야 한다는 의미다. 사람은 매일 먼지와 접촉하므로 자주 씻어내야 한다. 더러운 곳을 비누로 씻고 수세미로 문지르고 물로 깨끗하게 헹궈내면 정신이 맑아지고 상쾌해진다. 이와 마찬가지로 사상과 행위도 먼지가 묻을 수 있고 정치 미생물의 침입을 받을 수 있기 때문에 '목욕'이 필요하다. 먼지와 때를 없애고 심신을 편안하게 하고, 모공을 열어 신진대사를 촉진함으로써 일을 함에 있어서는 깨끗하고, 사람됨에 있어서 결백해야 한다. 자신의 사상과 행동에 먼지가 잔뜩 끼어있음에도 가리려고만 하고, 깨끗하게 씻을 생각을 하지 않는 사람들이 있는데 동지들이 조직적으로 그들이 '깨끗하게 목욕'을 할 수 있도록 도와야 한다.

'병을 치료하라'는 것은 실패를 교훈으로 삼아 경계하고 병을 치료하고 사람을 구한다는 '징전비후, 치병구인(懲前毖後, 治病救人)'의 방침을 고수하고, 상황을 구분하여 증상에 맞는 해결책을 모색하라는 의미다. 기풍에 문제가 있는 당원 및 간부에게는 교육을 통해 일깨워 주고, 문제가 심각한 경우에는 조사를 하며, 그릇된 풍조와 두드러지는 문제는 특별 관리를 해야 한다. 몸이 아프면 의사를 찾아가 주사를 맞고 약을 먹어야 하고, 심각해지면 수술도 받아야 한다. 사상과 기풍에 문제가 생기면 서둘러 해결해야 한다. 만약 병을 감추고 치료를 꺼리면 작은 병을 큰 병으로 키우게 되고, 겉에 든 병이 깊숙이 침투해 결국에는 치유 불능의 상태에 이르게 된다. 이른바 시작 단계에서는 금지하기가 쉬우나, 이미 결말에 이른 후에는 수습하기 어려운 것과 마찬가지다. 각급 당조직은 강력한 조치를 취해 문제가 있는 당원과 간부의 병을 정확하게 찾아 증세에 맞는 적절한 처방을 내려야 한다. 중의약을 먹어야 하면 중의약을, 양약을 먹어야 하면 양약을 복용하도록 하고, 혹은 동서양 의학을 접목하거나, 수술이 필요하면 수술을 해서라도 종엄치당의 요구를 확실하게 구현해야 한다.

이런 인식에 기반해 시진핑 총서기는 "공공연히 기율을 위반하고 '4풍'을 저지르는 것을 철저하게 단속하고, 무관용의 태도를 견지해야 한다"면서 "가장 엄격한 기준과 조치로 기풍 문제를 해결하고, 강철 같은 기강으로 모든 측면의 공공연한 기율 위반 행위를 바로잡아야 하며, 얼마가 되든지 모두 처리해야 한다. '4풍'의 여러 가지 변칙적인 문제에 대해 늘 높은 경계심을 유지하고 적발 즉시 처벌해야 한다. 공공연히 기율을 위반하는 현상에 대해 엄중하게 책임을 추궁하고 조사와 처벌 강도를 확대해야 한다"고 강조했다. 2015년 4월, 중앙군사위원회가 〈군대 당원 지도간부의 기율을 엄격하게 규제하는 것에 관한 규정〉(이하 약칭 〈규정〉)을 발표했을 때 시진핑 총서기는 〈규정〉을 위반한 사람은 모두 엄격하게 조사하여 범죄가 성립되는 경우에는 법에 따라 형사 책임을 엄중하게 추구해야 한다고 말했다, 특히 공공연히 기율을 위반하고, 자제하고 않고 멈추지 않는 경우에는 발각 즉시 소탕하고, 엄격하게 조사, 처벌해야 한다고 강조했다. 2016년 1월, 그는 18기 중앙기율검사위원회 6차 전체회의에서 "강철 같은 기강으로 모든 측면의 공공연한 기율 위반 행위를 바로잡아야 할 뿐만 아니라 손오공의 '화안금정(火眼金睛)' 같은 예리하고 뛰어난 통찰력으로 그릇된 풍조가 '72가지 변신술'처럼 온갖 형태로 끊임없이 변화하도록 내버

려 두어서는 안 된다. 이런 것들은 색출해 모두 처리해야 한다"고 지적했다.[33]

    기풍 확립은 구체적인 문제에서 착수해 문제의식 강화와 문제 지향성에 초점을 맞춘다. 시진핑 총서기는 '4풍' 문제의 각종 표출에 대해 시정해야 할 것은 시정하고 금지해야 할 것은 금지해야 한다고 강조했다. 실제 문제 해결에 주목해야 한다. 특히 중점적으로 해결해야 할 필요가 있는 문제에 대해서는 조사와 정리를 통해 사전에 파악하고, 구체적인 문제 해결에서부터 시작해 개선해야 한다. 시진핑 총서기의 요구에 따라 각급 기검 감찰기관은 '4풍'을 바로잡는 다양한 조치를 취해 공금으로 식사를 하거나 여행을 가는 행위, 관용차량 문제에 대해 특별 단속을 벌이고, 명절의 당 분위기와 기강 바로잡기에 집중했다. 중앙기율검사위원회 감찰부(Ministry of Supervision) 홈페이지는 '웹사이트-클라이언트-위챗'을 이용한 '4풍' 감찰 제보 플랫폼을 개통했다. 여기에 기존의 서신, 방문 제보를 더해 '5차원'의 입체화된 감독 제보 네트워크를 구축함으로써 기율집행 심사와 순시 중에 적발한 '4풍' 문제 단서를 전문적으로 조사했다. 심사대상의 '4풍' 문제에 대해서는 우선적으로 조사 및 통보하고, 깊이 파고들어 꼼꼼히 조사하여 절대 놓치지 않았으며, 이름을 공개하는 한편 본인이 민주생활회에서 점검을 하도록 했다. 시진핑 총서기는 당의 군중노선 교육실천활동 결산회의에서 구체적인 문제에서부터 '4풍'을 척결한 것에 대해 상세한 점검과 결산을 진행했고, 특별 단속을 통해 당의 분위기와 기강을 바로잡고 두드

---

33   시진핑, 「18기 중앙기율검사위원회 제6차 전체회의에서의 연설」(2016년 1월 12일), 인민일보, 2016년 5월 3일, 2면.

러진 문제를 해결해 '4풍'이 만연하는 추세를 잡았다. 상부에서 하부에 이르기까지 회의를 축소하고, 문서를 간결하게 했고, 기준 도달을 위한 평가와 비교, 마중과 배웅 행사를 줄였다. 기준을 초과한 관용차와 사무실, 불필요한 관사를 정리했고, 관용차 구매·운영비, 공무 접대비, 해외 출장비 등 '3공(三公) 경비'를 축소했으며, 사무 청사나 강당 등 대규모 건축 공사를 중단시켰다. 공금으로 월병, 축하카드, 명절이나 기념일 선물, 설 용품 등을 보내는 행위를 근절시켰고, '클럽 중의 나쁜 풍조'나 교육센터의 부패 현상을 비롯해 가족을 해외로 보내고 홀로 생활하는 '뤄관(裸官: 벌거벗은 관리)', 걸핏하면 집으로 달려가는 불성실한 공무원, 인원수를 거짓 보고하여 급료를 착복하는 공무원, '돈봉투(紅包)[34]나 선불카드를 받고, 고액 교육에 참가하거나 당·정 지도간부가 기업에 겸직하는 등의 문제를 철저히 단속했다. '삼엄삼실'을 주제로 한 교육에서 회의 문건 구호로만 중앙의 결정과 배치를 이행하거나 자의적으로 행동하고, 책임을 감당하지 않는 등 형식주의와 관료주의 분야에서 불거지는 문제를 발견해 시정하는 데 힘쓰고, 고급 식당에서 식사하는 등 음성적이고 변칙적인 문제를 철저히 바로잡고, 금품이나 향응을 요구하고, 나태하면서 질질 끄는 문제는 광범위하게 조사 처벌했으며, 고압적으로 군림하고, 돈을 물 쓰듯 낭비하고, 대중과 유리되는 현상을 반전시켰다. 특히 금권선거 비리, 인재 선발과 등용에서의 비리, 사법 불공정 문제 등을 중점적으로 단속했다.

시진핑 총서기는 18차 당대회 이후 당의 기풍에 일어난 변화를 여러 차례 언급했다. 18기 중앙기율검사위원회 6차 전체회의에서 "우리는 당의

---

34   옮긴이 주: 훙바오. 원래는 전통 세뱃돈을 의미함.

전면적인 종엄치당에는 마침표가 없다

군중노선 교육실천활동과 '삼엄삼실' 주제 교육을 실시해 당의 기풍 정상화 제도를 완비하고 개선했다. 우리는 중요한 접점을 잡아 향락주의와 사치풍조를 예의주시하고, 일상 감독 검사를 강화하고, 규칙과 기율을 위반한 문제를 엄격하게 잡아내 재발하지 않도록 철저히 방지함으로써 당의 기풍이 계속해서 호전되도록 추진해야 한다"[35]고 지적했다. 그는 18기 중앙기율검사위원회 7차 전체회의에서 "당 전체의 공동 노력을 통해 당의 각급 조직이 당을 관리하고 다스리는 주체적 책임이 뚜렷하게 강화되면서 중앙 8항 규정 정신이 철저하게 이행되었다"[36]고 밝혔다. 당 18기 6중전회에서는 "당내 바른 기운이 상승하고 당의 기풍이 호전되고 있으며 사회적인 분위기도 고조되고 있다"[37]고 말했다. 19차 당대회 보고에서는 기풍 확립의 성과를 긍정하고, 거울에 비추어 보고, 의관을 단정히 하며, 몸을 정결히 하고, 병을 치료하라는 요구를 견지하면서 당의 군중노선 교육실천활동과 '삼엄삼실' 주제 교육 실시, '양학일주' 학습교양 상시화와 제도화를 추진해 당 전체가 이상과 신념을 더욱 확고히 하고 당성을 더욱 강화했으며, 중앙 8항 규정을 출범했고 형식주의와 관료주의, 향락주의, 사치풍조를 엄격히 단속하고 특권을 철저하게 배격했다고 말했다.

---

35 시진핑, 「18기 중앙기율검사위원회 제6차 전체회의에서의 연설」(2016년 1월 12일), 인민일보, 2016년 5월 3일, 2면.

36 「시진핑, 18기 중앙기율검사위원회 7차 전체회의에서 연설, '당 18기 6중전회 정신을 전면적으로 관철이행해 전면적 종엄치당의 체계성과 창조성, 실효성 강화해야'」, 인민일보, 2017년 1월 7일, 1면.

37 시진핑, 「당 18기 6중전회 제2차 전체회의에서의 연설(발췌)」, 구시, 2017년 1호.

3. 기풍건설에서 표본동치(標本兼治)를 시행해야 한다

기풍 확립에 관한 시진핑 총서기의 중요한 논술은 겉으로 드러난 현상 해결뿐만 아니라 근본적인 원인 해결을 중시하고, 현재에 입각하는 것을 중시할 뿐만 아니라 장기적인 것에도 착안해 발생한 문제의 심층적인 원인을 찾고, 이상과 신념, 업무 절차, 체제와 메커니즘 등 분야에서 그릇된 풍조 척결에 공을 들인다. 표면적 문제 해결 측면에서는 당 전체에 조사와 연구 풍조를 크게 일으키고, 특권 의식과 특권적 현상을 철저하게 배격하고, 엄격하지 않고 실제적이지 않은 기풍 문제 해결을 강조한다. 근본적 문제 해결 측면에서는 이상과 신념을 확고히 하고, 체제와 시스템을 혁신하며, 제도 시스템을 개선하는 한편 기층의 기풍을 전환하고 훌륭한 가풍 확립에 힘쓰며 장기적이고 효과적인 제도 확립에 역점을 둔다.

(1) 당 전체에서 조사와 연구 붐을 일으키다

18차 당대회 이후 시진핑 총서기는 조사와 연구를 중심으로 중요한 연설을 발표하면서 많은 특별지시를 내렸고, 솔선수범해 대량의 조사 연구 업무를 펼쳤다. 2012년 11월, 중국 공산당 기관지 '인민일보'에 발표한 '당규약을 진지하게 학습하고 엄격히 준수하자' 제하의 글에서 당의 군중 노선을 견지해 대중 속에서 나와 대중 속으로 들어가는 식으로 기층으로 깊숙이 들어가 조사 연구를 하고, 대중에게 다가가고 대중과 연계하고 대중을 위해 일해야 하며, 새로운 상황에서의 대중업무를 잘 해야 한다고 밝혔다. 2013년 7월, 우한(武漢)에서 열린 일부 성과 시 책임자 좌담회에서 "조사 연구는 일을 도모하는 근본이자 일을 성사시키는 방법이다. 조사를 하지 않으면 발언권도 없고 정책결정권도 없다. 전면적인 개혁 심화에 대한 사고방향과 중대한 조치를 연구, 사고, 확정함에 있어 배에 표시를 하고 칼을 찾듯 어리석고 융통성 없이 낡은 생각을 고집해서도 안 되고, 문을 걸어 잠그고 수레를 만들 듯 외부 상황이나 현실을 고려하지 않은 채 맹목적으로 자기 주관만 고집해서도 안 된다. 뜬구름 잡는 허황된 식이어서는 더더욱 안 된다. 반드시 전면적이고 깊이 있게 조사하고 연구해야 한다"고 지적했다. 2014년 1월, 공산당 중앙정치국 회의를 주재하면서 당 전체에 조사 연구 바람을 크게 일으켜 지도간부가 앞장서서 기풍을 개선하고 기층에 깊숙이 들어가 조사 연구하는 메커니즘을 개선하라고 주문했다. 3월, 허난성 란카오현에서 당의 군중노선 교육실천활동을 조사하고 지도하면서 "지도간부는 건전한 업무방식과 생활방식을 유지하고, 많이 배우고 충전해 정책을 소화하며, 기층에 자주 내려가 조사 연구해 제1착으로 상황을 파악하고, 체계적으로 많이 사고하고 두드러진 문제를 해결해야 한다. 지도간부는 관록의 풍부함에 관계없이, 어떤 분야에서 일을 하는지를 막론하고 조사 연구하는 자세를 항상 견지하고 끊임없이 강화해야 한다"고 말했다. 2015년 1월, 중앙당교의 연수프로그램에 참가한 각 지방 현위원회 서기들과의 좌담에서 조사 연구를 기본기로 삼아 기층, 대중, 실제에 깊숙이 들어가 상황을 파악하고 인민에게 대책을 문의해야 한다고 지적했다. 2016년 2월, '중앙전면개혁심화지도팀' 제21차 회의를 주재하면서 조사 연구를 중시하고, 눈을 아래로, 발을 아래로 향하는 것을 견지해 기층 대중이 사고하고, 생각하는 것, 기대하는 바를 파악하여 더욱 인민 친화적인 개혁이 되도록 해야 한다고 강조했다.

시진핑 총서기는 조사 연구를 '정책 결정의 전 과정에 관철'하는 것에 큰 중요성을 부여했다. 특히 대중이 '가장 기대하고, 가장 시급하고, 가장 걱정하고, 가장 증오하는' 문제에 역점을 두고 주도적으로 조사해야 한다고 거듭 강조했다. 그는 "조사 연구는 '열 달 동안 아기를 배고 있는 것'과 같고, 결정은 '어느 날 분만'하는 것과 같다"는 생동감 넘치는 비유를 든 바 있다. 그는 자신이 지방에서 일할 때의 경험과 접목해 현위원회 서기는 모든 촌을, 시위원회 서기는 모든 향과 진을, 성위원회 서기는 모든 현과 시, 촌을 시찰해야 한다고 말했다. 「시진핑 국정운영을 논하다(習近平談治國理政)」의 기록에 따르면, 정딩(正定)에서 근무하던 시절 그는 모든 촌을 시찰했다. 닝더(寧德)에서는 임기 3개월간 9개 현을 시찰했고, 훗날 또 대부분의 향·진을 시찰했다. 저장성에서 근무하던 시절에는 1년간 저장성 소재 90개 현·시·구를 시찰했고, 상하이에서는 7개월 만에 상하이시 소재 19개 구·현을 시찰했다. 중앙에서 근무한 후에는 31개 성·구·시에 발자취를 남겼다.[38]

18차 당대회 후 중앙 8항 규정을 관철하고 이행함에 있어서 우선적으로 조사와 연구를 개선해야 한다고 강조했다. 조사 연구를 견지하고 강화하는 부분에서 중국공산당은 효과적인 제도를 잇달아 마련해 조사와 연구가 각급 지도간부의 자발적이고 일상적인 활동이 되도록 했다. 19차 당대회 이후 시진핑 총서기는 당 전체에서 조사와 연구 바람을 크게 일으키자는 새로운 주문을 거듭 강조했다. 당 19기 1중전회에서 그는 정확한 의사결정은 조사 연구와 밀접하고, 정확한 관철 이행도 마찬가지로 조사 연구와 밀접하다고 강조했다. 중앙위원회 위원은 모두 조사 연구에 적극적

---

38 「시진핑 국정운영을 논하다」, 외문출판사, 2014년판, 440면.

으로 임해야 하고, 일선 깊숙이 몸소 내려가 걸음을 내디디며 정원을 나와 작업장과 부두에도 가보고, 논밭 가장자리에도 가보고, 시장이나 지역사회에 가서 직접 살펴보고 체험해야 한다. 조사 연구는 인민 대중의 생산과 생활, 경제·사회 발전의 실태, 전면적인 종엄치당이 직면한 현실적인 문제, 그리고 19차 당대회 정신을 철저히 실행하기 위해 해결해야 할 문제와 깊이 맞물려야 한다. 업무 상황이 좋고 선진적인 지방에 가서 경험을 총괄해야 할 뿐만 아니라 어려움이 많은 곳, 상황이 복잡한 곳, 갈등이 첨예한 곳에 가서도 문제를 연구해야 한다. 특히 대중의 민원이 많이 제기되는 곳, 업무 처리가 제대로 이루어지지 않는 곳에 더 많이 가서 대중이 하는 듣기 좋은 말도 들어야 할 뿐만 아니라 귀에 거슬리는 말도 들어야 한다. 그렇게 해야만 진실한 말을 들을 수 있고, 실정을 관찰할 수 있고, 실효를 거둘 수 있다. 19기 중공중앙정치국 민주생활회에서 그는 "조사 연구는 우리 당의 소중한 전통이며, 각종 일을 잘 하는 기본기이다. 당 전체에서 조사 연구 바람을 크게 일으키고, 당원 전체가 실무를 숭상하고 구두선(口頭禪)을 경계하며 정확하게 힘을 쏟아 개혁 발전이 각종 임무에 안정적으로 이행될 수 있도록 하고, 인민에게 혜택이 돌아가는 각종 업무가 실제적이 되도록 하며, 당 중앙의 국정방침과 결정 배치가 기층에서 뿌리를 내리도록 해야 한다"면서 "중앙 정치국 동지들은 솔선수범하여 각급 간부들을 움직여 아래로 깊숙이 내려가 조사 연구가 당 전체에서 사회적 기풍이 되도록 해야 한다"고 말했다.[39] 새로 선출된 중앙위원회 위원, 후보위원 및 성부급 주

---

[39] 「중공중앙정치국 민주생활회 열어 시진핑 신시대 중국 특색 사회주의 사상 학습 관철, 시진핑 동지를 핵심으로 하는 당 중앙의 권위와 집중적이고 통일적인 지도 수호, 19차 당대회 각종 결정 포치의 전면적 관철 이행 상황을 주제로 대조 점검 진행, 시진핑 총서기 회

요 지도간부 대상 '시진핑 신시대 중국 특색 사회주의 사상 및 19차 당대회 정신을 학습하고 관철하자'를 주제로 열린 세미나반 개강식에서 그는 지도간부에게 다음과 같이 요구했다. "강경한 기풍으로 인민 대중을 염두에 두고 조사 연구를 광범위하게 펼치고, 전심전력을 다해 인민을 위해 일하는 과정에서 정치적 위상과 업무 능력을 높이며, 인민에게 성심을 다해 배우는 과정에서 업무 시야를 넓히고 업무 경험을 풍부하게 쌓으며, 이론을 실제와 연결하는 수준을 높여야 한다. 또 인민의 목소리에 귀를 기울이고 인민의 감독을 겸허하게 받는 과정에서 자발적으로 스스로를 반성하고 자아비판, 자아교육을 하며, 인민에게 봉사하는 과정에서 끊임없이 자신을 개선하며, 꾸준히 형식주의와 관료주의를 극복하고, 오래오래 공을 들여 향락주의와 사치풍조를 척결해야 한다." 19기 중앙기율검사위원회 2차 전체회의에서 심층적인 조사 연구에 공을 들여 난제를 해결하고, 실제 상황에 접근하고 대중에 밀착하는 실무적인 조치에 기반해 확실한 이행을 틀어쥠으로써 당 중앙의 결정과 배치가 뿌리 내리도록 해야 한다고 강조했다.

(2) 특권 사상과 특권 현상을 단호히 배격하다

시진핑 총서기는 확고하게 특권 의식과 특권적 현상을 배격했다. 2013년 1월, 18기 중앙기율검사위원회 2차 전체회의에서 "1980년 중국공산당이 제정한 〈당내 정치생활에 관한 몇 가지 준칙〉 제11조는 특권 행사 금지를 전문적으로 다루었다면서 제11조는 '중국에는 오직 분업의 다름만 있고 존비귀천(尊卑貴賤)의 구별은 없다. 어느 누구도 다른 사람보다 한 계

───────────

의 주재 및 연설 발표」, 인민일보, 2017년 12월 17일, 1면.

급 낮은 노예이거나 다른 사람보다 한 계급 높은 귀족은 없다. 자신의 권력이 어떤 제한도 받지 않을 것이라는 사상은 부패한 봉건 특권 의식이다. 이런 사상은 비판을 받아야 하고 시정해야 한다. 공산당원과 간부는 특권과 사리사욕을 꾀하는 것을 가장 큰 치욕으로 삼아야 한다'고 명시되어 있다"고 지적했다.[40] 2015년 12월, 그는 공산당 중앙정치국 '삼엄삼실' 주제 민주생활회에서 "'삼엄삼실'을 실천함에 있어서 가장 어렵고 핵심적인 것은 자신을 어떻게 대하느냐이다. 중국공산당의 근본이념은 전심전력을 다해 인민을 위해 봉사하는 것이며, 인민의 이익 외에 자신의 특수한 이익이란 없다"고 지적했다. 이런 중요한 논술은 각양각색의 특권 의식과 각종 형식의 특권적 행위는 모두 중국공산당의 성격 및 근본 취지에 맞지 않으므로 철저히 배격해야 한다는 것을 설명한다.

시진핑 총서기는 당내에 존재하는 특권 의식과 특권적 현상에 대해 심오하게 분석하고 이런 문제는 당풍청렴건설의 중요한 내용일 뿐 아니라 당과 국가가 영원히 생기와 활력을 유지할 수 있는지 여부에 직결되는 중대 사안이라고 지적했다. 인민이 가장 증오하는 것은 특권적 현상이다. 특권적 현상은 당과 인민 대중의 끈끈한 혈연관계에 가장 살상력이 크다. 시진핑 총서기는 특권 의식의 표현과 폐단을 설명하면서 특권적 현상은 사회의 공평과 정의를 심각하게 훼손해 대중의 큰 불만을 낳았다고 지적했다. 2013년 1월, 18기 중앙기율검사위원회 2차 전체회의에서 진학, 공무원 시험, 기업 설립, 프로젝트 수주, 진급, 부동산 구입, 취업, 공연, 출국 등 각

---

40   시진핑, 「기율과 법에 의거해 부패를 엄중 처벌하고, 대중이 강하게 불만을 제기하는 두드러진 문제 해결에 힘쓰자」(2013년 1월 22일), 「18차 당대회 이후 주요 문헌 선집」(상), 중앙문헌출판사, 2014년판, 137면.

종 기회는 모두 관계에 의존하거나 요령을 피워야 하는데 뒷배가 있으면 더 많은 보살핌을 받고, 뒷배가 없으면 아무리 실력이 뛰어나도 두각을 드러낼 수 없다면서 이런 것들이 사회의 공평과 정의에 심각한 영향을 끼치므로 중대 사안으로 삼아 해결해야 한다고 역설했다.

19차 당대회 보고는 특권 의식과 특권적 현상 배격을 기풍 확립을 심화하는 중요한 임무로 삼아 배치하고 새로운 요구를 제시했다. 시진핑 총서기는 19차 당대회 보고에서 특권 의식과 특권적 현상을 결단코 배격해야 한다고 밝혔다. 19차 당대회 폐막 후 이튿날 열린 당 19기 1중전회에서 그는 새로 선출된 중앙위원회 위원들에게 '인민을 위해 근면 성실하게 부지런하고 착실하게 일하고, 청렴결백한 사람이 되는' 기풍을 확립하라고 주문했다. 인민을 위해 근면 성실하라는 것은 전심전력으로 인민을 위해 봉사하는 근본 취지를 실천하고 인민의 공복이 되어 시종일관 인민의 안위와 일상생활을 염두에 두고, 문제를 생각하거나 결정을 내리고, 일을 함에 있어서 대중 속에서 나와 대중 속으로 들어가는 식으로 늘 그들과 함께 동고동락하고 근심과 기쁨을 나누며 함께 분발하고 전진하는 것을 말한다. 부지런하고 착실하게 일하라는 것은 당과 인민 사업에 헌신하는 숭고한 정신을 확립하고 당과 인민이 부여한 신성한 직책을 정신을 집중해 수행하며, 착실하게 열심히 일하고 허황된 공명을 추구하지 않으며 자나 깨나 부지런히 일해 최고의 업적으로 당과 인민의 신뢰와 기대에 보답하는 것을 말한다. 청렴결백한 사람이 되라는 것은 올곧은 기상을 가지고 청렴결백하며, 청렴자율 준칙과 중앙 8항 규정 정신을 스스로 준수하고, 자발적으로 감독을 받으며, 인민과 조직, 법과 기율에 경외심을 가지고 권력을 공정하게 사용하고 법에 따라 권력을 사용하며, 부패를 거절하고 영원히

전면적인 종엄치당에는 마침표가 없다

멀리하며 특권을 절대 추구하지 않고, 권력으로 사욕을 도모하지 않으며, 정정당당한 공산당원이 되라는 것을 말한다. 2017년 12월, 새로 출범한 공산당 중앙정치국이 개최한 1차 민주생활회에서 그는 중앙정치국 위원들에게 특권적 현상을 철저히 배격하는 요구를 거듭 천명했다. 2018년 1월, 그는 새로 선출된 중앙위원회 위원, 후보위원 및 성부급 주요 지도간부 대상 '시진핑 신시대 중국 특색 사회주의 사상 및 19차 당대회 정신을 학습하고 관철하자'를 주제로 열린 세미나반 개강식에서 "모든 지도간부는 세속에 물들지 않고 자신의 순결을 지키는 것을 첫 관문으로 삼아야 하고, 사소한 일과 세부적인 절차에서 제약을 강화하고 자신을 규제해야 한다. 특권 의식과 특권적 현상을 철저히 배격하고 감독과 제약을 받는 환경에서 일하고 생활하는 것을 습관화하며 우수한 기풍을 단련해야 한다"고 강조했다. 같은 달 19기 중앙기율검사위원회 2차 전체회의에서 그는 지도간부는 특권 의식과 특권적 현상을 철저히 배격하고 인민에 대한 충성심을 유지하고 업무 중심을 아래로 옮기는 것을 고수하여 몸소 대중에게 다가가 직접 대면하고 마음을 열어 대중업무를 확실하게 수행으로써 대중이 민원을 가장 많이 제기하는 두드러진 문제 해결에 힘써야 한다고 요구했다. 특권 의식은 기풍문제의 근원이고, 특권은 최대의 불공평이며, 대중의 이익을 심각하게 침해한다. 특권 의식과 특권적 현상을 철저히 배격한 것은 '4풍' 문제를 해결하는 '급소'를 잡은 것이다.

(3) 가풍 건설을 강화하다

가풍 확립은 시진핑 총서기가 가풍 확립에 관한 중요한 논술에서 주로 다룬 내용이다. 18차 당대회 이후 시진핑 총서기는 최초로 가풍을 중요한 위치에 두어야 한다고 명확히 밝히고, 가풍 확립을 지도간부의 기풍 확립 범주에 포함시켜야 한다고 강조했다. 또 '양호한 가풍 확립'을 최초로 당내 법규제도에 포함시켰다. 구세대 혁명가들이 가풍 확립을 중시한 우수한 전통을 계승하고 발양해야 한다고 여러 차례 피력했다.

시진핑 총서기는 가풍은 지도간부의 사적인 일이 아니라고 말했다. 2015년 춘절 단배식에서 최초로 가풍을 중시해야 한다고 밝혔다. 그는 "가정 건설을 중요시하고 가정과 가정교육, 가풍을 중시하고, 사회주의 핵심 가치관의 육성과 발양을 긴밀히 결합하고, 중화민족 전통의 가정 미덕을 선양해 가정이 화목하고, 가족이 서로 아끼고 사랑하며, 다음 세대의 건강한 성장을 촉진하고, 노인이 노년에 부양을 받을 수 있도록 함으로써 모든 가정이 국가 발전과 민족 진보, 사회 조화의 중요한 기본 단위가 되도록 해야 한다"고 말했다.[41] 시진핑 총서기는 "가풍은 지도간부 업무 기풍의 중요한 표현"이라고 역설했다. 2015년 2월 그는 '중앙전면개혁심화지도팀' 제10차 회의에서 〈상하이시 지도간부 배우자와 자녀, 자녀의 배우자의 기업 경영 관련 관리 규범화 업무 전개에 관한 의견〉을 심의하면서 "지도간부의 가풍은 개인의 사소한 일 또는 가정의 사적인 일이 아닌 만큼 각급 당위원회(당조직)는 지도간부의 가풍 확립을 중시하고, 이를 지도부와 지도간부의 기풍 확립을 강화하는 중요한 내용으로 삼아야 하며, 관련 상황을 정기적으로 점검해야 한다"고 지적했다. 2016년 1월, 18기 중앙기율검사위원회 6차 전체회의에서 "지도간부는 가풍 확립을 중요한 위치에 놓고 청렴 결백하게 수신하고 집안을 잘 다스려야 한다"고 강조했다.

---

41   시진핑, 「2015년 춘절 단배식에서의 연설」, 인민일보, 2015년 2월 18일, 2면.

시진핑 총서기는 또 긍정과 부정, 두 가지 측면에서 가풍 확립의 중요성을 설명했다. 첫째, 올바르지 못한 가풍의 폐단을 심오하게 분석했다. 2016년 1월 18기, 중앙기율검사위원회 6차 전체회의에서 "근년에 적발한 부패 사건으로 볼 때 가풍이 무너진 것이 종종 지도간부가 심각한 기율 위반과 법규 위반으로 가는 중요한 원인으로 지목됐다"고 지적했다. 많은 지도간부가 앞에서 대놓고 금권거래를 할 뿐만 아니라 가족이 뒤에서 돈을 받고 축재하는 것을 방임하고, 자녀 등도 부모의 영향력을 이용하여 경영상 사리사욕을 꾀하고 부정축재를 한다. 혹자는 자신이 다년간 정계에서 쌓은 '인맥'과 '체면'을 자녀의 불법 이익을 도모하는 데 사용하기도 해 그 폐해를 과소평가할 수 없다.[42] 둘째, 구세대 혁명가들의 우수한 가풍을 계승할 것을 강조했다. 자신의 경험으로 예로 들어 올바른 가풍이 자신에게 끼친 영향을 설명했다. 2001년 10월 15일, 그는 부친 시중쉰(習仲勳) 전 국무원 부총리에게 쓴 생신 축하 편지에 '제가 태어나서 48년을 부모님과 함께 지내면서 부모님에 대한 인식은 부모님에 대한 감정과 마찬가지로 시간이 흐를수록 더욱 깊어졌습니다. 아버님으로부터 계승하고 배우는 귀하고 고상한 품성이 많아지길 바랍니다.(중략) 아버님의 근검절약은 가혹하리만치 엄격합니다. 엄격한 가정교육 또한 널리 알려진 바입니다. 저희는 어릴 때부터 아버님의 엄격한 교육을 받으며 자라 집안을 근검절약하게 꾸려나가는 습관을 길렀습니다. 이는 사표 볼셰비키와 공산당인의 가풍이라 할 만합니다. 이런 훌륭한 가풍을 대대로 이어 나가겠습니다.'라고

---

42   시진핑, 「18기 중앙기율검사위원회 제6차 전체회의에서의 연설」(2016년 1월 12일), 인민일보, 2016년 5월 3일, 2면.

적었다.[43] 시진핑 총서기는 배우자와 자녀, 측근에 대해서도 엄격하게 요구했다. 2012년 11월, 18기 중공중앙정치국 제1차 집단학습에서 "각급 지도간부, 특히 고위급 간부는 청렴정치 준칙을 자발적으로 준수해 자신에게 엄격한 자율기준을 적용해야 할 뿐만 아니라 친인척과 측근에 대한 교육과 단속도 강화해야 한다. 권력을 이용하여 사익을 챙기거나 특권을 남용하는 일을 절대 용납해선 안 된다"고 지적했다.[44] 2013년 7월, 그는 〈군사위원회와 전군 기풍 확립 심화〉에서 가족과 자녀가 특수화하지 않도록 하고, 공산당의 명분을 내세워 이익을 수수하지 못하게 하며, 함부로 말하거나 함부로 일을 처리하지 못하도록 교육해야 한다고 지적했다.[45] 2016년 1월, 18기 중앙기율검사위원회 6차 전체회의에서 "집안의 일이 무심결에 새나갈 수도 있으므로 조심하고, 초기에 경미할 때 잘 잡아 미연에 방지해야 하고, 비호해서는 안 된다. 간부 자제들도 기율과 법을 준수해야 하며, 간부 자제라고 해서 아무도 어떻게 하지 못할 것이라고 생각해서는 안 된다. 당의 기율과 국법을 어긴 것은 모두 엄격하게 처벌해야 한다"고 말했다.[46] 12월, 18기 공산당 중앙정치국 민주생활회에서 중앙정치국 위원들에게 "친인척과 자녀, 측근들에 대한 교육과 관리를 강화해야 한다"고 말했

---

43 「시중쉰전(習仲勳傳)」(하권), 중앙문헌출판사, 2013년판, 642-643면.

44 시진핑, 「중국 특색 사회주의를 견지하고 발전시켜 나가는 것을 중심에 놓고 18차 당대회 정신을 학습하고 선전하고 관철하자」(2012년 11월 17일), 「18차 당대회 이후 주요 문헌 선집」(상), 중앙문헌출판사, 2014년판, 81-82면.

45 「시진핑의 엄정한 당 기율과 규범에 관한 논술 요약집」, 중앙문헌출판사, 중국방정출판사, 2016년판, 95면.

46 시진핑, 「18기 중앙기율검사위원회 제6차 전체회의에서의 연설」(2016년 1월 12일), 인민일보, 2016년 5월 3일, 2면.

전면적인 종엄치당에는 마침표가 없다

다. 2017년 12월, 공산당 중앙정치국 민주생활회에서 새로 선임된 중앙정치국 위원들에게 "가족과 자녀, 측근을 잘 관리하고 훌륭한 가풍과 가규(家規)를 세워야 한다"고 거듭 밝혔다.

〈중국공산당 청렴자율준칙〉은 '청렴결백하게 집안을 다스리고 자발적으로 앞장서서 양호한 가풍을 수립하는 것'을 당원 지도간부들의 청렴자율 규범으로 확정했다. 〈새로운 정세에서 당내 정치생활에 관한 몇 가지 준칙〉은 지도간부, 특히 고위급 간부는 가정과 가정교육, 가풍을 중시해 친인척과 측근을 잘 교육하고 관리해야 하며, 지도간부의 가족과 지인이 지도간부의 직권 범위 내 업무나 인사에 개입하는 것을 금지해야 한다고 명확히 규정했다. 각급 지도부와 지도간부는 지도간부의 가족과 지인의 규정위반 행위를 철저히 배척해야 하고, 관련 상황을 당조직에 보고해야 한다고 명시했다. 〈중국공산당 당내 감독조례〉는 공산당 중앙정치국 위원은 '양호한 가풍 수립에 앞장서고 친인척과 측근에 대한 교육과 단속을 강화해야 하며, 배우자와 자녀, 자녀의 그 배우자가 법을 어기고 상업행위나 기업경영을 해서는 안 되고, 규정을 어기고 임직하거나 겸직해 보수를 받아서는 안 된다고 명확히 요구해야 한다'고 규정했다. 〈중국공산당 기율처분조례〉 생활 기율 분야에서 가풍이 올바르지 않는 것과 배우자, 자녀 및 그 배우자의 관리 및 교육 소홀 행위에 대한 처분 규정을 추가해 당원 지도간부의 가풍 확립에 대한 중시 정도를 더욱 높였다. 18차 당대회 이후 지도간부의 가풍 확립은 전면적인 종엄치당의 중요한 내용으로 꼽혔다.

(4) 장기적이고 효과적인 메커니즘을 구축하다

기풍 확립에 있어서는 근본적인 해결이 중요하다. 2014년 6월, 시진핑 총서기는 18기 공산당 중앙정치국 제16차 집단학습에서 시스템이 완비된 제도 체계를 형성해 강한 제도 규정과 엄격한 제도 집행으로 기풍이 규범화와 정상화되고, 장기적인 효과로 이어지도록 하여 '4풍' 문제가 재발하지 않도록 철저히 방지해야 한다고 강조했다.[47] 18차 당대회 이후 중앙은 당과 정부 기관이 절약 실천과 낭비 배격, 국내 공무접대 관리, 공무용 차량 개혁 등 일련의 제도를 잇달아 출범하여 당 중앙 8항 규정 정신을 당내 법규제도 차원으로 승격시키고, 〈중국공산당 청렴자율준칙〉과 〈중국공산당 기율처분조례〉 등을 당내 법규에 포함시켰다. 〈중국공산당 청렴자율준칙〉은 계속해서 당의 우수한 전통과 기풍을 계승 및 고양하고, 자발적으로 고상한 도덕적 정조를 함양하고 중화민족의 전통 미덕 고양과 청렴자율에 힘쓰고, 감독을 받으며, 당의 선진성과 순결성을 영원히 유지해야 한다고 밝혔다. 〈중국공산당 기율처분조례〉는 중앙 8항 규정을 위반하는 행위에 대해 명확한 처벌 규정을 마련했다. 〈새로운 정세에서 당내 정치생활에 관한 몇 가지 준칙〉은 당 전체가 형식주의와 관료주의, 향락주의, 사치 풍조를 척결해야 하며, 지도간부, 특히 고위급 간부는 솔선수범해야 한다고 규정했다. 상시적, 세부적, 장기적으로 견지해야 한다. 특히 음성적이고 변칙적인 '4풍' 문제를 예방하고, 조사해야 하며, 중앙 8항 규정 정신 이행이 일상화되고 장기적인 효과로 이어질 수 있도록 해야 한다고 규정했다. 〈중국공산당 당내 감독조례〉는 '중앙 8항 규정 정신 이행, 기풍 확립 강화, 대중과 긴밀히 연계, 당의 집권 토대 상황 공고화'를 당내 감독의 중요한

---

47 「시진핑의 당풍·청렴정치 확립 및 반부패 투쟁에 관한 논술 요약집」, 중앙문헌출판사, 중국방정출판사, 2015년판, 88면.

전면적인 종엄치당에는 마침표가 없다

내용 중 하나로 삼았다. 또 기율검사위원회는 8항 규정 정신 위반 문제에 대해 이름을 통보하고 공개해야 한다고 명시했다.

(5) 불량 풍조의 재발을 방지하다

시진핑 총서기는 기풍 확립의 장기성, 험난함, 복잡성에 대해 개괄하고 논술했다.

첫째, 기풍 확립의 반복성과 완고성을 강조했다. 우수한 기풍 형성은 한 번 고생으로 영원히 편안해질 수 없으며, 불량 풍조를 극복하는 것도 단번에 이루기란 불가능하다. 2013년 6월, 당의 군중노선 교육실천활동 업무회의에서 기풍 문제는 단번에 이룰 수 있는 것도, 한꺼번에 다 해치울 수 있는 일도 아닌 만큼 한 줄기의 바람이 되거나, 일회성에 그쳐서는 더더욱 안 된다고 지적했다.[48] 2014년 1월, 당의 군중노선 교육실천활동 1차 결산 및 2차 배치 회의에서 '4풍' 문제가 오랜 습관이 되어 그 정도가 더욱 심해졌다면서 이는 하루 이틀 사이에 형성된 것이 아니라고 지적했다. 과거의 경험에 비추어볼 때 기풍을 바로잡는 것의 어려운 점은 재발하지 않도록 방지하는 데 있다. 사물은 끊임없이 변화하고 발전한다. '4풍' 문제는 매우 강한 변이성과 전염성을 가지고 있어 어떤 문제가 사라지면, 다른 문제가 또 생겨난다. 현재 일부 지방과 부처에는 기풍 문제가 여전히 심각하다. 하지만 표출 형태는 제각각 다른데 꼼수를 쓰기도 하고, 제대로 이행하지 않거나, 임시방편으로 처리하는 현상이 존재한다.[49] 6월, 18기 공산당 중앙정

---

48 시진핑, 「당의 군중노선 교육실천활동 업무회의에서의 연설」(2013년 6월 18일), 당건연구, 2013년 7호.

49 시진핑, 「당의 군중노선 교육실천활동 1차 결산 및 2차 배치 회의에서의 연설」(2014년 1월

치국 제16차 집단학습을 주재하면서 기풍문제는 매우 고질적이어서 재발하기 쉬운 만큼 기풍을 잡는 것은 현재 불거진 문제를 해결하는 데 힘써야 할 뿐만 아니라 장기적이고 효과적인 제도를 확립하는 것에도 주의를 기울여야 한다고 밝혔다. 10월, 당의 군중노선 교육실천활동 결산 회의 및 당 18기 4중전회에서 '4풍' 척결이 일부 문제를 해결하면서 성과를 거두긴 했지만 그 온상은 여전히 존재하고 '병원체'가 근본적으로 제거된 것이 아니어서 재발할 가능성이 있다면서 억제력이 재발력보다 작으면 각종 그릇된 풍조와 좋지 않은 풍조가 '권토중래'해 다시 근절하려면 쏟는 노력에 비해 성과가 미미할 수 있다고 지적했다.

둘째, 기풍 확립과의 싸움에서 이겨야 한다고 강조했다. 2014년 1월, 당의 군중노선 실천교육활동 1차 결산 및 제2차 배치 회의에서 "군중노선을 관철하는 것은 쉼표가 없고, 기풍 확립은 마침표가 없다"[50]고 지적했다. 10월, 그는 당의 군중노선 교육실천활동 결산 회의에서 "간부와 대중들이 가장 걱정하는 것은 문제 재발과 대충대충 하는 것, 활동이 한 줄기 바람처럼 일회성에 그치는 것이다. 가장 기대하는 것은 상시화하고 항상 꾸준히 해결하고 장기간 효과를 유지하는 것이다. 따라서 활동의 마무리가 절대로 기풍 확립의 끝마침이어서는 안 된다. 중간에 그만두지 말고 끝까지 해내는 뚝심과 의지로 기풍 확립을 끊임없이 심화하고, 현재 기풍 전환의 좋은 추세를 유지해 나감으로써 기풍 확립 요구가 진정으로 뿌리 내리도록

20일), 당건연구, 2014년 2호.

50 시진핑, 「당의 군중노선 교육실천활동 1차 결산 및 2차 배치 회의에서의 연설」(2014년 1월 20일), 당건연구, 2014년 2호.

해야 한다"고 강조했다.[51] 2015년 12월, 중공중앙정치국 '삼엄삼실' 주제 민주생활회에서 "당의 역사상 당풍청렴건설을 추진한 성공적인 경험과 지난 3년간 당풍청렴건설을 추진한 새로운 경험을 일상적인 당풍청렴건설에 심화 운용해 기준이 낮아지지 않고, 요구가 느슨해지지 않고, 조치가 축소되지 않고, 분위기가 가라앉지 않도록 해야 한다"고 말했다.[52]

셋째, 기풍 확립은 일상적이고, 장기적으로 추진해야 한다. 2013년 9월, 시진핑 총서기는 허베이성위원회 상무위원회 지도부 주제 민주생활회에 참석했을 때 '월병 단속'을 일례로 들어 기풍 확립의 장기 효과적인 메커니즘을 설명했다. 그는 "추석에 중앙기율검사위원회가 월병을 단속하는 것은 작은 일처럼 보이지만 사실은 이면에 숨어있는 부패를 척결하는 것이다. 추석, 국경절, 새해, 설날, 청명절, 단오절 이렇게 잡아나가다 보면 언젠가는 효과를 보게 될 것이고, 이것이 습관과 풍토로 자리 잡도록 해야 한다"고 말했다. 2014년 5월, 그는 허난성 란카오현위원회 상무위원회 지도부를 대상으로 실시한 주제 민주생활회에 참석해 "기풍 확립은 영원한 과제인 만큼 겉으로 드러난 현상과 근본적 원인을 동시에 해결해야 하고, 꾸준히 힘써 상시화로 나타나고, 깊이 파고들어 효과를 봐야 하고, 오랫동안 계속해 장기적인 효과로 이어지도록 해야 한다. 확립과 타파를 병행해 올바른 기풍을 북돋우고 좋지 않은 풍조를 없애는 것을 통해 이미 이룬 성과를 끊임없이 공고히 하고 확대하여 우수한 당풍과 정치 풍토로 사회 전체의 풍토가 근본적으로 호전되도록 이끌어야 한다"고 지적했다. 2016년 7

---

51 시진핑, 「당의 군중노선 교육실천활동총화대외에서의 연설」(2014년 10월 8일), 인민일보, 2014년 10월 9일, 2판.

52 「시진핑의 전면적 종엄치당에 관한 논술 요약집」, 중앙문헌출판사, 2016년판, 167면.

월, 그는 중국공산당 창당 95주년 기념식에서 꾸준히 기풍 확립을 강화하고 당의 우수한 전통과 기풍을 견지하고 고양하며, 상시적, 세부적으로, 장기간 견지해 당의 기풍을 전면적으로 좋게 함으로써 당이 언제나 인민과 함께 호흡하고 운명을 함께 하며 마음과 마음이 이어지도록 해야 한다고 지적했다.[53] 이는 기풍 확립의 장기성과 복잡성을 설명하는 대목이다.

기풍 확립은 중앙다. 19차 당대회에서 당 내부에 존재하는 기풍 불순 문제가 아직 근본적으로 해결되지 않았고 기풍 확립 추진은 여전히 임무가 막중한 만큼 솔선수범을 견지하여 당 중앙 8항 규정 정신 이행 성과를 공고히 하고 확장해 '4풍' 문제를 계속해서 바로잡아 나가야 한다고 밝혔다. 19차 당대회 이후 2018년 11월말까지 전국에서 8항 규정 정신 위반 사례 6만 9천 건을 조사해 당원과 간부 9만7천 명을 처벌했다. 이들 중 6만9천 명이 당 기율 처분과 행정처분을 받았다.[54] 이는 그릇된 풍조가 전반적으로는 효과적으로 억제되었지만 자제하거나 멈추지 않는 현상은 여전히 존재하며, 공공연히 기율을 위반하는 행위가 늘어나고 있음을 방증한다. 한편 어떤 '4풍' 문제는 음성적이고 변칙적으로 나타나고, 형식주의와 관료주의 문제가 여전히 심각해 대중들이 강력하게 불만을 표출하는 만큼 단속 강도를 지속적으로 확대해야 함을 설명한다. 2017년 10월, 시진핑 총서기는 당 19기 1중전회에서 새 중앙위원회는 18차 당대회 이후 형성된 당풍 확립의 양호한 추세를 반드시 유지하고 더 잘 하도록 해야 한다고 강조

---

53 시진핑, 「중국공산당 창당 95주년 기념식에서의 연설」(2016년 7월 1일), 인민일보, 2016년 7월 2일, 2면.

54 「당의 분위기와 기강 잡기를 꾸준히 견지하자-19차 당대회 이후 전면적 종엄치당 성과 순례3」, 인민일보, 2019년 1월 9일, 1면.

전면적인 종엄치당에는 마침표가 없다

했다. 12월, 그는 중앙정치국 민주생활회에서 "'4풍' 문제는 완고성과 반복성을 가지고 있으므로 '4풍' 척결은 멈추지 않을 것이며, 기풍 확립은 마침표가 없다. 형식주의와 관료주의는 중국공산당의 성격과 근본 취지, 우수한 기풍과는 전혀 어울리지 않는 중국공산당의 적, 인민의 적"이라고 강조했다. 중앙정치국 위원들은 솔선수범해 정확한 치적관을 확립하고, 시종일관 솔직한 사람이 되어야 하며, 진실을 말하고 참된 일을 해야 한다. 아울러 자발적으로 형식주의와 관료주의를 배격해야 하며, 형식주의와 관료주의의 각종 표출과 단호하게 투쟁하고 두드러진 문제에 포커스를 맞춰 형식주의와 관료주의의 다양성과 변이성을 충분히 인식해야 한다. 형식주의와 관료주의가 시기별, 기역별, 부처별로 다르게 표출되는 것을 파악해 구체적이고 실제적인 것과 긴밀히 연결해 진부한 문제를 해결해야 할 뿐만 아니라 새로운 문제를 캐치해야 한다. 두드러진 문제뿐만 아니라 음성적인 문제를 해결해야 한다. 표층적인 문제를 해결해야 할 뿐만 아니라 심층적인 문제를 해결해 습관이 되도록 하고 장기적인 효과로 이어지도록 해야 한다. 2018년 2월, 19기 중앙기율검사위원회 2차 전체회의에서 8항 규정 정신을 중도에서 포기하지 말고 끝까지 이행하고 당과 인민의 혈연적 연계를 유지해야 한다고 강조했다. 상시적으로, 장기간, 엄격하고 실제적이며 심층적이고 세부적인 면에 계속적으로 힘쓰고, 향락주의와 사치풍조의 새로운 동향과 표출을 긴밀히 주시해 재발하지 않도록 철저히 방지해야 한다. 형식주의와 관료주의 타파는 일인자가 총책을 맡아야 한다. 이러한 요구는 중국공산당이 기풍 확립의 역사적 새로운 출발점에서 중앙 8항 규정 정신의 성과를 공고히 하고 확장해 '4풍' 척결이 기풍과 풍습, 습관이 되도록 하고, 기풍 확립이라는 트레이드 마크가 끊임없이 빛나도록 함으로써 당의 기풍이 전면적으로 좋아지도록 하는 데 분명한 방향을 제시했다.

전면적인 종엄치당에는 마침표가 없다

제4장

부정부패를 단호히 징벌해야 한다

시진핑 총서기는 19차 당대회 보고에서 "인민은 부패현상을 가장 증오한다"면서 "반부패는 마침표가 없다는 자세로 강력하게 밀고 나가면서 겉으로 드러난 현상과 근본적 원인의 동시 해결을 심화해 청렴하고 공정한 간부, 청렴한 정부, 깨끗하고 투명한 정치를 보장해야만 역사의 주기율에서 벗어나 당과 국가의 장기적인 안정을 확보할 수 있다"고 지적했다.[1] 18차 당대회 이후 시진핑 총서기는 부패 처벌에 대해 새로운 사상과 관점을 제시했다. 인식적인 측면에서 부패는 중국공산당이 직면한 최대의 위협이고, 반부패는 전면적인 종엄치당의 중요한 일환이다. 태도적인 측면에서 성역 없는 전범위의 무관용 원칙을 견지하고, 억제 중시와 압력 강화, 장기적인 위협을 고수했다. 아울러 부패는 반드시 척결하고 탐관오리는 반드시 일소하며, 뇌물 공여자와 수뢰자를 함께 조사하고, 고압적인 태세를 유지하며, 확고한 태도로 부패를 척결했다. 극약 처방과 엄한 법률로 다스리는 결심과 뼈를 깎아 독을 치료하고 독사에 물린 팔을 잘라내는 용기로 반부패 투쟁을 끝까지 밀고 나갔다. 내용적인 측면에서 부패한 고위

1   시진핑, 「전면적인 샤오캉 사회 실현으로 신시대 중국 특색 사회주의의 위대한 승리 쟁취-19차 당대회에서의 보고」(2017년 10월 18일), 「19차 당대회 문건 모음집」, 인민출판사, 2017년판, 53-54면.

관료와 하급 관료를 소탕하는 '호랑이 잡기(打虎)'와 '파리 잡기(拍蠅)', 해외 도피 탐관을 검거하는 '여우 사냥(獵狐)'을 흔들림 없이 밀고 나가 자제하지 않고, 멈추지 않는 지도간부를 중점적으로 색출해 대중 주변의 부패 문제를 단속했다. 또 해외도피사범 검거 및 은닉 재산 환수를 펼쳐 반부패·청렴제창 사상 교육을 강화했다. 체제 메커니즘적인 측면에서 반부패·청렴제창 법규 체계 건설을 강화하고 반부패 국가법 제정을 추진하여 감히 부패하지 못하게 하는 억제력을 강화하고, 부패가 불가능한 울타리를 단단히 조이고, 부패를 생각조차 못하게 하는 자각을 강화하는 한편 감히 부패하지 못하고, 부패할 수도 없으며, 부패를 생각조차 못하게 하는 제도적 장치 마련을 일제히 추진하면서 쉼 없는 노력을 통해 태평성대와 맑고 깨끗한 정치를 이루어냈다.

1. 반부패는 중대한 정치적 과업이다

18차 당대회 이후 시진핑 총서기는 당의 사활이 걸린 관점에서 부패의 위해성 및 반부패 투쟁의 중요성, 긴박성에 대한 인식을 심화하고, 부패는 중국공산당이 직면한 최대의 위협인 만큼 반부패를 전례 없는 새로운 수준으로 끌어올려 부패를 엄격히 처벌하는 것이 당 관리와 통제의 하이라이트와 특징, 그리고 중국공산당 자체 정화의 중요한 표현이 되도록 해야 한다고 밝혔다.

전면적인 종엄치당에는 마침표가 없다

(1) 부패는 중국공산당이 직면한 최대의 위협이다

시진핑 총서기는 사회의 암적 존재로 지목되는 부패의 심각한 폐단에 대해 심오하게 피력했다. 그는 역사적 교훈을 살펴보면 부패가 만연하도록 내버려두면 당과 국가를 망칠 위험이 있으며, 부패를 척결해야만 당과 국가가 흥성할 수 있으므로 부패에 대해 단호한 투쟁을 벌여야 한다고 피력했다. 2012년 3월, 그는 중앙당교 봄학기 개강식에서 "반부패와 청렴 제창은 각종 부패 현상과 투쟁해 당의 조직을 건강하게 유지하고 당의 순결성을 유지하기 위한 것"이라고 지적했다.[2] 11월, 그는 18기 공산당 중앙정치국 제1차 집단학습을 주재하면서 "최근 몇 년 일부 국가에서 장기적으로 누적된 갈등으로 말미암아 인민의 원성이 들끓고 사회가 동요하고 정권이 붕괴되었는데 이를 유발한 가장 주된 원인이 부정부패"라면서 "부패 문제가 심각할수록 당과 국가가 패망으로 치닫게 됨을 많은 사실들을 통해 알 수 있다"고 지적했다.[3] 2013년 1월, 그는 18기 중앙기율검사위원회 2차 전체회의에서 "권력은 부패를 초래하고, 절대 권력은 절대 부패를 초래한다"고 정곡을 찔렀다.[4] 중국공산당이 당 기풍과 청렴한 정치 확립, 반부패 투쟁을 당과 국가의 사활이 걸린 사안으로 끌어올린 것은 동서고금

---

2 시진핑, 「당의 순결성을 확고하게 지키는 것에 관한 각종 업무」(2012년 3월 1일), 구시, 2012년 6호.

3 시진핑, 「중국 특색 사회주의를 견지하고 발전시켜 나가는 것을 중심에 놓고 18차 당대회 정신을 학습하고 선전하고 관철하자」(2012년 11월 17일), 「18차 당대회 이후 주요 문헌 선집」(상), 중앙문헌출판사, 2014년판, 81면.

4 시진핑, 「기율과 법에 의거해 부패를 엄중 처벌하고, 대중이 강하게 불만을 제기하는 두드러진 문제 해결에 힘쓰자」(2013년 1월 22일), 「18차 당대회 이후 주요 문헌 선집」(상), 중앙문헌출판사, 2014년판, 136면.

의 역사적 교훈을 종합한 것이다.[5] 2014년 10월, 공산당 중앙정치국 상무위원회 2014년 중앙순시조 제2차 순시 상황 보고를 받는 자리에서 "당이 직면한 최대의 위험과 도전은 당 내부의 부패와 그릇된 풍조에서 비롯된다. 권력을 이용하여 사욕을 챙기고, 체제 안팎이 결탁하고 이익집단을 형성해 당의 지도력에 도전한다"고 지적했다.[6] 2016년 7월, 그는 중국공산당 창당 95주년 기념식에서 집권당인 중국공산당이 직면한 최대의 위협은 부패라고 강조했다.[7]

부패의 위해성에 대한 심오한 인식에 기반해 시진핑 총서기는 "무릇 당의 창조력과 응집력, 전투력에 영향을 미치는 문제는 총력을 다해 극복해야 한다. 무릇 당의 선진성과 순결성을 해치는 병폐는 철저하게 고쳐야 한다. 무릇 당의 건전한 조직에 기생하는 암적 존재는 철저하게 제거해야 한다.[8] 완강한 의지와 품성으로 무관용의 태도를 변함없이 견지해 사건이 있으면 반드시 조사하고 부패는 반드시 처벌해 부정부패 인사들이 당내 어디에도 숨을 곳이 없도록 해야 한다"고 강조했다.

(2) 반부패는 중국공산당의 선명한 정치적 입장이다

시진핑 총서기는 전면적인 종엄치당의 전략적 관점에서 반부패 투쟁

5　「시진핑의 당풍·청렴정치 확립 및 반부패 투쟁에 관한 논술 요약집」, 중앙문헌출판사, 중앙방정출판사, 2015년판, 5면.

6　위의 책, 101면.

7　「시진핑, 중국공산당 창당 95주년 기념식에서의 연설」(2016년 7월 1일), 인민일보, 2016년 7월 2일, 2면.

8　시진핑, 「중화인민공화국 성립 65주년 리셉션에서의 연설」(2014년 9월 30일), 인민일보, 2014년 10월 1일, 1면.

의 중요성에 대해 과학적으로 정립하면서 반부패 투쟁을 전면적인 종엄치당의 중요한 내용으로 간주했다. 2012년 11월, 18기 공산당 중앙정치국 제1차 집단학습을 주재하면서 "반부패와 청렴정치 건설, 당의 조직을 건강하게 유지하는 것은 항상 중국공산당이 일관되게 견지하는 선명한 정치적 입장"이라고 지적했다.[9] 2014년 1월, 18기 중앙기율검사위원회 3차 전체회의에서 "부패 문제는 우리 당에 가장 큰 피해를 끼치는 만큼 부정부패 인사를 엄벌하는 것은 당심과 민심이 원하는 바이므로 당내에 부정부패 인사들의 숨을 곳을 용납해선 안 된다"[10]고 말했다. 2016년 1월, 18기 중앙기율검사위원회 6차 전체회의에서 18차 당대회 이후 중국공산당은 새로운 정세의 임무에 착안해 전면적인 종엄치당을 '4개 전면'의 전략적 포석에 포함시키고, 당풍청렴건설, 반부패 투쟁을 전면적인 종엄치당의 중요한 내용으로 삼았다고 밝혔다.[11] 18기 중앙기율검사위원회 2차·3차 전체회의에서 그는 또 당 건설이라는 대승적 차원에서 반부패 투쟁을 당 건설의 중요한 정치적 과업으로 포지셔닝했다.

시진핑 총서기는 반부패 투쟁의 장기성과 복잡성과 관련해 반부패 투쟁은 마침표가 없다고 피력했다. 2014년 1월, 18기 중앙기율검사위원회 3차 전체회의에서 "당 전체 동지들은 반부패 투쟁의 장기성과 복잡성, 험

---

9   시진핑, 「중국 특색 사회주의를 견지하고 발전시켜 나가는 것을 중심에 놓고 18차 당대회 정신을 학습하고 선전하고 관철하자」(2012년 11월 17일), 「18차 당대회 이후 주요 문헌 선집」(상), 중앙문헌출판사, 2014년판, 81면.

10   「시진핑의 당풍·청렴정치 확립 및 반부패 투쟁에 관한 논술 요약집」, 중앙문헌출판사, 중국방정출판사, 2015년판, 7면.

11   시진핑, 「18기 중앙기율검사위원회 제6차 전체회의에서의 연설」(2016년 1월 12일), 인민일보, 2016년 5월 3일, 2면.

난함을 깊이 인식하고 극약 처방과 엄한 법률로 다스리는 결심과 뼈를 깎아 독을 치료하고 독사에 물린 팔을 잘라내는 용기로 당풍과 청렴정치 건설, 반부패 투쟁을 끝까지 밀고 나가야 한다"고 강조했다.[12] 2015년 1월, 18기 중앙기율검사위원회 5차 전체회의에서 "인민들이 우리에게 권력을 준 만큼 우리는 목숨을 바쳐 당과 국가에 충성하고, 당과 국가에 보답해야 하며, 해야 할 일을 해야 한다. 미움을 사야할 사람에게는 미움을 사야 한다. 부정부패 인사들에게 미움을 사지 않으면 13억 인민에게 미움을 사게 된다. 이는 명백하기 이를 데 없는 정치 장부이자 민심 향배의 장부"라고 강조했다.[13] 2017년 1월, 18기 중앙기율검사위원회 7차 전체회의에서 "소수 부정부패 인사에게 미움을 사야 13억 인민의 기대에 부응할 수 있다"라고 역설했다.

시진핑 총서기가 제시한 반부패 업무의 목표는 부패를 막는 제도적 장치인 '3불'(三不: 不敢腐, 不能腐, 不想腐) 제도 추진을 통해 부패가 만연하는 추세를 철저히 막고, 부패가 움틀 수 있는 온상을 없애는 데 힘써 조속한 시일 내에 태평성대를 맞이하는 것이다. '감히 부패하지 못하게 하는 것(不敢腐)'은 처벌과 억지력에, '부패할 수 없는 것(不能腐)'은 제약과 감독에, '부패할 생각조차 못하게 하는 것(不想腐)'은 교육과 선도에 중점을 둔다. 삼자는 유기적인 전체이므로 3개의 단계로 나누거나 분리할 수 없으며, 전면적인 종엄치당과 반부패 투쟁에 유기적으로 통일해야 한다. 2013년 1월, 18기 중앙기율검사위원회 2차 전체회의에서 시진핑 총서기는 부패를 막는

---

12 「시진핑의 당풍·청렴정치 확립 및 반부패 투쟁에 관한 논술 요약집」, 중앙문헌출판사, 중국방정출판사, 2015년판, 97면.

13 「시진핑의 전면적 종엄치당에 관한 논술 요약집」, 중앙문헌출판사, 2016년판, 185-186면.

세 가지 제도적 장치에 대해 최초로 피력하면서 권력을 제도의 '우리' 안에 가두어 "감히 부패하지 못하게 하는 징계 장치와 부패할 수 없게 하는 예방 장치, 부패를 생각조차 못하게 하는 보장 장치를 마련해야 한다"고 강조했다.[14] 2015년 1월, 18기 중앙기율검사위원회 5차 전체회의에서 "감히 부패하지 못하고, 부패할 수도 없고, 부패를 생각조차 못하게 하는 것에서 아직 압도적인 승리를 거두지 못했다"[15]고 지적했다. 2016년 1월, 18기 중앙기율검사위원회 6차 전체회의에서 "감히 부패하지 못하게 하는 억제 역할을 충분히 발휘하고, 부패할 수 없게 하고 부패를 생각조차 못하게 하는 효과가 기본적으로 가시화되면서 반부패 투쟁의 압도적인 태세가 형성되고 있다"[16]고 말했다. 2017년 1월, 중앙기율검사위원회 7차 전체회의에서 "부패 만연 추세가 억제되었고, 반부패 투쟁의 압도적인 태세가 굳어지면서 감히 부패하지 못하게 하는 목표는 기본적으로 달성했고, 부패할 수 없게 하는 제도는 날로 완비되고 있으며, 부패를 생각조차 못하게 하는 둑이 구축되고 있다"[17]고 지적했다. 19차 당대회 보고에서 "감히 부패하지 못하게 하는 억지력을 강화하고, 부패할 수 없는 '우리'에 가두며, 부패를 생각조차 못하게 하는 자각을 강화하고, 쉼 없는 노력을 통해 청렴하고 깨끗

---

14   시진핑, 「기율과 법에 의거해 부패를 엄중 처벌하고, 대중이 강하게 불만을 제기하는 두드러진 문제 해결에 힘쓰자」(2013년 1월 22일), 「18차 당대회 이후 주요 문헌 선집」(상) 중앙문헌출판사, 2014년판, 136면.

15   「시진핑의 전면적 종엄치당에 관한 논술 요약집」, 중앙문헌출판사, 2016년판, 186면.

16   시진핑, 「제18기 중앙기율검사위원회 제6차 전체회의에서의 연설」(2016년 1월 12일), 인민일보, 2016년 5월 3일, 2면.

17   「18기 중앙기율검사위원회 역대 전체회의 문건자료 모음집」, 중국방정출판사, 2017년판, 312면.

한 정치와 태평성대를 이루어야 한다"[18]고 밝혔다. 2018년 1월, 19기 중앙 기율검사위원회 2차 전체회의에서 부패를 막는 세 가지 제도적 장치 마련을 거듭 주문했다. 또 19차 당대회 보고에서 제시한 '감히 부패하지 못하게 하는 억지력을 강화하고, 부패할 수 없는 '우리'에 가두고, 부패를 생각조차 못하게 하는 자각을 강화'할 것을 거듭 강조했다. 12월, 19기 공산당 중앙정치국 제11차 집단학습 시 그는 부패는 막는 세 가지 제도적 장치의 구체적인 내용에 대해 설명했다. 감히 부패하지 못하게 하는 억지력을 강화하라는 것은 부패를 처벌하는 고압적인 태세를 유지해 전면적인 엄격의 강력한 신호를 끊임없이 내보내라는 것이다.[19] 부패할 수 없게 하는 '우리'에 가두라는 것은 제도에 기반해 권력과 사업, 사람을 관리하는 장기적이고 효과적인 메커니즘을 형성하라는 것이다.[20] 부패를 생각조차 못하게 하는 자각을 강화하라는 것은 당원과 간부들이 이상과 신념을 확고히 하고, 목표의식을 강화하며, 정확한 세계관, 인생관, 가치관을 수립하도록 이끌어 청렴하고 공정한 정치 환경과 사회적 분위기를 조성하라는 것이다.[21] 2019년 1월, 19기 중앙기율검사위원회 3차 전체회의에서 반부패 투쟁이 이룬 압도적인 승리의 실제상황에 기반하고, 문제의 현상과 근원을 동시에 해결하는 관점에서 부패를 막는 세 가지 제도적 장치를 일제히 추진하

---

18 시진핑, 「전면적인 샤오캉 사회 실현으로 신시대 중국 특색 사회주의의 위대한 승리 쟁취-19차 당대회에서의 보고」(2017년 10월 18일), 「19차 당대회 문건 모음집」, 인민출판사, 2017년판, 54면.

19 시진핑, 「새로운 출발점에서 국가감찰체제 개혁 심화」, 구시, 2019년 5호.

20 시진핑, 「새로운 출발점에서 국가감찰체제 개혁 심화」, 구시, 2019년 5호.

21 상동.

전면적인 종엄치당에는 마침표가 없다

라고 주문하고, "근원을 다스리는 기초를 단단히 해 감히 부패하지 못하고, 부패할 수도 없고, 부패를 생각조차 못하게 하도록 일제히 추진해야 한다"고 강조했다. 이를 통해 부패를 막는 세 가지 제도적 장치를 최초로 제시한 것에서 완비되기까지는 18차 당대회 이후 부패 처벌 업무가 계속해서 심층적으로 발전하는 과정임을 알 수 있다. 겉으로 드러난 현상 해결을 위주로 근원적 해결을 위해 시간을 번 것에서 표면적 문제 해결에 고삐를 늦추지 않는 것을 견지하면서 문제의 현상 해결을 통해 근원적 해결을 촉진하기까지, 더 나아가 근본적 원인 해결의 기초를 탄탄히 하기까지 감히 부패하지 못하게 하고, 부패할 수도 없으며, 부패를 생각조차 못하도록 일제히 추진한 것은 중국공산당이 반부패 투쟁의 법칙 모색을 끊임없이 심화했음을 보여주는 대목이다.

(3) 반부패 투쟁 정세가 여전히 심각하고 복잡하다

시진핑 총서기는 부패의 각종 표출에서 출발해 18차 당대회 이후 조사한 사건과 순시에서 적발한 문제를 종합적으로 분석한 후 반부패 투쟁의 정세에 대해 "반부패 투쟁의 정세가 여전히 심각하고 복잡하다"는 새로운 판단을 내렸다. 그는 "깨끗한 곳이 한 군데도 없다"라는 말로 당과 정부 시스템과 중앙기업 시스템, 금융시스템, 사업기관을 포함한 모든 곳에 부패 문제가 있음을 형용했다. 2015년 1월, 18기 중앙기율검사위원회 5차 전체회의에서 "부패와 반부패의 교착 상태가 나타난다"[22]고 지적했다. 2016년 1월, 18기 중앙기율검사위원회 6차 전체회의에서 그는 "반부패 투

---

22 「시진핑의 전면적 종엄치당에 관한 논술 요약집」, 중앙문헌출판사, 2016년, 186면.

쟁의 압도적인 태세가 형성되고 있다"[23]고 말했다. 2017년 1월, 18기 중앙기율검사위원회 7차 전체회의에서 "반부패 투쟁의 압도적인 태세가 이미 형성되었다"고 했다. 10월, 19차 당대회에서는 "반부패 투쟁의 압도적인 태세가 이미 형성되었고, 공고히 발전하고 있다"[24]면서 "반부패 투쟁의 압도적인 태세를 공고히 해 반부패 투쟁의 압도적인 승리를 쟁취해야 한다"고 말했다.[25] 2018년 12월, 19기 공산당 중앙정치국 회의를 주재해 중앙기율검사위원회 업무 보고를 받고, 2019년 당 기풍 개선과 청렴한 정치 풍토 확립, 반부패 업무를 연구 배치하면서 "반부패 투쟁이 압도적인 승리를 거두고, 전면적인 종엄치당이 큰 성과를 거두도록 해야 한다"[26]고 지적했다. 2019년 1월, 19기 중앙기율검사위원회 3차 전체회의에서 "전면적인 종엄치당이 더 큰 전략적 성과를 거두도록 하고, 반부패 투쟁의 압도적인 승리를 공고히 하고 발전시켜야 한다"[27]고 말했다. 또 "부패와 반부패의 교착상태가 나타났다"에서 "압도적인 태세가 형성되고 있다", 또 다시 "압도적인

23 시진핑, 「18기 중앙기율검사위원회 제6차 전체회의에서의 연설」(2016년 1월 12일), 인민일보, 2016년 5월 3일, 2면.

24 시진핑, 「전면적인 샤오캉 사회 실현으로 신시대 중국 특색 사회주의의 위대한 승리 쟁취-19차 당대회에서의 보고」(2017년 10월 18일), 「19차 당대회 문건 모음집」, 인민출판사, 2017년판, 7면.

25 시진핑, 「전면적인 샤오캉 사회 실현으로 신시대 중국 특색 사회주의의 위대한 승리 쟁취-19차 당대회에서의 보고」(2017년 10월 18일), 「19차 당대회 문건 모음집」, 인민출판사, 2017년판, 54면.

26 「시진핑 총서기가 주재한 중공중앙정치국회의에서 2019년 경제업무 분석 연구 및 당풍·청렴정치 확립 및 반부패 업무 연구 포치」, 인민일보, 2018월 12일 14일, 1면.

27 「시진핑, 19기 중앙기율검사위원회 3차 전체회의에서 연설 발표 '전면적 종엄치당의 더 큰 전략적 성과 쟁취해 반부패 투쟁의 압도적인 승리를 공고히 하고 발전시켜야'」, 인민일보, 2019년 1월 12일, 1면.

전면적인 종엄치당에는 마침표가 없다

태세가 이미 형성되어 공고히 발전하고 있다", 더 나아가 "압도적인 태세가 승리를 이루었다"까지 반부패 투쟁은 계속해서 중요한 단계적 승리를 거두어 양적 축적에서 질적 돌파를 이루었고, 당심과 민심을 얻었다고 덧붙였다. 아울러 "중국공산당은 반부패 투쟁이 압도적인 승리를 거두긴 했으나 아직 철저한 승리를 거두지는 못했고, 현재 반부패 투쟁의 여전히 엄준하고 복잡한 상황은 변하지 않았다는 것을 깊이 인식하고 절대 중도에서 그만두어서도, 긴장의 끈을 늦추거나 나태해져서도, 무기를 창고에 넣어두고 군마를 남산에 풀어놓듯 경계심을 늦추어서는 안 된다는 것을 똑똑히 알아야 한다. 반부패 투쟁은 물러설 수 없고, 물러설 곳도 없으므로 반석 같은 결심과 강철 같은 의지로 반부패 투쟁을 심화해 나가야 한다"고 언급했다. 이러한 판단은 반부패 투쟁이 철저한 승리를 쟁취하는 데 뚜렷한 방향을 제시했다. 시진핑 총서기는 반부패 투쟁 상황이 여전히 엄준하고 복잡한 구체적인 표현에 대해 냉철하게 분석했다.

첫째, 부패현상은 다발적으로 일어나기 쉽다. 주로 현재 일부 영역과 지방, 부처에서 기층 간부의 그릇된 풍조와 부패 문제가 다발적으로 일어나기 쉽고, 부패가 생존하는 공간과 번식하는 토양이 여전히 존재하며, 심지어 악영향을 미치는 중대한 기율 및 법규 위반 사건이 발생하는 것을 말한다. 2014년 6월, 그는 공산당 중앙정치국 상무위원회 2014년 중앙순시조 제1차 순시 상황 보고를 받는 자리에서 "부패현상이 만연하는 추세가 아직 효과적으로 억제되지 않았다. 우리의 목적은 억제하는 것이다.[28] '억제'

---

28   「시진핑의 당풍·청렴정치 확립 및 반부패 투쟁에 관한 논술 요약집」, 중앙문헌출판사, 중국방정출판사, 2015년판, 99면.

는 부패 현상의 생존 공간을 끊임없이 축소해 부패현상이 번식하는 토양을 없애는 것을 말한다"고 밝혔다. 18차 당대회 이후 5년간 쉼 없는 노력을 통해 반부패 투쟁의 압도적인 추세가 이미 형성되었다. 19차 당대회 이후 시진핑 총서기를 필두로 하는 당 중앙이 초지일관 확고하게 전면적인 종엄치당을 추진하면서 반부패 투쟁이 압도적 태세를 형성한 기초에서 더 나아가 압도적인 승리를 거두었다. 이는 전면적인 종엄치당이 큰 성과를 이루었음을 방증한다. 아울러 반부패 투쟁 상황이 여전히 엄준하고 복잡하므로 전면적인 종엄치당은 아직도 책임이 막중하고 갈 길이 멀다는 점을 직시해야 한다. 중국공산당의 전면적인 지도와 장기 집권, 당원과 간부는 늘 유혹에 빠지고 타락할 위험에 직면해 있는 만큼 '엄격'을 장기간 견지해 감히 부패하지 못하고, 부패할 수도 없으며, 부패를 생각조차 못하도록 일제히 추진하면서 당의 자아 혁명을 부단히 추진해 자기 정화와 자체적 완비, 혁신, 향상을 실현해야 한다.

둘째, 부패 문제는 광범위하고 수적으로 많다. 주로 일부 영역의 부패 문제가 빈발하고, 부정부패 인사가 자제하지 않고, 멈추지 않는 것을 말한다. 2013년 1월, 시진핑 총서기는 18기 중앙기율검사위원회 2차 전체회의에서 손에 조금의 권력이라도 쥐게 되면 갖은 방법으로 이득을 챙기려고 한다고 지적했다. 이런 행위들은 보잘 것 없는 작은 이익 같지만 광범위하고 수적으로 많아 부패를 유발하는 직접 원인으로 작용하며, 그 폐해는 결코 만만치 않다. 이런 행위는 실제적으로 권력을 이용해 사익을 도모한 것이므로 작심하고 해결해야 한다.[29] 2014년 6월, 공산당 중앙정치국 상무

---

29 「시진핑의 당풍·청렴정치 확립 및 반부패 투쟁에 관한 논술 요약집」, 중앙문헌출판사, 중

전면적인 종엄치당에는 마침표가 없다

위원회 2014년 중앙순시조 제1차 순시 상황 보고를 받는 자리에서 "대중이 강한 불만을 표출하는 당원 지도간부, 18차 당대회 이후에도 멈추지 않고 하고 싶은 대로 하면서 우쭐거리거나 현재 중요한 지위에 있고 추후에도 기용될 가능성이 있는 젊은 간부 등 간부 문제는 중점적으로 조사해야 한다"고 지적했다.[30] 10월, 당 18기 4중전회에서 "18차 당대회 이후 우리가 직면한 반부패 투쟁 정세가 복잡하고 엄준하다. 일부 분야는 부패 현상이 다발적으로 일어나기가 쉽고, 일부 부정부패 인사는 다른 사람의 의견을 무시하고 자신의 고집을 밀고 나가면서 멈추지 않을 뿐만 아니라 심지어 수위를 더 높이고 있다. 이미 적발한 사건과 파악한 문제 단서로 볼 때 일부 부정부패 인사가 비리를 저지른 끝없는 욕심, 천문학적인 액수, 장기적인 시간, 악랄한 수단은 가히 가공할 만하다! 어떤 지방에서는 심지어 비리에 연루돼 줄줄이 낙마하기도 했다!"[31]고 지적했다. 2018년 12월, 그는 19기 공산당 중앙정치국 회의를 주재해 중앙기율검사위원회 업무 보고를 받고, 2019년 당풍과 청렴정치 건설, 반부패 업무를 연구 배치하면서 경외심을 가지지 않고 안중에 두지 않으며 구호만 외치고 시늉만 내는 문제를 주시해야 한다고 지적했다. 이어 2019년 1월에 개최된 19기 중앙기율검사위원회 3차 전체회의에서 18차 당대회 이후 조사, 처리한 중점 대상에 포커스를 맞춰 19차 당대회 이후에도 경외할 줄 모르고 겁 없이 함부로 날뛰는 이들을 중점 대상으로 삼아 심층적이고 세부적으로 조사하고 가차없이 엄

국방정출판사, 2015년판, 70면.

30   위의 책, 115면.

31   「시진핑의 당풍·청렴정치 확립 및 반부패 투쟁에 관한 논술 요약집」, 중앙문헌출판사, 중국방정출판사, 2015년판, 25면.

벌에 처해야 한다고 강조했다.

셋째, 부패문제 유형이 복잡하다. 이는 주로 다방면의 부패가 서로 얽혀 있으며 공생하고 동시에 발생하는 것을 말한다. 시진핑 총서기는 부패 문제의 복잡성에 대해 심오하게 분석했다. 구체적으로 살펴보면 부패 문제는 흔히 정치 문제와 공존하고, 지역적인 부패와 영역적인 부패가 얽혀 있으며, 채용비리와 권력형 비리가 얽혀 있고, 정경유착 및 상급자와 하급자가 결탁해 함께 부정을 저지르는 등으로 표출된다. 2014년 10월, 그는 당 18기 4중전회에서 "패거리를 짓고 인심을 매수하는 일이 물질적인 수단 없이 가능한가? 할 수 없다. 그러니 부정한 수단을 동원해 돈을 찾게 된다. 역으로 부패행위가 있으면 어떻게 하면 자신이 빠져나갈 '구멍'을 찾을지 생각하고, 비호세력을 찾으며, 파벌을 만들거나 심지어 사익을 위해 지도간부 인사 배치에 관한 조직의 결정에 영향력을 행사하려고 한다"고 지적했다.[32] 18차 당대회 이후 정치문제와 경제문제가 얽힌 이익집단 근절을 반부패 업무의 심사 중점으로 삼았다. 2014년 후난 헝양(衡陽)에서 발생한 부정선거 사범을 엄중히 문책하고, 467명에게 당 기율 처분과 행정처분을 내렸고, 69명은 사법기관으로 송치해 처벌하도록 했다. 2015년 난충(南充)의 돈을 주고 표를 산 금품살포 선거 비리 사건에 대한 철저한 조사를 벌여 관련자 477명 전원을 엄정 처벌했다. 2016년, 랴오닝성위원회와 성 인민대표대회 상무위원회의 임기 만료에 따른 교체 선거, 그리고 전인대 대표 선거 중에 나타난 제도적 금권선거 문제를 조사해 중관간부(中管幹部) 34명을 포함, 총955명을 처벌했다. 세 건의 사건은 그 죄질이 매우 나빠 부

---

32   「시진핑의 전면적 종엄치당에 관한 논술 요약집」, 중앙문헌출판사, 2016년판, 106면.

패 문제의 복잡성을 여실히 드러냈다. 18기 중앙기율검사위원회 6차 전체 회의에서 시진핑 총서기는 18차 당대회 이후 조사, 처벌한 중관간부의 기율 및 법규 위반 사건의 정황과 접목해 부패의 복잡성에 대해 설명하면서 부정부패 인사는 종종 정치적으로 변질되고, 경제적으로 탐욕을 저지르며, 타락한 생활을 하고, 전횡적인 특징을 동시에 지니는 경우가 많다고 지적했다.[33] 18차 당대회 이후 낙마한 중관간부는 거의 모두 정치기율을 위반한 정황이 드러났다. 일부 간부는 중앙의 전면적인 종엄치당 전략과 반부패 업무를 함부로 논하고, 중앙의 8항 규정을 함부로 비평했다. 어떤 간부는 중앙순시조에 주재한 후 순시와 면담을 모방하고, 조직심사를 피하는 방법을 연습했다. 어떤 간부는 개인의 승진을 위해 이익을 빼돌린 정황이 적발되기도 했다.

2. 부패 징벌에서 고압 태세를 유지해야 한다

18차 당대회 이후 부패를 강력하게 징벌하고, 가장 단호한 태도로 기존의 부패를 줄이고, 가장 과단성 있는 조치로 부패가 늘어나는 것을 막고, 부패 처벌의 고압적 자세를 유지함으로써 중국공산당이 부패를 철저하게 처벌하겠다는 확고한 결심을 드러냈다. 2014년 6월, 공산당 중앙정치국 상무위원회 2014년 중앙순시조 제1차 순시 상황 보고를 받는 자리에서 시진

---

33   시진핑, 「18기 중앙기율검사위원회 제6차 전체회의에서의 연설」(2016년 1월 12일), 인민일보, 2016년 5월 3일, 2면.

핑 총서기는 부패현상이 만연하는 추세 억제를 반부패 투쟁의 목표와 임무로 삼는다고 천명했다. 18기 중앙기율검사위원회 5차, 6차, 7차 전체회의에서도 이를 재천명했다. 아울러 이 목표를 달성하기 위한 방안으로 '성역 없는 전범위의 무관용 원칙'을 견지할 것, 구체적인 실천에서 '호랑이'와 '파리'를 함께 잡을 것, 문제의 현상과 원인을 동시에 해결할 것, 부패와 변질을 막는 사상적, 윤리적 방어선을 쌓아 감히 부패하지 못하고, 부패할 수도 없고, 부패를 생각조차 못하도록 하는 문제 해결에 힘쓸 것 등을 제시했다. 2017년 10월, 그는 성역 없는 전범위의 무관용 원칙을 강조한 기초에서 19차 당대회 보고에서 '억제 중시, 압력 강화, 장기적 위협'을 견지해야 한다고 밝혔다.[34] 2018년 1월, 19기 중앙기율검사위원회 2차 전체회의에서 "단호하게 기존의 부패를 줄이고, 증가세를 중점적으로 억제해야 한다. '호랑이'가 머리를 보이면 잡고, '파리'가 제멋대로 날아다니는 것도 잡아 감히 부패하지 못하게 하는 억지력을 강화하고, 부패를 할 수 없게 하는 '우리'를 단단히 하며, 부패를 생각조차 못하게 자각을 강화해야 한다"[35]면서 "처벌 강도를 확대하고 지속적으로 억지력을 형성하여 감히 부패하지 못하도록 공고히 한 기초에서 제도 확립을 강화해 부패할 수 없게 하는 우리를 단단히 하며, 교육과 선도를 강화하고 부패를 생각조차 못하게 자각을 강화해야 한다"고 강조했다.

---

34   시진핑, 「전면적인 샤오캉 사회 실현으로 신시대 중국 특색 사회주의의 위대한 승리 쟁취-19차 당대회에서의 보고」(2017년 10월 18일), 「19차 당대회 문건 모음집」, 인민출판사, 2017년판, 54면.

35   「시진핑, 19기 중앙기율검사위원회 2차 전체회의 연설에서 19차 당대회 정신을 전면적으로 관철해 실행에 옮기고 마침표가 없다는 집념으로 종엄치당을 심화시켜 나가자고 강조」, 인민일보, 2018년 1월 12일, 1면.

(1) 성역 없는 전 범위의 무관용 원칙을 견지해야 한다

시진핑 총서기는 사건이 있으면 반드시 조사하고, 부패가 있으면 반드시 처벌하며, 당 기율과 국법에 저촉된다면 지위고하를 막론하고 법과 기율에 따라 엄중히 조사 처리하고, 절대 용인해선 안 되며, 부정부패 인사들이 당내에 숨을 곳이 없도록 해야 한다고 거듭 강조했다.

성역이 없다는 것은 부패를 저지른 사람은 지위고하를 막론하고 당 기율과 국법에 저촉될 경우 처벌하는 것을 말한다. 어느 누구도 요행심리를 가져선 안 되고, 죄를 면해주는 '단서철권(丹書鐵券)'이나 무소불위의 권력이 영원히 계승되는 '철모자왕(鐵帽子王)'을 바라서는 안 된다. 간부의 자제가 당의 기율과 국법을 위반하면 엄격하게 처리한다. 군인들과 대중이 불만을 제기하는 소극적 부패 문제에 대해 성실하게 조사해 처리하고, 당의 기율과 국법을 위반한 사람은 열외 없이 법에 의거해 처벌하고 절대로 봐주어서는 안 된다. 군대는 무기를 들고 있으므로 더더욱 부정부패 인사의 은신처가 있어서는 안 된다.

전범위는 부패 처벌 분야에 사각지대와 공백이 생기지 않도록 하는 것을 말한다. 2014년 10월, 시진핑 총서기는 공산당 중앙정치국 상무위원회 2014년 중앙순시조 제2차 순시 상황 보고를 받는 자리에서 반부패 전면화 실현을 주문했다. 그는 "성·구·시 당위원회는 중앙의 순시 방침을 철저히 관철하고, 전환에 포커스를 맞춰 전범위에 걸친 횡적 커버리지와 전면적인 종적 연결, 바둑판처럼 전국이 상하 연동하여 부패 현상이 만연하는 추세를 억제해야 한다. 현재 간부를 타 지역에 발탁하면 자신의 고향 사람, 친인척, 이익사슬을 모두 데려가는 현상이 있다. 따라서 반부패는 전국이 연동하고 전국적인 국면을 고려해야 한다"[36]고 지적했다.

무관용은 기율 위반 문제를 조사하고 처리함에 있어서 문제가 있는 것과 적발한 문제는 철저히 조사하는 것을 견지해 모르는 척 하거나 힘든 것은 피하고 쉬운 것만 골라하는 행위, 큰일은 작은 일로, 작은 일은 없던 일로 하는 일이 없도록 하는 것을 말한다. 2014년 10월, 당 18기 4중전회에서 "반부패 투쟁을 심도 있게 추진하고 고압적인 태세를 유지해 무관용의 태도에 변함이 없고, 극약 처방의 결심이 줄어들지 않으며, 뼈를 깎아 독을 치료하는 용기도 꺾이지 않고, 엄중 처벌하는 잣대를 늦추지 않아야 하며, 한 건을 적발하면 한 건을 조사하고, 적발하는 만큼 조사하되 지표를 정하거나 상한선이나 하한선을 정하지 말고 부패는 반드시 척결하고 악은 철저히 제거해야 한다"[37]고 강조했다.

(2) 억제를 중시하고 압력을 강화하고 위하력을 제고해야 한다

시진핑 총서기는 "현재 반부패 투쟁 상황이 여전이 심각하고 복잡하긴 하지만 반부패 투쟁의 결심은 반석처럼 견고하다. 문제 지향적 태도를 견지하고 전략적 집중력을 유지하면서 '험난하고 위험할수록 전진하는' 영웅의 기개와 '외나무길에서 만나면 용감한 사람이 승리하는' 투쟁정신으로 긴장을 늦추거나 멈추지 말고 새롭게 출발하여 흔들림 없이 부패를 척결해 나가야 한다"고 거듭 강조했다. 또 당 전체에 전면적인 종엄치당은

---

36 「시진핑의 당풍·청렴정치 확립 및 반부패 투쟁에 관한 논술 요약집」, 중앙문헌출판사, 중국방정출판사, 2015년판, 116-117면.

37 「시진핑의 당풍·청렴정치 확립 및 반부패 투쟁에 관한 논술 요약집」, 중앙문헌출판사, 중국방정출판사, 2015년판, 102-103면.

전략적 포석인 만큼 한 순간도 느슨해져선 안 되고 한 걸음도 물러설 수 없으므로 견지해나가야 한다고 말했다.

억제 중시란 부패를 처벌함에 있어서 더욱 흔들림 없이 정확하고 질서 있게, 더욱 효과적으로 부패가 늘어나지 못하도록 억제하고, 더욱 강력하게 기존의 부패를 줄이면서 정치 문제와 경제 문제, 지역성 부패와 영역성 부패, 채용비리와 권력형 비리, 유혹하고 기꺼이 유혹에 빠지는 것이 얽히는 등의 두드러진 문제를 효과적으로 해결하는 것을 말한다.

압력 강화란 반부패의 고압적 태세를 계속 유지하고 수뢰자와 증뢰자를 함께 조사하는 것을 견지해 감히 부패하지 못하게 하고 지양하는 분위기를 강화함으로써 당원과 간부들이 '손을 뻗으면 반드시 잡힌다'는 경각심을 일깨우는 것을 말한다. 18차 당대회 이후 자제하지 않고 멈추지 않는 문제, 문제의 단서와 불만이 집중되거나 대중들이 강한 불만을 표출하는 문제에 포커스를 맞춰 현재 중요한 지위에 있고 추후에도 기용될 가능성이 있는 지도간부가 자본 및 권력과 유착해 이익집단을 형성한 비리 사건 및 중앙 8항 규정 정신 위반 문제를 집중적으로 조사, 처리했다.

위하력 제고란 반부패에 강펀치를 날리겠다는 신호를 지속적으로 보내 전형적인 사건을 완결할 때마다 사건의 발생 원인과 사건 발원지 혹은 기관이나 부서의 정치 생태계를 분석해 맞춤형의 건의를 제안하고, 사건 발생 기관과 지역의 정치 오염원을 제거해 사건 조사의 종합적인 효과와 억지력을 강화하는 동시에 교육과 지도를 통해 당원과 간부들이 정신적 '칼슘'을 보충하고, 사상의 '혼'을 튼튼히 하며, '4가지 자신감'을 확고히 하도록 함으로써 부패에 저항하는 힘을 끊임없이 강화해 반부패 투쟁의 압도적인 승리가 철저히 승리로 전환되도록 하는 것을 말한다.

성역 없는 전범위의 무관용을 실현하고 억제 중시와 압력 강화, 위하력을 제고하려면 문제의 현상과 근원의 동시 해결을 심화해야 한다. 2015년 6월, 시진핑 총서기는 18기 공산당 중앙정치국 제24차 집단학습을 주재하면서 이렇게 지적했다. "겉으로 드러난 현상 해결은 부정부패 인사에게 징벌, 위하력, 억제 역할을 할 수 있는데 '징벌' 기능을 강조한다. 원천적 해결은 권력 운영에 대한 제약과 감독을 통해 부패현상에 대해 예방과 저지 역할을 할 수 있는데 '예방' 기능에 중점을 둔다. 부패가 많은 상황에서 겉으로 불거진 문제를 우선적으로 해결해야만 부패현상이 번식하는 추세를 억제할 수 있다."[38] 10월, 당 18기 5중전회에서 근원적 해결 강도를 확대하고 겉으로 불거진 현상과 근본적 원인의 동시 해결을 추진해 관련 개혁을 심화하고, 권력 운영에 대한 감독과 제약을 강화함으로써 부패현상이 생존하는 공간과 자생하는 온상을 축소시켜 나가야 한다고 설파했다. 2017년 1월, 18기 중앙기율검사위원회 7차 전체회의에서 겉으로 드러난 현상과 근본적 원인을 동시에 해결하는 '표본겸치(標本兼治)'는 당 관리와 통제의 일관된 요구라면서 전면적인 종엄치당을 심도 있게 추진하려면 반드시 표본겸치를 견지해야 한다고 역설했다. 느슨하고 해이하며 물렁했던 당 관리와 통제를 엄격하고 치밀하며 강경한 방향으로 전환시키려면 숫돌을 연마하는 과정을 거쳐야 한다. '엄(嚴)'자를 최우선에 두고 '실(實)'자를 버팀목으로 하여 단계적으로 심화해 유종의 미를 거두어야 한다. 표면적 문제 해결에 고삐를 늦추지 않는 것을 견지하면서 문제의 현상 해결

---

38   「시진핑의 엄정한 당 기율과 규범에 관한 논술 요약집」, 중앙문헌출판사, 중국방정출판사, 2016년판, 62면.

을 통해 근원적 해결을 촉진하고, 극약 처방과 엄한 법률로 다스려야 할 뿐만 아니라 올바른 마음가짐으로 심신을 닦고 문화를 함양하고 정치의 근본을 굳게 지켜야 한다.[39] 2018년 1월, 그는 19기 중앙기율검사위원회 2차 전체회의에서 겉으로 드러난 현상과 근본적 원인의 동시 해결을 심화해 반부패 투쟁의 압도적인 승리를 쟁취해야 한다고 강조했다.[40] 2019년 1월, 19기 중앙기율검사위원회 3차 전체회의에서 겉으로 드러난 현상과 근본적 원인 해결을 심화하면서 근본적 원인 해결의 기초를 다져 감히 부패하지 못하고, 부패할 수도 없으며, 부패할 생각조차 못하도록 일제히 추진해야 한다고 말했다.[41] 18차 당대회 이후 당 중앙은 반부패 업무를 '시스템 공학'으로 삼아 계획했다. 겉으로 드러난 현상을 해결하는 '이기(利器)'를 잘 활용하고 근원적인 문제 해결의 기초를 다지는데 힘써 부패를 다스리는 효과를 부단히 높임으로써 반부패 업무에 대한 인민 대중의 만족감을 높였다. 2018년 전국 당풍 및 청렴정치 관련 설문조사에서 응답자 중 94.1%가 전면적인 종엄치당이 탁월한 성과가 있다고 답했다. 99.4%는 19차 당대회가 흔들림 없이 전면적인 종엄치당에 대한 전략적 배치를 한 것은 공산당의 용감한 자아혁명과 종엄치당에 대한 확고한 결심을 반영한다고 답

---

39 「18기 중앙기율검사위원회 역대 전체회의 문건자료 모음집」, 중국방정출판사, 2017년 판. 313-314면.

40 「시진핑, 19기 중앙기율검사위원회 2차 전체회의 연설에서 19차 당대회 정신을 전면적으로 관철해 실행에 옮기고 마침표가 없다는 집념으로 종엄치당을 심화시켜 나가자고 강조」, 인민일보, 2018년 1월 12일, 1면.

41 「시진핑, 19기 중앙기율검사위원회 3차 전체회의에서 연설, '전면적 종엄치당의 더 큰 전략적 성과 쟁취해 반부패 투쟁의 압도적인 승리를 공고히 하고 발전시켜야」, 인민일보, 2019년 1월 12일, 1면.

했다. 전면적인 종엄치당 추진과 부패현상 억제에 대해 믿음이 있다고 답한 비율은 2012년 대비 14.8%포인트 상승한 94.1%에 달했다.[42]

(3) 중점 분야의 부패를 징벌해야 한다

시진핑 총서기는 대중이 강하게 불만을 표출하고, 문제의 성격이 심각한 일부 중점 분야와 영역, 지방에 존재하는 부패 문제에 대한 조사와 징벌 수위를 높여야 한다고 강조했다.

첫째, 빈곤구제 분야 부패 문제를 집중적으로 조사, 처리한다. 2012년 12월, 시진핑 총서기는 허베이성 푸핑(阜平)현에서 빈곤구제개발업무를 시찰하면서 빈곤구제 자금을 편취하는 문제는 즉시 발견하여 시정해야 하며, 철저하게 배격하고 근절해야 한다고 언급했다.[43] 2014년 6월, 공산당 중앙정치국 상무위원회 지도부 중앙순시조 제1차 순시 상황 보고를 받는 자리에서 일부 지방에서는 빈곤구제나 농업·의료보험·최저생활보장제도 관련 자금에 감히 욕심을 내고 유용해 대중의 목숨줄과 같은 돈이 간부가 '관직을 사는 돈'으로 둔갑하기도 한다고 지적했다.

둘째, 인사비리 문제를 집중적으로 조사, 처리한다. 시진핑 총서기는 인사비리는 최대의 부패라면서 채용비리를 엄격하게 조사해야 한다고 강조했다. 2013년 4월, 공산당 중앙정치국 상무위원회의 〈중앙 순시 업무 지도그룹 제1차 회의의 순시업무 연구 및 배치 상황에 관한 보고〉에 대한 심의에서 "매관매직, 금권선거, 낙하산 인사와 같은 인선(人選)·용인(用人)상

---

42   「반부패 투쟁의 압도적인 승리를 공고히 하고 발전시키자」, 중국기검감찰보, 2019년 2월 25일, 1면.

43   시진핑, 「자오위루(焦裕禄)식 현서기가 되자」, 중앙문헌출판사, 2015년판, 25면.

전면적인 종엄치당에는 마침표가 없다

의 그릇된 풍조와 부패 행위 여부 적발에 힘써야 한다"고 강조했다.[44] 9월, 허베이성위원회 상무위원회 주제 민주생활회 참가 시, 조직부처는 인사청탁과 매관매직의 전형적인 사건을 잡아야 하고, 잡은 후에는 엄격하게 처리해 세상에 알려 경각심을 불러 일으켜야 한다고 지적했다.[45]

셋째, 중점분야와 핵심 직위에 있는 간부의 부패 문제를 주시한다. 2014년 6월, 시진핑 총서기는 순시 보고를 청취하면서 광산자원, 토지양도, 부동산 개발, 공사 프로젝트, 서민을 위한 자금, 과학연구 경비 관리 분야 등의 부패문제에 대한 조사와 처벌 수위를 높이라고 주문했다. 2016년 1월, 18기 중앙기율검사위원회 6차 전체회의에서 18차 당대회 이후에도 요행심리를 가지고 있거나 '마이웨이'를 외치고, 관직을 팔고 토지를 승인해주거나, 프로젝트를 선점하고, '돈봉투'를 받는 것 및 각종 변칙적인 '4풍' 문제가 여전하므로 고압적 태세를 계속적으로 유지해야 한다고 지적했다.[46] 2019년 1월, 19기 중앙기율검사위원회 3차 전체회의에서 표적치료와 정확한 처벌을 견지해야 한다면서 18차 당대회 이후 조사한 중점 대상에 초점을 맞춰 전반 국면과 국가안보에 관계된 중대한 프로젝트와 분야, 핵심 직위를 주시해 부패문제가 있는 경우 적발할 때마다 단호하게 처벌해야 한다고 지적했다. 특히 금융분야 반부패 강도를 확대하고 금융시장 혼란상 배후에 있는 이익결탁과 유대관계에 초점을 맞춰 평지풍파를 일으

44 「시진핑의 당풍·청렴정치 확립 및 반부패 투쟁에 관한 논술 요약집」, 중앙문헌출판사, 중국방정출판사, 2015년판, 108면.

45 위의 책, 35면.

46 시진핑, 「18기 중앙기율검사위원회 제6차 전체회의에서의 연설」(2016년 1월 12일), 인민일보, 2016년 5월 3일, 2면.

키는 자본 '큰손'과 금융 감독관리기관 '내부 첩자'를 색출해야 한다고 말했다. 2월, 금융서비스 개선 및 금융리스크 예방을 주제로 한 19기 공산당 중앙정치국 제13차 집단학습을 주재하면서 "사람을 단속하고, 돈을 감시하고, 제도 방화벽을 단단히 해야 한다. 금융기관과 금융 감독관리 부처 주요 책임자와 고위직, 중견 관리자를 단속하고, 그들에 대한 교육과 감독관리를 강화하고, 금융 분야 반부패 강도를 강화해야 한다"고 강조했다.[47]

(4) '호랑이'와 '파리'를 함께 때려잡아야 한다

'호랑이(고위급 부패 관료)'와 '파리(하위직 부패 관료)' 함께 때려잡기는 부패를 엄벌하는 중요한 조치다. 엄격한 기율과 법에 의거하여 각종 부패 사건을 조사, 처리함에 있어 중대한 범죄 사건을 철저하게 조사해 지도기관과 지도간부 중에 발생한 직권남용, 수뢰·횡령, 부패·타락, 직무 태만, 독직 사건 등을 철저히 조사해야 할 뿐만 아니라 대중 주변에서 일어나는 부패문제를 해결하고, 대중의 이익을 훼손하는 각종 사건을 철저히 조사하고 처벌해 인민의 합법적인 권익을 확실하게 보호함으로써 청렴하고 공정한 간부, 청렴한 정부, 깨끗하고 투명한 정치를 이루기 위해 노력해야 한다. 2013년 1월, 시진핑 총서기는 18기 중앙기율검사위원회 2차 전체회의에서 처음으로 '호랑이'와 '파리' 함께 때려잡기를 견지해야 한다고 밝혔다.[48]

---

47 「시진핑, 중공중앙정치국 제13차 집단학습에서 공급측 구조개혁 심화 및 금융의 실물경제 서비스 능력 강화 강조」, 인민일보, 2019년 2월 24일, 1면.

48 「기율과 법에 의거해 부패를 엄중 처벌하고, 대중이 강하게 불만을 제기하는 두드러진 문제 해결에 힘쓰자」(2013년 1월 22일), 「18차 당대회 이후 주요 문헌 선집」(상), 중앙문헌출판

'호랑이 사냥'은 지도기관과 지도간부가 저지른 직권남용과 수뢰·횡령, 부패·타락, 직무 태만, 독직 등의 중차대한 범죄 사건을 철저히 조사해 처벌하는 것을 말한다. 18차 당대회 이후 중앙은 저우융캉 전 중국공산당 정치국 상무위원, 보시라이 전 충칭시 서기, 쉬차이허우 전 중앙군사위원회 부주석, 궈보슝 전 중앙군사위원회 부주석, 링지화 전 통일전선공작부장, 쑨정차이(孫政才) 전 충칭시 서기, 쑤룽(蘇榮) 전 전국인민정치협상회의 부주석 등의 규율과 법규를 심각하게 위반한 사건을 조사하여 사건에 연루된 인사들을 처벌함으로써 악영향을 전면적으로 몰아냈다. 18기 중앙기율검사위원회의 19차 당대회 업무보고에 따르면 18차 당대회 이후 당 중앙의 승인을 받아 조사한 성급·군단(軍團)급 이상 당원 간부 및 중관간부 440명을 처벌했는데 이 중 18기 중앙위원과 후보위원은 43명, 중앙기율검사위원회 위원은 9명이었다.[49] 19차 당대회 폐막 이후 2018년 말까지 31개 성·구·시의 사법, 금융, 환경보호, 안전감독, 스포츠 등 여러 분야에서 비리를 저지른 중관간부 77명을 조사해 처벌했다.[50]

'파리 사냥'은 대중의 주변에서 일어난 부패 문제 해결에 힘써 대중의 이익을 훼손하는 '미시적 부패' 사건을 철저히 조사해 처벌하는 것을 말한다. 2013년 1월, 시진핑 총서기는 18기 중앙기율검사위원회 2차 전체회의에서 대중 주변의 그릇된 풍조와 부패 문제를 특별히 강조하면서 지

사, 2014년판, 135면.

49 「18기 중앙기율검사위원회의 중국공산당 제19차 전국인민대표대회에 대한 업무보고」, 「19차 당대회 문건 모음집」, 인민출판사, 2017년판, 137면.

50 「반부패 투쟁의 압도적인 승리를 공고히 하고 발전시키자」, 중국기검감찰보, 2019년 2월 25일, 1면.

도간부의 규율과 법규 위반 사건을 엄중하게 조사해 처벌해야 할 뿐만 아니라 대중의 주변에 나타나는 그릇된 풍조와 부패 문제도 철저히 해결해야 한다고 강조했다.[51] 2016년 1월, 18기 중앙기율검사위원회 6차 전체회의에서 이렇게 강조했다. "'아득히 먼 곳에 있는' 호랑이에 비해 대중들은 눈앞에서 윙윙거리며 날아다니는 파리에 대해 느끼는 바가 더욱 실제적이다. '미시적 부패'는 인민의 이익을 훼손하고, 대중의 성취감을 갉아먹으며, 당에 대한 대중의 신뢰를 훼손한다. 기층의 비리 및 법 집행 불공정 같은 문제에 대해서는 성실하게 바로잡고 엄중하게 조사해 대중의 이익을 보호함으로써 인민들이 반부패와 청렴제창의 실제적인 성과를 체감할 수 있도록 해야 한다."[52] 19차 당대회 후 '대중 주변에서 일어난 부패 문제를 단속'하는 업무에 더욱 초점을 맞추고 심화하라고 주문했다. 2018년 1월, 19기 중앙기율검사위원회 2차 전체회의에서 '범죄조직' 척결을 위한 '소흑제악(掃黑除惡: 흑은 쓸어버리고 악은 제거하자)' 캠페인과 반부패를 접목해 범죄조직에 가담한 이들과 그 배후에 도사리고 있는 '비호세력'도 잡으라고 주문했다.[53] 2019년 1월, 19기 중앙기율검사위원회 3차 전체회의에서 대중 주변의 그릇된 풍조와 부패 문제에 칼을 빼들어 대중의 이익을 확실하게

51 「기율과 법에 의거해 부패를 엄중 처벌하고, 대중이 강하게 불만을 제기하는 두드러진 문제 해결에 힘쓰자」(2013년 1월 22일), 「18차 당대회 이후 주요 문헌 선집」(상), 중앙문헌출판사, 2014년판, 135면.

52 시진핑, 「18기 중앙기율검사위원회 제6차 전체회의에서의 연설」(2016년 1월 12일), 인민일보, 2016년 5월 3일, 2면.

53 「시진핑, 19기 중앙기율검사위원회 2차 전체회의 연설에서 19차 당대회 정신을 전면적으로 관철해 실행에 옮기고 마침표가 없다는 집념으로 종엄치당을 심화시켜 나가자고 강조」, 인민일보, 2018년 1월 12일, 1면.

보호해야 한다고 지적했다. 시·현 순찰과 기율검사위원회·감찰위원회(監察委員會)의 일상 감독을 깊게, 실제적으로, 세부적으로 하면서 실천 과정에서 대중 주변의 부패와 기풍 문제 단속 업무를 확대하고, 구체적인 사람과 사건에 착수하여 문제를 하나하나 해결해야 한다고 지시했다.[54] 각급 기검 부처는 대중 주변에서 발생하는 '4풍'과 부패문제를 주시해 많은 기층 당원과 간부들이 기율과 법규를 위반하거나 대중의 권익을 침해한 행위를 조사하여 하위직 '대탐관(大貪官)'을 색출했다. 18차 당대회 이후 5년 동안 전국에서 촌 당지부 서기와 촌위원회 주임 27만8천 명이 처벌 받은 것으로 집계됐다. 2017년 11월부터 2018년 연말까지 전국 기율검사기관 및 감찰기관(이하 '기검검찰기관')은 향과급 및 이하 당원 간부 73만1천 명을 처벌했다. 전국에서 발생한 대중 주변의 부패와 기풍 문제 23만5천 건을 조사해 30만9천 명을 처벌[55]하여 기층의 그릇된 풍조에 대해 지속적으로 억제력을 형성했다.

시진핑 총서기는 빈곤구제사업에 큰 중요성을 부여해 "빈곤구제사업은 실무적이어야 하고, 탈(脫)빈곤 과정은 착실해야 하며, 탈빈곤 결과는 진실해야 한다"[56]고 말했다. 중앙기율검사위원회는 빈곤구제 분야의 감독과 기율집행, 문책을 강화하고 빈곤구제 자금에 손을 대는 것은 절대 가만

---

54 「시진핑, 19기 중앙기율검사위원회 3차 전체회의에서 연설, '전면적 종엄치당에서 더 큰 전략적 성과 쟁취해 반부패 투쟁의 압도적인 승리를 공고히 하고 발전시켜야'」, 인민일보, 2019년 1월 12일, 1면.

55 「대중 주변의 부패와 기풍 문제를 철저히 바로잡자」, 중국기검감찰보, 2019월 3월 2일, 1면.

56 시진핑, 「극빈곤 지역 빈곤퇴치 사업 좌담회에서의 연설」(2017년 6월 23일), 인민일보, 2017년 9월 1일, 2면.

두지 않을 것이며, '숫자놀음' 탈빈곤이나 '허위' 탈빈곤 문제, 비실무적이고 착실하지 않은 빈곤구제사업, 진실하지 않은 탈빈곤 결과, 문제를 발견하고도 시정하지 않은 행위에 대해서는 엄중하게 책임을 물을 것이라고 밝혔다. 2016년 이후 빈곤구제 분야의 부패 문제 단서와 관련해 여러 차례 회전식 집중 단속을 펼치고 대중 주변의 그릇된 풍조와 부패 문제 관련 민원이 많은 21개 현과 시, 기(旗)를 집중적으로 조사했다. 이 가운데 국가빈곤구제개발업무 중점현인 11곳에 대해서는 구제물자 횡령·유용, 구제금을 중도에서 가로채 사사로이 분배, 친인척·지인에게 특혜 제공, 빈곤구제 자금을 허위로 보고하거나 다른 사람의 이름을 사칭하여 수령하는 등의 두드러진 문제를 중점적으로 단속했다. 또 자금·자산·자원 관리, 민생 혜택, 토지 징수 등 분야에서 일하는 기층 간부들이 '날아가는 기러기의 털을 뽑듯' 탐욕스러운 행동을 일삼거나 직책을 이용한 금품·향응 요구, 강제 점령·약탈 행위를 엄중하게 조사해 처벌했다. 중앙순시조는 중앙빈곤구제개발업무회의 정신 관철 상황을 민생 부처와 빈곤 성(省)을 순시하는 중점 내용으로 삼았고, 각급 순시기관은 빈곤구제정책과 자금, 프로젝트 이행 상황에 대해 특별 순시와 순찰을 펼쳤다. 2017년 연말, 중앙기율검사위원회와 허베이성 기율검사위원회는 방문 조사, 특별 조사, 순시 순찰을 통해 장자커우(張家口) 및 웨이(蔚)현, 캉바오(康保)현이 빈곤구제 분야에서 기율 및 법규 위반 문제가 심각하고, 주체적 책임이 결여되고, 업무 기풍이 착실하지 않으며, 탈빈곤 임무 이행이 미흡한 등의 문제를 적발해 관련 책임 기관과 책임자에게 엄중하게 책임을 물었다. 이외에도 중앙기율검사위원회는 2018년부터 2020년까지 빈곤구제 분야의 부패와 기풍 문제 특별 관리를 계속적으로 추진해 각급 당위원회, 정부 및 관련 직능 부처들이 탈빈곤

전면적인 종업처딩에는 마침표가 없다

정책의 정치적 책임을 성실히 이행하도록 촉진했다. 2018년 새로 개정한 〈중국공산당 기율처분조례〉는 빈곤구제 분야에서 대중의 이익을 침해한 행위를 한 경우 중징계 혹은 가중 처벌한다고 규정했다. 19차 당대회 이후 2018년 11월 기준 전국에서 빈곤구제 분야 부패와 기풍 문제 13만3100건을 조사해 18만100명을 처벌함으로써 빈곤구제 자금과 자원에 함부로 손을 댄 좀벌레 같은 존재들을 잡아냈다. 또 탈빈곤 정책의 주체적 책임과 감독 책임 이행이 미흡한 당원 지도간부 4만6100명을 함께 문책함으로써 강력한 억제력을 형성했다.[57]

　　19차 당대회 개최 이후 당 중앙은 전국적으로 사회정화 운동의 일환인 '소흑제악' 캠페인을 전개하기로 결정했다. 시진핑 총서기는 "흑악세력(범죄조직)이 장기간 군중 소동을 일으키고, 경영을 독점하고, 공갈 협박을 일삼고, 버젓이 도박장을 차리는 등의 불법 활동을 해도 인민들이 화는 내지만 무서워서 대놓고 말을 하지 못했다. 이들 배후에는 법 집행자들이 듣고도 못들은 척 방임하고 마땅히 하여야 할 일을 하지 않는 부작위 현상이 자리하고 있다. 일부 지방의 법 집행 부처는 심지어 범죄조직과 한통속이 되어 '비호세력' 역할을 한다"[58]면서 "법에 의거해 농촌 범죄조직 세력을 소탕하고, 범죄조직 소탕과 반부패, 그리고 기층의 '파리 사냥'과도 접목해야 한다"고 지적했다.[59] 중앙기율검사위원회는 〈소흑제악 소탕 전쟁

<hr>

57　「인민이 일상에서 전면적 종엄치당을 체감할 수 있도록 하다-19차 당대회 이후 전면적 종엄치당 성과 순시7」, 중국기검감찰보, 2019년 1월 10일, 1면.

58　시진핑, 「당의 전면적인 법치에 대한 지도 강화」, 구시, 2019년 4호.

59　「시진핑, 19기 중앙기율검사위원회 2차 전체회의연설에서 19차 당대회 정신을 전면적으로 관철해 실행에 옮기고 마침표가 없다는 집념으로 종엄치당을 심화시켜 나가자고 강조」, 인민일보, 2018년 1월 12일, 1면.

중 감독, 기율집행, 문책을 강화하는 것에 관한 의견〉(이하 '의견')을 발표했다. '의견'은 기검감찰기관에 직책 포지셔닝에 입각하고 문제 지향성을 견지해 범죄세력 소탕 캠페인과 반부패 '파리 사냥' 업무의 교집합을 정확하게 찾아 대중 주변에서 일어나는 당원과 간부, 기타 공권력을 행사하는 공직자가 조직범죄 및 부패에 연루됐거나, 당원과 간부, 기타 공권력을 행사하는 공직자가 범죄조직의 '비호세력' 역할을 하거나, 지방 당위원회와 정부, 정법기관, 관련 직능 부처 및 그 업무자들이 '조직범죄와의 전쟁' 추진 업무가 미흡한 등의 문제를 예의주시해 감독과 기율집행, 문책을 강화하라고 주문했다. 2018년 개정된 〈중국공산당 기율처분조례〉는 종족 세력이나 범죄조직 등을 등에 업고 대중을 괴롭히고 억압하는 행위 및 범죄조직의 활동을 방임하는 행위, 범죄조직을 위해 비호세력 역할을 하는 행위 등에 대한 처벌 규정을 추가해 '범죄와의 전쟁'에서 승기를 잡기 위한 강력한 규율 보장을 제공했다. 19차 당대회 이후 전국에서 조직범죄 부패 연루 및 '비호세력'에 사건 1만3879건을 조사해 1만415명에게 당 기율 처분과 행정처분을 내렸고, 1,899명을 사법기관에 송치한 것으로 집계됐다.[60]

19차 당대회 이후 '호랑이와 파리 함께 잡기'는 반부패의 키워드로 등극했다. 부패 처벌을 통해 반부패의 고압적 태세를 형성하면서 부패가 만연하는 추세가 효과적으로 억제되었다. 반부패에 대한 고압적 태세의 억제력 하에서 일부 기율 및 법규 위반자들은 주도적으로 문제를 보고하고 자수해 진심으로 참회하고 잘못을 뉘우침으로써 감독, 기율집행 업무

---

60 「반부패 투쟁의 압도적인 승리를 공고히 하고 발전시키자」,중국기검감찰보, 2019년 2월 25일, 1면.

전면적인 종엄치당에는 마침표가 없다

는 계속해서 양호한 정치적 효과와 법 집행 효과, 사회적 효과를 거두었다.

(5) 부패와 변질을 방지하는 사상적·도덕적 방어선을 구축해야 한다

18차 당대회 이후 시진핑 총서기는 반부패 및 청렴제창 교육을 매우 중요시하여 간부의 사상과 자질을 제고하고, 당원과 간부가 청렴하게 정무에 임할 수 있는 사상과 도덕적 기초를 다지며, 부패와 변질을 방지하는 사상적 및 도덕적 방어선을 구축하는 것을 당풍 개선과 청렴한 정치 풍토 확립, 반부패 투쟁의 기초적인 업무로 삼았다. 시진핑 총서기는 "반부패 및 청렴제창은 복잡한 시스템 공학인 만큼 동시다발적으로 진행하고 시책을 종합해야 한다. 하지만 사상과 도덕에서부터 착수해 기초적인 역할을 하도록 해야 한다"고 지적했다.[61]

1) 지도간부를 중점으로 하여 반부패 및 청렴제창 교육을 강화해야 한다

시진핑 총서기는 당원 지도간부의 부패와 변질을 방지하는 능력을 높이는 반부패 및 청렴제창 교육을 매우 중시했다. 그는 교육에서부터 착수하는 것을 견지해 교육과 지도를 통해 광범위한 당원과 간부들이 이상과 신념을 지키고, 공산당원의 정신적 터전을 굳게 지켜 나가도록 해야 하며, 당원과 간부들이 청렴하게 정무에 임할 수 있는 사상적 및 도덕적 기초를 끊임없이 다지고, 부패와 변질을 방지하는 사상적·도덕적 방어선을 구축하도록 해야 한다고 강조했다.[62]

61　「시진핑의 당풍·청렴정치 확립 및 반부패 투쟁에 관한 논술 요약집」, 중앙문헌출판사, 중국방정출판사, 2015년판, 140면.

62　위의 책, 141면.

시진핑 총서기는 "당원과 간부들에게 당성 수양과 사상적 각성, 도덕 수준은 당력(黨歷)이 늘어남에 따라 자연히 높아지는 것이 아니고, 연공서열에 따라 자연적으로 높아지는 것도 아니므로 평생 노력해야 한다"[63]고 거듭 경고하면서 "모든 지도간부에게 반부패 및 청렴제창을 정치 필수과목으로 삼아 성실하게 대해 권력이 개인이나 소수의 사람이 사적 이익을 도모하는 도구로 변하지 못하도록 하고, 공산당원으로서의 정치적 진면목을 영원히 간직하도록 요구해야 한다"고 말했다.[64]

시진핑 총서기는 자신의 경험과 접목하여 간부들과 흉금을 터놓고 교류했다. "갓 간부가 되었을 때 생선과 곰의 발바닥을 다 가질 수 없으므로 간부가 되면 부자가 될 생각을 하지 말아야 하고, 부자가 되고 싶으면 간부가 되지 말아야 한다는 이치를 깨달았다.[65] 한 사람이 청렴자율을 할 수 있느냐 없느냐에서 가장 큰 유혹은 자기 자신이며, 가장 이기기 어려운 적도 자기 자신이다. 자신을 이길 수 없으면 제도 설계를 아무리 촘촘하게 한다 한들 '법령이 많아질수록 도적(범법자)은 오히려 많아질 것(法令滋章, 盜賊多有)"이라고 말했다.[66]

시진핑 총서기는 간부들에게 마지노선을 지키고, 늘 경외심을 품어야 한다고 환기시키고, 공직자는 고위험 직업이므로 도처에 널린 사회의

---

63 시진핑, 「전국조직업무회의에서의 연설」(2013년 6월 28일), 당건연구, 2013년 8호.

64 「기율과 법에 의거해 부패를 엄중 처벌하고, 대중이 강하게 불만을 제기하는 두드러진 문제 해결에 힘쓰자」(2013년 1월 22일), 「18차 당대회 이후 주요 문헌 선집」(상), 중앙문헌출판사, 2014년판, 138면.

65 「시진핑의 당풍·청렴정치 확립 및 반부패 투쟁에 관한 논술 요약집」, 중앙문헌출판사, 중국방정출판사, 2015년판, 146면.

66 위의 책, 145면.

유혹을 방비해야 한다면서 "지조가 있어야 한다. 이는 방어선이다. 경계심과 두려움을 가져야 하고, 경외심을 가져야 한다.[67] 간부의 청렴자율 핵심은 마지노선을 지키는 데 있다. 사람 됨됨이, 처세, 권력 사용, 교제에 있어서의 마지노선을 지킬 수 있어야만 당과 인민이 자신에게 맡긴 정치적 책임과 자신의 정치 생명선을 단단히 지킬 수 있다"[68]고 거듭 강조했다.

2) 역사의 지혜를 거울로 삼아 청렴한 문화 분위기를 조성해야 한다

시진핑 총서기는 역사의 지혜를 운용해 청렴한 문화 확립을 추진하는 것을 매우 중시했다. 그는 "중국은 역사적으로 이런 분야의 많은 사상적 유산을 형성하고 남겼다"면서 "여기에는 봉건사회의 찌꺼기가 남아있기도 하지만 많은 관점은 지금도 여전히 시사적인 의미가 있다. 예를 들면, '정치란 올바름이다(政者, 正也), 당신이 통솔하기를 바른 것으로써 하면 누가 감히 바르게 하지 않겠는가(子帥以正, 孰敢不正)', '부귀하더라도 방탕하지 않고, 빈천하더라도 그 뜻을 바꾸지 않으며, 위협과 무력에도 굴복하지 않는다(富貴不能淫, 貧賤不能移, 威武不能屈)', '나랏일에 부지런하고, 집안에서는 검약한다(克勤于邦, 克儉于家)', '걱정이 없을 때 미리 경계하고, 법도를 잃지 않는다(儆戒無虞, 罔失法度)', '안일함에 빠져 놀지 말고, 즐겁다고 지나치게 빠지지 말라(罔遊于逸, 罔淫于樂)', '곧고 정직하면서도 온화하고, 대강대

67　「시진핑의 당풍·청렴정치 확립 및 반부패 투쟁에 관한 논술 요약집」, 중앙문헌출판사, 중국방정출판사, 2015년판, 147면.

68　시진핑, 「기율과 법에 의거해 부패를 엄중 처벌하고, 대중이 강하게 불만을 제기하는 두드러진 문제 해결에 힘쓰자」(2013년 1월 22일), 「18차 당대회 이후 주요 문헌 선집」(상), 중앙문헌출판사, 2014년판, 138면.

강 하면서도 원칙을 지키고 반듯하라(直而溫, 簡而廉)', '공정함에서 밝음이 나오고 청렴함에서 권위가 생긴다(公生明, 廉生威)'. '안일함과 욕심으로 나라를 다스리려 하지 말고 늘 조심하고 두려워해야 한다(無教逸欲有邦, 兢兢業業)' 등등이 있다. 우리는 옛 것을 오늘의 현실에 맞게 이용하고, 진부한 것은 버리고 정수를 취해 새롭게 창조함으로써 이러한 것들이 새로운 정세에서 반부패·청렴제창 교육 및 깨끗한 정치와 문화 확립의 중요한 자원이 되도록 해야 한다"고 지적했다.[69]

당풍과 청렴정치 건설, 반부패 투쟁을 심도 있게 추진하려면 중국 역사상 반부패 및 청렴을 제창한 소중한 유산을 거울로 삼아야 한다. 반부패와 청렴을 제창한 역사에 대한 연구, 고대의 청렴한 정치 문화에 대한 이해, 역사 속 반부패와 청렴제창의 성패와 득실을 고찰함으로써 깊은 시사점을 도출할 수 있을 뿐만 아니라 우리가 역사의 지혜를 활용하여 반부패·청렴제창 건설을 추진하는 데도 도움이 된다.

3) 반부패와 청렴제창을 위한 여론 유도 및 경각심을 일깨우는 교육을 강화해야 한다

반부패 투쟁이 심화됨에 따라 시진핑 총서기는 사회적으로 나타난 주의할 만한 여론 경향에 주목했다. 그는 "반부패는 대중의 이익과 무관하다", "반부패는 간부들이 복지부동하게 만든다", "반부패는 경제 발전에 영향을 끼친다", "반부패는 권력 투쟁이다", "반부패는 고삐를 늦추어야

---

69   「시진핑의 당풍·청렴정치 확립 및 반부패 투쟁에 관한 논술 요약집」, 중앙문헌출판사, 중국방정출판사, 2015년판, 139-140면.

전면적인 종엄치당에는 마침표가 없다

한다" 등등 잘못된 논조에 동조하는 사람들이 많다고 판단했다. 그는 "반부패 투쟁은 홍보와 여론 유도를 강화해야 한다. 모호한 인식과 잘못된 언론에 대해서는 분석과 식별, 계도를 강화하고, 잘못된 언론은 반박해 부정적인 정서를 해소하고, 편견과 오해를 없애야 한다. 중국공산당의 반부패는 상대를 봐가며 대우를 달리하는 '권세와 이익에 빌붙는 속물'도, 권모술수가 판치는 '하우스 오브 카드(House of cards)'[70]도 아니며, 시작은 있으나 끝이 없는 '미완성의 건물'도 아니라는 점을 분명히 밝힘으로써 반부패 투쟁을 위한 양호한 여론 분위기를 형성해야 한다"고 강조했다.[71]

경각심을 일깨우는 교육의 역할에 큰 중요성을 부여한 시진핑 총서기는 전형적인 부패 사건을 공개하거나 참회록 등의 방식을 통해 당원과 간부에게 경각심을 일깨우는 교육을 실시하고 억제력을 발휘하는 역할을 하라고 주문했다. 그는 "경각심을 일깨우는 교육을 강화하여 당원과 간부들의 경각심을 높이고, 마지노선을 명확히 하고, 경외심을 가지도록 함으로써 자발적으로 사상 측면에 레드라인을 긋고, 행위 측면에 한계를 명확히 하여 진정으로 법과 기율을 경외하고, 규칙을 준수하도록 해야 한다"고 강조했다.[72] 18차 당대회 이후 보시라이 전 충칭시 서기의 기율 및 법 위반 사건을 조사하고 공개 심판하여 전당 차원에서 경각심을 울리는 교육을 실시했다. 저우융캉 전 중국공산당 정치국 상무위원, 보시라이 전 충칭

70   옮긴이 주: 미국 동영상 스트리밍 업체 넷플릭스(Netflix)가 2013년~2018년 방영한 73부작 정치 드라마.

71   시진핑, 「18기 중앙기율검사위원회 제6차 전체회의에서의 연설」(2016년 1월 12일), 인민일보, 2016년 5월 3일, 2면.

72   시진핑, 「당의 군중노선 교육실천활동 결산 회의에서의 연설」(2014년 10월 8일), 인민일보, 2014년 10월 9일, 2면.

시 서기, 쉬차이허우 전 중앙군사위원회 부주석, 궈보슝 전 중앙군사위원회 부주석, 링지화 전 통일전선공작부장, 쑨정차이 전 충칭시 서기 등이 기율과 법을 심각하게 위반한 사건을 철저히 조사, 처벌하여 엄격한 정치기율과 규범을 강조하고, 분명한 태도로 정치를 중시하고 기율을 엄격하게 다잡는 분위기를 조성하였다. 기율과 법을 위반한 전형적인 사건을 깊이 분석하는 것을 통해 기율과 법규를 위반해 수렁에 빠진 반면교사의 교훈을 들려주어 이를 거울로 삼아 자발적으로 자신을 단속하게끔 함으로써 '일벌백계'의 효과를 거뒀다. 중앙기율검사위원회 선전부와 중국중앙(CC)TV방송국이 공동 제작해 방송한 다큐멘터리 〈기풍 확립은 영원히 길 위에 있다〉, 〈이 길은 영원히 길 위에 있다〉, 〈쇠를 벼리려면 자신부터 단단해야 한다〉, 〈순시의 예리한 검〉, 〈적색수배령〉 등은 지도간부들이 기율과 법규를 위반한 전형적인 사건들을 다루었는데 몇몇 사건은 사건 당사자가 직접 출연해 자신의 경험을 들려주기도 했다. 아울러 이들 사건에 대해 깊이 있게 평가·분석하고, 경각심을 일깨우는 교육을 통해 당원과 간부들이 정치기율과 정치규범을 엄수하고, 이상과 신념의 근간을 지키도록 했고, 인민들이 당에 대한 자신감과 신뢰를 확고하게 하도록 이끌어 전면적인 종엄치당을 위해 양호한 여론 분위기를 형성하였다. 이외에도 중앙기율검사위원회는 기율집행 심사에서 당규약과 당규, 당 기율 교육을 통해 간부를 구해 냈고, 심사 대상들로 하여금 입당선서를 되새기도록 함으로써 '격정을 불태웠던 시절'에 대한 그들의 기억을 소환했다. 조사와 처벌을 받은 중관간부들은 자신의 기율과 법규 위반 행위에 대해 깊이 분석하고 참회문을 썼다. 중앙기율검사위원회가 중앙의 지시에 따라 18차 당대회 이후 조사와 처벌을 받은 중관간부들의 참회문을 책으로 엮어 당내에 비치해 열

람하도록 함으로써 당원과 간부들이 기율과 법규 위반으로 인해 조사와 처벌을 받은 중관간부들의 뼈아픈 교훈을 되새기도록 하였다.

3. 해외 도피사범 검거 및 은닉자산 환수를 강화해야 한다

반부패 해외 도피사범 검거 및 은닉자산 환수 업무 강화는 당 관리와 통제, 전면적인 종엄치당을 견지하고 부패 현상이 만연하는 추세를 억제하는 중요한 조치이자, 반부패 투쟁의 중요한 일환이다. 18차 당대회 이후 시진핑 총서기는 세계 반부패 전쟁의 전반에 눈을 돌려 국제 및 국내 반부패 투쟁의 관계를 정확하게 처리하면서 반부패 투쟁을 국제사회로 연장해 해외 도피사범 검거 및 은닉자산 환수를 중국공산당 반부패 투쟁의 총체적인 전략적 포석에 포함시켰다. 이를 통해 부패사범이 해외로 도피하는 퇴로를 차단함으로써 국제 반부패 도덕과 정의의 고지를 선점하고, 부패 확산 추세를 효과적으로 억제했으며, 반부패 투쟁을 심화시켰다. 19차 당대회 보고는 반부패 문제에서 중국공산당의 입장과 결심, 자신감을 세계에 피력했고, "부패사범이 어디로 도망가더라도 검거하여 법의 심판을 받게 하겠다"[73]고 강조했다. 시진핑 주석을 필두로 한 당 중앙의 지도 아래 반부패 국제 공조가 심화되면서 해외 도피사범 검거 및 은닉자산 환수는 새로운 장을 열었다.

---

73 시진핑, 「전면적인 샤오캉 사회 실현으로 신시대 중국 특색 사회주의의 위대한 승리 쟁취-19차 당대회에서의 보고」(2017년 10월 18일), 「19차 당대회 문건 모음집」, 인민출판사, 2017년판, 54면.

(1) 반부패 투쟁을 총체적 포석에 포함시켜야 한다

시진핑 총서기는 부패와의 전쟁에서 맞닥뜨린 새로운 상황에서 출발해 해외 도피사범 검거 및 은닉자산 환수 업무를 국가 정치 및 외교 차원으로 끌어올려 반부패 투쟁의 총체적인 포석에 포함시키고, 해외 도피사범 검거 및 은닉자산 환수를 반부패 투쟁의 중요한 일부분 및 부패 만연을 억제하는 중요한 일환에 포함시키면서 도피사범 검거 및 은닉자산 환수 추진은 새로운 단계에 진입했다.

반부패 강도를 끊임없이 확대하자 일부 부패사범은 해외 도피를 퇴로로 삼았다. 18차 당대회 이후 처리한 부패 사건 가운데 많은 사람들이 해외 도피를 퇴로로 삼았는데 일부는 최후에 미수에 그치기도 했지만 모두가 이런 계획을 가지고 있었다. 인민들은 이런 현상을 극도로 증오한다. 부정부패 인사가 해외로 도피하는 퇴로를 차단하지 못하면 전체 반부패 사업의 성과에 직접적인 영향을 끼치게 된다. 2014년 1월, 시진핑 총서기는 18기 중앙기율검사위원회 3차 전체회의에서 해외 도피사범 검거 및 은닉자산 환수 업무에 대해 방향을 제시했다. 그는 해외 도피사범 검거 업무를 잘 하는 것과 관련해 각 유관 부처는 교섭 강도를 확대해 외국이 부패 관료들의 도피처(safe heaven)가 되지 않도록 해야 하고, 부패사범들이 설령 세상 끝까지 도망가더라도 그들을 송환해 법의 심판을 받도록 해야 하며, 5년, 10년, 20년이 걸려도 추적해 부패사범의 퇴로를 끊어야 한다[74]고 주문했다. 10월에는 18기 공산당 중앙정치국 상무위원회 제78차 회의에서 반

---

74 「시진핑의 당풍·청렴정치 확립 및 반부패 투쟁에 관한 논술 요약집」, 중앙문헌출판사, 중국방정출판사, 2015년판, 98면.

부패 해외 도피사범 검거 및 은닉자산 환수 업무가 직면한 형세를 분석했다. "이 몇 년 당원과 간부가 재산을 해외로 빼돌리는 일이 수시로 발생하고 있다. 어떤 부패 정치인은 우선 '뤄관'을 하다가 분위기가 심상치 않으면 바로 외국으로 튀려고 작정하고 있다. 어떤 '뤄관'은 국외로 도망가 법망을 피해 호화저택과 고급차를 구매하는 등 돈을 물 쓰듯 쓴다. 어떤 '뤄관'은 국외에서 신분세탁 후 현지선거에 출마하기도 한다. 최근 몇 년 우리는 중요한 해외도주범을 체포해 송환했지만 전체적으로 보면 아직도 도주한 사람에 비해 체포된 사람이 적어 도주범 추적 업무가 매우 어렵고 막중하다"[75]고 지적했다. 회의는 해외 도피사범 검거 및 은닉자산 환수 업무에 대해 연구를 하고 반부패 및 해외 도피사범 검거 및 은닉자산 환수 업무는 당의 자체적인 관리와 종엄치당을 견지하고, 부패현상 만연 추세를 억제하는 중요한 조치라고 강조했다. 같은 달, 당 18기 4중전회는 중요한 정책을 결정하고, "반부패 국제 협력을 강화해 해외로 도피한 부패사범 검거 및 은닉 재산 환수, 송환 인도 강도를 확대해야 한다"[76]고 밝혔다. 2017년 1월, 18기 중앙기율검사위원회 7차 전체회의에서 시진핑 총서기는 "도피사범 검거와 은닉자산 환수를 반부패 업무의 전체적인 포석에 포함시키고, 천망행동(天網行東, 하늘 그물·sky net)을 펼쳐 호랑이와 파리, 여우를 잡고, 도피 방지와 검거라는 두 마리 토끼 잡기를 견지해야 한다"면서 "하늘의 그

75　「시진핑의 당풍·청렴정치 확립 및 반부패 투쟁에 관한 논술 요약집」, 중앙문헌출판사, 중국방정출판사, 2015년판. 23면.

76　시진핑, 「전면적인 법치 추진을 위한 몇 가지 중대 사안에 관한 중공중앙의 결정」, 「18차 당대회 이후 주요 문헌 선집」(중), 중앙문헌출판사, 2016년판, 181면.

물망은 성글어도 빠뜨리는 게 없다"[77] 지적했다. 당 중앙의 강력한 지도 아래 각급 당위원회는 전면적인 종엄치당의 주체적 책임을 이행하고, 도피사범 검거와 은닉자산 환수를 펼치는 동시에 감히 도피할 엄두를 내지 못하고, 도피할 수도 없는 도피 방지를 위한 제도적 장치 구축에 힘썼다.

도피사범 검거 및 은닉자산 환수 업무 강화는 부패사범에게 그들의 퇴로를 차단하겠다는 강력한 신호를 보낸 것으로 부패사범에게 강력한 억제력을 형성해 부패 현상이 만연하는 추세를 억제했다. 해외로 도피한 부패사범을 검거하고 은닉자산을 환수하는 업무를 반부패 업무의 또 다른 중요한 전쟁으로 삼고, 이를 국내의 당 분위기와 기강 바로잡기, 반부패 및 탐관오리 처벌과 동시에 추진해 반부패의 완전한 사슬을 형성함으로써 무관용의 태도로 부패를 처벌하겠다는 결심을 국제사회에 보여주었고, 동방대국으로서 지녀야 할 자세와 책임을 보여주었다. 도피사범이 한 명이라도 있는 한 도피사범 검거 및 은닉자산 환수 업무는 영원히 멈추지 않는다. 부패사범이 세상 끝까지 도망가더라도 법의 심판을 받도록 해야 하며, 부패 관료들이 도피처에 숨거나 법망에서 빠져나가지 못하도록 해야 한다.

(2) 도피사범은 '반드시, 끝까지' 검거해야 한다

시진핑 총서기는 부패사범이 생존하는 국제적 공간을 축소시키는 필요성에서 출발해 업무 메커니즘, 경로, 수단 등 분야에서 강도를 확대하는 데 힘썼다. 아울러 중대 특별 행동을 실시하고, 해외 도피사범 검거 및 은닉자산 환수를 펼쳐 부패를 처벌하는 그물망을 전 세계에 깔아 도주한 부

---

77 「적색수배령」, 중국방정출판사, 2019년판, 207면.

전면적인 종엄치당에는 마침표가 없다

패 관료들이 숨을 곳이 없게 만들고, 국외로 도망가려는 환상을 버리도록 함으로써 국내 반부패와 해외 도피사범 검거·은닉자산 환수가 상호 연동하는 반부패의 새로운 국면을 형성하였다.

첫째, 해외 도피사범 검거 및 은닉자산 환수 협조 메커니즘을 완비했다. 2014년 3월, 중앙기율검사위원회는 내부기관을 통합해 국제협력국을 설립했다. 5월, 중앙기율검사위원회는 중앙 국가기관 관련 부처 해외 도피사범 검거·은닉자산 환수 업무 좌담회를 개최했다. 6월, 중앙 '반부패협조그룹(Anti-Corruption coordination group)'은 당 중앙의 결정과 배치에 따라 해외 도피사범 검거 및 은닉자산 환수 업무 중의 중대한 문제를 연구하고 해결해 집중적이고 통일적이며 효과적으로 소통되는 협업 메커니즘 구축했다. 중앙의 결정을 거쳐 '중앙 반부패협조소조 해외 도피사범 검거·재산환수 업무 판공실'이 출범했다. 사정기관인 중앙기율검사위원회가 주도하고, 최고인민법원, 최고인민검찰원, 외교부, 공안부, 국가안전부, 사법부, 인민은행 등이 참여하여 과거 여러 부처의 무분별한 관리, 책임 소재 불명확, 협력 미흡 등의 구도를 바꾸었다. 10월, 최고인민법원과 최고인민검찰원, 외교부와 공안부가 공동으로 〈해외 도피 범죄 용의자 자수 독촉에 관한 공고〉를 발표했다. 중앙과 지방 반부패협조그룹은 조직적인 협업을 강화하고 임무 분담을 명확히 하면서 도피사범 검거 및 은닉자산 환수 협업 메커니즘을 완비해 나갔다. 31개 성·구·시와 신장생산건설병단(新疆生産建設兵團, XPCC)도 성과 지급시(地市) 차원의 도피사범 검거 및 은닉자산 환수 기구를 설립해 도피사범 검거 및 은닉자산 환수를 반부패 업무의 총체적 포석에 포함시켰다. 중앙에서 지방에 이르기까지 각 관련 부처가 총괄적으로 협력해 보조를 맞추는 한편 인원을 분산 파견해 각자의 우위를 발휘하면서 상하 연동, 국내-외국의 공조에 성공해 통일적인 협업 하에 합동 작전의 업무 메커니즘을 형성하고 공동으로 전방위적인 도피사범 검거망을 구축했다.

둘째, 해외 도피사범 검거 및 은닉자산 환수 중대 특별 행동을 실시했다. 2015년 4월 22일, 중국은 인터폴(ICPO)을 통해 발표한 적색수배령을 집중적으로 공개해 해외로 도피한 직무 범죄 용의자 100명의 신원을 공개했다. 2015년 이후 '반부패협조소조 해외 도피사범 검거·재산환수업무 판공실'은 4년 연속 '천망행동'을 펼치면서 협업과 협력이 점점 더 원활해졌다. '천망행동' 산하에 다양한 특별행동을 설치했다. '여우사냥(獵狐)' 작전은 공안부가 주도했다. 직무상 범죄 해외 도피사범 검거 및 은닉자산 환수 특별 행동은 최고인민검찰원이 주도했다. 페이퍼 컴퍼니와 지하 사설 금융기관인 '지하은행'을 이용, '검은돈(black money)'을 해외로 빼돌리는 것을 소탕하는 것은 중국인민은행이 공안부와 함께 주도했다. 규정을 위반하고 개인 여권과 비자를 발급받아 소지하고 있다가 해외로 도주한 부패사범 특별 수사는 중앙조직부와 공안부가 합동으로 진행했다. 불법소득 몰수 절차를 적용해 재산을 환수하는 특별행동은 최고인민법원이 최고인민검찰원 및 공안부와 주도해서 펼쳤다. 각 부처들이 각기 다른 부분에서 협동해 국외로 도주한 부패사범의 생존 공간을 전방위적으로 압축했다. 도피사범들이 대거 검거되면서 막강한 억지효과를 만들어냈다.

셋째, 해외 도피정보 통계 보고제도를 구축했다. 해외 도피사범 검거 및 은닉자산 환수는 국내에 기반을 두고 국외로 도피한 부패사범을 대상으로 했다. 어떻게 도망갔는지, 여권은 어떻게 발급받았는지, 돈은 어떻게 빼돌렸는지, 도망간 후 어떻게 생활했는지 등의 세부적인 문제를 확실

전면적인 종엄치당에는 마침표가 없다

히 파악하기 위해 '반부패협조소조 해외 도피사범 검거·재산환수업무 판공실'은 해외 도피 당원 및 국가 공직자 정보 관리 시스템을 구축했다. 이에 맞춰 중앙에서 현 1급까지 해외 도피사범 통계보고 제도를 출범해 과거 해외 도피사범 정보와 관련, 세 차례에 걸쳐 철저히 조사하고 재확인했다. 새로 발생한 사건에 대해서는 즉시 보고하고 정보 동향을 업데이트하라고 지시해 해외로 도피한 부패사범의 상황에 대해 숫자를 정확하게 파악하고 상황을 훤히 꿰뚫었다. 책임추궁제도를 마련해 도피사범이 소재한 당조직이 도피사범 검거 책임을 수행했다. 중앙 반부패협조소조는 공개 폭로된 사건 100건을 입건 속지에 따라 성, 자치구, 시로 분산해 사건을 기한 내에 처리하라고 독촉했다. 각급 당위원회는 주체적 책임을 이행해 도피사범 검거 및 은닉자산 환수 업무에 대한 지도를 강화했다. 각 성급 반부패협조소조는 중점 사건을 수사해 집중적으로 해결함으로써 해외 도피사범 검거 및 은닉자산 환수 업무를 펼치는데 기초를 다졌다.

넷째, 일상 감독관리를 강화했다. 추적은 동태적인 과정이고, 도피 방지는 일상적인 임무다. 18차 당대회 이후 도피사범 추적과 도피 방지라는 두 마리 토끼 잡기를 견지하고 도피 방지 절차를 설치했다. 한편으론 정기적으로 '뤄관(裸官)'을 정리해 개인 관련 보고 상황을 조사하고, 여권과 비자 발급 및 심사 보고 제도를 엄격하게 집행했다. 2014년 중앙조직부가 뤄관 문제에 대해 관리방법을 하달했다. 관리방법은 5종류 직위의 뤄관은 재직하지 못하도록 명확히 규정했고, 각 지역은 규정에 따라 관련자에 대한 직책 조정을 실시했다. 2017년 새로 개정된 〈지도간부의 개인 관련사항 보고 규정〉이 발표되면서 지도간부들은 매년 규정에 따라 가정 상황과 해외 자산 상황 등을 사실대로 보고해야 했다. 보고에 대해 정기적으로 조사해 사실이 아닌 보고가 발견되면 즉시 처벌했다. 다른 한편으로 페이퍼 컴퍼니나 '지하은행'을 이용해 '검은돈'을 빼돌리는 것을 소탕하는 특별작전을 펼쳤다. 2018년 12월 기준 지하 사설 금융기관 사건 1500여 건을 수사해 범죄 용의자 3천400여 명을 체포했고, '지하은행' 소굴 3천100여 개를 소탕했다. 사건 관련 거래금액은 1조 위안[78]이 넘었으며, '100명 적색 수배자'들이 '검은돈'을 이전한 중대한 '지하은행' 사건도 특별 작전 중에 해결되었다. 국내에서는 제방을 쌓아 블랙머니가 해외로 빠져나가지 못하도록 방지하는 동시에 국제자금세탁방지기구(FATF)와 공조를 강화했다. 중국인민은행은 각 금융기관에 금융 서비스를 제공하는 동시에 고객 신원에 대한 자산실사, 거액의 의심 거래에 대한 보고제도 등의 조치를 포함, 자금세탁방지 직책을 이행하라고 주문했다. 인민은행 자금세탁방지 모니터링 분석센터는 40여 개국 및 지역과 금융정보교류협력 양해각서를 체결해 국경 간 불법 소득 이전 행위에 대해 명확한 위협과 억제 역할을 했다. 효과적인 조치와 메커니즘을 통해 사람, 여권과 비자, 돈을 단속해 부패사범의 해외 도피와 검은 돈의 해외 유출을 강력하게 억제함으로써 감히 도피할 엄두를 내지 못하고, 도피할 수도 없는 효과적인 메커니즘을 구축했다.

다섯째, 국제 규칙과 국제기구의 상황에 대한 연구를 강화했다. 시진핑 총서기는 "국제 규칙과 국제기구의 상황에 대한 연구를 강화해 유관 국가의 관련 법률과 인도, 송환 규정을 깊이 이해하고 숙지해야 한다. 국제 반부패의 최신 동태를 즉시 이해하고 숙지해 도피사범 검거와 은닉자산

---

78   「적색수배령」, 중국방정출판사, 2019년판, 222면.

전면적인 종엄치당에는 마침표가 없다

환수 업무의 타겟성을 높여야 한다.[79] 각 지역과 부처는 지시 정신을 성실하게 관철하고 역량을 통합하여 작전의 시너지를 형성하는 동시에 국제사회와의 법 집행, 사법 협력을 강화해 넓고 큰 그물망을 함께 깔아야 한다"고 명확하게 지시했다.

여섯째, 여론 홍보를 강화했다. 중앙 매체는 즉시 발표를 통해 해외 도피사범의 기율과 법 위반, 도피 징벌의 진면목을 폭로했다. 증거가 확실하고, 죄질이 분명한 일부 해외 도피사범은 이름을 공개하고 노출하여 세계 어디에서나 지탄을 받도록 함으로써 강한 억제력을 형성했다. 중앙기율검사위원회 홈페이지가 2014년 12월 9일 국내외 제보 사이트를 개설한 이후 국내외 인사들이 국외로 도망간 당원과 공직자 관련 단서를 적극적으로 제보했다. 2017년 6월 기준 '100명 적색 수배자' 60여 명의 제보를 받았는데 많은 단서들이 매우 높은 조사성을 띠고 있었다. 이들 제보 단서는 '100명 적색 수배자' 사건 중 중요한 역할을 했다.[80] 2017년 4월 27일 중앙'반부패협조소조 해외 도피사범 검거·재산환수업무 판공실'은 최초로 공고 형식으로 공개한 '100명 적색 수배자' 22명의 은닉 단서를 구체적인 국가, 도시, 거리 등의 정보까지 상세하게 공개해 국내외의 광범위한 주목을 받았다.

아울러 중앙'반부패협조소조 해외 도피사범 검거·재산환수업무 판공실'은 이미 검거한 '100명 적색 수배자' 중 40명의 후속 작업 진전 상황

---

79 「시진핑의 당풍·청렴정치 확립 및 반부패 투쟁에 관한 논술 요약집」, 중앙문헌출판사, 중국방정출판사, 2015년판, 101면.

80 「국내외 인사, 도피사범 검거 및 재산환수에 적극 동참해 '100명 적색 수배자' 중 60여명 적발」, 중국기검감찰보, 2017년 6월 29일, 1면.

을 발표했다. 검거한 해외 도피 사범은 형량 면에서 다소 차이가 있었다. 중죄는 중형을 내리고, 경범죄는 경형을 내리며, 처벌과 범죄 통일, 죄와 형량에 걸맞은 죄·책임·형량 통일 원칙을 구현해 공정한 법 집행 이념을 드러냈을 뿐만 아니라 도피자들에게 빨리 자수해 관대한 처분을 받으라는 시그널을 보냈다.

(3) 반부패 국제 교류와 협력을 추진해야 한다

시진핑 총서기는 반부패 국제 교류와 협력을 매우 중시했다. 18차 당대회 이후 해외 순방이나 국제회의 참석, 정상 회담, 인터뷰, 연설 발표 등 참석한 중요한 외교 행사에서 100번 가까이 반부패와 도피사범 검거 및 재산환수에 대해 중요한 논술을 발표해 도피사범 검거 및 재산 환수 업무를 위해 탄탄한 정치적 토대를 다졌다. 19기 중앙기율검사위원회 2차 전체회의에서 반부패 국제협력을 심화하고 도피사범 추적 및 도피 방지라는 두 마리 토끼 잡기를 견지하면서 해외 도피사범 적색 수배령을 계속적으로 발표해 반부패 종합 법 집행 국제 공조를 강화하는 한편 부패 범죄사범에 대한 억지력을 강화해야 한다고 강조했다.[81] 그는 조정 배치를 진두지휘해 일련의 반부패 국제 협력 이니셔티브와 도피사범 검거 및 재산 환수 국제협력 플랫폼을 구축할 것을 제안했고, 국제 반부패의 새로운 질서 구축을 주창해 국제 반부패 도덕와 정의의 고지를 선점했다. '유엔반부패협약(UNCAC)', APEC(아시아태평양경제협력체), G20(주요 20개국), 인터폴(국제형사경

---

81 「시진핑, 19기 중앙기율검사위원회 2차 전체회의연설에서 19차 당대회 정신을 전면적으로 관철해 실행에 옮기고 마침표가 없다는 집념으로 종엄치당을 심화시켜 나가자고 강조」, 인민일보, 2018년 1월 12일, 1면.

찰기구) 등 다자 플랫폼을 통해 양자 협력 메커니즘의 역할을 발휘하고 미국, 러시아, 영국, 캐나다, 호주, 싱가포르 등과의 협력을 강화하면서 도피사범 검거 및 재산 환수 업무 추진이 실효를 거두었다.

1) 반부패 추진이 국제 공조의 중요한 의제가 되었다

18차 당대회 이후 APEC 정상회의와 G20 정상회의, 중국-아프리카 협력포럼(CACF), 유엔, 미국, 영국, 호주, 뉴질랜드 등 외교 무대에서 시진핑 총서기는 주도적으로 반부패 국제협력 의제를 설치해 중국이 해외 도피 부패 사범 추적 및 재산 환수 강도를 확대하겠다는 태도와 주장을 표명함으로써 각국과 국제사회의 적극적인 호응을 이끌어냈다. 반부패 국제협력 다자 제도 성과는 풍성한 성과를 냈다.

2014년 11월, APEC 정상회의 기간 〈베이징 반부패 선언문〉을 발표했다. 이는 중국이 최초로 주도해 초안을 작성한 국제적 차원의 반부패 선언으로 역사에 새로운 한 획을 그었다. 2016년 9월, 항저우에서 G20 정상회의가 개최됐다. 시진핑 주석은 제2세션에 참석해 "부패는 세계 경제의 건강한 발전에서 좀벌레 같은 존재다. 반부패 문제에서 중국은 기치가 선명하고 태도가 결연하다. 올해 우리 G20 반부패 실무그룹은 적극적으로 업무를 펼쳐 부패원칙, 메커니즘, 행동 다방면에 착수해 훌륭한 성과를 거두었다. 우리가 오늘 회의를 통해 계속해서 반부패 분야의 공감대를 심화하고 청렴하고 공정한 발전 환경을 조성하길 희망한다.[82] 중국은 G20 반부패 실무그룹 의장국을 맡아 많은 중요한 성과를 이끌어냈고, 〈부패도피사

---

82 「시진핑, G20 항저우 정상회의 연설 선집」, 외문출판사, 2017년판, 40면.

범 및 자산회복 협력에 관한 G20 고위급 원칙〉과 〈2017-2018 G20 반부패 행동계획〉 채택을 이끌었으며, 국제 공조 3대 원칙인 '무관용, 무허점, 무장벽'을 독창적으로 제안해 반부패 글로벌 거버넌스 시스템의 혁신을 이끌어냈다"고 밝혔다. 2017년 5월 14일, 제1회 일대일로 국제협력 정상포럼(BRF) 개막식 기조연설에서 시진핑 주석은 "우리는 국제 반부패 협력을 강화해 '일대일로'가 청렴의 길이 되도록 해야 한다"[83]고 말했다. 제1회 BRF는 반부패 분야 협력 강화 등 많은 공통 인식을 달성했다. 11월, 제20차 중국-아세안 정상회의는 〈효과적인 반부패 협력을 전면적으로 강화하기 위한 중국-아세안 공동 성명〉을 발표했다. 2018년 7월, 브릭스 정상은 반부패 국제 협력 강화에 대해 중요한 공감대를 달성하고 이를 〈제10차 브릭스 정상회의 요하네스버그 선언〉에 포함시켰다. 9월, 베이징에서 열린 중국-아프리카 협력포럼 정상회의에서 참여국 정상들은 반부패 국제 공조 강화에 대해 중요한 공감대를 달성하고 이를 〈더욱 긴밀한 중국·아프리카 운명공동체 구축에 관한 베이징 선언〉 및 〈중국-아프리카 협력포럼 베이징 행동계획(2019년-2021년)〉에 포함시켰다. 두 건의 문건은 중국과 아프리카가 무관용의 태도로 부패를 처벌하겠다는 결심을 나타내 향후 중국과 아프리카의 반부패 교류와 협력을 한층 더 촉진할 것으로 전망된다.

2) 반부패 국제 양자 간 협력을 강화하였다.

반부패 해외 도피사범 검거 및 재산 환수 업무 천망행동의 조직은 국내 유관 부처의 협업에 기반한 것이자 국가 간의 우호 공조 덕분이기도 하

---

83 「시진핑 '일대일로' 국제협력 정상회의 연설」, 외문출판사, 2017년판, 10면.

전면적인 종엄치당에는 마침표가 없다

다. 18차 당대회 이후 중국은 도피사범 검거 및 재산 환수 조약 네트워크 건설에 속도를 내 26개국과 60차례에 걸쳐 협상을 하고, 조약 36건을 체결했다 2018년 12월 기준 중국은 77개국과 120건의 도피사범 검거 및 재산 환수 관련 조약을 체결해 글로벌 주요 국가의 도피사범 검거 및 재산 환수 조약 네트워크를 기본적으로 구축했다.[84] 아울러 〈유엔반부패협약〉 틀 하에 양자 간 협력을 강화해 미국, 캐나다, 호주 등 해외 도피 목적국과 반부패 법 집행 협력 메커니즘을 구축해 해외로 도피한 범죄자들을 검거했다. 교섭 강도를 확대하고 중점 사건을 해결해 해외 도피사범들이 환상을 접고 꿍무니를 빼도록 만들었다.

중국과 중점 국가의 반부패 협력은 중요한 진전을 거두었다. 2015년 10월 20일, 제10차 중·미 법 집행협력합동연락그룹(China-US Joint Liaison Group on Law Enforcement Cooperation) 반부패 실무그룹 회의가 베이징에서 개최됐다. 2015년은 중국과 미국이 반부패 법 집행 협력을 펼친 지 10년째 되는 해이다. 10년간 매 건의 새로운 합의들은 차근차근 진행되었다. 2014년부터는 눈에 띄게 속도를 냈다. 2014년 6월, 중미가 미국의 해외금융계좌신고법인 〈FATCA(Foreign Account Tax Compliance Act·해외금융계좌납세협력법)〉 시행에 대해 초기 합의를 이루면서 양국은 자국납세자의 해외 개인 계좌 정보를 상호 소통해 해외 불법재산환수 및 도피사범 검거의 데이터 지원을 제공했다. 10월, 중미는 부패 자산 조사, 추적, 동결, 추징, 반환 부분에서 교류와 협력을 하기로 합의하고 부패 범죄 자산을 중점적으로 추징 및 반환했다. 11월 〈베이징 반부패 선언〉을 발표했고, APEC 회원국인 미국도

---

84   「적색수배령」, 중국방정출판사, 2019년판, 82-83면.

x

〈베이징 반부패 선언〉에 서명했다. 같은 달 중미 정상은 베이징에서 회동 때, 도피사범 검거 및 재산 환수, 불법 이민자 송환 등 분야에서 대화와 협력을 계속해 나가기로 합의했다. 2017년 4월, 시진핑 국가주석은 미국 플로리다주 팜비치에 위치한 도널드 트럼프 미국 대통령의 개인 별장 마러라고(Mar-a-Lago) 리조트에서 트럼프 대통령과 정상회담을 하면서 "중국은 반부패에 총력을 기울이고 있다. 미국이 도피사범 검거 및 재산 환수 부분에서 중국에 더 많이 협조해주길 바란다"고 말했다. 이에 트럼프 대통령은 "미국은 도피사범 검거와 재산 환수 분야에서 중국의 노력을 지지한다"[85]고 화답했다. 미국 외에도 중국은 영국, 캐나다, 호주, 뉴질랜드 등과도 양자간 법 집행 협력 메커니즘을 구축하고 공동 조사, 신속 송환, 자산 추징의 신속 루트를 구축했다. 중국과 아프리카 여러 나라 간의 반부패 국제 공조도 더욱 긴밀해졌다. 2018년 12월 기준 중국은 아프리카 10개국과 양자간 형사사법공조조약을 맺었고, 아프리카 13개국과 양자간 '범죄인 인도 조약'을 체결했다.[86]

　　해외 도피사범 검거 및 재산 환수 업무는 중요한 성과를 냈다. 중국은 흔들림 없이 부패를 척결해 일거에 전략적 주도권을 잡음으로써 신형 대국 관계, 반부패 국제 협력 추진의 성의와 결심을 세계에 보여주어 국제 사회의 존중을 받았다. 도피사범 추적 분야에서 2014년~2018년 해외로 도피한 부패사범 5000여 명을 검거했다. 이 가운데 '100명 적색 수배자'는

85　「시진핑 주석, 도널드 트럼프 미국 대통령과 2차 정상회담 개최」, 인민일보, 2017년 4월 9일, 1면.

86　「적색수배령」, 중국방정출판사, 2019년판, 135면.

56명이었으며, 은닉 재산 100여억 위안을 환수했다.[87] 검거 장소는 6대주, 120여 개국과 지역에 포진되었다.[88] 검거한 도피사범의 수는 2014년 511명, 2015년 1,023명, 2016년 1,032명, 2017년 1,300명, 2018년 1,335명 등 매년 상승곡선을 이어갔다. 도피 방지 측면에서 사람, 돈, 물건 등 관건 단계를 예의주시해 물샐틈없는 수사망을 펴면서 해외 도피사범 수는 2014년 101명에서 2015년 31명, 2016년 19명, 2017년 4명으로 해마다 줄었다.[89] 도피사범 추적이 멈추지 않고 도피 방지에 해이하지 않으면서 과거 부패 관료들이 한번 도망가면 끝이었던 현상이 더 이상 나타나지 않았고, 규율과 법을 어긴 혐의를 받는 당원과 간부가 국외로 도피하는 추세가 효과적으로 억제되었다.

---

87   「적색수배령」, 중국방정출판사, 2019년판, 4면.

88   위의 책, 105면.

89   위의 책, 235면.

제5장

기율에 의하여 전체 당원을
잘 관리해야 한다

기강 확립은 종엄치당의 근본적인 해결책이다. 19차 당대회는 역사적 경험과 18차 당대회 이후의 기강 및 규율 확립에 대한 성과를 종합하고, 이를 당 건설의 종합적인 요구에 포함시켜 새로운 시대 당 건설을 위한 참신한 구도를 이루었다. 전면적인 기강 확립 강화는 시진핑 총서기의 종엄치당 이론과 실천의 중대한 혁신이다. 기율 교육 실시, 제도 개선, 기율 집행에 대한 철저한 감독, 엄격하고 공정한 규율로 모든 당원을 통제하는 것이 핵심이다. 기강 확립은 당 관리 및 운영의 중요한 초점이 되었을 뿐만 아니라 당 건설 강화의 하이라이트가 되었다. 중요성 측면에서 기강 확립의 기능적 역할을 강화하고, 기강 확립을 전면적인 종엄치당의 구도에 포함시킨다. 이념적으로는 규율에 의한 당 관리·통제를 제안한다. 법과 기율을 분리하고, 기율이 법보다 엄격하고 법에 우선하며, 법과 기율이 조화를 이루도록 한다. 기율을 당 관리와 통제의 최전선에 둔다. 내용면에서는 정치기율과 조직기율을 중점적으로 강화하고, 엄격한 청렴기율, 대중기율, 업무기율, 생활 기율을 시행하는 새로운 6가지 규율 구도를 형성한다. 실천을 위해 기강 확립의 방법과 공간을 지속적으로 심화·확대하고, 기율 교육과 집행을 강화한다. 감독 및 기율 집행에서 '4가지 형태'[1]를 제안함으로써 강철 같은 규율을 당원 및 간부들의 일상적인 습관과 자각적인 준수 사항으로 전환시켰다. 기강확립의 새로운 양상이 나타나고 있다.

1. 전면적인 종엄치당의 근본 정책

18차 당대회 이후 시진핑 총서기는 근본적인 당 관리·통제에 큰 중요성을 부여해왔다. 기율을 중시하고 엄하게 관리해 온 당의 우수한 전통을 바탕으로 기강 확립 강화를 근본 정책으로 삼고, 전면적인 종엄치당을 더 두드러지고 중요한 위치에 두어 기율을 통한 당 관리와 통제에 대한 기본적인 사고를 마련했다. 기강 확립이 당 건설에 포함되면서 당 관리 및 통제에서 점점 더 중요한 역할을 하고 있다.

(1) 엄정한 기율에서 기강 확립으로 승격되다

엄정한 기율은 중국 공산당의 우수한 전통이다. 엄정한 기율을 기강 확립이라는 새로운 차원으로 끌어올린 것은 시진핑 총서기의 전면적인 종엄치당에 대한 중요한 논술 가운데에서 참신한 개념이라 할 수 있다.

시진핑 총서기는 엄정한 기율은 당의 영광스러운 전통이자 유니크한 장점이라고 강조했다. 그는 엄정한 기율의 중요성에 대한 마오쩌둥, 덩

---

1   옮긴이 주: 첫째, 당내 관계 정상화, 스스로에 대한 반성을 정상적인 태도로 삼아야 한다. 둘째, 경징계 및 조직 처벌이 대다수가 되어야 한다. 셋째, 중대한 위반에 대한 중징계 및 직무 조정은 소수여야 한다. 네 번째, 심각한 위법으로 입건된 경우는 극소수여야 한다.

샤오핑 동지의 논술을 재천명하고, 새로운 역사 조건에서 중국공산당이 인민을 단합시키고 인솔하여 전면적인 샤오캉 사회를 건설하고, 기본적인 현대화를 실현하려면 강철같이 단단한 규율의 뒷받침이 필요하다고 강조했다. 이를 위해 그는 기강 확립 강화를 제안하고, 과거 엄정한 기율의 요구를 기강 확립의 차원으로 끌어올려 기강 확립을 일상화하고 규범화시킬 것을 강조했다.

시진핑 총서기는 18기 중앙기율검사위원회 2차 전체회의에서 가장 먼저 기강 확립 강화를 제의하고, "당이 직면한 상황은 더욱 복잡해졌고, 맡은 임무도 더 막중해졌다. 이럴 때 일수록 기강 확립을 더 강화하고, 당의 단결과 통일을 수호해야 하며, 당 전체가 의지를 결집하고 단합된 행동으로 보조를 맞추어 함께 나아가야 한다"고 지적했다.[2] 그는 18기 중앙기율검사위원회 3차 전체회의에서 간부에게 문제가 생기는 것은 기율을 지키지 못했기 때문이라고 지적하고, 기강 확립을 강화해야 하는 이유를 더 자세하게 설명했다. 당 19기 5중전회, 18기 중앙기율검사위원회 6차 전체회의에서 시진핑 총서기는 기율을 통한 당 관리와 통제를 위해 명확한 요구 사항을 제시했다. 기강 확립을 중요한 위치에 두고, 이를 이용해 전체 당원을 통제해야 한다. 기율과 규칙을 필두로 기율이라는 계척을 사용하기 위해서는 인격의 힘으로 당과 인민의 마음을 모아야 할 뿐 아니라 마지노선을 지키면서 당의 기율을 엄격하게 지키고, 절대 그 한계를 넘어서는 안 된다.[3] 각급 당조직은 기율 엄수와 엄격한 규칙을 중요한 위치에 두고

2 시진핑, 「정치 기율을 엄정히 하고, 당의 단결과 통일을 자발적으로 수호하자」(2013년 1월 22일), 「18차 당대회 이후 주요 문헌 선집」(상), 중앙문헌출판사, 2014년판, 31면.

3 「시진핑의 엄정한 당 기율과 규범에 관한 논술 요약집」, 중앙문헌출판사, 중국방정출판

확실하게 잡아, 당 전체가 기율을 지키고, 규칙을 따지는 분위기를 만들기 위해 노력해야 한다. 19차 당대회는 기강 확립을 처음으로 새로운 시대 당 건설의 총체적인 요구와 건설 구도에 포함시킴으로써 당 관리·통제의 방법과 초점을 더욱 뚜렷하게 만들었다.

(2) 엄격한 기율이 없는 종엄치당은 언급할 수 없다

기강 확립 강화는 해이해진 기율을 염두에 둔 것으로 강한 현실 지향성, 심오한 정치적 의도와 함께 깊은 현실적 고려를 보여준다.

시진핑 총서기는 소련 해체의 교훈을 통해 엄격한 기율이 없는 정당은 지리멸렬할 수밖에 없다는 중요한 결론을 도출했다. 2013년 1월 18기 중앙기율검사위원회 2차 전체회의에서 그는 소련 해체를 이용해 당 전체에 기강 확립에 주의를 기울이고 강화하도록 경고했다. "초창기 소련 공산당은 20만 명의 당원을 가지고도 정권을 잡을 수 있었고, 파시스트 침략자를 몰아낼 수 있었지만, 당원이 거의 2천만 명에 육박했을 때 정권을 잃고 스스로를 잃었다. 이유가 뭘까? 내가 보기에 가장 중요한 이유는 정치 기강이 흔들리고, 누구나 하고 싶은 말을 하고, 하고 싶은 대로 행동할 수 있었기 때문이라고 생각한다.[4] 8900여 만 명의 당원을 거느린 우리 당은 광활한 영토와 많은 인구가 살고 있는 개발도상국에서 집권을 하고 있다. 엄격한 당 기강을 확립하지 못한다면 당의 응집력과 전투력은 크게 약화되고, 당의 지도력과 집권 능력도 크게 줄어들게 될 것이다. 당 관리가 부족

사, 2016년판, 8면.

4   시진핑, 「정치 기율을 엄정히 하고, 당의 단결과 통일을 자발적으로 수호하자」(2013년 1월 22일), 「18차 당대회 이후 주요 문헌 선집」(상), 중앙문헌출판사, 2014년판, 34면.

하면 당을 엄격하게 통제할 수 없게 된다. 기강이 해이해지고, 조직이 흩어지면 올바른 기풍을 추켜세우지 못하고, 좋지 않은 풍조를 누르지 못하게 되며, 대중들이 강한 불만을 표출하는 당내 두드러진 문제를 적시에 해결하지 못한다면 문제가 더 커질 것은 자명하다"고 지적했다. 약한 조직 관념과 느슨한 조직 문제와 관련, 시진핑 총서기는 조직 관념과 조직 절차, 조직기율이 모두 엄격해야 한다고 강조했다. 엄격하지 않으면 흐트러진다. 느슨하고 엉성한 조직으로는 어떤 일도 할 수 없고, 이룰 수 없다.[5]

시진핑 총서기는 전면적인 종엄치당에서 기강 확립의 중요성을 강조하면서 당의 생사존망과 연관된 차원으로 끌어올렸다. 18차 당대회 이후 당 전체에서 절찬리에 방영된 TV 다큐멘터리 〈소련 해체 20년-러시아인들이 말한다〉가 공명을 일으키며, 당 전체는 기강 확립 강화에 대한 폭넓은 공감대를 형성했다.

(3) 전면적인 종엄치당은 기강 확립 강화에 중점을 둔다

당을 엄격하게 관리하고 다스리기 위해서는 무엇을 가지고 관리하고 통제할 것인가? 바로 엄정한 기율에 의해야 한다. 반드시 기강 확립 이행, 즉, 기강 확립 강화에 중점을 두어야 한다. 이는 시진핑 총서기가 제시한 종엄치당의 중대한 방침이자 원칙이다.

시진핑 총서기는 이상과 신념 교육에 대한 중국공산당의 강조를 바탕으로 당 관리·통제에서 기강 확립의 중요한 위치를 더욱 강조했다. 그는

---

5   시진핑, 「당의 조직기율을 엄정하게 하고 조직의 기율성을 강화하라」(2014년 1월 14일), 『18차 당대회 이후 주요 문헌 선집』(상), 중앙문헌출판사, 2014년판, 765-766면.

당원으로서 강철 같은 규율을 반드시 집행해야 한다고 강조했다. 2014년 5월 허난성 란카오현위원회 상무위원회 지도부 주제 민주생활회에 참석했을 때 "'이렇게 큰 정당이 스스로의 팀을 무엇으로 잘 관리할 수 있는가? 어떻게 도전과 위험을 극복할 수 있는가?'라는 질문에 대한 답은 바로 올바른 이론과 노선, 방침 및 정책 외에 반드시 엄격한 규범과 기율에 의해야 한다는 것이다. 우리가 이렇게 많은 요구를 제시한 이유는 다각적인 관리와 함께 겉으로 드러난 현상과 근원을 동시에 해결하기 위해서는 각오만으로는 부족하고, 반드시 엄격한 제약과 추진력이 있어야 하기 때문인데 그것이 바로 기율이다"라고 강조했다.[6] 2015년 1월 그는 18기 중앙기율검사위원회 5차 전체회의에서 엄격한 당 관리를 위해서는 기강을 엄격하게 해야 하고, 기강을 '허수아비'나 무용지물로 만들어서는 안 된다고 강조했다.[7] 10월 그는 청렴정치 준칙 및 당 기율 처분 조례 수정안 심의를 위한 18기 공산당 중앙정치국 상무위원회 제119차 회의에서 전면적인 종엄치당의 중점은 기강 확립 강화에 있다는 방침과 원칙을 분명하게 제시해 당 관리·통제 이론과 실천에서 중대한 돌파구를 마련했다.

2. 기율과 규칙을 전면에 내세워야 한다

기율과 법 분리는 전면적인 종엄치당의 중대한 이념적 혁신이고, 과

---

6 「시진핑의 엄정한 당 기율과 규범에 관한 논술 요약집」, 중앙문헌출판사, 중국방정출판사, 2016년판, 5면.

7 위의 책, 85면.

전면적인 종엄치당에는 마침표가 없다

거 당 건설에서 기율과 법이 분리되지 않았던 부분을 바로잡는 중요한 조치이며, 18차 당대회 이후 당 관리·통제 사상의 새로운 발전이다. 이로써 기율과 법의 분리를 이행하고, 기율이 법보다 엄격하고 기율이 법보다 우선하며, 기율과 규칙을 전면에 내세워 당을 관리하고 통제하는 새로운 사고를 확립했다.

(1) 법과 기율을 분리 시행한다

법과 기율 분리는 과거 당을 관리하고 다스리는 데 존재했던 두드러진 문제였다. 통계에 따르면 2003년에 발표된 〈중국공산당 기율처분조례〉의 총 178개 조항 중에서 70여 개 조항이 〈형법〉등 국가 법률과 중복된 것으로 나타났다. 이 조례에는 당의 기율 규정 뿐 아니라 법률 조항도 다수 포함하고 있어, 기강과 법률의 구분이 없었던 과거 당 관리·통제의 이해와 실천에 문제가 있음을 반영하고 있다.

18차 당대회 이후 시진핑 총서기는 당의 리더십과 법치와의 관계에 대한 깊은 고민을 통해 법과 기율이 분리되지 않는 문제를 해결하는 이념적 사고와 방법을 모색하기 위해 노력했다. 그 결과 법과 기율을 분리 실행하고, 규율에 의한 당 관리를 제시함으로써 당 관리 및 통제 전략에 대한 중대한 조정이 이루어졌다. 2015년 10월 그는 청렴정치 준칙 및 당 기율처분 조례 수정안 심의를 위한 18기 공산당 중앙정치국 상무위원회 제119차 회의에서 "과거 법과 기율이 분리되지 않았던 문제가 있었다. 공민이 위반할 수 없는 법률의 마지노선을 당조직과 당원의 기율 마지노선으로 삼아 당원에 대한 요구를 낮췄고, 결국 '기율 위반은 작은 일로 치부하고, 위법을 해야 처벌하며, 좋은 동지가 되거나 죄인이 되는' 결과를 낳게 되었다"고 지적했다. 이번에 두 법규를 개정하면서 국가 법률 및 법규와 중복되는 내용을 삭제한 것은 법이 이제는 필요 없다는 의미가 아니라 법이 이미 그 안에 포함되어 있기 때문에 기율은 기율로써 법보다 우선한다는 것을 강조하기 위해서라고 덧붙였다. 이는 18차 당대회 이후 제도 혁신의 또 하나의 성과라고 할 수 있다.[8] 기율과 법의 분리 제안은 기율에 의한 당 통제·관리와 법치와의 관계를 근본적으로 정리했을 뿐 아니라 기율에 의한 당 통제·관리에 대한 원칙과 방침을 마련했다.

(2) 법보다 기율을 우선으로 하고 엄격히 해야 한다

당 18기 4중전회에서 통과된 〈전면적인 법치 추진을 위한 몇 가지 중대 사안에 관한 중공중앙의 결정〉에서는 중국 특색 사회주의 법치 체계를 구축하고 사회주의 법치 국가 건설을 총목표로 전면적인 법치를 추진한다고 밝혔다. 즉, 중국공산당의 지도 아래 중국 특색 사회주의 제도를 고수하고, 중국 특색 사회주의 법치 이론을 철저하게 이행함으로써 완벽한 법률 규범 체계, 효율적인 법치 실시 체계, 엄격한 법규 감독 체계, 강력한 법치 보장 체계, 완벽한 당내 법규 체계를 형성한다. 아울러 당내 법규체계는 중국 특색 사회주의 법치 체계의 중요한 내용임을 명확하게 하고, 당규에 의한 당 관리와 법치를 유기적으로 통합하고 법과 기율의 분리에 대한 명확한 요구를 했다. 법과 기율 분리를 위해 기율과 법의 관계를 과학적으로 이해하고, 양자의 관계를 정확하게 처리할 필요가 있다. 이는 해결이 절실한

---

8 「시진핑의 엄정한 당 기율과 규범에 관한 논술 요약집」, 중앙문헌출판사, 중국방정출판사, 2016년판, 5면.

중대한 이론적이고 현실적인 문제이다. 이와 관련, 시진핑 총서기는 중국 특색 사회주의의 기본 국정을 바탕으로 중국 특색 사회주의 사업의 강한 지도 핵심인 중국공산당의 현실과 국정이념 체계 및 국정 능력 현대화 실현이 절실한 상황에서 기율이 법보다 우선하며 엄격해야 한다는 것을 창조적으로 제시했다.

당의 본질과 취지와 관련하여 2014년 10월 시진핑 총서기는 〈전면적인 법치 추진을 위한 몇 가지 중대 사안에 관한 중공중앙의 결정〉에 관한 설명에서 "법률은 전체 공민에 대한 요구이고, 당내 법규제도는 전체 당원에 대한 요구이며, 많은 부분에서 법보다 더 엄격한 요구를 하고 있다. 우리 당은 선봉대이므로 당원에 대한 요구를 더 엄격하게 해야 한다"고 지적했다.[9] 그는 당 18기 4중전회 제2차 전체회의에서 당규약 등과 같은 당규는 당원에게 법보다 더 높은 수준의 요구를 하고, 당원은 법률과 법규를 엄격하게 준수해야 할 뿐 아니라 당규를 엄격하게 준수함으로써 스스로에게 더 높은 요구를 해야 한다고 강조했다.[10] 2015년 1월 그는 18기 중앙기율검사위원회 5차 회의에서 당 기율은 레드라인이고, 처분은 징계라고 지적하고, 당 기율처분조례 개정 시 종엄치당과 기강 확립 강화에 대한 요구와 함께 국가 법률보다 엄격한 당 기율을 확립하고 특성을 살릴 것을 요구했다. 10월 새로 개정된 〈중국공산당 기율처분조례〉는 당의 정치기율, 조직기율,

---

9   「시진핑 '전면적인 법치 추진을 위한 중대한 문제에 관한 중공중앙의 결정'에 관한 설명」 (2014년 10월 20일), 「18차 당대회 이후 주요 문헌 선집」(중), 중앙문헌출판사, 2016년판, 150면.

10   시진핑, 「사회주의 법치 국가 건설에 박차를 가하자」(2014년 10월 23일), 「18차 당대회 이후 주요 문헌 선집」(중), 중앙문헌출판사, 2016년판, 188면.

청렴기율, 대중기율, 업무기율과 생활 기율에 위배되는 행위에 대한 처벌 규정을 중점적으로 다루었다. 당의 성격과 목표에 따라 기율이 법보다 엄격하고 기율이 법보다 우선한다. 당의 기율과 규칙을 전면에 내세워야 한다. 기율과 규칙을 통해 대다수를 통제하고, 모든 당원 간부들이 당의 기율과 규칙을 엄격하게 이행하고, 법률과 법규를 모범적으로 준수하도록 해야 한다. 2016년 1월 그는 18기 중앙기율검사위원회 6차 전체회의에서 "과거에는 위법의 정도가 아니면 모두가 '포용'하고, '관용'으로 넘어가고, 위법일 경우에는 알아서 하게 두는 현상이 있었다. 이는 당과 간부들의 무책임함을 보여준 것이다"고 지적했다. 문제가 있는 사람은 이미 그 전에 징후를 보일 것이다. 그들이 문제를 인식하고 해결할 수 있도록 적시에 도와주려면 기강이 먼저 확립되어야 한다. 여러 사례들을 통해 당원들의 '위법'은 '기율 위반'에서 싹튼다는 것이 증명되었다. 법보다 기율을 더 엄격하게 강화하고, 법보다 우선해야만 '규율 위반은 그냥 소소한 잘못이고, 처벌은 위법을 해야 받는 비정상적인 상황'을 극복할 수 있고, 기율을 통해 전체 당원을 통제하고 관리할 수 있다.[11] 기강 확립을 더 두드러지는 위치에 놓고, 기율이 법보다 엄격하고, 법보다 규율이 우선임을 유지하면서 제도를 완비해야 한다. 아울러 규율 교육을 깊이 있게 시행하고, 기율 집행에 대한 감독을 철저하게 하며, 기율에 대한 자각의식을 함양하도록 해야 한다. 2018년 7월 그는 공산당 중앙정치국 회의에서 새로 개정된 〈중국공산당 기율처분조례〉를 심의하면서 "기율을 엄격하게 집행하고, 기율 위반은

---

11   시진핑, 「18기 중앙기율검사위원회 제6차 전체회의에서의 연설」(2016년 1월 12일), 인민일보, 2016년 5월 3일, 2면.

반드시 조사하는 것이 정상이 될 수 있도록 제도를 구축하고, 규칙을 세우며, 이행하고 정착시키도록 노력함으로써 제도가 '날카로운 이가 자라나고', 기율이 '전기를 띠도록' 만들어 기강 확립이 근원과 곁으로 드러난 현상을 동시에 해결하는 도구로서의 역할을 충분히 발휘할 수 있도록 만들어야 한다"고 지적하고, 강철 같은 기율이 당원 및 간부들의 일상적 습관과 스스로 준수하는 사항이 되도록 만들어 전면적인 종엄치당의 종적 발전을 추진해야 한다고 덧붙였다.

시진핑 총서기는 기율이 법보다 우선하고 엄격해야 한다고 강조했다. 당원과 일반 대중을 구별해 당의 선진성과 순결성 및 기강을 부각시키고, 당원에 대한 높은 기준과 엄격한 요구를 반영함으로써 전면적인 종엄치당의 열쇠와 핵심을 붙들어야 한다.

(3) 기율 이행과 법 집행을 일관시켜야 한다

기율과 법은 변증적으로 통일되어 있다. 기율과 법의 분리에는 기율과 법의 통일이 내재되어 있고, 기율과 법은 중국공산당이 이끄는 중국 특색 사회주의 사업 및 당규에 의한 당 관리와 법치의 현대화 실천과 연결되어 있다. 이를 통해 시진핑 총서기가 변증법을 속속들이 알고, 변증적 사고에 능하다는 것을 알 수 있다.

2014년 10월 시진핑 총서기는 당 18기 4중전회에서 당내 법규 제정 체제 메커니즘을 완비하려면 당내 법규와 국가 법률 간의 연계와 조화에 주의를 기울여야 한다고 강조했다. 2015년 5월 그는 저장 조사연구에서 종엄치당을 위해 근원과 현상을 동시에 해결하면서 근원적 해결에 대한 업무 강도를 높이고, 엄격한 기율과 법률의 척도를 따라 법 집행과 기율 집행을 연계시켜야 한다고 지적했다.[12] 6월 그는 중앙순시조의 특별 순시 보고를 받으면서 법치와 당규에 의한 당 관리를 위해 기율과 규칙을 세우고, 기율과 법률의 척도에 따라 법과 기율을 엄격하게 집행함으로써 전면적인 종엄치당이 진정으로 이행될 수 있어야 한다고 강조했다.[13] 2018년 7월 공산당 중앙정치국에서 새로 개정된 〈중국공산당 기율처분조례〉에 대한 심의를 주재했을 때 그는 "기율과 법 집행을 연계시키려면 기율과 법률의 잣대를 엄격하게 따라야 한다. 법보다 엄격한 기율 및 기율과 법의 협동을 통해 일상적인 관리 감독을 강화하고, 초기에 사소한 것을 잡아 미연에 방지할 수 있도록 해야 한다"고 강조했다.

국가 감찰체제 개혁 이후 기율검사위원회와 감찰위원회가 당내 감독 및 국가 감찰 특별 기관으로서 관계 기관을 통합해 기율 검사 및 감찰 업무를 이행했다. 기율과 법 집행은 당규약과 당규, 헌법과 법률을 지키는 중요한 임무와 기능을 수행한다. 기율 검사에 의존하고, 감찰을 확대하여 사법과 연계시켜야 한다. 한편으로 기율 검사 및 감찰기관은 철저한 기율과 법을 실현하기 위해 기율 위반 문제뿐 아니라 위법 범죄 문제도 함께 조사해야 하고, 기율 요구뿐 아니라 법률 규정을 함께 고려해 '두 가지 잣대'를 잘 활용해야 한다. 또 한편으로 법과 법의 연결을 실현해야 한다. 감찰기관은 위법 범죄 관련사건을 수사하는 과정에서 형사 재판의 증거에 대한 표준과 요구를 서로 일치시키고, 감찰기관과 사법기관의 상호 연계와 협력

---

12 「시진핑, 저장 시찰⋯"실제적인 곳에서 영원히 선두를 걸어 새 지평을 모색해야"」, 인민일보, 2015년 5월 28일, 1면.

13 「시진핑의 엄정한 당 기율과 규범에 관한 논술 요약집」, 중앙문헌출판사, 중국방정출판사, 2016년판, 87면.

전면적인 종엄치당에는 마침표가 없다

을 추진해야 한다. 2018년 개정한 〈중국공산당 기율처분조례〉는 기율과 법의 연계에 대한 요구에 따라 당조직이 기율 심사에서 당원의 심각한 당원 기율 위반과 위법 행위를 발견할 경우, 원칙적으로는 먼저 당 기율로 규정에 따라 정무 처리를 한 후 다시 국가 관련 기관에서 법에 의해 처벌하도록 규정하고 있다. 아울러 당조직이 기율 심사에서 당원의 뇌물수수 및 횡령, 직권 남용, 직무 태만, 권력을 이용한 사욕 챙기기, 이익 빼돌리기, 부정비리, 국가 자산 낭비와 같은 법률 위반행위가 의심될 경우 당내 직무 해임, 당 잔류 관찰, 당적 제명 처분을 내려 감찰법(監察法)과 효과적으로 연계할 것을 명확히 했다.

기율과 법 집행의 통일성에 대한 강조는 시진핑 총서기의 전면적인 종엄치당 및 기강 확립 강화를 위한 기본적인 요구이다. 그 목적은 기율에 의한 당 관리·통제를 사회주의 법치국가 건설이라는 대승적 목표와 통일시켜 사회주의 법치국가 현대화 건설 과정에서 당을 더 잘 관리하고 통제함으로써 당 건설을 실현하기 위해서이다.

3. 정치기율과 조직기율을 중점적으로 강화해야 한다

기강 확립 강화를 위한 주요 임무는 당규약의 요구에 의해 기율과 법 분리 방침에 따라 당의 기율 규정에 대한 재정리, 귀납, 통합 및 표준화를 통해 기율 건설의 규범과 척도를 형성하는 것이다. 기강 확립 강화를 위한 시진핑 총서기의 이론적 혁신은 종전의 기율 요건에 역점을 두고 정치기율, 조직기율, 청렴기율, 대중기율, 업무기율, 생활 기율 6가지 기율 건설을 제시하면서 정치기율과 조직기율 강화를 기강 확립에서 가장 중요한 부분으로 삼을 것을 요구했다. 19차 당대회가 새로 개정한 당규약은 기강 확립의 지위와 역할을 특히 강조하면서 전면적인 종엄치당의 총론에서 '기율을 최우선에 두고, 조직 기강을 강화하며, 당의 기율 앞에서는 모든 사람이 평등해야 한다'고 명확하게 했다. 당원의 의무에 관해 논술한 제1장 제3조에서는 '스스로 당의 기율을 준수해야 한다. 먼저 당의 정치기율과 정치규범을 준수해야 한다'고 명확하게 밝혔다. 제7장 제40조 당 기율 논술에서는 '당 기율에 정치기율, 조직기율, 청렴기율, 대중기율, 업무기율, 생활 기율을 포함한다'고 명시했다. 6가지 기율에 대한 제안으로 당 기강 확립을 위한 기본 내용이 풍부하고 완벽해졌고, 새로운 시대 당 기강 확립을 위한 참신한 구도가 형성되었다.

(1) 정치기율은 선두에 서서 통일적으로 관리하는 기율이다

당의 리더십은 정치적 리더십이라 할 수 있다. 시진핑 총서기는 정치기강 확립에 큰 중요성을 부여하고 새로운 정치기율에 대한 개념을 제시하고, 당의 정치 규율 준수를 당 전체의 중요한 규율 기반으로 삼았다. 마르크스주의 정당 건설 사상이 풍부해지고 발전된 것으로써 새로운 상황에서 당의 기강을 강화하고, 당의 집중과 통일을 유지하는데 중요한 지침을 제공했다.

2013년 1월, 시진핑 총서기는 18기 중앙 기율검사위원회 2차 전체회의에서 엄격한 당 기율을 위해 가장 필요한 것은 엄격한 정치기율이라고 여러 차례 강조했다. 다각적인 당 기율에서 정치기율은 가장 중요하고, 근본적이고 핵심적인 규율이다. 정치기율은 각급 당조직과 모든 당원이 정

전면적인 종엄치당에는 마침표가 없다

치적 방향과 입장, 정치적 발언과 행동에서 반드시 지켜야 하는 규칙으로써 당의 단결과 통일을 수호하기 위한 근본적인 보장이다.[14] 2014년 1월, 그는 18기 중앙기율검사위원회 3차 전체회의에서 정치기율의 극단적인 중요성을 재천명했다. 각급 당조직은 당원과 간부의 정치기율 교육을 강화해야 하고, 당 각급 기율 감사 기관은 당의 정치 기강 수호를 최우선으로 두고 전체 당이 이데올로기와 정치 행동에서 당 중앙과 같은 수준을 유지할 수 있도록 해야 한다.[15] 10월, 그는 당 18기 4중전회에서 "정치기율과 정치규범의 현을 느슨하게 해서는 안 되고, 부패문제는 부패문제이며, 정치문제는 정치문제이다. 정치문제를 언급하지 않고, 부패문제만 따질 수는 없다. 간부가 정치적으로 문제가 생기면 부패 못지않게 당에 해가 되며, 심지어는 부패문제보다 더 심각한 경우도 있다. 정치 문제에 있어서는 누구도 레드라인을 넘을 수 없고, 만약에 선을 넘는다면 엄중하게 정치적 책임을 물어야 한다"고 강조했다.[16] 2015년 1월 그는 18기 중앙기율검사위원회 5차 전체회의에서 정치적 규칙의 내포된 의미에 대해 명확하게 설명했다. 첫째, 당규약은 당 전체가 반드시 따라야 하는 전체 규약이자 규칙이다. 둘째, 당 기율은 강제성 제약이다. 정치기율은 당 전체가 정치 방향, 정치적 입장, 정치 언론, 정치적 행동에서 준수해야 하는 강제성 제약이다. 셋째, 국가 법률은 당원, 간부가 반드시 지켜야 하는 규칙이다. 법률은 당의 지도

---

14 「정치 기율을 엄정히 하고, 당의 단결과 통일을 자발적으로 수호하자」(2013년 1월 22일), 「18차 당대회 이후 주요 문헌 선집」(상), 중앙문헌출판사, 2014년판, 131-132면.

15 시진핑, 「당의 조직기율을 엄정하게 하고 조직의 기율성을 강화하라」(2014년 1월 14일), 「18차 당대회 이후 주요 문헌 선집」(상), 중앙문헌출판사, 2014년판, 2014년판, 764면.

16 「시진핑의 당풍·청렴정치 확립 및 반부패 투쟁에 관한 논술 요약집」, 중앙문헌출판사, 중국방정출판사, 2015년판, 51면.

하에 인민이 제정한 것으로 당 전체는 이를 모범적으로 이행해야 한다. 넷째, 당의 오랜 실천을 통해 형성된 우수한 전통과 업무 관행이다.[17] 그는 정치적 기강과 규칙이 분명하게 강조되어야 하고, 확고하게 이행되어야 하며, 어불성설하거나 얼버무리지 말아야 한다고 지적했다. 9월, 현·처급 이상 지도간부에 대한 '삼엄삼실'을 기조로 한 교육 실시를 당의 정치기율과 규범 강화를 위한 중요한 조치로 삼을 것을 제시했다. 2016년 1월 그는 18기 중앙기율검사위원회 6차 전체회의에서 각급 지도간부는 정치기율이라는 끈을 항상 바짝 조이고, 흔들림 없는 당 지도를 유지하며, 당의 노선과 방침 그리고 정책을 분명하게 이행함으로써 정치적으로 분별력이 있는 사람이 되어야 한다고 천명했다. 10월 당 18기 6중전회에서 통과된 〈새로운 정세에서 당내 정치생활에 관한 몇 가지 준칙〉은 새로운 상황에서 당내 정치생활을 강화하고 표준화하기 위해서는 각급 지도 기관과 간부가 핵심이고, 고위 간부, 특히 중앙지도부 구성원이 솔선수범하여 당의 정치기율과 정치규범을 엄격하게 준수하는 것이 관건이라고 명확하게 규정했다. 2017년 10월 그는 19차 당대회 보고에서 당 전체가 당의 정치 노선 이행을 견지하고, 정치기율과 정치규범을 엄격하게 지킴으로써 정치 입장과 방향, 정치 원칙과 방법에서 당 중앙과 같은 차원을 유지할 수 있도록 해야 한다고 강조했다. 당 19기 1중전회에서 그는 정치기율과 규정을 엄수하고, 전면적인 당내 정치생활 준칙의 요구 이행을 재천명하면서 당 중앙의 정치 명령이 원활하게 관철될 수 있도록 확보하고, 전체에 대한 일부의 복종을

---

17   시진핑, 「기강 확립을 강화하고 기율과 규범 준수를 보다 중요한 위치에 두어야 한다」(2015년 1월 13일), 「18차 당대회 이후 주요 문헌 선집」(중), 중앙문헌출판사, 2016년판, 347면.

전면적인 종엄치당에는 마침표가 없다

확보하며, 각 사업이 올바른 정치 방향을 확보하는 '3가지 확보'를 해야 한다고 요구했다. 2018년 7월 새로 개정된 〈중국공산당 당 기율처분조례〉 심의에서 당 기율 가운데 정치기율이 가장 중요하고 근본적이며 핵심이라고 재차 강조했다. '4개 의식'을 확고히 확립하고, 당 중앙의 권위와 중앙 집권적 리더십을 부각시킴으로써 정치기율과 정치규범을 엄격하게 이행하고, 당의 선진성과 순수성을 일관되게 유지하면서 당의 정치 기반을 끊임없이 다져야 한다.

시진핑 총서기가 정치기율 확립을 기강 확립에서 이렇게 중요한 위치에 둔 것은 전례가 없는 일로 그만큼 정치기율 확립을 매우 중요하게 여기고 있음을 반영한다.

(2) 정치기율 및 정치규칙 위반 문제를 철저히 조사하고 처리해야 한다

시진핑 총서기는 "정치기율은 피상적인 것이 아니고, 정치기율과 정치규범 위반 문제에 대한 정확한 판단을 바탕으로 한 강한 현실적인 대응력을 가진다"고 밝혔다.

2013년 1월 그는 18기 중앙기율검사위원회 2차 전체회의에서 정치기율을 준수하고 유지하는데 있어 존재하는 문제들에 대해 자세하게 설명했다. 소수 당원과 간부들은 정치기율에 대한 의식이 강하지 않아 원칙과 옳고 그름의 문제 앞에서 입장이 흔들리는가 하면, 당 이론과 노선, 방침과 정책 등 중대한 정치 문제에 대해 공개적으로 반대 의견을 발표하는 이들도 있다. 일부 지역과 부서에서는 중앙의 방침과 정책 및 주요 결정 및 합의를 따르는 것처럼 보이나 정작 위반하는 사례가 있고, 당의 정치 기강 유지를 위해 충분한 관심을 기울이지 않은 경우가 있다. 생각한대로 말하고 행동하는 당원과 간부가 있는가하면, 스스로의 '능력'을 보여 주기 위해 당에서 명확하게 규정한 정치 원칙에 대해 이러쿵저러쿵 아무거리낌 없이 말을 가리지 않고 하면서 적대 세력의 추앙을 받으면 부끄러운 지도 모르고 오히려 영광으로 생각하는 경우도 있다. 이런 문제들은 당과 사회에 악영향을 미치고, 당이 추진하는 사업에 심각한 영향을 준다.[18] 당의 정치기율이 겉만 번지르르한 장식품이 된다면 당의 규약, 원칙, 제도, 배치의 엄정성과 권위성이 상실되어 '깨진 유리창 이론'에서 말하는 파장이 생길 수 있다.[19] 2014년 10월 그는 당 18기 4중전회에서 정치기율과 정치규범을 위반하는 '7대 악습'을 제시하고, "최근 당조직의 상당수는 간부들이 비리가 없는 한 다른 문제는 소홀히 할 수 있고, 따질 필요도 없고, 따질 것도 없다며 반부패에 대해서만 방어선을 두는 데 익숙해져 있다. 부패 문제만 없으면, 다른 문제는 전혀 문제가 되지 않기 때문에 두려워할 게 없다고 생각하는 간부도 있다. 이런 생각들로 인해 일부는 당의 정치기율과 규칙을 무시하고, 자신의 벼슬길과 영향력을 키우기 위해 자신과 다른 사람은 배척하는 코드 인사를 하고, 끼리끼리 편을 가르며, 패거리를 짓고, 익명으로 모함하고 헛소문을 퍼트리기까지 하고, 표를 얻기 위해 민심을 사거나 서로 승진을 약속하고 자리를 마련하고, 제멋대로 하고, 따르는 것처럼 보이지만 알게 모르게 위반하며, 지휘가 힘들고, 중앙을 함부로 비판하는 현상

---

18   시진핑, 「정치 기율을 엄정히 하고, 당의 단결과 통일을 자발적으로 수호하자」(2013년 1월 22일), 「18차 당대회 이후 주요 문헌 선집」(상), 중앙문헌출판사, 2014년판, 133면.

19   시진핑, 「정치 기율을 엄정히 하고, 당의 단결과 통일을 자발적으로 수호하자」(2013년 1월 22일), 「18차 당대회 이후 주요 문헌 선집」(상), 중앙문헌출판사, 2014년판, 134면.

전면적인 종엄치당에는 마침표가 없다

등이 나타나고 있다"고 지적했다.[20] 같은 달 그는 군 전체 정치업무회의에서 군대가 지켜야 할 가장 중요한 규율과 규범은 정치기율과 정치규범으로 더 높은 기준을 가지고 엄격하게 요구해야 한다고 특히 강조했다. 누구도 정치기율과 정치규범의 레드라인을 넘어서는 안 되고, 넘는 것은 금기로써 반드시 대가를 치러야 한다.[21] 2015년 10월 중앙 제2차 특별 순시 상황 보고를 듣는 자리에서 그는 "중앙에서 정치기율 강조를 결코 무심코 던진 것은 아니다. 이데올로기에서 정치적 통찰력은 가장 기본적인 요구이기 때문에 이 부분에서 절대 실수를 범해서는 안 된다. 아무거리낌 없이 정치기율과 정치규범을 위반하는 문제를 엄중히 다루어 처리해야 한다"고 지적했다.[22] 2016년 1월 그는 18기 중앙기율검사위원회 6차 전체회의에서 "18차 당대회 이후 당 중앙이 지도간부의 정치기율과 정치규범을 엄수해야 한다고 재차 강조했지만 들은 체 만 체하고, 작당하여 사리사욕을 꾀하고 파벌과 조직을 결성해 전심전력으로 권세와 권력을 추구하는 이들도 있다. 일부는 인사 교체에서 조직이 그를 배치하지 않을 것을 확실히 알면서도, 측근을 도처에 보내 표를 끌어 모으는 등 조직에 반하는 행동을 했다. '살아서는 중난하이(中南海)에 입성하고, 죽어서는 빠바오산(八寶山)으로 들어가야 한다'고 큰소리치며 정치적 야심을 보이는 이들도 있다. 또는 자신이 정무 관리를 하는 지방에서 '독립 왕국'을 세워 대장 노릇을 하고, 소

---

20 「시진핑의 엄정한 당 기율과 규범에 관한 논술 요약집」, 중앙문헌출판사, 중국방정출판사, 2016년판, 22면.

21 「시진핑 주석의 전군 정치업무회의 중요 연설 중의 새로운 사상과 관념, 새로운 논단과 요구에 관한 해설」, 해방군보(解放軍報), 2014년 11월 24일, 1면.

22 「시진핑의 엄정한 당 기율과 규범에 관한 논술 요약집」, 중앙문헌출판사, 중국방정출판사, 2016년판, 30면.

집단을 조직해 당 중앙의 결정과 배치를 겉으로만 지키는 척 하고 개인의 정치적 야심 실현을 위한 수단을 가리지 않는 경우도 있다"고 지적했다.[23] 2월 그는 '양학일주' 학습 방안에 대한 공산당 중앙정치국 상무위원회의 심의에서 "당원들 가운데 느슨하고 방만하고, 유명무실한 상황이 아직도 많이 있다. 의식이 약하고, 이상과 신념이 흔들리며 정치 규율이 느슨해지는 문제는 개인적인 현상이 아니다. 당원이 당원 같지 않고, 조직에 있으면서 있는 것 같지 않고, 자신의 역할을 다하지 못하고, 규칙을 지키지 못하는 당원들이 일부 있다. 당과 지도자를 공공연하게 욕하고, 가장 기본적인 당의 원칙과 입장을 부정하는 이들도 있다. 이들 중 일부는 훈육과 비판을 받기는커녕 행세를 하면서 인기를 얻는가 하면, 강단에서 버젓이 황당무계한 논리를 퍼뜨리는 이들도 있다. 일부 지방에서는 이런 제멋대로인 상황들이 무아지경으로 발전해도 아무도 관리를 못하고 있다. 이러한 문제들에 대해 정리해야 하는 부분은 정리함으로써 더 이상 안하무인격인 행동을 하지 못하도록 해야 한다"고 지적했다. 2017년 12월 공산당 중앙정치국의 깨끗하고 정직한 당 건설과 반부패 업무 배치 및 연구 회의에서 정치 기율과 규범을 엄격하게 따지고, '7대 악습'에 초점을 맞추어 당에 불충하고 불성실한 자, 따르는 것처럼 보이지만 모르게 위반하는 '이중인격자', 당의 정치 노선 위배 및 당내 정치 생태 훼손 문제를 철저하게 조사함으로써 당 중앙의 정치 명령이 원활하게 관철될 수 있도록 보장해야 한다고 강조했다.

---

23   시진핑, 「18기 중앙기율검사위원회 제6차 전체회의에서의 연설」(2016년 1월 12일), 인민일보, 2016년 5월 3일, 2면.

2018년 개정한 〈중국공산당 기율처분조례〉는 엄격한 정치기율과 정치규범 관련 조항을 더욱 풍부하게 개선했고, 정치기율 이행 가운데 발견된 두드러진 문제 특히 시진핑 총서기가 재차 강조한 '7대 악습' 문제에 포커스를 둔 맞춤형 규정을 마련했다. 첫째, 첫머리 요지에서 중요한 원칙적 문제와 관련, 당 중앙과 일치되지 않고, 실제 발언과 행동이 달라 나쁜 결과를 초래한 경우 당조직과 당원이 '4개 의식'을 확고히 세우고, 당 중앙의 권위와 집중적이고 통일적인 지도를 스스로 수호할 수 있도록 기율처분을 내려야 한다고 명확하게 규정했다. 둘째, 당의 통합을 지키는 규정을 보완해 파벌주의를 부추기고 정치적 루머를 퍼뜨리는 행위 등에 대한 처벌 조항을 늘린다. 셋째, 당에 대한 충성과 정직에 관한 규정을 완비해 '기회주의적, 이중 인격적'인 행위 관련 처벌 조항을 늘리고, 관련 규정에 따라 중대 사항을 조직에 품의 및 보고를 하지 않은 행동을 기타 기율 위반에서 정치기율 위반으로 조정한다. 넷째, 당 중앙의 중대한 결정과 배치의 이행을 보장해야 한다. 규정 개선을 통해 당원 지도간부가 당 중앙의 방침을 이행하지 않고, 당의 방침을 저버리거나 당 중앙의 결정과 배치를 단호하게 이행하지 못하거나 제대로 이행하지 않거나 임시방편으로 처리하는 경우, 정치적으로 나쁜 영향을 미치거나 심각한 결과가 나온 경우, 순시 시찰 업무를 방해하거나 개선 사항을 이행하지 않은 경우에 대해 명확하게 규정하고, 징계 처분을 해야 한다. 다섯째, 이상과 신념을 다져야 한다. 종교를 믿는 당원의 처우에 관한 규정을 보강해 완비하고, '당원의 종교 생활을 불허 한다'는 당의 일관된 요구사항을 재차 천명한다. 여섯째, 정당 관리에 대한 정치적 책임을 강조하고, 전면적인 종엄치당 이행에 대한 주체적 책임과 직무 태만을 기타 기율에서 정치기율로 조정한다. 이러한 규정을 통해 당 전체가 모든 명령을 이행하고 모든 금지 사항을 준수할 수 있도록 확실하게 보장한다. 각급 당조직과 당원들은 항상 당 중앙과 일치하는 정치적 입장과 방향, 정치 원칙과 노선을 가지는 것은 더욱 강인하고 힘 있는 당 건설을 위해 중요한 의의가 있다. 이러한 모든 것에서 시진핑 동지를 중심으로 한 당 중앙의 기강 확립에 중점을 두고 있음을 알 수 있다.

18차 당대회 이후 5년 동안 중앙기율검사위원회에 1만5천 건의 정치기율 위반 사례가 접수되었고, 112명의 중관간부를 포함한 1만5천 명이 처벌받았다.[24] 19차 당대회 이후 2018년부터 전국의 기검감찰기관에 전년 대비 114.4% 증가한 총 2만7천 건의 정치기율 위반 사례가 접수되었고, 전년 대비 99.9% 증가한 2만5천 명을 처벌했다.[25] 특히 중앙의 정신에 어긋나는 발언을 공개적으로 하거나 명령 불이행과 금지령 위반 행위, 원칙과 기율을 입에 달고 뒤로는 금권 거래, 정경유착, 이익 빼돌리기와 같은 전형적인 문제에 대해 엄정하게 처리했다. 겉으로는 이상과 신념이 강한 듯 보이지만 승려를 섬기고, 법회를 가지면서 마르크스-레닌을 믿지 않는 전형적인 문제를 겨냥해 당원과 간부들에 대한 교육과 지도를 통해 시시각각 정치기율의 끈을 다잡았다.

(3) 정치기율을 준수하는 기본적인 요구

시진핑 총서기는 정치기율과 정치규범 준수를 위한 일련의 요구 사

---

24 「18기 중앙기율검사위원회의 중국공산당 제19차 전국인민대표대회에 대한 업무보고」, 「19차 당대회 문건 모음집」, 인민출판사, 2017년판, 134면.

25 「반부패 투쟁의 압도적인 승리를 공고히 하고 발전시키자」, 중국기검감찰보, 2019년 2월 25일, 1면.

항을 제시했다. 이러한 요구는 많은 당원들이 정치기율과 정치규범을 준수했는지를 가늠하는 기준과 척도로써 중대한 실천적 의미를 갖는다. 당의 각급 조직과 전체 당원은 실질적인 행동을 통해 이러한 요건을 엄격히 준수하고 이를 완전히 이행해야 한다.

1) '절대 불가'한 8가지에 대해 명확하게 제기했다

2013년 1월 시진핑 총서기는 18기 중앙기율검사위원회 2차 전체회의에서 당의 정치기율을 준수하기 위해서 8가지를 절대 허용해서는 안 된다고 지적했다. ① '상부의 정책에 대책을 마련하는 것'을 절대 허용하지 않는다. ② 명령 불이행과 금지된 것을 멈추지 않는 행위를 절대 허용하지 않는다. ③ 중앙의 결정 이행과 배치를 제대로 이행하지 않는 행위, 선택적으로 이행하는 행위, 임시방편으로 처리하는 행위를 절대 불허한다. ④ 당의 이론과 노선, 방침, 정책에 위배되는 의견을 배포하는 것을 절대 허용하지 않는다. ⑤ 중앙의 결정에 위배되는 발언을 공개적으로 발표하는 것을 불허한다. ⑥ 당과 국가 기밀 누설을 절대 불허한다. ⑦ 모든 불법 조직과 활동에 참여하는 것을 불허한다. ⑧ 정치 루머나 당과 국가 이미지를 실추시키는 언론을 만들고 전파시키는 것을 절대 허용하지 않는다. '절대 허용 불가가한 8가지'에서 문제가 드러나면 반드시 책임을 추궁하고 문책을 받아야 한다.

2) '5가지 견지(五個堅持)'를 명확하게 제기했다

2014년 5월 시진핑 총서기는 〈판공청 업무는 '5개 견지'를 이행해야 한다〉라는 글에서 "절대 충성하는 정치 품격과 높고 자발적인 대국 의식,

끝까지 책임지는 업무 태도, 후회 없는 헌신 정신, 청렴자율적인 도덕성을 견지해야 한다"고 지적했다.[26]

3) '5가지 반드시(五個必須)'에 대해 명확하게 제기했다

2015년 1월 18기 중앙기율검사위원회 5차 전체회의에서 시진핑 총서기는 정치기율과 정치규범 준수를 위해 전체 당원들에게 '5가지 반드시'에 집중할 것을 요구했다. 첫째, 당 중앙의 권위를 지키고, 당 중앙의 요구를 벗어난 독자적인 행동을 절대 허용해서는 안 된다. 모든 당 동지들, 특히 각급 지도간부들은 언제 어떤 상황에서도 이념적·정치적·행동적으로 당 중앙과 같은 차원에서 당 중앙의 지시를 따라야 하며, 무시하거나 마음대로 행동해서는 안 된다. 또한 중앙의 방침에 왈가왈부하거나 중앙의 정신에 어긋나는 발언을 공개적으로 해서는 안 된다. 둘째, 당의 단합을 반드시 지켜내야 하고, 당내에 절대 사적인 힘을 키워서는 안 된다. 전국 곳곳의 당에 충성하는 동지들을 단합하고, 모두를 단결시켜야 한다. 사람으로 선을 긋지 말고, 어떤 형태의 파벌 활동도 해서는 안 된다. 셋째, 조직의 절차를 반드시 준수해야 한다. 독단적인 주장이나 제멋대로 하는 행동을 절대 용납해서는 안 된다. 중요한 문제에서 품의해야 할 것은 품의하고, 보고해야 할 것은 해야 보고한다. 월권행위를 절대 용납해서는 안 되고, 사후보고를 해서도 안 된다. 넷째, 조직의 결정에 복종해야 한다. 조직에 반하는 행동은 절대 용납되지 않고, 조직과 흥정하거나 조직의 결정을 위배해서는 안 된다. 문제에 부딪히게 되면 조직을 찾고, 조직에 의탁해야 하며, 조

---

26   시진핑, 「판공청 업무는 '5개 견지'를 이행해야 한다」, 비서업무, 2014년 6호.

직을 기만하거나 조직에 대항을 해서는 안 된다. 다섯째, 친인척과 측근을 잘 관리해야 한다. 그들의 권력을 휘두르고 정치에 간섭하거나 사익을 챙기는 것을 절대 용납해서는 안 된다. 정책수립과 인사에 지장을 초래하거나 정상적인 업무와 운영에 관여하거나, 특별 신분을 이용한 불법 이익 취득을 묵인해서는 안 된다.

4) '항상 견지해야 하는 4가지(四個始終)'에 대해 명확하게 제기했다

2016년 1월 시진핑 총서기는 18기 중앙기율검사위원회 6차 전체회의에서 정치기율을 둘러싸고 더 나아가 '항상 해야 하는 4가지'를 제시했다. ① 항상 당에 충성하고, 타협 없이 당의 노선·방침·정책을 이행하고, 사상적·정치적 행동에서 당 중앙과 같은 차원의 수준을 의식적으로 유지해야 한다. ② 항상 조직에 정직하고, 조직을 믿고, 조직에 의존하며, 조직에 복종하며, 자발적으로 조직과 규율의 통제를 받아야 한다. ③ 권력을 항상 올바르게 다루고, 인민을 위해 선하고 실질적인 일을 하고, 본분을 지키며 당을 위해 일해야 한다. ④ 항상 정치적 책임을 염두에 두고 광명정대하며 언행을 일치하여 의식적으로 당의 이미지를 보호해야 한다.[27]

(4) 당의 조직기율을 엄격히 해야 한다

시진핑 총서기는 정치 기율에 대한 명확한 요구 외에 조직 기율 강화에 대해서도 분명하게 요구사항을 제시했다. 그는 당의 역량은 조직에서

---

27   시진핑, 「18기 중앙기율검사위원회 제6차 전체회의에서의 연설」(2016년 1월 12일), 인민일보, 2016년 5월 3일, 2면.

나온다고 재차 강조했다. 당의 포괄적인 지도와 모든 업무는 강한 당조직 체계에 의해 실현시켜야 한다. 모든 당원, 특히 지도간부는 당적 의식과 조직 개념을 강화해야 한다. 조직과 이데올로기를 함께 하고, 정치적으로는 조직에 의존하며, 업무적으로 조직에 복종하고, 감정적으로 조직을 신뢰해야 한다. 2014년 1월 그는 18기 중앙기율검사위원회 3차 전체회의에서 엄격한 당의 조직기율을 중점적으로 강조했다. 조직기율과 재정 기율은 과거에는 감히 손대지도 못하는 고압선과 같았으나 지금은 일부 지방과 부서에서 가장 느슨해진 저압선이 되었다.[28] 조직기율을 꽉 잡으려면 당 전체의 조직 기강을 강화해야 한다. 당규약에서 규정한 '4개 복종(四個服從)'[29]은 당조직의 가장 기본적인 원칙이자 가장 기본적인 조직기율이다.[30] 같은 달, 그는 대중 노선 교육 실천 활동의 1차 결산 및 2차 배치 회의에서 "전담반을 구성해 의견을 듣고, 상황을 정리해 시정 조치를 해야 한다. 사실이라면 즉시 해결하고, 시정하지 않은 경우에는 조직 조치와 징계 조치를 취해야 한다. 당규약과 당 기율, 특히 정치기율, 조직기율, 재정 기율을 위반하는 행위는 그냥 넘어가서는 안 되고, 방임해서는 더더욱 안 된다"고 지적했다.

조직 기강 확립과 관련, 시진핑 총서기는 품의 및 보고 제도를 준수

28 시진핑, 「당의 조직기율을 엄정하게 하고 조직의 기율성을 강화하라」(2014년 1월 14일), 「18차 당대회 이후 주요 문헌 선집」(상), 중앙문헌출판사, 2014년판, 771면.

29 옮긴이 주: 당원 개인의 당조직에 대한 복종, 소수의 다수에 대한 복종, 하급 조직의 상급 조직에 대한 복종, 전(全) 당 각개 조직과 전체 당원의 전국인민대표대회와 중앙위원회에 대한 복종.

30 시진핑, 「당의 조직기율을 엄정하게 하고 조직의 기율성을 강화하라」(2014년 1월 14일), 「18차 당대회 이후 주요 문헌 선집」(상), 중앙문헌출판사, 2014년판, 66-767면.

해야 한다고 특별히 강조했다. 그는 "당조직기율을 준수하고 조직에 보고하며 조직의 의견을 듣는다면 많은 문제들은 일어나지 않을 것이다. 품의 및 보고 제도는 당의 중요한 제도로서 당의 민주적 중앙집권주의를 구현하기 위한 효과적인 업무 체계이고, 조직 기강을 위해 중요하다. 간부, 특히 지도간부는 중대한 문제와 중요한 사안은 규정에 따라 조직에 품의하고 보고해야 한다. 이는 반드시 지켜야 하는 규칙이자 간부의 자격여부를 검증하는 시금석이다. 마땅히 품의 및 보고를 해야 할 사안을 품의 및 보고하지 않거나 사실대로 보고하지 않은 경우, 이는 기율 위반이므로 엄정 처리해야 하며, 문제가 심각한 경우 지도간부직을 맡을 수 없다"고 지적했다. 그는 18기 중앙기율검사위원회 5차 전체회의에서 "일부 간부들은 근무 중에 자리를 떠나면서 조직에 보고를 하지 않고, 사적인 문제는 '살짝 여유'를 두어야 한다고 주장한다. 일부 간부들은 개인의 중대사를 보고하지 않고, 결혼 및 이혼과 같은 집안의 큰 변화를 조직에 보고하지 않아 수년이 지나도록 조직이 모르는 경우도 있다. 많은 증서를 만들고, 여권을 여러 개 만들거나 가짜 신분증을 가지고 있는 경우도 있다. 이렇게 보고해야 할 일들을 숨기고 보고하지 않는 경우는 규칙을 몰라서 일 수도 있고, 아니면 알 수 없는 속사정이 있을 수 있기 때문이다"라고 지적했다. 그 외에도 그는 민주집중제의 견지를 특별히 강조했다. 2014년 5월, 그는 허난성 란카오현위원회 상무위원회 지도부 주제 민주생활회에 참석해 당내 조직과 조직, 조직과 개인, 동지와 동지, 집단 지도와 개인 분업 책임 등 중요한 관계를 민주집중제 원칙에 따라 처리하고 당내 민주를 발양하고, 당내 화합을 증진하며 당의 단결과 통일을 정확하게 집약하고 유지해야 한다고 지적했다.

시진핑 총서기는 엄정한 임기 교체 기율을 중시하면서 '무관용 원칙'의 정치 태도, 엄정한 법정 절차 및 과학적이고 효과적인 업무 메커니즘, 엄격한 기율 요구에 따라 성공적인 교체를 할 것을 여러 차례 강조했다. 2013년 9월 그는 허베이성 위원회 상무위원회 지도부 주제 민주생활회에서 "조직 인사 기율을 엄격하게 해야 한다. 조직 인사 기율을 위반한 경우 단호하게 짚고 넘어가야 하며, 인사 청탁과 매관매직을 절대 용인해서는 안 된다. 발견하는 즉시 조치해야 한다. 일부 지방에서는 인사 교체 시기에만 조치 강도를 집중적으로 높이고, 평상시에는 그렇게 주의를 기울이지 않는 경우가 있다. 인사 교체 시기가 아닐 때 선출된 간부도 마찬가지로 중요하기 때문에 완전히 무방비 상태로 둘 수 없다. 조직은 인사 청탁과 매관매직의 전형적인 사례를 잡아, 엄벌에 처하고, 이를 세상에 알려 경각심을 불러 일으켜야 한다"고 지적했다. 2014년 9월, 그는 전국인민대표대회 창립 60주년 기념식에서 국가의 모든 권력은 인민에게 있고, 인민의 민주선거·민주결정·민주관리·민주감독을 법으로 보장하고, 선거 전에 한 공약을 당선 후 지키지 않는 현상을 확실하게 방지해야 한다고 강조했다. 2016년 1월, 18기 중앙기율검사위원회 6차 전체회의에서 구체적인 사례를 들어 설명했다. 그는 "재작년 후난 헝양(衡陽)에서 발생한 회뢰수단으로 인한 부정선거 사범을 엄중하게 문책했고, 467명에 대해서는 당 기율처분과 행정처분을 내렸으며, 69명은 사법부로 송치해 처벌하도록 했다. 작년에는 난충(南充)에서 있었던 돈을 주고 표를 산 금품살포 선거 비리 사건에 대한 철저한 조사를 벌여 477명의 관련자 전원을 엄정하게 처벌했다. 죄질이 나쁜 두 사건은 당과 사회주의 민주제도에 대한 도전이 되었다. 이러한 사례를 철저히 수사해 책임을 엄중하게 물은 것은 직무 태만에 대해서는 필히 추궁하고 기율에 따라 엄격하게 징계 조치를 내린다는 것을 보여준 것이다. 올해에도 지방 지도부의 교체가 시작되면 정치기율과 조직기율을 강화하고, 문책 업무를 잘 수행해 감독 및 조사 처벌의 강도를 강화함으로써 공정하게 깨끗한 세대교체를 이룰 수 있도록 해야 한다"고 강조했다. 3월 그는 12기 전국 인민대표대회 4차 회의 후난대표단 심의에 참석해 "올해와 내년 2년 간 전국의 성·시·현·향에서 잇달아 임기교체가 이루어진다. 형양의 부정선거 사건과 쓰촨 난충의 금권선거 사건을 교훈으로 삼아 '무관용'의 정치 태도, 엄격하게 표준화된 법적 절차, 과학적이고 효과적인 업무 메커니즘 및 엄격한 기율 요구를 통해 이러한 현상이 발생하지 않도록 단호하게 방지해야 한다"고 재차 강조했다. 11월 그는 베이징시의 구 인민대표대회 교체 선거 투표에 참석해 "이번 현·향급 인민대표 선거는 전 인민의 정치생활에서 중요한 일이다. 선거 업무는 당의 지도를 준수하고, 민주를 장려하며, 법에 따라 엄격하게 처리함으로써 인민의 투표권과 선거권을 보호해야 한다. 선거 업무에 대한 감독을 강화하기 위해 규칙, 기율 및 법률 위반에 대해 '무관용 원칙'을 적용해 바르고 공정한 선거를 치를 수 있도록 해야 한다"고 지적했다. 2017년 1월 그는 18기 중앙기율검사위원회 7차 전체회의에서 정확한 인선 교체 업무의 방향을 잡을 수 있도록 각급 당위원회에 인선에 관한 당 중앙의 배치를 성실하게 이행하고, 당의 간부 관리 원칙을 확고하게 유지하며 지도를 강화하고, 엄격히 단속하며, 기율을 엄격하게 할 것을 요구했다.

2018년에 새로 개정된 〈중국공산당 기율처분조례〉는 조직기율 건설에서 발생 가능한 새로운 상황과 문제를 겨냥해 조직기율 건설에 대해 더 엄격한 규정을 했다. 첫째, 민주집중제 이행이 미숙한 문제와 관련된 것이다. '당조직의 주요 결정을 이행하지 않거나 자의적으로 변경하는 행위' 및 '의사 규칙 위반, 개인 또는 소수자가 주요 사안을 결정하는 행위'에 대한 처벌 규정을 명확하게 하고, 이를 기반으로 '집단 결정에 대한 의도적인 회피, 중대 사안에 대한 결정, 주요 간부의 임명과 해고', '중요한 프로젝트의 배치 및 거액의 자금 사용' 및 '집단 결정이라는 미명하에 자행되는 집단적인 법규 위반'에 대한 처벌 규정을 첨가함으로써 각급 당 지도간부, 특히 일인자가 '4개 복종'의 원칙을 이행하도록 촉구했다. 둘째, 인선 과정에 대한 기율 집행에서 발견된 민심 매수와 선거유세 등을 동원한 표심 잡기 문제를 겨냥해 기존의 표심을 얻기 위해 선거를 돕는 조항을 기반으로 '조직적인 표심 공략 금품살포, 공금을 이용한 금권선거에 대한 엄중한 처벌 혹은 가중 처벌' 규정이 추가되어 깨끗하고 공정한 인선 교체 업무를 위한 강력한 보장을 제공했다. 셋째, 간부 선발 임용 규정 위반 행위에 대한 것이다. 기존의 간부 선발 임용 위반 규정 조항에 '자신과 다른 사람은 배척하는 코드 인사, 특혜 채용, 사정 개입, 인사 청탁, 낙하산 인사 혹은 간부 조정 등과 같은 행위에 대한 처분 규정을 늘려 새로운 시대 당의 조직 노선 관철과 실시를 위한 강력한 기율 보장을 마련했다.

(5) 6가지 기율을 전면적으로 강화해야 한다

시진핑 총서기는 기강 확립 강화를 전면적인 종엄치당에서 전면에 내세우고 있다. 2015년 10월 그는 청렴정치 준칙 및 당 기율 처분 조례 수정안 심의를 위한 18기 공산당 중앙정치국 상무위원회 제119차 회의에서 "이번에 계정된 조례는 기율을 정치기율, 조직기율, 청렴기율, 대중기율, 업무기율과 생활 기율로 통합했고, 그 중 필두에서 총괄 관리하는 것은 정치기율이다. 실제로 모든 기율 위반은 당의 집권 기반을 잠식하게 되어 결국은 당의 정치 기강을 해칠 수 있다. 따라서 정치를 논하고, 정치기율과 정치규범을 준수하는 것이 항상 최우선 과제가 되어야 하며, 이 기강을 잘 잡아 기타 기율을 엄격하게 이끌어야 한다"고 지적했다.[31] 2017년 10월 그는 19차 당대회 보고에서 기강 확립 강화를 위해 정치기율과 조직기율을 중점적으로 강화하고, 청렴기율, 대중기율, 업무기율, 생활 기율을 엄격하게 추진해야 한다고 명확하게 밝혔다. 시진핑 총서기는 정치기율과 조직기율에 중점을 두고 6가지 기율을 강화시켰고, 이론에서 실천에 이르기까지 체계화되고 과학적인 기강 확립 실현을 통해 당을 관리하고 다스리기 위한 명확한 계척을 만들어 전면적인 종엄치당을 위한 강한 기율이 뒷받침될 수 있도록 했다.

4. 감독 및 집행의 '4가지 형태'를 실천해야 한다

감독 및 기율 집행 실천 형태에 대한 적극적인 모색은 기강 확립 강화에서 중요하다. 18차 당대회 이후 시진핑 총서기는 새로운 상황에서의 감독 및 기율 집행의 실천 형태를 적극적으로 모색해왔다.

2013년 12월 시진핑 총서기는 허베이성 위원회의 군중노선 교육실천활동의 전반적인 상황을 보고 받는 자리에서 "문제가 있는데 시정하지

---

31 「시진핑의 엄정한 당 기율과 규범에 관한 논술 요약집」, 중앙문헌출판사, 중국방정출판사, 2016년판, 30면.

않고, 문제가 큰데도 불구하고 조금만 시정하며, 시정하면서 재범을 하는 경우 엄정한 비난과 교육을 받아야 하고, 필요시 조직 조치와 징계 조치를 취해야 한다"고 지적했다.[32] 2014년 1월 그는 18기 중앙기율검사위원회 3차 전체회의에서 "민주집중제 원칙을 위반하고, 당조직의 결정을 집행하지 않거나 제멋대로 변경하며, 개인 혹은 소수가 중대 사안을 결정한 경우, 당내 비조직 활동에 참여하거나 당의 단합을 해친 경우, 품의·보고 등 조직제도를 엄격하게 이행하지 않은 경우, 오랫동안 당조직 활동에 장기간 불참하여 당원의 의무를 이행할 수 없는 경우, 반드시 적시에 비판하고 교육을 해야 한다. 상황이 심각할 경우 조직 처리와 기율 처분을 해야 한다"고 지적했다.[33] 같은 달, 그는 당의 군중노선 교육 실천 활동 1차 결산 및 2차 배치 회의에서 "일반적인 기풍 문제인 경우 비판 교육을 통해 개선해야 한다. 민원이 많고, 문제의 원인을 찾아 즉시 시정하지 않고, 뚜렷한 개선이 이루어지지 않는 경우 조직 조정을 해야 한다. 공공연히 기율을 위반하는 경우 엄정하게 처분한다. 일벌백계를 위해 전형적인 사례를 포착해 경고하고, 교육을 해야 한다"고 지적했다. 2016년 1월, 그는 18기 중앙기율검사위원회 6차 전체회의에서 당위원회의 감독에는 당원에 대한 비판 교육, 조직 처리 및 기율 처분 등이 포함된다고 재차 강조했다.

시진핑 총서기의 기율 집행 및 감독 실천 형태를 적극적으로 모색하라는 요구에 따라 2015년 9월, 왕치산 18기 공산당 중앙정치국 상무위원

32 「시진핑, 허베이성위원회의 당의 대중노선 교육실천활동 전반 상황 보고 청취⋯"1차 활동 마무리 및 2차 활동 준비 업무 철저히 해야"」, 인민일보, 2013년 12월 10일, 1면.

33 시진핑, 「당의 조직기율을 엄정하게 하고 조직의 기율성을 강화하라」(2014년 1월 14일), 「18차 당대회 이후 주요 문헌 선집」(상), 중앙문헌출판사, 2014년판, 770-771면.

전면적인 종엄치당에는 마침표가 없다

회, 중앙 기율검사위원회 서기가 푸젠 조사 연구에서 '4가지 형태'를 가장 먼저 언급했다.[34] 2016년 1월, 18기 중앙기율검사위원회 6차 전체회의는 감독 및 기율 집행에서 '4가지 형태' 실천에 대한 전면적인 배치를 했다. 6차 전체회의 성명에서 전면적인 종엄치당을 위해 '4가지 형태'의 감독 및 기율 집행을 운용해야 한다고 지적했다. '4가지 형태'는 업무 요구 사항일 뿐만 아니라 책임이기도 하며 실천 과정이자 업무 목표이다. 10월, 당 16기 6중전회는 '4가지 형태'에 대한 감독과 기율 집행을 〈중국공산당 당내 감독조례〉(이하 〈조례〉)에 포함했다. 〈조례〉는 다음과 같이 규정했다. 당내 감독은 반드시 기율을 전면에 내세워 '4가지 형태'에 대한 감독 및 기율 집행을 운용함으로써 늘 비판과 자아비판, 면담, 서면 조사를 통해 '낯 뜨겁고 진땀 빼도록 하는 것'이 일상이 되도록 해야 한다. 당 기율의 가벼운 처분과 조직 조정이 기율 위반 처리의 대다수가 되도록 한다. 당 기율 가중처벌, 주요 직무 조정은 적은 수가 되어야 하며, 심각한 위반 협의로 입건 조사를 받는 것은 극소수가 되어야 한다. 기율 집행 감독의 실천 형태는 이론에서 실천에 이르기까지 끊임없이 혁신 발전해왔다. 2017년 1월 18기 중앙기율검사위원회 7차 전체회의에서 심의 통과된 〈중국공산당 기율검사 기관 기율집행 감독 및 기율 집행 업무 규칙(시행)〉에서 '4가지 형태'는 중

---

34   왕치산, 「전면적 종엄치당을 위해 당 기율을 엄격하게 하고, '4가지 형태'에 대한 감독, 기율 집행을 잘 운용하고 파악해야 한다」, 인민일보, 2015년 9월 27일. 4면. 2015년 9월 왕치산 동지가 푸젠에서 조사 연구할 때 다음과 같이 강조했다. 당내관계를 정상화하고 비평과 자아비평을 항상 전개하고 타이르고 깨우치고 부끄러워 고개를 숙이는 방식이 정상화되게 하고 가벼운 당기율 처분과 가벼운 조직 처리가 대다수가 되게 하고 엄중한 기율 위반으로 인한 직무조정 등 심각한 처분이 소수가 되게 하고 기율을 아주 엄중히 위반하여 위법에 의한 입건심사 등 처분은 극소수가 되게 하여야 한다.

국공산당의 기율 집행과 감독에 대한 중요한 준수 사항임을 더욱 분명히 밝혔다. 10월, '4가지 형태'를 19차 당대회 보고서와 새로 개정한 당규약에 포함시켰다. 19차 당대회 보고서는 비판과 자기비판을 하고, 실패를 교훈으로 삼아 경계하고 병폐를 고쳐 사람을 구해야 하며, '4가지 형태'를 감독하고 기율을 집행함으로써 초기에 경미할 때 잘 잡아 미연에 방지해야 한다고 지적했다. 19차 당대회에서 개정된 〈당규약〉 제7장 제40조는 "실패를 교훈으로 삼아 경계하고 병폐를 고치고, 엄격하게 기율을 집행하고, 기율 위반은 반드시 추궁해야 한다. 사소한 문제를 조기에 잡아 미연에 방지해야 한다. 잘못의 성격과 상황의 경중에 따라 비판 교육에서부터 기율 처분까지 다양하게 이루어진다. '4가지 형태'의 감독 및 기율 집행을 운용해 '낯 뜨겁고, 진땀 빼도록 하는 것'이 일상이 되어야 한다. 당 기율 처분과 조직 조정을 당 관리·통제의 중요한 수단으로 삼아 규율과 형법을 심각하게 위반한 당원은 당적을 말소해야 한다"고 규정했다. 2018년 새로 개정된 〈중국공산당 기율처분조례〉 제5조에 '4가지 형태'의 감독 및 기율 이행 운용 규정을 추가함으로써 '4가지 형태'는 당의 징계 업무에 대한 총체적인 요구가 되었다. '4가지 형태'는 사상·개념의 혁신적인 성과일 뿐만 아니라 기율 집행 및 감독의 중대한 변화로 기강 확립의 근본적인 역할이 나날이 가시화되었고, 엄격한 기율을 통한 전면적인 종엄치당이 깊이 있게 발전되었다.

(1) '낯 뜨겁고, 진땀 빼도록 하는 것'이 일상이 되게 해야 한다

시진핑 총서기는 기강 확립에서 비판 교육의 중요한 역할에 큰 중요성을 부여하며 비판 교육을 자주 수행하고 정규화해야 할 것을 요구했다.

전면적인 종엄치당에는 마침표가 없다

그는 '귀띔을 해주고, 옷깃을 여미도록 하고, 소매를 잡아끌어 말리고, 낯 뜨겁고 진땀 빼게 만들어야 한다'는 꾸밈없는 말로 당원 및 간부에게 조기에 당원 간부에게 초기에 주의를 환기시키고, 초기에 시정을 요구하여 미연에 방지할 것을 강조했다. 2013년 6월 그는 전국 조직업무회의에서 "간부에게서 보이는 낌새나 성향 문제를 적시에 귀띔 해주고 말려 일찍 깨우치고 바로잡게 해야 한다. 이는 간부에게 지나친 요구를 하는 게 아니라 아끼는 일이다. 눈감아 줄 수도 없고, 더더욱 달래서 둘 수는 없다. 사소한 잘못이 큰 문제로 번지는 것을 막아야 한다"고 지적했다.[35] 2014년 1월 그는 공산당 중앙정치국 상무위원회에서 2013년 하반기 중앙순시조의 상황 보고를 받는 자리에서 받았을 때 분류 처리를 해야 한다고 지적하고, 일반적인 문제에 관련된 것은 피드백, 대화, 교육, 경고, 훈계와 격려를 통해 귀띔해주고 소매를 잡아끌어 말려 초기에 사소할 때 잡아야 한다고 덧붙였다.[36] 10월 그는 당의 대중 노선 교육 실천 결산 대회에서 당의 각급 조직은 기율 교육을 정규화하고 제도화하는 방법을 적극적으로 모색하고, 옷깃을 여미도록 하고, 소매를 잡아끌어 말리는 업무를 더 많이 해야 한다고 지적했다. 2016년 1월 그는 18기 중앙기율검사위원회 6차 전체회의에서 문제가 발견되면 옷깃을 여미도록 하고, 소매를 잡아끌어 말리고, 낯 뜨겁고, 진땀을 빼게 만들어야 한다고 지적했다.[37] 2018년 7월 그는 전국 조직업무

35   시진핑, 「전국조직업무회의에서의 연설」(2013년 6월 28일), 당건연구, 2013년 8호.

36   「시진핑의 당풍·청렴정치 확립 및 반부패 투쟁에 관한 논술 요약집」, 중앙문헌출판사, 중국방정출판사, 2015년판, 112면.

37   시진핑, 「제18기 중앙기율검사위원회 제6차 전체회의에서의 연설」(2016년 1월 12일), 인민일보 2016년 5월 3일, 2면.

회의에서 "일상 감독에 공을 들여야 한다. 사소한 문제를 조기에 잡아 미연에 방지하고, 낌새와 성향을 파악해 적절하게 비판 교육을 실시함으로써 항상 사상에 경종을 울리면서 귀띔을 해주고, 낯 뜨겁고 진땀 빼게 만드는 것이 일상이 되도록 해야 한다"고 지적했다.

당내 정치생활 강화와 규범에 중요성을 부여한 시진핑 총서기는 특히 민주 생활회 및 비판과 자아비판을 통해 '첫 번째 형태'를 실천해야 한다고 강조했다. 그는 당의 군중노선 교육실천 업무 회의에서 민주생활회를 잘 개최해야 한다고 지적했다. 각급 당조직은 당원 및 간부 교육에서 '단결-비판-단결'의 공식을 유지해야 한다. 자아비판을 하면 체면이 깎일까, 윗사람을 비판하면 보복을 당할까, 동료를 비판하면 화목을 깰까, 아랫사람을 비판하면 표를 잃을까 등등의 우려를 없애 자신을 깊이 해부하고 점검하는 한편, 진심어린 상호 비판을 펼치며 사상과 영혼을 어루만질 수 있어야 하며, 낯 뜨겁고 진땀을 흘리게 만들고 정확한 시정방향을 잡을 수 있도록 해야 한다. 비판이건 자아비판이건 모두 실사구시에 바탕을 두어야 한다. 공공심에 기반해 선의로 남을 대하고, '눈 가리고 아웅 하는' 정책을 펼쳐서는 안 되며, 대충대충 무성의하거나, 잘못을 감추거나, 개인적인 분풀이를 해서는 안 된다. 충언은 귀에 거슬리고, 좋은 약은 입에 쓰다는 말이 있다. 비판 의견에 대해서는 잘못이 있으면 고치고, 잘못이 없으면 더욱 힘쓰는 태도에 입각해 '비판'으로 비판을 막거나 원칙 없는 분쟁을 벌여서는 안 된다.

시진핑 총서기는 비판과 자기비판을 당내 갈등 해소를 위한 강력한 무기이자 당의 조직을 건강하게 유지하는 강력한 무기로 꼽았다. 당내 정치생활의 질은 상당 부분 이 무기들을 어떻게 사용하는가에 달려있다. 비

전면적인 종엄치당에는 마침표가 없다

판과 자기비판이라는 무기를 항상 대담하게 충분히 잘 사용함으로써 스스로 느끼고, 스스로가 책임지며, 습관이 되도록 만들며, 쓰면 쓸수록 효과를 볼 수 있도록 해야 한다. 비판 교육은 두 가지를 잘 해야 한다. 첫째, 교육을 통해 일깨워준다. 이는 비판 교육에서 가장 일반적인 방식이다. 그는 "자신의 사상과 행동에 먼지가 잔뜩 끼어있음에도 가리려고만 하고, 깨끗하게 씻을 생각을 하지 않는 사람들이 있는데 동지들이 조직적으로 그들이 '깨끗하게 목욕'을 할 수 있도록 도와야 한다. 기풍에 문제가 있는 당원 및 간부에게는 교육을 통해 일깨워 줌으로써 그들이 정확하게 '증상'을 파악하고 치료할 수 있도록 도와야 한다"고 지적했다.[38] 둘째는 허심탄회한 대화이다. 동료 스타일의 허심탄회한 대화를 통해 비판 교육의 효과를 거둘 수 있다. 시진핑 총서기는 전국조직업무회의에서 간부들에게 동료 스타일의 허심탄회한 대화를 하는 것은 결점과 부족한 부분을 일깨워주고, 당근과 채찍을 사용하는 좋은 전통이기 때문에 유지와 발전에 주의를 기울여야 한다고 강조했다.[39] 〈새로운 정세에서 당내 정치생활에 관한 몇 가지 준칙〉에서 허심탄회한 대화 제도를 명확하게 제시했다. 당조직 지도부 구성원들 간, 지도부와 당원 사이, 당원들 간에 정기적인 대화를 통해 솔직하게 만나 아이디어와 의견을 나누어야 한다. 지도간부들은 대화에 앞장서고 당원과 간부와의 면담 약속도 받아들여야 한다.

---

38 시진핑, 「전국조직업무회의에서의 연설」(2013년 6월 18일), 「18차 당대회 이후 주요 문헌 선집」(상), 중앙문헌출판사, 2014년판, 16면.

39 시진핑, 「당의 군중노선 교육실천활동 업무회의에서의 연설」(2013년 6월 18일), 「18차 당대회 이후 주요 문헌 선집」(상), 중앙문헌출판사, 2014년판, 42면.

(2) 당 기율 처분과 조직 조정을 당 관리·통제의 중요 수단으로 삼아야 한다

시진핑 총서기는 기율 처분을 감독 및 기율 집행의 중요한 실천 방법으로 삼아 경고, 엄중 경고, 당내 직무 해임, 당 잔류 관찰, 당적 제명과 같은 5가지 기율 처분을 통해 당원 간부에 대한 처리를 해야 한다고 강조했다. 2013년 1월 그는 18기 중앙기율검사위원회 2차 전체회의에서 책임추궁의 강도를 높이고, 관련 기율 처분 규정을 엄격히 집행함으로써 각급 지도기관과 지도간부의 기풍 개선을 촉구해야 한다고 밝혔다. 6월, 그는 당의 대중 노선 교육 실천 활동 업무회의에서 심각한 문제는 조사 처리해야 하고, 비리와 두드러지는 문제는 특별 관리를 해야 한다고 지적했다. 몸이 아프면 의사를 찾아가 주사를 맞고 약을 먹어야 하고, 심각해지면 수술을 받아야 한다. 각급 당조직은 강력한 조치를 통해 수술이 필요하면 수술을 해서라도 종엄치당의 요구를 확실하게 구현해야 한다.[40] 2016년 1월 그는 18기 중앙기율검사위원회 6차 전체회의에서 문제가 심각한 경우 손바닥을 때려 경종을 울려야 하며, 기율 처분해야 하는 것은 기율 처분을 해야 한다고 지적했다.

시진핑 총서기는 조직 처리를 기율 집행의 주요 수단으로 삼고, 엄격한 기율 집행을 통해 조직을 정화하고, 기율을 위반한 당원 및 간부에 대해서는 필요한 직책과 직무 조정을 해야 한다고 강조했다. 2013년 6월, 그는 전국 조직업무회의에서 당원의 일상 교육과 관리를 엄격하게 하고, 당

40　시진핑, 「당의 군중노선 교육실천활동 업무회의에서의 연설」(2013년 6월 18일), 「18차 당대회 이후 주요 문헌 선집」(상), 중앙문헌출판사, 2014년판, 16면.

원 퇴출을 위한 채널을 마련해 당원의 자격을 상실한 자에 대해 즉시 조직 처리를 해야 한다고 지적했다. 2016년 1월, 그는 18기 중앙기율검사위원회 6차 전체회의에서 문제가 심각한 당원 및 지도간부에 대해서는 그 조직에서 조직 처리를 할 것을 명확하게 요구했다. 중앙이 발표한 〈지도간부의 '능상능하(能上能下)' 추진에 관한 규정(시행)〉은 전출, 비지도직으로 전임, 정직, 면직, 강등과 같은 조직 처리 방식을 규정했다. 시진핑 총서기는 이 규정을 검토할 때 문제가 있거나 무능한 간부를 조정해 지도간부 문책의 강도를 높이겠다고 밝히고, 정치에서 규칙을 지키지 않고, 청렴하지 못하며, 해야 할 업무를 하지 않고, 업무에 대한 책임감이 없고, 능력이 부족하며, 비현실적인 스타일의 지도간부에 대해 조직 조정을 단행해야 한다고 지적했다.

(3) 심각한 기율 위반과 형법위반 당원은 당에서 제명하고 사법기관에 송치해야 한다

시진핑 총서기는 사건이 있으면 반드시 조사하고, 부패는 반드시 척결하는 것을 견지해 법치를 통한 반부패를 실현하고, 심각한 기율 위반자는 사법 기관에 송치해 처리해야 한다고 강조했다. 2013년 1월, 그는 18기 중앙기율검사위원회 2차 전체회의에서 "고위 간부를 포함한 당원 및 간부의 심각한 기율 위반에 대해 직위고하를 막론하고 당 기율과 법에 저촉된다면 엄중히 따지고 처벌해야 한다는 말은 절대 빈말이 아니다. 종엄치당을 위해 처벌을 느슨하게 해서는 안 된다"고 지적했다.[41] 같은 해 4월, 그

---

41   시진핑, 「기율과 법에 의거해 부패를 엄중 처벌하고, 대중이 강하게 불만을 제기하는 두드

는 18기 중앙정치국 5차 집단학습에서 부패를 징벌하는 고압태세를 유지하고 사건이 있으면 반드시 조사하고 부패가 발생하면 반드시 징벌하도록 하여야 한다고 강조했다. 또한 각종 부패 사건을 법과 기율에 따라 엄격하게 조사해 중대 사건은 단호하게 처리하고, 지도 기관과 지도간부의 직권남용, 수뢰·횡령, 부패·타락, 직무 태만, 독직에 대해 엄중하게 조사해 처리해야 한다고 강조했다. 6월 그는 전국 조직업무회의에서 도덕적 해이와 타락, 변질된 자는 단호하게 당에서 제명시켜야 한다고 지적했다.

시진핑 총서기는 감독 및 기율 집행의 실천 형태에 대한 모색은 당의 훌륭한 전통과 기풍을 계승하고 고양시키는 일이라고 강조했다.

첫째, 비판과 자아비판을 견지해야 한다. 2012년 11월 시진핑 총서기는 인민일보에 '당규약을 진지하게 학습하고 엄격히 준수하자'는 제목으로 발표한 글에서 당내 정치생활에 관한 당규약의 모든 규정을 엄격하게 집행하기 위해 원칙을 고수하고, 비판과 자기비판을 과감히 펼치며, 바른 기풍을 고취하고, 좋지 않은 풍조는 제어하는데 앞장서야 한다고 지적했다.[42] 2013년 6월 그는 당의 군중노선 교육실천활동 업무 회의에서 이번 교육실천활동은 옌안(延安)의 정풍운동(整風運動)의 경험을 바탕으로 정풍의 정신으로 비판과 자아비판을 수행해야 한다고 지적했다. 2016년 1월, 그는 18기 중앙기율검사위원회 6차 전체회의에서 비판과 자기비판을 당내 생활의 정상적인 일부가 되도록 하여 모든 당원과 간부에게 필수 과목이 되

러진 문제 해결에 힘쓰자」(2013년 1월 22일), 「18차 당대회 이후 주요 문헌 선집」(상), 중앙문헌출판사, 2014년판, 135면.

42 시진핑, 「당규약을 진지하게 학습하고 엄격히 준수하자」 인민일보, 2012년 11월 20일, 1면.

도록 해야 한다고 지적했다. [43]

둘째, 사상 정치 사업을 중시해야 한다. 2014년 10월, 시진핑 총서기는 당의 군중노선 교육 실천활동 결산 대회에서 "종엄치당은 교육과 제도에 근간을 두어야 한다. 최근 드러나는 문제들은 사상 정치 교육을 얕보면서 제도가 있고, 규장이 있으면 만사 오케이라고 여기는 것에서 비롯되었다. 심지어는 사상 정치 교육을 습관화하지 않거나 하지 않는 경우도 있고, 조직이 자신에게 말하는 것이 불필요하다고 생각한다. 바로 이런 단순화와 편파성으로 말미암아 본래 정착할 수 있는 제도들이 정착되지 못하고, 피할 수 있는 문제들이 끊임없이 발생하고 있다"고 지적했다.[44] 2016년 2월, 그는 '양학일주' 학습 교육 방안에 대한 공산당 중앙정치국 상무위원회 심의에서 "우리 당이 자체 건설을 잘해 진정으로 세계에서 가장 강력한 정당이 되기 위해서는 사상정치 건설 강화가 우선이 되어야 하고, 당원과 간부에 대한 교육과 관리가 핵심이 되어야 한다. 사상 정치 건설은 단번에 이룰 수 없는 것으로 끈기와 항상심을 필요로 한다. 어떤 일은 상시화하고 제도화해야 하며, 어떤 일은 일정 기간을 들여 강화함으로써 문제에 맞게 해결해야 한다"고 지적했다.

셋째, 실패를 교훈으로 삼아 경계하고 병폐를 고쳐 사람을 구해야 한다. 시진핑 총서기는 18기 중앙기율검사위원회 6차 전체회의에서 "실패를 교훈으로 삼아 경계하고 병을 치료하고 사람을 구하는 것은 우리 당의 일

---

43 시진핑, 「18기 중앙기율검사위원회 제6차 전체회의에서의 연설」(2016년 1월 12일), 인민일보, 2016년 5월 3일, 2면.

44 시진핑, 「당의 군중노선 교육실천활동 결산 회의에서의 연설」(2014년 10월 8일), 인민일보, 2014년 10월 9일, 2면.

관된 방침이자 당의 자체 건설을 위해 강화해온 역사적인 경험이다. 일상 생활에서 문제가 발생하면 엄격하게 관리해야 한다. 처벌은 관리가 근본이고, 관리를 위한 것이다"라고 강조했다.[45]

넷째, 초기에 경미할 때 잘 잡아 미연에 방지해야 한다. 시진핑 총서기는 18기 중앙기율검사위원회 3차 전체회의에서 "부패의 늪에 점점 더 깊이 빠지는 이들도 있는데 가장 중요한 이유는 법과 기율을 위반한 그들의 사소한 잘못에 대해 당조직이 주의를 주는 것이 부족했고, 비판 교육이 부실했으며, 심지어는 눈감아 주었기 때문이다. 너그럽게 처리해 주고, 법을 초월해 자비를 베풀면 드러나지 않는 큰 문제를 야기할 수 있다"고 지적했다.[46] 그는 18기 중앙기율검사위원회 6차 전체회의에서 "성부급 간부를 양성하기 위해서 얼마나 많은 정성을 들였는가? 많은 간부들은 기층에서 시작해 천천히 성장해왔다. 마지막에 무너지면 한 번의 잘못으로 평생을 후회하게 된다. 문제가 있는 사람들은 이전에 기미를 보일 수 있는데 어째서 그들이 문제를 인식하고 해결할 수 있도록 적절한 시기에 도와주지 못하는가?[47] '4가지 형태'의 감독과 기율 집행은 당원과 간부에 대한 조직의 관심과 사랑, 엄격한 관리를 반영하는 것이다"라고 지적했다.

다섯째, 혁신적인 감독 방식을 견지해야 한다. 중국공산당은 역사적으로 대중에 대한 감독에 중요성을 부여해왔다. 이를 바탕으로 시진핑 총

---

45 시진핑, 「18기 중앙기율검사위원회 제6차 전체회의에서의 연설」(2016년 1월 12일), 인민일보, 2016년 5월 3일, 2면.

46 「시진핑의 엄정한 당 기율과 규범에 관한 논술 요약집」, 중앙문헌출판사, 중국방정출판사, 2016년판, 75-76면.

47 시진핑, 「18기 중앙기율검사위원회 제6차 전체회의에서의 연설」(2016년 1월 12일), 인민일보, 2016년 5월 3일, 2면.

전면적인 종엄치당에는 마침표가 없다

서기는 당내 감독의 실천 형태를 더욱 부각시켜 당내 감독의 내실을 혁신적으로 발전시켰다. '4가지 형태'의 감독과 기율 집행은 엄격한 기강으로 모든 당원을 통제하고, 전면적인 종엄치당이 세세하게 실질적인 곳에 엄격하게 이루어지도록 촉진한다. 그는 18기 중앙기율검사위원회 2차 전체회의에서 "각급 당조직은 당풍청렴건설, 간부에 대한 감독 강화가 간부에 대한 애정을 보여주는 것임을 반드시 알아야 한다. 지도간부 한 명을 교육하고 양성하는 것은 쉬운 일이 아닌데 청렴에 문제가 생기면 여러 해 동안 당조직과 개인이 기울인 노력이 하루아침에 무너지게 된다"고 지적했다. 각급 당조직은 책임을 지고 교육하여 간부들이 정직하고 자강하며 책임을 포기하지 말 것을 촉구해야 한다.[48] 그는 19차 당대회 보고에서 기율 교육과 기율 집행 강화를 통해 당원과 간부들이 경외심을 알고, 경계하고 두려워하며 마지노선을 지키도록 함으로써 감독과 제약을 받는 환경에서 일하고 생활하는데 익숙해지게 해야 한다고 명확하게 밝혔다.

감독 및 기율 집행에서 '4가지 형태'의 운용을 위해 모든 단계에 방어막을 설치함으로써 '전면적' 및 '엄격함'이 기율 위반 초기부터 입건 심사에 이르기까지 전 과정에 반영된다. 당원과 간부들에 대한 요구는 관대해지지 않고 더 엄격해졌고, 각급 당위원회와 기율 위원회의 당 관리 및 통제책임은 더 무거워졌다. '4가지 형태'의 개념과 요구 사항에 따라 기율 검사 및 감독 업무는 주요 사건 조사에 중점을 두는 것이 아니라 일상적 감독과 징계 강화로 바뀌어 '최소의 처벌'에서 '다수의 통제'로의 전환을 실

48 「시진핑의 당풍·청렴정치 확립 및 반부패 투쟁에 관한 논술 요약집」, 중앙문헌출판사, 중앙방정출판사, 2015년판, 56면.

현했다. 특히 첫 번째 형태에 집중적으로 공을 들였다. 당원 간부의 낌새와 성향, 일반성을 반영하는 문제에 대해 제 때 본인을 만나 대화로 일깨우고, 대면 혹은 서면으로 자초지종을 확인하고, 설명이 사실일 경우 받아들이고, 해결된 후 응답자에게 피드백과 규명을 함으로써 간부에 대한 당의 신뢰를 보여준다. 기율 위반 문제가 있을 경우 기율 위반 사실을 철저하게 조사한 후 위반 사안의 성격, 경위, 잘못을 인정하고 뉘우치는 태도를 종합적으로 고려해 유연한 처리 방식을 위한다. 첫 번째 형태의 경우, 먼저 대화를 나누고, 서면으로 조사를 하고, 즉시 경고해 일깨워 준다. 두 번째와 세 번째일 경우 잘못한 사람의 자각심을 높이기 위해 당 기율 처분 혹은 조직 처분을 한다. 통계에 따르면 2015년 이후 19차 당대회 개최 전까지 전국 기율감찰기관이 '4가지 형태' 실천 및 당 전체의 관리와 통제를 위해 엄정한 기율로 총204만8천 명을 처분했다. 그 중 첫 번째 형태인 비판 교육, 대화, 서면 조사는 전체의 46.7%인 95만5천 명으로 낯 뜨겁고 진땀을 흘리게 만드는 것이 일상이 되었다. 두 번째 형태인 경징계 처분, 조직 조정은 전체의 39.9%인 81만8천 명이다. 중징계 처분 및 중대 직무 조정을 하는 세 번째 형태는 15만6천 명으로 7.6%를 차지해 기율의 엄격함을 효과적으로 보호했다. 네 번째 형태인 엄중한 기율 위반 및 위법 혐의 입건 조사는 11만9천 명으로 5.8%에 달하며, 당적 박탈과 사법기관 송치 건수는 극소수이다. 국가 감찰체제 개혁 이후, 기율검사위원회와 감찰위원회의 기율 및 법 집행은 모두 '4가지 형태'를 사용하고 있다. 총량 면에서나 각 형태 처분의 수량 모두 감찰체제 개혁 이전 보다 수적으로 월등하게 늘어나 진정으로 실패를 교훈으로 삼아 경계하고 병폐를 고쳐 사람을 구하게 되었다. 2018년 전국 기율 검사 감찰기관은 '4가지 형태'의 감독 및 기율 집행을 통

전면적인 종엄치당에는 마침표가 없다

해 동기 대비 32%가 증가한 173만7천 명을 처분했다. 그 중, 첫 번째 형태를 이용한 처분은 40.5% 늘어난 110만4천 명으로 전체의 63.6%를 차지했다. 두 번째 형태를 적절하게 이용한 결과 20.3%가 증가한 49만5천 명을 처벌해 전체의 28.5%를 점유했다. 세 번째 형태를 정확하게 이용한 중징계 처분과 중대한 직무 조정은 전체의 4.7%로 동기 대비 17.8% 늘어난 8만2천 명이다. 네 번째 형태를 과감하게 사용해 처분한 수는 전체의 3.2%인 5만5천 명으로 13.7% 증가했는데, 그 가운데 1만7천 명이 사법기관으로 송치되어 처리되었다.[49] 19차 당대회 전 보다 첫 번째 형태의 비율은 더 증가하고, 나머지 세 가지 형태의 비율이 계속 감소하며, '역 피라미드형' 분포 구조가 점점 더 명확해졌다. '4가지 형태'의 실천으로 정치 생태계를 근원적으로 정화했고, 느슨하고 해이하며 물렁했던 당 관리와 통제를 엄격하고 치밀하며 강경하게 이끌었다.

---

49   「반부패 투쟁의 압도적인 승리를 공고히 하고 발전시키자」, 중국기검감찰보, 2019년 2월 25일, 1면.

제6장

당내 감독을 강화해야 한다

18차 당대회 이후 시진핑 총서기는 전면적인 종엄치당을 실제와 긴밀하게 결합시켜 당의 포괄적인 리더십과 장기 집권 조건하에서 당내 관리 감독을 강화할 수 있는 효율적인 방법에 대한 깊은 연구를 통해 많은 새로운 이념과 조치를 제시했다. 당내 감독은 당 건설에 있어 중요한 부분이고, 전면적인 종엄치당을 위한 중요한 보장이다. 또한 당내 감독은 당과 국가의 여러 감독 방식 중에서 가장 기본적이고 최우선적인 것이다. 당내 감독이 강력하고 효율적으로 이루어져야만 다른 감독들도 제 기능을 발휘할 수 있다. 목표와 임무 부분에서 당내 감독의 최우선 과제는 당의 지도력 약화, 당 건설 부족, 전면적인 종엄치당 부족, 당 관념 희박, 조직 분산, 기강 해이 및 느슨하고 해이하며 물렁해진 당 관리·통제의 문제를 해결하고, 당규약, 당규, 당 기율을 효율적으로 시행하고 당의 단결과 통일을 수호하는 것이다. 전체적인 사고 측면에서 위에서 아래로의 조직 감독을 강화하고, 아래에서 위로의 민주 감독을 개선해야 한다. 동급 간 상호 감독 기능을 발휘하고, 당원 지도간부의 일상에 대한 관리감독을 강화한다. 당 중앙이 집중적으로 지도하고, 당위원회(당조)가 전면적인 감독을 하며, 기율검사기관이 전적으로 감독을 책임진다. 당 업무부처의 직능에 대한 감독, 당 기층조직에 대한 일상적인 감독을 실시하고, 당원들이 민주적인 감독을 하는 당내 감독 혁신 체계를 구축한다. 당내 감독체계 구축을 기반으로 당내 감독을 국가기관 감독, 민주 감독, 사법 감독, 대중 감독, 여론 감독을 연계시킴으로써 감독을 위한 시너지를 강화하고, 당의 지휘를 통일함으로써 전면적인 권위와 효율을 갖춘 감독 시스템을 구축해야 한다. 당의 지도기관과 지도간부, 특히 주요 지도간부를 중점 대상으로 해야 한다. 당 18기 6중전회는 이 새로운 사상과 이념을 새로 개정된 〈중국공산당 당내 감독조례〉에 반영하고, 당내 감독 강화를 위해 전면적으로 활용해야 한다고 밝혔다. 시진핑 총서기는 19차 당대회 보고에서 당의 자정 능력과 자체 감독과 대중 감독 역량을 강화해야 한다[1]고 지적하고, '당과 국가의 감독 시스템 완비'[2]를 명시하면서, 당내 감독 강화는 새로운 시대에 당을 전면적이고 엄격하게 통제하기 위한 핵심 포인트라고 언급했다. 19차 당대회에서 새로 개정한 당규약은 당의 지도기관과 당원 및 지도간부, 특히 주요 지도간부에 대한 감독을 강화하고, 지속적인 당내 감독 시스템에 대한 개선을 명시하고 있다.[3] 당내 감독강화를 통해 당에 대한 관리와 통제 이념을 발전시키고 더 깊이 있는 당 관리·통제를 실천할 수 있게 된다.

1 　시진핑, 「전면적인 샤오캉 사회 실현으로 신시대 중국 특색 사회주의의 위대한 승리 쟁취-19차 당대회에서의 보고」(2017년 10월 18일), 「19차 당대회 문건 모음집」, 인민출판사, 2017년판, 54면.

2 　상동.

3 　「중국공산당 당규약」, 「19차 당대회 문건 모음집」, 인민출판사, 2017년판, 78면.

1. 전면적인 종엄치당의 중요한 보장

당내 감독 강화는 전면적인 종엄치당을 위한 중요한 이론적 혁신이다. 당내 감독 강화는 마르크스주의 정당의 일관된 요구이고, 중국공산당의 우수한 전통이자 정치적 강점이기도 하다. 시진핑 총서기는 중국공산당을 전면적으로 통치하고 장기 집권하는데 있어 직면한 최대 과제는 권력에 대한 감독이라고 지적했다. 자체 감독은 세계적 난제이며, 국가 통치에서의 '골드바흐의 추측(Goldbach's conjecture)'[4]이다. 당 건설을 위해 당내 감독이 중요하고, 이는 전면적인 종엄치당을 보장하는 중요한 수단이다. 전면적인 종엄치당은 자아혁명으로 당과 국가사업의 성패뿐 아니라 중국이 역사적 주기의 법칙을 초월할 지의 여부와도 연관되어 있어 주체적 책임과 감독 책임이 부족한 문제, 느슨하고 해이하며 물렁해진 당 관리의 문제를 근본적으로 해결해야 한다. 이러한 문제를 해결하기 위해 반드시 당내 감독을 강화하고, 행동으로써 '근원적 질문'에 답해야 하며, 중국공산당원들이 스스로를 정화할 수 있는 '절세 무공'을 연마할 수 있도록 해야 한다. 18차 당대회 이후, 시진핑 총서기는 높은 정치적 시각에서 당내 감독에 대한 체계적이고 깊이 있는 사고를 통해 당 관리·통제에서 당내 감독의 위치와 역할을 명확히 하고, 당내 감독의 상황과 당면한 과제를 과학적으로 판단하고, 당내 감독의 취약한 부분에 대한 냉철한 분석을 통해 당내 감독이

4 　옮긴이 주: 2보다 큰 짝수 n에 대하여 n을 두 소수 p,q(p≤q)의 합 n=p+q에서 이 분할 방법의 수를 r(n)이라고 하면 골드바흐의 추측은 r(n)>0임. 이 추측이 성립할 것이라는 희망을 주는 가장 큰 체험적 근거는 n이 커질수록 r(n)도 증가하는 추세를 보여준다. 아직까지 풀리지 않는 문제임.

새로운 국면을 맞이할 수 있는 튼실한 기초를 마련했다.

(1) '관리'와 '통제'는 모두 감독을 포함한다

'관리'와 '통제' 모두 감독을 포함한다. 이는 시진핑 총서기가 당내 감독과 당 관리·통제의 내재적 관계를 과학적으로 설명한 것이다. 2013년 1월, 시진핑 총서기는 공산당 18기 중앙기율검사위원회 2차 전체회의에서 "간부에 대한 일상적 관리감독을 강화하고 간부를 엄격히 단속해야 한다. 감독이 없는 권력이 부패를 초래하게 되는 것은 필연적인 철칙이다. 조직이 간부를 육성하는 것은 쉽지 않기 때문에 관리와 감독을 잘해 그들이 항상 살얼음 위를 걷는 듯하고, 깊은 못가에 서 있는 듯한 경각심을 갖도록 해야 한다. 간부에 대한 감독 강화는 간부를 아끼고 보호하는 것이다. 이 부분에 대한 책임을 포기하는 것은 당과 인민, 간부에 대해 책임을 다하지 않는 것"이라고 지적했다.[5] 2015년 1월, 시진핑 총서기는 18기 중앙기율검사위원회 5차 전체회의에서 "우리는 저우융캉(周永康), 쉬차이허우(徐才厚), 링지화(令計劃), 쑤룽(蘇榮)의 심각한 법규위반 사안에 대해 철저히 조사함으로써 중국공산당이 문제를 직시하고, 잘못을 바로 잡으며, 당을 엄격하게 통제하고, 당의 기율을 엄격하게 준수하며, 강력한 자정 능력과 자아혁신 능력이 있음을 세계에 증명했다"고 발언했다.[6] 2016년 1월, 시진핑 총

---

5   시진핑, 「기율과 법에 의거해 부패를 엄중 처벌하고, 대중이 강하게 불만을 제기하는 두드러진 문제 해결에 힘쓰자」(2013년 1월 22일), 「18차 당대회 이후 주요 문헌 선집」(상), 중앙문헌출판사, 2014년판, 138면.

6   「18기 중앙기율검사위원회 역대 전체회의 문건자료 모음집, 중국방정출판사, 2017년판, 206면.

전면적인 종엄치당에는 마침표가 없다

서기는 18기 중앙기율검사위원회 6차 전체회의에서 당을 관리하고 다스리는 것과 종엄치당의 '관리'와 '통제'에는 모두 감독을 포함한다"[7]고 밝혀 당 관리와 통제에서 당내 감독의 중요성을 다시 한 번 확실하게 강조했다.

(2) 당내 감독은 가장 기본적이고 최고로 되는 감독이다

감독은 권력이 정확하게 작동되도록 보장하는 기본 조건이다. 시진핑 총서기는 국가 감독 시스템에 입각해 당내 감독의 중요한 위치에 대한 포지셔닝을 했다. 2016년 1월, 그는 18기 중앙기율검사위원회 6차 전체회의에서 "중국공산당에 있어 외부 감독도 필요하지만, 근본적으로 봤을 때 자체 감독 강화가 더욱 중요하다. 우리는 그간의 교훈을 종합하고 관리 제도를 혁신하여 당내 감독을 확실하게 강화해야 한다"고 지적했다.[8] 7월, 그는 공산당 중앙정치국 회의에서 "당의 집정지위는 모든 당과 국가의 감독 중에서 당내 감독이 가장 최우선이고 기본이 되도록 결정한다. 당내 감독을 중심으로 다른 감독들이 수반되는 감독체계가 완비되어야만 전면적인 종엄치당을 위한 제도적 여건이 마련될 수 있다"고 밝혔다. 10월, 시진핑 총서기는 당 18기 6중전회에서 "당내 감독은 전체 당의 임무이다. 각급 당 지도간부들은 반드시 이 책임을 떠메고 책임을 제대로 알고 책임을 다해야 하며 잘 틀어쥐고 관리하고 철저히 감독해야 한다"고 언급했다. 그는 〈중국공산당 당내 감독조례〉와 관련, "당내 감독은 당 건설을 위한 중요한 내용이며, 전면적인 종엄치당을 위한 중요한 보장이다"라고 설명했다. 시

---

7 시진핑, 「18기 중앙기율검사위원회 제6차 전체회의에서의 연설」(2016년 1월 12일), 인민일보, 2016년 5월 3일, 2면.

8 상동.

진핑 총서기는 당 18기 6중전회 2차 전체회의에서 "당 전체는 당내 감독이 당조직의 건강을 영원히 책임지는 생명의 원천임을 인식하고, 체내 병든 부위를 도려내는 데 대한 자각심을 강화해 적극적으로 감독하고 스스로 감독을 수용하는 행동이 당 전체의 일상이 되도록 해야 한다"고 강조했다.

(3) '느슨하고 해이하며 물렁한' 당 관리·통제를 집중적으로 해결해야 한다

시진핑 총서기는 당내 감독에 존재하는 문제와 위험성에 대해 여러 차례 설명했다. 2014년 10월, 그는 공산당 중앙정치국 상무위원회에서 중국 중앙순시조의 순시 업무 보고를 받는 자리에서 당 관리 및 통제와 관련해 지나치게 관대하고 물렁하다고 지적하고, 주요 책임 이행이 부실하고, 감독 책임이 제대로 이루어지지 않는 문제들이 각지에서 일고 있다고 덧붙였다.[9] 2016년 9월 그는 공산당 중앙정치국 회의 연구에서 전면적인 종엄치당의 중요성을 언급하면서 당내 감독을 강화해 당의 지도력 약화, 미흡한 당 건설, 전면적인 종엄치당 부족, 당 관념 희박, 산만한 조직, 기강 해이 및 느슨하고 해이하고 물렁해진 당 관리 및 통제 문제를 중점적으로 해결해야 한다고 언급했다.[10] 10월, 그는 당 18기 6중전회에서 〈중국공산당 당내 감독조례〉를 설명하면서 "당 중앙은 오랫동안 당내 감독을 중시하고, 강력한 조치를 통해 확실한 성과를 거두었다. 그러나 일부 지방과 부처에

---

9 「시진핑의 당풍·청렴정치 확립 및 반부패 투쟁에 관한 논술 요약집」, 중앙문헌출판사, 중국방정출판사, 2015년판, 24면.

10 「시진핑 총서기가 주재한 중공중앙정치국회의에서 당 18기 6중전회에서 심의할 서류 논의」, 인민일보, 2016년 9월 28일, 1면.

전면적인 종엄치당에는 마침표가 없다

서의 당 지도력 약화, 미흡한 당 건설 및 전면적인 종엄치당에 힘이 실리지 않는 문제들이 존재한다. 일부 당원과 간부들의 당 관념이 희박하고, 조직은 분산되었으며, 기강이 해이해졌다. 당조직과 당원, 간부들은 기율과 조직의 원칙을 무시하고, 당규약을 엄격하게 집행하지 않는 경우도 있다. 당내에서 발생하는 모든 문제들은 당 관리·통제 소홀과 밀접한 관계가 있다. 전면적인 종엄치당을 위해 주체적 책임과 감독에 대한 책임이 부족하고, 느슨하고 해이하고 물렁해진 당 관리 및 통제 문제를 근본적으로 해결해야 한다. 당내 감독 강화를 당 건설을 위한 가장 기본적이고 중요한 과정으로 삼고, 감독제도의 장점이 충분히 발휘될 수 있도록 해야 한다"고 강조했다.[11] 그는 당 18기 6중전회 제2차 전체회의에서 "감독을 기피하고, 과감하게 이행하지 못하고, 저항하는 등 당내에 두드러진 문제들이 오랫동안 존재해왔다. 많은 지방과 부처에서 당내 감독이 말뿐인 구호에만 그치고 있다"고 지적했다.

1) 주체적 책임과 감독 책임이 불분명하다

2015년 1월, 시진핑 총서기는 18기 중앙기율검사위원회 5차 전체회의에서 "현재 사람을 뽑고 나서 관리와 감독을 하지 않는 게 가장 큰 문제이다. 일부 당위원회는 감독을 소홀히 하는 경우도 있고, 간부가 일을 저지르면 기율검사위원회에 책임을 떠넘기기도 한다"고 지적했다.[12] 2016년 1

---

11 「당 18기 6중전회 문건학습 지도 백문(百問)」, 당건설도서출판사, 학습출판사, 2016년판, 53면.

12 「시진핑의 엄정한 당 기율과 규범에 관한 논술 요약집」, 중앙문헌출판사, 중국방정출판사, 2016년판, 123면.

월, 그는 18기 중앙기율검사위원회 6차 전체회의에서 "일부 당조직과 지도간부의 당 관념이 취약해 경제건설과 당의 지도를 분리하고, 당 관리와 통제는 관심을 두지 않는 경우가 있는가 하면, 일부는 감독이 아닌 권력에만 집중하고, 간부를 임명할 때에는 발 벗고 나서지만 평소에는 관리하지 않고 내버려두고는 문제가 생기면 기율검사위원회에 책임을 전가하는 경우가 있다.[13] 이런 것들은 모두 감독 책임이 올바르게 실행되지 않아 발생하는 문제들이다"라고 지적했다.

2) 감독 체제와 메커니즘에 허점이 존재한다

2015년 1월, 시진핑 총서기는 18기 중앙기율검사위원회 5차 전체회의에서 부패 문제가 발생하는 중요한 이유는 일부 시스템에 결함이 있기 때문이라고 지적하고, 개혁적인 사고로 일을 처리하고 제도 혁신을 강화해야 한다고 덧붙였다.[14] 2016년 1월 그는 18기 중앙기율검사위원회 6차 전체회의에서 역사와 주관적인 원인 외에도 순시에서 발견된 많은 문제들은 객관적으로 체제메커니즘 미흡, 특히 인재·사업·자산 관리 분야에서 제도가 부족하고, 집행력이 미흡하며, 감독 수단과 조치 부재로 인해 두드러진 것이라고 지적했다.[15]

13　시진핑, 「18기 중앙기율검사위원회 제6차 전체회의에서의 연설」(2016년 1월 12일), 인민일보, 2016년 5월 3일, 2면.

14　「시진핑의 엄정한 당 기율과 규범에 관한 논술 요약집」, 중앙문헌출판사, 중국방정출판사, 2016년판, 56-57면.

15　시진핑, 「18기 중앙기율검사위원회 제6차 전체회의에서의 연설」(2016년 1월 12일), 인민일보, 2016년 5월 3일, 2면.

3) 권력에 대한 제약과 감독에 어려움이 존재한다

시진핑 총서기는 크기에 상관없이 권력이 제약과 감독을 받지 않는다면 남용될 가능성이 있다고 강조했다.

첫째, 간부에 대한 감독이 지나치게 느슨하다. 일부 지방과 부처의 당원과 간부 특히 지도간부에 대한 감독이 소홀해 일부 당원 및 간부의 이상과 신념이 흔들리고, 목적의식이 희박해졌으며, 형식주의·관료주의·향락주의·사치풍조가 심각하다.

둘째, 최고 책임자에 대한 일상적 관리와 감독이 부족하다. 2015년 1월, 시진핑 총서기는 18기 중앙기율검사위원회 5차 전체회의에서 "많은 사례를 봤을 때, 대부분 지도간부들의 법과 기율 위반은 최고 책임자를 역임하는 기간에 발생한다"고 지적했다. 민주집중제를 무시하고 가부장제를 일삼으며 독단적이고 거만한 태도로 '막후 실세' 노릇을 하려고 하며, '나를 따르는 자는 번창할 것이요, 나를 거스르는 자는 망할 것이다'를 외치며 독단적인 전횡을 일삼고 소위 '절대 권력'을 누리며 모든 것을 장악하려고 부심하는 간부도 있다. 그런가 하면 '내 말 한마디로 기업에 큰 혜택을 주거나 친구들이 이득을 볼 수도 있고, 한 사람의 처지를 변화시키거나 모든 일을 일사천리로 처리할 수도 있었다'고 조사 과정에서 밝힌 이들도 있었다. 성 위원회 지도자가 지구급시(地級市) 최고 책임자에게 정책 권한을 주고 격려하지만 엄격한 요구와 감독을 하는 경우는 극히 적다. 동급 혹은 하급자가 최고 책임자를 감독할 엄두를 내지 못해 이들의 권력이 걷잡을 수 없게 커진다. 최고 책임자는 높고 강력한 권위를 가지기 때문에 일단 문제가 발생하면 가장 쉽게 조직을 망가뜨리고 풍기 문란을 초래할 수 있다. '권력이 집중되어 있는 최고 책임자에 대한 감독이 부족하고, 자율적인 기

율 준수를 실시하게 되면 잘못을 저지르거나 문제가 발생하기 쉽다'는 반성의 목소리도 있다.[16]

셋째, 핵심 분야에 대한 감독이 취약하다. 2014년 1월, 시진핑 총서기는 18기 중앙기율검사위원회 3차 전체회의에서 "역사적으로 사회보험기금, 빈곤구제자금, 서민을 위한 자금 등 수천만 가구와 밀접한 관련이 있는 자금을 횡령 및 유용했을 경우 가중처벌함에도 불구하고 이런 범죄를 저지르는 경우가 있다. 그렇기 때문에 자금 사용 상황에 대한 관리와 감독을 강화하고, 핵심 분야와 프로젝트, 중요한 자금일수록 회계 감독을 강화하여 횡령 및 유용과 같은 문제가 발생하지 않도록 해야 한다.[17] 이 점을 정확하게 인지하고 당내 감독 시스템 설계의 적절성과 효율성을 더욱 향상시켜야 한다"고 강조했다.

2. 감독체계의 정층설계

시진핑 총서기는 당내 감독제도 구축을 매우 중시하여 감독제도를 완비하고 체계에 대한 정층설계를 위한 요구사항을 명시했다. 2015년 10월, 시진핑 총서기는 당 18기 5중전회에서 "각급 당위원회(당조직)는 전면적인 종엄치당과 당규에 의해 당을 다스리는 것을 견지하고, 당 지도부를

---

16   「시진핑의 엄정한 당 기율과 규범에 관한 논술 요약집」, 중앙문헌출판사, 중국방정출판사, 2016년판, 100면.

17   시진핑, 「당의 조직기율을 엄정하게 하고 조직의 기율성을 강화하라」(2014년 1월 14일), 「18차 당대회 이후 주요 문헌 선집」(상), 중앙문헌출판사, 2014년판, 771면.

지속적으로 강화해 당내 감독체계를 보완해야 한다. 당내 감독을 강화해 장기 집권 여건에서 제도 혁신을 추진하고 당내 감독을 강화할 수 있는 방안을 적극 모색해야 한다"고 언급했다. 2016년 1월, 시진핑 총서기는 18기 중앙기율검사위원회 6차 전체회의에서 당내 감독체제에 대한 상부 주도 설계의 중대한 임무를 제시하면서 "국가 공무원의 정확하고 청렴한 권력 사용이 당내 감독을 위해 선행되어야 한다. 감독체제에 대한 상부 차원의 설계를 잘 하기 위해서 당의 자체 감독과 국가 기관에 대한 감독을 강화해야 한다"고 지적했다. 그는 또 "기존의 당내 감독조례는 감독의 주체가 분산되어 있고 감독 책임이 명확하지 않아 감독제도의 운영성과 실효성이 떨어진다. 책임을 중심으로 제도를 설계하고, 제도를 중심으로 시스템을 구축하기 위해 하급 당조직과 당원, 지도간부에 대한 상급 당조직의 감독을 강화하고, 책임과 주체를 명확히 해야 한다. 올바른 제도 활용과 효과적인 시행을 위해 당내 다른 법규와 연계시켜 제도적 틀을 확립해 나가야 한다"고 강조했다. 9월, 시진핑 총서기는 공산당 중앙정치국 회의의 전면적인 종엄치당에 대한 문제 논의에서 "당내 감독은 민주집중제를 관철하고, 법과 기율에 따라 시행해야 하며, 위에서 아래로의 조직 감독을 강화하고, 아래에서 위로의 민주적인 감독을 실시하며, 동급간의 상호감독을 실시해야 한다"고 지적했다.[18] 10월, 시진핑 총서기는 당 18기 6중전회 2차 전체회의에서 "과학적이고 효과적으로 과오를 시정하고 예방할 수 있는 메커니즘을 구축하기 위해 당내 감독체계를 지속적으로 완비해야 한다.

---

18 「중공중앙정치국 회의 개최, 당 18기 6중전회에서 심의할 서류 논의, 시진핑 총서기 회의 주재」, 인민일보, 2016년 9월 28일, 1면.

이는 이미 발생한 두드러진 모순과 문제를 더 효율적으로 해결하고 새로운 모순과 문제의 발생을 예방하며, 이미 해결된 문제의 재발을 효과적으로 방지하기 위한 것이다"라고 밝혔다. 당 18기 6중전회는 〈중국공산당 당내 감독조례〉를 수정하여, 당내 감독 실천 연구를 제도적 성과로 전환시키고, 당내 감독제도를 시시각각으로 발전시키기 위해 당 중앙의 일괄 지도에 입각해 당위원회(당조)가 전체를 감독하고, 기율검사 기관이 감독을 전적으로 책임지며, 당의 업무부처가 직능을 감독하며, 당내 기층조직이 일상적 감독을 실시하고, 당원이 민주 감독을 하는 당내 감독 시스템 구축을 명시했다.

(1) 당위원회(당조)의 전면적인 감독

시진핑 총서기는 당위원회의 감독 역할을 중시하면서 당위원회의 감독을 최우선적이고 전방위적인 감독으로 지목했다. 2016년 1월, 시진핑 총서기는 18기 중앙기율검사위원회 6차 전체회의에서 당위원회 감독의 중요성을 특별히 언급하면서 "당위원회의 감독은 전방위적인 감독이다. 당위원회는 간부를 임명하고, 감독하는 것에 더욱 신경을 써야 하며, 감독 책임을 기율검사위원회에 전가해서는 안 된다"고 강조했다.[19] 당위원회 감독에 대한 시진핑 총서기의 새로운 요구로 당위원회 감독의 의미가 더 풍부해졌다.

---

19   시진핑, 「18기 중앙기율검사위원회 제6차 전체회의에서의 연설」(2016년 1월 12일), 인민일보, 2016년 5월 3일, 2면.

1) 당위원회(당조)가 당내 감독의 주체적 책임을 맡아야 한다

시진핑 총서기는 당 18기 6중전회 2차 전체회의에서 "당내 감독은 당 전체의 임무이며, 당위원회(당조)가 주체적 책임을 져야 한다. 서기는 최고 책임자로서 당위원회 상무위원회 위원(당조 구성원)과 당위원회 위원의 업무 범위 내에서 감독 책무를 이행해야 한다. 당내 감독은 실패를 교훈으로 삼아 경계하고 병폐를 고치며, 잘못이 작을 때 조기에 바로잡아야 한다. 비판과 자아비판을 실시하고, 적시에 면담이나 서면 문의로 자초지종을 조사하고, 훈계, 격려하고 문제가 발견되면 즉시 편차를 줄이도록 해야 한다. 최근 적발된 전형적인 비리사건을 살펴보면, 양적 변화에서 질적 변화로 이어지고 소소한 잘못이 큰 잘못으로 확대되는 특징이 있다. 이제 막 문제가 발견된 조직인 경우에는 즉시 문제를 인식하고 일부 간부들 역시 잘못되지 않도록 경계해야 한다. 당조직은 당원 간부들의 일상적인 사상·업무·업무태도·생활 등에 대해 자세히 이해하고 간부와 대중들의 반응을 면밀히 살펴 사소한 잘못이라도 해도 조기에 발견해 잘못을 저지르는 일이 없도록 미연에 방지해야 한다. 당내 감독은 시간과 장소의 구애 없이 실시해야 하며, 당원과 간부들이 자신의 본분에 맞게 책임과 역할을 다하도록 해야 한다. 전체 당원들이 상호간 경계 및 감독을 통해 잘못된 부분을 고치면서 함께 발전할 수 있도록 해야 한다"고 지적했다.

〈중국공산당 당내 감독조례〉는 당위원회 감독에 대한 시진핑 총서기의 요구를 구체화하고, 당위원회의 감독 책임에 대해 명확히 규정하고 있다. 당위원회(당조직)는 다음과 같은 감독 직책을 이행한다. ① 각지 부처의 당내 감독 업무를 이끌고 각종 감독 제도를 조직적으로 시행하여 감독 및 조사를 실시한다. ② 동급 기율검사위원회와 관할범위 내 기율 조사 업무를 강화하고, 감독, 기율 집행 및 문책 업무 상황을 조사한다. ③ 당위원회 상무위원회 위원(당조 구성원), 당위원회 위원, 동급 기율검사위원회, 당의 업무 부처, 직접 영도하는 당조 지도부 및 구성원에 대해 감독을 실시한다. ④ 상급 당위원회, 기율검사위원회 업무에 대해 의견을 내고 감독 업무를 실시한다. 당의 업무 부처는 각종 감독 제도를 엄격하게 집행하고, 직책 범위 내에서 당내 감독 업무를 강화하며, 본 부처에 대한 내부 감독을 강화하는 한편, 본 시스템에 대한 일상적 감독을 강화해야 한다. 이렇게 당위원회의 감독을 당 관리·통제의 최전선에 둔다.

2) 당조직 주요 책임자 및 핵심 직위 지도간부에 대한 감독을 강화해야 한다

2016년 1월, 시진핑 총서기는 18기 중앙기율검사위원회 6차 전체회의에서 상급 당원이 하급 당원, 특히 상급 최고 책임자가 하급 최고 책임자를 감독하는 것이 가장 효율적이라고 강조했다. 상급 당조직은 하급 최고 책임자의 일상적인 생각·업무·생활 등에 대해 파악하고, 간부들이 하급 최고 책임자의 문제에 대한 반응을 면밀히 살펴야 하며, 하급 지도자들의 최고 책임자에 대한 의견을 적극 수렴해야 한다. 당원과 간부는 당 회의, 간부 발탁, 지도간부의 소관 업무 및 청렴 보고 부분에서 최고 최고 책임자에 대한 감독을 실시할 수 있다. 최고 책임자에 대한 감독 제도와 지도층 의사제도를 완비하고, 집단 토론 사항에 대해 지도층 구성원들은 태도를 분명히 하고 기록을 남겨야 한다. 추천한 사람이 책임을 지고, 심사한 사람이 책임을 지며, 회의를 주재하고 토론 결정을 한 사람이 책임을 질 수 있도록 간부 선발과 임용 및 문책 제도를 수립해야 한다. 지도간부가 주요 사안에 개입한 사실을 기록하는 제도를 구축해 규정을 어기고 하급에 관련 사안의 진전을 타진한 행동을 사실대로 기록하고 문책한다.[20]

〈중국공산당 당내 감독조례〉는 당조직 주요 책임자와 핵심 직위에 있는 지도간부에 대한 감독을 강화해야 한다고 규정했다. 특히 이들의 정치 입장을 중점적으로 감독하고, 당 건설과 종엄치당을 강화하며, 당의 결의를 집행하며 공정하게 사람을 뽑고, 책임을 지고, 청렴결백하며 스스로 단속하는 이데올로기적 업무 책임제를 정착시켜야 한다. 상급 당조직, 특히 주요 책임자는 하급 당조직 주요 책임자에 대해 일상적으로 관심을 가지고, 경각심을 일깨워 주어야 하며, 문제가 발견되었을 경우 즉시 바로잡을 수 있도록 해야 한다. 지도부 구성원들은 주요 책임자의 문제를 발견한 즉시 당사자에게 문제를 제기하고, 필요시 상급 당조직에 직접 보고할 수 있다. 당조직 주요 책임자의 개인 신상 관련 내용은 당내 일정 범위 내에서 공개하고, 자발적으로 감독을 받아야 한다. 당위원회(당조)는 지도간부에 대한 일상적 관리·감독을 강화해 그들의 사상·업무·업무·생활 태도를 파악해야 한다. 당 지도간부는 비판과 자아비판을 통해 문제를 직시하고, 심층 분석함으로써 자신의 단점과 잘못을 주도적으로 시정해야 한다. 동료 당원의 단점과 잘못에 대해 지적하고 개선할 수 있도록 도와야 한다.

3) 당 실무부서의 기능 감독을 강화해야 한다

당 실무부서의 기능 감독 강화는 당내 감독에 관한 시진핑 총서기의

---

20 시진핑, 「18기 중앙기율검사위원회 제6차 전체회의에서의 연설」(2016년 1월 12일), 인민일보, 2016년 5월 3일, 2면.

중요 논술의 새로운 하이라이트이다. 시진핑 총서기는 당 18기 6중전회 2차 전체회의에서 "당 실무부서는 각 분야에서 당위원회(당조)의 주체적 책임을 매개하고 파악하는 역할을 맡아 직책 범위 안에서 당내 감독 업무를 수행함으로써 기관 및 부처의 내부 감독뿐 아니라 시스템에 대한 일상감독을 강화해야 한다. 문제가 적발되면 당위원회나 기율검사위원회의 처리를 기다리지 말고, 즉시 파악하고 처리해야 한다. 모든 감독 업무가 착실하게 수행되어야만 촘촘한 당내 감독 네트워크를 구축할 수 있다"고 지적했다. 〈중국공산당 당내 감독조례〉는 당 실무부서가 엄격하게 감독 제도를 집행함으로써 책임 범위 내에서 당내 감독 업무와 부처에 대한 내부 감독을 강화하고, 시스템에 대한 일상적 감독도 강화해야 한다고 규정했다.

4) 순시 감독의 역할을 충분히 발휘해야 한다

18차 당대회 이후, 시진핑 총서기는 순시를 위에서 아래로의 중요한 감독 수단으로 강조했고, 당내 감독에서 순시의 중요성과 역할을 명확히 규정하면서 순시 업무 강화와 개선을 위한 중대한 결정을 발표했다. 순시의 기능을 중요하게 여긴 시진핑 총서기는 18기 공산당 중앙정치국 회의, 공산당 중앙정치국 상무위원회 회의를 23번이나 소집해 주재하면서 순시 업무를 특별 논의하고, 순시 보고를 받고, 시찰 특별 보고를 심의했으며 매번 연설을 발표하는 한편, 순시가 반영하는 문제에 대해 지시를 내렸다. 각성·자치구·시의 당위원회, 일부 중앙 및 국가기관 당조직(당위원회)의 순시 업무가 규범화되면서 상하 연동된 태세를 갖추었다. 순시는 종엄치당의 중요한 기반으로써 당내 감독 제도의 역량을 보여주는 것이다. 시진핑 총서기는 19차 당대회 보고에서 순시 업무에 대한 새로운 배치를 내놓고,

전면적인 종엄치당에는 마침표가 없다

새로운 요구를 제시하며, "정치순시를 심화하기 위해 문제를 찾고, 흔들림 없는 억제력을 형성해야 한다. 순시가 상하 연동되는 감독 네트워크를 구축하고, 시와 현의 당위원회에 순시 시스템을 마련해 대중을 주변의 부패를 바로잡기 위한 노력을 강화해야 한다"고 강조했다. 19차 당대회는 당규약 개정을 통해 순시에 대한 내용을 완비하고, 순시 제도를 별도로 열거함으로써 신시대 순시 업무를 위한 기반을 마련했다. 시진핑 총서기는 19기 중앙 기율검사위원회 2차 전체회의에서 순시 기능을 더욱 강화할 것을 재차 강조했다. 그는 공산당 중앙정치국 상무위원회 회의를 주재하며 19기 중앙 제1차 순시 종합 상황 보고를 받는 자리에서 "정치 순시를 강화하고, 순시와 정비에 힘을 실어 순시 업무를 심층적으로 추진하며, 순시 업무와 관련된 전략을 완비해야 한다"고 명확히 요구했다. 이러한 논술들은 순시 업무의 심층적인 발전과 올바른 업무 수행을 위한 행동 지침을 제공했다. 19기 중앙 순시 업무 강화를 위해 중앙 순시 업무 지도그룹은 〈중앙 순시업무계획(2018-2022년)〉 초안을 마련하고, 당 중앙의 동의를 거쳐 중앙판공청이 당내에 배포했다. 이 계획은 향후 5년간 순시 업무에 대한 전반적인 요구와 '로드맵', '과업지시서'를 명확히 하고, 전면적인 종엄치당에서 순시의 중요한 위치를 확인했으며, 당의 정치 건설, 사상 건설, 조직 건설, 기풍 건설, 기율 건설, 압도적인 반부패 투쟁 승리를 위해 조사와 감독을 해야 한다고 제안했다.

첫째, 순시 감독의 포지셔닝을 명확하게 해야 한다. 2013년 4월, 시진핑 총서기는 공산당 중앙정치국 상무위원회에서 〈중앙 순시 업무 지도그룹 제1차 회의의 순시업무 연구 및 배치 상황에 관한 보고〉를 심의할 때 "순시조는 중앙의 '천리안'이 되어 '호랑이'와 '파리'를 잡아내고, 범법 행위의 단서를 확보해야 한다. 감독의 책임을 다하고, 악과 맞서 싸우며 조기에 문제를 발견하고 보고함으로써 문제 해결을 촉진하고 부패현상이 만연되는 것을 방지하기 위해 노력해야 한다"고 강조했다.[21] 2015년 6월, 시진핑 총서기는 공산당 중앙정치국 회의 〈중국공산당 순시업무조례(수정안)〉심의에서 "순시는 청렴한 당 기풍 확립 및 반부패 투쟁을 위한 중요한 플랫폼이다. 아울러 당내 감독과 대중 감시가 결합된 방식이자 상급 당조직이 하급 당조직을 감독하는 중요한 방법으로써 전면적인 종엄치당을 가능하게 한다"고 밝혔다. 2016년 1월, 시진핑 총서기는 18기 중앙기율검사위원회 6차 전체회의에서 "순시는 당내 감독을 위한 전략적 제도이다. 명나라 이후에는 현재의 감찰조직에 상응하는 '팔부순안(八府巡按)'이 있었다. 이 조직은 가는 곳마다 황제가 하사한 상방보검(尙方寶劍)을 휘두르며 위세를 떨쳤다. 우리의 감사가 팔부순안처럼까지는 아니더라도 권위성을 가지고 당과 국가의 이기(利器)가 될 수 있도록 해야 한다"고 강조했다.[22]

둘째, 정치 순시를 강화해야 한다. 2013년 4월, 시진핑 총서기는 공산당 중앙정치국 상무위원회의 〈중앙 순시 업무 지도그룹 제1차 회의의 순시업무 연구 및 배치 상황에 관한 보고〉에 대한 심의에서 "당풍과 청렴정치 건설 및 반부패를 위해 순시에서 '힘써야 할 4가지(四個着力)' 즉, 형식주의, 관료주의, 향락주의, 사치풍조 등 중앙의 8항 규정 위반 행위, 지도간부의 금권거래, 권력을 통한 사리사욕 추구 행위, 횡령·수뢰, 부패·타락 등

21 「시진핑의 당풍·청렴정치 확립 및 반부패 투쟁에 관한 논술 요약집」, 중앙문헌출판사, 중국방정출판사, 2015년판, 108면.

22 시진핑, 「18기 중앙기율검사위원회 제6차 전체회의에서의 연설」(2016년 1월 12일), 인민일보, 2016년 5월 3일, 2면.

전면적인 종엄치당에는 마침표가 없다

위법 행위, 지도간부가 공개적으로 중앙의 결정, 당의 이론과 노선 및 방침과 정책에 위배되는 발언을 하는 행위, 상부의 정책에 대책을 마련해 교묘히 피하는 행위, 매관매직, 표심 잡기 '금권선거', 낙하산 인사와 같은 인선(人選)·용인(用人)에서의 그릇된 풍조와 부패 행위를 적발하는 데 힘써야 한다"고 강조했다. 2016년 1월, 공산당 중앙정치국 상무위원회에서 18기 중앙 제8차 순시 상황 보고를 받을 때, 시진핑 총서기는 "정치 순시를 강화해야 한다. 순시 기능이 새로운 발전 단계로 나아갈 수 있도록 정치적 측면에서 당의 리더십을 강화하고, 당 건설을 바로잡아 전면적인 종엄치당을 할 수 있도록 해야 한다"고 강조했다. 같은 달, 18기 중앙기율검사위원회 6차 전체회의에서 시진핑 총서기는 정치 순시의 주요 내용과 관련해 "순시 대상 당조직의 당규약 준수 여부, 전면적인 종엄치당의 방침 준수 및 당의 노선과 방침, 정책 결정 이행 여부, 당내 지도력 약화 혹은 주체적 책임 부족, 종엄치당 부족 등의 문제 여부를 집중적으로 점검함으로써 당 관리·통제에 대한 책임을 다하도록 만들어야 한다"고 강조하고, 당 기율에 입각해 정치기율 집행 상황을 중점적으로 점검하며, 부패·기율 이행· 업무 태도·인재 선발과 등용 부분에서 부각되는 문제를 찾아 순시의 억지력과 근본적인 원인 해결 역할이 더욱 잘 발휘될 수 있도록 했다고 덧붙였다. 19차 당대회 이후 시진핑 총서기는 정치 순시 강화를 지시하면서 "순시 강화는 당규약이 규정한 중요한 제도이며, 당내 감독을 위한 전략적 제도 장치다. 정치적으로 당의 리더십을 부각시키고, 당 건설이라는 정치적 요구를 잘 이행해야 한다. 정치적 포지셔닝을 위해 전면적인 종엄치당에 집중해야 한다. 당의 정치 건설을 필두로 당 중앙의 권위와 집중적이고 통일적인 지도수호를 근본적인 정치 임무로 삼아야 한다. '4개 의식'을 기준으로 정치적 차이를 파악함으로써 각급 당조직이 당 관리·통제에 대한 정치적 책임을 다하고, 정치 '현미경'과 '탐조등'의 역할을 하도록 만들어야 한다고 강조했다. 시진핑 총서기는 정치 순시는 매우 강력한 현실성을 지니고 있다고 지적했다. 순시의 피드백을 통해 당 지도력 약화, 당 건설 부재, 전면적인 종엄치당의 역량 미흡이 가장 두드러진 문제인 것으로 드러났다.

셋째, 순시 형식을 혁신해야 한다. 2013년 4월, 시진핑 총서기는 공산당 중앙정치국 상무위원회의 〈중앙 순시 업무 지도그룹 제1차 회의의 순시업무 연구 및 배치 상황에 관한 보고〉 심의에서 "순시조장은 '권력자'가 아닌 '암행어사'다. 조장이 인력풀을 구성하는 것도 좋은 방법이다. 인력풀은 막 퇴직한 사람이나 현직에 있는 사람으로 구성할 수 있고, 한 번에 하나의 권한만을 부여하고, 누가 어느 지역을 순시할 지는 특정하지 않는다. 즉, 이번에는 성(구·시)를 순시하고 다음에는 기업 금융 부처를 순시하는 방식을 강구해 볼 수 있으며, 회피제도도 개선해야 한다"고 강조했다.[23] 2014년 1월, 시진핑 총서기는 공산당 중앙정치국 상무위원회의 2013년 하반기 중앙 순시조 순시 상황 보고를 받는 자리에서 "특별 순시를 시범적으로 하자는 제안은 실행가능하다. 조직제도의 혁신을 통해 순시의 기동성과 유연성을 강화하고, 전범위 요구를 구현하며, 더 큰 억지력을 형성해야 한다. 문제 해결 지향적으로 '정찰병'을 파견해야 한다. 공안이 110 및 도로 순찰 시스템을 운영하는 것처럼 잡음이 크고, 문제가 많은 곳에 정찰병을 보낼 수 있도록 메커니즘 혁신을 위해 전력을 다해야 한다"고 강조했

---

23   「시진핑의 당풍·청렴정치 확립 및 반부패 투쟁에 관한 논술 요약집」, 중앙문헌출판사, 중국방정출판사, 2015년판, 109면.

전면적인 종엄치당에는 마침표가 없다

다.[24] 10월, 시진핑 총서기는 공산당 중앙정치국 상무위원회에서 2014년 중앙 순시조 제2차 순시 상황 보고를 받는 자리에서 "중앙의 순시 업무는 정규 순시를 기반으로 2차례의 특별 순시를 실시한 결과 좋은 성과를 거두었다. 현재 전국적으로 통상적인 순시가 한 차례 완료되었으니 다음 단계인 특별 순시에 초점을 맞춰야 한다. 이 단계에서는 사람들이 규칙을 예측하지 못하도록 기동성과 유연성을 발휘해 동정이 있는 곳이라면 언제 어디든 순시를 나가도록 해야 한다. 특별 순시의 특징과 중점을 파악해야 한다. 이를 통해 일부 성·자치구·시 부처에서 부각되는 문제와 특정 간부의 문제에 맞게 순시를 이행할 수 있다. 관련 부처들과 협력 강화를 통해 문제의 단서를 찾아 뿌리 뽑아야 한다. 어느 정도 시간이 경과한 뒤 다시 처음부터 돌아보며 점검하는 과정, 즉 '되돌아보기'를 강화해야 한다. 순시를 끝낸 31개 성·구·시는 한 번 둘러보는 것으로 끝나는 게 아니라 '불시 검문'을 실시해 요행을 바라는 심리를 버리고 항상 경각심을 갖도록 해야 한다. '되돌아보기'를 통해 확실한 재정비 책임을 촉구하는 한편, 새로운 문제의 단서들을 깊이 이해함으로써 더 큰 억지력을 형성할 수 있다. 문제의식을 가지고, 실마리를 찾음으로써 문제가 있는 자들이 숨을 곳이 없게 만들어야 한다"고 강조했다.[25] 2016년 1월 시진핑 총서기는 18기 중앙기율검사위원회 6차 전체회의에서 "조직 제도를 혁신하고, 내부 잠재력을 발굴하며, 이미 가지고 있는 것들을 활성화시킴으로써 대열을 가다듬고, 구조를 최적화해야 한다. 혁신을 통해 특별 순시가 더 전문적이고 정확하고 활발하

---

24 「시진핑의 당풍·청렴정치 확립 및 반부패 투쟁에 관한 논술 요약집」, 중앙문헌출판사, 중국방정출판사, 2015년판, 113면.

25 위의 책, 115면.

게 이루어지도록 해야 한다"고 주문했다. 순시 방식을 환경에 맞게 혁신하라는 시진핑 총서기의 주문에 따라 18기 중앙은 1차적으로 불특정 세 곳의 순시를 모색하는 동시에 중앙 순시조 인력풀을 구축하고 하나의 사안을 처리하는 팀에 하나의 권한만 부여하며 한 사람에게 고정된 권한을 주지 않기로 했다. 3차 순시 때 처음으로 특별 순시를 실시했으며 5차 순시 때부터 전면적인 순시를 개시했다. 5차 순시 때는 '1번에 2곳'을, 8차 순시 때는 '1번에 3곳'을 순시했고, 9차 순시 때 처음으로 '되돌아보기'가 실시되었으며, 12차 순시에서 '기동식' 순시가 처음 실시되었다. 2018년 2월, 공식적으로 개시된 19기 중앙 순시 업무는 조직 순시 방식을 더욱 혁신하고, 기존 방식에서 탈피했다. 성·구·시, 중앙 부처, 중앙 소속 국유기업체와 사업기관, 금융기관, 중앙이 관리하는 대학 등의 순서로 시행하는 것이 아니라 여러 대상에 대한 통합적인 순시를 통해 '혼합식 소탕' 작전을 실시했다. 1차 순시 때는 14개의 성과 구, 8개의 중앙과 국가기관, 8개의 중앙 관리 기업의 당조직에 대해 동시에 정규 순시를 실시하고, 순시 대상 지역인 10개 부성급 도시의 당위원회와 인민대표대회 상무위원회, 정부, 정협 당조직의 주요 책임자를 순시 대상에 포함시켰다. 또한 순시 기간도 기존의 2개월에서 3개월로 연장했다. 2차 순시에서 최초로 빈곤구제 분야에 대한 특별 순시를 실시했다. 빈곤구제 지역으로 구분된 13개 성·자치구·시와 빈곤퇴치 업무를 담당하고 있는 중앙 국가기관, 중앙 금융기업의 당조직이 빈곤퇴치 업무와 관련된 정치적 책임을 다하고 있는지에 대한 감독과 조사를 실시했다. 조직 순시 방식에 있어서는 특별 순시의 특징에 맞추어 순시 대상에 따라 1개의 지역 혹은 부처를 대상으로만 순시를 하고, 때론 1번에 2개 대상에 대해 순시를 해야 하기 때문에 그에 따르는 합리적인 인력 배치

　　　　　　　　　　　　　전면적인 종엄치당에는 마침표가 없다

와 과학적인 분업이 필요하다. 이 모두는 순시 방식을 올바로 개선하고 새롭게 만들기 위한 것이며, 순시 업무의 효율성을 더욱 강화하는데 도움이 된다.

넷째, 순시 성과를 올바로 활용해야 한다. 2013년 9월, 시진핑 총서기는 공산당 중앙정치국 상무위원회에서 〈2013년 상반기 중앙 순시조 순시 상황에 대한 종합 보고〉를 심의하면서 "순시에서 발견된 문제의 단서 가운데 법규에 위배되는 것은 모두 엄중하게 처벌해야 한다. 순시를 통해 조사 처벌이 필요한 문제가 발견되면 조사 처벌을 하고, 면직 처분이 필요하면 면직 처분해야 한다. 문제가 발견되면 즉각적으로 대응하고, 문제와 허점이 생기면 반드시 막아야 한다. 청렴하고 공정한 지도간부와 당 기강 확립 책임제 이행을 위해 필요한 전형적 사례를 파악해야 한다"고 주문했다.[26] 2014년 1월, 시진핑 총서기는 공산당 중앙정치국 상무위원회에서 2013년 하반기 중앙 순시조 순시 상황 보고를 들으면서 "부패와 관련된 문제에 대해서는 절대 관용을 베풀어서는 안 되며 끝까지 철저하게 조사해야 한다. 인재 선발·채용이 절대 부패의 온상이 되어서는 안 된다. 인선 실패로 인한 피해는 이만저만이 아니다. 공정하고 엄격한 조직 기강을 구축하고, 인사 부조리와 부패 문제를 엄중히 조사해 처벌해야 한다"고 밝혔다.[27] 2016년 1월, 시진핑 총서기는 18기 중앙기율검사위원회 6차 전체회의에서 "순시에서 발견된 문제와 단서를 분류 정리하고, 전반적인 계획에 중점을 맞추어 사안별로 집중 처리해야 한다. 기율 검사 기관과 조직부처

---

26 「시진핑의 당풍·청렴정치 확립 및 반부패 투쟁에 관한 논술 요약집」, 중앙문헌출판사, 중국방정출판사, 2015년판, 110면.

27 위의 책, 112면.

는 적시에 후속 조치를 취하고, 문제의 본질을 확실하게 구분하고 모든 문제를 명확하게 밝혀야 한다. 순시에서 발견된 문제에 대한 기본 책임은 순시 대상 당조직에 있기 때문에 자신의 문제는 스스로가 책임을 지도록 하여 문제를 적발한 후에 '구경꾼'이나 '로비스트'가 되는 일이 없도록 해야 한다. 올바른 순시를 위해 '되돌아보기'를 실시해야 하며, 일단 발견된 문제는 끝까지 처리해야 한다. 무성의한 시정과 비효율적인 시정, 시정을 거절한 경우 전형적인 사안을 잡아 엄중하게 책임을 물어야 한다"고 지적했다.[28]

다섯째, 법규에 의거해 순시해야 한다. 2015년 6월, 시진핑 총서기는 중공중앙정부 정치국 회의의 〈중국공산당 순시업무조례(수정안)〉 심의에서 "순시 제도는 효과적이어야 하며, 무엇보다 잘 활용하는 것이 중요하다. 순시 업무 개선을 위해 먼저 전면적인 종엄치당의 요구를 이행하고, 먼저 규율을 준수하고 사소한 문제라도 조기에 발견할 수 있도록 해야 한다. 가르침 없이 처벌하는 것을 경계함으로써 당내 감독에 사각지대와 공백이 없도록 해야 한다"고 지적했다. 개정된 규정은 이러한 요구를 강제성 제약으로 만들어 순시의 두려움과 억제 및 근본적인 원인 해결 역할이 더욱 잘 발휘될 수 있도록 했다.[29] 7월, 새로 개정된 〈중국공산당 순시업무조례〉가 발표되면서 순시 업무가 제도화·규범화·정규화 되었다. 2016년 1월, 시진핑 총서기는 18기 중앙기율검사위원회 6차 전체회의에서 "철저한 순시 업

---

28 시진핑, 「18기 중앙기율검사위원회 제6차 전체회의에서의 연설」(2016년 1월 12일), 인민일보, 2016년 5월 3일, 2면.

29 「시진핑의 엄정한 당 기율과 규범에 관한 논술 요약집」, 중앙문헌출판사, 중국방정출판사, 2016년판, 60면.

무 조례 집행을 계기로 규율에 의한 순시 역량을 강화하고, 순시 업무의 제도화와 규범화를 추진해야 한다. 지속적인 체제 혁신을 통해 조직의 지도력을 강화하고, 전반적으로 조율하며, 보고와 피드백을 하고, 확실하게 시정하고, 팀을 구성하는 업무 시스템을 구축해야 한다"고 밝혔다.[30]

18차 당대회 이후, 중앙기율검사위원회 입건 심사하는 중관간부 중 문제의 단서 60%이상이 순시에서 포착되었다. 순시에서 제기된 문제의 단서를 근거로 쑨정차이(孫政才), 쑤룽(蘇榮), 저우번순(周本順), 왕민(王珉), 바이언페이(白恩培), 왕산윈(王三運), 황싱궈(黃興國), 루언광(盧恩光) 등의 기율 위반에 대해 엄중하게 조사해 처벌했다. 산시(山西)의 제도적 부패 사건 및 동종 업종이나 파벌, 연고 등으로 엮여 끌어주고 밀어주며 형성한 검은 커넥션이 드러나 줄줄이 낙마한 부패 사건적발 및 조사 처벌 역시 중앙의 순시 업무가 종엄치당의 예리한 검으로써의 기능을 제대로 발휘했기 때문이다. 산시의 부패문제 이외에도 후난 형양의 부정선거 사건이나 쓰촨 난충지역과 랴오닝성의 금권선거 사건도 모두 순시를 통해 적발되었다. 2017년 6월 기준, 18기 중앙 순시 업무는 총 12차례 시행되었다. 277개의 당조직과 16개의 성·자치구·시에 대해 '되돌아보기'를 실시하였고, 4개의 중앙부처에 대해 '기동식 순시'을 실시했으며, 성·자치구·시와 신장생산건설병단, 중앙과 국가 기관, 주요 국유기업, 중앙 금융 부처, 중앙이 관리하는 대학 등에 대한 순시도 완료했다. 각 성·자치구·시의 당위원회는 8천362개 당조직을 순시했고, 중앙군사위 조직은 13차례의 순시를 실시했다. 군사위원회

---

30   시진핑, 「18기 중앙기율검사위원회 제6차 전체회의에서의 연설」(2016년 1월 12일), 인민일보, 2016년 5월 3일, 2면.

가 관리하는 모든 당조직에 대한 정규 순시와 답방 순시를 완료했고, 3차례의 특별 '기동식' 순시를 실시했다. 당 중앙의 강력한 지도하에 순시 업무는 당 역사상 처음으로 순시 대상의 임기 시기 전체를 포함해 추진되었다. 당의 지도와 전면적인 종엄치당에 초점을 맞춰 '4개 의식'을 정치 기준으로 삼고, 당규약, 당 규율과 기율을 가늠자로 삼아 '4가지 자신감'을 확고히 했다. 문제 지향성을 부각시키고, 정치적 편차를 찾아내고, 정치 '건강검진'을 전반적으로 실시함으로써 반부패에 대한 '무관용' 원칙 이행을 위해 강력한 뒷받침을 제공했다. 아울러 계속적으로 '4풍' 척결에 힘쓰면서 관료를 엄격하게 관리하고 당내 정치 생태계를 끊임없이 정화해 정치 '현미경'과 '탐조등'의 역할을 했으며, 업무 성과도 탁월했다.

19기 중앙이 제정한 〈중앙 순시업무계획(2018−2022년)〉은 18차 당대회 이후순시 업무의 성공적인 경험을 종합하고, 향후 5년 순시 업무에 대한 전반 요구 사항, 목표와 임무, 사상 등을 명시했다. 이는 순시 업무를 더욱 심화 발전시키는데 있어 중요한 정치적·이론적·실천적 의미를 지닌다. 순시 업무는 지도 사상 측면에서 19차 당대회 정신의 깊이 있는 관철 견지; 시진핑 신시대 중국 특색 사회주의 사상을 지침으로 견지; 당규약을 근본 준수사항으로 하고, 당규약이 부여한 직책 수행 견지; 당의 자체 관리와 전면적인 종엄치당 견지; 신시대 당 건설에 대한 총체적 요구를 철저히 이행하고 정치 건설을 최우선에 두는 것을 견지 ; 철저한 순시 업무 방침과 흔들림 없는 정치 순시 심화 견지; 문제 지향적 순시 견지; 문제 발견 시 확고한 억지력 형성 견지; 당내 정치생활을 엄숙히 하고, 당내 정치 생태계를 정화하는 것을 견지해야 한다고 강조하고 있다. 순시 업무의 전체 목표에서는 공고화 및 심화, 발전을 견지하고 5년간의 노력을 통해 더욱

전면적인 종엄치당에는 마침표가 없다

엄격하고 과학적이고 효과적인 순시 제도를 확립함으로써 정치적 순시에 대한 심화와 함께 순시 감독 시스템을 완비하고, 전체적인 업무의 질을 향상시켜야 할 뿐만 아니라 성과를 잘 활용하고, 감독의 시너지가 형성되도록 해야 한다고 제시하고 있다. 순시 업무의 기본 원칙 측면에서는 통일적인 지도와 계층적 책임을 고수하고, 실사구시를 지향하며, 규율과 기율에 의거하고, 인민의 입장과 대중에 의지해야 한다고 강조하고 있다. 순시업무의 방침에 있어서는 일관성 및 '문제 발견 즉시 억지력을 형성하고, 개혁과 발전을 추진한다'는 방침을 장기적으로 고수할 것을 강조하고, 전략적 집중력을 유지하며, 엄격한 기준을 낮추지 않고, 엄격한 잣대를 느슨히 하지 않으며, 엄격한 강도를 줄이지 않아야 한다고 강조했다. 정치적 순시를 심화하는데 있어서는 직능 포지셔닝을 고수하고 당의 전면적인 리더십과 당 건설 및 전면적인 종엄치당을 부각시키며, '4개 의식'을 정치적 푯대로 삼고, '2개의 수호(兩個維護)'를 정치의 기본 임무로 삼아 정치적 편차를 파악하고, 각급 당조직이 당 관리·통제의 정치적 책임을 다 하도록 촉구해야 한다고 강조하고 있다. 순시 업무의 중점 측면에서는 정치 건설에 있어서 당 중앙의 권위와 집중적이고 통일적인 지도 유지 상황; 사상 건설에 있어서 시진핑 신시대 중국 특색 사회주의 사상 학습 및 철저한 이행 상황; 조직 건설에 있어서 인선(人選)·용인(用人) 및 기층 당조직 건설 상황; 기풍 건설에 있어서 '4풍' 타파 상황; 기강 확립에 있어서 당규, 당 기율 집행 상황; 반부패 투쟁과 관련해서는 지도간부의 청렴성과 자기절제, 대중 주변의 부패 단속 상황에 대해 중점적으로 점검해야 한다고 강조하고 있다. 순시·순찰의 상하 연동 감독 네트워크 구축 측면에서는 상하 연동된 지도 체계, 업무체계, 제도 체계를 구축하고 완비하며, 상하 연동된 조직 보장 강화를 강조한다. 아울러 시와 현에 대한 수평·수직의 모든 측면을 포괄하는 순찰을 실시하고, 실제 상황과 접목해 담당 부서보다 한 단계 높은 상급에서 순찰하거나 부서끼리 교차 순찰하는 등 순찰 방식의 혁신을 꾀함으로써 인맥으로 얽혀 감독이 어려운 문제를 해결해야 하며, 순찰의 중점을 부각시켜 순시의 칼날이 기층에까지 닿도록 함으로써 전면적인 종엄치당의 '라스트 마일'을 뚫어야 한다고 명확히 요구하고 있다. 또한 모든 범위를 망라하는 전범위 순시라는 새로운 임무와 함의, 실현 방법을 명확히 하고, 임기 내 전범위 순시 목표를 달성하기 위해 정규 순시, 특별 순시 심화, '기동식' 순시 강화, '되돌아보기'의 강도 확대를 총괄적으로 배치해야 할 뿐만 아니라 순시의 질을 전방위적으로 높이고 형식과 효과를 접목시켜 순시가 표면적이거나 형식에 그치지 않도록 해야 한다고 강조하고 있다. 이에 덧붙여 순시의 후반부 마무리를 잘 하고, 순시 시정을 '4개 의식'을 검증하는 '시금석'으로 삼고, 순시 시정과 시정 이행 독촉을 기율검사감찰기관과 조직 부처의 일상 감독의 중요한 내용으로 삼아 순시에서 발견된 문제와 단서에 대해 하나도 빠짐없이 결과와 회신을 받을 수 있도록 해야 한다고 강조했다. 시정을 소홀히 하거나 거부할 경우, 이를 엄중하게 문책하고, 공개하고 밝혀 문책으로 시정을 촉구하고 시정을 통해 개혁과 발전을 촉진해야 한다.

(2) 기율검사위원회의 전문적인 감독

18차 당대회 이후, 시진핑 총서기는 기율검사위원회의 감독 책임을 꾸준히 강화했고, 기율검사위원회의 감독에 대해 새로운 정의를 내렸다. 시진핑 총서기는 당 18기 6중전회에서 "당의 각급 기율검사위원회는 당내 감독을 전적으로 책임지는 기관으로 감독과 기율 집행 및 문책의 기능을 수행하며, 관할범위 안의 당조직과 지도간부의 당규약과 당 규율 및 기율 준수 여부, 당의 노선과 방침 및 정책 이행 상황에 대한 감독과 조사를 강화해야 한다"고 지적했다. 기율검사위원회의 감독, 기율 집행, 문책 직무를 바탕으로 거기에 '전담기관'이라는 포지셔닝을 더해준 것은 기율검사위원회가 수행하는 직책과 당위원회가 이행하는 직책과의 차별성과 더불어 기율검사위원회의 직책 포지셔닝에 대한 인식이 진일보 심화되었음을 나타낸다. 19차 당대회는 18차 당대회 이후 기율검사위원회의 직책에 대한 시진핑 총서기의 요구를 총정리하고, 당규약을 개정하면서 기율검사위원회의 포지션과 주요 임무를 충실히 보강해 당의 각급 기율감사위원회가 당내 감독 전담기관임을 분명히 하고, 전면적인 종엄치당을 위해 당위원회를 돕는 것이 기율검사위원회의 주요 임무이고, '감독, 기율 집행, 문책'이 기율검사위원회의 직무임을 명시했다. 시진핑 총서기는 19기 중앙기율검사위원회 2차 전체회의에서 기율검사기관은 맡은바 책임을 다해 감독 기능을 강화하고, 엄격하게 기율을 집행하고 엄정하게 문책해야 한다고 강조했다.

1) 기율검사위원회 감독의 구체적인 직책

2015년 1월, 시진핑 총서기는 18기 중앙기율검사위원회 5차 전체회의에서 각급 기율검사 감찰기관은 당풍과 청렴정치 건설, 반부패 투쟁이라는 주요 임무에 초점을 맞춰 감독과 문책 기능을 강화해야 한다고 강조했다. 2016년 1월, 그는 18기 중앙기율검사위원회 6차 전체회의에서 기율검사위원회는 당내 감독을 책임지는 전담기관으로 당 관리·통제의 중요한 역량이라고 지적했다. 당규약이 규정한 기율검사위원회의 3가지 주요 임무와 5가지 일상 업무는 대부분 감독과 기율 집행 및 문책에 관한 내용이다. 각급 기율검사위원회는 전면적인 종엄치당에서의 정확한 포지션을 찾아 당규약이 부여한 직책을 완전하게 이행해 기율감사 업무의 새로운 장을 열어야 한다. 10월, 시진핑 총서기는 당 18기 6중전회 2차 전체회의에서 "각급 기율검사위원회는 당내 감독 전담기관으로 감독과 기율 집행 및 문책하는 직무를 이행해야 한다"고 명확히 밝혔다. 정치기율과 정치규범 수호를 최우선에 두고, 관할 범위 내 당규약, 당 규율과 기율 준수 상황에 대한 감독을 강화하고, 당의 노선과 방침, 정책, 결정이 이행되는 상황을 감시해야 한다. 기율감찰 업무의 이중(투 트랙) 지도 시스템을 시행하고, 하급 기율검사위원회에 대한 상급 기율검사위원회의 지도를 강화해야 한다. 중앙기율검사위원회가 파견해 상주하는 기율검사조(이하 '파견 기검조'로 약칭)에 대한 업무 지도를 강화하고, 감독을 받는 당조직과 파견 기검조가 당 관리·통제의 책임을 다하도록 촉구해야 한다.

〈중국공산당 당내 감독조례〉는 기율검사위원회가 책임지고 감독해야 하는 3가지 업무를 구체적으로 규정했다. 첫째, 동급 당위원회, 특히 상무위원회 위원, 당 업무부처, 직접 지도하는 당조직 및 당 지도간부의 직무 이행 및 권력 행사 상황에 대한 감독을 강화한다. 둘째, 기율검사업무의 이중지도체제를 이행하여 기율 집행과 심사 업무는 상급 기율검사위원회의 지도를 위주로 하고, 단서 처리와 기율 집행 및 심사 상황은 동급 당위원회와 상급 기율검사위원회에 동시 보고하며, 각급 기율검사위원회 서기와 부서기에 대한 추천과 심사는 상급 기율검사위원회와 조직 부처가 공동 주관한다. 셋째, 하급 기율검사위원회에 대한 상급 기율검사위원회의 지도

전면적인 종엄치당에는 마침표가 없다

를 강화하고, 기율검사위원회가 동급 당위원회의 주요 지도간부의 문제를 발견했을 때 상급 기율검사위원회에 직접 보고할 수 있다. 하급 기율검사위원회는 최소 6개월에 1회 상급 기율검사위원회에 업무 보고를 해야 하며, 매년 상급 기율검사위원회에 소관 업무를 보고한다.

19차 당대회에서 새로 개정한 당규약은 기율검사위원회의 감독과 기율 집행, 문책에 관한 구체적인 내용을 명시함으로써 각급 기율검사위원회가 직책을 수행하는 근거를 마련했다. 감독 부분에서 당원 지도간부의 권력 행사 상황에 대한 감독 외에 당조직의 직책 이행 상황에 대한 감독 관련 내용이 추가되었다. 기율 집행 부분에서 당원과 대중의 민원 제보를 수리하고 처리할 때, 대화로 일깨우고, 면담이나 서면 문의로 자초지종을 조사하는 등의 내용을 추가했다. 문책 부분에서는 당 건설과 당 사업에서 책임을 이행하지 않았거나 제대로 이행하지 않는 문제를 겨냥해 문책 혹은 책임추궁을 건의하는 내용을 추가했다.

2) 기율검사위원회 감독의 중점

2016년 1월, 시진핑 총서기는 18기 중앙기율검사위원회 6차 전체회의에서 기율검사위원회 감독의 중점은 감독, 기율 집행, 문책의 직무를 수행하는 것이라고 밝혔다. 그는 당규약 준수와 당 기율 이행 상황에 대한 각급 기율검사위원회의 감독과 조사를 강화하고, 당의 지도력 강화라는 근본을 강조하며, 중앙 정부의 정책과 법령이 원활하게 관철될 수 있도록 확보하라고 요구했다. '4풍'을 끊임없이 바로잡고, 부패 문제를 엄중히 처벌하는 고압적 태세를 유지하고, 지엽적인 것과 근본적인 것을 함께 다스리며, 새로운 업무 성과를 지속적으로 도출해야 한다. 〈중국공산당 당내 감독조례〉는 '기율검사기관은 당의 정치 기강과 규칙 수호를 최우선 순위에 두고, 상부의 정책에 대책을 마련해 교묘히 피하는 행위, 명령 불이행과 금 지령 위반 행위, 겉과 속이 다르게 행동하며 겉으로만 지키는 척하면서 위 반하는 행위, 끼리끼리 편을 가르고 파벌을 만드는 행위, 조직을 기만하고 조직에 대항하는 행위를 바로잡고 단호하게 처벌해야 한다'고 규정하고 있다. 〈중국공산당 당내 감독조례〉는 또한 규율과 기율에 의거하여 기율 집행 심사를 실시하고, 문제의 단서가 집중되어 있거나 대중들이 민감하 게 반응하는데도 멈추지 않거나 현재 중요한 지위에 있고 추후에도 기용 될 가능성이 있는 지도간부 문제는 중점적으로 심사해야 하며, 3가지 상황 에 모두 속하는 경우에는 중대 사안으로 취급해 조사할 것을 요구하고 있 다. 아울러 기율 집행 심사 시에는 기율 위반 사실을 명확하게 심사해 심사 대상이 당규약을 학습하는 것부터 시작해 이상과 신념, 목표, 당의 원칙, 풍조와 기율 부분에 대해 스스로 성찰하고 분석하도록 하고, 심리 보고에 는 사실적이고 명확하게 기록해야 하며 심사 대상의 사상을 반영해야 한 다고 요구했다.

3) 파견 감독의 기능을 충분히 발휘해야 한다

파견기구의 전면적인 감독은 당내 감독의 사각지대와 공백이 생기지 않도록 하기 위한 중요한 조치이다. 중앙의 1급 당과 국가기관은 국가 통 치 시스템의 중추로써 중요한 지위를 가진다. 파견기구 건설을 강화하기 위해서는 먼저 중앙 1급 당과 국가 기관을 잡는 것이 가장 관건이다. 2013 년 11월, 당 18기 3중전회는 "중앙기율검사위원회가 1급 당과 국가기관에 기율검사기관을 파견하도록 하며, 명칭과 관리를 통일해 실시해야 한다"

고 지적했다. 2014년 6월, 공산당 중앙정치국 회의에서 통과된 〈당의 기율 검사체제 개혁 실시 방안〉(이하 '실시 방안')에서 가장 중요한 내용 중 하나는 1급 당과 국가기관에 전면적인 파견을 실현해야 한다는 것이다. 12월, 공산당 중앙정치국 상무위원회에서 〈중앙기율검사위원회 파견기구 건설 강화에 관한 의견〉이 통과되면서 파견 감독을 심화하는 '로드맵'이 명확해졌다. 파견 감독의 본질은 상급 기율검사위원회가 하급 당조직과 지도간부에 대해 감독을 실시하는 것이다. 전면적인 파견 감독은 상시 감독을 강화하고, 문제가 사소할 때 조기에 잡아 기율 위반 문제가 근본적으로 발생하지 않도록 예방하고 감소시키는 데 도움이 되도록 하기 위함이다.

2015년 1월, 당 중앙의 심사와 비준을 거쳐 중앙기율검사위원회는 중앙판공청, 중앙조직부, 중앙선전부, 중앙통일전선업무부, 국무원 판공청, 전국인민대표대회기관, 전국 정협기관 등 중앙 국가기관에 7개의 파견기구를 신설하고, 50여 개 부처에 대한 감독을 실시함으로써 전면적인 파견 감독 업무 수행의 중요한 한 걸음을 내디뎠다. 중앙기율검사위원회는 당 업무 부처, 인민대표대회와 정협기관에 기율검사조를 파견했는데 이는 당 역사상 처음 있는 일로써 이정표적인 의미를 지닌다. 11월, 중앙 정부가 배포한 〈중앙기율검사위원회의 중앙 1급 당과 국가기관에 대한 기율검사기관 파견 전면 이행에 관한 방안〉을 근거로 중앙기율검사위원회는 총 47개의 파견기구를 설립했다. 그 중 연합 파견기구는 27개로 119개 부처를 감독하고, 단독 파견기구는 20개로 시스템 규모가 크고, 직속 부서가 많은 20개 부처를 감독하도록 했다. 이 중 연합 파견기구가 전체 파견기구의 57%를 차지했고, 이들로부터 감독을 받은 부처는 전체의 86%를 차지했다. 신설된 파견기구는 통일된 명칭을 가지고 통일적인 지도와 관리를 통해 139개 중앙 1급 당과 국가기관에 대한 기율검사기관 파견 전범위를 실현했다. 중앙은 파견기구에 대한 지도 체계, 직능 조정, 주요 책무 및 기구 설치 등에 대해 명확한 규정을 마련했다. 지도 체계를 보면, 중앙 기율검사위원회와 파견기구는 지도를 하고 지도를 받는 관계이고, 파견기구와 주재부처는 감독을 하고 감독을 받는 관계이며, 파견기구와 중앙 직속 기관 기율업무위원회, 중앙 국가기관 기율업무위원회는 중앙기율검사위원회가 파견한 기구로 업무상 상호 소통과 함께 조정과 협조를 해야 한다. 직책 상 파견기구는 주재부처 당조직에 주체적 책임을 지도록 독려하는 임무와 함께 주재부서에 대한 감독 책임을 모두 이행해야 한다. 과거 경험에 비추어 볼 때, 주체적 책임이라는 '핵심 고리'를 단단히 쥐고, 파견감독의 책임을 철저히 이행해야만 중앙 및 국가 기관 당조직(당위원회)이 핵심 지도 기능을 다하고, 당에 대한 관리와 통제가 느슨하고 해이하고 물렁해지는 문제를 확실하게 해결할 수 있다.

시진핑 총서기는 파견기구가 감독 업무를 철저히 이행해야 한다고 강조했다. 2014년 12월, 시진핑 총서기는 '중앙전면개혁심화지도팀' 7차 회의에서 파견감독은 중앙기율검사위원회 감독 조사 기능의 중요한 부분이다. 파견기구의 주요 업무는 당 기풍과 청렴정치 확립 및 반부패 투쟁이며, 이를 위한 첫 번째 책임은 감독, 기율 집행과 문책에 있다"고 강조했다. 2015년 1월, 시진핑 총서기는 18기 중앙기율검사위원회 5차 전체회의에서 "모든 파견기구는 당풍과 청렴정치 건설 및 반부패 업무를 주 업무로 삼아 감독, 기율 집행과 문책의 기능을 강화하고 문제를 적발해야 한다. 기율검사조의 조장은 전심전력으로 감독 직책을 수행해야 하며, 다른 업무를 관리해서는 안 된다"고 지적하고, "'한통속'이 되어 죽을 쑤면 어떻게 감독

책임을 행사할 수 있겠냐?"고 반문했다.[31] 문제의 단서 포착을 시작으로 감독의 촉각을 곤두세우고, 문제의 단서를 발견하는 즉시 일깨우고, 문제가 발견되면 대화를 나누어 개선하도록 권고하고, 심각한 위법 문제에 대해서는 입건 조사해 처리해야 한다. 발견해야 하는 심각한 문제를 발견하지 못한 것은 직무 태만으로 간주하고, 문제 적발 후 보고를 하지 않거나 처벌을 하지 않았을 경우는 독직으로 간주하여 책임을 묻는다. 감독 대상 부처의 역사와 특징을 파악하여 발견된 문제의 심층적인 원인을 분석하고, 문제를 적발하고 처리할 수 있는 역량을 제고해야 한다. 기율검사조 조장은 기율검사 업무에 집중하고, 감독 대상 부처의 당조직(당위원회) 서기와 항상 의견을 교환하고 문제점을 보고해야 한다. 파견간부는 파견 목적을 정확히 알고 용감하고 대담하게 책임을 이행해야 한다. 각 성·자치구·시의 기율검사위원회는 중앙의 요구를 이행하고, 중앙기율검사위원회와 보폭을 맞추고 현지 실정을 감안하여 파견기구가 전면적인 감독 업무를 수행할 수 있도록 해야 한다.[32]

19차 당대회는 당규약 개정을 통해 18차 당대회 이후 파견 감독의 선례를 총 정리하여 파견감독 제도를 더욱 완비했다. 새롭게 개정된 당규약은 당 중앙과 지방 기율검사위원회가 동급 당과 국가기관에 대한 전면적인 당 기율검사조 파견을 규정하고 있다. 기율검사조 조장은 주재부처 당

---

31 「시진핑의 엄정한 당 기율과 규범에 관한 논술 요약집」, 중앙문헌출판사, 중국방정출판사, 2016년판, 122-123면.

32 왕치산, 「전면적 종엄치당은 기율을 전면에 내세우고, 당규약이 부여한 신성한 직책을 충실하게 이행한다-중국공산당 18기 중앙기율검사위원회 제6차 전체회의에서의 업무 보고」, 인민일보, 2016년 1월 25일, 3면.

지도 조직 관련 회의에 참석해야 하고, 이들의 업무는 반드시 해당 기관 당 지도 조직의 지지를 얻어야 한다. '파견 가능'에서 '전면 파견'으로 바뀌면서 파견감독 업무는 전면적인 종엄치당의 심층적인 발전에서 점점 더 중요한 역할을 하게 되었다.

　국가감찰시스템 개혁 심화를 위한 시범 사업이 전국적으로 추진된 후, 국가 및 성·시·현의 감독 위원회가 속속 구성되어 당 기율검사기관과 함께 업무를 수행하게 되었다. 각급 감독 위원회 파견 감찰기구, 감찰 전담위원은 국가 감찰 시스템 개혁을 강화하는 중요한 구성 요소로써 중요한 의사일정을 제안할 수 있다. 2018년 6월, 당 중앙은 당규약, 당 규약, 헌법, 감찰법의 관련 규정에 따라 중앙기율검사위원회 및 국가감찰위원회는 파견기구를 통합 설립하고, 명칭을 기존의 '중앙기율검사위원회 파견 기율검사조'에서 '중앙기율검사위원회 국가감찰위원회 파견 기율검사감찰조'로 변경했다. 중앙기율검사위원회 및 국가감찰위원회가 파견 기율검사감찰조를 통합 설립한 것은 '당 중앙 및 지방 기율감사위원회가 동급 당과 국가기관에 당의 기율감찰조를 전면적으로 파견해야 한다'는 당규약의 규정과 '각급 감찰위원회는 동급 중국공산당 기관, 국가기관, 법률 법규에 의해 공무 권한이 부여되었거나 위임 관리하는 조직과 부처, 관할 행정 구역, 국유기업 등에 감찰기구와 감찰 전문 인력을 파견할 수 있다'는 〈중화인민공화국 감찰법〉의 규정을 이행한 것이다. 이는 중앙과 국가기관의 공권력을 행사하는 모든 공직자에 대한 전면적인 감찰이 이루어지도록 했고, 국가 감독 체계를 더욱 완비했을 뿐만 아니라 안정 속 진보 추구의 요구를 구현했다. 먼저, 파견기구와 파견 주재기구가 지도하고 지도를 받는 관계임을 명확히 했다. 〈중국공산당 기율검사기관 감독 및 기율 집행 업무 규

　전면적인 종엄치당에는 마침표가 없다

칙〉과 〈중화인민공화국 감찰법〉의 관련 규정에 따라, 파출(派出)기관은 파견기구의 업무 보고를 받고, 업무 및 간부 관리를 강화할 수 있다. 파견기구는 파출기관의 승인 하에 관련 업무를 해야 하며, 중요한 문제는 파출기관에 품의·보고해야 한다. 둘째, 파견기구와 중앙 국가기관 간의 감독관계를 명확히 했다. 〈중국공산당 당규약〉 제45조는 당 기율검사조의 업무는 '반드시 해당 기관 당 지도 조직의 지원을 받아야 한다'고 규정했다. 한편으로 중앙 1급 당과 국가기관 당위원회(당조직)는 전면적인 종엄치당에 대한 주체적 책임을 철저히 이행해야 하며, 또 다른 한편으로 파견된 기율검사감찰조는 당규약과 감찰법 규정에 의거해 간부 관리의 권한과 파출기관이 부여한 권한에 따라 감독, 기율 집행, 문책, 감독 조사 처분의 직무를 이행하고, 주재하고 있는 부처의 지도자들이 당풍과 청렴정치 건설을 위해 주체적 책임을 이행하도록 촉구해야 하며, '파견'의 권위와 '주재'의 장점을 충분히 발휘할 수 있어야 한다.

2018년 10월, 당 중앙의 동의를 거쳐 중공중앙판공청은 〈중앙 기율검사위원회 국가감찰위원회 파견 및 주재기구 개혁에 관한 의견〉을 발표했다. 18차 당대회 이후 강화된 파견 및 주재 감독 경험을 바탕으로 최근 일부 파견기구에 존재하는 불충분한 책임감, 단조로운 감독 방식, 순조롭지 못한 체계와 같은 문제를 겨냥해 파견기구의 지도 체계 개혁, 감독 업무 메커니즘 개선, 파견 범위 확대 및 파견 감독 업무의 질적 향상을 위한 전면적인 배치를 강화했다. 사상 조치, 업무 요구를 더욱 명확하게 하기 위해 2018년 11월 중순부터 2019년 1월 초까지 분야별로 당과 정부 기관, 중앙 관리 기업, 중앙 관리 금융기업, 중앙 관리 대학의 기율검사감찰체제 개혁 추진 회의를 개최했다. 이와 동시에 중앙 관리 기업, 중앙 관리 금융기업의 개혁 촉진을 위한 시행 방안을 수립하고, 당과 정부 기관의 분업 방안과 중앙 관리 대학의 의무 사항을 규정하여 개혁 방법과 일정 및 로드맵을 더 확실하게 했다. 이 모두는 파견 및 주재기관의 감독 '프로브(탐침)' 역할과 감독 업무 품질 향상을 위한 개혁 조치이다.

(3) 당 기층조직의 일상 감독

시진핑 총서기는 당 기층조직의 일상 감독을 매우 중시한다. 2016년 10월, 시진핑 총서기는 당 18기 6중전회 2차 전체회의에서 당원의 민주 감독은 당내 감독 시행의 기본 방식이라고 지적했다. 당원의 민주 감독은 권리일 뿐만 아니라 회피할 수 없는 의무이자, 당에 대한 당연한 책임이기도 하다. 당 기층조직 감독 직책과 관련, 기층 당조직과 당원이 당내 지도간부에 대한 감독을 강화하고, 그들이 정상적으로 조직 생활에 참여하고, 당원의 의무를 다하도록 촉구해야 한다. 당 회의에서 당원들은 당규약과 당규위반 행위에 대해 용감하게 의견을 제시하고, 근거를 바탕으로 모든 조직과 당원을 비평해야 하며, 당의 모든 조직과 당원이 법규를 위반한 사실을 책임감을 가지고 당에 알려야 한다. 각급 당조직은 당원의 알권리와 감독권을 보장해주고 당원이 당내 감독 수행에 적극적으로 나설 수 있도록 지원해야 하며, 감독을 방해하거나 감독한 자에게 보복을 하는 행위에 대해서 엄격히 처벌해야 한다.[33]

〈중국공산당 당내 감독조례〉는 당 기층조직의 감독 책임을 명확히

33　시진핑, 「당 18기 6중전회 제2차 전체회의에서의 연설(발췌)」(2016년 10월 27일), 구시, 2017년 1호.

전면적인 종엄치당에는 마침표가 없다

규정했다. 당 기층조직은 당원이 의무를 철저히 이행하고, 당의 기율을 준수하고 집행할 수 있도록 감독해야 한다. 당 기층조직은 이하와 같은 감독 직책을 이행해야 한다. ① 당의 조직생활을 엄격히 하고, 타인과 자신에 대한 비판을 실시하며, 당원들이 의무사항을 철저히 이행하고 있는지 감독하고 당원의 권리가 침해당하지 않도록 보장해야 한다. ② 당원, 대중이 당의 업무와 지도간부에 대해 제기한 비판과 의견을 이해하고, 정기적으로 상급 당조직에 상황을 보고하고 의견을 제시해야 한다. ③ 당의 기율을 준수·이행하고, 당원이나 간부가 기율을 위반했을 시에는 즉시 교육하거나 처벌해야 하며, 사안이 심각할 경우 상급 당조직에 보고해야 한다.

〈중국공산당 당내 감독조례〉는 당원의 감독 의무를 규정했다. 당원은 당원으로서의 권리를 적극적으로 행사하고, 당 지도간부에 대한 민주 감독을 강화해야 한다. 당원은 당과 인민을 위한 사업에 대해 높은 책임감을 가지고 당원의 권리를 적극적으로 행사하고 다음과 같은 감독 의무를 이행해야 한다. ① 당 지도간부의 민주 감독을 강화하고 당조직에 대중의 의견을 즉시 반영해야 한다. ② 당 회의에서 근거에 입각해 모든 당조직과 당원을 비판하고, 업무 중의 문제점을 공개하고 개선해야 한다. ③ 당조직의 지도간부 활동 평의회에 참여해 모순과 문제점 혹은 부족한 부분에 대해 용감하게 문제를 제기하고 지적해야 한다. ④ 당조직 혹은 당원이 법규 위반 사실을 발견하게 되면 책임감을 가지고 당에 사실을 알리고, 모든 파벌 활동과 소집단 활동에 반대하고 부정부패와 단호하게 싸워야 한다.

시진핑 총서기는 19차 당대회 보고에서 당 기층조직은 당의 노선과 방침, 정책 결정과 배치를 철저하게 이행하도록 보장하는 기반이라고 강조하며, 기층 당조직의 일상 감독 강화에 대한 더 높은 요구사항을 제시했다. 첫째, 감독 직책을 명확히 한다. 조직력 향상에 중점을 두고 기층 당조직의 구축을 통해 당이 주장하는 바를 알리고, 당의 결정을 철저하게 이행한다. 기층 조직 관리를 지도하고, 대중을 단결시키고 동원하며, 개혁과 발전을 추진하는 강한 전투 보루로 만들 것을 제안했다. 19차 당대회에서 새로 개정한 당규약에서는 당 지부가 당원을 직접 교육·관리·감독하고 대중조직·홍보·결집 및 대중 봉사의 직책을 가진다고 명시했으며, 당원의 의무에서 당원은 당의 원칙에 위배되는 언행을 하거나 업무 중 문제점이 발생했을 경우 이를 고발 및 개선해야 하고, 소극적인 부패와 단호히 싸워야 한다고 규정하고 있다. 둘째, 감독 채널을 원활하게 한다. 당내 기층 민주 확대, 당무 공개 추진, 당 업무에 대한 당원의 참여, 당원의 당조직과 간부에 대한 감독 및 상급 당조직에 의견을 제시하는 채널이 원활하게 이루어지도록 해야 한다고 강조했다. 2017년 12월, 중공중앙조직은 〈중국공산당 당무 공개 조례(시행)〉를 통해 당무 공개를 신시대 중국 특색 사회주의의 위대한 실천사항으로 삼아 계획하고 추진하며, 당의 지도 견지와 완비에 대한 요구를 당무 공개의 모든 과정과 부분에서 철저하게 이행하고, 당무 공개의 주체·내용·범위·절차·방식 등을 더욱 명확히 함으로써 당무 공개가 당 기층 조직의 일상 감독의 기본 방식으로 적극적이고 안정적이며 강도 있게 단계적으로 추진되도록 했다. 셋째, 당원 대열을 정비한다. 당원 교육 관리의 표적성과 효율성을 높이고, 부적격 당원 및 조직을 안정적이고 단계적으로 처리하는 업무를 기층 당조직 감독 기능을 강화하는 주요 임무로 삼아 당원 퇴출을 위한 효과적인 채널을 적극적으로 모색한다.

(4) 당내 감독과 외부 감독의 결합

시진핑 총서기는 19차 당대회 보고에서 당내 감독과 국가기관 감독, 민주 감독, 사법 감독, 대중 감독, 여론 감독을 하나로 묶어 협력을 강화해야 한다고 강조하고, 당내 감독과 외부 감독을 모두 활용하는 것은 과학적이고 엄밀하며 효율적으로 중국 고유의 감독 체계를 구축하는 중요한 방법이라고 덧붙였다.

18차 당대회 이후, 시진핑 총서기는 당내 감독과 기타 감독과의 관계를 여러 차례 언급했다. 당내 감독과 외부 감독의 통합 유지는 마르크스주의 정당의 일관된 요구이자 중국공산당의 우수한 전통과 정치적 강점이라 할 수 있다. 당내 감독과 기타 감독을 활용하여 당과 국가의 감독 시스템을 구축해야 한다. 당내 감독, 인민대표대회 감독, 민주 감독, 행정 감독, 사법 감독, 회계감사 감독, 사회 감독, 여론 감독제도의 구축을 강화해야 한다. 과학적이고 효율적인 권력 운용 제약과 감독 시스템을 마련하고, 감독의 시너지와 실질적인 효과를 강화해야 한다. 2014년 5월, 시진핑 총서기는 허난성 란카오현 상무위원회 지도부 민주생활회의에 참가해 "마오쩌둥 동지가 황옌페이(黄炎培)와 '홍망(興亡)이 모두 빠르게 일어난다'는 역사 주기율에 대해 언급했는데, 이는 인민 감독의 중요성을 강조한 것이다. 우리는 공산당의 장기 집권을 실현하고, 인민을 위한 이익을 강구하기 위해 스스로 감독하고 정화하는 힘을 키우고, 체제 메커니즘 차원에서 감독 역량을 강화해야 한다. 동시에 대중 감독, 민주 감독, 여론 감독의 역할도 강화해야 한다"고 강조했다.[34] 2016년 10월, 시진핑 총서기는 당 18기 6중전회

---

34 「시진핑의 엄정한 당 기율과 규범에 관한 논술 요약집」, 중앙문헌출판사, 중국방정출판

에서 "당내 감독은 당과 국가의 여러 감독 방식 중에서 가장 근본적이면서 중요하다. 그러나 유관 국가 기관 감독, 민주당파 감독, 대중 감독, 여론 감독과 결합하지 않는다면 감독의 시너지가 제대로 형성되지 않을 것이다. 마음과 자신이 있음을 보여주기 위해 각급 지도간부는 주동적으로 모든 감독을 수용해야 한다. 인민정협이 당규약에 따라 민주 감독을 실시하는 것을 지지하고, 민주당파와 무소속 인사들의 의견·비평·건의를 중시하며, 당 외부 인사들이 진언을 할 수 있도록 격려해야 한다. 대중 감독을 자발적으로 수용하고, 원활한 민원 및 제보 채널을 형성하며, 전형적인 규율과 기율 문제는 엄격하게 처리하고, 인민 대중의 관심에 대해 적시에 응답해야 한다. 여론 감독을 강화해야 한다. 전형적인 사안을 노출하고 분석함으로써 경고 역할을 할 수 있도록 만들고, 전면적인 종엄치당을 위한 좋은 여론 분위기를 형성해야 한다"고 지적했다.[35] 2018년 3월, 시진핑 총서기는 전국정치협상회의 13기 1차 회의에 참가한 중국 민주동맹(民盟), 치공당(致公黨), 무소속 인사들, 화교계 위원들을 방문하고, 위원들과 토론회에 참석한 자리에서 "중국공산당이 이끄는 다당 협력과 정치협상 제도는 중국의 가장 기본적인 정치제도로써 중국공산당, 중국 인민, 각 민주당파, 무소속 인사들의 위대한 정치 창조물로 중국 토양에서 자생한 새로운 정당 제도이다. 이 새로운 정당 제도가 각개 정당과 무소속 인사들을 긴밀하게 통합하고, 공동의 목표를 위해 함께 협력하도록 만들면서 특정 당의 감독 부재 혹은 여러 당이 교대로 권력을 잡거나 악의적인 경쟁을 하는 폐단을 효율

사, 2016년판, 3-54면.

35 시진핑, 「당 18기 6중전회 제2차 전체회의에서의 연설(발췌)」(2016년 10월 27일), 구시, 2017년 1호.

적으로 피할 수 있게 한다는 점이다"라고 강조했다. 5월, 시진핑 총서기는 중앙 회계감사위원회 1차 회의에서 "회계감사는 당과 국가 감독 시스템의 중요 구성 부분이다. 회계감사를 양적·질적으로 발전시키고, 감독의 사각지대가 없도록 해야 한다. 당 중앙의 중대 정책 조치 시행 상황에 대한 추적 감사, 경제 및 사회 운용 중에 잠재되어 있는 리스크에 대한 파악 능력, 주요 민생자금과 항목에 대한 회계감사의 강도를 강화해야 한다. 전국 회계감사 업무에 대한 지도 및 하급 감사 기관에 대한 상급 회계감사 기관의 지도 역량을 강화하고, 바둑판처럼 전국적인 회계감사 업무가 이뤄지도록 속도를 내야 한다. 내부 회계감사 업무에 대한 지도와 감독을 강화하고, 내부 회계감사와 사회 회계감사의 역량을 동원하여 회계감사와 감독에 대한 합력을 강화해야 한다"고 지적했다.

시진핑 총서기는 18차 당대회 이후 당내 감독 체계 구축을 바탕으로 19차 당대회 보고에서 당과 국가 감독 체계 완비를 새로운 시대 전면적인 종엄치당의 주요 임무로 삼아 통일적이고 전면적이며 권위 있고 효율적인 당 감독 시스템을 구축할 것을 강조했다. 19차 당대회에서 새로 개정된 당규약은 모든 당원이 당내외 대중의 감독을 수용해야 하고, 당 지도간부는 당과 대중의 비판과 감독을 자발적으로 수용해야 한다고 규정했다. 19차 당대회의 요구에 따라 당 중앙은 국가감찰시스템 개혁을 심화하고, 행정감찰이 커버하는 범위가 지나치게 좁고, 반부패 역량 분산과 원활하지 못한 시스템 운용과 같은 심각한 문제들을 해결하기 위해 국가·성·시·현의 감찰위원회를 설치해 당의 기율감사기관과 협력해야 한다. 감찰위원회가 설립된 이후 공권력을 행사하는 모든 공직자에 대해 법에 따라 감독을 실시할 것이다. 감독 대상은 당 기관, 인민대표대회기관, 행정기관, 정치협상

기관, 심판기관, 검찰기관, 민주당파와 상공조합기관 공무원 뿐 아니라, 국유기업체와 사업기관 관리자, 대중 자치 단체 관리자 등 모두를 포함한다. 이로써 당내 감독과 국가기관 감독, 당의 기율감독과 국가 감찰을 유기적으로 통일할 수 있다. 당내 감독과 국가 감찰을 통합해 중국 고유의 감독체계를 구축하고, 당내 감독과 국가 감찰이 서로 시너지 효과를 발휘하여 감독 업무의 통일성, 상호보완성을 더욱 강화할 수 있도록 한다. 기율이 법보다 더 우선하고 더 엄격하다. 이러한 기율을 통해 당원과 간부를 단속하고, 당의 선진성과 순결성을 유지해야 한다. 동시에 당 기율을 부적절하게 집행한 공직자에 대해서는 법에 따라 국가 감찰을 실시해 권력을 제도권 안으로 끌어 들여야 한다.

3. 당내 감독을 확실히 강화해야 한다

18차 당대회 이후 시진핑 동지를 중심으로 한 당 중앙은 전반적인 조정을 중시하며 상부 주도 설계와 체계적인 계획을 강조했다. 이를 통해 정치적으로 당내 감독 강화에 대한 원칙적인 요구 사항을 제시했고, 문제를 정확하게 처리하기 위해 실행 가능한 조치와 방법을 제시했으며, 당내 감독을 강화할 수 있는 효과적인 방법을 적극적으로 모색하고, 관리 제도를 혁신하여 당내 감독을 확실하게 강화했다.

(1) 체계 구축과 제도 설계에 주력해야 한다

시진핑 총서기는 당 18기 6중전회 등 여러 자리에서 당내 감독의 원

전면적인 종엄치당에는 마침표가 없다

칙과 요구를 체계적으로 설명하고, 당내 감독을 효과적으로 강화하기 위한 방향을 제시했다.

첫째, 우수한 당 전통과 귀중한 경험을 계승하고 발양해야 한다. 당내 감독은 마르크스-레닌주의, 마오쩌둥 사상, 덩샤오핑 이론, '3개 대표' 중요 사상, 과학적 발전관, 시진핑 신시대 중국 특색 사회주의 사상을 핵심으로 하고, '오위일체'라는 전반적인 배치를 종합적으로 추진하고, '4개 전면'이라는 전략적인 포석을 조화롭게 추진하기 위해 18차 당대회 이후 시진핑 동지를 핵심으로 하는 당 중앙이 제시한 새로운 이념이자 사상이자 전략으로 철저한 이행을 위해 주력해야 한다. 아울러 여기에는 당 중앙이 추진하는 전면적인 종엄치당의 새로운 경험과 조치를 반영했다. 새로운 실천을 접목시켜 제시한 새로운 관점이자 조치로써 시대성과 혁신성을 구현하고 있다. 전면적인 종엄치당을 위해서는 당의 자정 능력, 자체적 완비, 혁신, 향상 역량 제고가 필요하다.

둘째, 당규약을 존숭하고 당규에 의해 당을 관리해야 한다. 당내 감독은 당규약을 기본적인 근거로 당규약에 대한 숭상과 철저한 이행 및 수호를 강조하고, 당내 감독에 대한 당규약의 요구를 구체화하는데 주력해야 한다. 개혁개방 이후, 특히 최근 당 중앙이 제시한 중요한 문건과 당내 법규 중 당내 감독과 관련된 규정과 조건을 체계화하며, 당내 신(新)·구(舊) 법규, 당규약 및 기타 당내 법규의 관계를 잘 정리하여 일맥상통하게 만들고, 동시에 시대의 변화를 반영할 수 있도록 함으로써 당내 감독의 제도화, 규범화, 절차화를 추진해야 한다.

셋째, 민주집중제는 당내 감독을 강화하는 핵심이다. 당내 감독은 민주집중제를 철저하게 이행해야 한다. 규율과 기율에 따라 이행하고, 위에서 아래로의 조직 감독을 강화하고, 아래에서 위로의 민주 감독을 개진하고, 동급 간 상호 감독 역할을 발휘할 수 있도록 해야 한다. 민주를 기반으로 한 집중과 집중적 지도하의 민주를 유기적으로 결합하여 상급이 하급에, 동급 간, 하급의 상급에 대한 감독을 충분히 시행할 수 있도록 만들어 당내 감독이 제대로 이루어지고 실질적인 효과로 이어질 수 있도록 해야 한다.

넷째, 일상적 당내 감독과 지속성을 유지해야 한다. 2017년 1월, 시진핑 총서기는 18기 중앙기율검사위원회 7차 전체회의에서 "당의 각급 조직은 진실을 직시하고, 자세히 관찰하며, 사소한 문제부터 잡고, 구체적인 문제부터 관리하며 즉각적으로 문제를 발견하고 편차를 바로잡아야 한다. 서로 솔직하게 대하고 허심탄회하게 의견을 개진하며, 정상적인 비판과 자아비판을 당내 정치 분위기를 깨끗하게 만드는 청정제로 만들어 당원과 간부들이 서로 경각심을 일깨워주면서 함께 성장할 수 있도록 해야 한다. 각급 당조직은 작은 물방울이 떨어져 바위를 뚫고 쇠기둥을 갈아 바늘을 만들 수 있는 것처럼 인내심을 가지고 감독 업무를 일상적으로 계속 실시하여 장기적인 효과로 이어질 수 있도록 해야 한다"고 강조했다. 〈중국공산당 당내 감독조례〉는 당내 감독에서 기율이 가장 우선되어야 하고, 감독과 기율 집행에서 '4가지 형태'를 활용해야 한다고 명시했다.

다섯째, 문제 지향적 태도로 당내 감독의 취약한 부분에 초점을 맞춰 이론·사상·제도를 기반으로 체제를 구축하고, 권력·책임·담당을 고려해 제도를 설계해야 한다. 불완전한 당내 감독 제도, 전체를 커버하지 못하는 감독 범위, 불분명한 책임 소재 및 강력한 집행이 어려운 문제 등을 해결해야 한다.

전면적인 종엄치당에는 마침표가 없다

(2) 당내 감독에는 성역과 예외가 없다

시진핑 총서기는 당내 감독의 임무와 내용, 그 중점을 언급하면서 새로운 시대를 맞아 당내 감독의 주안점과 주력 방향을 명확히 했다. 2014년 11월, 시진핑 총서기는 푸젠 시찰 당시 "각급 당조직은 당규약에 의거해 일을 처리하고, 당조직에 대한 관리·감독, 당원 간부, 특히 지도간부에 대한 관리·감독, 당내 정치생활에 대한 관리·감독의 기준을 정하고 엄격하게 실시해야 한다. 내용을 체계적으로 정리하고 조치를 더욱 완비하고, 절차는 연계시켜 감독 업무가 철저하게 추진될 수 있도록 함으로써 기존의 문제를 적시에 발견하고, 발견된 문제를 적시에 해결할 수 있도록 한다. 문제 하나에서 열을 추리하고 다른 문제들도 파악할 수 있어야 한다. 새로운 시대 당 내부와 외부의 복잡한 환경에 직면한 상황에서 종엄치당을 위해 전통 계승과 개혁 혁신을 결합하고, 목표 수립과 철저한 이행이 함께 이루어져야 한다. 사안별로 구분해 지도하는 것과 통합적인 조정을 함께 실시하고, 전형적 지도와 전면적인 역량 제고도 함께 진행되어야 한다. 눈앞의 업무와 장기적인 업무를 결합하여 더욱 체계적이고 예측가능하며 창조적이고 실질적인 효과를 잘 도출할 수 있도록 해야 한다"고 강조했다.[36]

당 18기 6중전회는 당내 감독에 성역도 없고, 예외도 없다고 밝혔다. 각급 당조직은 신뢰와 격려를 엄격한 감독과 결합하고, 당의 지도간부들이 권력이 있으면 책임이 따르고 책임이 있으면 감당해야 하며, 권력을 사용하면 감독을 수용하고 책임을 다하지 못했을 경우 책임을 물을 수 있도

---

36 「시진핑의 엄정한 당 기율과 규범에 관한 논술 요약집」중앙문헌출판사, 중국방정출판사, 2016년판, 120-121면.

록 해야 한다.[37] 당 지도간부들은 자아통제를 강화하고, 항상 당규약에 비추어 자신의 언행을 점검해야 한다. 당내 정치생활 준칙을 준수하고, 청렴하고 절제력 있게 행동해야 하며, 당의 정신을 수양하고, 도덕적 정조를 도야하며, 공산당 당원으로서의 정치적 진면목을 유지해야 한다.

시진핑 총서기는 당 18기 6중전회 전체회의에서 〈중국공산당 당내 감독조례〉를 설명하면서 "당내 감독은 당규약을 존숭하고 당규에 의해 당을 다스려야 하며, 당내 감독과 대중 감독을 결합함으로써 당이 중국 특색 사회주의 사업을 추진하는 강한 지도 핵심이 되도록 해야 한다"고 강조했다. 당내 감독의 임무는 당규약, 당규, 당 기율이 당 전체에서 효율적으로 이행되고, 당의 단결과 통일을 수호하는 것이다. 또한 당 지도력 약화, 당 건설 부족, 전면적인 종엄치당의 역량 부족, 희박해진 당 관념, 조직 분산, 해이해진 기강과 느슨하고 해이하며 물렁해진 당 관리 문제를 중점적으로 해결해야 한다. 당조직이 제 기능과 핵심 역할을 충분히 발휘하고, 당원 전체가 모범적인 역할을 하며, 당 지도간부들이 충성스럽고 깨끗하게 책임을 감당할 수 있도록 보장해야 한다. 당내 감독의 주요 내용은 당규약, 당규와 국가 헌법 법률 준수, 당 중앙의 집중적이고 통일적인 지도 수호, 민주집중제 견지, 전면적인 종엄치당의 책임 및 중앙 8항 규정 정신 이행, 당 간부의 기준 유지, 청렴 자율, 공정한 권력 사용 및 당 중앙과 상급 당조직이 할당한 임무 완성 등을 포함한다.

37　「당 18기 6중전회 베이징에서 개최」, 인민일보. 2016년 10월 28일, 1면.

(3) 지도기관과 지도간부, 특히 주요 지도간부를 핵심으로 해야 한다

18차 당대회 이후, 시진핑 총서기는 당의 지도기관과 지도간부, 특히 주요 지도간부를 당내 감독의 핵심이라고 강조했다. 2013년 1월, 시진핑 총서기는 18기 중앙기율검사위원회 2차 전체회의에서 "각급 지도간부는 누구도 법을 넘어선 절대 권력을 가질 수 없음을 명심해야 한다. 모든 권력 행사는 인민을 위한 것으로 인민에 대한 책임을 가지고, 자진해서 인민의 감독을 받아 들여야 한다. 최고 책임자에 대한 감독을 강화하고, 민주집중제를 시행하며, 시정 행위 공개 제도를 완비하고, 지도간부가 권력을 남용하지 않고, 권력으로 사리사욕을 탐하지 않도록 해야 한다"고 강조했다.[38] 2015년 1월, 시진핑 총서기는 18기 중앙기율검사위원회 5차 전체회의에서 "지도간부에 대한 관리감독을 강화해야 한다. 일부 지도간부는 사람을 불쾌하게 하고 표를 잃을 것을 우려해 현실 도피적인 '타조 심리'를 가지고 감히 붙잡지도 못하고 통제하지도 못하는 경우도 있다. 간부에 대한 관리·감독에 유리하고, 당위원회가 주체적 책임을 지는데 도움이 되는 제도를 구축해야 한다. 중앙기율검사위원회와 중앙조직은 지방의 당과 정부 최고 책임자에 대한 이해와 관심을 강화하고, 성 위원회에 관리와 감독 강화를 촉구해야 한다. 순시업무의 범위를 지방도시 현 1급으로까지 확대해 현지 최고 책임자를 감시하여 그들이 자발적으로 주요 지도간부로써 엄격한 관리와 감독을 받을 수 있도록 해야 한다"고 강조했다.[39] 2016년 1월, 시진핑 총서기는 18기 중앙기율검사위원회 6차 전체회의에서 "'관건적 소수'를

---

38 「시진핑의 전면적 종엄치당에 관한 논술 요약집」, 중앙문헌출판사, 2016년판, 99면.
39 「시진핑의 엄정한 당 기율과 규범에 관한 논술 요약집」, 중앙문헌출판사, 중국방정출판사, 2016년판, 123-124면.

잘 파악해 최고 책임자에 대한 감독의 어려움을 해결해야 한다. 지도간부는 책임이 막중하고 지위가 높은 만큼 더욱 감독을 강화해야 한다. 각급 당조직은 최고 책임자들이 당조직과 당원, 대중들의 감독을 받도록 감독 탐침을 더 설치해야 한다"고 지적했다.

시진핑 총서기는 당 중앙위원회, 공산당 중앙정치국, 공산당 중앙정치국 상무위원회 등 당 중앙 조직 감독의 시범 역할 발휘를 중요하게 생각했다. 2016년 10월, 시진핑 총서기는 당 18기 6중전회 전체회의에서 〈중국 공산당 당내 감독조례〉를 설명하면서 "고위 간부를 중심으로 당 건설 강화는 지도간부, 특히 고위 간부들을 잘 관리해야 하며 중앙위원회, 당 중앙정치국, 당 중앙정치국 상무위원회의 구성원을 잘 관리하는 것이 중요하다. 이들을 잘 관리해 당 전체에 모범을 보이면 많은 일들을 다루기가 수월해진다. 그러므로 당내 감독 강화를 위해 이들을 우선적으로 잘 관리해야 한다"고 강조했다. 2017년 2월, 시진핑 총서기는 성부급 주요 지도간부 대상 '당 18기 6중전회 정신을 학습하고 관철하자'를 주제로 열린 세미나반 개강식에서 "지도간부 특히 고위급 간부는 스스로를 단속하고, 아무도 없을 때 사소한 부분에서도 도리에 어긋남이 없도록 삼가고 신중하며, 당규약에 비추어 항상 자신의 언행을 돌아봄으로써 당성 수양을 강화하고, 도덕적 정조를 도야하여 공산당원으로서의 정치적 진면목을 지켜야 한다. 지도간부, 특히 고위급 간부가 스스로를 단속함에 있어서 핵심은 사적인 자리에서, 아무도 없을 때, 사소한 부분에서도 도리에 어긋남이 없도록 삼가고 신중하며 마음에 늘 경외심과 명확한 척도를 가지는 것이다. 정치 및 기율 집행 역량을 강화하고 도덕성과 반부패를 중요하게 생각해야 하며, 행동에 흐트러짐이 있거나 정도를 벗어나지 않도록 해야 한다"고 지적했다. 지도간부는 스스로를 엄격하게 단속함에 있어서 특권사상과 특권현상과 투쟁해야 한다. 자신과 주변인부터 엄격하게 관리하고, 자신이 속한 지방기구도 잘못된 일을 하지 않도록 예방하고, 특권의식을 가지지 않도록 경계할 수 있는 보호막을 세워야 한다. 좋은 방향과 원칙을 지키며 인재를 뽑아 쓰도록 스스로를 엄격하게 단속해야 한다. 당의 간부 관리 원칙을 고수하고, 당의 간부 정책을 이행함으로써 그릇된 풍조를 개선해야 한다. 지도간부는 스스로를 단속하기 위해 이익집단의 유혹에 빠지지 않도록 주의하고, 공정하고 신중하게 법에 따라 권력을 사용해야 하며, 원칙과 규칙, 선을 지키면서 교제를 해야 한다. 지도간부는 자발적으로 감독을 받고 당에 충실하고 성실해야 하며, 당원과 간부는 어떤 핑계로도 감독을 받는 것을 거부할 수 없으며, 당조직 역시 어떤 이유로도 이들에 대한 감독을 소홀히 해서는 안 된다.

새로 개정한 〈중국공산당 당내 감독조례〉는 한 장을 할애해 당 중앙 조직의 감독에 관한 내용을 서술하고 있는데, 중앙 차원에서 전문적인 기준을 마련하고, 당 중앙이 솔선수범하여 하급 기관에 모범을 보여야 한다는 내용을 담고 있다. 중앙위원회 구성원은 당의 정치기율과 정치규범을 엄격히 준수해야 하며, 법규를 위반하거나 기율을 해치거나 당의 단결과 통일을 해하는 행위를 하는 구성원을 발견했을 경우 즉시 저지해야 하며, 당 중앙에 즉각 보고해야 한다. 공산당 중앙정치국은 매년 민주생활회의를 소집해 대조 검사와 당성 분석을 실시하고, 자체적인 건설 조치 강화를 연구한다. 공산당 중앙정치국 위원회는 중앙의 8항 규정을 엄격하게 시행하고, 조직 생활회에 자발적으로 참여해야 한다. 중요한 개인 사안을 당 중앙위원회에 진실되게 보고하고 모범적인 가풍을 만들 수 있도록 앞장서야 하며, 친인척과 측근을 교육하고 단속해야 한다. 공산당 중앙정치국 위원의 의견은 실명으로 서면 혹은 기타 형식으로 공산당 중앙정치국 상무위원회 혹은 중앙기율감사위원회 상무위원회에 반영해야 한다.

제7장

간부를 잘 관리하고
임용해야 한다

시진핑 총서기는 18차 당대회 보고에서 "중화민족의 위대한 부흥을 강조하며 반드시 자질과 전문성을 갖춘 간부단을 구축하고, 정확한 간부 선발 방침을 견지하며, 인재 채용 관련 기풍을 바로잡고 간부들에 대한 엄격한 관리와 후한 처우를 결합하고 격려와 규제를 동시에 적용해야 한다"고 강조했다.[1] 이는 신시대 간부 관리 및 적재적소 활용 방안에 근본 지침을 마련했다. 18차 당대회 이후 전면적인 종엄치당의 중요한 주안점은 엄격한 기율로 '절대다수의 당원'을 관리하고, 간부단, 특히 고위 간부라는 '관건적 소수'에 대해 보다 엄격한 기준을 제시하고, 높은 기준과 엄격한 요구를 통해 간부를 엄격하게 관리함으로써 자질과 전문성을 갖춘 간부단 구축을 강력하게 뒷받침하는 것이다. 중요성 면에서 당 간부는 당과 국가 사업의 중견역량으로 당을 관리하고 다스리려면 우선적으로 간부를 잘 관리해야 하고, 종엄치당의 관건은 관료를 엄격하게 다스리는 데 있으며, 엄격한 간부 관리의 과제가 당 앞에 매우 긴박하게 놓여 있다고 강조했다. 사고 방향에서 교육, 관리, 감독을 엄격하게 실시하고 간부에 대한 엄격한 관

---

1   시진핑, 「전면적인 샤오캉 사회 실현으로 신시대 중국 특색 사회주의의 위대한 승리 쟁취-19차 당대회에서의 보고」(2017년 10월 18일), 「19차 당대회 문건 모음집」, 인민출판사, 2017년판, 51면, 52면.

리를 일상적이고 기초적이며 관건적인 업무로 삼아 간부단 구축의 전 과정과 당 건설 및 당내 생활 각 방면에서 관철해야 한다고 강조했다. 방식과 방법 면에서는 엄격한 기준을 적용해 간부를 선발하고, 엄격한 교육을 통해 간부를 양성하며, 엄격한 조치를 통해 간부를 관리하고, 엄격한 기율을 통해 간부를 감독해야 한다고 강조했다. 제도보장 면에서 격려와 상벌, 문책 등 일련의 제도를 통해 능력자는 승진시키고, 평범한 자는 강등시키며, 열등한 자는 도태시킴으로써 양호한 인재 임용 기준과 제도적 여건을 마련하는 데 주안점을 두었다. 중점 관리 면에서 '관건적 소수', 특히 고위 간부와 일인자에 대한 관리를 강화해야 한다고 강조했다.

1. 종엄치당은 간부를 엄격히 관리하는 데 중점을 두어야 한다

시진핑 총서기가 제시한 간부에 대한 엄격한 관리는 당 사업발전 과정 중 지도간부의 중요한 지위에 기반을 두고 당을 관리하고 다스린 성공 노하우와 우수한 전통, 그리고 국정운영의 역사·문화 특징에 기반을 두고 있다.

(1) 당을 다스리는 것은 관료 관리로부터 시작해야 한다

관료를 다스리는 것은 국정운영의 첫 번째 과제로 당 관리와 통제 중에서 특수하면서도 중요한 위치에 있다. 시진핑 총서기는 "당 간부는 당과 국가사업의 중견역량"이라고 강조하면서 "국가 통치는 당을 다스리는 것에서 시작하고, 당을 다스리는 것은 관료를 다스리는 데서 시작하며, 당을 관리하고 다스리는 것은 우선적으로 간부를 잘 관리해야 하고, 종엄치당의 관건은 엄격한 관료 관리에 있다"면서 "이를 전면적인 종엄치당의 최우선 과제로 삼아야 한다"고 재천명했다. 이는 간부단이 당의 사업에서 가지는 특수성과 중요성을 시진핑 총서기는 정확하게 인식하고 있음을 반영한다. 그는 "당 간부는 당 사업의 기둥으로 각 분야에 걸친 권력을 쥐고 있으며 당 이론과 노선 방침 및 정책의 구체적인 집행자이다. 지도간부의 일거수일투족은 늘 많은 관심을 받기 때문에 언행에 각별히 신경 써야 하고 발언, 활동, 정책결정, 배치, 심지어 식사나 술자리에서도 주변과 사회에 영향을 주기 때문에 일정 부분 당의 이미지를 구현한다고 볼 수 있다. 만약 간부단의 소양이나 자질, 기풍에 문제가 있다면 당을 제대로 건설할 수 없을 것이다. 공산당원과 간부단은 방대하기 때문에 관리에 어려움이 있지만 그럼에도 반드시 잘 관리해야 하는 이유는 관리를 제대로 하지 못했을 때 혼란을 초래할 수 있기 때문"이라고 지적했다. 2014년 12월, 장쑤(江蘇)성을 시찰하는 기간에 시진핑 총서기는 "종엄치당의 핵심은 간부에 대한 엄격한 관리에 있다.[2] 간부를 엄격하게 관리하는 것은 당과 국가의 앞날과 깊은 관계가 있다"고 강조한 바 있다. 그는 당의 군중노선 교육실천활동 결산 회의에서 "우리나라에서 문제가 발생한다면 주로 공산당 내에서 생기고 우리 당에 문제가 발생한다면 주로 간부에서 생길 것"이라고 지적했다.[3] 당 간부단의 특수성과 중요성에 대하여 시진핑 총서기는 우리가 '두

---

2   「시진핑의 전면적 종엄치당에 관한 논술 요약집」, 중앙문헌출판사, 2016년판, 134면.

3   시진핑, 「당의 군중노선 교육실천활동 결산 회의에서의 연설」(2014년 10월 8일), 인민일보, 2014년 10월 9일, 2면.

개 100년' 분투목표를 달성하고 '4개 전면'의 전략적 포석을 조율해 추진하려면 일정한 선봉대가 필요한데 특히 도덕성과 자질을 겸비한 수준 높은 간부단을 구축하는 것이 필수적이라고 언급했다.

(2) 엄격한 간부 관리의 긴박성

시진핑 총서기는 간부단 및 간부 관리 과정에서 두드러지게 나타나는 문제에 대해 냉철하게 인식하고 정확하게 파악하고 있다. 이러한 문제와 그 폐해에 대해 시진핑 총서기는 전국조직업무회의와 18기 중앙기율검사위원회 전체회의를 비롯해 순시 보고를 듣는 자리에서 깊이 있게 분석하고, 간부를 엄격하게 관리하는 것은 문제의식과 문제 지향성을 견지하고, 문제를 직시해 해결해야 한다고 강조했다. 특히 18기 중앙기율검사위원회 6차 전회에서 당을 관리하고 다스리는 문제 중 간부단에 두드러지게 존재하는 문제에 대해 체계적으로 설명하면서 엄격한 간부 관리에 대한 결연한 의지와 확고한 결심을 피력했다.

1) 간부에게 존재하는 두드러진 문제를 정확히 찾아야 한다

간부를 엄격하게 관리하기 위해서는 우선 간부 자신의 문제부터 찾아야 한다. 문제가 어디에 있는지를 정확히 진단해야 변증법적 치료와 상황에 맞는 해결책을 마련할 수 있다. 시진핑 총서기는 정치, 조직, 청렴, 기풍, 책임 등 방면에서 간부들의 두드러진 문제를 심층적으로 진단했다.

가. 정치 : 어떤 간부는 그 이상과 신념의 '메인 스위치'가 오랫동안 고장 난 채로 방치되어 있어 공산주의가 뜬구름 잡는 허무한 환상이라는

의구심을 품는다. 어떤 간부는 세계관, 인생관, 가치관이 전반적으로 변질되어 마르크스-레닌주의를 불신하고 귀신이 있다고 믿으며 봉건미신에서 정신적 위안을 얻으며 점 치고 관상을 보고 향을 태워 부처님에게 비는데만 열중하면서 문제가 생기면 '신'부터 찾는다. 어떤 간부는 옳고 그름에 대한 관념이 희박하고 원칙성이 떨어지며 정의감이 퇴화된 채 직무를 건성으로 수행하고 허송세월한다. 심지어 어떤 간부는 서방 사회의 제도와 가치관을 동경하고 사회주의 비전과 운명에 자신감을 상실한 간부도 있다. 어떤 간부는 정치기율과 정치규범을 지키지 않고 중앙의 정책 방침을 함부로 논하며 표리부동하고 '기회주의자'와 '이중인격자'로 전락했다. 어떤 간부는 당의 리더십과 중국 특색 사회주의 노선과 같은 원칙적인 문제에 대한 정치적 도발 앞에서 애매모호하고 소극적인 태도를 보이며 이를 회피하고, 고쳐보려고 칼을 빼들지 않으며, 심지어 모호한 입장을 취하고 꼼수를 부리기도 한다.

나. 조직 : 어떤 간부는 당조직과 흥정을 벌이며 조직의 방침을 따르지 않는다. 어떤 간부는 '소집단' 결성이나 '신고식', '윗선에 줄대기'에 열성을 다한다. 어떤 당조직과 지도간부는 중앙과 상급조직이 함께 결정해야 할 중요한 문제를 처리할 때 사전 품의와 사후 보고를 하지 않거나 선처리 후보고, 처리과정 중 보고, 심지어 처리하면서도 보고하지 않는다. 어떤 간부는 통합해 보고해야 할 중대사안을 분리함으로써 보고하지 않아도 되는 작은 사안으로 만들어 조직의 절차를 무력화시킨다. 어떤 지도층은 비민주적이며, 문제를 사적으로 처리하며 집중하지 않고 지도층 내 각자 자기정치를 하며 분할관리 영역을 '사적 영역'으로 삼고 서로 인정하지 않고 승복하지 않는 등 내부 소모가 심각한 지경에 이르렀다. 지도자 개인에

게만 책임을 다하고 조직에 대해서는 책임지지 않으며 상하급 관계를 인신예속 관계로 만드는 하급 간부도 있다. 어떤 간부는 일을 처리할 때 조직이 아닌 지인과 인맥관계에 의지해 형형색색의 인맥네트워크가 갈수록 치밀해지고, 각 분야의 암묵적 관행이 쓰면 쓸수록 잘 먹히는 현상이 있다. 당원과 간부 관리에 소홀하고 조직생활에 엄숙함과 진지함이 결여된 당조직도 있다.

다. 청렴 : 어떤 간부는 당 중앙의 거듭된 명령과 설명에도 불구하고 자제하거나 멈추지 않고 권모술수로 사리사욕을 채우고 부패와 타락의 길로 빠진다. 어떤 간부는 여전히 요행을 바라고 우회전술을 구사하며 관직을 팔고 토지 사용을 허가해주며 대형사업을 챙기고 뇌물을 받는다. 또한 각종 수법을 동원해 걸핏하면 수백만 위안에서 수천만 위안, 심지어 수억 위안에 이르는 거액의 뇌물을 수수한다. 어떤 간부는 조직을 기만하고 조직에 대항하며 장물을 은닉하고 관련자와 공수동맹을 조직해 당 기율과 국법의 처벌을 피하려 한다.

라. 기풍 : 어떤 간부는 형식주의, 관료주의, 향락주의, 사치풍조에 단호하고 철저하게 반대하지 않고 여전히 꼼수와 수작을 부리고 임시변통한다. 형식주의, 관료주의, 향락주의, 사치풍조 등 4대 악풍이 다소 주춤해지긴 했지만 완전히 사라지지는 않았다. 18차 당대회 후 조사 처벌 받은 지도간부 중 많은 이들이 아직도 향락주의와 사치풍조에서 발을 빼지 못하고 향락을 탐하며 유흥과 방탕한 생활을 즐기면서 여전히 제멋대로 행동하고 있다. 어떤 간부는 '4풍' 단속에 대처하기 위해 간판만 바꾸고 새로운 술수를 부리며 각종 새로운 변종 대응책까지 구상하기에 이르렀다. 일부 지방과 부처, 기층간부의 그릇된 풍조와 부패 문제는 다발적으로 발생하기 쉽

고, 폭넓은 영역에서 대량 발생하고 있다.

　마. 책임 : 일부 간부 중 '호인주의'가 성행하는데 대다수의 간부는 동료에 대한 비판을 꺼리거나 원치 않고, 감히 비판하지 못하고 각종 사업에 대해 책임지지 못하거나 책임지려 하지 않는 현상이 상당히 보편적으로 나타난다. 어떤 간부는 남의 미움을 살까, 표를 잃을까 우려하는 마음에서 원칙보다는 '좋은 게 좋은 것'이라는 생각에서 두루두루 원만하게 지내고, 좋은 말만하고 미움을 살만한 말은 삼가는 저속한 철학을 신봉한다. 또 제집 앞 눈만 치우고 남의 집 기와의 서리는 신경도 안 쓰며 남의 일에 상관하지 않고 웬만하면 어물쩍 넘어가며 포부도 없고 진취적이지도 않은 태평관 자리에 만족한다. 어떤 간부는 지위에 걸맞은 정치를 도모하지 않고 갈등국면을 피하며 민원인의 고충을 외면한다. 옥신각신 다투며 책임을 회피하고 적당히 얼버무리며 서로 책임을 미루면서 사소한 일을 크게 만들고 중대한 일을 미루는 바람에 큰 화를 부르기도 한다. 어떤 간부는 세상 물정에 밝고 능수능란하여 힘든 일은 피하고 쉬운 일만 골라하며 대우가 좋은 근무처만 찾아다니고 공로는 먼저 차지하려 들면서 문제가 생기면 몸부터 사리고 책임 전가에만 급급하다. 어떤 간부는 새로운 일을 시작하는 정신이 부족하고 책임을 지려하지 않으며 일을 시작조차 하려 않는다. '앞에도 뒤에도 서지 말라'는 원칙하에 정책결정에서 실수를 할까 두려워 감히 결정을 내리지 못하고 가능하면 미루려 한다.

　상술한 문제에서 시진핑 총서기는 정치 방면의 문제를 가장 중요시했다. 그는 "간부가 정치적으로 문제가 생기면 부패 못지않게 당에 해가 되며, 심지어는 부패문제보다 더 심각한 경우도 있다"[4]면서 "당의 기율, 특히 정치기율과 정치규범에 대한 심각한 위반은 반드시 엄중하게 조사하고 처벌해야 한다"고 지적했다.

2) 간부관리에서 존재하는 문제를 정확히 찾아내야 한다

시진핑 총서기는 인선(人選)·용인(用人)에서 나타나는 그릇된 풍조와 부패, 최고 책임자의 감독 미흡, 간부 관리 소홀 등 간부 관리 방면에서 두드러지게 존재하는 문제를 분석하고 엄격한 간부 관리를 위해 병폐와 근원을 찾았다.

가. 간부 선발에서의 그릇된 풍조

시진핑 총서기는 간부 선발에서의 그릇된 풍조, 특히 '4가지 유일한 평가기준(四唯)'과 관련된 문제를 심도 있게 분석했다.

첫째, '득표율'을 유일한 평가기준으로 삼는 문제. 간부선발 과정에서의 민주추천, 민주심사에 대해 시진핑 총서기는 "이 제도 시행은 간부 관련 업무의 민주성을 확대하는 개혁조치로 소수의 의견에 의해 정책이 결정되는 현상을 개선하는데 목적을 두고 있고 비교적 좋은 효과를 보였으나 부작용도 나타났다"고 지적했다. 어떤 지방과 부처는 표수에 과도하게 의존해 실무형 간부보다 득표율이 높은 간부에 집중하며 표심을 잡기 위해 혹은 좋은 사람으로 비춰지기 위해 남의 잘못을 묵인한 덕분에 더 많은

---

4 「시진핑의 당풍·청렴정치 확립 및 반부패 투쟁에 관한 논술 요약집」, 중앙문헌출판사, 중국방정출판사, 2015년판, 51면.

표를 얻은 당원이 간부로 발탁되는 경우가 많다. 더욱 심각한 것은 일부 지방간부는 표심에 집착하거나 좋은 사람으로 비춰지려는 그릇된 풍조가 점점 더 심해지면서 표심 잡기 행위가 여러 행태를 보이며 다양해지고 줄어들 기미가 보이지 않는다는 점이다. 이러한 것들이 당의 기풍과 사회 풍기를 문란시키고 있다.[5]

둘째, '시험성적'만을 유일한 평가기준으로 삼는 문제. 경쟁적 간부 선발 과정에 존재하는 문제에 대해 시진핑 총서기는 "간부 경쟁 선발의 취지는 인재 선발·등용의 시야를 넓히는데 있고 우수한 간부들이 이런 제도에서 확실히 두각을 드러냈다"고 평가했다. 이어 "하지만 어떤 지방과 부처의 시험은 실무 능력이 아닌 단순 지식에 집중되어 필기시험 점수가 첫 관문이 되는데 이는 시험만 잘보고 일은 하지 않는 사람들에게 유리하게 작용해 '시험점수만 높고 실제능력은 부족한 간부'를 상당수 선발하게 되었을 뿐만 아니라 열심히 일하지 않는 '시험전문가'를 양성했다"고 일침을 날렸다. 어떤 자리는 분명 가까운 곳에 적합한 인재가 있음에도 불구하고 굳이 경쟁 선발을 통해 사위를 보고 아들을 밀어내는 식의 멀리 있는 인재를 채용한다. 일부 지방과 단위는 심지어 과장급 간부와 같은 기층 간부직에 전국 규모의 선발 전형 방식을 동원하는 바람에 인력과 물자 비용을 필요 이상으로 투입하는 경우도 있다. 그는 "경쟁 선발 방식을 개선해야 한다. 시험과 점수가 아닌 실적 면에서 경쟁해야 하고 간부가 실무자가 되어야 한다. '한번의 시험이 모든 걸 결정하는 제도'를 개선해야 한다"면서 "공개선발에서도 일을 잘하는 사람이 시험도 잘 보고 간부의 진짜 수준과

---

5   시진핑, 「전국조직업무회의에서의 연설」(2013년 6월 28일), 당건연구, 2013년 8호.

실력을 제대로 가늠할 수 있도록 자격조건과 시험방법을 과학적으로 설계해야 한다"고 덧붙였다.[6]

셋째, '연령'을 유일한 평가기준으로 삼는 문제. 간부선발의 연령 제한 문제에 대해 시진핑 총서기는 간부단 연령구조 최적화는 선발 임용하는 간부를 모두 젊은 층에서 뽑는다는 의미도 아니고 모든 부문에 젊은 간부를 비축하라는 뜻도 아니며 각 단계의 지도자층 구성원 임직 연령을 점차 낮추겠다는 의미는 더더욱 아니라고 지적했다. 또 도덕성과 실력을 겸비한 인재, 대중에게 좋은 평판을 받는 인재는 연령과 상관없이 계속 채용해야 한다며 연령 제한을 둔다면 많은 인재를 잃게 될 것이라고 지적했다.[7]

넷째, 'GDP'를 유일한 평가기준으로 삼는 문제. 단순하게 경쟁 성장률만을 가지고 치적을 평가하는 문제를 해결하기 위해 시진핑 총서기는 "인사고과라는 '지휘봉'을 잘 활용해야 한다"고 강조하며, "평가 방법과 수단을 개선해 발전성과 기본바탕을 함께 보고 드러난 성적과 잠재적인 업무 실적을 동시에 봐야 하며, 민생개선, 사회진보, 생태효율 등의 지표와 실적을 중요한 고과내용에 포함시켜 단순히 지역총생산 증가율만 가지고 영웅론을 펼쳐서는 안 된다"고 지적했다.

나. 심각한 채용비리

시진핑 총서기는 간부부패에 대해 깊이 우려하면서 "간부부패는 가장 큰 부패문제로 채용비리 문제는 권력남용 부패를 조장할 수밖에 없다.

---

6   시진핑, 「전국 조직업무회의에서의 연설」(2013년 6월 28일), 당건연구, 2013년 8호.
7   상동.

전면적인 종엄치당에는 마침표가 없다

채용비리를 잘 해결하지 못하면 당심을 분산시키고 인심을 잃게 될 것"이라고 지적했다. 그는 채용비리 문제의 갖가지 표현을 깊이 분석했다.

첫째, '암묵적 관행'. 시진핑 총서기는 예의주시해야 할 현상에 대해 자세히 설명했다. 일부 지방, 부처, 간부에 대한 호불호는 대중 속에서 이미 공론화되어 있고 실천력으로 비교가 가능하며 지도자 마음에 이미 정답이 있다. 하지만 구체적인 인사 채용 결과가 사업 수요와 대중의 기대치에서 크게 벗어날 때가 있다. 이는 지도간부의 사리사욕 때문이고 사람들이 소위 말하는 '인맥'과 '관행'이 작용한 때문이다. 이런 불건전한 요인으로 인해 능력과 자질, 도덕성 등을 평가해야 하는 객관적인 임용 기준을 무시한 채 사익을 위해 자신과 다른 사람은 배척하는 코드 인사나 정실 인사와 같은 각종 채용 비리가 발생했다.[8]

둘째, '문제 있는 간부 선발'. 시진핑 총서기는 어떤 간부는 정말 많은 문제가 있고 대중이 계속 민원을 제기하는데도 현지 당위원회와 조직 부처는 그 사실 조차 인지하지 못하고 있거나 인지해도 내버려두는 바람에 이런 인물들이 계속해서 발탁되고 있다고 지적했다. 일부 지방에서 선발된 간부는 자질과 능력 면에서 현저히 수준 이하에다 심지어는 '문제 있는 선발', '규범 위반'으로 발탁된 간부도 있다.

셋째, 매관매직과 인사청탁. 시진핑 총서기는 근래 들어 대대적으로 인사 부조리 척결에 힘써 왔지만 조사 안건을 살펴보면 일부 지방이나 부처에서 코드 인사나 매관매직 현상이 심각하다고 지적했다. 어떤 간부는 인맥이나 배경을 이용하거나 권세 있는 사람에게 아첨하고 인사청탁을 한

---

8   시진핑, 「전국조직업무회의에서의 연설」(2013년 6월 28일), 당건연구, 2013년 8호.

다. 어떤 사람은 관직에 따라 청탁자금을 정해 놓고 여럿에게 동시에 관직을 나눠주기도 한다. 어떤 간부는 편을 가르고 계파를 만든다. 어떤 간부는 인사 문제에서 전횡을 일삼고 하급 간부의 청탁을 거절하는 법이 없으며 조직이 정상절차에 따라 내놓은 인사방안을 거부한다. 어떤 간부는 참회록에서 자신이 근무한 지방은 정치 여건이 안 좋고, 특히 관료 사회의 기강이 해이하며 인사청탁이 비일비재해 다수의 사람들에게서 좋은 평가를 받지 못하는 인물이 예상을 뒤엎고 '다크호스'로 떠오르는 일이 허다했다고 기술했다. 도덕성과 재능이 뛰어나지 않고 잔꾀에 능한 사람이 자주 발탁돼 중용되고 착실하게 일하는 간부가 오히려 승진할 기회를 얻지 못한다.[9] 그는 공산당 중앙정치국 상무위원회 중앙순시조의 순시 상황 보고를 받는 자리에서 "순시 중 채용비리와 그릇된 풍조 문제에 대한 반영이 가장 두드러지고 규범을 위반한 채용 문제가 매우 보편적이며 간부제도는 유명무실하다"며 "어떤 지방은 금권선거, 인사청탁, 매관매직 문제가 심각하고, 어떤 간부는 정치적 후원자를 찾느라 분주하고 소집단을 조직하고 윗선에 줄을 대는 것에 열과 성을 다한다"고 지적했다.[10]

시진핑 총서기는 채용비리와 그릇된 풍조 문제가 중국공산당에 미칠 위해의 심각성을 깊이 있게 분석했다. 그는 "능력에 관계없이 자신과 가까운 사람이나 이익에 부합하는 사람, 계파 내부자를 채용하는 것은 '시한폭탄'을 묻어둔 것이나 진배없어 언젠가는 결국 폭발할 것이다. 사리사욕을

---

9   「시진핑의 엄정한 당 기율과 규범에 관한 논술 요약집」, 중앙문헌출판사, 중국방정출판사, 2016년판, 47-48면.

10   「시진핑의 당풍·청렴정치 확립 및 반부패 투쟁에 관한 논술 요약집」, 중앙문헌출판사, 중국방정출판사, 2015년판, 102면.

추구하기 위해 조직의 원칙을 무시하고 도덕성과 능력 면에서 부적격자나 심지어 오랫동안 문제가 있는 간부를 발탁해 중용하는 것은 결국 채용 방침을 왜곡하게 되어 간부들의 업무 적극성을 떨어뜨리고 정치 생태계를 심각하게 훼손할 것"이라고 지적했다.[11]

다. 간부 관리 소홀

시진핑 총서기는 "인재를 뽑아 쓰는 것과 관리에 있어서 어느 하나도 소홀함이 있어서는 안 된다. 간부를 잘 뽑아 적재적소에 배치하는 것도 중요하지만 잘 관리하는 것이 더 중요하다"고 강조했다. 그는 최근 몇 년 각급 당조직에서 간부를 쓰는 것에만 치중하고 관리는 경시하는 현상이 비일비재해 간부를 엄격히 관리하는 것은 당이 시급히 해결해야 할 당면과제가 되었다고 지적했다.[12]

첫째, 관리감독 미흡. 시진핑총서기는 "현재 가장 큰 문제는 채용이 끝나면 채용자가 뽑은 인재를 관리나 감독을 하지 않는다는 점이다. 어떤 당위원회는 감독 업무에 아예 신경 쓰지 않다가 간부한테 문제가 생기면 그 짐을 일단 기율검사위원회로 넘긴다. 많은 간부들이 선발과정에서 지도자급 간부로 발탁된 후 효율적인 관리가 부족한 상태에서 만약 자제력이 엄격하게 통제되지 못한다면 큰 문제가 생길 수 있다. 일부 간부의 범법 행위를 살펴보면 이런 측면의 교훈을 절대 간과할 수 없다"고 지적했다. 최근 몇 년 중국공산당은 간부관리 문제를 나름 중요시했고 적잖은 제도

---

11 「시진핑의 전면적 종엄치당에 관한 논술 요약집」, 중앙문헌출판사, 2016년판, 135면.

12 위의 책, 134면.

규정을 내놓았음에도 불구하고 여전히 많은 문제가 존재하는 중요한 원인은 '진지함' 부족에 있다.

둘째, 최고 책임자에 대한 관리감독 미흡. 최고 책임자의 기율 위반 및 위법 행위는 가장 쉽게 촉매제가 되어 연쇄반응이 나타나는데 심지어 지역적이고 체계적인 부패나 비리에 연루돼 줄줄이 몰락하는 현상을 초래할 수 있다. 기율을 어기고 위법 행위를 저지른 많은 최고 책임자들이 '좋은 간부'에서 '수감자'로 전락하는 이유는 이상과 신념이 흔들렸고 외부의 유혹을 뿌리치지 못했기 때문이다. 하지만 가장 중요한 원인은 일상 관리감독의 미흡에 있다.

셋째, 간부관리의 '느슨함, 해이함, 물렁함'. 간부 관리 실책은 지나친 느슨함과 해이함, 물렁함에 있는데 이러한 실책으로 인해 일부 간부들은 일을 하지는 않으면서 '간부 노릇하기 어렵다'며 한탄한다. 시진핑 총서기는 만약 조직 관리가 보다 엄격하고 대중의 감시가 좀 더 강력했다면 이들은 아마 견디지 못했을 것이라고 지적했다. '간부 노릇하기 어렵다'는 말은 수준이 낮고 무책임한 말이다. 사람이 한평생 살면서 관직에 한번 몸을 담으면 배짱과 책임정신이 있어야 하고 '간부의 부작위'에 수치심을 느껴야 하며 엄숙한 태도로 비평을 받아들여야 한다.[13] 그는 '간부의 부작위' 현상과 그 뿌리에 대해 심도 있게 분석하고 현재 '간부의 부작위' 현상은 능력 미달로 인해 할 수 없고, 불충분한 동기 부여로 인해 하고 싶지 않으며, 책임감 부족으로 감히 행동하지 못하는 등 세 가지 정황으로 나타난다고 지

---

13   시진핑, 「당의 군중노선 교육실천활동 결산 회의에서의 연설」(2014년 10월 8일), 인민일보, 2014년 10월 9일, 2면.

전면적인 종엄치당에는 마침표가 없다

적했다. 현재 '간부의 부작위' 상황이 비교적 두드러지게 나타나고 있는데 그 원인은 새로운 정세와 새 임무의 요구에 부합하지 못하는 일부 간부의 자질 문제, 업무상의 원인, 그리고 사회의 각종 복잡한 요인의 영향을 받기 때문이다. 업무상에서 살펴보면 주로 일부 지방과 부처가 당 중앙의 정책 결정 관련 실시세칙과 부대조치를 완비하지 않고 정책 가늠자를 정확하게 파악하지 못하며 방식과 방법이 다소 단순하고 생경하며 간부에 대한 교육과 지도가 제때에 이뤄지지 않고 있다. 일부 지방과 부처는 18차 당대회 이후의 사상, 이념, 기풍, 경제와 사회 발전의 구체적 운용 문제에서 새로운 요구에 따라 조정하지 않았거나 아직 제대로 조절이 이뤄지지 않아 적응하지 못하는 상황이 나타났다. 사회적 요인 면에서 살펴보면 주로 부정적 여론과 악의적 언론플레이가 일부 간부의 시선을 모호하게 만드는 바람에 어려움을 키웠다. 두드러진 '간부의 부작위' 문제를 해결하려면 각급 당위원회가 기다리거나 미루지 말고 변증법적 시책을 시행하여 서둘러 국면을 전환해야 한다.[14] 시진핑 총서기는 간부 관리의 두드러진 문제에 대해 경종을 울리며 "관리를 잘 하지 못하면 큰일을 초래할 것"이라고 엄중 경고했다.

(3) 보다 높고 엄격한 기준으로 간부를 관리해야 한다

간부를 엄격하게 관리하기 위해서는 우선 높은 기준부터 세워야 한다. 18차 당대회 이후 시진핑 총서기는 간부의 기준 문제에 대해 여러 차례

---

14   시진핑, 「성부급 주요 지도간부의 당 18기 5중전회 정신 학습 관철 주제 세미나반에서의 연설」(2016년 1월 18일), 인민일보, 2016년 5월 10일, 2면.

설명하면서 새로운 정세에서 간부에 대한 새로운 요구사항을 분명히 제시
했다.

1) 바람직한 간부상 제기

2013년 6월, 시진핑 총서기는 전국조직업무회의에서 바람직한 간부
상을 제시했다. 훌륭한 간부는 '신념이 확고하고, 인민을 위해 봉사하며,
근면성실하게 직무를 수행하고, 과감히 책임을 지고, 청렴결백해야 한다.'
그는 이 5가지 기준을 토대로 바람직한 간부상에 대해 상세하게 설명했다.

가. 확고한 신념을 가져야 한다. 당 간부는 반드시 공산주의의 원대
한 이상과 마르크스주의를 확고히 믿고 중국 특색 사회주의를 위해 확고
하게 분투하며 당의 기본이론과 기본노선, 기본강령, 기본경험, 기본요구
를 흔들림 없이 견지해야 한다.

나. 인민을 위해 봉사해야 한다. 당 간부는 인민의 일꾼이 되어 인민
에 충성해야 하고 인민과 동고동락하며 전심전력을 다해 인민에 봉사해야
한다.

다. 근면성실하게 직무를 수행한다. 당 간부는 반드시 근면성실하고
실무를 추구하며 착실하게 일을 처리하고 현재에 만족하지 않고 완벽을
추구하기 위해 노력하여 실천과 인민, 역사의 검증을 견뎌낼 수 있는 실적
을 만들어 내야 한다.

라. 과감하게 책임진다. 당 간부는 반드시 원칙을 준수하고 책임을
지며 정치 원칙에 관계된 문제에서 용감하게 칼을 빼들 수 있어야 하고 갈
등과 위기를 직면해 당당하게 앞으로 나아가며, 실수를 범하면 떳떳하게

인정하고 책임을 지고 좋지 않은 풍조에 맞서 결연히 투쟁해야 한다.

　마. 청렴결백해야 한다. 당 간부는 반드시 권력을 경외해야 하고 신중하게 행사해 자신의 정치생명을 지켜야 하고 부패를 단호히 거절하고, 부정부패에 절대 발을 들여놓지 않는 정치적 진면목을 유지해야 한다.

　이상 5가지 기준 가운데 확고한 신념과 과감하게 책임지는 자세를 가장 강조한다. 굳건한 이상과 신념은 바람직한 간부상의 첫 번째 기준이고 훌륭한 간부 여부를 판단할 때 가장 우선적으로 평가하는 항목이다. 과감하게 책임지는 자세는 당 간부라면 필히 지녀야 할 기본 자질로서 책임의 크기는 간부의 도량, 용기, 품격을 구현한다. 기꺼이 감당하는 자세는 곧 책임의식이다. 훌륭한 간부는 책임이 태산보다 무겁다는 의식을 가져야 하고 당의 원칙과 당의 사업, 인민 이익이 첫 번째라는 것을 고수하고, 분명한 정치적 태도로 어려운 일을 두려워하지 않으며 과중한 업무를 마다하지 않고 최선을 다해 유종의 미를 거둘 줄 알아야 한다.[15]

2) 엄격하고 실질적인 요구 제기

　2014년 3월, 시진핑 총서기는 제 20기 전인대 2차 회의 안후이(安徽) 대표단 심의에 참석했을 때 '삼엄삼실'을 제시하면서 "각급 지도간부는 자신의 수양과 권력 사용, 스스로를 단속함에 있어서 엄격을 기하고, 일을 도모함에 있어서는 현실적이고, 새로운 일을 추진함에 있어서는 착실하고, 사람됨에 있어서는 성실해야 한다"고 지적했다. 자신을 갈고 닦는 데 엄격

15　시진핑, 「전국조직업무회의에서의 연설」(2013년 6월 28일), 당건연구, 2013년 8호.

하라는 것은 곧 당성 수양을 강화하고, 이상과 신념을 확고히 하며, 도덕적 경지를 높이고, 고상한 절개를 추구하며, 저급한 취향을 스스로 멀리하고, 좋지 않은 풍조를 배척해야 한다는 의미다. 권력을 엄격히 사용하라는 것은 인민을 위해 권력을 사용하고, 규칙과 제도에 따라 권력을 행사하며, 권력을 제도권으로 끌어 들여 어떤 경우에도 특권을 행사하지 않고, 권력을 사적으로 사용하지 않아야 한다는 의미다. 스스로를 엄하게 단속하라는 것은 경외심과 명확한 가늠자를 가지고 홀로 있을 때에도 도리에 어긋남이 없도록 삼가고, 하찮은 일이라도 소홀함이 없도록 하며, 자신을 부지런히 성찰하고 당 기율과 국법을 준수하고, 깨끗한 정치를 추구해야 한다는 의미다. 일을 도모함에 있어 현실적이어야 한다는 것은 실제 상황에서 출발하여 사업과 업무를 계획하고, 아이디어 구상이나 정책, 방안은 실정과 객관적 법칙, 과학적 정신에 부합해야 하며, 이상만 추구하거나 현실과 괴리되지 않도록 주의해야 함을 말한다. 새로운 일을 추진함에 있어서 착실해야 한다는 것은 실질적이고 실무적인 면을 착실하게 추구하고 과감하게 책임을 지며 갈등을 직시하고 적극적으로 문제 해결에 나서며, 실천, 인민, 역사의 검증을 이겨낼 수 있는 실적을 창출하기 위해 노력해야 한다는 의미다. 사람됨에 있어서 성실하라는 것은 당과 조직, 인민, 동지들에 대해 충성하고 솔직하며 성실한 사람 됨됨이로 거짓을 말하지 않고 실용적으로 일하며, 정직하고 공정한 사람이 되어야 한다는 의미다. 못 박기 정신을 발양하고 강인함과 끈기를 동시에 유지하면서 유종의 미를 거두기 위해 최선의 노력을 기울여 기풍 확립에서 꾸준히 새로운 성과를 거둬야 한다.[16]

---

16 「시진핑,리커창,장더장,류윈산,왕치산,장가오리, 각각 전인대 회의 일부 대표단 심의 참

이러한 요구에 따라 중앙은 '삼엄삼실'을 주제로 한 교육을 실시했다.

3) '강철과 같은 4가지(四個鐵一般)' 요구 제기

2015년 12월, 시진핑 총서기는 전국당교업무회의에서 "전면적인 샤오캉 사회 실현의 분투 목표 실현과 중화민족의 위대한 부흥인 중국의 꿈을 실현하기 위한 관건은 강철과 같은 신앙과 신념, 규율, 책임감을 가진 간부단을 양성하는데 있다"고 강조했다.[17]

4) '충성, 청렴, 책임감' 요구 제기

2014년 10월, 시진핑 총서기는 윈난(雲南) 업무에 대해 특별지시를 하달할 때 당원과 간부들에게 "당에 충성하고 개인적으로 깨끗하며 과감하게 책임질 수 있어야 한다"고 주문했다.[18] 2015년 1월, 18기 중앙기율검사위원회 5차 전체회의에서 그는 기검감찰조에 '충성, 청렴, 책임감'에 대한 요구를 제시하고, 기검감찰 간부에 대한 교육과 지도를 통해 그들이 맡은 바 소임을 다하고 용감하게 감독을 실시하며 책임을 지고, 당에 충성하고 기검감찰사업에 충성하는 정치적 신념을 확고히 세우도록 하라고 각급 기율검사위원회에 지시했다.[19]

석」, 인민일보, 2014년 3월 10일, 1면.

17 시진핑, 「전국당교업무회의에서의 연설」(2015년 12월 11일), 구시, 2016년 9호.

18 「성위원회가 소집한 상무위(확대)회의에서 시진핑 총서기의 윈난 업무에 대한 특별지시와 정신 전달 및 학습」, 윈난일보(雲南日報), 2014년 10월 17일, 1면.

19 「시진핑의 엄정한 당의 기율과 규범에 관한 논술 요약집」, 중앙문헌출판사, 중국방정출판사, 2016년판, 124면.

5) '높은 자질'과 '전문성' 요구 제기

시진핑 총서기는 19차 당대회 보고에서 간부 선발에 새롭고 보다 높은 기준을 제시했다.

첫째, 정치기준을 부각시킨다. 선발 중용에 있어서 '4개 의식'과 '4가지 자신감'을 확고하게 확립하고, 당 중앙의 권위를 결연히 수호하며, 당의 이론과 노선, 방침, 정책을 전면적으로 관철하고, 충성스럽고 깨끗하게 책임을 감당할 수 있는 간부를 각급 지도층에 우선적으로 배치해야 한다. 당원과 간부, 특히 고위 간부의 자질과 능력을 판단하려면 우선 정치적 안정성과 신뢰성을 봐야 한다. 정치적 안정성과 신뢰성을 얻기 위해서 가장 중요한 것은 바로 '4개 의식'을 확립하고 사상적, 정치적, 행동적인 면에서 당 중앙과 같은 수준을 유지하는 것이다. 당 중앙의 권위와 집중적이고 통일적인 지도를 수호하고, 각 업무를 수행함에 있어서 동요가 없어야 하며, 불굴의 의지로 당 중앙의 정책과 결정 배치를 이행해야 한다. 간부 선발은 우선 정치기준을 엄격하게 파악해 문제 있는 간부는 선발이나 업무 참여에서 배제시켜야 한다. 특히 기회주의자나 이중인격자 등 이중적 행태를 보이는 간부의 임용을 단호히 반대해야 한다.

둘째, 전문성 요구를 부각시킨다. 간부의 전문실력과 프로정신을 중점적으로 양성하고 간부들이 신시대 중국 특색 사회주의 발전요구에 부합하는 능력을 키우도록 해야 한다. 개혁개방과 사회주의 현대화 건설이 부단히 추진되면서 각 업무의 전문화, 세분화, 정밀화에 보다 높은 기준이 요구되고 있으며 일반적이고 요란하기만하고 세밀하지 못한 지도 방식과 방법은 신시대에 아예 적응할 수 없게 되었다. 지도업무는 전문적 사고와 전문적 소양, 전문적 방법이 요구된다. 만약 그중 일부 개념과 요구만 대충 알고 상응하는 지식체계 구축을 소홀히 한다면 연설이든 업무든 뭘 하든지 간에 전문적 수준을 잃게 될 것이다. 이는 국가통치시스템과 통치능력 현대화 추진 과정에서 각급 간부의 전문화 수준을 높이며, 간부 선발과 지도층 보조업무는 사업 위주로 나아가야 하고, 전문성을 키우고 간부의 프로정신을 양성할 것을 요구한다.

셋째, 집권 능력 강화를 부각시킨다. 당의 장기 집권 능력 강화에 주력해 시진핑 총서기는 "우리 당은 정치적으로 확고하고 능력도 출중해야 한다"고 강조했다. 현재 세계는 전례 없는 변화를 맞고 있고 중국 특색 사회주의는 신시대에 진입했으며 당내외, 국내외 환경도 심각하게 변화했다. 업무대상과 업무여건에도 심각한 변화가 있고 지식 업데이트 주기도 크게 단축되면서 간부단의 능력 신장에 많은 새로운 요구가 제시되고 있다. 당과 국가 사업의 새로운 프로세스에 적응하기 위해 학습능력, 정치지도능력, 개혁혁신능력, 과학발전능력, 법 집행능력, 대중업무능력, 실행력, 리스크 관리능력을 포함해 각 방면의 능력을 신장하기 위해 노력해야 한다.

6) '5개 출중함(五個過硬)'의 요구 제기

2018년 1월, 새로 선출된 중앙위원회 위원, 후보위원 및 성부급(省部級·장차관급) 주요 지도간부 대상 '시진핑 신시대 중국 특색 사회주의 사상 및 19차 당대회 정신을 학습하고 관철하자'를 주제로 열린 세미나반 개강식에서 시진핑 총서기는 중앙위원회 구성원과 성부급 주요 지도간부들에게 '5개 출중함'의 요구를 제시했다. 그는 "중국공산당을 제대로 건설하려면 '관건적 소수'를 철저히 관리해야 한다"고 강조했다. 첫째, 신념이 출중해야 한다. 솔선수범하여 공산주의의 원대한 이상과 중국 특색 사회주의 공통된 이상의 군건한 신봉자와 충실한 실천자가 되어야 한다. 둘째, 정치적으로 출중해야 한다. '4개 의식'을 확고히 세우며 정치사상 면에서 정치적 입장과 방향, 원칙, 노선을 확실히 해야 한다. 행동실천 면에서 당 중앙의 권위를 수호하고 당의 정치노선을 따르며 당의 정치기율과 정치규범을 엄격하게 준수해야 한다. 셋째, 책임감이 출중해야 한다. 정확한 치적관으로 진리를 추구하고 실질적인 것에 힘쓰는 태도를 고양하고, 실무를 추구하는 기풍을 세우며 못을 박는 정신으로 책임을 다하고 역사와 인민에 책임져야 한다. 넷째, 능력이 출중해야 한다. 새로운 지식을 부단히 학습하고 새로운 분야를 익히며 새로운 시야를 가지고, 전면적인 리더십 능력과 국정운영 수준을 전면적으로 제고해야 한다. 다섯째, 품행이 출중해야 한다. 인민대중을 염두에 두고 조사연구를 폭넓게 진행하며, 전심전력을 다해 인민을 위해 봉사하는 과정에서 정치적 위상을 높이고 업무능력을 제고한다. 일심전력으로 인민에게 배우는 과정에서 업무의 시야와 업무 경험을 넓히고 이론과 실제의 연계 수준을 높인다. 인민의 목소리를 귀담아 듣고 인민의 감독을 허심탄회하게 받아들이는 과정에서 자아반성과 자아비판, 자아교육을 스스로 실행한다. 인민에 봉사하는 과정에서 부단히 자신을 완벽하게 다듬어 나가고 형식주의와 관료주의를 극복하고 향락주의와 사치풍조를 근절하기 위해 계속 노력해야 한다.

7) 여러 분야 간부에게 구체적 요구 제기

당위원회 판공청(실) 간부에 대해 시진핑 총서기는 '5개 견지'의 요구를 제시했다. '5개 견지'란 절대 충성하는 정치적 품격, 높고 자발적인 대국 의식, 끝까지 책임지는 업무 태도, 후회 없는 헌신 정신, 청렴하고 자율

　　　　　　　전면적인 종엄치당에는 마침표가 없다

적인 도덕성을 견지하는 것을 일컫는다.[20]

① 조직업무 간부: 시진핑 총서기는 정치적으로 절대적인 신뢰와 당에 대한 절대적 충성이 첫 번째이고, 그밖에 강한 전문능력과 프로정신이 필요하다고 지적했다. 조직업무 간부, 특히 조직부장은 공정심에 기반해 실제 행동으로 간부와 대중이 조직에서 공평함과 공정함을 느낄 수 있도록 해야 하며 간부의 관리와 임용 담당 간부는 '산에 가면 옥을 볼 줄 알고 강에 가면 진주를 알아보는' 혜안을 지녀야 하고, '장단점을 꿰뚫어보고 인재를 적재적소에 쓰는' 용인술을 잘 활용해야 하며, '인재를 찾기 위해 무한한 노력을 기울이는' 인재 사랑의 마음을 지녀야 하고, '굳은 의지와 결심으로 도덕과 정의를 선양하는' 충성심과 공정심을 가져야 한다고 강조했다.

② 선전 간부: 시진핑 총서기는 전국 사상선전 업무회의에서 각급 선전 부처 지도자들은 학습과 실천을 강화하고 인민으로부터 진심어린 인정을 받는 전문가가 되어야 한다고 제시했다.[21] 사상 선전 간부는 새로운 지식과 새로운 분야에 정통하고, 새로운 분야를 개척하며 능력을 신장해야 한다. 조사연구를 강화하고 실천력과 안목, 지력, 필력을 꾸준히 길러 정치적으로 출중하고 능력이 뛰어나며 실질적이고 혁신적이며 전쟁에서 이길 수 있는 사상선전 업무팀을 구축해야 한다.

③ 정법 간부: 시진핑 총서기는 '5개 출중'과 '4개 충성(四個忠於)'의

---

20 시진핑, 「판공청 업무는 '5개 견지'를 이행해야 한다」, 비서업무(秘書工作), 2014년 6호.

21 「시진핑, 전국사상선전업무회의에서 대국을 염두에 두고 대세를 파악하고 대사에 착안하여 사상 선전 업무를 잘 하도록 힘쓰자고 강조」, 인민일보, 2013년 8월 21일, 1면.

요구를 제시했다. 정치, 업무, 책임, 규율, 품행에서의 출중함을 강조하고 당, 국가, 인민, 법률에 충성하고 신념이 굳건하고 인민을 위해 법을 집행하며 과감하게 책임질 수 있고 청렴한 정법 간부를 건설하여 당과 인민이 사법 권력의 칼자루를 꽉 쥘 수 있도록 보장해야 한다고 했다. 그는 정법 간부는 정치색이 분명하고 정치 건설을 최우선에 두어 당 중앙을 안심시키고 인민대중을 만족시킬 수 있는 수준 높은 정법팀을 건설하여 정법경찰의 법률정책 운용능력, 리스크 관리능력, 대중 업무능력, 과학기술 응용능력, 여론 선도 능력을 전면적으로 제고해야 한다고 강조했다.

④ 통전 간부: 시진핑 총서기는 우수한 기풍을 선양하고 성실하고 겸손해야 하며 사람을 평등하게 대하고 청렴하게 공무를 처리하며 진심으로 당외 인사의 존중과 인정을 받고 중국공산당이 그들과 함께 단결하여 분투할 수 있도록 해야 한다고 요구했다.

⑤ 대중단체 간부: 시진핑 총서기는 공회(公會: 노동조합) 간부는 학습을 강화하고 능력을 키우며 시대를 앞서가려고 노력하고 조합원에게 한발 더 다가가며 경제사회 발전에서 가장 필요한 곳, 기업생산의 최전선, 조합원의 위대한 실천 중 비바람을 견디며, 견문을 넓히고, 당의 말을 듣고, 당과 함께 가며, 조합원이 기댈 수 있는 '친정'이 되도록 노력하여야 한다고 지적했다. 공청단의 간부단 구축은 엄격해야 한다. 정치, 사상, 능력, 책임, 품행, 자율 면에서 강해야 하고, 당에 충성하고, 어려운 임무를 피하지 않으며, 여건이 열악하고 환경이 복잡한 곳에서 자신을 연마하고 착실히 일하며 한 걸음 한 걸음 나아가야 한다. 특히 열심히 공부하고 어려운 일에 앞장서며 자신을 엄격하게 단속하는 것과 청년과의 연계업무에 앞장서야 한다고 했다. 여성연합 간부는 광범위한 여성의 목소리에 귀를 기울이고

그들의 의사를 사실대로 반영하며 성심성의껏 여성을 위해 일하고 여성에게 강한 호소력을 불러일으키며 여성이 믿고 기대며 떠날 수 없는 친정이 되어야 한다고 했다.

⑥ 외사 간부: 시진핑 총서기는 "외교전선 전체 동지는 '영원히 간직해야 할 4가지(四個永遠)'를 실천해야 한다"고 강조했다. 이는 당에 충성하고 국가에 봉사하는 적자지심(赤子之心), 개척하고 분발해 미래를 열어가는 직업적 성취욕, 주도적으로 학습하고 자기 혁신하는 진취심, 당의 관리와 종엄치당의 책임감을 영원히 간직하는 것을 말한다. 또 당과 국가, 인민에 충성해야 함은 물론 정치적으로 확고하고, 업무에 능숙하며, 품행이 출중하며, 규율이 엄중한 대외 실무진을 구축해야 한다고 강조했다.

⑦ 민족지역 간부: 시진핑 총서기는 '3가지 특히(三個特別)', 즉 옳고 그름을 가리는 원칙적인 입장이 특히 분명할 것, 민족단결을 수호하는 행동이 특히 단호할 것, 민족 대중을 사랑하는 정서에 특히 진실할 것을 주문했다.[22]

⑧ 군 간부: 시진핑 총서기는 '영혼과 능력, 전투력과 품성'을 갖춘 신시대 혁명 군인을 양성해야 한다고 분명히 지적했다. '당에 충성하고 전투에 능하며 과감하게 책임지고 실적이 월등하며 청렴한 군인'이 바람직한 군 간부의 기준이라고 했다. 이와 관련, 당에 충성하고 당의 지휘를 따르고, 전투에 능하고 전투에서 이길 수 있어야 하며, 개혁과 혁신을 단행해야 하고, 과학적으로 총괄 관리해야 하며, 법치군대를 구축하고 종엄치군해야

---

22 「중앙민족업무회의 및 국무원 제6차 민족단결진보 표창식 베이징에서 개최」, 인민일보, 2014일 9월 30일, 1면.

하고, 품행이 출중하고 솔선수범해 자신감이 넘치는 정신 상태와 분투 태세로 당을 위해 충성을 다하고 직무를 충실하게 수행해야 한다는 내용을 담은 '6개 필수(六個必須)' 사항을 군 고위간부들에게 주문했다.

중대 리스크 해소와 빈곤 퇴치, 환경오염 등과의 '전쟁'에서 승리하기 위해서는 사람이 가장 중요하다고 시진핑 총서기는 지적했다. 국가 안보 분야에서 충성을 다하고 믿음직스런 국가 안보 군대를 건설해야 한다. 빈곤 퇴치 분야에서 일선 빈곤 퇴치 실무진을 잘 꾸려야 하고, 빈곤구제 사업 담당 간부들이 진정으로 빈곤층으로 들어가 대중과 함께 빈곤 퇴치에 앞장서도록 해야 한다. 이럴 경우 처음에만 요란하게 떠들썩하다가 흐지부지 끝내서는 안 된다. '삼농(三農: 농민·농업·농촌)' 분야는 농업을 잘 알고 농촌과 농민을 사랑하는 농촌 실무진을 구축해야 한다. 환경보호 분야 간부는 정치적으로 강하고 실력이 탁월하며 품행이 출중하고 책임을 용감하게 떠맡아야 한다. 특히 고생을 마다하지 않고 전투력이 강하며 봉사정신이 뛰어난 강력한 생태환경보호 '철군(鐵軍·강철 같이 굳센 군대를 비유적으로 일컬음)'을 구축해야 한다. 금융 분야는 정치적으로 강하고 업무태도가 양호하며 금융 업무에 정통한 인재를 대대적으로 양성, 선발, 임용해야 한다. 인터넷정보 분야에서는 우수한 인재플랫폼을 구축하고 전면적으로 엄격히 관리하며 각급 인터넷 정보 지도간부를 선발 배치하여 인터넷정보 사업발전에 강력한 조직적 역량을 제공해야 한다.

시진핑 총서기는 "간부들에게 이런 높은 기준과 엄격한 요구를 제시하는 목적은 당의 우수한 전통을 되찾아 선양하고, 지도간부의 당성을 확고히 하며, 당의 진면목을 유지함으로써 우리 당이 세계 정세가 심오하게 변화하는 역사적 과정에서 항상 시대의 선두에 서고, 국내외 각종 리스크와 시련에 대응하는 역사적 과정에서 항상 전국 인민의 기둥이 되며, 중국 특색 사회주의를 견지하고 발전시키는 역사적 과정에서 항상 강력한 지도 핵심이 되도록 하기 위함"이라고 지적했다.

2. 엄격한 간부 관리 요구를 확실히 구체적으로 실시해야 한다

시진핑 총서기는 엄격한 간부 관리에 대해 체계적이고 깊이 있게 사고했다. 그는 "훌륭한 간부를 양성하기 위해서는 선발 과정보다는 관리에 더 중점을 두어야 한다"면서 "엄격한 관리는 두터운 사랑이자 간부에 대한 진정한 책임"이라고 강조했다. 조직은 간부를 '방목'해서는 안 되고 보완점과 취약점을 역동적으로 파악하여 간부가 차근차근 성장해 나가도록 도와야 한다. 간부를 엄격하게 관리해 각급 간부들이 당규약이 부여한 여러 가지 직책을 스스로 이행하고, 당의 원칙과 규칙에 따라 엄격하게 일을 처리하도록 하려면 늘 이상과 신념을 확고히 하고 도덕성을 강화하며 규범적으로 권력을 행사하고 우수한 기풍을 기르도록 해야 한다. 간부에게 엄격한 기준을 요구하고 엄격한 조치로 간부를 관리하며 엄격한 기율로 간부를 규제하여 간부 마음에 두려움이 생겨나고 언행에 각별히 신경을 쓰도록 해야 한다.

시진핑 총서기는 새로운 정세에서 엄격한 간부 관리에 대한 새로운 사고를 자세히 설명했다. 이는 전면적인 관리, 엄격한 기준 적용, 각 부분의 연계 종합적인 조치 시행, 책임 분명으로 요약할 수 있다. 첫째, 관리는 전면적이어야 한다. 간부단에 선발된 젊은 동지가 퇴직 간부가 되기까지 전 과정을 아울러야 한다. 중점 관리대상은 각급 지도간부와 관건 부처에 있거나 많은 공공자원을 장악하고 있는 간부이다. 둘째, 표준은 엄격해야 한다. 당규약에 규정된 간부의 자격조건에 의거해 간부의 선진성과 시범성을 부각시켜야 하며, 법과 기강만 해치지 않으면 된다는 식의 낮은 수준으로 간부 관리 기준을 떨어 뜨려서는 안 된다. 셋째, 각 부분이 연계되어야 한다. 상급관리와 지도층 관리, 자아관리를 결합하고 행위관리와 사상관리를 통일시키며 업무그룹 관리와 사교그룹 관리를 연계하고 근무시간 내 관리와 근무시간 외 관리를 엮음으로써 간부가 관리과정에서 성장하고 간부의 일생에서 일관되게 관리가 이뤄질 수 있도록 해야 한다. 넷째, 조치는 종합적으로 이뤄져야 한다. 교육과 지도, 제도적 규제, 고과심사, 감독검사 등의 수단을 종합적으로 운용하여 보편적 대상에 보편적인 조치를 취하고, 관건적 시기에 관건적 조치를 취하며, 규범적 언행을 많이 사용하고 잘못은 시작단계에서부터 근절하며 이미 발생한 잘못을 점차 바로잡아나가는 한편 '소매를 잡아끌어 말리고 옷깃을 여미도록' 하는 업무를 더 자주 실시해 간부가 단순 실수, 중복 실수, 대형 실수를 범하지 않도록 최대한 방지해야 한다. 다섯째, 책임을 분명히 해야 한다. 간부의 관리권한에 근거하여 모든 간부관리의 주체적 책임, 직접적 책임, 부수적 책임을 정확히 구분하고 일반 책임자와 주요 책임자를 철저히 규명하고 실수를 범한 단계의 관리자가 반드시 책임 주체가 되도록 해야 한다. 2018년 7월, 전국 조직업무회의에서 시진핑 총서기는 사상관리, 업무관리, 기풍관리, 기율관리를 아우르는 엄격한 관리 시스템 구축을 요구한데 이어 전방위적 관리, 당내감독, 핵심인물 관리, 핵심부처 관리, 핵심사무 관리, 관건적 시기 관리를 보다 강화해야 한다고 강조했다. 특히 최고 책임자를 철저히 관리해야 한다고 밝혔다. 한편 대중감독, 여론감독 등의 역할을 종합적으로 발휘하여 감독의 힘이 시너지를 내도록 해야 한다고 강조했다. 이 같은 시각에는 엄격한 간부 관리의 이념혁신과 메커니즘 혁신, 조치 혁신이 포함돼 있다.

(1) 기율 및 법 위반 간부에 대한 조사 처벌 강도를 높여야 한다

시진핑 총서기는 엄격한 간부 관리의 중요한 조치로 기율 및 법 위반 간부에 대한 징계를 강화해야 한다고 지적했다. 기강 확립과 기율검사 업무 강화를 통해 기율과 권력을 철저히 관리함으로써 간부가 높은 기준에 부합하도록 노력하여 실수를 범하지 않고 실수의 횟수를 줄이며, 특히 중대한 실수를 범하지 않도록 해야 한다고 강조했다. 일상 업무에 문제가 생기면 엄격하게 관리해야 하고 관계가 아닌 원칙에 입각해 훈계와 교육을 실시하고, 법을 통해 처리한다. 당 기율과 국법을 위반한 행위에 대해서는 반드시 엄벌을 내리고 절대 봐줘선 안 된다. 지위고하를 막론하고 당 기율과 국법을 위반한 자는 엄중하게 책임을 추궁하고 엄중한 법적 처벌을 받도록 한다. 공공연한 기율위반, 계속되는 단속에도 자제하지 않고, 멈추지 않는 간부는 발각 즉시 엄격하게 조사 처리해야 한다. 도덕적 해이와 타락, 변질된 자는 단호하게 당에서 제명해야 한다. 지도간부의 기율과 법 위반 사건은 단호히 조사하고 대중 주변에서 발생한 그릇된 풍조와 부패 문제는 철저히 해결하며 지도기관과 지도간부 가운데 횡령·수뢰, 매관매직, 사사로운 정에 이끌려 법을 왜곡하는 행위, 부패·타락, 직무 태만, 독직 같은 사건은 엄중히 조사해야 한다. 또 중점 분야와 핵심 부분, 대중 주변의 부패 사안은 엄격하게 조사해야 한다. 그는 각급 당위원회는 조사 처벌한 대량의 부패 사안을 통해 간부 선발과 등용 과정에서의 득실을 성찰하고 인사비리를 단호히 척결해야 함으로써 좋은 간부에게 보다 큰 성장의 공간을 열어주어야 함은 물론 종엄치당을 위해 간부 관리 업무의 토대를 탄탄히 다져야 한다고 강조했다. 18차 당대회 이후 전국기검감찰기관이 처벌한 총 153만7천 명 가운데 청국(廳局)급 간부는 8천900여 명, 현처(縣处)급 간부는 6만3천 명, 범죄 혐의로 사법기관으로 송치된 간부는 5만8천 명이었다.[23] 2018년 전국기검감찰기관은 당원 52만6천 명에 출당처분을 내렸고, 공직자 13만5천 명에게 정무처분을 내렸다.[24]

(2) '관건적 소수'를 중점적으로 관리해야 한다

시진핑 총서기는 "엄격한 간부 관리에서 지도간부라는 '관건적 소수'를 관리하는데 집중해야 한다"면서 "지도간부의 책임이 중대할수록 직위도 중요하므로 관리감독을 철저히 해야 한다"고 지적했다. 전면적인 종엄치당은 우선 당 자체의 권력을 통제하고 관건적 소수인 지도간부를 제대로 관리해야 한다. 예의주시해 관리해야 하는 관건적 소수에는 당정기관의 주요 지도간부 뿐만 아니라 국유기업체와 사업기관의 최고책임자도 포함된다.

---

23 「중국공산당 제19차 전국인민대표대회에서의 18기 중앙기율검사위원회의 업무보고」, 「19차 당대회 문건 모음집」, 인민출판사, 2017년판, 137-138면.

24 자오러지, 「당규약과 헌법이 부여한 직책을 충실히 이행해 신시대 기검감찰업무의 수준 높은 발전을 실현한다-중국공산당 19기 중앙기율검사위원회 제3차 전체회의에서의 업무보고」(2019월 1월 11일), 중국기검감찰보, 2019년 2월 21일, 1면.

전면적인 종엄치당에는 마침표가 없다

첫째, 지도기관과 지도간부 관리를 강화해야 한다. 중앙 1급 당과 국가기관은 국가통치체계의 중추로 매우 중요한 위치에 있다. 2013년 6월 시진핑 총서기는 전국조직업무회의에서 "엄격한 간부 관리의 요구가 실질적으로 이행될 수 있는지는 지도기관과 지도간부의 솔선수범이 매우 중요한데 지도기관과 지도간부가 하는 걸 보고 그대로 따라하므로 각급 지도기관과 지도간부, 특히 중앙기관과 중앙 국가기관, 고위급 지도간부가 리더십을 가지고 언제 어디서나 엄격하게 요구하고 솔선수범해야 한다"고 지적했다. 2016년 1월, 18기 중앙기율검사위원회 6차 전회에서 당내 감독 강화에 있어서는 중앙과 국가기관에 대한 관리를 우선적으로 강화해야 한다고 주문했다.[25] 8월, 칭하이(靑海) 시찰 당시 당내 엄숙한 정치생활에 대해 지도기관과 지도간부가 먼저 솔선수범을 보이는 조직문화를 형성해야 한다고 강조했다.[26] 시진핑 총서기는 특히 지도기관과 지도간부 관리 강화에 중요성을 부여하고 지도기관과 지도간부, 특히 중앙기관과 중앙 국가기관, 고위급 지도간부에 대해서는 언제 어디서나 엄격한 요구조건을 적용하고 본보기가 되도록 해야 한다고 강조했다.

둘째, 고위급 간부에 대한 관리를 강화해야 한다. 18차 당대회 이후 시진핑 동지를 핵심으로 하는 당 중앙은 고위급 간부에게 당에 충성하고 당을 관리하고 다스리는 책임을 이행하며 기율의 마지노선을 지켜 당 전체에 본보기가 되어야 한다고 여러 차례 강조했다. 그는 "고위급 간부는 위치의 특수성과 중요성을 확실히 인식하고 자율의식, 모범의식, 솔선의식

---

25 「시진핑의 전면적 종엄치당에 관한 논술 요약집」, 중앙문헌출판사, 2016년판, 206면.

26 「시진핑, 칭하이 시찰…'자연존중, 자연순응, 자연보호를 통해 국가생태안전의 병풍을 결연히 구축하자」, 인민일보, 2016년 8월 25일, 1면.

을 키워 당규약을 모범적으로 준수해야 한다"면서 "당원과 간부에게 요구되는 모든 이행 혹은 금지 사항을 자기 자신에게 우선적으로 적용해야 한다"고 말했다. 2017년 1월, 그는 18기 중앙기율검사위원회 7차 전체회의에서 "당의 고위간부는 엄숙한 당내 정치생활의 모범이 되고 시종일관 정확한 정치방향을 고수하며 정치적 입장과 원칙을 견지하고 정치기율과 정치규범을 준수하며 올바른 길을 걷고 정직한 기풍을 선양하며 원칙을 견지하고 기율 위반자를 색출하고 관리해야 한다. 자신의 사상과 행동이 당 중앙의 표준에 부합하는지 여부를 늘 자발적으로 점검해야 한다"고 강조했다. 19차 당대회 보고는 당 전체 동지, 특히 고위급 간부에게 당성 단련을 강화하고 정치적 각성과 정치능력을 부단히 향상하며 당에 충성하고, 당과 근심을 나누며, 당에 책임을 다하고, 인민 복지를 근본적인 정치적 책임으로 여기고 공산당원의 정치적 본성을 영원히 유지해야 한다고 강조했다. 시진핑 총서기는 당 19기 1중전회에서 "고위급 간부, 특히 중앙위원회 동지들은 시대의 거친 물살 속에서 공산당 정신이 추구하는 바를 지킬 수 있는 버팀목이 되었다"며 "중앙위원회의 모든 동지는 확고한 이상과 신념을 인생의 최우선 과제로 삼아 자발적으로 당 전체에 솔선수범적인 역할을 발휘해야 한다"고 역설했다.

셋째, 최고 책임자에 대한 관리를 강화해야 한다. 시진핑 총서기는 최고 책임자에 대한 관리를 매우 중시했다. 특히 최고 책임자에 대한 관리감독 난제를 해결하는데 주력해야 한다고 특별히 강조했다. 각급 지도층의 최고 책임자는 '관건적 소수' 중의 '관건적 소수'이다. 반드시 강력한 제도로 최고 책임자를 철저히 관리해 이들이 권력을 정확하고 청렴하게 사용하도록 해야 한다. 이는 간부에 대한 가혹한 통제가 아니라 간부에 대한 사랑이자 보호이다. 상급자의 하급자에 대한 감독, 특히 상급 최고책임자의 하급 최고책임자에 대한 감독이 가장 실용적이고 효과적이다. 각급 당조직은 '탐침'을 더 많이 설치해 최고책임자를 당조직, 당원, 대중의 감독 아래 두어야 한다.

넷째, 현위원회(이하 현위) 서기에 대한 감독을 강화해야 한다. 시진핑 총서기는 현위 서기들에 대한 관리를 예의주시했다. 2015년 1월, 그는 중앙당교의 연수프로그램에 참석한 각 지방 현위원회 서기들과의 좌담에서 "현위는 중국공산당 집권과 부강한 국가의 '최전선 지휘부'로 현급 정부의 책임이 점점 더 커지고 있다"면서 "특히 전면적인 샤오캉 사회 실현, 전면적인 개혁심화, 전면적인 법치, 전면적인 종엄치당 프로세스 중에서 중요한 역할을 하고 있다. 현위 서기는 권력을 정확히 행사하고, 법에 근거해 사용하며, 공정하고 청렴하게 사용해야 한다"고 말했다. 6월, 그는 전국 우수 현위 서기를 만난 자리에서 '4가지 구비사항' 요구를 제시하며 자오위루(焦裕祿), 양산저우(楊善洲), 구원창(谷文昌) 등 동지를 본보기로 삼아 시종일관 당과 인민을 염두에 두고 책임의식과 경각심을 잃지 말아야 하며 정치적으로 분별력 있는 사람, 발전하는 개척자, 대중의 막역지기, 조직의 견인차가 되어야 한다고 강조했다.

(3) 지도간부는 정치적 도덕성을 갖추어야 한다

도덕성이 엄격한 간부 관리 중에서 중요한 역할을 하는 것을 중요하게 생각한 시진핑 총서기는 "정치적 도덕성은 모든 사회도덕 확립의 바로미터"라고 강조하고, 지도간부에게 "큰 덕을 명확히 이해하고 '공적(公的)' 도덕을 준수하고 '사적(私的)' 도덕을 엄격히 지켜야 한다"고 요구했다. 신앙과 신념 면에서 '큰 덕에 대한 명확한 이해'를 강조하는데 그 핵심은 이상과 신념을 굳건히 하고 당성을 단련하는데 있다. 원칙적이고 근본적인 문제 앞에서 입장을 뚜렷이 밝히고 시련 앞에서 두려워하지 않으며 여러 유혹 앞에서 입장을 확고히 해야 한다. 목적의식 면에서 '공적 도덕 수호'를 강조하는데 그 핵심은 목적의식을 강화하는 데 있다. 이는 전심전력을 다해 인민에게 봉사하고, 당을 세운 것은 공을 위함이요, 집권은 인민을 위함이라는 것을 준수하며, 인민이 동경하는 삶이 우리의 분투목표라는 약속을 스스로 실천하고, 이를 사심 없이 이행하는 것을 말한다. 개인 품행 면에서 '사적 도덕 엄수'를 강조한다. 그 핵심은 자신의 품행을 엄격하게 규제하고 공산당 당원이 마땅히 지녀야 할 정치적 본성을 유지하는데 있다. 지도간부는 정치적 도덕 확립을 강화하고 반드시 이상신념을 확고히 하며 도덕의 마지노선을 지키고 청렴자율준칙을 진지하게 실천하며 당규와 당 기율에 따라 엄격하게 일을 처리해야 한다. 또한 청렴수신과 청렴제가, 특히 도덕적 자율성을 강화하고, 신형 정경관계를 수립하며, 가풍확립을 중요시하고, 친인척과 측근을 잘 관리하며, '배우자'가 부패의 도화선이 되는 상황을 방지하고, 자녀가 부모의 권력을 앞세워 불법 영리를 획책하지 못하도록 하며, 주변인이 자신을 불법행위에 끌어들이지 못하도록 철저히 관리해야 한다.

첫째, 청렴자율. 시진핑 총서기는 중화민족은 대대로 관료의 도덕과 민간의 미풍양속을 매우 중요시해 왔고 이는 바른 마음과 정성을 갖게 되는 성의정심, 사물의 이치를 알게 되는 격물치지, 그리고 수신제가평천하가 담고 있는 도리라고 강조했다. 역사의 긴 강에서 제국의 붕괴, 왕조의 몰락, 집권당의 퇴진을 보면 어느 것 하나 위정자가 도덕을 세우지 않고 수행하지 않으며 실천하지 않은 것과 무관한 것이 없고, 어느 것 하나 권력자가 기강을 바로잡지 않고 부패가 성행하며 민심을 잃지 않은 경우와 무관하지 않은 것이 없다. 청렴자율은 공산당원의 마지노선이다. 그는 청렴자율 면에서 작은 공로를 많이 쌓아야 한다며 작은 일은 마치 거울과 같아서 작은 일 가운데 당성, 원칙, 인격을 찾을 수 있다고 강조했다. 따라서 작디작은 개미구멍이 제방 뚝을 무너뜨린다는 선인의 교훈을 명심해 작은 일에서 수양을 강화하고 작은 일에서 자신을 가다듬으며 엄격하게 자신을 갈고 닦고 항상 정도를 걸으며 나쁜 싹은 자라기 전에 미리 제거하고, 인민의 일꾼으로서의 항상 본분을 다해야 한다.

둘째, 새로운 형태의 정경(政經) 관계 구축. 시진핑 총서기는 정경관계를 매우 주목해 왔고 여러 차례 정경유착 문제를 엄중하게 비평했으며 간부가 권력으로 사익을 추구하거나 재계와 금권거래를 해선 안 된다고 강조했다. 2013년 3월, 그는 20기 전인대 1차 회의 장쑤 대표단 심의에 참석해 각급 지도간부에게 복잡한 물질적 이익과 관련하여 군자교류는 맑은 물과 같아야 한다고 훈계하면서 '정(政)'과 '경(經)'의 교류는 도가 있어야 하고 서로 손님처럼 대해야 하며 유착해선 안 되고 쌍방 모두 공과 사를 확실히 구별해야 한다고 말했다. 2014년 6월, 그는 공산당 중앙정치국 상무회의 2014년 중앙 순시조 1차 순시 상황 보고를 받는 자리에서 지도간부의 프로젝트 개입, 친인척 및 자녀의 기업경영 문제가 두드러진 점을 지적하면서 조사 및 처벌 강도를 더 높여야 한다고 강조했다. 2015년 3월, 그는 20기 전인대 3차 회의 상하이 대표단 심의에 참석했을 때 지도간부의 배우자와 자녀의 기업 경영에 대해 당 기율과 국법이 명확히 규정하고 있지만 제대로 집행되지 않는 것을 문제점으로 지목했다. 2016년 3월, 그는 전국정협 20기 4차 회의 민주건국회(民建), 상공조합계 위원 토론회에 참석한 자리에서 새로운 형태의 정경관계 구축을 제창하며 이러한 관계를 '친함(親)'과 '깨끗함(淸)' 두 단어로 개괄했다. 지도간부에게 있어서 '친함'이란 민영기업과 솔직담백하고 진실성을 가지고 접촉교류하고, 특히 민영기업이 어려움에 처했을 때 보다 적극적으로 나서서 봉사하고, 비공유제 경제 인사에 대해 더 많은 관심을 가지고 그들의 고충에 귀를 더 많이 기울이며 더 많이 지도해 실질적 어려움을 해결할 수 있도록 도와야 한다는 뜻을 담고 있다. '깨끗함'은 민영기업가와의 관계가 깨끗하고 순수하며 탐욕이 없고 권력을 이용해 사리사욕을 취하지 않으며 금권거래를 하지 않음을 말한다. 민영기업가에게 있어서 '친함'은 각급 당위원회, 정부, 부처와 능동적으로 자주 소통하고 교류하여 진실, 실정, 진언을 말하며 지방의 발전을 적극 지지해야 함을 말한다. '깨끗함'은 간부 자신이 바르고 청렴하며 정도(正道)를 걷고 기율과 법에 의거해 기업을 경영하며 광명정대하게 경영에 임해야 함을 의미한다.

셋째, 친인척과 측근에 대한 관리 강화. 각급 지도간부, 특히 고위급 간부는 자신에게 엄격한 자율기준을 적용해야 할 뿐만 아니라 친인척과 측근에 대한 교육과 단속도 강화해야 하며, 권력을 이용하여 사익을 챙기거나 특권을 남용하는 일은 절대 용납해서는 안 된다. 2012년 12월, 시진핑 총서기는 공산당 중앙정치국 회의에서 '중앙 8항 규정' 정신 관철 및 실천과 관련하여 "규정을 제정한 후에는 모든 간부, 특히 지도간부 주변의 실무자들이 철저히 학습하고 이를 관철해야 한다"고 강조했다. 2013년 6월, 그는 공산당 중앙정치국 자체 확립 강화를 언급하면서 공산당 중앙정치국 위원이 앞장서서 정확한 권력관, 지위관, 이익관을 수립하고 자중·자성·자경·자려하여 당 기율과 국법을 엄수해야 하고 자신의 친인척과 측근을 엄격하게 관리해야 한다고 지적했다.[27] 2015년 1월, 그는 중앙당교의 제1기 연수프로그램에 참가한 각 지방 현위원회 서기들과의 좌담에서 "주변인이 우리 같은 지도간부를 해치는 일이 적잖게 발생하는데 아내나 자녀로 인해 불명예스럽게 경질되거나 주변의 비서나 사돈의 팔촌 같은 기타 인물들에 의해 불미스러운 일에 휘말려 낙마하는 경우가 적지 않다"며 "반드시 친인척과 측근을 철저히 관리하고 그들이 특수신분을 이용하여 불법이익을 취하는 것을 묵인해서는 안 된다"고 강조했다. 12월, 그는 공산당 중앙정치국 '삼엄삼실' 주제 민주생활회에서 "공산당 중앙정치국 동지들은 권력과 지위에서 우월감을 가져서는 안 된다. 친인척, 자녀와 측근에 대해 엄격하게 교육·관리· 감독해야 하고 문제 발견 즉시 일깨우고 단호하게 고치도록 해야 한다"고 강조했다.[28] 2016년 1월, 18기 중앙기율검사위원회 6차 전체회의에서 그는 "모든 지도간부는 청렴수신하고 청렴제가하며 자기를 관리하는 동시에 배우자와 자녀, 측근을 엄격하게 관리해야 한다"고 요구했다.[29] 2017년 10월, 그는 당 19기 1중전회에서 "지도간부는 자신뿐만 아니라 가족과 측근을 철저히 관리해야 하고 자신의 책임영역에서 당풍청렴건설의 책임을 잘 수행해야 하며, 각종 그릇된 풍조 및 부패 현상과 단호

---

27   「중공중앙정치국 특별회의에서 중앙 8항 규정 이행상황 대조 점검 및 기풍 개선 확립 토론연구, 시진핑 총서기가 회의 주재 및 연설 발표」, 인민일보, 2013년 6월 26일, 1면.

28   「삼엄삼실 주제의 중공중앙정치국 민주생활회의에서 '삼엄삼실' 실천상황 대조 점검 및 당풍·청렴정치 확립 강화 조치 토론연구, 시진핑 총서기가 회의 주재 및 연설 발표」, 인민일보, 2015년 12월 30일, 1면.

29   시진핑, 「18기 중앙기율검사위원회 6차 전체회의에서의 연설」(2016년 1월 12일), 인민일보, 2016년 5월 3일, 2면.

히 투쟁해야 한다"고 강조했다.

　　제도적으로 일부 지역에서 나타난 간부의 '양다리 걸치기', '1가족 2제도(一家兩制)'[30] 등의 문제를 해결하기 위해 중앙은 베이징, 상하이, 광둥(廣東), 충칭(重慶), 신장(新疆) 등 공산당 중앙정치국 위원과 당위원회 서기를 겸임하는 성·구·시에서 지도간부 친인척의 기업경영을 규범화하기 위한 시범업무를 펼쳤다. 2015년 2월, '중앙전면개혁심화지도팀' 제10차 회의는 〈상하이시 지도간부 배우자와 자녀, 자녀의 배우자의 기업경영 관련 관리 규범화 업무 전개에 관한 의견〉을 심의하고, 안정적으로 실시할 수 있고 복제와 보급이 가능한 성과를 거둘 것을 상하이에 요구했다. 2016년 4월, '중앙전면개혁심화지도팀' 제23차 회의는 상하이가 선행적으로 시범 실시하는 토대에서 베이징, 광둥, 충칭, 신장에서도 지도간부 배우자와 자녀, 자녀의 배우자의 기업 경영 행위를 규범화하는 시범업무를 펼치기로 결정했다. 규범대상에 따라 엄격하고 본보기적인 규범화 업무를 솔선수범하도록 요구했다. 회의에 따르면, 기업경영 행위의 범위를 엄격하게 정하고 규범절차를 세분화하며 작동 근거를 명확히 규정하고 규범화 업무를 질서 있게 진행하도록 보장해야 한다. 아울러 집중 규범과 일상적인 관리감독을 유기적으로 결합해 규범화 업무가 기본적으로 완성된 후 상시화 관리로 전환하여 일상적으로 계속 실시되고 장기적인 효과로 이어질 수 있는 제도적 장치를 마련해야 한다.

30　옮긴이 주: 가족 구성원 중 당과 정부 기관에 근무하면서 기업을 경영하는 현상.

　　　　　　　　　　　　　　전면적인 종엄치당에는 마침표가 없다

(4) 특별 단속을 전개해야 한다

18차 당대회 이후, 시진핑 총서기는 엄격한 간부 관리에 대해 일련의 새로운 포석을 내놓았다. 그는 18기 중앙기율검사위원회 6차 전체회의에서 지난 3년여 간 당내 법규제도 체계 개선 업무를 결산하면서 간부 관리 감독 중의 취약 부분에 대해 지도간부 개인 관련사항을 보고하도록 하고, 돈을 국외로 빼돌리고 배우자와 자녀가 외국에 거주하는 '뤄관(裸官: '벌거벗은 관리)' 관리 규정을 강화하며 시대에 부응하는 제도를 확립해야 한다고 지적했다.

1) 지도간부 개인 관련 사항 제도를 완비해야 한다

시진핑 총서기는 중국 특색의 지도간부 개인 관련사항 보고제도를 개선하도록 분명히 제시하고 "당조직에 개인 관련사항을 사실대로 보고하는 것은 지도간부가 반드시 준수해야 하는 정치기율이자 조직기율이며, 지도간부 검증은 당에 대한 충성 여부를 판단하는 시금석"이라고 강조했다. 18기 중앙기율검사위원회 3차 전체회의에서 그는 "지도간부 개인사항 보고제도는 '품의(지시 청원)' 및 보고 제도의 중요한 구성부분이다. 일정비율로 추첨해 실시하는데 기재 내용과 실제 상황이 다를 경우, 왜 그런지 이유를 설명해야 하며 당조직을 기만해서는 안 된다"고 지적했다.

2010년 5월, 중공중앙판공청, 국무원판공청이 배포한 〈지도간부의 개인 관련사항 보고에 관한 규정〉은 부처장급 이상 지도간부에 대해 매년 조직에 혼인, 출국(경), 소득, 부동산, 투자, 배우자 및 자녀의 직업 등 14개 방면 개인 관련사항을 사실대로 당조직에 보고하고 자발적으로 당조직의 감독을 받아야 한다고 요구하고 있다. 보고사항 중 상당부분이 가족재산

방면의 내용이므로 어떤 의미에서는 이는 중국 특색의 지도간부 재산보고 제도의 탐색이라고 할 수 있다. '사실과 다른 내용을 기입'해서 보고제도의 집행효과에 지장을 주게 되면 보고제도가 가지는 지도간부에 대한 감독규제 역할을 무색하게 할 수 있다.

당 18기 3중전회는 지도간부 개인사항 보고제도를 성실하게 집행할 것을 제시했다. 이를 위해 2014년부터 중공중앙조직부(이하 중조부)는 전국 148만7천 명의 부처장급 이상 지도간부 개인사항 보고상황을 정리해 가족, 자산 등 지도간부 개인 관련 사항 14가지를 기본적으로 파악했다. 같은 해 1월, 중조부가 배포한 〈지도간부 개인사항 보고 추첨 심사방법(시행)〉은 추첨 심사업무의 원칙, 항목, 대상범위, 방법, 결과처리 및 기율요구 등을 명확히 규정했다. 2015년부터 '제기되는 모든 문제는 반드시 확인 심사'하기 시작했다. 중점심사 대상은 부처장급 이상 간부, 예비간부, 그리고 차기 임용 등에 선발된 간부들이고, 추첨비율은 3%~5%에서 10%로 올렸다. 2016년, 심사를 통해 적발된 지도간부의 가족 재산이 정상적인 소득범위를 초과하는 경우 재산 출처의 합법성 여부를 검증했다. 전국적 상황을 살펴보면 18차 당대회 이후 부처장급 이상 간부 개인 관련사항 120여 만 건을 조사했다. 부실 보고 등 문제로 인해 임용이 미뤄지거나 발탁·중용 자격 및 예비간부 인선 자격이 박탈된 경우가 1만1000명, 비판교육과 서면 검사 명령으로 처리된 경우가 10만3800명, 훈계와 격려를 받은 사람이 1만9800명, 조직처리가 651명, 기검감찰기관으로 송치된 경우가 609명으로 나타났다.[31] 이런 조치는 문제 있는 간부 선발을 예방하는데 긍정적 역할을

---

31 「간부에 대한 엄격한 관리감독으로 충성, 청렴, 책임감을 촉진한다-18차 당대회 이후 조

전면적인 종엄치당에는 마침표가 없다

했을 뿐만 아니라 지도간부에 대한 규칙 준수와 청렴 요구를 몰아붙이는 역할도 했다는 것이 실천으로 입증되었다.

　탐구와 실천이 우선되어야 하고 결산과 총화가 뒤에 이뤄져야 한다. 2015년, 시진핑 총서기는 중조부의 지도간부 개인사항 보고 관련 업무 상황에 관한 보고를 받는 자리에서 추첨심사 업무를 충분히 인정하고 개인 관련사항 보고제도 개선에 명확한 요구를 제시했다. 2017년 2월, 중앙판공청, 국무원판공실이 개정 후 배포한 〈지도간부의 개인 관련사항 보고 규정〉과 〈지도간부의 개인 관련사항 보고심사 결과처리 방법〉은 분류 관리 원칙을 고수했고 '관건적 소수'에 더 초점을 맞추며 지도간부 권력행위와 관련된 긴밀한 가족 사무, 자산 상황을 더욱 부각시키고 조사결과의 운용과 책임추궁을 더욱 강조했다. 아울러 지도간부 개인 관련사항 보고제도 실시 후 업무에 대한 규범화와 제도화를 실천하고 간부에 대한 엄격한 관리감독에서 이 제도가 보다 큰 역할을 발휘하도록 추진했다. 개인 관련사항 서면기재 외에도 당원 지도간부는 민주생활회에서 개인사항에 대해 보고해야 한다.

　2) 정원을 초과해 간부를 임용하는 문제를 지속적으로 단속해야 한다

　당 18기 3중전회는 규정에 맞는 수의 지도간부를 배치하도록 엄격하게 요구했다. 2014년 1월, 중앙조직부가 중앙기구편제위원회판공실(이하 중앙편판), 국가공무원국과 내놓은 〈정원초과 간부 배치 엄금에 관한 통지〉는 '5개 엄금(五個嚴禁)'의 기율 요구를 재확인했다. 즉 정원을 초과하는

직부문 간부의 감독업무 종합 서술」, 인민일보, 2017년 9월 19일, 1면.

간부 배치를 엄금하고, 기구 규격을 초과하는 간부 선발을 엄금하며, 규정을 위반하는 직무명칭 설치를 엄금하고, 직무직급에 따라 간부를 대우하고 장려하는 행위를 엄금하며, 비(非)지도 직무에 대한 편법 설치를 엄금한다고 밝혔다. 이와 함께 〈직무 수 범위규정 관련 몇 가지 문제에 관한 답변의견〉을 하달해 유관정책을 더욱 명확하게 구분함으로써 단속 업무 전개에 제도적 보장을 제공했다. 18차 당대회 이후 5년 간 지속적인 단속을 통해 재고 해소 및 증가세 엄격 통제의 요구에 따라 전국적으로 초과 배치된 4만 여명의 부처장급 이상 지도간부를 정리하면서 각 지역의 각 단위는 간부 수 규정에 따라 간부를 배치하는 인식이 뚜렷이 개선되었다.

3) '뤄관(裸官)' 관리의 상시화를 추진해야 한다

'뤄관' 현상과 관련, 시진핑 총서기는 2013년 전국사상선전업무회의에서 "어떤 (당원 간부)는 신념이 흔들려 배우자와 자녀를 국외로 이민 보내고 돈을 국외에 보관하며 만일의 경우에 빠져나갈 퇴로를 열어두어 언제든 '배에서 뛰어내릴' 준비가 되어 있다"고 지적했다.[32] 2014년 10월, 그는 공산당 중앙정치국 상무위원회 회의에서 반부패 해외 도피사범 검거 및 은닉자산 환수 업무에 관한 연설을 하면서 "어떤 부패 정치인은 우선 '뤄관'을 하다가 분위기가 심상치 않으면 바로 외국으로 도망가려고 작정하고 있다. 어떤 '뤄관'은 국외로 도망가 법망을 피해 호화저택과 고급차를 구매하는 등 돈을 물 쓰듯 쓴다. 어떤 '뤄관'은 국외에서 신분세탁 후 현지

---

32   「시진핑의 당풍·청렴정치 확립 및 반부패 투쟁에 관한 논술 요약집」, 중앙문헌출판사, 중국방정출판사, 2015년판, 17면.

선거에 출마하기도 한다. 최근 몇 년 우리는 중요한 해외도주범을 체포해 송환했지만 전체적으로 보면 아직도 도주한 사람에 비해 체포된 사람이 적어 도주범 추적 업무가 매우 어렵고 막중하다"고 예를 들어 설명했다.[33] 2014년 새로 개정된 〈당·정 지도간부 선발임용 업무조례〉는 "'뤄관'이 심사대상이 될 수 없다"고 분명히 규정했다. 같은 해 2월, 중조부가 배포한 〈해외이민 배우자를 둔 국가 업무 인원의 임직 직위에 관한 관리방법〉은 '뤄관'의 범위 규정과 직무 제한에 대해 명확히 규정했다. '뤄관'은 당과 정부 기관의 지도간부 구성원이 될 수 없고, 국유기업체와 사업기관의 주요 책임자가 될 수 없으며 군사, 외교, 국가 안보, 기관기밀 등 핵심 직위에 배치될 수 없다. 아울러 전국 부처장급 이상 '뤄관'에 대해서도 구조조정을 실시했다. 전국적으로 배우자가 국외로 이민 간 부처장급 이상 지도간부는 5,000여 명이었으며, 그중 1,300여 명에 대해 인사이동을 강행했다. 아울러 지도간부의 개별 출국(경) 증명에 대해 특별 조치를 취했다. 누적 등록신고 건수는 994만9천여 명에 달했으며, 부처장급 이상 지도간부의 개별 사증은 자진신고하거나 교부하도록 하고, 개별 출국(경) 사증을 불법 취득, 소지하거나 불법 출국(경)한 지도간부 3만5천 명에 대해 엄중하게 처벌했다.[34] 지도간부 개인 관련사항 보고업무와 결합해 일상감독 검사제도를 완비하고 정상적 보고조정제도를 실행하며 새로 적발한 '뤄관'은 규정에 따라 처리함으로써 '뤄관' 임직 직위 상시화 관리를 추진했다.

33 「시진핑의 당풍·청렴정치확립 및 반부패 투쟁에 관한 논술 요약집」, 중앙문헌출판사, 중국방정출판사, 2015년판, 23면.

34 「간부에 대한 엄격한 관리감독으로 충성, 청렴, 책임감을 촉진한다-18차 당대회 이후 조직부문 간부의 감독업무 종합 서술」, 인민일보, 2017년 9월 19일, 1면.

4) 지도간부가 겸직하고 있는 기업과 사회단체의 직무를 정리해야 한다

시진핑 총서기는 여러 차례에 걸쳐 "벼슬도 하고 부자도 되겠다는 생각은 버려야 한다. 예로부터 '벼슬을 하는 것과 부자가 되는 것은 두 갈래의 다른 길'이라고 했듯이 공직에 임한 자는 인민 대중을 위해 일해야 하기 때문에 부자가 되겠다는 생각은 애초부터 접어야 한다"고 간부들에게 당부했다. 2013년 10월, 중조부가 배포한 〈당·정 지도간부의 기업 겸직(임직)을 한층 더 규범화하는 문제에 관한 의견〉은 당·정 지도간부의 기업 겸직 문제를 집중적으로 규범화하고 정리했다. 통계에 따르면 18차 당대회 이후 5년 간 전국적으로 기업에서 겸직한 당·정 지도간부 4만여 명을 정리했고, 기업에서 겸직한 국유기업체와 사업기관 지도자 2만1000여 명을 정리했으며 사회단체에서 겸직한 퇴(이)직 당·정 지도간부 및 국유기업체와 사업기관 지도자 5만6000여 명을 정리했다.[35] 정리 작업 중 성부급 간부가 기업에서 겸직하는 것을 더욱 엄격히 파악하여 총 229명을 정리했다.[36] 한편 대학과 과학연구원(소) 지도자의 겸직 관리를 개선하고 대학과 과학연구원(소) 지도자가 규정에 따라 기타 업무나 과학연구 분야 교육 관련 직무를 겸임하는 것을 지지하며 그들이 관련 규정에 따라 과학연구 성과의 산업화 과정에 참여하도록 독려했다.

5) 간부의 인사기록카드 허위 기재 문제를 엄격하게 단속해야 한다

시진핑 총서기는 간부 개인 인사기록카드 관련 업무를 매우 중요시

35　「방대하고 수준 높은 간부단 건설」, 인민일보, 2017년 9월 15일, 1면.

36　「정리해야 할 것을 정리하지 않는 행위는 결단코 허용하지 않는다」, 인민일보, 2014년 7월 23일, 4면.

했다. 시진핑 총서기의 특별지시에 따라 2014년 10월부터 2016년 6월까지 중앙조직부는 전국에 간부 인사기록카드 특별심사업무를 실시했다. 공무원과 공무원법에 따라 관리하는 관할 기관(단위) 근무직원, 중앙 소속 국유기업체와 사업기관 중간 간부급 이상 관리자와 지방 각급 국유기업체와 사업기관 지도자층 구성원의 인사기록카드에 대해 전면적인 심사를 실시하여 총 64만5천 명의 정보를 심사했고, 2,549만 건 분량의 자료를 보완했다.[37] 이리하여 간부 인사기록카드는 원래의 진실한 모습으로 돌아왔다.

2015년 7월 중조부가 인쇄 배포한 〈간부 인사기록카드 허위 기재 문제 처리방법(시행)〉은 간부 인사기록카드 특별심사와 임용 특별심사, 일상 제보가 반영한 인사기록카드 허위 기재 문제에 대해 당사자, 직접 책임자, 관련 지도자를 구별하여 이에 부합하는 방식으로 처리해야 한다고 규정했다. 이 방법에 따라 간부 인사기록카드 허위 기재 문제 특별 정리 작업을 진행하고 허위로 기재한 행위를 엄격히 조사하여 양둥량(楊棟梁) 전 국가안전생산감독관리총국(이하 국가안감총국) 국장과 루언광(盧恩光) 전 사법부 정치부 주임 등 전형적 사례 6건을 통보했으며, 인사기록카드 허위 기재 문제가 있는 499명의 간부를 규정에 따라 처벌했다.[38] 2018년 11월, 중공중앙판공청이 인쇄 배포한 〈간부 인사기록카드 업무조례〉(이하 조례)는 제도 확립에서 착수해 간부 인사기록카드 허위 기재 문제에 존재하는 토양과 조건을 근절해야 한다고 요구했다. 〈조례〉는 전면적으로 엄격한 요구를 부각시키고 간부 인사기록카드에 대해 '제기되는 모든 인사기록카드와 접수되

---

37 「문제 지향성 견지해 간부 인사기록카드 전면적이고 엄격하게 관리-전국 간부 인사기록카드 특별 심사업무 기본 완성」, 인민일보, 2016년 12월 4일, 4면.

38 「좋은 간부를 선출하고 참된 인재를 등용한다」, 인민일보, 2017년 9월 27일, 1면.

는 모든 인사기록카드, 타기관으로 이전되는 모든 인사기록카드를 반드시 심사한다'는 지침을 고수하면서 전면적인 인사기록카드 '작성, 관리, 사용' 방법을 규범화하고 인사기록카드 업무기율과 감독요구를 명확히 했다. 특히 간부 인사기록카드 관리의 취약부분에 대해 '11개 엄금'을 설정해 업무 마지노선을 확실히 긋고 업무 금지사항을 분명히 하며 경계난간을 세워야 한다고 지시했다. 책임분업을 세분화하고 당위원회(당조직)와 기타 조직인 사부문, 기검감찰기관, 순시순찰기구, 하급기관(단위)과 당원, 간부, 대중의 감독직책을 명확히 하고 상급감독, 자체 감독, 내부감독, 기타 부문 감독, 사회감독 등 전방위적이고 다각적인 입체적 감독시스템을 구축한다는 내용도 담았다.

3. 엄격한 간부 관리 장기효과메커니즘을 구축하고 건전히 해야 한다

시진핑 총서기는 엄격한 간부 관리 과정에서 제도의 핵심적인 역할 발휘에 큰 중요성을 부여하고, 정세 변화에 근거해 간부 인사제도 개혁을 심화하고 간부 관리 규정을 완비해야 할 뿐만 아니라 간부 관리 각종 규정을 엄격히 집행해야 한다고 강조했다. 간부 관리 규정 개선 면에서는 격려와 규제를 동시에 강조하고, 규정 집행 면에서는 간부들이 주변에 회초리가 있고 수시로 감독을 받고 있다는 것을 의식하게끔 해야 한다고 강조했

다.[39]

(1) 지시요청제도를 엄격히 해야 한다

시진핑 총서기는 '품의 및 보고 제도'를 당원과 간부들이 반드시 준수해야 할 규칙으로 간주했다. 18기 중앙기율검사위원회 3차 전체회의에서 품의 및 보고 제도 문제를 특히 강조했다. 간부, 특히 지도간부는 중대한 문제와 중대한 사안은 규정에 따라 조직에 품의하고 보고해야 한다. 이는 반드시 지켜야 할 규칙이자 간부의 자격여부를 검증하는 시금석이다. 지도간부는 조직관념과 절차관념이 있어야 하고, 지시 청원이 필요한 사안은 반드시 품의하고, 보고가 필요한 사안은 반드시 보고해야 하며 결코 임의로 처리하는 일이 없어야 하고, 숨기거나 심지어 기만한 채 보고하지 않으면 안 된다. 마땅히 품의 및 보고를 해야 할 사안을 품의 및 보고하지 않거나 사실대로 보고하지 않은 경우, 이는 기율 위반이므로 엄정 처벌해야 하며, 문제가 심각한 경우 지도간부직을 맡을 수 없다. 2019년 1월, 시진핑 총서기는 공산당 중앙정치국 회의를 주재하며 〈중국공산당 중대사항 품의 및 보고 조례〉를 심의했다. 그는 "조례의 규정은 중대한 사항에 대한 품의 및 보고 업무의 제도화와 규범화, 과학적 수준을 높이는데 유리하게 작용한다. 조례에 대한 학습과 관철을 통해 정치기율을 엄수하고 당 중앙에 대한 품의 및 보고 업무를 타협 없이 이행해야 한다. 품의·보고와 직무수행을 통합하여 지시 청원할 사안은 반드시 품의하고 보고해야 할 사안

---

39   시진핑, 「당의 군중노선 교육실천활동 결산 회의에서의 연설」(2014년 10월 8일), 인민일보, 2014년 10월 9일, 2면.

은 반드시 보고하며 책임져야 할 사람이 반드시 책임지며 감당해야 할 사람이 반드시 감당해야 한다. 품의 및 보고 업무 강화의 중요한 의미를 깊이 깨달아 사상과 행동의 자각성을 강화하며 품의 및 보고 업무 요구를 각종 업무 중에 관철시키고 실질적 행동에서 구현되도록 해야 한다"고 말했다.

(2) 간부 선발 및 임용 제도를 완비해야 한다

엄격한 간부 관리의 근본조치는 간부 선발과 임용 제도의 완비에 있다. 시진핑 총서기는 "훌륭한 간부를 발탁하려면 선발·임용에서부터 과학적이고 효과적인 선발·임용 기준이 필요하다. (중략) 간부 관련 업무의 실제와 긴밀하게 연계하고 진지하게 결산하여 깊이 연구하고 부단히 개진하여 시스템적으로 완비되고 과학적이면서 규범적이고 효과적이며 간편한 제도적 메커니즘을 구축해야 한다"고 지적했다.[40] 2014년, 중앙이 개정한 〈당·정 지도간부 선발·임용 업무조례〉는 간부의 선발·임용 기준과 절차, 방식, 방법을 한층 더 규범화했다.

첫째, 당위원회(당조직)의 지도와 관문 역할을 강화해야 한다. 시진핑 총서기는 당의 간부관리 원칙을 견지할 것을 여러 차례 강조했다. 그는 "당조직은 간부 선발·임용 업무에서 표수를 세는 역할에 그치는 것이 아닌 지도와 관문 역할을 해야 한다. 당 간부 선발·임용 과정에서 당위원회(당조직)와 담당 부서장, 조직부의 가중치를 높이고, 간부를 평가하고 식별하는 데 있어서 당조직과 간부 부문의 책임을 강화해야 한다. 당의 리더십 강화와 민주정신의 충분한 발양을 접목해야 한다"고 지적했다.

---

40   시진핑, 「전국조직업무회의에서의 연설」(2013년 6월 28일), 당건연구, 2013년 8호.

둘째, 인사고과 업무를 개선해야 한다. 시진핑 총서기는 간부 임용이 제대로 되려면 우선 사람을 잘 알아야 한다고 지적했다. 사람을 잘 알지 못하고 정확하게 보지 못하면 종종 사람을 잘못 채용하게 되거나 실수를 저지르게 된다. 그는 일부 지방과 부처의 간부 선발이 정확하지 못해 문제 있는 간부를 선발·임용하는 문제가 인사고과를 정확하게 반영하지 못하는 문제와 관련성이 있다는 점을 심도 있게 분석하고, 간부 인사고과 중 흔히 볼 수 있는 문제를 열거했다. 일부 지방은 선발이 없으면 고과도 없고, 임기 교체가 없으면 평가하지 않으며, 연말이 되어서야 겨우 한번 실시하고 간부의 일상 업무와 평소 실적에 대한 이해가 부족하다. 어떤 지방의 인사고과는 형식적이고 수단이 단조로우며 방법이 단순할 뿐만 아니라 현장을 시찰하지 않고 구체적 실무를 살피지 않으며 오리무중 속에서 평가한다. 어떤 지방의 고과는 중점이 두드러지지 않고 목표성이 강하지 않다. '단칼에 베거나 한 솥에 삶는 식'의 고과방식이 전부인 경우도 있다. 이런 문제를 효율적으로 해결하기 위해 그는 일상고과, 분류고과, 근거리고과의 '지사식인(知事識人)' 시스템 구축을 주문했다. 일, 간부고과는 상시화, 제도화하고 전범위를 커버해야 한다. 평소에 전방위적으로 여러 루트를 통해 간부를 파악하도록 노력해야 할 뿐만 아니라 간부가 긴급하고 어려우며 위험한 중대 임무를 완수하고 복잡한 문제를 처리하며 중대 시련에 대응하는 과정을 잘 살펴보아야 하며, 작은 일에서 덕을 보고 재능을 분별함은 물론 큰일에서 덕을 보고 재능을 살피는 것에 더 중점을 두어야 한다. 이, 분류고과를 강화해 부존자원과 기초수준, 발전단계, 주체기능에 따라 입지가 다른 지역은 고과내용에서 구분하여 다루어야 한다. 주요 지도간부와 팀원, 직위별 지도간부에 대해 각기 다른 고과요구를 해야 하고, '상하 일괄'

'좌우 일괄'적으로 처리해서는 안 된다. 삼, 근거리에서 간부를 접촉해야 한다. 간부를 평가할 때는 중대한 문제에 대한 견해, 대중에 대한 정서, 명예와 이익에 대한 태도, 사람을 대하는 처세 방식, 복잡한 문제 처리능력을 봐야 한다. 망원경과 현미경을 가지고 기층 간부 대중들 속에 가서 지방의 세평(世評)을 많이 들어보고 간부를 파악해야 한다.

셋째, 젊은 간부의 선발과 임용을 강화해야 한다. 시진핑 총서기는 신시대 젊은 간부단 구축이 직면한 새로운 정세와 급선무에 대해 깊이 있게 분석했다. 현재 개혁개방 전에 입당해 일을 시작한 간부는 이미 퇴임했거나 퇴임을 앞두고 있고 70년대부터 90년대 이후 출생한 젊은 간부가 간부단의 주축이 되었다. 이들 간부는 고등교육을 받아 사고력이 뛰어나고 혁신적이어서 간부단에 생기를 주고 활력소가 되는 장점도 있지만 체계적인 마르크스주의 이론학습과 엄격한 당내 정치생활 단련이 상대적으로 부족하다. 어떤 경우는 기층과 가난한 지방에서의 단련 경험이 부족하고, 어떤 경우는 핵심 직위에서의 착실한 단련이 결핍되었으며, 어떤 경우는 대중업무 실력이 약하고, 어떤 경우는 책임을 질 수 있는 저력이 아직 부족하다. 이와 동시에 현재 일부 지방과 부문, 부처는 젊은 간부에 대한 관리 업무를 중요시하지 않고 철저하게 이행하지 않으며 선발만 중요하게 생각하고 교육은 대수롭지 않게 여기며, 연공서열에 따라 균형을 맞추는 현상이 두드러지며 국유기업체와 사업기관의 우수한 인재가 당·정 간부단에 진입하는 루트가 잘 뚫려있지 않는 등 여러 문제가 존재한다. 우수하고 젊은 간부를 발견, 육성, 선발하는 것은 지도부와 간부단 건설을 강화하는 기초적인 공정이자 당의 사업을 이어갈 인재를 육성하고 국가의 장기적 안정과 깊이 연관된 중대한 전략적 과업이기도 하다.

시진핑 총서기는 젊은 간부의 선발과 양성 업무를 일관되게 중요시 해왔다. 푸젠(福建) 근무 시절 그는 젊은 간부는 당 사업의 희망이고 그들은 열정이 뜨겁고 추진력이 있지만 단점도 많다며 그렇게 때문에 성장과정에서 장점을 확대하고 단점을 피해야 한다고 지적했다. 총서기에 취임한 후 그는 젊은 우수한 간부 선발 양성을 '기초를 튼튼히 하고 근본을 강화'하는 국가근본정책'으로 간주했다. 2013년 6월, 그는 전국조직업무회의에서 간부 성장은 규율이 있는데 젊은 간부가 업무 시작단계에서부터 성숙한 방향으로 발전해 당과 국가의 중고급 지도간부로 성장하려면 필요한 과정을 밟고 점진적인 단련과 교육을 받아야 한다고 지적했다. 그는 안목이 있고 잠재력이 있고 발전 비전이 있는 젊은 간부에게 짐을 지어줄 수 있어야 하고 그들에게 계획적으로 단련할 기회를 주어야 한다고 강조했다. 이와 동시에 시진핑 총서기는 젊은 간부에 대한 상시적인 관리감독을 강화하고 간부에 대해 엄격하게 규제하도록 요구했다. 그는 조직에서 간부를 키우는 것은 쉽지 않다면서 관리감독을 철저히 하여 그들이 항상 살얼음 위를 걷고 듯하고, 깊은 못가에 임한 듯한 경각심을 갖도록 해야 한다고 강조했다.

19차 당대회 보고는 젊은 간부를 대대적으로 발견하고 비축하여 기층 최전선과 빈곤 지역에서 교육과 단련을 받고 실천과 시련을 견딜 수 있는 젊고 우수한 간부를 끊임없이 선발하고 임용해야 한다고 지적했다. 2018년 6월, 시진핑 총서기는 공산당 중앙정치국 회의를 주재하면서 〈신시대에 우수한 젊은 간부를 대대적으로 발견, 양성, 선발할데 관한 의견〉을 연구 심의할 때 "중국 특색 사회주의가 신시대에 진입하면서 신시대의 인재를 소환하는 관건은 자질과 전문성을 갖춘 간부단을 구축하는데 있고, 근본적으로 선발한 우수한 젊은 간부들이 계속해서 분투하도록 하는 데 있다"고 강조했다. 또 젊은 간부 관련 업무 제도화, 규범화, 상시화를 추진하기 위해 시진핑 총서기는 대대적인 발견과 교육을 기초로 하고, 실천과 단련 강화를 중점으로 하며, 정확한 선발과 적재재소 배치를 근본으로 하고, 엄격한 관리감독을 전제 조건으로 하여 젊은 간부 선발과 교육, 관리, 임용 각각의 과정이 잘 맞물려 돌아가도록 전 과정을 연결하는 제도를 구축해야 한다고 덧붙였다. 7월 전국조직업무회의에서 시진핑 총서기는 "신시대 젊은 간부 선발과 임용 업무를 잘 처리하면서 신시대 중국 특색 사회주의 사상을 관철하고 새 시기 좋은 간부 표준에 부합하며 충성스럽고 깨끗하게 책임을 감당할 수 있고, 수적으로도 충분하며, 활력이 넘치는 자질과 전문성이 뛰어난 젊은 간부단을 구축해야 한다"고 재차 강조했다. 하나, 신시대 당과 인민사업에 부합하는 후계자상을 명확히 한다. 시진핑 총서기는 "중국공산당이 우수한 젊은 간부를 선발하는데 여러 조건을 따지지만 그중 가장 중요한 것은 당에 대한 충성이고, 우수한 젊은 간부를 키우는데 있어 가장 중요한 조건은 그들이 당에 대해 충성심을 갖도록 교육하고 정치적으로 절대 '이중인격자'가 되지 않도록 방지하는 것"이라고 강조했다. 우수한 젊은 간부는 당을 계승할 수 있는 충분한 실력을 갖추어야 하고 학습을 강화하고 경험을 쌓으며 재능을 키우고 자발적인 실천을 통해 배우고 인민을 스승으로 모셔야 한다. 침착하게 일하고 마음을 비우고 맡은 바 업무에 파고들어야 하며 맡은 바 직무를 사랑하고 최선을 다해 해당 업무에 정통하도록 노력해야 한다. 둘, 우수한 젊은 간부 선발 교육 방법을 명확히 한다. 시진핑 총서기는 우수한 젊은 간부 선발 교육은 각각의 전선과 영역, 업종에 초점을 맞춰 전문적 배경이 있는 융합형 지도간부를 육성하도록 노력해야 한다고 강조했다. 정치훈련을 두드러지게 하기 위해 당의 이론, 특히 신시대 중국 특색 사회주의 사상을 학습하고 당의 혁명역사와 우수한 전통을 학습하는데 중점을 두어야 한다. 정치훈련은 단번에 끝낼 수 없을뿐더러 몇 차례의 교육으로 완성되는 것이 아니므로 지속적으로 오랫동안 공을 들여야 한다. 잠재력 있는 우수한 젊은 간부에 대해 그들이 힘들고 중요한 직위에서 단련할 수 있도록 배치하고, 그들이 중책을 짊어질 수 있도록 해야 한다. 비전이 있는 우수한 젊은 간부는 격식에 구애받지 말고 대담하게 임용해야 한다. 셋, 젊은 간부 관련 업무를 명확히 잘 처리하는 것은 당 전체의 공통된 임무이다. 시진핑 총서기는 젊은 간부의 건강한 성장을 관심 있게 지켜보는 것을 미룰 수 없는 정치적 책임으로 간주하고 장기적 계획을 강화하고 업무책임제를 완비해야 한다고 각급 당위에 주문했다.

넷째, 임용에서의 그릇된 풍조를 결연히 단속해야 한다. 시진핑 총서기는 "간부 선발과 임용을 엄격하게 관리하여 문제 있는 인사 선발을 단호히 방지해야 한다"고 강조했다. 간부 선발과 임용 기풍을 바로잡기 위해 시진핑 총서기는 간부 선발과 임용은 '3공(三公)'을 따라야 한다고 강조했다. 여기서 '3공'이란 당의 사업발전에 착안하여 간부 선발과 임용 시 공정하게 대하고, 공평하게 평가하며, 공정하게 임용한다는 것을 말한다. '해서는 안 될 것 2가지(兩個不能)'를 잘 지켜야 한다. 즉 훌륭한 간부들이 전심전력으로 일에 매진하도록 해야 하지 인간관계 처리에 힘을 빼지 않도록 해야 한다. '사람이나 지역을 차별하여 선을 긋는 행위'를 하지 말고 친소(親疏)를 따지지 말며 계파를 만들지 말아야 한다. '2개의 용감하게(兩個敢於)'를 잘 실천해야 한다. 즉 원칙을 용감하게 견지해 옳고 그름만 묻지 득실을 따지지 않는 기개가 있어야 하고, 훌륭한 간부를 위해 용감하게 나서서 공정한 말을 할 수 있어야 한다. '2개 하도록(兩個讓)'을 잘 해야 한다. 즉 훌륭한 간부가 존중을 받고 중용될 수 있도록 하고 아부꾼이나 허세꾼, 허무맹랑한 꿈을 꾸는 사람, 청탁을 하거나 뇌물을 요구하는 간부는 설자리를 잃고 징계를 받도록 해야 한다. '3개 불위(三個不爲)'를 잘 처리해야 한다. 즉 인정관계에 얽매이지 말고, 좋지 않은 풍조에 휩싸이지 말며, 사적인 득실에 구애받지 말아야 한다.

인재를 뽑아 적재적소에 활용하는 환경을 최적화하는 것에 큰 중요성을 부여한 시진핑 총서기는 정확한 선발과 등용 방침을 견지하고 깨끗하고 공정한 등용 환경 조성을 통해 정치 생태계의 정화를 촉진해야 한다고 강조했다. 중국공산당 창당 95주년 기념식에서 시진핑 총서기는 "위대한 투쟁과 웅대한 사업을 위해서는 뛰어난 자질을 갖춘 간부가 필요하다. 덕과 재능을 두루 갖춘 사람을 뽑되 덕을 우선시하고, 방방곡곡에서 유능한 인재를 뽑으며, 사업 위주와 바른 길을 견지하여, 선발·임용 중의 그릇된 풍조를 철저히 방지하고 바로잡아 당과 인민이 필요로 하는 좋은 간부를 정성껏 육성하고 적시에 발견하고 적재적소에 배치해야 한다"고 지적했다. 전국조직업무회의에서 그는 '3개 견지'에 함축된 요구를 한층 더 상세히 설명했다.

가. 덕과 재능을 겸비하되 덕을 우선시 하는 방침을 견지해야 한다. 이는 선발·임용 과정에서 정치표준을 최우선에 두고 이를 기준으로 삼아야 한다는 의미다. 이 관문을 통과하지 못하면 다른 관문도 통과할 수 없다. 정치에서 부적격이면 능력이 제아무리 출중해도 임용할 수 없다. '덕'

의 첫 번째가 정치적 품성으로 정치상 문제가 있는 사람은 능력이 출중할수록, 직위가 높을수록 위해성이 더 클 수밖에 없다고 시진핑 총서기는 강조했다. 공산당이 선발·임용하는 간부는 반드시 정치적으로 출중하고 신뢰할 수 있는 간부여야 한다. 간부의 정치적 자질이 높고 낮음을 판단하려면 주로 '4개 의식' 수립 여부와 '4가지 자신감'의 확고함 여부, 당 중앙의 권위와 집중적이고 통일적인 지도를 견결히 수호하는지 여부, 당의 이론과 노선, 방침, 정책을 전면적으로 관철 집행하는지 여부, 당 중앙의 중대한 정책과 결정 배치를 적극적이고 철저하게 실시하는지 여부, 그리고 충성심, 청렴성, 책임감 여부를 봐야 한다.

나. 방방곡곡에서 덕과 재능을 겸비한 유능한 인재를 임용하는 방침을 견지해야 한다. 이는 현명하고 유능한 사람을 추천하는 루트와 시야를 넓히고, 격식에 구애받지 않는 간부 선발임용 방침을 말한다. 당·정 기관 이외에 국유기업과 대학, 과학연구원(소) 각 분야와 전선에서 우수한 인재를 뽑는 것을 중요하게 여겨야 한다. 인선의 출처를 넓혀야 좋은 간부 중 우수하고 강직한 간부를 선발하기에 더욱 유리하다.

다. 당의 사업을 위주로 하고 바른 길을 견지해야 한다. 이는 일의 성격에 따라 사람을 고르고 적성을 고려하여 업무를 배정하는 것을 말한다. 간부 임용은 사업을 잘 해내기 위함이다. 과거 전쟁 시대에는 전투에 능하고, 이길 수 있는 사람이 등용되었다. 이때 자격이나 경력 등의 스펙이나 직급은 묻지도 따지지도 않았다. 간부 선발·임용은 사업을 위해 필요한 사람을 선발하고 조직에 인재가 모자랄 경우 그에 맞는 인재를 배치하면 되지 연공서열에 따라서는 안 된다. 사업발전에 무엇이 필요한가와 간부의 성장 및 진보의 관계를 정확히 파악하여 적합한 간부를 적합한 자리에 배치해야 한다.

선발·임용 방침과 관련, 시진핑 총서기는 "간부에 대한 가장 큰 격려는 정확한 임용이며, 간부 한 사람을 적재적소에 잘 활용하는 것이 주변에 동기 부여가 될 수 있다"고 강조했다. 과감하게 책임지고 실무에 능하며 실적이 뛰어난 간부는 적시에 대담하게 임용함으로써 진정으로 일을 잘하고 성과를 낸다면 조직에 묻히는 일이 없을 것이라는 것을 간부들이 알게 해 주어야 한다. 마땅히 하여야 할 일을 하지 않는 간부는 단호하게 강등시켜 하는 척만 하거나 대충 시간만 때우며 자리보전에만 급급해하는 간부가 되지 않도록 해야 한다.

시진핑 총서기는 품행이 바르고 진취심이 있는 간부를 보호해야 한다고 강조했다. '간부'라는 단어에서 '간(干, 일을 하다)'이 앞에 나오는 것은 직책요구이자 정치에 임하는 본분이기도 하다. 일을 기꺼이 하길 원하고 적극적으로 하고 능수능란하게 잘 하려면 적극성이 가장 중요하다. 당조직은 간부를 엄격하게 관리해야 할 뿐만 아니라 따뜻하게 관심을 가져야 한다. 일을 하고 싶어 하고, 잘하고, 책임감이 있고, 능숙하게 하는 우수한 간부를 격려하기 위해 그는 '3가지로 구분'할 것을 제안했다. 요약하면 하나, 간부가 개혁을 추진하는 과정에서 경험과 선행학습 부족으로 인해 저지른 실수나 시행착오는 뻔히 알면서 고의적으로 범한 기율 위반 및 위법 행위와 구분해야 한다. 둘, 상급자가 불명확하게 제한한 탐구성 시험 중의 실수나 착오는 상급자가 금지를 명한 후에도 여전히 제멋대로 저지르는 기율 위반 및 위법 행위와 구분해야 한다. 셋, 발전을 추동하기 위해 무의식적으로 범한 과실은 권력을 이용해 사리사욕을 꾀한 기율 위반 및 위법 행위와 구분해야 한다. 실수에 대한 관용 제도를 마련하여 간부가 업무를 하는 과정, 특히 개혁, 혁신 과정 중의 실수는 관용적으로 대해야 한다. 실수를 범한 간부를 정확하게 대해 그가 자신의 실수를 인식하고 고치도록 도와주어야 한다. 간부가 저지른 실수의 성질을 뒤섞거나 실수 정도를 확대하여 부당한 처리를 해서는 안 되며, 간부의 실수를 사적 분풀이나 보복에 이용해서도 안 된다. 시진핑 총서기는 "사람은 성현이 아니기 때문에 누구나 실수를 범할 수 있다"고 지적했다. 모든 간부는 이런저런 결점과 단점을 가지고 있으므로 이를 실사구시의 정신으로 정확하게 다루어야 한다. 자초지종을 묻지 않고 무조건적으로 부정해선 안 된다. 앞사람이 가보지 않은 길을 가는 경우, 앞사람이 시도해 보지 않은 일을 시도하는 경우 흠결이나 실수를 피하기 어렵다. 실수를 저질렀을 때 맹목적으로 질책만 한다면 간부의 적극성에 타격을 줄 수 있다. 간부가 과감하게 잡아들이고 관여하며 과감하게 시도한 결과 실수하고 좌절하며 논란의 중심에 처하게 된 경우, 간부가 열심히 일을 하고 실적이 특출함에도 옳지 못한 풍조로 인해 장기적으로 냉대를 당하고 불공정 대우를 받는 경우, 간부가 허위제보로 억울함을 당하고 오해를 받는 경우, 조직은 그들을 대변해 공정한 발언을 하고, 격려하고 용기를 북돋워주고 튼튼한 버팀목이 되어주어야 할 뿐만 아니라 오명을 벗을 것은 벗고, 이름을 밝혀야 하는 것은 밝혀 그들이 부담감을 훌훌 털고 가벼운 마음으로 업무에 매진할 수 있도록 도와주어야 한다.

2018년 7월, 시진핑 총서기는 전국조직업무회의에서 "실무를 숭상하고 책임을 지며 격려하는 방향으로 격려체계를 구축하고 책임을 중요하게 생각하는 선명한 방향을 세우고 구현해야 한다"고 주문했다. 그는 "일을 짊어질 용기가 있는지, 일을 할 마음이 있는지, 일을 할 수 있는 능력이 있는지를 간부를 식별하고 우열을 가리며 상벌과 승진·강등을 결정하는 중요한 기준으로 삼고, 간부가 어떤 일을 하는가, 얼마나 많은 일을 하는가, 한 일이 대중의 인정을 받는가 여부가 간부 선발·임용의 근본의거가 되도록 하여 각급 간부가 소매를 걷어붙이고 열심히 일을 할 수 있도록 격려해야 한다"고 강조했다. 또 "본보기가 되는 격려역할 발휘를 중요하게 여기고 간부가 자신의 부족한 점을 찾고 올바른 방향으로 나아가기 위해 노력하도록 해야 한다. 실질적 어려움을 해결하도록 돕고 심신의 건강에 관심을 가져 많은 간부들이 안심하고 일할 수 있도록 해야 한다. 기층간부, 특히 경제적으로 어려운 지역과 빈곤 퇴치 사업의 최일선에서 분투하는 간부들을 더 많이 이해하고 성원해야 하며 정책과 대우 등에서 우대해 주어야 한다"고 덧붙였다. 중앙조직부가 배포한 〈광범위한 간부가 신시대에 새로운 책임감으로 새로운 성과를 이룩하도록 격려할데 관한 의견〉은 18차 당대회 이후 전면적인 종엄치당이 심도있게 추진되면서 간부가 자의적으로 행동하는 문제가 효과적으로 억제되었지만 소수 간부 사이에 마땅히 하여야 할 일을 하지 않거나 업무를 미루는 행태가 여전하기 때문에 목표성 있는 정책과 조치를 통해 간부를 더욱 엄격하게 관리하고, 간부 격려 업무를 한층 더 강력하게 추진해야 한다고 명시했다. 이런 중요한 사상은 간부 선발·임용 규율에 대한 인식을 심화했고 선발·임용 업무의 과학성과 체계성, 전망성, 창조성을 확대했다.

(3) 간부 승진 및 강등 제도를 추진해야 한다

간부의 '승진 및 강등(能上能下)' 문제에 대한 제도적 해결을 매우 중요시한 시진핑 총서기는 "간부의 이 문제에 대한 제도적 메커니즘을 완비해 간부 퇴직제도와 지도간부 직무임기 제도를 엄격하게 집행하고, 지도 간부에 대한 문책강도를 높이며, 현직 수행에 적합하지 않은 간부에 대한 인사조정 제도를 완비해야 한다. 이를 통해 당과 인민에게 필요한 좋은 간부를 정확히 선발하여 임용하고, 문제가 있거나 능력이 부족한 간부는 인사 조정해야 한다"고 강조했다.

연령에 상관없이 능력에 따라 발탁·승진·강등·퇴출시키는 '능상능하' 정책을 추진함에 있어서 중점은 '강등(能下)' 문제 해결이다. 정치적으로 규칙을 어기고 청렴하지 않으며 업무상 실적도 없고 책임을 지지 않거나 능력이 부족하고 허세만 부리는 지도간부에 대해서는 조직 조정을 단행한다. 반면 충성스럽고 깨끗하며 기꺼이 책임을 감당하는 간부, 일을 할 의욕이 있고, 할 능력이 있으며, 성과를 창출하는 간부는 적시에 임용한다. 이는 간부가 부정(不正)하고 일을 하지 않으며 문란한 등 문제를 철저히 해결한다. 격려, 상벌, 문책 등 일련의 제도적 장치를 통해 양호한 임용 방침과 제도적 환경을 마련한 것은 간부단에 활력을 불어넣었다.

2015년 7월, 중앙이 제정 실시한 〈지도간부의 '능상능하(能上能下)' 추진에 관한 규정(시행)〉은 전면적인 종엄치당과 엄격한 간부 관리의 중요한 조치이다. 승진만 있을 뿐 강등이 없는 문제를 해결하기 위한 제도적 규범이 마련되면서 강등에 대한 기준을 명확히 함은 물론 방식을 규범화했고, 루트를 원활하게 만들었다. 2017년 11월 기준 전국에서 규정에 의거, 인사조정한 현처급 이상 간부 2만8천207명 가운데 성부급 간부는 147명, 청국급 간부는 2천347명, 현처급 간부는 2만5천713명이 포함돼[41] '능력 있는 사

41   「시진핑, 당 건설 사상의 지도 아래 실무 담당-18차 당대회 이후 조직업무 종합 서술」, 인

람은 승진하고, 평범한 사람은 강등되며, 열등한 사람은 도태시킨다'는 방침이 명확해졌다.

(4) 문제 있는 간부 선발을 단호히 방지해야 한다

시진핑 총서기는 간부 선발·임용에 대해 엄격히 관리하고 문제 있는 간부 선발을 단호히 방지해야 한다고 촉구했다. 2016년 8월, 중조부가 배포한 〈'문제 있는 간부 선발' 방지에 관한 의견〉은 '문제 있는 간부 선발' 방지 조치와 함께 발의심사와 임명 전 관리 강화, 검증내용 세분화, 검증방식 개진을 제시하고, 간부 인사기록카드 관리에서 '제기된 문제는 반드시 심사한다', 개인 관련사항 보고에서 '제기된 문제는 반드시 확인한다', 기검감찰기관 의견에서 '제기된 문제는 반드시 경청한다', 규범과 기율 위반을 반영한 문제의 단서가 구체적이고 조사 가능한 민원 제보는 '반드시 조사한다'는 방침을 실천해야 한다고 밝혔다. 선발·임용 업무 중 각급 당위원회(당조직)는 주체적 책임을 확실하게 지고, 당위원회(당조직) 서기는 제 1 책임자로서의 책임을 신중하게 이행하며, 조직인사 부문과 기검감찰기관은 각각 직접책임과 감독책임을 잘 이행해야 한다. 당위원회(당조직)가 상급 당조직에게 추천 보고한 선발 예정이거나 계속 임용할 인선인 경우 후보자의 청렴성과 자율성에 대해 책임을 지고 결론성 의견을 제시하는데 이때 당위원회(당조직) 서기와 기율검사위원회 서기(기검조 조장)는 후보자의 청렴성 및 자율성에 관한 결론성 의견서에 모두 서명하는 '이중서명' 제도를 시행해 간부 선발·임용 업무 책임을 더욱 전면적이고 확실히 이행

민일보, 2018년 7월 3일, 1면.

해야 한다고 명시했다. 이와 함께 '문제 있는 간부 선발' 관련 문책제도를
마련, 완비하고 한 가지 사안을 두 기관에서 조사하는 '1안 2사(一案雙查)'를
실행하며 '문제 있는 상태에서 선발된' 간부는 본인뿐만 아니라 관련 책임
자도 끝까지 조사하고 문책해야 한다. 18차 당대회 이후 중조부는 '문제 있
는 간부 선발' 사안을 특별 관리하여 문제 있는 간부 총 4천75명의 임용과
정을 조사하고 682명의 책임자를 문책했다.[42]

---

42   「간부에 대한 엄격한 관리감독으로 충성, 청렴, 책임감을 촉진한다-18차 당대회 이후 조
      직부문 간부의 감독업무 종합 서술」, 인민일보, 2017년 9월 19일, 1면.

제8장

권력이 제도의 제약을 받도록 해야 한다

시진핑 총서기는 19차 당대회 보고에서 '법에 의한 국가 통치와 당규에 의한 당 관리를 유기적으로 통일하고'[1] '사상으로 당을 건설하고 제도로서 당을 다스리기 위해 노력하며'[2] '당의 정치 건설, 사상 건설, 조직 건설, 기풍 건설, 기율 건설을 전면적으로 추진하고, 제도 건설을 그 안에서 관철시키며'[3] '당의 지도와 건설 각 방면을 아우르는 당내 법규제도 체계를 서둘러 마련하고'[4] 신시대 당 건설과 당 관리·통제 중 제도 건설의 중요한 지위와 역할을 더욱 강화했다고 밝혔다. 18차 당대회 이후 시진핑 총서기는 당내 법규제도 건설에 큰 중요성을 부여하고 "법규제도는 근본성, 전반성, 안정성, 장기성을 가져야 한다"면서 "당내 법규제도 건설 강화는 전면적인 종엄치당의 장기적 방침이자 근본 정책"이라고 강조했다. 또 제도 확립을 당의 건설에서 중요한 위치에 두고 제도 확립으로 당의 각 분야 건

---

1   시진핑, 「전면적인 샤오캉 사회 실현으로 신시대 중국 특색 사회주의 위대한 승리 쟁취-19차 당대회에서의 보고」(2017년 10월 18일), 「19차 당대회 문건 모음집」, 인민출판사, 2017년판, 18면.

2   위의 책, 21면.

3   위의 책, 50면.

4   위의 책, 55면.

설 및 성과를 공고히 해야 한다고 강조했다. 아울러 제도의 집행력을 강화하고 제도의 엄숙성과 권위성을 단호히 수호하여 전면적인 종엄치당을 위한 강력한 제도적 뒷받침을 제공해야 한다면서, 특히 새로운 정세에서 당규와 제도에 의한 당 관리의 참신한 이념 제시는 당을 관리하고 다스리는 방향성을 더욱 분명히 했다고 말했다. 당규와 제도에 의한 당 관리는 당규약에 의거해 당을 관리하고 다스리는 것을 강조한다. 이는 당내 규칙을 제도의 틀 안에 단단히 가두고 권력 운영에 대한 제약과 감독 체계를 완비해 기율과 권력을 관리하고, 당 관리와 통제 중의 법규제도 미흡 문제를 철저히 해결하며, 당내 법규제도의 강제성 제약을 강화함으로써 법규제도의 역량이 충분히 방출되어 '깨진 유리창 이론'에서 말하는 파장과 '허수아비' 현상이 생기지 않도록 방지하는 데 주안점을 둔다.

1. 당규와 제도에 의한 당 관리를 견지해야 한다

법규제도는 근본성, 전반성, 안정성, 장기성을 가져야 한다. 시진핑 총서기는 당 관리와 통제에 두드러지게 존재하는 문제에 대해 전면적인 종엄치당 이론과 실천인식의 심화를 바탕으로 당규와 제도에 의한 치당 방침을 당 관리·통제의 중요한 방침으로 간주했다. 이러한 방침의 지도에서 18차 당대회 이후 당 중앙은 전례 없는 강도로 당내 법규제도 건설을 추진했고 기존 중앙 당내 법규 수의 60%를 초과하는 150여 부의 법규를 잇달아 제정 및 개정하는 등 당내 법규제도 체계를 정비했다.

(1) 당규와 제도에 의한 당 관리의 중요성과 긴박성

시진핑 총서기는 당규와 제도에 의한 당 관리는 역사의 경험과 다방면의 현실 상황에 대한 고려가 밑바탕이 되어야 한다고 말했다.

1) 국정운영과 당 관리·통제의 역사적 경험 집대성

시진핑 총서기는 "국정운영의 역사적 경험을 교훈으로 삼고 제도를 통해 권력을 규범화한 역사적 지혜를 귀감으로 삼아야 한다"고 강조했다. 제18기 공산당 중앙정치국 제 5차 집단학습에서 그는 선현들이 권력을 규제하고 부패를 방지하기 위해 제정했던 제도의 중요한 역할을 상세히 설명하면서 "우리의 선인들은 일찍이 반부패와 청렴제창의 핵심이 권력에 대한 제약과 감독에 있다는 것을 깨달았다"고 지적했다. 중국은 고대에 감찰, 어사, 탄핵, 간관(諫官) 등 분야의 제도가 있었다. 이런 제도는 역대 반부패 청렴제창에서 중요한 역할을 발휘했고 관련 제도의 확립을 추진하는 데도 귀감이 되었다.[5]

당의 역사를 살펴보면 중국공산당은 대대로 규칙을 중요시해 왔다. 1938년 당 6기 6중전회에서 마오쩌둥 동지는 '당내 법칙'이라는 중요한 개념을 제시해 당내 관계를 올바른 궤도로 올려놓기 위해 "반드시 상세한 당내 법규를 제정하여 각급 지도기관의 행동을 통일시켜야 한다"고 강조한 바 있다.[6] 개혁개방 새 시기, 덩샤오핑 동지는 "국가에는 국법이, 당에는 당규와 당법이 있어야 한다", "당규와 당법이 없으면 국법이 보장 받기 어렵

---

5   「시진핑의 당풍·청렴정치 확립 및 반부패 투쟁에 관한 논술 요약집」, 중앙문헌출판사, 중국방정출판사, 2015년판, 124면.

6   「마오쩌둥선집」 제2권, 인민출판사, 1991년판, 528면.

다"고 강조하며[7] 당내 법규의 지위와 역할 및 당규와 국법의 관계를 깊이 있게 설명했다. 2013년 7월, 시진핑 총서기는 허베이성에서 당의 군중노선 교육실천활동을 조사 지도할 때 시바이포(西柏坡) 기념관에 전시된 당 7기 2중전회에서 제시한 6조 규정-'일, 환갑연이나 고희연을 하지 않는다. 이, 선물을 주지 않는다. 삼, 주연을 적게 베푼다. 사, 무턱대고 남의 의견에 찬성하지 않는다. 오, 지명에 인명을 사용하지 않는다. 육, 중국 동지를 마르크스, 엥겔스, 레닌과 나란히 두지 않는다'-에 대해 설명한 게시판을 가리키며 "환갑이나 고희연을 하지 않는다는 조항은 잘 지켜지고 있다. 선물을 주지 않는다는 조항은 여전히 문제가 있기 때문에 '4풍' 척결 운동을 지속적으로 펼쳐 이 문제를 해결해야 한다. 주연을 적게 베푼다는 조항에서 현재 관공비로 술을 마시는 행위는 억제되었지만 관건은 지속성에 있다. 무턱대고 남의 의견에 찬성하지 않는다는 조항은 우리도 제창했다. 지명에 인명을 사용하지 않는다는 조항은 계속 견지해 왔다. 중국공산당은 이 6가지 조항을 똑바로 인식하고 있다"며 "여기는 규칙을 세운 곳이고 우리 당은 규칙과 제도의 제정과 집행을 통해 당의 기풍과 기강 확립을 강력하게 추진해 왔다"고 말했다.[8]

2) 당 관리·통제에서 나타나는 '느슨함, 해이함, 물렁함' 문제 해결의 시급성

시진핑 총서기는 최근 몇 년 발생한 지도간부가 연관된 중차대한 사안을 깊이 분석한 결과, "그 중요한 원인은 일부 분야의 불완전한 체제와

---

7 「덩샤오핑선집」 제2권, 인민출판사, 1994년판, 147면.
8 「당이 직면한 '시험준비 과제 완성'까지는 아직 갈 길이 멀다-시진핑, 시바이포(西柏坡) 재방문기」, 인민일보, 2013년 7월 14일, 1면.

제도에 있었다"[9]며 제도가 보다 효율적으로 부패를 방지하려면 그 관건은 권력 운용에 대한 제약과 감독을 강화하는 데 있고, 권력 운용에 대한 제약과 감독 체계를 완비하려면 인민이 권력을 감독하게 하고 권력이 투명하게 운용되도록 해야 하며, 권력을 제도의 '우리' 안에 가두어 "감히 부패하지 못하게 하는 징계 장치와 부패할 수 없게 하는 예방 장치, 부패를 생각조차 못하게 하는 보장 장치를 마련해야 한다"고 지적했다.[10]

시진핑 총서기는 당 관리와 통제의 문제를 출발점으로 하여 당규와 제도에 의한 당 관리의 긴박성을 심도 있게 설명했다.

가. 당 관리와 통제가 '느슨함으로 무너진' 문제

시진핑 총서기는 '외양간에 고양이 가두기'라는 표현으로 당내 법규제도 체계의 불완전성을 비유했다. 그는 "완벽한 제도 없이는 권력을 제도의 '우리'에 가둘 수 없으며 부패현상도 억제할 수 없다. 고양이를 외양간에 가둔다면 구멍이 너무 커서 고양이가 제멋대로 나다닐 수 있다"고 지적했다.[11] 제도 집행에서 대다수의 문제는 정책규정이 없어서가 아니라 정책규정이 있어도 제대로 집행하지 않기 때문에 발생한다. 일부 정책규정은 구속성과 강제성 요구를 명시해도 '허수아비'나 장식품으로 전락한다. 기존의 제도를 제대로 집행하지 않은 채 새 제도를 만들어봤자 소용이 없을

---

9   「시진핑의 당풍·청렴정치 확립 및 반부패 투쟁에 관한 논술 요약집」, 중앙문헌출판사, 중국방정출판사, 2015년판, 124면.

10 위의 책, 121면.

11 「시진핑의 당풍·청렴정치 확립 및 반부패 투쟁에 관한 논술 요약집」, 중앙문헌출판사, 중국방정출판사, 2015년판, 125면.

것이다. 모름지기 '계획이 1할, 실천이 9할'이다.[12] 그는 법규제도가 제대로 집행되지 않고 정착하지 못한다면 그 원인은 책임이 불명확하고 상벌이 엄격하지 않으며, 위반해도 법규제도에 어떻게 처벌해야 할지에 대한 조항이 없기 때문이라고 지적했다.

나. 당 관리와 통제가 '해이함으로 무너진' 문제

시진핑 총서기는 규칙에 대한 제약 부재로 인한 기강 해이가 당의 커다란 우환이 되었다고 지적했다. 구체적으로 살펴보면, 일부 지방과 부처는 중앙의 방침정책과 중대한 정책 배치를 따르는 척 하면서 위반하는가 하면 일부는 당의 정치기율 수호를 중요하게 생각하지 않으며, 정치기율은 '물렁하고 뜬구름 같은 것'이라 여겨 정치기율을 위반하는 잘못된 언행을 삼가지 않고, 보고하지 않으며, 제지하지 않고, 이에 맞서 싸울 생각도 하지 않는다. 조사와 처벌은 더 말할 나위가 없다.[13] 일부 당원과 간부는 이상과 신념을 잃고 당에서 당을 위하지 않고 당을 믿지 않으며 풍수미신을 믿고 당성을 완전히 상실했으며 기율관념이라곤 1도 없다.[14] 일부 당원과 간부는 개인주의, 자유주의 편향성이 심각하고 조직 관념이 희박하며 조직기율을 무시한다. 파벌정치를 신봉해 인맥 중심으로 구성된 '계파 문화'를 만들고 하루 종일 인맥을 쌓고 연줄을 대고 XXX가 누구의 사람인지, 누

---

12 「시진핑의 당풍·청렴정치 확립 및 반부패 투쟁에 관한 논술 요약집」, 중앙문헌출판사, 중국방정출판사, 2015년판, 129면.

13 위의 책, 373면.

14 「시진핑의 엄정한 당 기율과 규범에 관한 논술 요약집」, 중앙문헌출판사, 중국방정출판사, 2016년판, 120면.

전면적인 종엄치당에는 마침표가 없다

가 발탁했는지, 누구와 관계를 맺어야, 누구와 가까워져야, 누구에게 아첨을 해야 자신에게 이로운 지를 연구하느라 여념이 없는 간부도 있다. 일부 당원과 간부는 기본적 규칙도 지키지 않고 제도의식과 두려워하는 마음이라곤 눈씻고 찾기 어려우며, 공직자로서 최소한의 마지노선도 부족하고, 아무 거리낌 없이 제멋대로 어떤 말도 서슴지 않으며 무슨 일이든 대담하게 한다.[15]

다. 당 관리와 통제가 '물렁함에 무너진' 문제

당이 당을 관리하는 문제에서 일부 지방과 단위는 당원 간부, 특히 지도간부에 대한 교육, 관리, 감독이 소홀하다. 일부 기층 당조직은 지도력이 약하고 책임의식도 부족하며 전투 보루로서의 역할이 약하고 심지어 어떤 곳은 연약하고 산만하며 형식만 그럴듯하게 갖추었지 실상은 마비 상태나 진배없다. 일부 당원은 선봉대 의식이 희박하고 조직기율성이 약하며 제대로 된 역할을 발휘하지 못하고 있기 때문에 당원 교육 관리를 더 강화해야 한다. 종엄치당에서 일부 당원 간부는 '호인주의'를 신봉해 기율 위반 행위를 방임하며 부화뇌동하고 저항도 투쟁도 하지 않는다. 지방에서 오랫동안 방치한 일부 사건을 파헤쳐보면 부패 기득권 세력의 비리사건인 경우가 다반사다. 입으로는 반부패를 외치지만 뒤로는 지도간부 관련 문제의 단서조차 조사하지 않고 보고도 하지 않는다. 일부 지도간부는 인정상 혹은 사익에 유혹되어 원한관계가 되지 않을까, 자신에게 불리하

---

15 「시진핑의 엄정한 당 기율과 규범에 관한 논술 요약집」, 중앙문헌출판사, 중국방정출판사, 2016년판, 72면.

지 않을까 걱정하며 사심과 잡념으로 불합리한 행동도 마다않는데 이는 당성과 책임감이 부족하기 때문이다.[16]

　　시진핑 총서기는 상술한 역사와 현실의 복잡한 요소에 기반해 당규와 제도에 의한 치당 방침을 제시했다. 2014년 10월, 그는 당의 군중노선교육실천활동 결산 회의에서 "사상을 통한 당 건설 방침과 제도를 통한 치당 방침을 긴밀히 결합하고 양방향에서 동시에 힘을 실어 제도를 통한 치당을 강화하는 과정이 사상으로 당 건설을 강화하는 과정이 되도록 하고, 사상으로 당 건설을 강화하는 과정이 제도에 의한 당 관리를 강화하는 과정이 되도록 해야 한다"고 제시했다.[17] 당 18기 4중전회는 〈전면적인 법치 추진을 위한 몇 가지 중대 사안에 관한 중공중앙의 결정〉을 심의해 통과시키고 '완비된 당내 법규체계 구축'을 전면적인 법치국가 건설 목표 추진의 중요한 내용으로 확정하는 한편, '당내 법규는 당 관리·통제의 중요한 의거이자 사회주의 법치국가 수립의 강력한 보장'이고 '당의 기율은 당내규칙이다. 당규와 당 기율은 국가 법률보다 엄격해야 한다'고 강조했다. 이를 통해 당내 법규제도 확립 강화를 위한 포석을 마련했다. 2015년 1월, 그는 18기 중앙기율검사위원회 5차 전체회의에서 처음으로 규범을 정치규범으로 격상시키고, 당내 규범의 중요한 의미를 한층 더 상세히 설명하면서 "규범이 없으면 정당이 될 수 없고 마르크스주의 정당은 더더욱 될 수 없

16　시진핑, 「18기 중앙기율검사위원회 제6차 전체회의에서의 연설」(2016년 1월 12일), 인민일보, 2016년 5월 3일, 2면.

17　시진핑, 「당의 군중노선 교육실천활동 결산 회의에서의 연설」(2014년 10월 8일), 인민일보, 2014년 10월 9일, 2면.

다"고 지적했다.[18] 6월, 그는 공산당 중앙정치국 상무위원회 회의에서 순시업무조례 수정안을 심의하면서 당규에 의한 당 관리의 범주를 제시하고, 기율과 규범을 바로 세우고 엄격하게 집행해야 한다고 말했다. 10월, 그는 당 18기 5중전회에서 당규에 의한 당 관리와 법치주의를 나란히 두고 논하며 각급 당위원회(당조직)는 전면적인 종엄치당과 당규에 의한 당 관리, 지도부 건설 강화를 견지하고, 당내 감독체계와 당내 법규제도를 완비하고 중앙의 8항 규정 정신을 끝까지 견지하여 당풍청렴건설 및 반부패를 심화해 나가야 한다고 지적했다.[19] 2016년 1월, 그는 18기 중앙기율검사위원회 6차 전체회의에서 "전면적인 종엄치당과 당규에 의한 당 관리를 견지하고 현상과 근원을 동시에 다스려 정치 생태계를 정화해야 한다"고 강조했다. 12월, 그는 당내 법규제도 확립 강화에 대해 중요한 지침을 제시하고, 법치와 제도·당규에 의한 당 관리를 총괄적으로 추진하고 확립해 창당 100주년 때 비교적 완비된 당내 법규제도 체계를 구축할 것을 주문했다. 제도와 당규에 의한 당 관리는 새로운 정세에서 당 통제·관리의 기본방침으로 자리매김했다.

3) 권력 운용과 감독체계 완비의 필연적 요구

제도와 당규에 의한 당 관리의 강조점은 당규와 당 기율에 대한 감독

---

18   시진핑, 「기강 확립을 강화하고 기율과 규범 준수를 보다 중요한 위치에 두어야 한다」(2015년 1월 13일), 「18차 당대회 이후 주요 문헌 선집」(종), 중앙문헌출판사, 2016년판, 347면.

19   「시진핑의 엄정한 당 기율과 규범에 관한 논술 요약집」, 중앙문헌출판사, 중국방정출판사, 2016년판, 127면.

을 통해 권력을 규범화하고 당원 지도간부의 권력남용을 방지하는데 있으
며, 그 핵심은 권력운용에 대한 제약과 감독체계를 완비하여 권력을 제도
권 안으로 끌어 들이는 데 있다. 시진핑 총서기는 국가의 권력은 '신기(神
器)'로 신성한 것이고, 공권력의 성씨는 '공(公)'이므로 반드시 '공적인 일'
을 위해 써야 하며, 공권력이 행사되는 곳에는 반드시 규제와 감독이 뒤따
라야 하고 권력을 제도권 안으로 끌어들이지 않으면 공권력 남용 현상은
끊이지 않을 것이라고 지적했다.[20] 2013년 1월, 그는 18기 중앙기율검사위
원회 2차 전체회의에서 처음으로 '권력을 제도의 틀 안에 넣자'는 방안을
제시했다. 제도의 틀은 법률의 틀이자 당 기율과 당규의 틀을 포함하는데
가장 중요한 것은 당 기율과 당규의 틀이며, 이를 잘 관리하는 것은 전면적
인 종엄치당의 중요임무라고 강조했다. 2014년 1월, 그는 18기 중앙기율검
사위원회 3차 전체회의에서 권력을 제도의 틀 안에 넣으려면 우선 틀을 잘
만들어야 하는데 만약 틀이 너무 느슨하거나 촘촘하더라도 문을 닫아두지
않는다면 자유롭게 드나들어 틀로서의 제 기능을 발휘할 수 없다고 말했
다.[21] 2015년 10월, 그는 18기 공산당 중앙정치국 상무위원회 제 119차 회
의가 중국공산당 청렴준칙, 당 기율 처분조례 수정안 심의 시, "우리는 현
재 당규와 당 기율의 틀을 잘 관리해 당의 기율을 전체 당원, 특히 당원 지
도간부의 마음 속에 각인시켜야 한다는 점을 각별히 유념해야 한다"고 지
적했다.[22] 2016년 1월, 그는 18기 중앙기율검사위원회 6차 전체회의에서

---

20   시진핑, 「새로운 출발점에서 국가감찰체제 개혁 심화」, 구시, 2019, 제5호.
21   「시진핑의 전면적 종엄치당에 관한 논술 요약집」, 중앙문헌출판사, 2016년판, 200면.
22   위의 책, 111-112면.

기강 확립을 위해 우선 제도를 개선하고 당내 규칙체계를 완비하며 당 기율과 당규의 틀을 잘 관리해야 한다고 강조했다.[23]

시진핑 총서기는 당 기율과 당규의 틀을 잘 관리하고 규칙을 세우며 제도를 마련하는 데는 명확한 방향성이 있어야 한다고 지적했다.

첫째, 당내 암묵적 규칙 타파를 지향해야 한다. 당내 존재하는 암묵적 규칙, 특히 일부 당원 간부는 일을 처리할 때 조직이 아닌 지인과 인맥관계에 의지하며, 형형색색의 인맥네트워크가 갈수록 치밀해지고, 각 분야의 암묵적 관행이 쓰면 쓸수록 잘 먹히는 현상이 있다. 이와 관련, 시진핑 총서기는 2014년 3월 12기 전인대 2차 회의 안후이(安徽) 대표단 심의 참석 시 규칙과 제도에 따라 권력을 행사하고 권력을 제도의 틀 안에 넣어야 하며, 어떤 경우에도 특권을 행사하지 말고 권력으로 사익을 도모해서는 안 된다고 강조했다.[24] 5월, 그는 허난(河南)성 란카오현위원회 상무위원회 주제 민주생활회에 참석했을 때 "암묵적 규칙을 타파하는 근본적인 대책은 명시적 규칙을 강화해 올바름으로 그릇을 눌러 당내 및 사회에서 암묵적 규칙이 토양과 통로, 설 자리가 없도록 하는 것"이라면서 "당 전체, 모든 계급조직, 모든 당원과 간부가 당의 조직제도와 당의 법규 기율을 엄수하고, 당에 충성하고 광명정대하며 당당하고 공정하도록 해야 한다"고 지적했다.[25]

---

23   시진핑, 「18기 중앙기율검사위원회 제6차 전체회의에서의 연설」(2016년 1월 12일), 인민일보, 2016년 5월 3일, 2면.

24   「시진핑, 리커창, 장더장, 류윈산, 왕치산, 장가오리, 각각 전인대 회의 일부 대표단 회의 심의 참석」, 인민일보, 2014년 3월 10일, 1면.

25   「시진핑의 전면적 종엄치당에 관한 논술 요약집」, 중앙문헌사, 2016년판, 28면.

둘째, 제도 확립을 통한 반부패 투쟁을 지향해야 한다. 2015년 6월, 시진핑 총서기는 18기 공산당 중앙정치국 제24차 집단학습을 주재하면서 "불량 풍조와 부패 현상이 쉽게 발생하는 토양을 제거하려면 근본적으로 법규제도에 의존해야 한다"고 지적했다. 중국공산당은 장기 집권으로 거대한 정치적 우위를 지니고 있지만 동시에 엄준한 도전에도 직면해 있기 때문에 당의 각급 조직과 인민의 역량에 의지해 당의 건설, 관리, 감독을 부단히 강화하고 개선해야 한다. 제도를 잘 만들고 규칙을 잘 세우고, 법규제도 확립을 반부패와 청렴제창 각 분야에 관철시키고, 권력의 각 분야를 제약하고 감독해 법규제도의 격려 및 규제 역할을 발휘해야만 부패 만연을 억제할 수 있는 '제방'을 쌓을 수 있고 감히 부패하지 못하고, 부패할 수 없으며, 부패를 생각조차 못하게 하는 효과적인 메커니즘을 구축할 수 있다.[26] 반부패는 지엽적인 문제와 근원적인 문제를 동시에 해결해야 한다. 한편 근원적인 문제의 해결 관건은 권력을 제도권 안으로 끌어들이는 데 있으며, 이를 위해서는 관리제도를 부단히 혁신하고 당이 자신에 대한 감독을 확실히 강화해야 한다. 18차 당대회 이후 당 중앙은 당규약에 입각해 당을 관리하고 다스린 실천 경험을 총정리하여 당내 법규들을 잇따라 공포, 시행함으로써 전면적인 종엄치당 및 현상 및 근원의 동시 해결을 추진하는 중요한 제도적 성과를 거두었다.

셋째, 엄정한 기율을 지향해야 한다. 시진핑 총서기는 당의 기율 규정은 정세와 당 건설의 필요성에 따라 계속적으로 다듬어 체계적인 배치

26　「시진핑의 엄정한 당 기율과 규범에 관한 논술 요약집」, 중앙문헌출판사, 중국방정출판사, 2016년판, 61면.

　전면적인 종엄치당에는 마침표가 없다

와 내실, 실용성을 보장해야 할 뿐만 아니라 현실과의 괴리성, 내용의 모호성, 시대 낙후성을 방지해야 한다고 지적했다.[27] 기율의 틀은 정세와 임무 발전의 필요에 따라 당원과 당원 지도간부가 접근가능하고 가시적이며 실행가능한 표준이어야 하며, 당조직과 당원이 저촉할 수 없는 마지노선을 정해 당 기율의 척도를 만들어야 한다. 의지할 기율이 있어야만 기율을 엄정히 할 수 있다.

넷째, 권력 남용 방지를 지향해야 한다. 시진핑 총서기는 "인민대중은 각종 특권적 현상을 가장 증오한다"며 "당 기율과 당규제도를 완비하고, 당내 권력 운용과 감독기제를 개선해 권한에 상응하는 책임을 지도록 하며 특권을 단호히 반대하고 권력남용을 방지해야 한다"고 강조했다. 집권당은 자원에 대한 지배 권력이 매우 크기 때문에 권력리스트를 만들어 사용 가능한 권력과 사용할 수 없는 권력을 구분하고, 공적 권력과 사적 권력을 구분해 공권력을 사적으로 사용할 수 없도록 해야 한다. 시진핑 총서기의 이러한 깊이 있는 논술은 본질적으로 권력 남용을 뿌리 뽑겠다는 의지의 표현이다.

(2) 당내 법규 및 제도를 완비하는 원칙

제도방면에 존재하는 문제에 대해 시진핑 총서기는 제도의 틀, 당규와 당 기율의 틀, 당내 규칙의 틀을 철저히 관리하고, 해도 되는 일과 해서는 안 되는 일, 이렇게 해야 하는 일과 저렇게 해야 하는 일, 어떤 일이 개

---

27 시진핑, 「당의 군중노선교육 실천활동 결산 회의에서의 연설」(2014년 10월 8일), 인민일보, 2014년 10월 9일, 2면.

인 대 조직, 조직 대 개인, 조직 대 조직의 일인지, 어떤 일이 절차를 간략화해서 할 수도 있는지, 어떤 일이 절차대로만 따라야 하는지, 어떤 일이 민주를 선양하는지, 어떤 일이 집중을 견지해야 하는지, 어떤 일이 자기 스스로 결정할 수 있는지, 어떤 일이 상부에 품의하고 보고해야 하는지에 관해 당내 법규제도 체계를 구축하고 완비해야 한다고 언급했다. 2015년 3월, 그는 12기 전인대 3차 회의 상하이 대표단 심의에 참가해 관련 제도를 구축 완비하고 제도로 권력, 일, 사람을 관리해야 한다고 지적했다. 중점을 두드러지게 하려면 효율적인 관리가 중요하며, 이를 위해서는 전방위적으로 제도의 틀을 단단히 하고, 제도를 통한 치당, 권력과 관료 관리를 더 많이 해야 한다.[28] 당내 법규에 존재하는 문제에 대해 시진핑 총서기는 중앙의 요구, 대중의 기대, 실제 수요, 참신한 경험을 결합하여 제도의 체계성과 효율성의 원칙에 입각해 새로운 법규제도를 제정하고, 기존의 법규제도를 완비하며, 실정에 적응하지 못하는 법규제도를 폐기해야 한다고 강조했다. 아울러 당내 법규제도 확립의 과학화 수준 제고에 대해 3가지 원칙을 제시했다.

첫째, 시스템을 완비하고 과학성과 규범성에 중점을 두어야 한다. 2015년 6월, 시진핑 총서기는 18기 공산당 중앙정치국 제 24차 집단학습을 주재하면서 당내 법규제도 확립은 '미연에 방지하기'와 '발생 후 금지'를 강조해야 하며, 당원과 간부에게 고압선을 세우고 경계선을 그어 규범적 선도와 통제, 경각심 고취, 징계를 통한 억지력의 역할을 발휘하도록 해야 한다고 지적했다. 시스템을 완비하고 각 부분을 잘 연결하며 당내 법규

28   「시진핑의 전면적 종엄치당에 관한 논술 요약집」, 중앙문헌출판사, 2016년판, 110면.

제도를 완비하고 체제 메커니즘을 마련하려면 당내 법규와 국가 법률의 연계와 조율에 주목해 당규약을 기본으로 하고, 약간의 당내 법규가 뒷받침하는 당내 법규제도 체계를 구축해야 한다. 체계적인 행정관리시스템을 확립, 시행하되 산발적인 실시나 편린화된 수정과 보완은 기피하면서 반부패·청렴제창의 법규·제도적 틀을 촘촘하고 튼튼하며 빈틈없이 짜려면 반드시 전후, 좌우, 상하 제도의 연동과 체계적 집대성을 이뤄야 한다.

둘째, 실용성적이고 효과적이며 목적성과 실효성에 중점을 두어야 한다. 2014년 10월, 시진핑 총서기는 당의 군중노선 교육실천활동 결산 회의에서 제도는 수량보다는 내용과 실용성이 중요하고 맞춤성과 실효성이 부각되어야 한다고 지적했다.[29] 12월, 그는 장쑤성 시찰업무 시, 당의 건설 실천경험을 진지하게 결산하면서 비교적 성숙하고 보편적으로 적용할 수 있는 경험을 적시에 제도로 승격시키고, 정기적인 평가, 정리, 개정 제도를 마련해 보충할 것은 보충하고, 연계할 것은 연계하며, 대체할 것은 대체하여 당내 각 항 법규제도의 편의성과 효율성을 높임으로써 전면적인 종엄치당 추진과정에서 중대한 역할을 발휘하도록 해야 한다고 강조했다.[30]

셋째, 간편하고 실행하기 쉬우며 조작가능성에 중점을 두어야 한다. 시진핑 총서기는 18기 중앙기율검사위원회 5차 전체회의에서 '3대 기율, 8항 주의'는 간단한 몇 가지 조항으로 구성되어 있어서 기억하기 쉽고 집행하기도 간편하다고 강조했다. 한고조 유방이 함양성에 들어가 번쾌와 장량의 충고를 받아들여 약법삼장(約法三章)을 제시했다. 약법삼장은 '살인하

---

29   시진핑, 「당의 군중노선교육 실천활동 결산 회의에서의 연설」(2014년 10월 8일), 인민일보, 2014년 10월 9일, 2면.

30   「시진핑의 전면적 종엄치당에 관한 논술 요약집」, 중앙문헌출판사, 2016년판, 107면.

는 자는 죽게 될 것이고 사람을 다치게 하거나 도둑질 하는 자에게는 죄값을 물을 것'이라는 짧은 두 구절로 이뤄져 있다. 그는 번잡한 청렴자율 준칙을 간단하게 개정하고 중점을 드러나게 하며 시대의 폐단을 겨냥하고 지도간부의 정치활동 과정 중 불거지는 문제를 해결함으로써 많은 당원과 간부들이 한눈에 알아볼 수 있도록 일목요연하게 정리해야 한다고 주문했다.[31] 아울러 당내 법규제도 확립은 반드시 구성요소가 완전히 구비되어야 하고 격려와 징계를 동시에 갖추어 준수자는 표창과 장려를, 위반자는 엄벌을 받도록 하며, 집행, 감독, 검사, 문책이 가능하도록 해야 한다고 덧붙였다.

2. 당규약은 당을 관리하고 다스리는 총규약이다

당규약에 따라 당을 관리하고 다스리는 것은 당규와 제도에 의한 당관리의 핵심 내용이다. 당규약은 당의 근본법이자 당 전체가 반드시 준수해야 할 총 규칙이다. 당규약에 따른 당 관리 및 통제는 전면적인 종엄치당의 총체적 요구이다. 18차 당대회 이후 시진핑 총서기는 당규약 학습, 당규약 준수, 당규약 관철, 당규약 수호를 반복적으로 강조했고, "당규약으로 당의 지도를 통솔하고 기강 확립을 통섭하며 당규약 한 부로 당 전체를 관리해야 한다"고 지적했다. 당규약에 따른 당 관리와 통제는 당규약의 집행

---

31   「시진핑의 엄정한 당 기율과 규범에 관한 논술 요약집」, 중앙문헌출판사, 중국방정출판사, 2016년판, 57-58면.

을 중점적으로 강조하고, 당규약의 집행 강화 과정 중 당 관리·통제의 실천혁신, 제도혁신, 이론혁신을 심화할 것을 강조한다. 시진핑 총서기는 "당내 법규제도를 완비하고 반드시 당규약을 근본적 의거로 견지하며 당규약 존숭과 당규약 관철, 당규약 수호를 부각시키고, 당규약 요구의 구체화에 주력해야 한다"며 "개혁개방 이후 특히 최근 당 중앙이 내놓은 중요 문건과 당내 법규 중 관련 규정과 요구를 시스템화하고 각 항 당내 법규의 제도화, 규범화, 절차화를 추진해야 한다"고 지적했다.

(1) 당규약에 따라 당을 관리하고 다스려야 한다

18기 중앙 출범 초기, 시진핑 총서기는 당규약에 따른 당 관리 및 통제의 중요한 요구에 대한 요지를 설명하면서 "당규약은 당 전체의 행위를 규범하고 지도하는 총 장정(章程)으로 전체 당 동지의 사상을 당규약으로 통일시켜 자발적으로 당규약에 따라 행동하게 하는 데 매우 중대한 의미를 지닌다"고 강조했다. 2012년 11월, 그는 중국 공산당 기관지 인민일보에 발표한 '당규약을 진지하게 학습하고 엄격히 준수하자' 제하의 글에서 "당규약은 당의 총 장정으로 당의 성격과 취지, 당의 이론과 노선, 방침, 정책, 당의 중요한 주장을 집중적으로 구현했고, 당의 중요 제도와 체제 메커니즘을 규정했다. 당규약은 당 전체가 반드시 함께 준수해야 하는 근본적인 행위규범"이라면서 "당규약은 당의 근본법이자 당 전체가 반드시 준수해야 하는 총 규칙"이라고 지적했다. 또 "당규약을 성실하게 학습하고 엄격하게 준수하는 것은 당 건설 강화의 기초적인 일상 업무이자 당 동지 전원이 지켜야 할 의무 및 장엄한 책임이며, 당 전체의 당규약 의식 강화 및 당의 창조력과 응집력, 전투력 증강에 매우 중요한 역할을 발휘한다. 아울러 당내 제도시스템을 구축하고 완비함에 있어서는 당규약을 근본 의거로 삼아야 한다. 각급 당조직과 당원, 간부의 행동을 판단함에 있어서는 당규약을 기준으로 삼아야 한다. 당내 갈등을 해소함에 있어서는 당규약을 근본 규칙으로 삼아야 한다"고 언급했다.[32] 12월, 그는 수도권 각계의 현행 헌법 공포 시행 30주년 기념대회에서 "새로운 정세에서 중국공산당이 집권을 통한 국가 부흥의 중대한 직책을 잘 이행하기 위해서는 반드시 당규약에 따른 종엄치당, 헌법에 따른 국정운영을 실천해야 한다"고 지적했다.[33] 2016년 1월, 그는 18기 중앙기율검사위원회 6차 전체회의에서 전면적인 종엄치당은 우선 당규약을 존숭해야 한다면서 당규약의 총 장정은 '당의 자체적 관리와 종엄치당을 견지한다'고 분명히 제시했고 이는 당 건설의 근본방침이라고 말했다.[34] 4월, 안후이 시찰 시 당규약은 당의 근본법으로 전면적인 종엄치당의 의거 및 준칙이자 전체 당원의 언행을 규범화하는 총 규칙 및 준칙이라고 지적했다.[35] 이러한 중요한 논술은 당규약에 따른 당 관리와 통제에 대한 시진핑 총서기의 중요한 관점을 분명하게 나타낸다.

---

32   시진핑, 「당규약을 진지하게 학습하고 엄격히 준수하자」(2012년 11월 16일), 인민일보, 2012년 11월 20일, 1면.

33   시진핑, 「수도권 각계 현행 헌법 공포 시행 30주년 기념대회에서의 연설」(2012년 12월 4일), 「18차 당대회 이후 주요 문헌 선집」(상), 중앙문헌출판사, 2014년판, 91면.

34   시진핑, 「18기 중앙기율검사위원회 제6차 전체회의에서의 연설」(2016년 1월 12일), 인민일보, 2016년 5월 3일, 2면.

35   「시진핑, 안후이 시찰…'제13차 5개년 계획 요강을 전면적으로 실시하고, 개혁과 혁신을 강화하여 발전의 새 국면 열어야」, 인민일보, 2016년 4월 28일, 1면.

전면적인 종엄치당에는 마침표가 없다

(2) 당규약 의식을 일깨우고 당규약의 권위를 수호해야 한다

당규약에 따른 당 관리와 통제는 당규약의식을 일깨우고 당규약의 권위를 수호해 당 전체에 당규약의 권위성과 엄정성을 함께 수호하도록 호소해야 한다. 2012년 11월, 시진핑 총서기는 '당규약을 진지하게 학습하고 엄격히 준수하자'는 제목으로 인민일보에발표한 글에서 당 전체가 당규약의식을 굳건히 수립하고 당규약을 당성수양 강화의 근본 기준으로 삼고, 당의 업무와 당내 활동, 당 건설의 근본 의거로 삼아 당규약의 각 항 규정이 각 항 사업에서 실행될 수 있도록 해야 한다고 말했다. 2013년 1월, 그는 18기 중앙기율검사위원회 2차 전체회의에서 엄정한 정치기율 관리는 당규약을 준수하고 수호하는 데서 시작되며, 모든 공산당원, 특히 지도간부는 당규약의식을 확립하고 당규약으로 자신의 모든 언행을 규범화하며 어떤 경우에도 정치적 신념을 지키고 정치적 입장을 고수하며 정치적 방향이 기울어지지 않도록 해야 한다고 강조했다. 2014년 1월, 그는 18기 중앙기율검사위원회 3차 전체회의에서 "당규약이 규정한 '4개 복종'은 당의 가장 기본이 되는 조직원칙이자 가장 근간이 되는 조직기율이다. 당 동지 전원에게 당 의식과 조직 의식을 강화할 것을 요구하라"고 촉구했다. 2015년 10월, 그는 청렴정치 준칙 및 당 기율 처분 조례 수정안 심의를 위한 18기 공산당 중앙정치국 상무위원회 제119차 회의에서 당규약을 근본 준수지침으로 견지하고 엄정한 기율로 당규약의 권위를 수호해야 한다고 강조했다. 그러면서 "당규약은 당의 근본법이다. 전면적인 종엄치당을 실현하기 위해서는 우선 당규약을 존숭해야 한다. 이번 2개항의 법규 개정은 당원과 간부에 대한 당규약의 기율요구와 청렴자율 요구를 전면적으로 정리했다. 이는 당규약 규정에 대한 구체화 작업이다. 중국공산당은 2

개항 법규를 집행하는데 고상한 도덕적 정조를 수립하고 기율계척을 엄격히 관리하며 이는 당규약의 권위를 세우는 과정이다"라고 지적했다.[36] 12월, 그는 전국당교업무회의에서 "많은 지도간부가 잘못을 저지르고 나서 최후 참회록에서 당규약과 당규·당 기율을 잘못 이해했고 이에 익숙하지 않았다며 일이 터지고 나서 다시 학습한 후 그 이치를 깨닫고 놀라움을 금치 못했다고 기술했다. 당규약과 당규·당 기율을 철저히 학습하고 파악하며, 자발적으로 준수해야 부패비리를 미연에 방지할 수 있고 일부 간부가 오늘 '좋은 간부'였다가 내일 '수감자'로 전락하는 현상을 방지할 수 있다"고 말했다. 또 중앙기율검사위원회 각급 당교 수업내용에 대해 조사를 실시한 결과, 당교가 개설한 당규약과 당규·당 기율 학습과정이 총 과정에서 차지하는 비중은 2.5%로 매우 낮다고 설명했다. 이 문제와 관련, 그는 당규약 학습을 당성교육의 중요내용으로 삼아 각급 간부들이 자발적으로 당규약을 학습하고 준수하며 관철하고 수호하도록 이끌어 당규약이 진정으로 내재화되고 행동으로 외연화되도록 해야 한다고 강조했다. 2016년 1월, 그는 18기 중앙기율검사위원회 6차 전체회의에서 각급 당위와 기율위는 우선적으로 당규약을 수호하고 당의 노선과 방침, 정책과 결의 상황의 감독검사를 집행해 당의 집중과 통일을 확보하고, 당 중앙의 정책과 법령의 원활한 소통을 보장해야 한다고 거듭 강조했다.[37] 아울러 기율위가 당규약 수호의 직책을 철저히 실행해야 한다고 강조하며 각급 기율위가 당규약이

36 「시진핑의 엄정한 당 기율과 규범에 관한 논술 요약집」, 중앙문헌출판사, 중국방정출판사, 2016년판, 66면.

37 「시진핑, 18기 중앙기율검사위원회 6차 전원회의에서의 연설」(2016년 1월 12일), 인민일보, 2016년 5월 3일, 2면.

전면적인 종엄치당에는 마침표가 없다

부여한 직책을 전면적으로 이행하고 당규약 존숭에 앞장서며 당규약과 기타 당내 법규 수호를 최우선 임무로 삼고 당규약 준수와 당 기율 집행 상황에 대한 감독검사를 강화하고 당규약과 당규·당 기율 위반 행위를 엄숙하게 처벌하며 당규약의 권위를 단호히 수호함으로써 당규약의 확고한 집행자와 충실한 수호자가 되어야 한다고 역설했다.

(3) 당규약을 준수하고 적격 당원이 되어야 한다

적격 공산당원이 되는 것은 모든 공산당원의 장엄한 약속이자 당 관리 및 통제의 필연적인 요구이다. 시진핑 총서기는 전체 당 동지가 당조직과 당원, 간부에 대해 당규약이 요구하는 것이 무엇인지, 이를 어떻게 실행할 것인지를 심사숙고하고 당규약에 비추어 해야 할 일 중 자신이 무엇을 하지 않았고 어떻게 향상해야 할지를 깊이 생각해야 한다고 언급했다. 지도간부는 반드시 솔선수범하고 당규약에 따라 일을 처리하며 당규약이 규정한 당원의 의무는 지도간부가 앞장서 실천해야 한다. 당규약에서 규정한 당원이 하지 말아야 할 일은 지도간부가 먼저 하지 말아야 한다. 2013년 6월, 그는 당의 군중노선 교육실천활동 업무회의에서 당규약을 거울로 삼아 당의 기율과 대중의 기대, 선진적 본보기, 기풍 개선의 요구에 비추어 목적의식, 업무 기풍, 청렴자율 측면에서의 문제를 돌이켜 보고, 차이점을 찾아 분명한 방향을 제시해야 한다고 밝혔다.[38] 2016년 2월, 그는 공산당 중앙정치국 상무위원회 회의가 적격 당원이 되기 위해 공산당 당규

---

38 시진핑, 「당의 군중노선교육 실천활동 업무회의에서의 연설」(2013년 6월 18일), 「18차 당대회 이후 주요 문헌 선집」(상), 중앙문헌출판사, 2014년판, 315면.

약과 시진핑 주석의 담화 정신을 배우는 '양학일주(兩學一做)' 학습교양방안 심의 시 공산당원의 일원으로서 우선 정치적 자격 문제를 잘 해결해야 한다고 지적했다. 마르크스주의의 기본원리를 알지 못하고 당의 혁신이론을 배우지 않으며 당의 정치적 주장을 따르지 않으며 당규약이 규정한 당원의 의무를 이행하지 않고 당규와 당 기율을 준수하지 않으면 적격 공산당원이 아니라고 했다. 4월, 그는 안후이 시찰 당시, 당 전체의 학습을 통한 당규약 관철 수준 제고는 당원 조직의 당성수양 수준 및 각급 당조직의 응집력과 전투력 수준, 그리고 전면적인 종엄치당 수준을 결정한다며 고위급 간부든 일반간부든 지위고하를 막론하고 합격점을 받는 공산당원이 되기 위해서는 우선적으로 당규약을 학습하고 관철해야 한다고 강조했다. 또 당규약 학습은 전체 당원의 기본으로 늘 학습해야 한다. 당규약 학습은 차근차근 착실하게 반복적으로 배워 당연히 그런 줄 알아야 하고 실제와 연계해 왜 그렇게 되는 줄 알게 될 때까지 깊이 사고하고 배워 그 이치를 터득해야 한다고 했다.[39] 같은 달, 중앙은 '당규약·당규 학습, 일련의 연설 학습을 통해 적격 당원이 되라'라는 통지를 하달해 당규약 학습과 실행을 당원 자질의 기본요구로 간주했다. 2017년 3월, 당 전체에 '당규약·당규 학습, 일련의 연설 학습을 통해 적격 당원이 되라' 학습교양을 상시화하고 제도화하라고 주문했다. '양학일주'의 상시화와 제도화는 당규약에 따른 당 관리·통제 실현을 보장하는 중요한 조치이다. 4월, 시진핑 총서기는 '양학일주' 학습교양은 사상과 조직을 통한 당 건설 및 제도를 통한 치당을 추

---

39 「시진핑, 안후이 시찰…'제13차 5개년 계획 요강을 전면적으로 실시하고, 개혁과 혁신을 강화하여 발전의 새 국면 열어야」, 인민일보, 2016년 4월 28일, 1면.

전면적인 종엄치당에는 마침표가 없다

진하는 유력한 수단이고 전면적인 종엄치당의 기초적 공정이므로 꾸준히 잘 견지해 나가야 한다며 '양학일주' 학습교양에 대해 특별지시를 내렸다. 사상 정치 건설을 최우선 위치에 두고 당규약과 당규로 당원과 간부의 언행을 규범화하고 당의 혁신이론으로 당 전체를 무장하며 전체 당원이 합격점을 받는 당원이 되도록 이끌어야 한다. '관건적 소수'를 철저히 단속하고 기층 지부를 실질적으로 관리하며 문제 지향적 태도를 견지해 선진적 시범역할을 발휘해야 한다고 했다. 각급 당위원회(당조직)는 주체적 책임을 이행하고, '양학일주' 학습교양의 상시화와 제도화를 위한 각종 조치를 잘 이행해 당조직이 직능을 이행하고 핵심 역할을 발휘하고, 지도간부가 충성스럽고 깨끗하게 책임을 감당하고, 모범 역할을 발휘하며, 많은 당원들이 솔선수범하고 선봉 모범 역할을 발휘하도록 보장함으로써 '오위일체' 총체적 포석과 '4개 전면'의 전략적 포석을 총괄적으로 조율 추진하는 데 강력한 조직적 뒷받침이 되어야 한다고 강조했다.[40] 10월, '양학일주' 학습교양 상시화와 제도화 추진은 19차 당대회 때 개정된 당규약에 삽입되었다.

3. 당내 법규제도 체계를 완비해야 한다

당내 법규제도 확립 강화는 전면적인 종엄치당의 장기적이고 근본적

---

40 「시진핑, '양학일주' 학습교양 상시화 및 제도화 추진에 대해 특별지시…"관건적 소수'와 기층 지부를 잘 관리하여 많은 당원들이 솔선수범해 선구적 모범역할을 발휘하도록 해야」, 인민일보, 2017년 4월 17일, 1면.

인 정책이다. 당내 법규제도 시스템 완비는 당규와 제도에 의한 당 관리를 위한 필연적인 요구사항이다. 시진핑 총서기는 완벽한 제도를 구축하기 위해 당규약을 근본적인 준수지침으로 하고 제도의 체계성과 업무의 효율성을 중요시하는 원칙에 입각해 새로운 법규제도를 제정하고, 기존의 법규제도를 완비하며, 시대에 뒤떨어지는 법규제도를 폐지하여 당규약을 기본으로 하고, 약간의 당내 법규가 뒷받침하는 당내 법규제도 체계를 구축하여 제도의 맹점을 최대한 줄임으로써 제도적으로 존재하는 문제를 해결해야 한다고 강조했다. 18차 당대회 이후 당규약의 규정에 따라 당규약의 요구를 구체화하고 규칙을 세울 때부터 우선 8항 규정을 제정한 후 청렴자율준칙, 당 기율 처분조례, 순시업무조례 개정 등을 포함해 일련의 제도를 잇달아 제·개정했고, 문책조례, 감독 및 기율 집행을 위한 업무 규칙 등 일부 당내 법규를 제정했다. 특히 당 18기 6중전회에서는 전면적인 종엄치당을 주제로 하여 〈새로운 정세에서 당내 정치생활에 관한 몇 가지 준칙〉과 〈중국공산당 당내 감독조례〉를 심의 통과시키고, 준칙 및 조례를 근거로 전면적인 종엄치당을 심도 있게 추진해 당풍청렴건설 면에서 감독과 기율 집행, 문책 전 과정을 관철하는 핵심 법규를 마련했다. 18차 당대회 후 전면적인 종엄치당의 효율적 조치와 경험에 대한 결산을 바탕으로 19차 당대회에서는 당규약을 개정 보완해 당규약 중에 중앙의 당 관리·통제에 대한 새로운 이념과 사상, 전략을 구현함으로써 기타 당내 법규와 당규약 규정을 연계시켰고, 이를 통해 당규약이 당 관리·통제에 대한 규범적이고 지도적인 역할을 더욱 잘 발휘하도록 만들었다. 이와 함께 헌법 개정과 감찰법 및 기타 부대규정 제정을 통해 기검감찰 각종 개혁의 전면적인 심화를 촉진하고 전면적인 종엄치당의 제도적 틀을 더욱 촘촘히 짰다.

(1) 당규약 개정

당대표 대회에서 당규약을 개정하는 것은 중국공산당의 관례이다. 시진핑 총서기는 '당규약을 진지하게 학습하고 엄격히 준수하자' 제하의 글에서 중국공산당은 대대로 당규약의 제정과 완비 작업을 매우 중요하게 여겼다고 밝혔다. 제1차 당대회에서 당의 요강을 제정했으며 제2차 당대회에서 중국공산당의 첫 번째 당규약을 제정했다. 90여 년의 분투과정에서 중국공산당은 항상 혁명건설 개혁의 성공 노하우를 진지하게 결산해왔고 당의 실천 혁신과 이론 혁신, 제도 혁신의 중요 성과를 당규약에 제때 구현함으로써 당규약이 당의 사업추진과 당 건설 강화에서 중요한 역할을 발휘하도록 했다.[41] 현행 당규약은 제12차 당대회에서 개정된 것이다. 30여 년간 당규약의 기본내용을 크게 바꾸지 않는다는 전제에서 정세와 임무의 발전변화에 근거해 13차, 14차, 15차, 16차, 17차, 18차 당대회는 당규약을 약간씩 개정했다. 19차 당대회는 새로운 정세와 새로운 임무에 근거하여 적당한 수준에서 당규약을 개정했다. 이는 시진핑 동지를 핵심으로 하는 당 중앙이 각급 당조직과 당원들의 염원에 순응하여 위대한 투쟁, 위대한 공정, 위대한 사업, 위대한 꿈을 총괄하는 전략적 차원에서 내린 중대한 결정이다. 개정 후의 19차 당대회 당규약은 약 2만자로 총강과 11장의 조문으로 구성되어 있고, 총강과 조문에서 각각 58군데와 49군데를 포함, 총 107군데를 개정했다.

새로 개정된 당규약은 시진핑 총서기가 주창한 '신시대 중국 특색 사

---

41 시진핑, 「당규약을 진지하게 학습하고 엄격히 준수하자」(2012년 11월 16일), 인민일보, 2012년 11월 20일, 1면.

회주의 사상'을 당규약에 삽입해 당 지도사상의 시의적절성을 실현함으로써 당규약이 마르크스주의 중국화의 최신 성과를 구현하도록 했다. 이는 당의 단결과 통일, 행동일치 보장에 유리하고 중국 특색 사회주의가 보다 더 잘 전진하도록 추동했다. 18차 당대회 이후 시진핑 동지를 핵심으로 하는 당 중앙의 '오위일체'의 총체적 포석 총괄 추진, '4개 전면'의 전략적 포석 조율 추진, 제시한 일련의 새로운 이념과 사상, 전략, 출범한 일련의 중대 방침과 정책, 제시한 일련의 중대 조치, 추진한 일련의 중대 업무 등이 당규약에 삽입됐다. 이는 전체 당 동지가 신시대, 새 요구를 정확히 파악해 당과 국가사업이 정확한 궤도를 따라 발전하도록 추진하는데 도움이 되었다. 아울러 18차 당대회 이후 시진핑 동지를 핵심으로 하는 당 중앙이 강한 의지와 유례없는 강도로 착실하게 전면적인 종엄치당을 추진해 거둔 역사적 성과 및 당의 지도와 전면적인 종엄치당을 견지하고 강화하는 측면에서 쌓은 새로운 경험을 당규약에 추가했다. 이는 전체 당 동지들이 냉철함을 유지하도록 하고, 전면적인 종엄치당은 마침표가 없다는 정치적 집중력을 강화하며, 당의 건설 수준을 부단히 높이는 데 도움이 되어 당이 영원히 생기와 활력을 유지하도록 했다.

동시에 당규약 개정은 19차 당대회 정신의 요구를 철저히 실행했다. 19차 당대회 보고가 확립한 중대한 이론적 관점과 중대한 전략 및 사상을 당규약에 삽입해 당 전체의 행위규범으로 격상시켰다. 이는 19차 당대회 정신을 철저히 실행하도록 하는데 유리하게 작용했다. 시진핑 총서기는 19차 당대회 정신을 철저히 실행하는 것에 대한 포석을 마련할 때 진지한 당규약 학습과 철저한 실행을 중요한 임무로 간주했다. 2017년 10월, 그는 당 19기 1중전회에서 "19차 당대회가 채택한 당규약 개정안은 18차 당대회 이후 당의 이론혁신, 실천혁신, 제도혁신이 거둔 성과를 구현했고 당의 전면적인 지도와 전면적인 종엄치당의 확고한 추진, 당의 건설 견지 및 완비, 당 건설 수준의 부단한 향상에 대해 많은 새로운 요구를 제시했다"고 강조했다. 그러면서 "당 전체 동지는 당규약 학습과 철저한 실행을 19차 당대회 정신을 학습 관철하는 중요한 내용으로 삼고, '양학일주' 학습교양 상시화와 제도화를 추진하는 중요 조치로 간주해 당 전체가 자발적으로 당규약을 학습하고 당규약을 모범적으로 관철하며 당규약을 엄격히 준수하고 당규약의 양호한 면을 결연히 수호하여 당규약이 당의 업무와 당의 건설 전 과정과 각 방면을 관철하도록 해야 한다"고 덧붙였다.[42]

현행 당규약이 당의 업무와 당의 건설 수요에 전반적으로 적합하다는 점을 감안해 19차 당대회는 적당한 수준의 개정을 거쳐 당규약의 전체적인 안정을 유지했다. 각급 당조직과 많은 당원들이 보편적으로 개정을 요구했거나 실천을 통해 그 성숙정도가 입증된 경우 개정을 진행했다. 성숙하지 않은 의견은 고쳐도 되고 안 고쳐도 된다는 원칙에 따라 개정하지 않았다. 당규약 개정 과정에서 당내 민주성을 충분히 발양하고 각 방면의 의견을 광범위하게 수렴해 당내에서 이미 충분한 공감대가 형성된 내용이 개정된 당규약 중에 반영되도록 했다.

(2) 새로운 정세에서 당내 정치생활에 관한 몇 가지 준칙 제정

군중노선 교육실천활동과 '삼엄삼실' 주제 교육 전개 중 적잖은 동지들이 새로운 정세와 접목해 당내 정치생활을 강화하고 규범화하는 문건

---

42   시진핑, 「당 19기 1중전회에서의 연설」(2017년 10월 25일), 구시, 2018년 1호.

을 제정하자고 제의했다. 시진핑 총서기는 이 제의를 매우 중요하게 여겼다. 2016년 10월, 그는 당 18기 6중전회에서 새로운 정세에서 당내 정치생활의 몇 가지 준칙 제정에 대해 설명하면서 특히 1980년 제정한 준칙과 새로 제정한 준칙의 차이점과 연계성을 상세하게 설명했다. 당 11기 3중전회 이후, 중국공산당이 겪은 당내 정치생활의 긍정과 부정, 두 가지 측면의 경험을 결산했는데, 특히 '문화대혁명'의 침통한 교훈을 토대로 1980년 〈당내 정치생활에 관한 몇 가지 준칙〉을 제정했다. 이러한 준칙은 '문화대혁명' 종식 후 특수한 시기에 정치, 사상, 조직, 기풍 면에서의 혼란한 국면을 수습하여 바로잡고 전당 업무의 중심을 이전하며 당내 단결통일을 촉진하고 개혁개방과 사회주의 현대화건설의 순탄한 진행을 보장하는데 매우 중요한 역할을 했다. 1980년 제정한 준칙은 지금도 여전히 중요한 지도적 의미를 가지고 있지만 이러한 준칙은 그 당시의 역사적 환경과 주요 갈등을 겨냥한 것이어서 현재 대두되는 당내 갈등과 문제를 예측할 수 없고, 그 당시 부각되었던 일부 갈등과 문제는 지금 이미 심각하지 않은 상태이다. 18차 당대회와 개정심의를 통과한 당규약, 당 18기 3중, 4중, 5중전회에서는 새로운 정세에서 엄숙한 당내 정치생활 관련 문제에 명확한 규정을 내놓았지만 원론적인 측면이 대부분이어서 구체화 작업이 필요하다. 개혁개방 이후, 특히 최근 들어 제정된 일련의 당내 법규와 규범성 문건은 당내 정치생활 문제 규범화와 관련된 내용이 적지 않지만 비교적 산만하기 때문에 시스템화가 필요하다.

새로운 정세에서 당내 정치생활 강화와 규범은 과거 효과가 있었던 제도와 규정을 견지하고 새로운 시대적 특징 및 시대정신과 결합하여 새로운 방법과 규정을 제시해야 한다. 새로운 준칙의 제정과 공포는 1980년

전면적인 종엄치당에는 마침표가 없다

에 제정된 준칙을 대체하고자 함이 아니라 주요 원칙과 규정을 견지하는 바탕에 새로운 상황과 문제에 대처하는 새로운 규정을 제정하기 위함이다. 개정 전 준칙과 개정 후 준칙은 상호 연계되고 일맥상통하며, 현재와 미래 당내 정치생활을 하는데 필히 준수해야 할 사항이다. 이러한 상황에서 당내 정치생활 강화와 규범화에 초점을 맞춰 당 전체가 생동적이고 활발한 정치국면 조성을 위해 노력을 경주했고, 당 18기 6중전회는 〈새로운 정세에서 당내 정치생활에 관한 몇 가지 준칙〉를 심의해 통과시켰다.

〈새로운 정세에서 당내 정치생활에 관한 몇 가지 준칙〉은 당의 우수한 전통과 소중한 경험을 계승 및 선양하고, 당규약을 근본 의거로 견지하고 문제 지향적 태도를 부각시키며, 당내 정치생활의 정치성, 원칙성, 시대성, 전투성 증강에 착안하여 새로운 정세에서 당내 정치생활에 체계적 규범을 마련했다. 준칙은 서론, 본론, 결론으로 구성되어 있고 본론은 12개 부분으로 나누어져 있다. 서론에서는 당내 정치생활의 중대한 역할과 역사적 경험, 두드러지게 존재하는 문제, 새로운 정세와 임무에 당면하여 당내 정치생활 강화와 규범화의 중요성 및 긴박성에 대해 당내 정치생활 강화와 규범화 목표를 제시했다. 본론에서는 확고한 이상과 신념, 당의 기본노선 견지, 당 중앙의 권위 결연히 수호, 엄정한 당의 정치기율, 당과 인민대중의 혈연적 연계 유지, 민주집중제 원칙 견지, 당내 민주 발양과 당원의 권리 보장, 정확한 인선(人選)·용인(用人) 방침 견지, 엄격한 당의 조직생활 제도, 비판과 자아비판 전개, 권력 운영에 대한 제약과 감독 강화, 깨끗하고 청렴한 정치적 본성 유지 등 총 12개 방면에서 당내 정치생활 강화와 규범화에 명확한 요구를 제시하고, 구체적인 규정을 마련했다. 결론 부분에서는 조직지도와 감독검사, 고위 간부의 솔선수범 역할을 강화해 각종 임무가 제대로 이행될 수 있도록 보장해야 한다는 내용을 담고 있다.

준칙 규정의 관점에서 보면 새로 제시된 중대한 관점과 중대한 조치는 160여 개 조항이 있다. 준칙의 공포는 중국공산당 건설사에서 중요한 이정표로 당 건설 과학화 수준의 전면적인 향상에 많은 새로운 역사적 특징을 지닌 위대한 투쟁을 더욱 잘 진행하고 당의 집권사명과 분투목표를 순탄하게 실현하는데 심대한 영향을 줄 것이다.

(3) 청렴자율 준칙 개정

18차 당대회 이후 시진핑 총서기는 종엄치당의 실천적 성과를 도덕규범과 기율요구로 전환하는 작업을 중요하게 여기고 고상한 도덕적 정조 수립 요구를 당 기율과 당규의 형식을 통해 고정시켰다. 2015년 1월, 그는 18기 중앙기율검사위원회 5차 전체회의에서 당규에 의해 당을 다스리려면 당내 감독제도를 보다 더 완비해야 하는데 특히 당 전체가 함께 따르는 준칙을 완비해야 한다고 지적했다.[43] 10월, 그는 18기 공산당 중앙정치국 상무위원회 제119차 회의에서 〈중국공산당 청렴자율준칙〉을 심의하면서 "도덕은 사람을 선하게 하며, 기율의 필요전제이자 기초이다. 새로 개정하는 준칙은 '청렴자율' 주제와 꽉 맞물려 당의 이상과 신념, 취지, 우수한 전통과 기풍을 재천명하고, 긍정적인 면을 제창하고 덕을 세우는데 중점을 두어 당원과 당원 지도간부를 위해 가시적이고 접근 가능한 높은 기준을 수립했다"고 말했다.[44] 이러한 요구에 따라 중앙은 〈중국공산당 당원

---

43 「시진핑의 엄정한 당 기율과 규범에 관한 논술 요약집」, 중앙문헌출판사, 중국방정출판사, 2016년판, 57면.

44 위의 책, 65-66면.

지도간부의 청렴한 정치활동 관련 몇 가지 준칙〉을 개정했고 2016년 1월 〈중국공산당 청렴자율준칙〉을 시행했다. 총 8조로 구성된 〈중국공산당 청렴자율준칙〉은 전체 당원과 각급 당원 지도간부가 함께 준수해야 할 '4개의 필히(四個必須)'를 규정했다. 이는 공산주의 이상과 중국 특색 사회주의 신념을 필히 확고히 하고, 전심전력으로 인민에 봉사하는 근본취지를 필히 견지하며, 당의 우수한 전통과 기풍을 필히 계승 및 발양하고, 고상한 도덕적 정조 관념을 필히 자발적으로 함양해 중화민족의 전통미덕 선양을 위해 노력하고 청렴자율을 추구하며 감독을 받고 당의 선진성과 순결성을 영원히 간직하는 것을 말한다. '4개 견지(四個堅持)'를 내용으로 하는 당원 청렴자율 규범을 제시했다. '4개 견지'는 ① 공과 사를 구분하고, 공적인 일을 우선시하고 사적인 일을 뒤로 하며, 공공의 이익을 위해 개인의 이익을 포기하는 자세를 견지한다. ② 청렴을 숭상하고 부패를 거부하며, 결백한 됨됨이로 청렴한 일 처리를 견지한다. ③ 검소함을 숭상하고 사치를 경계하며, 어려움을 참고 견디며 소박하게 생활하고, 근면하고 절약하는 생활습관을 견지한다. ④ 먼저 고생하고 나중에 누리며 기꺼이 봉사하고 헌신하는 정신을 견지한다는 내용을 담고 있다. '4개 자발(四個自覺)'을 내용으로 하는 당원 지도간부의 청렴자율 규범을 제시했다. '4개 자발'이란 ① 청렴하게 정무에 임하고 자발적으로 인민의 일꾼으로서의 본분을 유지한다. ② 청렴하게 권력을 사용하고 자발적으로 인민의 근본이익을 수호한다. ③ 청렴하게 자신을 갈고 닦고 자발적으로 사상과 도덕의 경지를 끌어올린다. ④ 청렴하게 집안을 다스리고 자발적으로 앞장서 좋은 가풍을 세우는 것을 말한다.

(4) 당내 감독조례 개정

감독제도 개선은 당내 법규제도 체계의 중요한 조치다. 시진핑 총서기는 체제와 메커니즘을 혁신하고 감독 제도를 완비하며, 당의 자체 감독을 강화하는 동시에 국가기구에 대한 감독을 강화하면서 거시적 사고와 총체적 기획을 견지하고, 책임을 중심으로 한 제도를 설계하고, 제도를 중심으로 한 체계를 구축함으로써 더욱 규범화하고, 강력하며, 효율적인 감독이 이뤄지도록 해야 한다고 강조했다. 그는 18기 중앙기율검사위원회 5차, 6차 전체회의에서 당내 감독제도 완비에 대해 정세 발전의 수요에 따라 과거 감독조례에 대한 개정 작업을 강화할 것을 주문했다. 〈중국공산당 당내 감독조례(시행)〉는 2003년 12월 31일 공포돼 시행된 후 당내 감독 강화 및 당의 단결과 통일을 수호하는 데 적극적인 역할을 했다. 아울러 정세와 임무의 발전과 변화에 따라 조례가 새로운 실천, 새로운 요구에 뒤떨어지는 문제가 두드러지고 있다. 이에 따라 조례 개정에서는 하급 당조직과 지도간부에 대한 상급 당조직의 감독 강화로 책임소재와 책임주체를 분명히 하고 관리하기 용이하고 효율성 있는 제도를 마련하는 데 주안점을 두었다.

2016년 10월, 당 18기 6중전회는 〈중국공산당 당내 감독조례〉를 심의 채택했다. 개정 후의 〈중국공산당 당내 감독조례〉는 당규약을 기본 근거로 이론, 사상, 제도를 둘러싼 체계를 구축하고 권력, 책임, 감당을 둘러싼 제도를 설계했다. '조례'에서 파악할 주요 원칙은 다음과 같다. 첫째, 당의 지도를 견지하고 책임을 강화하며 지도자 자신이 교육, 관리, 감독을 포함한 지도 권력이 있으면 감독 책임을 져야 하고, 권력이 있으면 책임이 따르고 책임이 있으면 감당해야 하며, 권력을 사용하면 감독을 수용하고, 책임을 다하지 못했을 경우 책임을 물을 수 있도록 해야 한다. 둘째, 문제 지향적 태도를 견지하고 실제와 괴리되어 크고 완전무결하기를 바라지 말며, 문제가 생기면 해당 문제를 해결하며 현실적인 대응성을 강화한다. 셋째, 신임은 감독을 대신할 수 없음을 견지하고 당내 감독에 성역이나 예외가 없다는 것을 강조하는 동시에 '관건적 소수'를 철저히 관리하며, 당의 지도기관과 지도간부를 관리한다. 특히 주요 지도간부를 감독의 중점 대상으로 삼는다. 넷째, 민주집중제를 견지하고 위에서 아래로의 조직감독을 강화하고 아래에서 위로의 민주감독을 개진하며, 동급 상호감독 역할을 발휘하고, 당내 감독과 외부 감독을 상호결합하며, 당내 감독과 기타 감독방식의 관계를 규범화한다. 이를 통해 법치와 당규에 의한 당 관리의 유기적인 통일을 이룬다. 다섯째, 실용성을 견지하고 필요성과 실행가능성을 동시에 고려하여 실천경험을 결산하고 유효성이 입증된 방법을 추려낸다.

〈중국공산당 당내 감독조례〉는 총 8장, 47조로 구성되어 있으며, 크게 세 부분으로 나뉜다. 제 1장은 총칙으로 첫 부분을 구성하고 9개 조항을 열거하며 주로 규칙제정의 목적과 근거를 밝히고 당내 감독의 지도사상, 기본원칙, 감독내용, 감독대상, 감독방식, 자체 감독, 당내 감독체계 구축 등 중요문제를 설명하고 있다. 제2장~5장은 두 번째 부분을 구성하는 조례의 주체부분으로 총 27개 조항을 열거했다. 각 장은 당의 중앙조직, 당위원회(당조직), 당의 기율검사위원회, 당의 기층조직과 당원의 4개 감독주체의 감독직책과 상응하는 감독제도에 대해 규정함으로써 당 중앙의 통일적인 지도와 당위원회(당조직)의 전면적인 감독, 기율검사기관이 감독을 전담하고 당의 업무부문에 대한 직능감독, 당의 기층조직에 대한 일상감독, 당원에 대한 민주감독 등 당내 감독체계를 구축했다. 그중 당 중앙조직의 감독에 대해서는 따로 한 장을 할애했다. 이는 현행 조례에서는 파격적인 것으로 당 중앙이 스스로 모범이 되고 위로부터 솔선수범하는 기풍을 구현한 것이다. 제6장~제8장은 세 번째 부분을 구성하고 총 11개 조항을 열거하고 있으며, 각 장에는 당내 감독과 외부 감독의 상호결합, 단속과 보장, 부칙 등에 대한 규정이 담겼다.

(5) 기율처분조례 개정

18차 당대회 후 기율과 법을 분리하고, 기율이 법보다 더 엄격함을 견지하는 동시에 기율과 법을 잘 연계해야 하는 요구에 따라 중앙은 두 차례에 걸친 〈중국공산당기율 처분조례〉 개정을 통해 기강 확립과 당 기율 계적을 강화했다. 시진핑 총서기는 18기 중앙기율검사위원회 5차 전체회의에서 당풍청렴건설 및 반부패 투쟁을 심도 있게 추진해 '부수기(打破)'와 '세우기(확립)'을 잘 해내야 한다고 지적했다.[45] 〈중국공산당 기율처분조례〉 개정은 중점을 두드러지게 하고 시대의 폐단을 겨냥하며 당규와 당 기율이 국가 법률보다 엄격해야 한다는 요구를 구현하고, 당 기율 특성을 살릴 것을 요구했다. 당의 정치기율, 조직기율, 재경(財經)기율, 업무기율, 생활기율의 위반행위에 대해 중점적으로 처분규정을 마련했다.[46] 그는 18기 공산당 중앙정치국 상무위원회 제 119차 회의에서 기율처분조례를 심의하면서 "기율은 악을 징벌하기 위해 필요한 도구로 도덕의 견고한 방패이자 보

---

45 「18기 중앙기율검사위원회 역대 전체회의 문건자료 모음집」, 중국방정출판사, 2017년판, 208면.

46 「시진핑의 엄정한 당 기율과 규범에 관한 논술 요약집」, 중앙문헌출판사, 중국방정출판사, 2016년판, 58면.

장이다. 조례 개정은 당의 기율 계척에 대한 요구를 엄정히 하고, 당 기율 계척 요구를 중심으로 기율에 대한 당규약의 요구를 정치기율, 조직기율, 청렴기율, 대중기율, 업무기율, 생활기율과 통합해 '네거티브리스트'를 작성하고 규칙을 세우는데 중점을 두어 중국공산당조직과 당원이 건드릴 수 없는 마지노선을 그어야 한다"고 지적했다.[47] 19차 당대회 개최 이후 그는 19기 중앙기율검사위원회 2차 전체회의에서 기율규정을 완비해 제도를 시대의 흐름에 맞게 실천해야 한다고 강조했다. 또한 공산당 중앙정치국 회의에서 새로 개정된 〈중국공산당 기율처분조례〉를 심의할 때 중국 특색 사회주의가 신시대에 진입해 새로운 기상으로 새로운 성과를 내려면 반드시 엄정한 기율 뒷받침이 필요하다고 말했다. 19차 당대회는 기강 확립을 당 건설의 총체적 포석에 포함시키고, 당규약 중 기강 확립 관련 내용을 보강하고 다듬어 18차 당대회 이후 기강 확립의 이론과 실천, 제도혁신 성과를 결산하여 당규와 당 기율로 격상시켰다.

2015년 10월, 새로 개정된 〈중국공산당기율 처분조례〉를 공포했다. 개정된 〈중국공산당기율 처분조례〉는 총 3편, 11장, 133개 조항, 17,000여 자로 구성되어 있고 '총칙', '세칙', '부칙' 세 부분으로 나누어 18차 당대회 이후 당 관리·통제 이론혁신과 실천혁신 성과를 제도화하고 전면적인 종엄치당을 중심으로 당의 선진성과 순결성 확립을 강화하며, 기율이 법률보다 엄격하고 기율이 법률에 우선함을 견지했다. 기율과 법률은 분리하지 않고, 절반 이상의 조항이 형법 등 국가 법률규정과 중복되는 문제와 국

---

47 「시진핑의 엄정한 당 기율과 규범에 관한 논술 요약집」, 중앙문헌출판사, 중국방정출판사, 2016년판, 66면.

가법률에 이미 포함되어 있는 내용은 중복하지 않는다는 규정과 관련, 70여 개의 중복조항을 삭제했다. 또한 당규약을 전면적으로 정리하고 당규약, 당 중앙의 기율요구와 기타 당내 법규의 기율규정에 대해 세분화했으며, 기율을 정치기율, 조직기율, 청렴기율, 대중기율, 업무기율과 생활기율 등 6가지 기율을 통합했다. 정치기율과 정치규범을 부각시키고, 6가지 기율 중 필두에서 총괄 관리하는 것은 정치기율이며, 정치기율이 가장 중요한 기율임을 강조했다. 중앙 8항 규정 정신 이행의 요구를 기율규범으로 전환해 기풍 건설의 최신 성과를 구현함으로써 당의 기율이 당을 관리하고 다스리는 척도이자 전체 당원의 행위에 있어 마지노선이 되도록 했다.

이를 바탕으로 2018년 당 중앙은 〈중국공산당기율 처분조례〉에 대한 2차 개정에 돌입해 11개 조항 추가, 65개 조항 개정, 2개 조항을 통합했다. 이번 개정은 시진핑 총서기의 당 기강 확립에 관한 새로운 요구에 따라 기율집행 감독과정 중의 새로운 경험과 방법을 깊이 있게 결산하고, 18차 당대회 이후 중앙기율검사위원회가 조사 처벌한 엄중한 기율위반과 법률위반 중 중관간부들이 참회록에서 반영한 문제들을 깊이 분석하고, 시진핑 신시대 중국 특색 사회주의 사상과 19차 당대회 정신을 전면적으로 관철하며, 당규약을 근본 준수지침으로 하고 당규약과 〈새로운 정세에서 당내 정치생활에 관한 몇 가지 준칙〉등 당내 법규 요구를 세분화하고 구체화했다. 첫째, 기강 확립의 정치성 제고에 주력한다. 새로 개정한 〈중국공산당 기율처분조례〉는 당의 정치건설을 최우선 요구로 관철하고 시진핑 동지를 핵심으로 하는 당 중앙 권위와 집중적이고 통일적인 지도를 결연히 수호하는 것을 출발점과 목표점, 근본적인 정치기율과 정치규범으로 간주하고, 당을 관리하고 다스리는 중에 두드러지는 문제, 특히 시진핑 총서기가 여러 차례 반복 강조한 '7대 악습'을 타파하기 위해 맞춤형 규정을 내놓았다. 둘째, 기강 확립의 시대성 제고에 주력한다. 새로 개정한 〈중국공산당 기율처분조례〉는 인민 중심의 발전사상을 관철하고 인민의 최대 관심사, 가장 직접적이고 현실적인 이익문제를 해결하는데 주력하며 빈곤구제 과정 중 친인척과 지인을 우대하고 공평성을 잃고 종씨나 문중, 범죄 세력을 이용하여 대중을 기만하고 범법 활동을 조종하거나 범죄 세력의 '비호세력'이 되는 등의 행위는 가중처벌을 받도록 해 기강 확립이 한층 더 민심이라는 최대의 정치주체에 초점을 맞추도록 요구한다. 셋째, 기강 확립의 맞춤성을 높이는데 주력한다. 〈중국공산당 기율처분조례〉는 실천경험을 결산하고 시대정신과 함께 하며 기율집행과 감독에서 발견된 새로운 형태의 기율위반 행위와 폭로된 심각한 문제에 대해 상응하는 기율규정을 완비하고 강력하게 맞대응하여 당원과 간부들이 절개와 행위를 더욱 엄격하게 단속하도록 선도했다. 〈중국공산당 기율처분조례〉는 당 관리·통제의 계척으로 당원의 기본 마지노선이자 기본적인 준수지침으로 전면적인 종엄치당을 위한 중요한 기율집행의 근거를 마련했다.

(6) 문책조례 제정

18차 당대회 이후 시진핑 총서기는 여러 차례에 걸쳐 당의 문책업무 규범화 및 강화에 대해 중요한 논술을 제시했고 전면적인 종엄치당의 책임을 이행하는데 착안해 문책업무의 제도화와 상시화를 추진했다. 2016년 1월 시진핑 총서기는 18기 중앙기율검사위원회 6차 전체회의에서 책임추궁 업무를 완비하고 규범화해야 한다고 지적하면서 문책 상시화를 통해 직무이행 및 당의 기율집행이 제대로 이뤄지도록 촉진해야 한다고 요구했다.[48] 6월, 그가 주재한 18기 공산당 중앙정치국 회의에서 〈중국공산당 문책조례〉를 심의 채택할 때 문책조례는 전면적인 종엄치당의 '이기(利器)'라고 지적했다.[49]

〈중국공산당 문책조례〉는 당규약을 관철하고 문제 지향적인 대토를 견지하며 당의 지도를 견지하고 당의 건설을 강화, 전면적인 종엄치당, 당 기율 수호, 당풍청렴건설, 반부패 업무 추진에 대해 문책 업무를 펼쳐 당내 법규제도 중 사건, 사고 등 행정문책 규정이 많은 문제, 당의 지도이념 견지가 두드러지지 않고 전면적인 종엄치당이 잘 연계되지 않으며 책임개념이 명확히 구분되지 않고 권리와 책임의 대등관계가 구현되지 않으며 문책의 주체가 불분명하고 사항이 과도하게 원론적이고 방식이 통일적이지 않은 등 문제를 효과적으로 해결했다. 이는 당의 역사적 사명, 전면적인 종엄치당 추진, 당 관리와 통제의 두드러진 문제를 해결하는데 중대한 현실적 의의를 지니며, 중요한 규범, 선도, 감독 역할을 발휘했다. 조례는 총 13개 조항으로 목적과 의거, 지도사상, 문책원칙, 문책주체와 대상, 문책정황, 문책방식, 문책집행 등을 포함하고 당위원회(당조직), 기율위(기검조)와 당의 업무 부문이 맡고 있는 문책 중의 직책을 명확히 규정해 세분화된 책임 이행 및 압력을 아래로 전달하는 요구를 구현했으며, 책임이 있으면 반드시 묻고 반드시 엄격하게 문책한다는 강력한 신호를 내보냈다.

첫째, 문책의 주체와 대상을 명확히 해야 한다. 문책은 당조직이 직

---

48   시진핑, 「18기 중앙기율검사위원회 제6차 전체회의에서의 연설」(2016년 1월 12일), 인민일보, 2016년 5월 3일, 2면.

49   「시진핑이 주재한 중공중앙정치국회의에서 〈중국공산당 문책조례〉 심의」, 인민일보, 2016년 6월 29일, 1면.

책권한에 따라 당 건설과 당 사업 중 직무 태만과 책임을 다하지 않은 당 조직과 당 지도간부의 정치적 책임을 추궁하는데 이에는 주체적 책임, 감독책임, 지도책임을 포함한다. 문책대상은 각급 당위원회(당조직), 당의 업무부문과 그 지도구성원, 각급 기율위(기검조)와 그 지도구성원이며, 중점 대상은 주요 책임자이다.

둘째, 문책내용과 사항을 명확히 해야 한다. ① 당 지도력 약화를 포함해 각종 건설 추진 중 혹은 중대한 문제 처리 중 지도력 부족, 중대 실수 등 정황이 나타난 경우 ② 당 건설 부족, 당조직 분산, 중앙 8항 규정 정신이 제대로 이행되지 않고 기풍 확립이 과도하게 형식적인 문제 등 집권의 정치적 기반을 약화시킨 경우 ③ 전면적인 종엄치당 역량 부족, 주체적 책임과 감독책임이 제대로 이뤄지지 않고 당 관리 및 통제에 '느슨함, 해이함, 물렁함' 등이 나타난 경우 ④ 당의 정치기율, 조직기율, 청렴기율, 대중기율, 업무기율, 생활기율 수호가 힘을 제대로 쓰지 못하는 경우, 특히 정치기율과 정치규범을 제대로 수호하지 못해 직무 태만 등이 나타난 경우 ⑤ 당풍청렴건설 및 반부패 업무 추진이 단호하지 않고 부실하며 관할범위 내 부패 만연 태세가 효과적으로 억제되지 못한 경우 ⑥ 기타 문책해야 할 직무 태만과 책임을 다하지 않은 등 6가지 정황이 문책내용에 포함된다.

셋째, 문책방식과 방법을 명확히 해야 한다. 당조직에 대한 문책방식은 검사, 통보, 개편 등 3가지 방법이 있다. 당의 지도간부에 대한 문책방식은 통보, 훈계와 격려, 조직조정이나 조직처리, 기율처분 등 4가지가 있다. 훈계와 격려는 대화와 서면 등 두 가지 방식을 통해 이뤄질 수 있다. 조직조정이나 조직처리에는 정직검사와 직무조정, 사직명령, 강등, 면직 등이 포함된다.

(7) 순시업무조례 개정

〈중국공산당 순시업무조례〉는 전면적인 종엄치당을 실천하고 순시 업무를 규범한 기초성 법규이자 18차 당대회 이후 개정한 첫 번째 당내 감독에 관한 중요 법규이다. 2014년 10월, 시진핑 총서기는 공산당 중앙정치국 상무위원회 2014년 중앙순시조 제2차 순시 상황 보고를 받는 자리에서 〈중국공산당 순시업무조례〉 개정과 관련하여 "18차 당대회 이후 순시업무 경험을 제때 결산해 중심에 초점을 맞추고, '힘써야 할 4가지'를 견지하며, 문제 발견 시 억제력을 형성하고, 조직제도와 업무방식을 혁신하며, 순시성과 등을 잘 활용하는 등을 조례에 삽입해 순시제도를 부단히 개선하고 기율과 법률에 의거한 순시업무가 더 잘 이뤄지도록 해야 한다"는 명확한 요구를 제시했다.[50] 2015년 6월, 공산당 중앙정치국 순시업무조례 수정안 심의 시 〈중국공산당 순시업무조례〉 개정은 전면적인 종엄치당의 요구를 실천함에 있어 규범이 우선되어야 하고 초기에 사소한 것부터 단속하며 교육이 선행되지 않은 부정행위에 대한 처벌을 가급적 피하고 당내 감독에 사각지대와 공백이 없도록 하며 강제성 제약으로 만들어 순시의 두려움과 억제 및 근본적인 원인 해결 역할이 더욱 잘 발휘될 수 있도록 해야 한다고 지적했다.[51]

제 18기 당 중앙은 1기 임기 내에 두 차례에 걸쳐 〈중국공산당 순시업무조례〉를 개정해 순시업무에 대한 깊이 있는 발전을 부단히 추진하는

---

50 「시진핑의 당풍·청렴정치 확립 및 반부패 투쟁에 관한 논술 요약집」, 중앙문헌출판사, 중국방정출판사, 2015년판, 117면.

51 「시진핑의 엄정한 당 기율과 규범에 관한 논술 요약집」, 중앙문헌출판사, 중국방정출판사, 2016년판, 60면.

　　　　전면적인 종엄치당에는 마침표가 없다

강렬한 신호를 내보냈다. 2015년 8월 3일, 처음 공포 시행한 개정 〈중국공산당 순시업무조례〉는 순시업무 규범화에 제도적 뒷받침을 제공했다. 당 관리·통제의 부단한 심화와 순시 실천 발전에 따라 당 중앙은 시대와 보조를 맞추기 위해 〈중국공산당 순시업무조례〉를 2차 개정함으로써 18차 당 대회 이후 순시이론과 실천혁신 성과를 전면적으로 결산하여 포함시켰고 순시업무의 심도 있는 추진을 위해 탄탄한 기초를 다졌다. 2017년 7월 1일, 새로 개정한 〈중국공산당 순시업무조례〉 공포 시행은 정치순시, 1기 임기 내 전범위 순시, 중앙과 국가기관 순시업무, 시·현 순찰업무 등 실천혁신을 제도성과로 고착시켰다. 이는 기율과 법규에 따른 순시 전개에 유리하게 작용했고 법규에 따른 당 관리와 통제의 수준을 한 차원 더 높였다.

첫째, 정치순시의 포지셔닝을 명확히 했다. 정치순시는 18기 중앙순시업무의 최대 하이라이트로 순시제도에 새로운 활력을 불어넣었고 중국 특색 민주감독제도의 우월성을 드러냈다. 당 18기 2중전회 배치에 따라 순시업무는 '힘써야 할 4가지'를 중심으로 문제발견, 억제력 형성을 주요임무로 삼았다. 당 18기 3중, 4중전회 이후 순시업무는 '6항 기율'을 중심으로 기율이 법률보다 엄격하고 법률보다 우선한다고 강조하고 초기에 작은 것부터 잡아 억제역할을 강화했다. 당 18기 6중전회 후 순시업무는 당의 지도 견지, 당 건설 강화, 전면적인 종엄치당에 초점을 맞추고 정치순시를 심화하며 당내 정치생활의 엄숙함과 당내 정치 생태계의 정화를 부각시켜 근본적이고 전반적이며 방향적인 문제를 포착했다. 〈중국공산당 순시업무조례〉 제 3조는 정치순시 심화의 구체적인 요구를 명확히 했고 "정치순시를 심화하고, 당의 지도 견지와 당 건설 강화, 전면적인 종엄치당에 초점을 맞춰 문제를 발견하고 억제력을 형성하며 개혁과 발전을 촉진해 당이 시종일관 중국 특색 사회주의 사업의 굳건한 지도핵심이 되도록 확보한다"
고 규정했다.

둘째, 1기 임기 내 전범위 순시 임무를 명확히 했다. 당 18기 3중전회
는 중앙과 성·구·시 순시제도를 개선해 지방과 부처, 기업체와 사업기관
전범위에 걸쳐 순시하도록 요구했다. 당 18기 6중전회는 1기 임기 내 전범
위를 순시해야 한다고 더욱 명확히 제시했다. 18기 당 중앙은 1기 임기 내
전범위 순시 목표를 예정대로 달성함으로써 당 중앙의 정치 약속을 지켰
다. 〈중국공산당 순시업무조례〉는 전범위 순시의 실천경험을 결산하고 제
2조 제1항에서 '당의 중앙과 성, 자치구, 직할시 위원회가 순시제도를 실행
하고 순시전담기구를 설치하며 1기 임기 내 관할 지방, 부문, 기업체와 사
업기관 조직에 대해 전면적인 순시를 실시한다'고 명확히 규정했다.

셋째, 순시감독 내용을 명확히 했다. 정치순시 요구에 따라 〈중국공
산당 순시업무조례〉 제 15조는 순시감독 내용을 다시 정리해 원래 조례 중
의 '당풍청렴건설 관련 주체적 책임과 감독책임 이행 등 상황에 대한 감
독'을 '전면적인 종엄치당 이행 관련 주체적 책임과 감독책임 등 상황에
대한 감독'으로 고쳤다. 순시업무는 '당의 지도력 약화, 미흡한 당 건설, 전
면적인 종엄치당의 역량 부족, 당 관념 희박, 조직 산만, 기강 해이 및 느슨
하고 해이하고 물렁해진 당 관리·통제 문제를 발견하는데 힘써야 한다'고
명확히 규정했다. 순시 실천 중에 발견한 문제를 결합하여 제 1항 '정치기
율과 정치규범 위반' 문제 중 '작당하여 사리사욕을 꾀하고 파벌을 결성하
고 이데올로기적 업무 책임제를 제대로 실행하지 않는 상황'을 추가했고,
제 3항 '조직기율 위반' 문제 중 '코드 인사와 인사청탁'을 추가했으며, 제
4항 '대중기율, 업무기율, 생활기율 위반' 문제 중 '중앙 8항 규정 정신 이

전면적인 종엄치당에는 마침표가 없다

행 부족'을 추가해 순시감독의 정치적 역할을 한층 더 부각시켰다.

넷째, 중앙과 국가기관에 대한 순시를 명확히 했다. 〈중국공산당 당내 감독조례〉의 중앙과 국가기관 각 부문 당조직(당위원회)에 대한 순시업무에 원칙적인 규정을 제시했다. 〈중국공산당 순시업무조례〉는 구체적 요구를 제시하면서 '중앙 유관 부서·위원회(部委), 중앙국가기관 각 부문 당조직(당위원회)는 순시제도를 실행할 수 있고 순시기구를 설치할 수 있으며 관할 당조직에 대해 순시감독을 실시할 수 있다'고 규정했고 '중앙 순시업무 지도그룹은 중앙 유관 부위와 중앙국가기관 각 부문 당조(당위원회) 순시업무에 대한 지도를 강화해야 한다'고 강조했다. 이는 중앙과 국가기관 당조직(당위원회)에 순시업무를 전면적인 종엄치당 주체적 책임 이행의 중요한 수단으로 간주하도록 요구하는 것이고 조직지도를 강화하고 순시업무기구를 완비하며 순시업무 규칙을 개선하고 순시업무 과정을 규범화하라는 주문이다. 당조직(당위원회) 서기는 '제1책임자'로서 적시에 순시 보고를 받고, 순시 성과 관련 운용방안을 연구하고 결정해야 한다.

다섯째, 시·현 순찰제도를 명확히 했다. 〈중국공산당 순시업무조례〉는 순찰업무 실천 경험을 결산하면서 '당의 시(지[地], 주[州], 맹[盟])과 현(시, 구, 기[旗])위원회에 순찰제도를 구축하고 순찰기구를 설립하여 관할 당조직에 순찰감독을 실시하는 동시에 '순시순찰 업무를 전개하는 당조직은 순시순찰 업무의 주체적 책임을 진다'고 규정했다. 성, 자치구, 직할시 당위원회는 시·현 순찰업무에 대한 지도를 강화하고 시·현 당위원회는 순찰업무의 주체적 책임을 진지하게 이행해야 하며 정치 순찰의 포지셔닝을 견지하고 기층의 특징과 결합하여 대중과 직접적으로 연관된 이익을 훼손하거나 대중과 괴리되는 부패문제와 그릇된 풍조를 발견하는데 힘써 전면적인 종엄치당이 기층으로 연장되도록 추진해야 한다.

(8) 감독 및 기율 집행업무규칙 제정

〈중국공산당 기율검사기관 감독 및 기율집행 업무 규칙〉(이하 〈규칙〉)
은 기검감찰기관의 감독책임을 철저히 이행하도록 하고 기검감찰기관의
직책 포지셔닝, 직무 이행방식, 자체 건설의 중요제도를 규범화했다. 18차
당대회 이후 시진핑 총서기는 매년 중앙기율검사위원회 전체회의에서 기
검감찰 조직 건설 강화를 강조하며 '기율위는 누가 감찰하는가'의 문제에
대한 해결책을 제시했고 조직 내부의 비리공직자를 척결하고, 등잔 밑이
어둡지 않도록 하라고 주문했다.

시진핑 총서기와 당 중앙의 요구를 이행하기 위해 2017년 1월, 18기
중앙기율검사위원회 7차 전체회의가 심의 채택한 〈중국공산당 기율검사
기관의 감독 및 기율집행 업무 규칙(시행)〉(이하 〈규칙(시행)〉)은 기검감찰기
관의 직책 수행에 대한 권한과 절차에 대해 규범을 제시해 기검감찰기관
의 칼날이 내부를 향하도록 하고, 자신의 권력을 제도권 안으로 끌어들이
는 높은 차원의 자발성을 구현했다. 〈규칙(시행)〉은 기검감찰기관에 대한
자체 감독 규제를 강화하고 직책사명을 잘 이행하도록 하는 중요한 역할
을 발휘했다. 19차 당대회는 전면적인 종엄치당의 종적 발전에 전략적 포
석을 마련했고, 기검감찰 체제개혁 심화에 방향을 제시했으며, 새로운 정
세와 새로운 임무는 기검감찰기관의 직책 수행과 자체 건설에 새롭고 보
다 더 높은 요구를 제시했다. 당 중앙은 중앙기율검사위원회의 〈규칙(시
행)〉에 기반해 새로운 〈규칙〉을 제정하여 중앙 당내 법규로 격상시켰고 당
중앙에서 기검감찰기관 제도를 제정하고 규칙을 세웠다.

첫째, 기율검사 업무에 대한 통일적 지도를 견지하고 강화해야 한다. 〈규칙〉은 규칙 제정의 목적이 기율검사와 국가감찰 업무에 대한 통일적인 지도를 강화하는데 있다고 강조했다. 감독 및 기율집행 업무를 규정하는 최우선 원칙은 당의 전면적인 지도를 견지하고 강화하는데 있고 '4개 의식'을 굳건히 수립하고 '4가지 자신감'을 확고히 하며 '2개의 수호'를 실천하고 감독 및 기율집행 업무의 정치성을 구현해야 한다고 강조했다. 지도 체제에 대해 따로 한 장을 할애해 규정하고 있는데 중앙기율검사위원회는 당 중앙 지도 아래 업무를 진행하고 지방 각급 기율검사위원회와 기층 기율검사위원회는 동급 당의 위원회와 상급 기율검사위원회의 이중지도 하에 업무를 진행하며, 당위원회는 정기적으로 동급 기율검사위원회와 감찰위원회의 업무 보고를 받고 심의함으로써 기율위와 감찰위 업무에 대한 지도, 관리, 감독을 강화하고 기검감찰기관에 품의 및 보고 제도를 엄격하게 집행하도록 요구한다. 중앙기율검사위원회는 정기적으로 당 중앙에 업무보고를 하며 중대한 사항과 중요한 문제를 적시에 당 중앙에 품의·보고하며 결과 보고와 함께 과정도 보고해야 한다. 감독검사와 단서처리, 대화 및 서면을 통한 조사, 초동조사, 심사조사, 심리 등 각 장에서 기율검사업무에 대한 통일적 지도를 보다 강화하기 위해 당 중앙에 대한 중요사항 품의·보고 관련 구체적인 보고 승인 절차를 규정했다.

둘째, 감독검사를 별도로 규정하고, 감독은 기검감찰기관의 기본직책이자 제1직 책임을 강조해야 한다. 〈규칙〉은 감독검사 설명에 한 장을 따로 할애하고 있는데 당위원회(당조직)가 당내 감독 중 주체적 책임을 이행하고 기검감찰기관이 감독책임을 이행하며 기율감독, 감찰감독, 순시감독, 파견감독과 결합하도록 강조하고 있다. '4개 의식'을 강화하고 '4가지 자신감'을 확고히 하며 '2개의 수호'를 실천하고 당과 국가의 노선과 방침, 정책을 관철하고 집행하며 중대한 정책과 결정 배치 등을 감독검사의 중점으로 간주하도록 명시했다. 당내 감독상황 특별회의, 민원제보, 당원지도간부 청렴정치 자료, 간부 선발·임용 관련 청렴정치 의견에 대한 답변, 기율검사 제안이나 감찰 제안 등 제도를 규정하고 감독검사의 방식과 방법을 완비했다. 기검감찰기관이 피감 대상으로서의 직책과 결합해 권력행사 상황에 대한 일상감독을 강화하고 낌새와 성향 문제나 가벼운 기율위반 문제를 발견하면 곧장 면담을 통해 일깨우고, 비판 교육, 검사명령, 대화를 통한 훈계와 격려를 진행하여 감독의 맞춤성과 실효성을 제고해야 한다고 강조했다.

셋째, 기율위와 감찰위에 대해 합동근무 요구를 구현하고, 감독·기율집행과 감찰·법 집행의 통일적인 정책결정과 통합 운영을 추진해야 한다. 〈규칙〉은 지도사상 중 전면적인 기율검사위원회와 감찰위원회의 합동근무 요구를 전면적으로 관철하도록 명시했고 지도체제 중 기율집행과 법 집행을 연결하도록 규정했다. 〈규칙〉은 구체적으로 관할범위, 감독검사, 단서처리, 심사조사, 심리, 품의·보고, 조치 사용 등 각 부분에서 통일적인 정책결정과 통합 운영의 기율집행 및 법 집행 업무기제를 구축·완비해 기율위와 감찰위의 감독·기율 집행과 감찰·법 집행 업무를 맞물리게 했고, 기율 집행과 법 집행의 관통 촉진, 사법의 효율적 연결 요구를 구현했다. 이를 통해 기율 집행과 법 집행에 정확하게 힘을 실어줌으로써 제도적 우월성이 통치 효율성으로 전환되었다.

넷째, 기검감찰 업무 프로세스를 통합하고 규범화하여 내부 권력 운용에 대한 감독과 제약을 강화해야 한다. 〈규칙〉은 효율적인 감독 제약을 만들어 내부 통제기제 완비와 업무절차 최적화에 주력하며, 실천을 통해 반영된 문제와 권력 운용 위험지점에 대해 엄격히 규범화하고 단서처리, 대화 및 서면 조사, 초동조사, 심사조사, 사안 심리 등 부분에서 구체적인 심사승인 사항을 규정하여 전 과정 모니터링과 엄격한 단속처리를 구현했다.

다섯째, 기율검사 감찰기관 자체 건설 경험을 결산하여 감독관리 조치와 요구를 더욱 엄격히 해야 한다. 〈규칙〉은 감독관리에 대해 한 장을 따로 할애해 기검감찰기관이 자체 감독을 한층 더 강화하고 당내 감독과 사회감독, 대중 감독을 자발적으로 수용하며 간부 승진, 임시 당 지부 설립, 사안 정황 탐문·개입 보고 및 등록, 회피, 기밀 해제기간 관리, 안전책임제 등 제도를 포함한 여러 항목의 자체 감독 제도를 규정했다. 기검감찰기관의 당 정치건설, 조직건설, 사상건설, 간부 조직의 기풍확립을 강화하고 단서를 사적으로 보관하거나 유출하며 안건으로 사익을 취하는 행위에 대해 기율과 법률책임을 엄중 추궁하고 안건처리 수준 책임제를 마련해 직무 태만이나 책임을 다하지 않아 엄중한 결과를 초래한 경우 종신 문책 처리한다. 감독관리 강화를 통해 기검감찰기관 내부통제 기제를 부단히 완비하고 엄격하고 실질적으로 기검감찰 조직 건설을 강화해 충성스럽고 깨끗하게 책임을 감당할 수 있는 기검감찰 '철군(鐵軍)'을 구축한다. 〈규칙〉의 제정과 법규 위계효력의 격상은 시진핑 동지를 핵심으로 하는 당 중앙 기검감찰업무의 중요성을 충분히 구현했고 당과 국가 자체 감독 강화에 대한 당 중앙의 단호한 결심을 구현했으며 기검감찰기관의 권력행사에 대한 높은 차원의 신중함, 자아통제에 대한 엄격함에 관한 일관된 요구를 구현했다.

4. 강력한 법이 힘을 발휘하고 금지령이 위력을 생성하도록 해야 한다

제도의 생명력은 집행에 있다. 제도가 있어도 엄격하게 집행되지 않으면 '깨진 유리창 이론'에서 말하는 파장을 초래할 것이다. 제도 집행과 규제 강화는 전면적인 종엄치당의 요지이다. 시진핑 총서기는 제도가 일단 마련되면 엄격하게 준수해야 하고 제도의 엄정성과 권위성을 단호히 수호해 강력한 법이 진정으로 힘을 발휘하고, 금지령이 위력을 생성하도록 해야 한다고 지적했다. 그는 당 기율과 당규의 집행력을 강화하여 제도가 확실히 실행되도록 해야 한다고 강조했다.

(1) 법규제도 의식을 강화해야 한다

규율 교육 강화를 매우 중요시한 시진핑 총서기는 당원과 간부에게 당규약, 당규, 당 기율 의식을 일깨웠다. 당 관리·통제의 실천을 통해 일부 당원 간부가 당 관념이 희박하여 기율과 법을 엄중하게 위반한 사건이 당 기율의식의 희박과 규칙의식의 약화로부터 시작된 경우가 많다는 사실을 알게 되었다. 법규제도 확립의 중점은 당 전체, 특히 지도간부의 조직의식, 기율의식, 규칙의식을 상기시키는데 있다. 2014년 10월, 시진핑 총서기는 당의 군중노선 교육실천활동 결산 회의에서 "당의 각급 조직은 기율 교육을 일상화하고 제도화하는 방법을 적극적으로 모색하여 당원과 간부들이 당의 기율은 당 전체가 반드시 준수해야 하는 행위 준칙이고, 기율을 엄격하게 준수하고 단호하게 수호하는 것은 합격점을 받는 당원과 간부가되기 위한 기본적인 조건임을 진정으로 깨닫도록 해야 한다"고 강조했다.

2015년 6월, 그는 18기 공산당 중앙정치국 제24차 집단학습에서 당 전체가 법규제도 선전교육을 통해 수많은 당원과 간부들이 확고한 법치의식, 제도의식, 기율의식을 수립해 법과 기율을 제대로 알고 규칙을 이해하며 경외심과 경각심을 가지도록 이끌어 제도 존숭, 제도 준수, 제도 수호의 양호한 기풍을 확립해 나가야 한다고 강조했다.[52] 12월, 그는 전국당교업무회의에서 당규와 당 기율은 당규약의 연장선이자 구체화된 내용으로 당규와 당 기율을 철저히 학습해 자신이 해야 할 일과 하지 말아야 할 일, 할 수 있는 일과 할 수 없는 일을 확실하게 알도록 해야 한다고 지적했다. 학습자가 당내 정치생활에 관한 몇 가지 준칙, 중국공산당 청렴자율 준칙, 중국공산당 기율처분조례 등 당내 법규를 진지하게 학습하도록 인도하고 학습자의 당 의식, 기율의식, 규범의식을 강화하여 학습자가 솔선수범하여 사회주의 핵심 가치관을 실천하도록 이끌며 당규약과 당규, 당 기율로 자신의 언행을 스스로 규제하도록 선도해야 한다고 강조했다.[53] 2016년 1월, 시진핑 총서기는 구조조정 후의 군 위원회 기관 각 부문 책임자들을 만났을 때, 자발적으로 군 위원회의 집중적이고 통일적인 지도를 견지하는 정치원칙과 정치기율을 준수하고 조직의식, 호령의식, 기율의식을 강화하며 제도, 절차, 규칙에 따라 안건을 처리하는 원칙을 견지해야 한다고 강조했다.[54] 같은 달, 그는 18기 중앙기율검사위원회 6차 전체회의에서 기율교육을 심도 있게 전개하고 선전교육 학습을 강화하여 당원과 간부들의 기율의식을 강화

---

52 「시진핑의 엄정한 당 기율과 규범에 관한 논술 요약집」, 중앙문헌출판사, 중국방정출판사, 2016년판, 89면.

53 「시진핑, 전국 당교업무회의에서의 연설」(2015년 12월 11일), 구시, 2016년 9기.

54 「시진핑의 전면적 종엄치당에 관한 논술 요약집」, 중앙문헌출판사, 2016년판, 86면.

하고 당규약, 당규, 당 기율을 마음 깊이 새기며 당규약 존숭, 당 기율 준수의 양호한 습관을 기르도록 해야 한다고 힘주어 말했다.[55]

(2) 제도의 생명력은 집행에 있다

법규제도 집행의 관건은 실제로 실행하는 데 있고 이는 엄격한 관리가 뒤따라야 한다. 시진핑 총서기는 집행력 제고 및 엄격한 기율집행과 관련, 제도 앞에서 모든 사람이 평등하고, 법규제도 준수에는 특권이 없으며, 법규제도 집행에도 예외가 없다는 걸 고수해 제도의 엄숙성을 수호해야 한다고 명확히 요구했다. 2012년 11월, 18기 공산당 중앙정치국 제1차 집단학습에서 "각급 지도간부, 특히 고위급 간부는 청렴준칙을 자발적으로 준수해 자신에게 엄격한 자율기준을 적용해야 할 뿐만 아니라 친인척과 측근에 대한 교육과 단속도 강화해야 한다. 권력을 이용하여 사익을 챙기거나 특권을 남용해서는 절대 안 된다. 당 기율과 국법을 위반한 행위에 대해서는 가차없이 엄하게 다스려야 한다"고 지적했다. 2014년 1월, 그는 18기 중앙기율검사위원회 3차 전체회의에서 "기율을 제정했으면 집행해야 한다"며 "각급 당위원회, 정부, 기검감찰기관은 당원과 간부의 기풍 확립 관련 규정 위반 행위에 대한 조사 및 처벌 강도를 계속적으로 높이고, 장기적 관점에서 작은 곳에서부터 시작하여 '4풍'을 바로 잡고 기풍건설의 성과를 부단히 공고히 해야 한다"고 강조했다. 5월, 그는 허난성 란카오현위원회 상무위원회 주제 민주생활회를 지도하며 "당내 법규의 집행력을 높여야 우리의 제도가 기본적으로 형성됐다고 볼 수 있다"며 이런 것들이 유

---

55   「시진핑의 전면적 종엄치당에 관한 논술요약집」, 중앙문헌출판사, 2016년판, 115면.

명무실해져 '허수아비'로 전락하지 않도록 해야 하고, '깨진 유리창 이론'에서 말하는 파장을 초래하지 않도록 해야 한다고 강조했다. 제도를 제정하는 것도 중요하지만 더 중요한 것은 실천에 있고 9할의 힘을 실천에 쏟아야 한다고 밝혔다. 10월, 그는 당의 군중노선 교육실천활동 결산 회의에서 제도의 집행력을 강화하고 제도집행에 있어 사람과 일에 모두 적용하며 제도로 권력과 일, 사람을 관리해야 한다고 강조했다. 법령이 있어도 집행하지 않고 금지하는데도 멈추지 않는 행위를 단호히 바로잡아 제도가 고무줄이 아닌 강력한 규제 속으로 들어가도록 해야 한다고 했다.[56] 같은 달, 그는 전군정치업무회의에서 "제도 집행력을 제고해 제도와 기율이 감전의 위험이 있는 '고압선'이 되도록 하고 기율과 법규 위반문제에 대한 조사 및 처벌 업무의 제도화와 상시화를 추진하여 당원과 간부들이 늘 경각심을 갖고 언행에 각별히 신경을 쓰도록 해야 한다고 지적했다.[57] 2015년 6월, 그는 18기 공산당 중앙정치국 제 21차 집단학습 시 "우리는 많은 노력을 기울여 제도를 만들고 규범을 세웠는데 사실은 이를 집행하는데 더 많은 노력을 기울여야 한다"며 "제멋대로 임시변통하거나 악의적으로 회피하고, 제도를 무시하는 등의 현상을 단호히 바로잡아야 한다"고 강조했다. 또 "규범과 기율 위반, 법규제도를 훼손해 '레드라인'을 짓밟거나 '마지노선'을 넘고 '범법행위'를 저지르는 경우 엄중하게 조사 처벌하고, 권세

---

56   시진핑, 「당의 군중노선교육 실천활동 결산 회의에서의 연설」(2014년 10월 8일), 인민일보, 2014년 10월 9일, 2면.

57   「시진핑, 구톈(古田)에서 열린 전군정치업무회의에서 연설, "강군흥군에 대한 정치업무의 생명선 역할을 발휘하여 새로운 정세에서 강군목표 달성을 위해 분투하자"」, 인민일보, 2014년 11월 2일, 1면.

가 크다고 파격적 대우를 하거나 문제가 작다고 하찮게 여기며, 많은 사람이 위반했다고 해서 방임하지 말아야 하고, '뒷문'을 열어두지 말아야 하며, '깨진 유리창 이론'에서 말하는 파장이 나타나지 않도록 철저히 방지해야 한다"고 덧붙였다.[58]

(3) 법규와 제도가 뿌리를 잘 내리도록 해야 한다

책임을 명확히 해야 잘 실행할 수 있다. 책임을 묻지도 따지지도 않고 추궁하지 않으면 아무리 좋은 제도라 하더라도 '종이호랑이'와 '허수아비'에 불과한 것이 된다. 시진핑 총서기는 "책임은 이행해야 하고 누가 한 일인지 분명히 하며 독촉, 검사, 문책을 할 수 있어야 하고, 권력리스트, 문제리스트, 임무리스트, 책임리스트를 만들고, 책임경계를 분명히 긋고 책임체계를 완비하며 문책제도를 세분화하고 통합해야 한다. 종엄치당을 실현하기 위해서는 당 관리·통제 의식을 강화하고, 당 관리·통제에 대한 책임을 실행해야 한다. 책임이 분명치 않고 책임을 이행하지 않으며 책임을 추궁하지 않으면 이를 실현할 수 없다"고 강조했다. 2015년 6월, 그는 18기 공산당 중앙정치국 제 24차 집단학습을 주재하면서 책임을 분명히 하고 상벌제도를 엄격히 하며 책임주체를 명확히 하여 집행과 감독가능하며 검사와 문책이 가능하도록 확보해야 한다고 강조했다.[59] 법규제도 집행상

---

58 「시진핑 구톈(古田)에서 열린 전군 정치업무회의에서 연설 "강군흥군에 대한 정치업무의 생명선 역할을 발휘하여 새로운 정세에서 강군목표 달성을 위해 분투하자"」 인민일보, 2014년 11월 2일, 1면.

59 「시진핑의 엄정한 당 기율과 규범에 관한 논술 요약집」, 중앙문헌출판사, 중국방정출판사, 2016년판, 64면.

황을 당풍과 청렴건설 확립 책임제 검사고과와 당·정 지도간부의 소관 업무 및 청렴 보고 범위에 포함시켜 주체적 책임, 감독책임, 지도책임의 엄정한 추궁을 통해 반부패·청렴제창 건설에서 법규제도의 역량이 충분히 발휘되도록 해야 한다. 문책기제를 완비하기 위해서는 책임이 있으면 반드시 묻고 문책은 반드시 엄격하게 실시하며 감독검사, 목표고과, 책임추궁을 유기적으로 결합하여 법규제도 집행의 강한 추진력을 형성해야 한다. 2016년 6월, 그는 18기 공산당 중앙정치국의 〈중국공산당 문책조례〉 심의 채택 시 "전면적인 종엄치당, 겉으로 드러난 현상과 근원을 동시 해결하는 가장 근본은 각급 지도간부가 당 관리와 통제에 대한 책임을 지는 것이다. 직무과실과 책임을 다하지 않은 것으로 인해 엄중한 결과를 초래한 경우와 인민대중이 강한 불만을 제기하는 경우, 당 집권의 정치기반을 훼손하는 경우는 모두 엄중하게 책임을 추궁하고 주체적 책임과 감독책임을 물으며 지도책임을 추궁해야 한다"고 강조했다.[60]

당규와 당 기율 집행의 중요한 전제조건은 문책과 감독을 이용해 압력을 아래로 전달하고 실행을 이끌어내는데 있다. 시진핑 총서기는 제도는 압력을 아래로 전달해 책임을 이행하도록 해야 한다고 밝혔다. 2015년 6월, 그는 18기 공산당 중앙정치국 제 24차 집단학습에서 법규 제도의 집행에 주력하고 반드시 감독제도가 실행되도록 하고 일상감독과 특별검사를 강화해야 한다면서 "감독을 통해 압력을 전달하고, 압력을 이용해 실행을 이끌어내야 한다"고 강조했다.[61] 2016년 1월, 그는 18기 중앙기율검사

---

60 「시진핑이 중공중앙정치국회의 주재, 〈중국공산당 문책조례〉」, 인민일보, 2016년 6월 29일, 1면.

61 「시진핑, 중공중앙정치국 제24차 집단학습에서 반부패와 청렴제창 법규 제도 확립 강화

위원회 6차 전체회의에서 "우리는 각 급 당위원회에 전면적인 종엄치당의 정치적 책임을 지고 엄중한 문책으로 책임을 이행하도록 하고, 압력을 아래로 전달하고, 당원의 일상 관리감독을 강화하며 당 관리와 통제의 나사를 꽉 조여야 한다고 요구했다"고 지적했다.[62] 6월, 그는 18기 공산당 중앙정치국은 〈중국공산당 문책조례〉 심의 채택 시, 각급 당조직은 자신을 제도의 틀 안에 집어넣고 실제와 연계하며 위로부터 솔선수범하고 어려운 문제에 대담하게 대처하며 압력을 아래로 전달하고 책임을 다하지 않은 것에 대해 반드시 책임을 묻는 것이 상시화 되도록 해야 한다"고 지적했다.[63] 10월, 그는 당 18기 6중전회에서 각급 당조직은 기율과 규칙 집행의 주체적 책임을 지고 감독문책을 강화하고 책임이 이행에 힘을 다하지 않은 경우 단호히 책임을 추궁해 느슨하고 해이하며 물렁해진 당 관리 및 통제를 엄격하고 치밀하며 강경하게 이끌어야 한다고 지적했다.[64] 2018년 7월 그는 공산당 중앙정치국 회의에서 새로 개정된 〈중국공산당 기율처분조례〉를 심의하면서 "일상적으로 기율을 엄격히 집행하고 기율 위반은 반드시 추궁하는 것을 공고히 하고 발전시키고 제도를 구축하고, 규칙을 세우며, 이행을 틀어쥐고 실시를 중시하여 제도가 '날카로운 이가 자라나고',

---

로 법규제도의 역량을 충분히 방출하도록 해야 한다고 강조」, 인민일보, 2015년 6월 28일, 1면.

62 시진핑, 「18기 중앙기율검사위원회 제6차 전체회의에서의 연설」(2016년 1월 12일), 인민일보, 2016년 5월 3일, 2면.

63 「시진핑이 주재한 중공중앙정치국회의에서 〈중국공산당 문책조례〉 심의」, 인민일보, 2016년 6월 29일, 1면.

64 시진핑, 「당 18기 6중전회 제2차 전체회의에서의 연설(발췌)」(2016년 10월27일), 구시, 2017년 1호.

기율이 '전기를 띠도록' 만들어 기강 확립이 근원과 현상을 동시에 해결하는 도구로써의 역할을 충분히 발휘하도록 하여야 한다"고 지적하고 강철 같은 규율이 당원 및 간부들의 일상적 습관과 스스로 준수하는 사항이 되도록 만들어 전면적인 종엄치당의 종적 발전을 추진해야 한다고 덧붙였다.

제9장

당관리와 통제의 정치적 책임을 이행해야 한다

시진핑 총서기는 19차 당대회 보고에서 전면적인 종엄치당의 성과가 탁월하다고 피력하면서 "당 전체가 당을 관리하고 다스리는 정치적 책임을 단계적으로 이행하도록 추진했다"[1]고 밝혔다. 그 이후 19기 중앙기율검사위원회 2차 전체회의에서 전면적인 종엄치당의 경험을 정리하면서 권력 행사와 책임 감당의 통일을 견지했다고 밝혔다.[2] 18차 당대회 이후 시진핑 총서기는 당을 관리하고 다스리는 책임 이행에 대해 새로운 논술과 배치를 했다. 책임주체 면에서 일부 지방과 부서가 당 관리와 통제에 대한 의식이 희박하거나 심지어 당 건설에 매진하길 원하지 않고 안중에도 두지 않는 문제를 겨냥해 전면적인 종엄치당은 각급 당조직의 책임인 만큼 각급 당조직 및 그 책임자들은 모두 책임 주체라면서 당을 관리하고 다스리는 데 신경을 쓰지 않는 것은 곧 엄중한 직무 태만이지만 당 건설에 매진하는 것은 최대의 정치 업적이라고 밝혔다. 이념적으로는 당풍청렴건설

1   시진핑, 「전면적인 샤오캉 사회 실현으로 신시대 중국 특색 사회주의의 위대한 승리 쟁취-19차 당대회에서의 보고」(2017년 10월 18일), 「19차 당대회 문건 모음집」, 인민출판사, 2017년판, 6면.

2   「시진핑, 19기 중앙기율검사위원회 2차 전체회의에서 연설 발표하여 19차 당대회 정신을 전면적으로 관철해 실행에 옮기고, 마침표가 없다는 집념으로 종엄치당을 심화시켜 나가자고 강조」, 인민일보, 2018년 1월 12일, 1면.

책임 이행제를 제시했다. 이는 당위원회가 주체적 책임을 지고, 기율검사위원회가 감독 책임을 지되 실천 과정에서 이 두가지 책임을 전면적인 종엄치당의 주체적 책임과 감독책임으로 심화하는 것을 말한다. 주체적 책임을 수행함에 있어서 관건은 당의 지도를 실질적으로 이행하는 것이다. 그는 각급 당위원회에 전면적인 종엄치당의 정치적 책임을 지고 엄격한 문책으로 책임을 수행하고, 압력을 아래로 전달하여 전면적인 종엄치당이 기층 조직으로 연장되도록 하라고 주문했다. 감독 책임 이행에 있어서 기율검사위원회는 당을 관리하고 다스리는 중요한 역량이자 당내 감독 전담 기관이라고 천명했다. 아울러 당규약에 의거해 기율검사위원회의 직책을 감독, 기율집행, 문책으로 요약함으로써 기율검사 업무를 새로운 수준으로 격상시켰다.

1. 신시대 기율검사감찰체제 개혁

기검감찰체제 개혁은 전면적인 개혁 심화의 중요한 구성부분이자 당의 자체적인 관리와 전면적인 종엄치당의 필연적인 요구이다. 18차 당대회 이후 시진핑 총서기를 핵심으로 한 당 중앙이 흔들림 없이 기율검사체제 개혁을 추진하고 국가감찰체제 개혁을 심화하면서 기검감찰체제 개혁은 전례 없는 강도와 범위로 심화하고 발전했다. 중대한 정치제체 개혁으로 꼽히는 기검감찰체제 개혁은 전면적인 종엄치당과 전면적인 법치, 전면적인 개혁 심화를 관통하는 것으로 개혁을 통해 당과 국가의 자체 감찰 체계 개선과 반부패 업무에 대한 당의 집중적이고 통일적인 지도 강화를

전면적인 종엄치당에는 마침표가 없다

모색함으로써 당을 관리하고 다스리는 정치적 책임을 명확히 하고 전면적인 종엄치당을 더욱 깊이 있게 추진했다. 개혁 후의 기검감찰기관은 반부패 업무의 의사결정 배치 지휘, 자원 역량 통합, 조치 수단 운용 면에서 더욱 협동적이고 효율적으로 작동돼 당의 장기 집권 및 국가의 장기적인 안정을 위해 강한 뒷받침이 되었다.

(1) 당의 기율검사체제 개혁 추진

당의 기율검사체제 개혁을 추진하는 관건은 당풍청렴건설의 주체적 책임과 감독 책임을 수행하는 데 있다. 시진핑 총서기는 당 18기 3중전회에서 기율검사체제 개혁에 대해 상세한 설명과 배치를 하고, '2가지 책임(兩個責任)'과 '2가지 위주(兩個為主)', '2가지 전범위(兩個全覆蓋)' 등 중요한 개혁 내용을 제시함으로써 개혁에 대한 상부 차원의 설계와 전략적 포석을 마련했다. 당 18기 3중전회 개최 후 '중앙전면개혁심화지도팀'은 기율검사체제 개혁을 위한 전담팀을 설립했다. 그 후 그는 18기 중앙기율검사위원회 3차 전체회의에서 개혁을 심화하고 당풍청렴건설, 반부패 투쟁을 추진하기 위해서는 당의 기율검사체제를 개혁하고 반부패 체제 메커니즘을 개선하며 권력에 대한 제약과 감독효과를 강화해 각급 기율위의 감독권에 대한 상대적인 독립성과 권위성을 보장해야 한다고 강조했다.[3]

시진핑 총서기는 18기 중앙기율검사위원회 3차 전체회의에서 기율검사체제 개혁 조치에 대한 원인을 심층적으로 분석했다. 실제 상황으로

---

3 「18기 중앙기율검사위원회 역대 전체회의 문건자료 모음집」, 중국방정출판사, 2017년 판, 145면.

볼 때 반부패 효과에 영향을 끼치는 문제는 주로 반부패 기관의 직능 분산으로 인해 감독의 힘이 모아지지 않고, 일부 사안은 각종 요인의 영향으로 인해 철저한 조사에 어려움이 있으며, 일부 지방은 부패 사건이 빈발한데도 책임추궁에 최선을 다하지 않는 것이 원인으로 지목됐다. 이는 결국 체제 메커니즘 측면의 문제로 귀결된다. 〈당규약〉 제45조는 '당의 중앙기율검사위원회는 당 중앙위원회 지도하에 업무를 진행한다'고 명시했다. 전체적으로 보면 기율검사 업무의 이중지도체제는 당내 상황과 국가 실정에 부합해 당풍청렴 건설 및 반부패 투쟁에서 긍정적인 역할을 했다. 하지만 새로운 정세와 임무에서는 이런 지도체제가 맞지 않거나 조화롭지 못한 면도 있다. 특히 부패 사안 조사 측면에서는 견제를 받는 요인이 많은 까닭에 일부 지방의 주요 책임자는 사건 조사로 인해 이미지에 타격을 받지는 않을까, 승진에 영향을 받지 않을까 우려해 때로 사건을 덮고 처리하지 않기도 하고, 허위로 보고하거나 아예 보고하지 않는 정황도 있다. 지방 기율위는 동급 당위원회의 감독에 금기시해야 하는 것들이 많아 기율 집행과 감독, 부패 사안을 조사할 때 종종 몸을 사리고 앞뒤를 재며 눈치 보기에 급급하다. 이런 문제는 기율검사체제 중 감독의식 희박, 감독책임 결여, 감독제도 취약, 감독 집행력 부족과 같은 심각한 문제를 집중적으로 반영한다.

2014년 6월, 시진핑 총서기가 주재한 중공중앙정치국회의는 〈당의 기율검사체제개혁 시행방안〉(이하 〈시행방안〉)을 심의해 통과시켰다. 〈시행방안〉은 기율검사체제 개혁을 추진하는 '로드맵'과 '시간표', '과업지시서'를 명시하고, '2가지 책임'과 '2가지 위주', '2가지 전범위' 이행과 관련해 구체적인 요구를 제시했다. 그는 기검감찰 업무의 실제에 입각해 구체적인 문제부터 착수하고 즉각 행동하고 즉시 시정하는 것을 견지하여 당풍

청렴건설 및 반부패 투쟁을 위해 체제 메커니즘의 제도적인 뒷받침을 제공해야 한다고 지적했다.[4]

1) 2가지 책임

'2가지 책임'이란 당위원회의 주체적 책임과 중앙기율검사위원회(이하 '기율위')의 감독 책임을 말하는 것이다. 주로 당풍청렴건설 및 반부패 업무에 대한 당의 통일적인 지도를 강화하기 위해 당위원회가 주체적 책임을, 기율위가 감독 책임을 지도록 명확히 했고, 실행가능한 책임추궁제도를 마련해 시행했다.

당위원회의 주체적 책임을 이행하는 측면에서 〈시행방안〉은 각급 당위원회, 특히 주요 책임자들이 당 관념과 집권의식, 당풍청렴건설에 매진하지 않는 것은 곧 직무 태만이라는 의식을 확고하게 수립하도록 하라고 요구했다. 또 당위원회의 지도핵심 역할을 발휘해 당 관리·통제와 종엄치당이 실질적으로 이행되도록 하라고 주문했다. 내용 면에서는 당풍청렴건설에 대한 당위원회(당조직) 지도부, 주요 책임자와 조직 기타 구성원들의 주체적 책임 이행을 보다 더 명확히 했다. 업무 체계 면에서는 각급 당위원회(당조직)에 압력을 아래로 전달하고 상급이 하급에 철저한 업무 수행을 요구하며, 각 급별로 각자 맡은 바 책무를 다하는 업무 구도를 형성하라고 독촉했다. 〈시행방안〉은 당풍청렴건설 책임제 이행 상황 특별 보고 제도를 보완하고, 감독 검사와 책임추궁제도의 강도를 확대해 문책과 책임추궁을

---

4   시진핑, 「중공중앙정치국회에서 〈재정과 세무 체제 개혁 심화 총체적 방안〉, 〈호적제도 개혁을 더 추진할 데 관한 의견〉, 〈당의 기율검사체제개혁 시행방안〉 심의, 시진핑 총서기가 회의 주재」, 인민일보, 2014년 7월1일, 1면.

더욱 강화하라고 주문했다. 지도력 부재, 관리 미흡으로 인한 조직 느슨, 기강 해이, '4풍' 문제 심각, 혹은 중대한 부패 사안을 발견하고도 제지하지 않거나 조사하지 않고, 보고하지 않은 경우에는 당사자의 책임뿐만 아니라 관련 지도자의 책임도 추궁함으로써 '책임이 있으면 반드시 묻고 잘못은 엄격하게 문책한다'를 실천에 옮겼다.

기율위의 감독책임 수행 측면에서 〈시행방안〉은 각급 기율위에 직능과 방식, 기풍 전환을 확실하게 추진하라고 요구했다. 첫째, 직책 포지셔닝을 명확히 하고, 관련 의사조정기관을 정리한다. 관리하지 말아야 할 것, 관리가 제대로 이루어지지 않는 업무는 주요 책임 부문으로 이관하고, 기율위 산하 내부기관을 조정하여 중심 업무에 포커스를 맞춰 주요 업무인 당풍청렴건설 및 반부패 업무에 더 많은 역량을 쏟도록 했다. 둘째, 방식과 방법을 개선하고, 업무의 과학성을 높인다. 셋째, 업무 기풍을 개선해 '엄격하고, 꼼꼼하며, 깊이 있고, 실제적'인 태도 요구와 '상황이 분명하고, 데이터가 정확하며, 책임 소재가 분명하고, 기풍이 바르고, 착실하게 일하는' 업무 기준을 철저히 이행한다. 각급 기율위에 감독과 기율집행, 문책을 강화하고, 기율위가 동급 당위원회, 특히 당위원회 구성원을 감독하는 효과적인 경로를 모색하도록 독촉한다. 〈시행방안〉은 강철 같은 기율로 정치에 강하고, 업무를 정확히 수행하며, 강경한 기풍을 가진 기검감찰 간부단 구축, 내부 감독 메커니즘 강화 및 개선, 기율의 구속력 강화, 기검체제 내의 자체 감독 강도 확대에 힘쓰라고 제시했다. 또한 기율위 관련 책임추궁제도를 구축하고 완비해 당위원회를 도와 당풍 확립과 조직 강화 및 반부패 업무 조정에 최선을 다하지 않아 지역적, 체계적으로 심각한 기율과 법규 위반 사건이 발생한 지방과 부처, 국유기업체와 사업기관에 대해서는 기율위가 관련 책임을 엄중하게 추궁하라고 요구했다.

　중앙기율검사위원회는 중앙의 상기 요구에 따라 18차 당대회 이후 중심 업무에 포커스를 맞춰 정확하게 직책 포지셔닝을 정립하고 직능과 방식, 기풍을 전환하는 등 조직과 제도 혁신을 대대적으로 단행했다. 행정 편제와 지도자직 수는 그대로 두고 산하 내부기관을 조정, 기검감찰실을 8개에서 12개로 늘렸다.[5] 기검감찰 간부 감독실을 신설하면서 기율집행 감독 부처의 역량이 한층 더 강화됐으며, 성급 기율위도 이에 맞게 내부기관과 인원을 조정했다. 아울러 중앙기율검찰부가 참가하는 의사조정기관은 125개에서 14개로 축소됐고, 성급 기율위, 감찰청(국)이 참여하는 의사조정기관은 4천619개에서 460개로 대폭 축소됐다.[6] 전국 기검감찰기관은 의사조정기관의 90%에서 탈퇴해 당풍청렴건설 '격전지'에 더 많은 역량을 쏟았다. 19차 당대회 이후 중앙기율검사위원회와 국가감찰위원회 내부기관 개혁과 국가감찰체제 개혁이 일괄 추진되면서 '심사조사실' 4개가 신설됐다. 기존의 기검감찰실 12개 가운데 11개가 '감독검사실'로 개칭되었고, 나머지 하나는 '심사조사실'로 변경됐다. 즉 심사조사실이 5개가 된 것. 감독검사실은 '포그라운드' 역할을 해 부문과 분야로 나누어 일상감독을 책임지고 경미한 기율위반 사안을 처리하면서 '백그라운드'에 단서를 제공했다. 심사조사실은 관련 단서를 접수한 후 한 단계 높은 입건 심사조사를 맡았다. '포그라운드와 백그라운드' 설치를 통해 역량을 감독에 편중하고 감독의 취약부분을 보완함으로써 원인과 현상을 동시 해결했다. 아울러 최

5　「18기 중앙기율검사위원회의 중국공산당 제19차 전국인민대표대회에 대한 업무보고」, 「19차 당대회 문건 모음집」, 인민출판사, 2017년판, 127-128면.

6　위의 책, 128면.

적화, 협동, 고효율 원칙에 입각해 인원의 전면적인 융합과 업무상 호흡을 맞추는 작업을 지속적으로 심화하고, 기율위와 감찰위 합동근무를 위한 형식상 및 내용상 개편을 착실히 추진했다.

기율검사체제 개혁 심화의 핵심은 '2가지 책임'을 이행하는 데 있으며, 이는 각급 당위원회의 주체적 책임을 전제조건 및 기초로 한다. 따라서 각급 지도간부는 자중자애하면서 자신을 단속해야 할 뿐만 아니라 더 나아가 과감하게 책임지고 당풍청렴건설 및 반부패 업무를 확실히 해내야 한다. 당위원회(당조직) 서기는 제1 책임자이다. 기타 구성원은 직책 범위 내의 당풍청렴건설에 지도적 책임을 지며, 상급은 하급에 철저한 업무 수행을 요구하고 압력을 아래로 전달해야 한다. 직책을 성실하게 수행하지 않거나 당풍 및 청렴정치 확립에 힘쓰지 않는 경우 엄격하게 책임을 추궁해야 한다. 기율검사체제 개혁은 당위원회의 주체적 책임과 기율위의 감독책임을 나란히 다루는 전면적인 종엄치당의 중대한 이념 혁신으로 꼽힌다.

2) 2가지 위주

'2가지 위주'란 부패 사건 조사와 처리는 상급 기율위가 주축이 되어 단서 처리와 사건에 대한 진상 조사를 동급 당위원회와 상급 기율위에 동시에 보고하고, 각급 기율위 서기와 부서기에 대한 추천과 심사는 상급 기율위와 조직부처가 공동 주관하는 것을 말한다. 시진핑 총서기가 '2가지 위주'를 제시한 목적은 당의 기율검사업무의 이중지도체제 구체화, 절차화, 제도화를 추진하고, 하급 기율위에 대한 상급 기율위의 지도를 강화하기 위함이다. 〈시행방안〉은 하급 기율위가 상급 기율위에 업무를 보고하는 제도를 정립할 것을 주문하고, 정기 보고제도, 특별 보고제도, 즉시 보고제도, 상담제도, 처리 피드백 제도를 제시했다. 아울러 상급 기율위는 하급 기율위가 '본업에 초점을 맞춰 직책을 이행하고, 간섭을 배제하며 업무를 수행하도록 지지하고 지도한다' 는 4가지 요구를 명시했다.

사건 조사처리 측면에서 〈시행방안〉은 부패 사건 조사처리 체제 메커니즘 개혁을 추진할 것을 주문하고 3가지의 새로운 요구를 제시했다. 첫째, 단서 처리 및 사건의 진상조사는 동급 당위원회와 상급 기율위에 동시에 보고한다. 둘째, 완벽한 책임추궁제도를 구축해 사건이 있는데도 조사하지 않거나, 숨기고 보고하지 않는 경우, 사사로운 정에 얽매어 비호해주는 경우 엄중 문책한다. 셋째, 사안별 지도 제도를 정립해 기율집행이 통일되지 않거나 처리가 어느 한 쪽에 치우치지 않도록 방지한다. 2014년 상반기, 중앙은 허베이, 저장, 허난, 광둥, 산시 등 5개 성 기율위 및 국무원 국유자산감독관리위원회(이하 '국자위') 기율위, 상무부와 해관총서 주재 기율검사팀 등 8개 기관에서 부패 사건 조사처리 체제 메커니즘 개혁 시범을 실시하기로 결정하고, 시범 기관에 중앙기율검사위원회 유관부처에 단서 처리와 사건 조사처리 상황을 즉시 보고하라고 주문했다. 2015년부터 여러 지방에서 잇달아 하급 기율위가 상급 기율위에 단서 처리와 사건의 진상조사 처리 상황을 보고하는 제도를 시행하기 시작했다.

기율위 서기와 부서기에 대한 추천과 심사 부분에서 '상급 기율위와 조직 부처가 공동 주관한다'하는 요구에 따라 각급 기율위 서기, 부서기에 대한 추천과 심사 방법을 마련해 완비하는 한편 추천과 심사 업무 중에서 상급 기율위와 조직 부처 등의 직책 권한을 명확히 했다. 또 기율위 서기와 부서기 예비후보자 풀 및 관리제도를 마련해 완비하고, 교류추천제도를 완비했다. 2015년 3월, 중공중앙판공청은 상급 기율위의 하급 기율위에 대한 지도 강화를 목적으로 〈성(자치구, 직할시)기율위 서기, 부서기 추천과 심사 방법(시행)〉 및 〈중앙기율검사위원회 파견 기검조 조장, 부조장 추천과 심사 방법(시행)〉, 〈중앙 관리 기업 기율위 서기, 부서기 추천과 심사 방법(시행)〉을 배포해 기검 간부들이 당당하게 업무를 펼치도록 제도적으로 보장했다.

'2가지 위주' 이행을 주요 내용으로 하는 기율검사 체제 메커니즘 개혁 혁신은 기검감찰 업무의 독립성과 효과성을 높였다. 전국 기검감찰기관이 수사한 사건 수와 당 기율처분과 행정처분을 받은 인원 수를 연도별로 살펴보면 ▲2013년 17.2만 건(18.2만 명) ▲2014년 22.6만 건(23.2만 명) ▲2015년 33만 건(33.6만 명) ▲2016년 41.3만 건(41.5만 명)[7] ▲2017년 52.7만 건(52.7만 명)[8] ▲2018년 63.8만 건(62.1만 명)[9]이다. 18차 당대회 이후 전국 기검감찰기관이 수사 종결한 사건 건수와 당 기율 및 행정 기율 처벌을 받은 인원은 큰 폭으로 증가하는 추세를 보였다. 이런 성적을 거둘 수 있었던 건 하급 기율위에 대한 상급 기율위의 지도를 강화한 것과 밀접한 관계가 있다.

3) 2가지 포괄

'2가지 포괄'이란 중앙기율검사위원회가 중앙 1급 당과 국가기관에

7 「부패할 수 없는' 제도 체계 구축-18차 당대회 이후 기율검사체제개혁 종합 서술」, 중국기검감찰보, 2017년 7월 23일, 1면.

8 「중앙기율검사위원회, 2017년 전국기검감찰기관 기율심사 상황 통보」, 중국기검감찰보, 2018년 1월 11일, 1면.

9 「중앙기율검사위원회 국가감찰위원회, 2018년 전국기검감찰기관 감독검사 및 심사조사 상황 통보」, 중국기검감찰보, 2019년 1월 9일, 1면.

기율검사기구를 파견하는 것을 전면적으로 실시하고, 중앙과 성·구·시의 순시제도를 개선하여 지방과 부처, 기업체와 사업기관 전체를 순시하는 것을 말한다.

첫째, 전범위에서 파견을 실시해야 한다. 파견주재감독은 중국 특색 당내 감독의 중요한 형식이다. 중국공산당은 1950년, 60년대부터 파견감독에 대한 실천 모색을 시작해 유익한 경험을 쌓았다. 1982년 9월, 12차 당대회에서 통과시킨 〈당규약〉은 '중앙기율검사위원회는 업무 필요에 따라 중앙 1급 당과 국가기관에 당의 기율검사조나 기율검사원을 파견할 수 있다'고 규정해 당내 근본법의 형식으로 파견감독에 대해 규정하고 있다. 파견감독에 관한 당규약의 규정과 비교하면 18차 당대회 전까지는 파견감독 역할이 제대로 발휘되지 않았다. 이는 우선 파견감독 범위에 '사각지대'가 있는 점으로 미루어 알 수 있다. 당시 중앙1급 당과 국가기관에 50여 개 파견하는 데 그쳐 3분의 2 에 가까운 부처와 기관이 감독 범위에 포함되지 않았다. 게다가 당의 사업 부문에는 파견하지 않았고, 전인대 기관과 정협기관에도 파견하지 않았으며, 일부 행정 기관에도 파견하지 않았다. 감독에 존재하는 사각지대는 공교롭게도 당과 국가정치생활에 중요한 영향을 미치는 핵심 부처였다. 이와 관련, 〈시행방안〉은 중앙기율검사위원회가 중앙1급 당과 국가기관에 기검기구를 파견하는 것을 점진적으로 이행할 것과 파견기구가 감독 직책을 전면적으로 이행할 것, 명칭 및 관리를 통일할 것을 요구했다. 2014년 12월, 중공중앙정치국 상무위원회 회의는 〈중앙기율검사위원회 파견기구 건설 강화에 관한 의견〉을 심의해 통과시켰다. 〈의견〉은 중앙기율검사위원회 파견기구는 명칭을 '중앙기율검사위원회 파견 기검조'로 통일하고, 유관 부처와 기관 지도부 및 그 구성원에 대한 감독을 강화해 '2가지 책임'을 이행한다고 명시했다. 2015년 1월, 중앙은 중앙기율검사위원회가 중앙판공청, 중앙조직부, 중앙선전부, 중앙통일전선업무부, 전국인민대표대회(전인대) 기관, 국무원 판공청, 전국정치협상회의(정협) 기관 등 중앙과 국가기관에 파견기구 7개를 신설하기로 결정했다. 중앙기율검사위원회가 당의 업무 부처와 전인대 기관, 정협기관에 기율검사조를 파견한 것은 중국공산당 역대 최초다. 이는 중앙 1급 당과 국가기관 전범위에 대한 기검조 파견이 중요한 한 걸음을 내디뎠음을 시사한다. 11월, 중공중앙판공청은 〈중앙기율검사위원회가 중앙1급 당과 국가기관에 기율검사기관 파견 전면 이행에 관한 방안〉을 배포했다. 방안에 따라 중앙기율검사위는 파견기구 47개를 설치했다. 이 가운데 연합 파견은 27개, 단독 파견은 20개였다. 연합 파견과 단독 파견을 접목하는 방식을 취해 139개 중앙1급 당과 국가기관 전범위에 걸쳐 기검기관을 파견함으로써 당내의 감독 사각지대와 공백이 생기지 않도록 했다. 개혁 전에 비해 감독을 받는 기관은 52개에서 139개로 늘어난 반면 파견기구는 52개에서 47개로 축소돼 자원 통합과 내부 잠재력 발굴, 기존 기관 활성화, 구조 선진화 등 개혁 요구를 십분 구현했다. 각 성·구·시 기율위는 '처방전에 따라 약을 짓'는 방침에 따라 현지의 파견기구 개혁을 추진했다. 19차 당대회 전까지 성급 기율위는 전면 파견을 달성했으며, 시(市)·지(地) 1급에 전반에 걸쳐 기율위를 파견하는 것도 안정적으로 추진되었다. 19차 당대회가 개정한 당규약은 실천 경험을 총괄해 파견감독 제도를 한층 더 완비했다. 19기 중앙기율검사위원회 2차 전체회의는 파견감독 강화에 대해 새롭게 배치하고, 하급 기율위에 대한 상급 기율위의 지도 강화와 지방 기율위 파견 체제 메커니즘 개선, 감독직책 강화, 당 관리·통제 책임 전면화와 아래로의 전달을 추진하라고 강조했다. 19기 중앙기율검사위원회 3차 전체회의는 시책을 분류해 파견기구 체제 메커니즘 혁신을 추진하고, 파견감독의 질적 수준을 전범위적으로 높일 것을 명확히 제시했다.

둘째, 전범위에서 순시를 추진해야 한다. 중국공산당은 창당 초기 당내 순시제도에 대해 모색했다. 21세기에 들어선 이후 16차 당대회는 '당의 기율검사체제 개혁과 개선, 순시제도 확립과 개선'을 명확히 제시했다. 2003년 5월, 중앙이 중앙기율위와 중앙조직부에 순시조와 순시업무판공실 설립을 승인하면서 중앙기율위와 중앙조직부는 지방 순시조 5개, 중앙금융기관 순시조 1개, 중앙기업 순시조 3개, 국가기관 순시조 2개 등 11개의 순시조를 잇달아 설립했다.

12월, 순시는 당내 감독의 중요한 제도인 〈중국공산당 당내감독조례(시행)〉에 삽입되었다. 2007년, 17차 당대회는 순시제도를 최초로 당규약에 삽입했다. 2009년 7월, 중앙은 〈공산공산당 순시업무조례(시행)〉를 공포했다. 이는 모두 순시업무를 수행하기 위한 강력한 제도적 뒷받침 역할을 했다. 18차 당대회 이후 시진핑 총서기는 순시를 당내 감독을 강화하는 전략적 제도 장치로 간주하고, 전면적인 종엄치당의 총체적 배치에 포함시켰다. 이는 순시업무의 이론적, 실천적, 제도적 혁신 추진을 심화했을 뿐만 아니라 순시감독으로 중국 특색 사회주의 민주감독제도의 우월성을 방증했다. 2013년 11월, 시진핑 총서기는 당 18기 3중전회에서 〈전면적인 개혁 심화를 위한 몇 가지 중대 사안에 관한 중공중앙의 결정〉에 관해 설명하면서 중앙과 성·구·시 순시제도를 개선해 지방과 부처, 기업체와 사업기관에 대한 전범위 순시를 실천해야 한다고 지적했다. 2014년 10월, 공산당 중앙정치국 상무위원회 2014년 중앙순시조 제2차 순시 상황 보고를 받는 자리에서 당규약에는 중앙과 성·구·시 차원에서 순시를 해야 한다고 규정되어 있다고 언급했다. 18차 당대회 이후 중앙이 솔선해 순시업무를 개선하고 시범 역할을 발휘해 다음 단계에서 압력을 아래로 전달하고 각 급별로 각자 맡은 바 책무를 다하도록 하기 위한 성급 순시의 기초 역할을 발휘했다.[10] 2016년 1월 18기 중앙기율검사위원회 6차 전체회의에서 그는 "전범위적으로 순시하는 것 자체가 억지력이다. 중앙1급 순시 대상은 280여 개 기관이다. 현재 100여 개를 더 순시해야 하므로 임무가 막중하다. 다음 단계에서 중앙과 국가기관에 대한 순시를 완료해 중앙부처 전범위 순시를 달성해야 한다"고 말했다.[11] 2017월 1월, 그는 18기 중앙기율검사위원회 7차 전체회의에서 "당내 감독을 전면적으로 강화하고, 순시의 '날카로운 칼' 역할 발휘에 힘써 전면적인 종엄치당이 끊임없이 심층 발전하도록 추진해야 한다"고 강조했다.[12] 6월, 〈중국공산당 순시업무조례〉 개정 시, '1기 임기 내에 관리하는 모든 지방, 부처, 기업체와 사업기관 당조직에 대해 전면적으로 순시한다'를 명시했다. 18기 중앙은 순시를 12차례 단행, 31개 성·구·시와 신장생산건설병단, 중앙 관리 국유 핵심 기업과 중앙 관리 금융기관, 중앙 관리 대학 당조직에 대한 전면적인 '스캔'을 마무리함으로써 당 사상 최초로 임기 내에 전범위를 포괄하는 중앙 순시를 달성했다. 이외에 각 성·구·시 당위원회가 전범위 순시 임무를 달성해 시와 현 전부를

---

10 「시진핑의 당풍·청렴정치 확립 및 반부패 투쟁에 관한 논술 요약집」, 중앙문헌출판사, 중국방정출판사, 2015년판 116-117면.

11 시진핑, 「18기 중앙기율검사위원회 제6차 전체회의에서의 연설」(2016년 1월 12일), 인민일보, 2016년 5월 3일, 2면.

12 「18기 중앙기율검사위원회 역대 전체회의 문건자료 모음집」, 중국방정출판사, 2017년판, 312면.

전면적인 종엄치당에는 마침표가 없다

순찰했고, 67개 중앙기관이 순시 업무 전개를 모색해 중앙 기업에 대한 전면 순시를 달성함으로써 순시와 순찰이 상하 연동되는 구도를 이루었다.[13] 19차 당대회가 개정한 당규약은 전범위 순시 요구를 당규약에 삽입하고, 중앙 단위 순시, 시·현 순찰 전개에 대한 요구를 제시함으로써 순시와 순찰 업무의 심층적인 발전 추진을 위해 근본적인 지침을 마련했다. 2018년 1월, 19기 중앙기율검사위원회 2차 전체회의는 순시의 칼을 빼드는 역할을 더욱 두드러진 업무에 배치했다. 시진핑 총서기는 질적 수준이 높은 전범위 순시를 추진하는 것에 대해 구체적인 요구를 제시하면서 다음과 같이 말했다. "임기 내에 전범위 순시 달성을 기초로 중앙 단위 순시와 시·현 순찰 업무를 추진하여 상하 연동되는 감독 네트워크를 형성해야 한다. 방식과 방법을 혁신해야 한다. 제대로 했는지 다시 점검하는 '되돌아보기'를 철저하게 전개하면서 허를 찌르는 불시 순시, 즉 '기동식' 순시를 추진하고, 특정 범위 내의 순찰을 책임지는 '유동 보초'의 억제력을 발휘해 훌륭한 '야간 당직자'가 되어야 한다. 순시 성과의 종합적인 운용성을 강화하고 시정·감독·점검 제도를 정비하여 시정책임을 다하지 않거나 시정이 미흡하고 형식적인 시정에 그치는 경우 전형적인 사례를 잡아 엄중하게 문책하여 순시의 두려움과 억제 및 근본적인 원인 해결 역할이 더욱 잘 발휘될 수 있도록 해야 한다."[14]

19차 당대회 개최 이후 '2가지 전범위' 순시 및 파견감독 달성을 기반으로 국가감찰체제 개혁을 전면적으로 실시하고 국가감찰에 대한 전범위

---

13 「18기 중앙기율검사위원회의 중국공산당 제19차 전국인민대표대회에 대한 업무보고」, 「19차 당대회 문건 모음집」, 인민출판사, 2017년판, 133면.

14 시진핑, 「전면적인 개혁심화를 논함」, 중앙문헌출판사, 2018년판, 384-385면.

를 실현함으로써 당의 통일적인 지휘 하에 전범위를 포괄하는 권위적이고 고효율적인 감독체계를 구축하는 새 장을 열었다.

(2) 국가감찰체제개혁 심화

국가감찰체제개혁 심화는 중국의 정치 제도 및 법률 제도 확립에서 이정표적 의미를 지니고 있다. 국가감찰체제개혁은 시진핑 총서기를 핵심으로 하는 당 중앙의 강력한 지도하에 시범 제기에서 전면 시행, 그리고 헌법 개정에서 감찰법 기안에 이르기까지 질서 있게 진행되었다.

1) 시범 선행으로부터 전면적인 시행에 이르기까지

2015년 1월, 시진핑 총서기는 18기 중앙위원회 5차 전회에서 행정감찰법 개정을 제의했다. 2016년 1월, 그는 18기 중앙기율검사위원회 6차 전체회의에서 행정감찰법은 당 중앙의 중앙기율위와 감찰부 합동근무와 관련해 중앙기율위가 당의 기율검사와 정부행정감찰의 두 가지 직능을 이행하여 당 중앙에 전면적으로 책임에 다하는 정신을 구현해야 한다고 지적했다. 또 감찰 대상은 모든 공무원을 아울러야 하며, 당 기풍과 청렴한 정치 확립 및 반부패 업무에 대한 통일적인 지도를 고수하고, 감찰 범위를 확대하며, 감찰 역량을 통합하여 국가감찰조직 기구를 완비함으로써 국가기관 및 공무원 전체를 포괄적으로 아우르는 국가감찰체계를 형성해야 한다고 덧붙였다.[15] 6~10월에 열린 6차 회의를 주재하면서 그는 국가감찰체제

---

15   시진핑, 「18기 중앙기율검사위원회 제6차 전체회의에서의 연설」(2016년 1월 12일), 인민일보, 2016년 5월 3일, 2면.

전면적인 종엄치당에는 마침표가 없다

개혁 심화방안과 시범업무방안을 심의하고 개혁 사업을 연구해 개혁에 대한 정층설계를 했다. 10월, 당 18기 6중전회에서 심의해 통과시킨 〈중국공산당 당내감독조례〉는 최초로 감찰기관을 인민대표대회, 정부, 사법기관과 나란히 표기하고 '각급 당위원회는 동급 인민대표대회, 정부, 감찰기관, 사법기관 등 국가기관 및 공무원이 법에 따라 감독하는 것을 지원하고 보장해야 한다'고 명확하게 규정했다. 11월, 중공중앙판공청이 배포한 〈베이징(北京)시, 산시(山西)성, 저장(浙江)성에서 국가감찰체제개혁을 전개하는 것에 관한 시범방안〉은 국가감찰체제개혁의 서막을 열었다. 12월, 제12기 전국인민대표대회 상무위원회 제25차 회의는 〈베이징시, 산시성, 저장성에서 국가감찰체제개혁 시범 업무를 전개하는 것에 관한 전국인민대표대회 상무위원회의 결정〉을 통과시켰다. 2017년 1월, 시진핑 총서기는 18기 중앙기율위 7차 전체회의에서 국가감찰체제개혁을 적극적이고 확실하게 추진하고 통합 조정을 강화하여 정책 파악과 업무 연결을 잘 해야 한다고 강조했다.[16]

시진핑 총서기는 국가감찰체제개혁 추진에 대해 중요한 논술을 했다. 개혁의 의미와 관련하여 "국가감찰체제개혁은 전반 국면에 관계되는 중대한 정치체제개혁이며, 국가감찰제도의 중대한 상부 주도 설계이자, 인민대표대회제도를 풍부히 완비하는 것이며, 국가 거버넌스 체계와 거버넌스 능력 현대화를 추진하는 중요한 내용"이라고 밝혔다. 국가감찰체제개혁은 당의 반부패 업무에 대한 집중적이고 통일적인 지도 강화와 공권력

---

16 「18기 중앙기율검사위원회 역대 전체회의 문건자료 모음집」, 중국방정출판사, 2017년 판, 313면.

감독에 대한 전 범위 포괄 실현, 그리고 문제의 원인과 현상 동시 해결 견지, 반부패 투쟁 성과 공고화 및 확대에 도움이 된다고 강조했다.[17]

개혁 목적과 관련해 시진핑 총서기는 당의 반부패 업무에 대한 통일적인 지도를 강화하고, 집중적이고 통일적이며, 권위적이고, 효과적인 국가감찰체계를 확립하여 공권력을 행사하는 모든 공직자에 대한 전범위 감찰을 달성함으로써 공직자들이 법에 따라 직책을 이행하고 공정하게 권력을 사용하도록 촉진하는 것이 개혁의 근본 목적이라고 밝혔다. 아울러 국가감찰체제개혁을 심화하는 취지는 공권력과 공직자에 대한 전범위 감독 및 효율성 강화를 주안점으로 삼아 공권력 운용의 법치화를 추진하고, 권력남용의 사각지대를 없애 권력을 휘두르는 공간을 축소함으로써 완비된 감독관리제도와 효과적인 권력 제약 제도, 엄정한 책임추궁제도를 확립하는 것이라고 밝혔다.[18]

개혁 사고와 관련해 시진핑 총서기는 "국가감찰위원회는 반부패기구이며, 국가감찰법은 반부패 국가 입법이다. 국가감찰체제개혁은 문제 지향적 태도를 견지하고 반부패 직능을 통합하여 공권력을 행사하는 공직자를 전격 감찰하는 국가감찰 기관을 설립함으로써 감찰범위가 협소하고, 반부패 역량이 분산되며, 기율과 법규의 연결이 원활하지 않은 등의 문제를 해결해야 한다"고 말했다.

개혁 요구와 관련해 청렴정치 교육 강화, 법치사고 강화, 권력에 대한 감독과 제약 강화, 감독 중점 파악, 문제 발견과 조사 처벌 문제의 강도

---

17   시진핑, 「새로운 출발점에서 국가감찰체제 개혁 심화」, 구시, 2019년 5호.

18   상동.

전면적인 종엄치당에는 마침표가 없다

확대 등 5개 부분에서 감찰직능 발휘 및 공권력 감시에 대해 명확하게 요구했다. 첫째, 각급 국가기관과 공직자에 대한 교육과 감독을 통해 수중의 권력은 당과 인민이 부여한 것이고, 상하좌우에 경계가 있고 통제를 받는 것인 만큼 절대 하고 싶은 대로 해선 안 되며, 공정한 권력 사용과 법에 의한 권력 사용, 청렴한 권력 사용, 인민을 위한 권력 사용을 명심해야 한다. 둘째, 공권력을 장악한 부처, 조직, 개인에 법치 사고를 강화하고 헌법과 법률 범위 내에서 엄격하게 행동할 것을 독촉하고, 모든 조직이나 개인이 법률을 초월하는 특권을 가지는 것을 절대 허용하지 않는다. 셋째, 공권력에 대한 감독과 제약을 강화하고, 공권력을 장악한 부처·조직에 합리적인 권력 분배와 과학적인 권력 배치, 엄격한 직책 권한을 독촉하고, 권력책임 리스트 제도를 완비하며, 기관, 직능, 권한, 절차, 책임법정화 추진에 속도를 낸다. 넷째, 공권력 운용의 각 단계를 주시해 문제를 제때 적발하는 예방 메커니즘과 편차를 정확하게 조준해 시정하는 교정 메커니즘을 개선함으로써 핵심인사를 잘 관리하고, 핵심적인 장소에 가서, 핵심적인 일을 단속하고, 핵심적인 시간을 잘 관리해야 한다. 특히 일인자를 잘 관리해야 한다. 다섯째, 감독 및 기율 집행을 강화해 법에 따른 직책 이행, 공정한 권력 사용, 청렴한 정무 활동 및 업무 수행, 도덕성 등 분야의 문제를 즉시 발견하고 수사하여 권력 운용의 규칙을 세워야 한다.[19] 이 다섯 가지 요구 가운데 청렴정치 교육은 기초이고, 법치 사고는 이념이며, 권력 감독은 조치이고, 중점 파악은 방법이며, 문제 수사는 수단이다. 다섯 가지는 긴밀히 연계되어 있고 상호 협조하면서 국가감찰체제개혁을 심화하는 실천 과정에

---

19 시진핑, 「새로운 출발점에서 국가감찰체제 개혁 심화」, 구시, 2019년 5호.

서 통일되어야 한다.

　시진핑 총서기가 개혁사업을 위해 제시한 전진 방향에 따라 당 중앙의 강력한 지도하에 3개 성·시의 개혁 시범업무가 적극적이고 확고하면서도 신중하고 착실하게 추진되어 뚜렷한 효과를 거뒀다. 2017년 1월 18일, 산시(山西)가 전국 최초로 성급 감찰위원회를 설립했다. 1월 20일, 베이징시와 저장성도 감찰위원회를 설립했다. 뒤이어 시범지역이 성, 시, 현 3급 감찰위원회 조직 업무를 완성하고, 행정감찰기관과 부패예방기관, 감찰기관이 횡령·수뢰, 직무 태만, 독직 조사 처리 및 직무범죄 예방 등의 업무 역량을 통합하여 인력의 전담 통합과 기관 직능, 업무 절차 최적화를 실현하는 한편 기율검사위원회 및 감찰위원회가 합동근무 조건 하에서 기율집행 감독과 기율집행 심사, 법에 따라 조사 부처를 나누어 설치해 사법기관과 유기적으로 연결되면서도 상호 견제와 균형을 이루는 업무 메커니즘을 모색하였다. 6월 23일, 시진핑 총서기는 산시(山西)를 시찰하면서 "여러분들이 국가감찰체제개혁 시범에서 많은 노력을 기울인 덕분에 제도의 우월성이 거버넌스 효과로 전환되고 있다. 이 개혁 성과를 잘 활용해야 한다"[20]고 말했다. 이는 개혁 및 시범업무를 더 잘 하는데 자신감과 결심을 확고히 하는 역할을 했다. 세 지역이 계속해서 선행 시범을 하면서 각급 당위원회의 반부패 투쟁에 대한 지도를 강화하고 반부패 체제 메커니즘을 고도화하며 부패 처벌 강도가 약화되지 않도록 확보함으로써 개혁을 위한 방법 모색에 있어 전국적으로 복제와 보급이 가능한 경험을 쌓았다.

20　「적극적으로 모색실천해 소중한 경험을 형성함으로써 국가감찰체제개혁시범에서 실효를 거두다―국가감찰체제개혁 시범업무 종합 서술」, 중국기검감찰보, 2017년 11월 6일, 1면.

　　　　　　　전면적인 종엄치당에는 마침표가 없다

19차 당대회는 국가감찰체제개혁 전면 추진에 대해 배치했다. 시진핑 총서기는 19차 당대회 보고에서 "국가감찰체제개혁 심화는 시범업무를 전국적으로 실시해 나가고, 국가, 성·시·현 감찰위원회를 만들어 당의 기율검사기관과 통합함으로써 공권력을 행사하는 모든 공직자에 대해 전범위 감찰을 실현하는 것"이라고 지적했다.[21] 19차 당대회가 개정한 〈중국 공산당 당규약〉은 '당은 국가의 입법, 사법, 행정, 감찰기관, 경제·문화 조직과 인민단체가 적극적이고 능동적이며 독립적으로 책임감 있고 조화롭게 일하도록 보장해야 한다'[22]고 규정했다. 19차 당대회 폐막 당월에 중공중앙판공청은 〈전국 각지에서 국가감찰체제개혁시범을 전개할 데 관한 방안〉을 발표하고 전국적으로 국가감찰체제개혁을 심화하는 실천모색사업에 대해 포치하고 성·시·현 3급 감찰위원회 편성 업무를 완수할 것을 요구했다. 11월, 12기 전국인민대표대회 상무위원회 제30차 회의가 통과시킨 〈전국 각지에 국가감찰체제개혁시범업무를 전개할데 관한 결정〉은 감찰위원회의 설립 및 출범, 감찰대상 및 감찰위원회의 직권과 조치, 임시 조정이나 임시적으로 적용을 중단하는 유관 법률의 규정 등 사항에 대해 규정했다.

2) 헌법 개정으로부터 국가감찰법 제정에 이르기까지

2018년 2월, 당 19기 2중전회는 헌법 개정을 연구했다. 헌법 21곳의

21　시진핑, 「전면적인 샤오캉 사회 실현으로 신시대 중국 특색 사회주의의 위대한 승리 쟁취-19차 당대회에서의 보고」(2017년 10월 18일), 「19차 당대회 문건 모음집」, 인민출판사, 2017년판, 54면.

22　「중국공산당 당규약」, 「19차 당대회 문건 모음집」, 인민출판사, 2017년판, 78-79면.

개정 건의 중 11곳이 국가감찰제도개혁과 관련이 있었다. 시진핑 총서기는 전체회의 연설에서 "이번 헌법 개정은 헌법 중에서 국가감찰기관의 설립, 체제, 직권, 제도를 확인할 것이다. 국가감찰체제 개혁을 심화하려면 집중적이고 통일적이며 권위를 지닌 고효율의 중국 특색 사회주의 감찰체계 확립을 명확하게 해야 한다. 각급 감찰기관은 당의 지도하에 헌법을 근본 준칙으로 하여 공권력을 행사하는 공직자에 대해 전범위적으로 감찰하는 법정 직책을 잘 이행해야 한다"고 밝혔다.[23] 같은 달 말에 열린 당 19기 3중전회는 국가감찰위원회 설립을 당 중앙 기관 개혁 방안 심화의 제1조에 추가했다. 3월, 13기 전국인민대표대회 1차 회의는 〈중화인민공화국 헌법개정안〉과 〈중화인민공화국 감찰법〉을 표결 통과시켜 국가감찰위원회를 편성하고, 국가감찰위원회 지도부를 출범시켰다. 이는 국가감찰체제개혁이 시범 탐색에서 법에 따른 직책 이행, 지속적인 심화의 새로운 단계로 넘어갔음을 방증한다.

가. 헌법 개정

헌법 개정안 가운데 〈헌법〉 제3장 '국가기구'에 제7절 '감찰위원회'를 추가해 5개 조문을 이용, 국가감찰위원회와 지방 각급 감찰위원회의 성격, 지위, 명칭, 인원구성, 임기, 지도체제와 업무체제 등에 대해 규정하고, 국가기구인 감찰위원회의 법률지위를 확립했다. 이를 통해 감찰위원회의 조직체제 구축, 직능직책 이행, 관련 권한 운용, 협조와 제약 메커니즘 구축, 자체 감독 강화 등을 위한 근본적인 근거를 제공함으로써 당의 주장이

---

23   시진핑, 「전면적인 개혁심화 견지를 논함」, 중앙문헌출판사, 2018년판, 385면.

전면적인 종엄치당에는 마침표가 없다

국가의 의지가 되도록 했을 뿐 아니라 국가감찰체제개혁이 헌법에 근거가 있고, 감찰법이 헌법에 근원을 두도록 했다. 아울러 당의 반부패 업무에 대한 통일적인 지도를 강화하기 위해 집중적이고 통일적이며 권위를 지닌 고효율의 국가감찰체계를 확립해 공권력을 행사하는 모든 공직자를 아우르는 전면적인 감찰을 실현함으로써 튼실한 헌법 토대를 마련했다.

첫째, 감찰위원회의 성격과 위상을 명확히 했다. 〈헌법〉 제123조는 '중화인민공화국 각급 감찰위원회는 국가의 감찰기관이다.'라고 명시했다.

둘째, 감찰위원회의 기본 구성요소를 명확히 했다. 〈헌법〉 제124조는 '중화인민공화국은 국가감찰위원회와 지방 각급 감찰위원회를 설립한다. 감찰위원회는 주임, 부주임 약간명, 위원 약간명으로 구성된다. 감찰위원회 주임의 매 임기는 본급 인민대표대회 매 임기와 같다. 국가감찰위원회 주임의 연임은 2 회기를 초과할 수 없다. 감찰위원회의 조직과 직권은 법률로 규정한다.'고 명시했다. 이렇게 함으로써 감찰위원회의 명칭, 인원 구성, 임기와 직능직책을 명시했다. 이 가운데 국가1급 감찰위원회의 명칭은 앞에 '국가'를 붙이도록 해 행정감찰인 '소 감찰'에서 국가감찰인 '대 감찰'로 바뀌었음을 알렸고, 최고1급 국가기구의 위상을 나타냈다. 지방 각급 감찰위원회의 명칭은 '행정구획+감찰위원회' 방식을 채택했다.

셋째, 감찰위원회의 지도체제와 업무체제를 명확히 했다. 〈헌법〉 제125조는 '중화인민공화국 국가감찰위원회는 최고 감찰기관이다. 국가감찰위원회는 지방 각급 감찰위원회의 업무를 지도한다.'고 명시했다. 제126조는 '국가감찰위원회는 전국인민대표대회와 그 상무위원회에 대해 책임진다. 지방 각급 감찰위원회는 그를 탄생시킨 국가권력기관과 상급 감찰위원회에 대해 책임진다.'고 명시했다. 한편으로 반부패 업무에 대한 당의 집중적이고 통일적인 지도를 보장하기 위해 당의 기율검사기관과 감찰위원회는 합동근무하면서 기검 직책과 감찰 직책을 이행한다. 이는 지도 체제상 기율위의 이중지도체제와 매우 일치한다. 다른 한편으로 감찰위원회는 인민대표대회에서 만든 것인 만큼 필연적으로 인민대표대회 및 그 상무위원회에 대해 책임을 지고 그 감독을 받아야 한다.

넷째, 감찰위원회와 기타 기관의 협력 및 제약 관계를 명확히 했다. 〈헌법〉 제127조는 '감찰위원회는 법률 규정에 따라 감찰권을 독립적으로 행사하며, 행정기관, 사회단체 및 개인의 간섭을 받지 아니한다. 감찰기관이 직무상의 위법 및 직무범죄 사건을 처리할 때 재판기관, 감찰기관, 법 집행 부처와 상호 협력하면서 상호 견제해야 한다.'고 명시했다. 재판기관이란 각급 인민법원을, 검찰기관이란 각급 인민검찰원을 말한다. 법 집행 부처는 공안기관, 국가안전기관, 회계감사기관, 행정 법 집행 기관 등을 포함한다. 감찰기관이 감독, 조사, 처분 직책을 수행하고 조사권한을 행사하는 것은 법률에 의거하여 권한을 위임받으므로 행정기관과 사회단체, 개인은 간섭할 권한이 없다. 아울러 유관 기관과 개인은 감찰위원회의 감찰권 행사에 적극적으로 협조해야 한다. 헌법은 기검감찰 기관과 기타 기관에 객관적으로 존재하는 업무관계를 제도화, 법률화하여 감찰권이 법에 의거해 정확하게 행사되도록 확보했고, 엄격한 감찰을 받도록 했다.

요약하면 개헌은 상부 설계에서부터 국가권력에 대한 제도 조정을 단행했다. 이에 따라 전국인민대표대회에서 탄생시킨 국가정권기관이 '1부 2원(정부, 인민법원, 인민검찰원)'에서 '1부 1위 2원(정부, 감찰위원회, 인민법원, 인민검찰원)'으로 바뀜으로써 '당의 지도, 인민이 나라의 주인됨, 의법치국'의 유기적인 통일을 구현했다. 이는 중국 사회주의 민주정치 발전에 심대

전면적인 종엄치당에는 마침표가 없다

한 영향을 미칠 것으로 전망된다.

나. 국가감찰법 제정

19차 당대회의 '국가감찰법 제정은 법에 의거해 감찰위원회에 직책 권한 및 조사수단을 부여해 쌍규(雙規) 조치 대신 유치(留置) 제도를 도입한 다'[24]에 관한 관련 배치에 근거해 중앙기율검사위원회가 전국인민대표대회 상무위원회와 '정확한 정치방향, 헌법 개정과 일치 유지, 문제 지향성, 과학입법·민주입법·의법입법을 견지'하는 사고와 원칙에 따라 감찰법 입법 업무를 적극적으로 추진하였다. '쌍규(雙規)'란 비리 혐의가 있는 경우 형사 입건하기 전에 정해진 시간과 정해진 장소(즉 시간과 장소가 쌍으로 규정됨)에서 구금 상태로 조사를 받는 것을 말하고, '유치(留置)' 제도란 심각한 직무상 위법이나 직무 관련 범죄 혐의가 있는 경우 최대 6개월까지 특정 장소에 유치하는 제도를 말한다. 2017년, 12기 전국인민대표대회 상무위원회 제28차, 제31차 회의는 감찰법 초안을 심의하면서 초안이 시진핑 신시대 중국 특색 사회주의 사상을 관철했으며, 19차 당대회 정신을 관철 이행했고, 18차 당대회 이후 전면적인 종엄치당의 성과와 요구를 구현했다고 평가했다. 2018년 3월 20일, 13기 전인대 1차 회의는 심의를 거쳐 감찰법 초안을 통과시켰다. 반부패 국가 입법인 국가감찰법의 주요 내용은 다음과 같다.

첫째, 반부패 업무에 대한 집중적이고 통일적인 지도를 강화해야 한

---

24   시진핑, 「전면적인 샤오캉 사회 실현으로 신시대 중국 특색 사회주의의 위대한 승리 쟁취-19차 당대회에서의 보고」(2017년 10월 18일), 「19차 당대회 문건 모음집」, 인민출판사, 2017년판, 54면.

다. 감찰법을 제정한 근본 목적은 국가 법률을 통해 반부패 업무에 대한 당의 집중적이고 통일적인 지도를 메커니즘으로 고정시켜 당의 주장이 법정 절차를 통해 국가의 의지가 되도록 하기 위함이다. 당이 간부를 관리하는 중요한 정치 원칙에 따라 당은 간부의 양성, 발탁, 임용을 관리할 뿐만 아니라 간부를 교육·관리·감독하고, 기율과 법규 위반에 대해서는 처벌한다. 감찰위원회는 당의 기율검사기관과 통합해 업무를 처리하면서 당원, 간부, 공직자를 감독하고, 기율 위반을 수사하며, 범법행위 혐의를 조사한다. 이는 당이 간부를 관리하는 원칙을 견지하고, 반부패 업무에 대한 당의 집중적이고 통일적인 지도를 강화하며, 당과 국가가 자체 감독을 완비하는 중요한 조치다. 감찰법은 감찰위원회가 직책을 이행하고 업무를 수행하고 전개하는 데 법치 근거가 되었고, 반부패 업무 분야에서 '당의 지도, 인민이 나라의 주인됨, 의법치국'의 유기적인 통일을 견지함을 구현했다.

둘째, 전범위 감찰을 실현해야 한다. 감찰법은 공무원 및 〈공무원법〉을 참조해 관리하는 공무원 등 6대 감찰대상의 범위를 분명히 규정하고, 감찰위원회가 공권력을 행사하는 모든 공직자를 감찰하는 것을 명확히 함으로써 '협의의 정부'가 공직자를 감독하던 것에서 '광의의 정부'가 공직자를 감독하는 전환을 이루어냈다. 중국 공무원들 중 당원 비율은 80%가 넘고, 현처급 이상 지도간부 중 당원 비율은 95%가 넘어 당내 감독과 국가 감찰이 높은 내재적 일치성과 상호 보완성을 가지고 있다. 기율검사는 전면적인 종엄치당의 '예리한 도구'로 국가감찰은 공권력에 대한 가장 직접적이고 가장 효과적인 감독이다. 합동근무는 당과 국가의 감독기능과 거버넌스 효과를 강화함으로써 감독 사각지대를 없앴다.

셋째, 분산된 반부패 역량을 통합해야 한다. 감찰법이 출범되기 전에 당내 감독은 이미 전 범위에 걸쳐 이뤄지고 있었다. 하지만 행정감찰은 주로 행정기관 및 그 실무자에 대한 감독에 그쳐 범위가 협소했다. 검찰원은 주로 국가공무원의 직무범죄만 수사하고 직무상 위법 행위는 관여하지 않았다. 감찰법 제정은 제도설계를 통해 과거 감독에 존재하는 취약부분을 보완했다. 이는 진정한 의미에서 모든 공권력을 제도권 안으로 끌어들여 당규에 의한 당 관리와 법치, 당내 감독과 국가 감찰의 유기적인 통일을 구현하고, 당과 국가의 감찰 효과를 강화하면서 당의 장기 집권 조건 하에 자기 정화의 효과적인 길을 모색함으로써 국가 거버넌스 체계와 거버넌스 능력의 현대화를 추진했다. 감찰위원회의 출범은 반부패 업무의 역량을 통합해 감찰기관이 직무범죄 수사 기능과 당의 기율검사기관, 행정감찰기관 직능이 교차·중첩하는 문제를 해결함으로써 반부패의 시너지를 형성했다.

　넷째, 법치 사고와 법치 방식으로 부패를 척결해야 한다. 감찰법이 나오기 전까지는 기율과 법 사이에 사각지대가 존재했다. 따라서 직무범죄 사건을 조사, 처벌함에 있어서 범죄를 관리하는 사람은 있으나 기율 위반을 묻는 사람은 없는 현상이 존재했다. 기율과 법의 연계가 원활하지 않은 탓에 일부 지방의 직무범죄 사건 수사는 '선 이송 후 처벌'이나 '기율보다 법을 우선시' 하거나, 심지어 '당적을 보유한 채 감옥살이'를 하는 등의 문제가 있었다. 감찰법 제정에 있어서 실천으로 효과가 입증된 조치를 법률에 삽입하고, 감찰위원회에 감독, 조사, 처분 직책과 담화, 심문, 문의, 조회, 자산 동결, 이송, 차압, 압류, 수색, 검증, 감정, 유치 등 12가지 조사 조치를 부여했다. 그리고 엄격한 승인을 거쳐야 하는 수속에 따라 감찰대상에 대해 기술 조사, 지명 수배, 출국 제한 등 조치를 취하도록 공안기관 등에 요청했다. 특히 '유치' 제도를 이용해 '쌍규' 조치를 대체하는 조치를 취함으로써 반부패 업무의 법치화 수준을 가일층 높였다.

다섯째, 감찰기관에 대한 감독을 강화해야 한다. 감찰법은 감찰기관과 감찰인원은 인민대표대회 감독, 민주감독, 사회감독, 여론감독, 자아감독을 수용해야 하고, 감찰 업무 중에서 각종 주체들이 져야 하는 법적 책임을 명확히 하여 '등잔 밑이 어둡지' 않도록 단호하게 방지하고, '쇠를 벼리려면 자신부터 단단해야 한다'를 실천해야 한다고 명확하게 규정했다.

3) 새로운 출발점에서 국가감찰체제 개혁을 지속적으로 심화해야 한다

2018년 12월, 시진핑 총서기는 19기 중공중앙정치국 제11차 집단학습을 주재하면서 국가감찰체제개혁 심화의 진척과 효과를 총정리하고 회고했다. 그는 "국가감찰체제개혁 심화는 19차 당대회 정신을 관철하고, 당과 국가감찰체계를 완비하는 중요한 포석이자 국가 거버넌스 체계와 거버넌스 능력 현대화를 추진하는 중요한 개혁으로서 중요한 단계적 성과를 이루었다"고 지적했다. 19차 당대회 이후 전국 기검감찰기관은 새로운 체제의 거버넌스 효과를 십분 발휘하여 분산된 역량을 통합, 막강한 힘으로 조사 처벌 강도를 높였다. 감히 부패하지 못하게 하는 억지효과가 가시화되면서 문제의 현상과 근원을 동시에 해결하는 시너지 효과가 더욱 두드러졌다. 아울러 새로운 출발점에서 기검감찰체제개혁을 지속적으로 심화하는 목표와 방향을 명확히 하고, 목표 지향성과 문제 지향성을 견지해 기검감찰체제개혁을 계속적으로 추진하고 현상과 근원을 동시에 해결하는 개혁 목표를 확고히 파악하고 이를 심화할 것을 강조했다.

시진핑 총서기는 업무 직능 파악, 부대법규 완비, 조율 메커니즘 개선 등 3개 분야에서 문제의 현상과 원인 동시 해결을 심화하는 개혁목표에 대해 배치하고 구분했다. 첫째, 업무 직능을 확실하게 파악해 정치 감독을 강화해야 한다. 각종 업무 규칙을 개선하고 기검감찰 업무 프로세스를 통합하고 규범화해 내부 권력 운용에 대한 감독과 제약을 강화하고, 통일적으로 결정하고 통합 운영되는 기율 집행 및 법 집행 업무 메커니즘을 완비해야 한다. 둘째, 부대법규를 완비하고 감찰법의 부수적인 법률법규를 제정해 시스템적으로 완비되고, 과학적인 규범을 갖추고 있으며, 효과적으로 운용되는 법규 체계를 형성해야 한다. 셋째, 조율 메커니즘을 완비하고 각급 당위원회의 기검감찰체제개혁에 대한 지도를 강화해 기치선명하게 기율검사위원회와 감찰위원회의 직권 행사를 확고하게 지지해야 한다. 당위원회 서기는 기검감찰체제개혁 중에 부딪치는 문제를 제때 연구해 해결함으로써 반부패 업무가 의사결정 배치 지휘, 자원역량 통합, 조치수단 운용 측면에서 더욱 협동하고 높은 효과를 내도록 해야 한다.

시진핑 총서기는 감독방식과 감독주체의 두 가지 관점에서 촘촘한 감독망을 짜고 감독효과를 높이는 것에 대한 요구를 제시하면서 기검감찰기관은 합동근무의 우위를 발휘해 기율감독, 감찰감독, 파견감독, 순시감독이 조화롭게 연계되도록 추진하고, 당내 감독과 국가기관감독, 민주감독, 사법감독, 대중감독, 여론감독이 효과적으로 연결되도록 해 권력을 엄밀한 감독 아래에 두어야 한다고 강조했다.[25] 이런 중요한 논술은 국가감찰체제개혁의 심화 방향과 심화 방법 등 중요한 문제에 과학적으로 답함으

---

25 「시진핑, 중공중앙정치국 제11차 집단학습 때 계속적으로 국가감찰체제개혁을 심화해 반부패 업무 법치화 및 규범화를 추진해야 한다고 강조」, 인민일보, 2018년 12월 15일, 1면.

로써 기검감찰체제개혁을 부단히 심화시킨 것은 물론 반부패 업무의 법치화, 규범화를 위해서도 과학적인 행동 지침을 제공했다.

2. 당위원회의 주체적 책임

시진핑 총서기는 당을 관리하고 다스리는 과정에서 당위원회의 주체적 책임을 이행하는 중요한 위상과 역할에 큰 중요성을 부여하고, 주체적 책임을 당을 관리하고 다스리는 '핵심 고리'로 삼아 주체적 책임의 의미 및 주체적 책임 이행의 임무를 설명하고, 각급 지도간부에게 과감하게 주체적 책임을 지라고 주문했다.

(1) 당풍 청렴정치 건설의 주체적 책임으로부터 전면적인 종엄치당의 주체적 책임에 이르기까지

당풍청렴건설 및 반부패 사업을 심층적으로 추진하기 위해서는 기율위에 의존하는 것만으로는 역부족이다. 전면적인 종엄치당은 전 당 차원에서 함께 나서서 관리하고 다스려야 하므로 당위원회가 책임 주체다. 18차 당대회 이후 당 관리·통제 실천이 심화되면서 시진핑 총서기는 당풍청렴건설의 주체적 책임을 전면적인 종엄치당의 주체적 책임으로 격상시켰다. 2013년 6월, 그는 전국조직업무회의에서 "당위원회와 당위원회 서기는 당을 관리하고 다스리는 책임을 이행해야 한다"면서 "당이 당을 스스로 관리하려면 우선적으로 당위원회가 관리해야 하고, 당위원회 서기가 관리해야 한다"고 말했다. 11월, 당 18기 3중전회에서 〈전면적인 개혁 심화를 위한 몇 가지 중대 사안에 관한 중공중앙의 결정〉에 관해 설명하면서 최초로 주체적 책임을 제시하고, 이런 중요한 배치를 한 이유는 당규약의 요구에 따른 것이자 긍정과 부정, 두 가지 측면의 경험과 교훈을 종합한 것이라고 밝혔다. 무수한 사례를 통해 일부 당조직의 당 관리·통제가 미흡하고, 주체적 책임 이행이 제대로 이행되지 않는다는 것이 드러났으며, 이러한 것들이 그릇된 풍조와 부패 문제가 자생하고 만연하는 근본적인 원인으로 지목됐다.

시진핑 총서기는 18기 중앙기율검사위원회 3차 전체회의에서 최초로 주체적 책임에 대해 포괄적이고 체계적인 논술을 하고, 당풍청렴건설 책임제를 개선하고 이행하는 것은 우선적으로 각급 당조직이 당풍청렴건설의 주체적 책임을 확실하게 지는 것이라고 강조했다. 또 당위원회의 주체적 책임을 강조하는 이유에 대해 "당위원회가 주체적 책임을 잘 이행하는지 여부가 당풍청렴건설의 성과에 직결되기 때문이다. 현재 일부 당위원회는 주체적 책임에 대한 인식이 불명확하고 이행이 미흡하다. 일부는 당풍청렴건설을 자신의 본분으로 여기지 않고 매년 회의를 열고 발언을 하거나 책임서에 서명하면 만사 오케이라고 여긴다. 일부는 잘못된 사상과 기풍에 대한 비판과 투쟁을 방기하는가 하면, 원칙보다 '좋은 게 좋은 것'이라는 생각에서 두루두루 원만하게 지내고, 교육, 관리, 감독을 소홀히 하고, 일부 당원과 간부가 부패의 나락으로 떨어지는 것도 방임한다. 또 일부 지도간부는 태도만 표명하고 행동에 옮기지는 않고 말과 행동이 다르며, 심지어 비리를 저지르는데 앞장서 단체에 나쁜 물을 들이고 풍기를 문

란하게 만들기도 한다"고 설명했다.[26]

　당풍청렴건설의 주체적 책임을 제시한 것을 바탕으로 시진핑 총서기는 전면적인 종업치당의 주체적 책임을 보다 더 구체적으로 제시했다. 18기 중앙기율검사위원회 6차 전체회의에서 "전면적인 종업치당의 주체적 책임에 대한 사상 인식을 진일보 심화해야 한다. 당풍청렴건설의 주체적 책임에서 전면적인 종업치당의 주체적 책임에 이르기까지의 과정은 표면적인 변화에만 그치는 것이 아닌 실천적인 발전이자 인식의 심화다. 각급 당조직 및 그 책임자들이 모두 책임 주체이다"라고 강조했다.[27] 전면적인 종업치당의 주체적 책임은 당내 법규제도에 포함되었다. 2015년 10월, 새로 개정된 〈중국공산당 기율처분조례〉 제114조는 '당조직이 전면적인 종업치당의 주체적 책임을 이행하지 않거나 전면적인 종업치당의 주체적 책임 이행이 미흡하여 엄중한 손해나 부정적인 영향을 초래하는 경우 직접 책임자와 지도 책임자에 대해 경고나 엄중 경고 처분한다. 정황이 심각한 경우 당내 직무 해임이나 당 잔류 관찰 처분을 내린다.'고 명시했다. 〈중국공산당 기율처분조례〉와 맞물리는 것으로서 2016년 7월 시행에 들어간 〈중국공산당 문책조례〉는 당 관리·통제의 주체적 책임 이행에서 직무 태만과 책임을 다하지 않은 것, 주체적 책임 이행 미흡을 문책의 구체적인 내용에 포함시켰다. 2018년 7월, 시진핑 총서기는 전국조직업무회의에서 "각급 당위원회(당조직)는 당 건설에 대한 지도를 강화해 주체적 책임을 지고,

---

26　「시진핑의 당풍·청렴정치 확립 및 반부패 투쟁에 관한 논술 요약집」, 중앙문헌출판사, 중앙방정출판사, 2015년판, 60-61면.

27　시진핑, 「18기 중앙기율검사위원회 제6차 전체회의에서의 연설」(2016년 1월 12일), 인민일보, 2016년 5월 3일, 2면.

　　전면적인 종업치당에는 마침표가 없다

본분을 잘 수행하고, 주인공 역할을 잘 해야 하며, 각각의 전선, 분야, 단계의 당 건설 업무를 구체적이고 철저하게 수행해야 한다"고 강조했다. 당위원회(당조직) 서기는 제1 책임자로서 당 건설이 각 단계에서 제대로 이루어지고 당 건설 업무가 실제적이고, 세부적으로, 달성될 수 있도록 추진해야 한다. 중앙 부위(部委), 국가기관 부처, 당조(당위원회)에서 기층 당지부에 이르기까지 모두가 주체적 책임을 져야 한다. 당위원회 서기는 당 건설을 자신의 본분이자 반드시 감당해야 하는 직책으로 삼아야 한다. 2019년 1월, 19기 중앙위원회 3차 전체회의에서 시진핑 총서기는 당과 국가의 자아감독을 강화하는 관점에서 "주체적 책임을 강화하고 감독체계를 개선하라"[28]고 지시하고, 각급 당위원회(당조직), 특히 서기는 정치적 책임 담당, 주체적 책임 이행의 요구를 강화해야 한다고 재천명했다. 그는 또 중앙과 국가기관이 당의 정치 건설을 추진하는 것에 대해 특별히 주문하고, 중앙과 국가기관 업무위원회는 중앙과 국가기관이 당의 업무를 통일적으로 지도하는 정치적 책임을 강화하고, 부위 당조(당위원회)가 기관 당 건설의 주체적 책임을 성실히 이행하도록 지도하고 독촉해야 하며, 당의 정치 건설을 필두로 삼아 강한 시너지를 형성함으로써 전면적인 종엄치당을 추진하는 각 조항 조치가 실효를 거두고 중앙과 국가기관이 당 건설과 각종 사업의 새로운 국면을 열도록 해야 한다고 강조했다.[29]

---

28 「시진핑, 19기 중앙기율검사위원회 3차 전체회의에서 연설, '전면적 종엄치당에서 더욱 큰 전략적 성과 쟁취해 반부패 투쟁의 압도적인 승리를 공고히 하고 발전시켜야'」, 인민일보, 2019년 1월 12일, 1면.

29 「시진핑, 중앙과 국가기관의 당 정치 건설 추진에 대한 특별지시에서 당 중앙의 권위와 집중적이고 통일적인 지도 수호에 앞장서 당 중앙을 안심시키고, 인민을 만족시키는 모범기관을 건설해야 한다고 강조」, 인민일보, 2018년 7월 13일, 1면.

(2) 전면적인 종엄치당의 주체적 책임의 함의

18차 당대회 이후 시진핑 총서기는 전면적인 종엄치당의 실천과 결부해 전면적 종엄치당의 주체적 책임의 의미에 대해 깊이 있게 사고하고, 이와 관련해 체계적으로 논술했다. 18기 중앙기율검사위원회 3차 전체회의에서 그는 주체적 책임의 의미를 5개 방면에서 요약했다. "주로 지도를 강화해 간부를 잘 발탁하고 잘 활용하며, 인선(人選)·용인(用人)에서 그릇된 풍조와 부패 문제가 나타나는 것을 방지해야 한다. 대중의 이익을 해치는 행위를 철저하게 단속한다. 권력 운용에 대한 제약과 감독을 강화해 부패를 원천적으로 방지한다. 기율집행과 법 집행 기관이 기율과 법을 위반한 문제를 조사, 처리하는 것을 지도하고 지원한다. 당위원회 주요 책임자는 지도층을 잘 관리하고 팀을 잘 이끌면서 자신을 잘 관리하여 청렴하게 정무에 임하는 귀감이 되도록 한다."[30] 2015년 12월, 시진핑 총서기는 중공중앙정치국 회의를 주재해 순시상황 특별 보고를 청취하면서 "당을 관리하고 다스리는 것은 각급 당위원회의 주체적 책임"이라면서 "당위원회 서기는 제1 책임자로서 앞장서서 책임을 이행하고 솔선수범해야 한다. 자신은 손도 까딱하지 않으면서 지시만 하고 직무는 거들떠보지도 않거나 '호인주의'에 열중하는 것은 결국 자신 뿐 아니라 남도 해치고 당에도 해를 입히게 될 것이다. 책임을 떠맡고 입장을 강경히 하며 기율을 엄하게 해야 한다"고 말했다. 18기 중앙기율검사위원회 6차 전체회의에서는 "주체적 책임을 이행하는 관건은 당의 지도가 실제적으로 이행되도록 하는 것"이라

---

30 「시진핑의 당풍·청렴정치 확립 및 반부패 투쟁에 관한 논술 요약집」, 중앙문헌출판사, 중국방정출판사, 2015년판, 61면.

면서 "각급 당조직은 당을 관리하고 당을 다스리지 않는 것은 엄중한 직무 태만이라는 개념을 확고하게 수립하고 업무의 각 방면에서 당의 지도를 구현해야 한다. 당의 지도를 일상 관리감독 중에서 구현해 과감하게 진실과 비교하고, 일상에 주목해 초기에 사소한 것부터 잡아 미연에 방지해 조직의 엄격한 요구와 관심, 배려를 구현하는 한편 자신의 동료가 잘못된 길에서 더 추락하고 멀리 가는 것을 절대 좌시해선 안 된다"고 거듭 설파했다.[31] 이런 중요한 논술은 전면적인 종엄치당의 주체적 책임의 의미에 대해 명확한 정의를 내렸다.

(3) 전면적인 종엄치당의 주체적 책임을 떠메고 나가야 한다

시진핑 총서기는 주체적 책임 이행을 매우 중요하게 여겼다. 그는 책임이 불명확하고, 책임을 이행하지 않고, 책임을 추궁하지 않으면 종엄치당은 해 낼 수 없다면서 각급 당위원회에 종엄치당의 책임을 떠맡아 잘 이행하라고 주문했다.

1) 주체적 책임 이행 의식을 강화해야 한다

시진핑 총서기는 권력과 책임의 관계에서 출발해 직무를 맡으면 책임을 이행해야 한다고 강조했다. 당의 각종 업무에서 모든 당조직과 지도 간부는 모두 책임이 있는 만큼 최선을 다해야 하고 당에 대한 책임을 지고 공산당원으로서 당을 사랑하고, 당의 사업을 위해 공헌하고, 당의 앞날을

---

31   시진핑, 「18기 중앙기율검사위원회 제6차 전체회의에서의 연설」(2016년 1월 12일), 인민일보, 2016년 5월 3일, 2면.

생각해야 한다. 당은 각종 사업의 지도 핵심인 만큼 당 중앙이 내린 결정과 배치는 당의 조직, 선전, 통전, 정법 등 부처를 비롯해 전인대, 정부, 정협, 법원, 검찰원의 당조직, 그리고 사업기관, 인민단체 등의 당조직도 관철 이행해야 하며, 당조직이 역할을 발휘해야 한다. 각 분야의 당조직은 당위원회에 대해 책임을 지고, 당위원회에 업무를 보고해야 한다. 당위원회에 중대한 업무와 중대한 상황을 자발적으로 보고하고 당위원회의 통일적인 지도하에 자신의 직책 범위 내 업무를 잘 수행하기 위해 최선을 다해야 한다.

2) 주체적 책임 이행의 중점을 잘 틀어쥐어야 한다

시진핑 총서기는 당 18기 5중전회에서 각급 당위원회가 당 관리 및 통제의 주체적 책임을 이행하는 것과 관련해 구체적으로 주문했다. 첫째, 기강 확립을 전면적으로 강화한다. 당규약을 근본 준수지침으로, 당의 기율을 기본 기준으로 삼아 정치기율과 정치규범을 엄정하게 하고, 당규약과 당규, 당 기율의 권위성을 지킴으로써 당내 정치생활을 정상화시켜야 한다. 둘째, 형식주의, 관료주의, 향락주의, 사치풍조 등 4대 악풍 타파를 꾸준히 견지한다. '4풍'의 새로운 형식과 동향을 주시하고 엄중히 조사 처벌함에 있어 한 치의 양보도 없어야 하며, 견지하는 과정에서 정상적인 상태를 발견해 제도 확립이 장기적인 효과로 이어질 수 있도록 하고, 사회 풍조가 호전되도록 추진한다. 셋째, 당내 감독을 강화한다. 당의 장기 집권 조건하에서 제도 혁신을 추진하고 당내 감독을 강화하는 효과적인 경로를 적극적으로 모색하면서 순시업무를 강화해 자정 능력과 자체적 완비, 혁신, 향상 능력을 높인다. 넷째, 부패를 엄중히 처벌한다. 날카로운 칼을 높이 빼들고 완강한 의지와 확고한 결심으로 강한 억제력을 형성해 기존의 부패를 줄여 나가면서 늘어나는 것을 막아 반부패 투쟁이 압도적인 승리를 거두도록 확보한다. 다섯째, 개혁을 심화한다. 근원적 해결 강도를 확대하면서 겉으로 드러난 현상과 근본적 원인의 동시 해결을 추진해 권력 운영에 대한 감독과 제약을 강화하고, 부패 현상의 생존 공간과 자생하는 온상을 끊임없이 줄여나간다. 여섯째, 제도 건설을 강화한다. 제도 건설로 사상 건설, 조직 건설, 기풍 건설, 반부패·청렴제창 건설의 성과를 굳히고, 제도 집행력 건설을 강화하여 당의 장기적인 안정을 위해 제도적으로 강력히 보장한다.

3) 당위원회 서기는 당 관리·통제의 서기직을 담당해야 한다

시진핑 총서기는 당이 스스로 당을 관리함에 있어 우선적으로 당위원회가 관리해야 하고, 당위원회 서기가 관리해야 한다고 강조했다. 당위원회 서기는 자신의 직위에 맞는 정무를 도모해 제1책임자로서의 직책을 잘 수행해야 한다. 당위원회 서기는 제1책임자로서 전면적인 종엄치당의 정치적 책임을 짊어져야 한다. 당위원회 서기는 당 관리·통제의 서기로서 당에 대해 책임지고, 본 지역, 본 기관의 정치 생태에 책임을 져야 하고, 간부의 건강한 성장에 책임을 져야 한다. 당위원회(당조직) 서기는 제1 책임자로서 지휘를 해야 할 뿐만 아니라 출정도 해야 하며, 중요한 업무는 직접 배치하고, 중대한 문제는 직접 따져 묻고, 중요한 단계는 직접 조정하며, 중요한 사건은 직접 감독하고 처리해야 한다. 시진핑 총서기는 당 18기 6중전회에서 당위원회(당조직)는 당내 감독 중에서 주체적 책임을 져야 하며, 서기는 제1책임자라고 강조했다.

4) 압력을 층층이 하급으로 전달해야 한다

시진핑 총서기는 "제도를 한층 더 완비하고, 책임을 세분화해 단계별로 책임을 지며, 압력을 아래로 전달해 모든 단계에서 각자 맡은 바 책무를 다하도록 해야 한다. 모든 지도부 구성원에게 주체적 책임을 전달하고 하급의 서기를 다그쳐 책임을 실제적으로 이행하도록 확보함으로써 전면적인 종엄치당이 기층으로 연장되도록 추진해야 한다. 각급 당위원회(당조직)는 당풍청렴건설을 자신의 본분과 마땅히 해야 할 책무로 삼고, 진정으로 책임을 떠맡아 자신의 '책임밭'을 잘 가꾸어야 한다. 종엄치당에 있어서 각급 당조직은 당 건설 업무 책임제를 구축해 당위원회, 서기, 각 유관 부처가 다그치고, 상급이 하급에 철저한 업무 수행을 요구하고, 각 급별로 각자 맡은 바 책무를 다하는 업무 구도를 형성해야 한다."고 강조했다.

3. 기율검사감찰기관은 당과 국가 감독 전담 기관이다

시진핑 총서기는 당규약 규정에 의거하여 기율위의 감독책임을 강조했다. 위상 측면에서 기율위는 당내 감독 전문기관임을 재천명하고, 더 나아가 기율위는 당내 감독 전담 기관이라고 말했다. 직책 포지셔닝에서 기율위의 직책을 감독, 기율집행, 문책으로 개괄했다. 역할 발휘에서 기율위는 당을 관리하고 다스리는 중요한 역량이라고 제시했다.

(1) 기율위원회는 당을 관리하고 다스리는 중요한 역량이다

18차 당대회 이후 시진핑 총서기는 18기 중앙기율검사위원회 2차, 3

차, 5차, 6차, 7차 전회에서 중요 연설을 발표하면서 기율위의 감독책임 이행에 대해 직접 지시하고, 당의 기율검사체제개혁 심화를 통해 하급 당위원회와 기율위에 대한 상급 기율위의 감독을 강화하고, 기율위의 이중지도체제가 실제적으로 이행되도록 해야 한다고 강조했다.

시진핑 총서기는 전면적인 종엄치당에서 기율위의 역할을 충분히 긍정했다. 2013년 1월, 그는 18기 중앙기율검사위원회 2차 전체회의에서 중앙기율위와 감찰부, 각급 기검감찰기관이 검사감독 강도를 확대해 기율집행과 문책, 감독을 잘 해야 한다고 역설했다.[32] 2014년 1월, 18기 중앙기율검사위원회 3차 전체회의에서 "당풍청렴건설 및 반부패 사업에 대한 당의 통일적인 지도를 강화함에 있어서 기율위가 감독책임을 져야 한다. 이런 체제 메커니즘적 개혁은 각급 기율위에 대한 당과 인민의 신뢰일 뿐만 아니라 더 나아가 기율위의 막중한 정치적 책임이기도 하다. 각급 기율위는 당위원회의 통일적인 지도를 견지해 당내 감독 전문기관으로서의 역할을 더욱 더 잘 발휘해야 한다"고 지적했다.[33] 2016년 1월 18기 중앙기율검사위원회 6차 전체회의에서 "기율위는 전면적인 종엄치당 중에서 직책 포지셔닝을 정확하게 찾아 감독, 기율집행, 문책을 강화해야 한다. 기율위는 당내 감독의 전문기관이자 당 관리 및 통제의 중요한 역량"이라고 강조했다. 10월, 당 18기 6중전회에서 기율위는 당내 감찰 전담기관이라고 명확히 밝혔다. 시진핑 총서기는 기율위에 대한 직책과 지위, 역할에 대해 분명하게

---

32 「시진핑의 당풍·청렴정치 확립 및 반부패 투쟁에 관한 논술 요약집」, 중앙문헌출판사, 중국방정출판사, 2015년판, 55면.

33 「시진핑의 당풍·청렴정치 확립 및 반부패 투쟁에 관한 논술 요약집」, 중앙문헌출판사, 중앙방정출판사, 2015년판, 60면.

정립함으로써 당 관리·통제 중에서 기율위가 담당하는 중대한 사명을 부각시켰다.

(2) 감독, 기율집행, 문책

시진핑 총서기는 당규약에 의거하여 기율검사기관의 직책에 대해 새롭게 개괄했다. 18기 중앙기율검사위원회 6차 전체회의에서 당규약 중 기율위의 주요 임무와 일상 업무에 관한 규정을 감독, 기율집행, 문책으로 요약하고, 각급 기율위에 솔선해서 당규약을 존숭하고 당규약과 기타 당내 법규 수호를 최우선 임무로 삼아 당규약 준수, 당 기율 집행 상황에 대한 감독 검사를 강화하고, 당규약과 당규, 당 기율 위반 행위를 엄중히 조사하고 처벌해 당규약의 권위를 결단코 수호하고, 당규약의 확고한 집행자와 충실한 수호자가 되어야 한다고 지적했다.[34] 기율위의 직책은 기율을 이용해 당원 간부의 행위가 기율 마지노선을 지키는지를 평가하는 것이다. 이는 기율위의 업무 방향이자 요구다. 19기 중앙기율검사위원회 2차 전체회의에서 기검기관은 직책 포지셔닝을 굳게 지키고, 감독, 엄정한 기율집행, 엄중한 문책을 강화해야 한다고 거듭 강조했다.

시진핑 총서기의 기율위의 직책에 대한 포지셔닝은 19차 당대회가 개정한 당규약에 삽입되었다. 새로 개정한 〈중국공산당 당규약〉 제8장 제46조는 감독, 기율집행, 문책을 중심으로 기율위의 주요 임무와 일상 업무 관련 규정을 보강했다. 당의 각급 기율검사위원회의 주요 세 가지 임무는

34　시진핑, 「18기 중앙기율검사위원회 제6차 전체회의에서의 연설」(2016년 1월 12일), 인민일보, 2016년 5월 3일, 2면.

　　　　　전면적인 종엄치당에는 마침표가 없다

▲당의 장정(章程) 및 기타 당내 법규 수호 ▲당의 노선과 방침, 정책, 결의의 집행 상황 점검 ▲당 위원회에 협조해 전면적인 종엄치당 추진, 당풍 확립 강화와 반부패 업무 조직·조정 등이다. 당의 각급 기율검사위원회의 일상적인 업무는 다음과 같은 6가지이다. ① 당원을 대상으로 일상적인 기율 준수 교육을 진행하고, 당 기율 수호에 관한 결정을 한다. ② 당의 조직과 당원 지도간부의 직책 이행, 권력 행사에 대해 감독하고, 당원들의 신고·제보를 접수해 처리하고, 대화로 일깨우고, 면담이나 서면을 통한 문의로 자초지종을 조사한다. ③ 당의 조직과 당원이 당의 장정과 기타 당내 법규를 위반한 비교적 중요하거나 복잡한 사건을 검사 및 처리하여, 이들 사건 중의 당원에 대한 처분을 결정하거나 취소한다. ④ 문책을 진행하거나 책임추궁의 건의를 제출한다. ⑤ 당원에 대한 기소와 제소를 처리한다. ⑥ 당원의 권리를 보장한다.

시진핑 총서기는 기율위의 직책에 의거하여 기율위의 업무와 임무를 명확하게 제시했다. 전면적인 종엄치당 중에서의 포지셔닝을 정확하게 찾아 당규약이 부여한 직책을 철저히 이행하고, 감독책임을 지며, 과감하게 악역을 맡아 기율을 집행하고 문책하여 기율검사 업무의 새로운 국면을 열어야 한다고 각급 기율위에 주문했다.

1) 감독

감독은 기율위의 기본 직책이다. 기율위는 정치 감독을 강화하고, 세부적이고 실제적으로 일상 감독과 장기 감독을 실시해야 한다. 시진핑 총서기는 18기 중앙기율검사위원회 2차 전체회의에서 "당의 각급 기율검사 기관은 당의 정치기율 수호를 최우선에 두고 정치기율 집행 상황에 대한 감독검사를 강화해야 한다"고 지적했다.[35] 그는 18기 중앙기율검사위원회 3차 전체회의에서 각급 기율위는 "감독책임을 잘 이행하고, 당위원회의 당풍 확립과 반부패 업무 조직 및 조율 강화에 협조해야 할뿐만 아니라 검사 관련 부처의 부패 처벌 및 예방 업무와 임무 이행을 독촉하며, 검사와 감독을 일상적으로 진행해 부패 문제를 엄중하게 조사해 처벌해야 한다"고 강조했다.[36] 18기 중앙기율검사위원회 5차 전체회의에서 지도간부의 감독과 관리를 강화하고, 중앙1급 당과 국가기관 전범위에 기검기관 파견을 달성함으로써 당내 감독의 사각지대와 공백이 없도록 해야 한다고 지적했다. 그는 18기 중앙기율검사위원회 6차 전체회의에서 각급 당위원회와 기율위는 우선적으로 당규약 수호, 당의 노선과 방침, 정책과 결의 집행 상황에 대한 감독 검사를 강화해야 하고, 18차 당대회 및 당 18기 3중, 4중, 5중 전회 정신의 이행 상황, 당 중앙의 중대한 결정과 배치의 관철 이행에 대한 상황을 중점적으로 점검하여 당의 집중적이고 통일적인 지도를 확보하고, 당 중앙의 정책과 법령이 원활히 관철되도록 보장해야 한다고 말했다.[37]

시진핑 총서기는 19기 중앙기율검사위원회 3차 전체회의에서 기율위와 감찰위의 일상 감독을 심층적이고 실제적이며, 세부적으로 실시해야 한다고 제시했다. 이는 신시대 기검감찰업무의 질적 발전을 추진하는 데 중요한 뒷받침이 된다고 말했다. 국가감찰체제개혁 후 당과 국가 감찰체

---

35   시진핑, 「정치 기율을 엄정히 하고, 당의 단결과 통일을 자발적으로 수호하자」(2013년 1월 22일), 「18차 당대회 이후 주요 문헌 선집」(상), 중앙문헌출판사, 2014년판, 134면.

36   「시진핑의 당풍·청렴정치 확립 및 반부패 투쟁에 관한 논술 요약집」, 중앙문헌출판사, 중국방정출판사, 2015년판, 61-62면.

37   시진핑, 「18기 중앙기율검사위원회 제6차 전체회의에서의 연설」(2016년 1월 12일), 인민일보, 2016년 5월 3일, 2면.

전면적인 종엄치당에는 마침표가 없다

계가 날로 정비되면서 기율감독, 감찰감독, 파견감독, 순시감독의 조정과 연계를 실현했고, 당내 감독과 국가기관 감독, 민주감독, 사법감독, 대중감독, 여론감독의 효과적인 관철을 추진했으며, 당의 감독업무에 대한 지도를 강화했다. 당과 국가의 각종 감독제도 가운데 당내 감독이 최우선이다. 기율위와 감찰위에 있어 감독은 기본적인 직책이자 제1직책이다. 감독의 본질은 정치감독으로써 이는 각급 당조직과 당원, 간부들에 대한 '정치 건강검진'이다. 또한 정치적인 면에서 문제를 발견하고 시정하고 처벌함으로써 정치적 위험을 사전에 예방해 정치적 우환을 제거하는 것이다. 오직 감독을 전면에 내세워야만 권력을 제멋대로 행사하는 공간을 크게 축소시킬 수 있고, 권력 감독의 진공지대를 없애 공권력의 청렴성을 확보할 수 있으며 간부가 잘못을 저지르는 것을 최대한 방지해 진정한 의미에서 간부를 사랑하고 간부에 대해 책임질 수 있다. 아울러 각종 위험의 싹에 대해 긴장의 끈을 늦추지 않으면서 등한시하지 않아 각종 위험을 효과적으로 예방하고 해결할 수 있을 뿐만 아니라 기존의 부패를 강력하게 줄이면서 늘어나는 것을 효과적으로 억제해 반부패 투쟁의 압도적인 승리를 굳히고 발전시켜 전면적인 종엄치당의 중대한 전략적 성과를 이끌어낼 수 있다. 19기 중앙기율검사위원회 3차 전체회의 요구에 따라 각급 기검감찰기관은 감독 제1직책을 확실하게 파악하고 초점을 맞춰 일상 감독과 장기 감독에서 혁신 탐색 및 돌파구 마련에 힘쓰고 감독의 취약부분을 보완해 제도적 우위를 거버넌스 효과로 전환해야 한다.

2) 기율 집행

기율집행은 기율위의 핵심 직책이다. 기율위는 기율을 엄격하게 하

고 바로잡아 집행해 나가야 한다. 2014년 1월, 시진핑 총서기는 18기 중앙
기율검사위원회 3차 전체회의에서 중앙기율검사위원회는 당 중앙의 결정
과 배치에 따라 당의 기율 강화, 특히 정치기율에 대한 제약 강화, 기율집
행 및 감독 강화, 부패 사안 수사 강화 등 분야에서 주먹을 불끈 쥐고 매진
해 선명한 업무 특징을 형성했다고 말했다.[38] 5월, 허난성 란카오(蘭考)현위
원회 상무위원회 주제 민주생활회에 참석했을 때 "당의 기율을 엄격히 하
고, 당의 기율 앞에서는 모두가 평등하다를 견지해 당내 모든 소극적 부패
현상에 대한 철저한 조사 처벌과 엄정한 기율 집행으로 기율 통제를 받지
않는 특수한 당원이 없도록 해야 한다"고 지적했다.[39] 2016년 1월, 18기 중
앙기율검사위원회 6차 전체회의에서 "기율집행에 대한 감독을 철저히 하
고, 기율을 척도로 당원과 간부의 행위를 평가하여 기율위반 문제를 발견
하면 건마다 모두 조사하고 처리하여 기율의 집행력을 높이고 기율의 엄
정성을 수호해야 한다"고 지적했다.[40] 10월, 당 18기 6중전회 제2차 전회에
서는 더 나아가 "기율집행을 엄정히 하고 기율을 전면에 내세우는 것을 견
지하며, 당의 정치기율과 정치규범을 엄정히 하여 당 전체가 '5가지 반드
시'를 명심하고 '7대 악습'을 타파하는데 힘쓰며, 당 전체의 단결과 통일,

---

38 「시진핑, 18기 중앙기율검사위원회 3차 전체회의에서 중요 연설 발표해 반부패 체제 메
    커니즘 혁신과 제도적 보장을 강화해 당풍·청렴정치 확립 및 반부패 투쟁 추진을 심화해
    야 한다고 강조」, 인민일보, 2014년 1월 15일, 1면.

39 「시진핑의 엄정한 당 기율과 규범에 관한 논술 요약집」, 중앙문헌출판사, 중국방정출판
    사, 2016년판, 81-82면.

40 시진핑, 「18기 중앙기율검사위원회 제6차 전체회의에서의 연설」(2016년 1월 12일), 인민일
    보, 2016년 5월 3일, 2면.

보조를 함께 맞추도록 보장하라"고 주문했다.[41]

3) 문책

문책은 기율위의 중요한 직책이다. 기율위는 권력과 책임 대등을 견지해 직무 태만 행위에 대해 엄중하게 책임을 물어야 한다. 2014년 1월, 시진핑 총서기는 18기 중앙기율검사위원회 3차 전체회의에서 "권력이 있으면 책임이 있고, 권력과 책임은 대등해야 한다. 문제가 생기면 엄중하게 책임을 물어야 한다"고 말했다. 18기 중앙기율검사위원회 5차 전체회의에서 각급 기검감찰기관은 당풍청렴건설 및 반부패 투쟁이라는 중심 임무에 초점을 맞춰 감독과 기율집행, 문책을 강화해야 한다고 피력했다.[42] 2015년 6월, 그는 18기 중앙정치국 제24차 집단학습을 주재하면서 "잘못이 있으면 반드시 묻고, 문책은 엄격하게 한다. 감독검사, 목표심사, 책임추궁을 유기적으로 결합해 법규제도 집행이 강한 추진력을 형성하도록 해야 한다"고 말했다. 문책의 내용, 대상, 사항, 주체, 절차, 방식은 모두 제도화, 절차화해야 하며, 문책은 일과 사람을 대상으로 해야 하고, 구체적인 사람에 대해 물어야 한다고 덧붙였다. 기율검사기관은 감독검사 강도를 확대해 명령을 불이행과 금지령 위반 행위를 멈추지 않는 경우에는 직접 책임자를 엄중하게 조사해야 할 뿐 아니라 관련 지도자의 책임도 엄중하게 추궁해야 한다고 말했다.[43] 18기 중앙기율검사위원회 6차 전체회의에서 책임추궁업무

---

41 「시진핑의 전면적 종엄치당에 관한 논술 요약집」, 중앙문헌출판사, 2016년판, 17면.

42 「시진핑의 엄정한 당 기율과 규범에 관한 논술 요약집」, 중앙문헌출판사, 중국방정출판사, 2016년판, 124면.

43 위의 책, 125면.

를 개선 및 규범화하고, 전형적인 문제에 대한 책임을 추궁해 통보하는 제도를 확립하고 완비하며, 문책을 기타 감독방식과 결합해 문책 상시화로 직책을 제대로 이행하고 당의 기율을 제대로 집행할 수 있도록 촉진해야 한다고 지적했다.[44]

(3) 기율검사감찰간부대오 건설을 강화해야 한다

18차 당대회 이후 시진핑 총서기는 기검감찰 간부단 건설에 큰 중요성을 부여하고 기검감찰 간부단에 대해 더 높은 기준과 더 엄격한 요구를 제시하면서 충성스럽고 깨끗하게 책임을 감당할 수 있는 기검감찰단을 건설해야 한다고 강조했다.

1) 기율검사감찰간부대오의 자질을 제고해야 한다

시진핑 총서기는 18기 중앙기율검사위원회 2차 전체회의에서 각급 기검감찰기관은 충성스럽고 믿을 수 있으며, 인민에 봉사하고, 강직하고 영합하지 않으며, 공정하게 기율을 집행해야 한다는 요구에 따라 간부단 건설을 강화해 직책 수행 능력과 수준을 높여 감독검사 역할을 더 잘 발휘하도록 해야 한다고 말했다.[45] 또 많은 기검감찰 간부는 자신에게 엄격하게 요구하고 감독을 자발적으로 받아들여야 하며, 기율을 엄수하고 기풍을 개선해 부패와 변질을 막는 귀감이 되어야 할 뿐만 아니라 기검감찰 간부

---

44   시진핑, 「18기 중앙기율검사위원회 제6차 전체회의에서의 연설」(2016년 1월 12일), 인민일보, 2016년 5월 3일, 2면.

45   「시진핑의 당풍·청렴정치 확립 및 반부패 투쟁에 관한 논술 요약집」, 중앙문헌출판사, 중국방정출판사, 2015년판, 57면.

전면적인 종엄치당에는 마침표가 없다

는 친절하고 믿을수 있으며 존경할 수 있다는 이미지를 유지하기 위해 노력해야 한다고 말했다. 18기 중앙기율검사위원회 5차 전체회의에서 충성스럽고 투명하고 책임을 감당할 수 있는 기검감찰단을 건설하도록 노력하고, 많은 기검감찰 간부단에 대한 교육과 지도를 통해 그들이 과감하게 책임지고, 감독하고, 책임을 지며, 당에 충성하고 기검감찰 사업에 충성하는 정치적 신념을 확고하게 수립하도록 해야 한다고 언급했다.[46] 18기 중앙기율검사위원회 6차 전체회의에서 남을 감독하는 사람은 우선 자신을 잘 감독, 관리해야 하고, 기율을 집행하는 사람은 기율을 준수하는 모범이 되어야 한다고 말했다. 각급 기율위는 더 높은 기준과 더 엄한 기율로 기검감찰 간부들이 간부단의 순결을 유지하도록 요구해 충성스럽고 깨끗하게 책임을 감당할 수 있는 기검감찰단을 만들어야 한다고 지적했다.[47] 18기 중앙기율검사위원회 7차 전체회의에서 각급 기율위는 자체 감독을 강화하고 당내 및 사회 감독을 자발적으로 받아들여 당이 안심할 수 있고, 인민이 신뢰할 수 있는 기검간부단을 건설함으로써 당 전체와 전 사회를 위해 엄격한 자율의 푯대를 세워야 한다고 말했다.[48] 그는 19기 중앙기율검사위원회 2차 전체회의에서 기검감찰기관에 당내 '기율부대'의 요구를 제시하고 "기율을 집행하는 사람은 자신이 먼저 기율을 준수해야 하고, 남을 단속하는 사람은 먼저 자신을 단속해야 한다. 각급 기검감찰기관은 더 높은 기준

---

46 「시진핑의 엄정한 당 기율과 규범에 관한 논술 요약집」, 중앙문헌출판사, 중국방정출판사, 2016년판, 124면.

47 시진핑, 「18기 중앙기율검사위원회 제6차 전체회의에서의 연설」(2016년 1월 12일), 인민일보, 2016년 5월 3일, 2면.

48 「18기 중앙기율검사위원회 역대 전체회의 문건자료 모음집」, 중국방정출판사, 2017년판, 313면.

과 더 엄한 기율로 자신에게 요구해 자신의 면역력을 높여야 한다. 많은 기검감찰 간부는 충성과 확고함, 직책 감당, 기율과 법 준수, 청렴결백을 실천함으로써 당과 인민이 부여한 권력이 남용되지 않으며, 권선징악의 예리한 칼날에 영원히 먼지가 쌓이지 않도록 해야 한다"고 강조했다.[49] 그는 19기 중앙기율검사위원회 3차 전체회의에서 "기검감찰기관은 당에 충성하고, 인민에 충성해야 한다. '4개 의식'을 강화하고 '4가지 자신감'을 확고히 하며, '2개의 수호'를 해내는데 앞장서야 한다. 또 기관과 당의 정치 건설을 강화하고 내부 통제 장치를 완비하며, 항상 정원을 쓸어 단체에 해를 끼치는 자들을 일소하고, 충성스럽고 깨끗하며 책임을 감당할 수 있는 기검감찰 철군(鐵軍)을 건설하는 데 앞장서야 한다"고 말했다. 아울러 "많은 기검감찰 간부들은 시련을 견뎌내야 하고 압력을 버텨내야 하며 '격전'을 치를 수 있어야 한다. 빛나는 전통을 드높이고 정치를 중시하면서 내공을 기르고 자질을 높이고 실력을 키워 입장이 확고하고 의지가 강하며 행동에 결기가 있는 모범이 되어야 한다"고 했다.[50]

국가감찰체제개혁 후 기검감찰기관의 감독 범위가 넓고 권한이 많은 실제 상황에 대해 시진핑 총서기는 국가감찰권을 규범화하고 정확하게 행사하는 것에 대해 더 높은 새로운 요구를 제시했다. 그는 기검감찰기관은 당과 인민의 중임을 짊어진 만큼 쇠를 벼리려면 반드시 자신부터 단단

49 「시진핑, 19기 중앙기율검사위원회 2차 전체회의에서 중요 연설 발표, 19차 당대회 정신을 전면적으로 관철해 실행에 옮기고, 영원히 길 위에 있다는 집념으로 종엄치당을 심화시켜 나가자고 강조」, 인민일보, 2018년 1월 12일, 1면.

50 「시진핑, 19기 중앙기율검사위원회 3차 전체회의에서 연설, '전면적 종엄치당에서 더욱 큰 전략적 성과 쟁취해 반부패 투쟁의 압도적인 승리를 공고히 하고 발전시켜야」, 인민일보, 2019년 1월 12일, 1면.

전면적인 종엄치당에는 마침표가 없다

해야 한다는 정치적 요구를 명심해야 한다고 지적했다. 첫째, 마르크스주의 손전등으로 남을 비추되 자신을 더 많이 비춰야 하며, 타인만 비추고 자신을 비추지 않아서는 안 된다. 기검감찰기관은 천연의 금고가 아니다. 감찰권은 양날의 검인만큼 제도의 '우리'에 가둬야 하고 당과 인민의 감독을 자발적으로 받아들여야 하며 권력을 행사함에 있어서는 반드시 신중해야 하고 엄격하게 기율과 법에 의거해야 한다. 둘째, 기검감찰 간부는 당의 기풍과 기강을 바로잡는 반부패 최전선에 있는 만큼 언제나 타락과 반(反)타락의 시험대에 올라 있어 유혹에 빠지기 쉽다. 기타 국가기관과 공직자들에게 하라고 요구하는 것은 기검감찰기관과 기검감찰 간부가 반드시 먼저 해내야 하며, 직권을 남용하거나, 권력으로 사익을 도모하지 말아야 한다. 특히 선택적 감독, 자의적인 기율집행 조사, 독단적인 문책 처분을 해서는 안 된다. 셋째, 기검감찰기관과 간부는 언제 어느 때나 극기하고 행동을 신중히 하며 마지노선을 지켜야 할 뿐만 아니라 제도의 틀을 단단히 죄고 자아통제를 강화해야 한다. 중앙기율검사위원회와 국가감찰위원회 기관은 당 정치 건설의 총대를 메고 '4개 의식'을 강화하고 '4가지 자신감'을 확고히 하며 시종일관 자발적으로 사상, 정치, 행동 면에서 당 중앙과 같은 차원의 수준을 유지하여, 원칙적인 문제 앞에서 용감하게 칼을 빼들고 싸워야 한다. 자체 감독을 강화하고 자발적으로 당내 감독과 사회감독을 적용하며, 제때에 정원을 쓸고 문 앞을 정리해 당 중앙이 안심하고 인민이 만족할 수 있는 모범 기관을 건설하도록 노력하는 데 앞장서야 한다. 많은 기검감찰 간부는 당과 인민의 충성스런 호위병인 만큼 이상과 신념을 굳건히 하고 정치적 능력을 제고하여 자아통제를 강화해야 할 뿐만 아니라 전문성을 키우고 기율과 법률 사고를 강화해야 한다. 특히 절차 의식을 강화해 자발적으로 조직의 감독을 수용하고 법과 기율을 준수하며 자신을 엄하게 단속하는 것에서 모범이 되어야 한다.[51]

2) '등잔 밑'이 어둡지 않도록 해야 한다

각급 기율검사기관은 자신의 건설을 강화하고 내부 통제 장치를 완비하며 당내 감독과 사회감독, 대중의 감독을 자발적으로 수용해 권력이 엄격하게 규제를 받도록 확보해야 한다. 시진핑 총서기는 18기 중앙기율검사위원회 2차 전체회의에서 '누가 기율위를 감독하는가'하는 문제를 잘 해결해야 한다고 말했다. 18기 중앙기율검사위원회 3차 전체회의에서 '등잔 밑'이 어둡지 않도록 해야 한다고 강조했다. 18기 중앙기율검사위원회 5차 전체회의에서 조직 내부의 비위 공직자를 척결하라고 주문했다.[52]

그는 "새로운 정세와 임무는 기검감찰 간부단의 사상과 기풍, 능력과 자질, 기율 단속에 대해 새로운 요구를 제시한다. 기검감찰기관은 사건으로 사익을 도모하거나, 결탁해서 비호해주고, 정보를 유출하는 등의 두드러진 문제를 엄중하게 처리해 조직 내부의 비위 공직자를 척결하고, 쇠를 벼리려면 먼저 자신부터 단단해야 한다를 실천해야 한다.[53] 기율검사기관에 대한 감독을 강화해 기율검사기관 및 그 실무자의 기율위반 문제를 발견할 경우 반드시 엄중하게 처리해야 한다"고 말했다. 18차 당대회 이후 18기 중앙기율검사위원회 기관은 22명을 조사 처벌했고, 24명을 조직 조

---

51 시진핑, 「새로운 출발점에서 국가감찰체제 개혁 심화」, 구시, 2019, 제5호.

52 「쇠를 벼리려면 자신부터 단단해야 한다」, 중국방정출판사, 2017년판, 3면.

53 「시진핑의 엄정한 당 기율과 규범에 관한 논술 요약집」, 중앙문헌출판사, 중국방정출판사, 2016년판, 124면.

정했으며, 232명을 대상으로 대화를 나누거나 서면 조사를 실시했다. 전국 기율 계통은 1만여 명을 조사 처벌했고, 7천600여 명을 조직 처리했으며, 1만1천 명을 대상으로 대화를 나누거나 서면을 통한 조사를 실시하여 대오의 순결성을 수호했다.[54] 자아통제를 강화하기 위해 18기 중앙기율검사위원회 7차 전체회의가 통과시킨 〈중국공산당 기율검사기관 감독 및 기율집행 업무 규칙(시행)〉은 감독 및 기율집행 업무 중에 존재하는 위험 고리에 대해 실천 과정에서 효과적, 구체적, 실제적인 방법을 제도 규범으로 격상시켜 기율위의 권력을 제도권 안으로 끌어들임으로써 당내 우려와 대중의 기대에 부응하는 동시에 기율집행 규범화를 위해 제도적 뒷받침을 마련했다. 2018년 12월, 〈중국공산당 기율검사기관 감독 및 기율집행 업무 규칙〉을 중앙 당내 법규로 격상시키고 당 중앙이 기검감찰기관을 위해 제도를 제정하고 규칙을 세웠다. 이외에도 감독검사와 심사조사 직능 분리, 부처 설치를 실행하고, 권력 분산과 내부 제약을 통해 감독 및 기율집행 부처의 권력이 과도하게 집중되지 않도록 했다. 사건 정황 탐문, 사건 참견, 사정 개입에 대한 등록 제도를 마련하고, 회피제도, 이직이나 퇴직 후 이익 충돌 가능성이 있는 직업에 종사하는 것을 제한하는 제도, 사건처리에 있어서 중대한 실수에 대한 책임추궁제도 등을 규정했다. 특약감찰원제도를 확립해 1차로 특약감찰원 50명을 초빙했다. 이런 제도들은 '누가 기율위와 감찰위원회를 감독할 것인가'의 질문에 효과적으로 답했다.

한편 시진핑 총서기는 기검감찰 간부에게 엄격하게 요구해야 할 뿐

---

54 「18기 중앙기율검사위원회 의 중국공산당 제19차 전국인민대표대회에 대한 업무보고」,
  「19차 당대회 문건 모음집」, 인민출판사, 2017년판, 143-144면.

만 아니라 관심을 갖고 보살펴야 한다고 강조했다. 그는 18기 중앙기율검사위원회 2차 전체회의에서 각급 당위원회와 정부는 기검감찰기관의 업무 처리를 지지해야 한다면서 특히 당성이 강하고 용감하게 원칙을 견지하는 당원에게 각별히 보호하고 그들이 업무를 펼칠 수 있는 여건을 마련해 주어야 한다고 말했다.[55]

4. 전면적인 종엄치당이 기층에 보급되도록 추진해야 한다

기층 당조직의 당 관리와 통제 업무를 매우 중요시한 시진핑 총서기는 전면적인 종엄치당이 각각의 지부와 각 당원들 사이에서 실행될 수 있도록 당 차원에서 기층과 지부를 관리하는 양호한 태세를 마련하라고 주문했다.

(1) 기반을 튼튼히 다져야 한다

19차 당대회는 조직력 향상에 중점을 두고 기층 당조직 건설을 강화해야 한다고 제기했다. 당의 당 관리와 종엄치당 방침을 관철하려면 기층을 관리하고 기초를 닦는 작업을 잘 해 각 기층 당조직이 모두 강력한 전투 보루가 되도록 함으로써 기층 당조직이 전면적으로 진보하고, 강해지도록 해야 한다. 시진핑 총서기는 당의 기층 조직을 당 신체의 '말초신경'

---

55 「시진핑의 당풍·청렴정치 확립 및 반부패 투쟁에 관한 논술 요약집」, 중앙문헌출판사, 중국방정출판사, 2015년판, 57면.

과 당 집권 빌딩의 지반에 비유했다. 그는 중국 특색 사회주의 빌딩은 골격으로 지탱해야 하는데 당은 그 중앙을 관통하는 전체적인 뼈대이고, 당 중앙은 대들보라고 강조했다. 아울러 "기초는 매우 중요하다. 기초가 튼튼하지 않으면 땅과 산이 흔들린다. 지반이 견고하면 빌딩이 견고하지만 지반이 무르면 건물이 기울어진다. 기층 곧 당지부에서는 위에 실이 천 가닥이지만 그 밑의 바늘은 하나인 만큼 반드시 기층을 단단히 다져야 한다. 각 기층 당조직과 공산당원 개개인이 모두 강한 목적의식과 책임의식을 가지고 있으면 전투 보루의 역할과 선봉 모범 역할을 발휘할 수 있다. 그러면 중국공산당이 힘이 있어야 우리나라가 힘이 있고, 우리 인민이 힘이 있게 되어 당의 집권기반도 반석처럼 튼튼해질 수 있다"고 말했다.

2014년 1월, 시진핑 총서기는 당의 군중노선 교육실천활동 1차 결산 및 2차 배치회의에서 "시·현 지도기관과 지도간부, 기층 부서는 인민 대중과의 연결이 더욱 직접적인 만큼 이들의 그릇된 풍조는 대중의 이익에 더욱 직접적인 손해를 끼치고 대중의 감정을 해치며, 이것이 장기간 축적되면 당 집권의 대중 기반을 필연적으로 침식하게 된다"고 지적했다.[56] 2015년 1월, 그는 윈난 시찰 업무 때 종엄치당과 관련해 당 중앙의 태도는 매우 선명한바 모든 조치를 취해 대충대충이 아닌 진지하게, 겉으로 생색만 내는 것이 아닌 깊숙하게 당내에 존재하는 각종 갈등을 해소하고 문제를 해결해야 한다는 것을 의미하며, 관건은 각급 당조직이 종엄치당에서 보다 더 실제적으로 행동해야 한다고 밝혔다. 그러면서 어떤 계층, 어떤 분야의

---

56 시진핑, 「당의 군중노선 교육실천활동 1차 결산 및 2차 배치 회의에서의 연설」(2014년 1월 20일), 당건연구, 2014년 2호.

당조직이든 당이 부여한 직책을 엄중하고 성실하게 대해야 하며, 요구에 따라 엄격한 조직 관리를 실시해야 한다고 덧붙였다.[57] 2016년 2월, 그는 중공중앙정치국 상무위원회 회의에서 '양학일주' 학습교양방안을 심의하면서 "현재 상당수의 기층 당조직이 약해지고 느슨해졌고, 심지어 마비됐다. 유명무실해진 일부 기층 당조직은 반드시 정돈해야 한다. 오직 기층 당조직이 강하고 힘이 있어야 당원이 제구실을 할 수 있고 당의 기반이 견고해질 수 있으며, 당이 전투력을 가질 수 있게 된다. 소련 해체의 교훈 중 하나는 당의 기층 세포가 죽어 기능이 마비되었다는 점이다. 반드시 기층 당조직을 활성화시키고 기층의 조직력을 강화해야 한다"고 지적했다. 2018년 3월, 그는 13기 전인대 1차 회의 광둥대표단 심의에 참가했을 때 "사회 거버넌스 체제를 혁신해 자원과 서비스, 관리를 기층에 두고, 기층 관리와 기층 당건설을 결합해야 한다. 신시대 당 건설의 총체적 요구를 성실하게 이행해 각급 당조직을 더욱 강하고 힘 있게 단련하도록 노력해야 한다"고 강조했다. 7월, 그는 전국조직업무회의에서 당의 기층조직 건설 강화에 대해 더 높은 새로운 요구를 제시했다. 그는 현재 당의 지도가 기층에서 이행될 때 상부의 정책이 중간에서 제대로 전달되지 않는 '막힘' 현상에 대해 심각하게 분석했다. 가령 일부 국유기업에서 당의 지도자가 기업에 들어가 본사 1급에서는 관리를 잘 하는 편이나 더 아래로 확장되면 관리가 점점 줄어드는 문제가 존재한다. 대학교에서 당위원회 지도하의 총장 책임제는 명확하지만 당의 지도가 학교 설립과 운영, 인재 교육과 양성 전 과

---

57 「시진핑, 윈난 시찰 시 빈곤에서 탈피하도록 개발에 박차를 가하는 공략전에서 단호히 승리해 민족지역의 경제와 사회 발전을 가속화하라고 강조」, 인민일보, 2015년 1월 22일, 1면.

전면적인 종엄치당에는 마침표가 없다

정에 관철됨에 있어서는 비교적 큰 차이가 존재한다. 초중학교, 병원, 과학연구기관에서 당조직이 지도하는 총장(원장, 소장) 책임제는 아직 확립되지 못했다. 사회조직, 특히 각종 학회나 협회의 당 건설 업무는 대다수가 문제를 제대로 해결하지 못했다. 이런 두드러진 문제에 대해 시진핑 총서기는 다음과 같이 강조했다. 조직력 향상을 중점으로 정치기능을 부각해 기층조직을 완비하고 조직구조를 최적화하며 예속관계를 정리해야 한다. 활동 방식에 혁신해 기층 당의 조직 범위 및 업무 범위를 확대해야 한다. 기층 당조직에 중앙의 중대한 전략과 업무, 중대한 임무를 관철 실행하는 과정에서 리더십을 발휘해 정치적 인도를 강화하고, 당의 대중업무 우위와 당원의 선봉 모범 역할을 발휘하여 기층 각 조직이 자발적으로 당의 주장을 철저히 실행하도록 이끌어 기층 관리의 정확한 방향을 확보하도록 요구해야 한다. 당조직의 통일적인 지도, 각종 조직의 적극적인 협동, 많은 대중이 광범위하게 참여하는 기층 관리 체계를 구축해야 한다. 대중에 대한 서비스와 대중을 복되게 하는 것을 기층 관리의 출발점과 목표점으로 삼고 인민들의 성취감, 행복감, 안전감 증진을 통해 대중의 당에 대한 신뢰와 지지를 획득해야 한다. 마을에서 군림하는 '보스', 하위급 부패관료, 악한 종족 세력, 기층 암흑가 세력에 대한 소탕전을 벌여 일부 기층 정권이 교란당하고, 침식되는 문제를 해결하도록 힘써 농촌 기층 정치 생태계를 정화하고 복원해야 한다. 9월, 그가 주재한 중공중앙정치국회의에서 〈중국공산당지부 업무조례(시행)〉를 심의하면서 그는 당지부는 당의 기층조직이자 당조직 체계의 기본요소라고 지적하고, "당지부를 잘 관리하는 것을 조직체계 건설의 기본 내용으로 삼아 전통적인 분야의 당지부 건설을 공고히 하면서 새로운 분야 당지부 건설을 확장하고 아우르는 범위를 끊임없이 확대하고 조직력과 리더십 향상에 힘써야 한다. 정치기능을 부각시키고 정치 인도를 강화해 당지부가 직접적으로 당원 교육, 당원 관리, 당원 감독과 대중 조직, 대중 홍보, 대중 결집, 대중에 서비스하는 직책을 잘 짊어지도록 추진해야 한다. 당지부를 잘 관리하는 것을 당을 관리하고 다스리는 기본 임무로 삼아 당위원회(당조직) 서기가 직접 나서서 지부에 깊숙이 들어가 지부를 관리하고 당지부의 표준화, 규범화 건설을 강화해야 한다. 당지부를 잘 관리하는 것을 당 건설 업무의 성과를 검증하는 기본 기준으로 삼아 당 건설 업무를 심사하고 평가해야 한다"고 강조했다.

시진핑 총서기는 당 관리·통제와 빈곤구제개발업무의 접목을 특히 중시했다. 2012년 12월, 그는 허베이성 푸핑현에서 빈곤구제개발업무를 시찰하면서 자신이 만족스럽지 않거나 심지어 분노하는 것은 일부 빈곤구제 자금을 가로채거나 다른 용도로 사용하는 것이라면서 빈곤구제자금을 다른 용도로 사용하는 것은 재난구호금을 다른 용도에 쓰는 것과 같은 것이며, 이는 모두 범죄행위라고 지적했다. 또 빈곤 구제금 편취 문제가 있는데 이런 혼란상은 즉시 발견해 바로잡고 철저히 배격하고 근절해야 한다고 말했다. 2015년 2월, 그는 산시(陝西) 옌안에서 산시(陝西)·간쑤(甘肅)·닝샤(寧夏) 혁명 근거지 빈곤퇴치 좌담회를 주재하면서 혁명 근거지(革命老區)[58] 주민들이 모두 행복한 생활을 영위하도록 해야 한다고 강조했다. 6월, 구이저우(貴州) 구이양(貴陽)에서 빈곤구제 난제 해결 좌담회를 주재하면서 다음과 같이 강조했다. "정확한 빈곤 구제와 정확한 빈곤퇴치에 더 많은

58 　옮긴이 주: 중화인민공화국 수립 이전인 토지 혁명 전쟁 시기 및 항일 전쟁 시기에 중국공산당이 건립한 혁명기지.

노력을 기울여야 한다. 기층은 기초인 만큼 빈곤구제사업과 기층조직 건설을 유기적으로 접목해 촌 당조직을 핵심으로 하는 촌급 조직을 부수적으로 잘 건설해야 한다. 또 사상이 훌륭하고 기풍이 바르고 능력이 뛰어나며 대중을 위해 기꺼이 봉사하는 우수한 청년 간부와 퇴역 군인, 대학 졸업생들이 빈곤 촌에 가서 일하는 것을 독려하고, 이들을 선발 파견함으로써 대중이 빈곤에서 벗어나 부자가 되도록 이끄는 진정한 전투 보루가 되도록 기층 당조직을 건설해야 한다." 2016년 7월, 그는 닝샤 인촨에서 동서부 빈곤구제 협력 좌담회를 주재하면서 진실로 가난을 구제하고, 정말로 가난한 사람을 구제하며, 확실하게 가난에서 벗어나도록 해야 한다고 강조했다. 2017년 6월, 산시(山西) 타이위안(太原)에서 극빈곤 지역 빈곤퇴치 관련 좌담회에서 극빈곤 지역과 빈곤 대중이 전국 인민과 함께 전면적인 샤오캉 사회에 진입하도록 해야 한다고 강조했다. 2018년 2월, 량산(凉山)에서 빈곤퇴치 관련 업무를 시찰하면서 빈곤퇴치 총력전에서 승리해야 한다면서 특히 강력한 기층 당지부, 촌 제1서기와 촌 주재 업무팀을 꾸려 실효성 있고 착실하게 꾸준히 일해 인민 대중들이 진정으로 행복한 생활을 영위하는 것을 자신의 분투 목표로 삼아야 한다고 강조했다. 시찰을 마친 후 시진핑 총서기는 쓰촨(四川) 청두(成都)에서 열린 빈곤퇴치 총력전 좌담회를 주재하고 빈곤퇴치 공략의 위대한 실천이 축적한 소중한 경험을 총정리하면서 엄격한 요구와 착실한 일 처리를 견지하고, 전면적인 종엄치당 요구를 빈곤퇴치 업무 전 과정과 각 단계에 관철시켜 지원업무가 착실하고 빈곤퇴치가 성과가 진실하도록 확보함으로써 빈곤퇴치 공략의 성과가 실천과 역사의 검증을 견뎌낼 수 있도록 해야 한다고 강조했다.

시진핑 총서기는 대중이 강한 불만을 제기하는 빈곤퇴치 공략 중의 형식주의와 관료주의 문제 해결을 매우 중시했다. 2017년 6월, 그는 극빈곤 지역 빈곤퇴치 관련 좌담회에서 "빈곤퇴치 업무는 착실해야 하고, 모든 업무가 빈곤 대중의 실제적인 문제를 해결해줄 수 있도록 해야 한다. 겉만 번지르르하거나 번거롭고, 불필요한 형식에 얽매이거나 실제 효과는 없이 겉치레만 해서는 안 된다. 한동안 일부 지방은 정확한 빈곤 파악과 빈곤 구제를 한답시고 엄청나게 많은 서식을 작성하게 했다. 일부 기층 간부는 각종 서식을 작성하기에 바빠 야근을 했고, 심지어 마을에 가서 가구 조사를 하고 실제적인 일을 처리할 시간이 없었다"고 지적했다. 2018년 3월, 13기 전인대 1차 회의 네이멍구 대표단 심의에 참석했을 때 빈곤구제 분야의 부패와 기풍 문제 특별 관리를 착실하게 펼치고 빈곤구제 자금 관리를 강화해 빈곤구제금을 유용하거나 횡령하는 행위에 대해서는 엄하게 다스리라고 주문했다. 또 대중은 일부 지방 빈곤퇴치 업무 중의 형식주의와 관료주의, 허위로 날조하는 현상에 대해 반감이 매우 심하다면서 이를 철저히 해결해야 한다고 강조했다.

(2) 기층의 그릇된 풍조 및 부패 현상을 단호히 억제해야 한다

시진핑 총서기는 기층의 당 통제·관리 상황을 훤히 꿰뚫고 있었을 뿐만 아니라 기층의 당 통제·관리 현상 및 해결이 시급한 문제에 대해 분명한 인식을 갖고 있었고 정확하게 파악하고 있었다. 그는 당의 군중노선 교육실천활동 결산 회의에서 "기층 일부 지방과 부처가 당 관리·통제의 책임을 이행하는 상황이 만족스럽지 못하다. 각급 당위원회, 각 부처 당위원회(당조직)가 모두 당 건설에 집중했는가? 각급 당위원회 서기, 각 부처 당위원회(당조직) 서기가 종엄치당의 서기가 되었는가? 각급과 각 부처 당위원회(당조직)구성원이 모두 관할 분야의 종엄치당 책임을 이행했는가? 이에 대해 일부 지방과 부처는 아직 만족할 만한 답안지를 내놓지 못하고 있다"고 지적했다. 시진핑 총서기는 기층 간부의 그릇된 풍조와 부패 문제의 표출에 대해 체계적으로 분석했다.

시·현 지도층과 지도간부 측면에서 보면 어떤 지도간부는 보여주기식에 그치는 전시행정이나 치적 쌓기 사업에만 치중해 지도자가 바뀌면 정책이 바뀌고, 빚투성이에, 예산을 앞당겨 집행하는 등 당장 눈앞의 이익만 노리고 멀리 내다보지 않는다. 어떤 지도간부는 명령은 이행하지 않고 금지된 것을 멈추지 않는가 하면, 상부의 정책에 대책을 마련하기도 하고, 마음에 맞으면 집행하고 마음에 들지 않으면 제대로 이행하지 않거나 임시방편으로 처리한다. 어떤 지도간부는 주관적인 판단으로 제 의견만 주장하면서 타인을 용납하지 않고, 자신의 생각과 다른 의견은 무시한다. 어떤 지도간부는 감당할 엄두도 내지 못하고 책임지길 원하지 않으며 현실에 안주해 진취성이라곤 없는 태평관 자리에 만족해 허송세월한다. 어떤 지도간부는 '허파에 바람이 들어' 인사청탁을 하러 다니는가 하면 곳곳에 로비를 하고, 연줄을 찾고, 윗선에 줄을 대기도 한다. 어떤 지도간부는 조직 관념이 희박하고 기강이 해이해져 내키는 대로 거침없이 지껄인다. 어떤 간부는 노는 것에 열중하고 흥청망청 먹고 마시며 놀고 안일과 향락만 추구하고 주색잡기 등 방탕한 생활을 즐기느라 피곤한 줄 모른다. 어떤 지도간부는 접대조건 개선이란 미명 하에 사무 청사, 호텔 등 대규모의 건물을 짓고, 로얄 스위트룸을 휘황찬란하게 인테리어하고 끝에 가서는 자신이 사용한다. 어떤 지도간부는 대중을 압박하고 민생을 무시하거나 심지어 권력을 이용해 사리사욕을 도모하고 권력을 휘두르며 부패를 저지르고 교묘하게 구실을 갖다 붙여 재물을 착취하고 이익을 챙긴다. 등등.

　시와 현의 직속 부서 측면에서 보면 어떤 부서는 일 처리를 질질 끌고 책임을 요리조리 미루고 비몽사몽 멍하니 시간을 때운다. 출근시간에는 카드놀이를 하고, 해바라기씨나 까먹고, 게임을 하며, 타오바오 쇼핑을 하기도 한다. 어떤 부서에서는 심지어 제멋대로 근무지를 이탈해 밖에 나가 빈둥거리기도 한다. 일은 얼렁뚱땅 처리하고 실행력이 부족하고 일의 경위를 제대로 파악하지 못하고 기층에 대한 상황 파악이 불분명하면서 치적 자랑은 능하고 실력은 형편없는 부서가 있는가 하면, 주도적으로 봉사하지 않고, 복지부동하거나 늑장 처리하고, 대충 적당히 넘기면 된다고 생각하면서 출중하길 바라지 않는 부서도 있다. 어떤 업무는 중간에서 막히는 현상이 나타나기도 하고, 상급이 맡긴 임무는 객관적인 원인을 찾아 핑계를 둘러대고 버티면서 처리하지 않고, 대중을 위해 처리해야 할 일은 각종 핑계를 대면서 요리조리 미루고 처리하지 않는다. 등등.

　법 집행 감독관리 부처와 창구 부서, 서비스 업종을 보면 '들어가기 힘든 문, 보기 힘든 얼굴, 힘든 일처리' 현상이 있다. 구호는 거창한데 서비스는 쌀쌀맞기 그지없고, 일처리는 느리기가 이루 말할 수 없다. 특히 일반인이 일을 처리하기란 더더욱 어렵다. 어떤 곳에서는 자신의 직책을 이용해 향응이나 금품을 요구하기도 하고, 날아가는 기러기의 털을 뽑을 정도로 탐욕스럽게 굴며, 불법요금을 받고, 불법 벌금을 매기기도 하고, 강제로 임무를 할당하거나 자금, 인력 후원을 요구하기도 한다. 심지어 커미션이나 돈봉투를 받기도 한다. 일각에서는 '게으른 정치'를 하는 현상이 심각하다. 출근해 머릿수만 채우고 일은 하지 않고 나태하게 보내는가 하면, 기층에 가지도 않고 대중들과 연락도 하지 않으며, 느지막이 출근해 일찌감치

퇴근하는 현상이 심각하다. 직권 남용, 권력을 이용한 사욕 챙기기, 이익 빼돌리기, 권력을 이용한 생계형 부패를 비롯해 불공정·선택적·임의적 법 집행, 관계·인정·금전 관련 사건 처리 등의 현상도 있다.

향진(鄕鎭), 가도(街道), 촌, 지역사회 등 여타 기층 조직 측면에서 보면 어떤 곳에서는 주민의 일상생활에 관심을 가지지 않고 책임감이 약하다. 민원인의 내방을 가만히 앉아서 기다리는 일이 허다하고 주도적으로 방문하는 경우는 적다. 인터넷을 이용해 방문을 대신하거나 전화통화로 면담을 대신하기도 하고 갈등에 부딪치면 문제를 회피한다. 어떤 곳에서는 대민 편의 정책을 축소하고 변칙적으로 실행하거나 기계적인 집행, 틀에 박힌 운영을 하는 바람에 좋은 일도 제대로 처리하지 못한다. 어떤 곳에서는 업무에 몰두하지 않고, 직위에 있으면서 직책을 수행하지 않고 매일 출근은 하는데 일이 있어도 사람을 찾을 수 없어 지도자 직책이 '공석'이기 일쑤다. 어떤 곳에서는 허위로 날조하고 윗사람이나 상부를 기만하고 아랫사람이나 대중을 속이기도 한다. 어떤 곳에서는 방법이 단순 무식하고 악의적인 태도로 민원인을 대하고, 마음대로 꾸짖고 설득하다 뜻대로 되지 않으면 막무가내로 처벌하기도 한다. 어떤 곳에선 결속력이 약하고 분산되어 있다. 대민봉사 의식과 능력이 강하지 않고 일처리가 불공정하다. 어떤 곳에서는 대중의 이익을 침해하고 재물을 가로채기도 하고, 개별 지방의 당과 정부 기관, 간부가 주민의 돈을 갚는 것을 질질 끌기도 하고, 현금 대신 외상 영수증을 끊어주기도 하고, 빚지지 않았다거나 갚았다고 우기며 떼먹기도 한다.

이런 문제들이 나타난 이유에 대해 시진핑 총서기는 다음과 같이 분석했다. 기층 간부들의 생각이 갈팡질팡하기 쉬운 것은 자신이 작은 권력을 손에 쥐면 큰일은 할 수 없으므로 평소에 직무상 편리를 이용하여 강령이나 법을 건드리지 않는 선에서 조금 얻어먹거나 소액을 받거나 챙기는 것은 기껏해야 생활 속의 소소한 일이라고 여긴다. 어떤 간부는 자신의 이득을 챙기는 수단이 뛰어나서 아무런 흔적도 남기지 않을 것이라고 생각하거나 자기편이거나 형제 같은 사이여서 보험처럼 믿을 수 있으므로 문제가 생기지 않을 것이라 여기고, 설령 문제가 생긴다 하더라도 자기 대신 벌을 받을 '대타'가 있다고 생각한다. 어떤 간부는 주변 사람이 '작은 부패'를 저지르면서 윤택한 생활을 하고 얽매이지 않은 채 유유자적하는 것을 보면서 심리적으로 평정심을 잃고 억제를 못하다가 결국 따라하거나 심지어는 암암리에 경쟁하며 '자웅을 겨루기도' 한다. 어떤 간부는 타인을 위해 일을 처리해주고 대가를 받는 것이 청렴고결한 척 위선을 떠는 것으로 보이지 않고 원만하고 자연스러워 보인다고 생각한다. 어떤 간부는 늘 강가를 걷는데 어찌 신발이 젖지 않을 수 있겠냐며 절개를 지키느니 부화뇌동하는 편이 낫다고 생각하면서 설령 조사를 받는다 하더라도 법을 어긴 사람이 다수이면 처벌을 면할 수 있고, 한때 조사에 그치고 말 것이므로 평생 호의호식할 수 있다고 여긴다. 이런 인식과 행위는 모두 잘못된 것이고 매우 해로운 것이다.[59]

시진핑 총서기는 18기 중앙기율검사위원회 6차 전체회의에서 일부 지방과 부처, 기관의 기층 간부의 그릇된 풍조와 부패 문제는 다발적으로 발생하기 쉽고, 폭넓은 영역에서 대량 발생하고 있다고 지적했다. 일부 간

59　「시진핑의 당풍·청렴정치 확립 및 반부패 투쟁에 관한 논술 요약집」, 중앙문헌출판사, 중국방정출판사, 2015년판, 83-84면.

　　　　　　　　　전면적인 종업처당에는 마침표가 없다

부는 날아가는 기러기의 털을 뽑을 정도로 탐욕이 끝이 없어 갖은 꾀를 짜 내 거짓으로 보고하고 명의를 도용해 가로채거나 농민의 특별 자금이나 빈곤구제 자금을 횡령하기도 한다. 일부는 친척이나 지인에게 보조금 특혜를 주고 자신의 직책을 이용해 향응이나 금품을 요구하기도 한다. 일부는 고자세로 군림하면서 대중의 고통을 무시하는 등 형식주의나 관료주의가 심각하다. 일부는 법 집행이 불공정하고 심지어는 가족 세력, 범죄 세력의 대변인이 되어 마을에서 전횡을 일삼고 주민들을 업신여기고 괴롭히기도 한다.[60] 이는 기층의 당 관리·통제에 존재하는 두드러진 문제를 집중적으로 반영한다.

18차 당대회 이후 각급 기검감찰기관은 대중의 이익을 침해하는 그릇된 풍조 부패 문제를 단호하게 단속하고 색출해 사회의 우려와 대중의 기대에 부응했고, 전면적인 종엄치당이 기층으로 연장되도록 추진했다. 2015년 7월부터 중앙기율위와 감찰부 홈페이지는 '월간 통보'를 개통, 기층의 기율위반 문제를 공개해 기층의 그릇된 풍조에 대해 지속적인 억제력을 형성했다. 기층의 '미시적인 부패' 사건은 '미시적'이지만 미치는 영향은 결코 작지 않다. 기율위반 주체가 향장과 과장급 이하에 집중되어 있고, 기층의 돈, 일, 물건을 관리하는 중요한 직책에 집중돼 있다. 기층의 기율 위반자 대부분은 직급이 낮지만 대다수가 중점 직위와 핵심 부처에 소속된 실무자들이어서 돈, 재물, 물건을 쥐고 있고, 자금과 프로젝트, 심사 승인을 관리하는 일정한 권력을 가지고 있다. 최근 몇 년간 각급 기검감찰

---

60   시진핑, 「18기 중앙기율검사위원회 제6차 전체회의에서의 연설」(2016년 1월 12일), 인민일보, 2016년 5월 3일, 2면.

기관은 기층 부서의 핵심인물을 주시하면서 감독과 기율집행, 문책을 강화해 이들의 부패공간을 줄여나갔다.

(3) 전면적인 종엄치당이 각 지부에서 실행되도록 해야 하다

기층의 당 관리·통제는 기층의 그릇된 풍조와 부패 문제를 해결하는 것인 만큼 중점을 부각시키고 압력을 아래로 전달해 책임 이행의 '라스트 마일'을 연결해야 한다.

첫째, 현위원회라는 관건을 철저히 잡아야 한다. 시진핑 총서기는 "중국공산당의 조직구조와 국가정권 구조 중 현1급은 상부와 하부를 연결하는 핵심 단계에 있으며 경제 발전과 민생 보장, 안정 수호, 국가의 장기적인 안정을 촉진하는 중요한 기초"라면서 "현위원회는 중국공산당 집권과 국가 부흥의 '일선 지휘부'이고, 현위원회 서기는 '일선 지휘관'이다. 성과 시 양급 당위원회는 주체적 책임을 수행해 현위원회라는 관건을 철저히 잡아야 한다. 특히 현위원회 서기의 책임감을 강화해야 한다"고 강조했다.

둘째, 기층의 '미시적 부패'를 단속해야 한다. 2014년 1월, 시진핑 총서기는 당의 군중노선 교육실천활동 1차 결산 및 2차 배치회의에서 "우리 당은 '호랑이'와 '파리'를 함께 잡는다고 말한다. 일부 대중은 '호랑이'는 멀리 있지만 '파리'는 매일 달려든다고 한다. 이는 대중 주변에서 발생하는 부패문제 해결에 힘쓰고 대중의 이익을 훼손하는 각종 문제를 성실하게 해결해 인민 대중의 합법적인 권익을 확실하게 수호해야 함을 말하는 것"이라고 지적했다.[61] 18기 중앙기율검사위원회 6차 전체회의에서 '미시

---

61   시진핑, 「당의 군중노선 교육실천활동 1차 결산 및 2차 배치 회의에서의 연설」(2014년 1월

적 부패'가 '큰 화근'이 될 수도 있다면서 이는 인민의 이익을 해치고, 대중의 성취감을 갉아 먹으며, 당에 대한 기층 대중의 신임을 낭비하는 것이라고 지적했다. 또 기층 부패 및 법 집행 불공정 등 문제에 대해 성실하게 바로잡고 엄격하게 조사하고 처리해 대중의 이익을 수호하고 인민대중이 반부패·청렴제창의 실질적인 성과를 더 많이 체감하도록 해야 한다고 말했다.[62]

셋째, 기층 지도간부에 대한 감독과 기율집행, 문책을 강화해야 한다. 시진핑 총서기는 18기 중앙기율검사위원회 5차 전체회의에서 중앙기율위와 중앙조직위는 지구와 시의 당과 정부 최고 책임자에 대해 더 많은 관심을 기울이고 이해해야 한다면서 성위원회에 관리와 감독을 강화해야 한다고 강조했다. 아울러 순시업무를 지·시·현 1급으로 연장해 최고 책임자를 주시하고, 그들을 주요 지도간부 대열에 포함시켜 엄격한 관리와 감독을 받도록 해야 한다고 지적했다.[63]

넷째, 전면적인 종엄치당이 당조직과 당원들에게서 실행되도록 해야 한다. 시진핑 총서기는 '양학일주' 학습 교육을 전면적인 종엄치당이 기층으로 연장되도록 추진하는 강력한 수단으로 삼았다. 그는 "문제 지향을 부각시키고 문제의식을 가지고 배움에 임해야 한다. 구체적인 문제에 해서는 고치고, 합격의 척도를 세우고, 사람 됨됨이와 일처리의 마지노선을 긋

20일), 당건연구, 2014, 제2호.

62 시진핑, 「18기 중앙기율검사위원회 제6차 전체회의에서의 연설」(2016년 1월 12일), 인민일보, 2016년 5월 3일, 2면.

63 「시진핑의 엄정한 당 기율과 규범에 관한 논술 요약집」, 중앙문헌출판사, 중국방정출판사, 2016년판, 124면.

고, 당원의 선봉 이미지를 확립해 불합격 기층 당조직을 정돈하고 효과적인 제도를 견지하고 실행해야 한다. 새로운 상황과 문제에 대해서는 당내 정치생활을 엄격히 하고 개혁과 혁신 정신으로 제도의 취약부분을 보완해 진정한 의미에서 당의 조직생활과 당원 교육 관리가 엄격해지고 실제적이 되도록 해야 한다"고 역설했다. 시진핑 총서기는 당원의 질적 제고 문제를 매우 중시했다. 그는 마르크스주의 정당의 역량과 역할은 당원의 수에도 달려 있지만 당원의 질적 수준에 더 많이 달려 있다고 지적하면서 다음과 같이 말했다. "우리 같이 장기 집권한 정당에 있어서 수적으로는 크게 문제가 되지 않는다. 어려운 것은 주로 질적 수준을 높이는 것이다. 당원을 확충하는 문제에서 당조직은 심사를 엄격히 하고, 정치 기준을 최우선에 두어 정치적으로 합격점을 받도록 확보해야 한다. 동기가 불순하거나 당내에 잠입해 이득만 취하려고만 생각하는 사람은 하나도 필요하지 않다. 청년 노동자, 농민, 지식인 가운데서 당원을 확충하는 것을 중시해야 한다. 당원의 일상 교육과 관리를 엄격히 하여 많은 당원들을 평상시에도 분간해 낼 수 있고, 결정적인 순간에 나서고, 위급한 순간에 모든 것을 내던질 수 있는 선봉 모범 역할을 잘 발휘해야 한다. 당원 퇴출을 위한 채널을 마련해 당원의 요건을 상실한 자에 대해 즉시 조직 처리를 하고, 도덕적 해이와 타락, 변질된 자는 단호하게 당에서 제명시켜야 한다"고 말했다. 2014년 중앙은 〈중국공산당 당원 확충 업무 세칙〉을 개정해 당원을 확충하는 기준과 절차를 더 엄격히 하고 각급 당조직이 당원을 확충하는 질적 관문을 엄격히 하여 당원의 적정 규모를 유지하면서 정실 인사로 뽑은 당원, 자기 사람만을 중용하는 배타적인 '근친 번식', 문제 있는 당원 입당 등의 문제를 효과적으로 줄여나갔다.

다섯째, 당 건설의 질적 제고에 힘써야 한다. 18차 당대회 이후 시진 핑 총서기는 각기 다른 장소에서 당 건설의 질적 문제를 여러 번 강조했다. 여기에는 당원의 질적 제고와 발전을 비롯해 교육실천활동, 인선(人選)·용 인(用人), 당내 정치생활, 인재 양성, 당 제도 건설의 질적 제고 등등이 포함 되는데 이런 것들은 사물의 표면적 현상만으로 사물을 논한 것이 아니라 당의 선진성과 순결성을 영원히 유지하는 것에 착안해 제안한 것으로 신 시대 당 건설에 있어서 반드시 노력해 도달해야하는 요구사항이다. 19차 당대회는 실천 경험을 총괄하고 신시대 당 건설의 총체적 요구에 순응해 당 건설의 질을 높이는 중대 과제를 제시했다. 2018년 7월, 전국조직업무 회의에서 시진핑 총서기는 일부 지방과 부처의 당 건설 업무에 존재하는 형식과 과정, 수량을 중요시하고 내용, 결과, 질적인 부분은 경시하는 등의 문제를 엄하게 지적하고, 이런 지방과 부처의 당조직이 당 건설 업무를 하 는 것은 거창해 보이지만 실제 효과가 좋지 않거나, 심지어 중심 업무와는 연관성이나 효과가 없는 경우도 있다고 비평했다. 그는 당 건설의 질적 제 고는 중국공산당이 자신의 건설에서 형성한 우수한 전통과 성공경험을 고 수하고 고양해야 할 뿐만 아니라 당 건설이 직면한 새로운 상황과 문제에 따라 개혁과 혁신을 대대적으로 추진하면서 새로운 사고와 조치, 방법을 활용해 새로운 갈등과 문제를 해결해야 한다고 강조했다.

5. 엄숙한 문책으로 책임 이행을 추진해야 한다

책임추궁을 강화하는 것은 당 관리와 통제 책임을 이행하는 관건이다. 문책은 당 관리·통제가 미흡하거나, 당규와 당 기율 위반 행위 발생을 방임한 당조직 및 그 주요 책임자에 대해 엄격하게 책임을 추궁하는 것이다. 문책은 당내 정치생활을 엄숙히 하고 당내 감독을 강화하는 데 매우 중요한 역할을 한다. 시진핑 총서기는 문책을 종엄치당의 '전가의 보도'로 삼고, 문책 업무를 당을 관리하고 다스리는 구도에 포함시켰으며, 제도 정비를 통해 이를 정착시켰다. 시진핑 총서기의 책임추궁 강화에 주문에 따라 2016년 7월 〈중국공산당 문책조례〉가 공포돼 시행됐다. 〈중국공산당 문책조례〉는 정치적 책임을 부각시키고 종엄치당에 초점을 맞춰 제도적 차원에서 문책의 원칙, 주체, 대상, 방식과 시한 등에 관한 일련의 기본 문제에 답함으로서 당 관리와 통제 심화를 위해 강력한 제도적 뒷받침을 마련했다.

(1) 권력에는 반드시 책임이 따르고 책임을 다하지 못하면 반드시 추궁해야 한다

시진핑 총서기는 문책제도 확립을 당내 제도 확립의 중요한 수단으로 삼고, 당의 문책 업무의 원칙에 대해 여러 차례 피력했다. 2012년 12월, 그는 수도 각계 현행 헌법 공포 시행 30주년 기념대회에서 "우리는 권력 운영에 대한 제약과 감독체계를 완비해 권력이 있으면 반드시 책임이 따르고, 권력을 사용하면 감독을 받으며, 직책을 다하지 못하면 책임을 묻고, 법을 어기면 추궁해 인민이 부여한 권력이 시종일관 인민의 이익을 도모하는데 쓰일 수 있도록 해야 한다"고 지적했다.[64] 그는 18기 중앙기율검

---

64 시진핑, 「수도권 각계 현행 헌법 공포 시행 30주년 기념대회에서의 연설」(2012년 12월 4일), 「18차 당대회 이후 주요 문헌 선집」(상), 중앙문헌출판사, 2014년판, 92면.

사위원회 3차 전체회의에서 "권력이 있으면 책임이 따르고, 권력과 책임은 대등해야 한다. 당위원회나 기율위 혹은 여타 관련 직능 부처는 떠맡아야 하는 당풍청렴건설 책임에 대해 서명하고, 배서해 자신의 담당 업무는 확실히 책임져야 한다. 문제가 생기면 책임을 물어야 한다. 기층이 문제투성이이거나 관료가 무신경해지는 현상이 나타나는 것을 절대 용납해서는 안 된다!"고 설파했다.[65] 2016년 6월, 그가 주재한 중공중앙정치국회의에서 〈중국공산당 문책조례〉를 심의 통과하고 권력은 곧 책임이고, 책임은 감당해야 하며, 충성, 청렴, 책임감은 당이 지도간부에게 제기하는 정치적 요구라고 지적했다.[66] 시진핑 총서기는 권력과 책임의 관계에 주안점을 두고, 강력한 문책을 통한 책임 이행을 독촉해 당조직과 당 지도간부의 책임을 부각시켰다.

(2) 주체적 책임과 감독책임 부재 문제를 해결해야 한다

당내 문책업무 제도화 및 규범화의 목적은 일부 당조직과 지도간부의 당 관리 및 통제가 엄격하지 않고 책임감이 부족하며, 호인주의, 원칙보다 '좋은 게 좋은 것'이라는 생각에서 두루두루 원만하게 지내는 문제를 해결하기 위한 것이다. 시진핑 총서기는 현재 일부 당조직과 당원 지도간부들의 책임 감당이 부족하고 주체적 책임 이행 미흡 등의 문제가 있으며, 안전사고 등 행정 문책은 많으나 당 관리·통제 미흡에 대해 문책하는 것이

65　「시진핑의 당풍·청렴정치 확립 및 반부패 투쟁에 관한 논술 요약집」, 중앙문헌출판사, 중국방정출판사, 2015년판, 62면.

66　「시진핑이 소집주재한 중공중앙정치국회의에서 〈중국공산당 문책조례〉심의」, 인민일보, 2016년 6월 29일, 1면.

적고, 문책 규정이 산만하고 내용에 초점을 맞추지 못하고 있다고 지적했다. 2014년 1월, 그는 18기 중앙기율검사위원회 3차 전체회의에서 "한 지방에 부패문제가 심각한데도 관련 책임자가 모르는 척, 좋은 사람인 척 행세한다면 당과 인민이 필요로 하는 좋은 사람이 아니다! 소극적인 부패현상 앞에서 좋은 사람이 되어서는 당과 인민 앞에서 좋은 사람이 될 수 없다. 양자는 동시에 될 수 있는 것이 아닌 만큼 리더십 부재나 관리·미흡으로 인해 그릇된 풍조가 장기간 생겨나 자라고 만연하도록 초래하거나 중대한 부패 문제가 누차 나타나도 중단시키거나 조사 처벌하지 않고 보고하지 않는 경우는 당위원회건 기율위건, 그 누구를 막론하고 책임이 있으면 모두 책임을 추궁해야 한다"고 지적했다.[67] 6월, 그는 중공중앙정치국 상무위원회 2014년 중앙순시조 1차 순시 상황 보고를 받는 자리에서 "문제가 생기면 책임을 추궁해야 한다. 어떤 지방과 기관은 관리가 느슨하거나 무능해 주요 책임자가 직책을 이행해야 하고 당풍청렴건설에 힘써야 한다. 무릇 정돈과 개선이 미흡한 경우 엄중하게 책임을 추궁해야 한다. [68] 이런 문제는 모두 당조직 및 당원 지도간부와 짊어지는 책임이나 사명이 서로 부합하지 않는 것이므로 당내 문책 제도 개선 및 문책 업무 강화가 시급하다"고 강조했다.

(3) 문책과 책임추궁을 강화해야 한다

시진핑 총서기는 문책제도의 집행을 매우 중요하게 여겼다. 그는

67　「시진핑의 당풍·청렴정치 확립 및 반부패 투쟁에 관한 논술 요약집」, 중앙문헌출판사, 중국방정출판사, 2015년판, 62-63면.

68　위의 책, 63면.

"〈중국공산당 문책조례〉는 전면적인 종엄치당의 중요한 제도이다. 제도의 생명은 집행에 있다. 전면적인 종엄치당, 문제의 원인과 현상 동시 해결을 추진하는 가장 근본은 각급 지도간부가 당 관리·통제의 책임을 감당하는 것에 있다. 감독검사, 목표심사, 책임추궁을 유기적으로 결합해 법규제도 집행의 강한 추진력을 형성해야 한다"고 강조했다.

첫째, 문책제도를 완비해야 한다. 시진핑 총서기는 18기 중공중앙정치국 제24차 집단학습을 주재하면서 문책의 내용, 대상, 사항, 주체, 절차, 방식을 제도화, 절차화해야 한다고 지적했다. 또 법규제도 집행 상황을 당 풍청렴건설 책임제 검사 심사와 당과 정부 지도간부의 소관 업무 및 청렴 보고 범위에 포함시켜 주체적 책임, 감독 책임, 지도책임의 엄중한 추궁을 통해 법규제도의 역량이 반부패·청렴제장 건설 과정에서 충분히 분출되도록 해야 한다고 말했다. 또 기율검사기관은 감독검사 강도를 확대해 명령은 이행하지 않으면서 금지된 것을 멈추지 않는 경우 직접 책임자를 엄중하게 조사 처벌해야 할 뿐만 아니라 관련 지도자의 책임도 엄중하게 추궁해야 한다고 강조했다.[69] 18차 당대회 이후 각 성·구·시 당위원회와 기율위, 중앙 부위(部委) 당조직(당위원회)과 기검감찰조는 상담이나 서면을 통한 문의로 자초지종을 조사하는 제도와 소관 업무·청렴 보고 제도를 확립해 완비하고, '2가지 책임' 세칙과 문책조례 시행방법을 제정해 상급이 하급에 철저하게 업무를 수행하도록 하급에게 요구하는 압력을 아래로 전달하는 국면을 조성하였다.

69　「시진핑의 엄정한 당 기율과 규범에 관한 논술 요약집」, 중앙문헌출판사, 중국방정출판사, 2016년판, 125면.

둘째, 문책 내용과 대상을 명확히 해야 한다. 시진핑 총서기는 중공 중앙정치국 회의를 주재해 문책 조례를 심의하면서 당의 지도 견지와 당 건설 강화, 전면적인 종엄치당, 당의 기율 수호, 당풍청렴건설 및 반부패 업무 추진을 중심으로 문책해야 한다고 강조했다. 그는 18기 중앙기율검 사위원회 6차 전체회의에서 지방, 부처, 기관에서 당의 지도 역할이 발휘 되지 않는 문제, 당의 노선과 방침, 정책이 관철되지 않고 변질되는 문제, 당 관리·책임이 엄격하지 않고 실제적이지 않는 문제를 비롯해 인선·용인 감독 소홀, 심각한 '4풍' 현상과 부패 현상 발생, 순시 정리와 개선 미흡 등 의 문제는 전형적인 사례를 잡아 엄중하게 책임을 추궁해야 한다고 지적 했다. 또 주체적 책임과 감독책임을 추궁해야 할 뿐만 아니라 상급도 조사 해 지도 책임과 당조직 책임을 추궁해야 한다고 말했다.[70]

기검조 조장은 전심전력으로 감독직책을 수행해야 하며, 다른 업무 를 관리해서는 안 된다. 당풍과 청렴정치 분야의 문제에 대해 발견해야 할 문제를 발견하지 못하는 것은 직무 태만이고, 문제를 발견하고도 보고하 지 않거나 처리하는 않은 것은 독직이므로 엄하게 문책하고 조사 처리해 야 한다.[71]

셋째, 문책의 두려움 효과를 발휘해야 한다. 시진핑 총서기는 책임추 궁의 전형적인 문제에 대한 통보제도를 확립하고 완비하고, 문책에 감정 과 동정심을 가지지 말고 철저하게 따지고 엄하게 책임을 물어야 한다고

70 시진핑, 「18기 중앙기율검사위원회 제6차 전체회의에서의 연설」(2016년 1월 12일), 인민일 보, 2016년 5월 3일, 2면.

71 「시진핑의 엄정한 당 기율과 규범에 관한 논술 요약집」, 중앙문헌출판사, 중국방정출판 사, 2016년판, 122-123면.

강조했다. 18차 당대회 이후 중앙은 산시(山西)의 체계적인 부패 문제와 비리에 연루돼 둑 무너지듯 줄줄이 낙마한 부패 문제를 철저하게 조사 처벌하고, 성위원회 지도부에 대해 중대한 조정을 단행했다. 후난 헝양(衡阳)의 부정선거 사건을 엄중히 문책해 467명에 대해 책임을 추궁했다. 쓰촨 난충(南充)의 금권선거에 연루된 477명을 엄중하게 처벌했다. 랴오닝성의 체계적인 금품살포 선거 문제를 엄중히 조사해 955명을 처벌했는데 이들 중 중관간부는 34명이었다.

전(前) 민정부 당조, 파견 기검조 전체에 대해 당 관리·통제 미흡을 엄중히 문책했으며, 전 당조서기, 관할 부부장, 파견 기검조 조장이 책임 추궁을 받았다. 전 사법부 당조서기가 간부 업무 중 엄중한 감독 소홀과 기율 위반 행위에 대해 문책했다. 간쑤 치롄산 국가급 자연보호구 생태환경 파괴의 전형적인 사건에서 직무 태만과 책임을 다하지 않은 문제를 엄중 조사해 18명을 문책했다. 2014년 이후 전국의 7,020개 기관 당위원회(당조직), 당 총지부, 당지부, 430개 기율위(기검조)와 6만5천여 명의 당원 지도간부를 문책했다.[72]

19차 당대회 이후 문책 강도를 더욱 확대했다. 통계에 따르면 2018년 전국의 1.3만 개 기관 당위원회(당조직), 당 총지부, 당지부, 237개 기율위(기검조), 당원 지도간부 6만1천 명을 문책했다. 중앙기율검사위원회 국가감찰위원회는 주체적 책임과 감독책임 이행 미흡으로 문책 당한 전형적인 사건 7건을 통보, 폭로했다.[73] 이러한 사건을 철저하게 조사해 엄격하게 문책

---

72 「18기 중앙기율검사위원회의 중국공산당 제19차 전국인민대표대회에 대한 업무보고」, 「19차 당대회 문건 모음집」, 인민출판사, 2017년판, 130-131면.

73 자오러지, 「당규약과 헌법이 부여한 직책을 충실히 이행해 신시대 기검감찰업무의 수준

631

한 것은 직무 태만은 반드시 추궁하고, 기율 집행은 반드시 엄해야 하는 선명한 태도를 구현했고, 일벌백계의 효과를 냈다.

높은 발전을 실현한다-중국공산당 19기 중앙기율검사위원회 제3차 전체회의에서의 업무보고」(2019년 1월 11일), 중국기검감찰보, 2019년 2월 21일, 1면.

전면적인 종엄치당에는 마침표가 없다

제10장

전면적인 종엄치당의 이론 지침

전면적인 종엄치당 견지는 '시진핑 신시대 중국 특색 사회주의'의 기본 방략 중 하나다. 시진핑 총서기의 전면적인 종엄치당에 관한 중요한 논술은 새로운 정세에서 당을 관리하고 다스리는 실천 모색에서 나온 이론적 성과다. 이 성과는 당의 장기 집권과 중화민족의 부흥인 위대한 꿈 실현과 많은 새로운 역사적 특징을 지닌 위대한 투쟁 진행, 신시대 당 건설의 새로운 위대한 프로젝트 추진, 그리고 중국 특색 사회주의의 위대한 사업 추진에 착안해 당 관리 및 통제가 직면한 상황과 임무를 심오하게 분석했고, 당 관리·통제의 기본 방침을 제시했으며, 당 관리·통제의 목표 원칙 및 방향, 주체, 대상, 돌파구, 주안점, 내용, 자세, 기초, 관건, 근본 정책 등을 명확히 함으로써 신시대에 어떻게 당을 관리하고, 다스리고, 건설할 것인지와 같은 일련의 중대한 이론과 실천 문제에 과학적으로 답했다.

시진핑 총서기의 전면적인 종엄치당에 관한 중요한 논술은 마르크스주의 정당 건설 사상과 중국의 구체적인 실제 상황을 접목한 최신 이론 성과이자 마르크스주의 정당 건설 사상의 새로운 발전이며, 당의 우수한 전통을 더욱 발양하고 계승 발전시킨 것이다. 이는 당의 건설을 추진하는 새로운 위대한 사업과 중국 특색 사회주의 견지 및 발전, 당과 국가 각종 사업의 건강한 발전 추진, '두 개 100년' 분투 목표 실현, 중화민족의 위대한 부흥인 중국의 꿈 실현에 중요한 이론적·실천적 의미가 있다.

시진핑 총서기는 마르크스 탄생 200주년 기념식에서 "마르크스를 배우는 것은 마르크스주의 정당 건설에 관한 마르크스주의 사상을 배우고 실천하는 것"이라면서 "전면적인 종엄치당을 꾸준히 추진해 (우리) 당이 항상 시대의 선두주자로 나서고, 인민의 충성어린 지지를 받고, 용감하게 자아혁명을 단행하며, 각종 풍파와 시련을 견뎌낼 수 있고, 생기 넘치는 마르크스주의 집권당이 되도록 건설해야 한다"고 말했다[1]

1. 전면적인 종엄치당의 기본 준칙

18차 당대회 이후 시진핑 총서기가 당 관리 및 통제 이행의 요구에 대해 제시한 일련의 중요한 논술은 당 관리 및 통제의 실천 모색이 부단히 심화함에 따라 차츰 전면적인 종엄치당의 기본 지침으로 자리잡았다. 이러한 중요한 논술은 마르크스-레닌주의, 마오쩌둥 사상, 덩샤오핑 이론, '3개 대표' 중요 사상, 과학적 발전관 중 종엄치당에 관한 사상과 맥락을 같이할 뿐만 아니라 신시대 중국 특색 사회주의의 위대한 실천 중 당의 건설 이론을 다양화하고 발전시킨 것이다. 또한 풍부한 사상적 내용을 포함하고 있고, 튼튼한 철학 기초와 심오한 사상 연원, 탄탄한 문화 저변과 독특한 실천 축적 및 선명한 중국적 특색과 시대와 더불어 발전하는 이론성을

---

1   시진핑, 「마르크스 탄생 200주년 기념식에서의 연설」(2018년 5월 4일), 인민일보, 2018년 5월 5일, 2면.

가지고 있다. 이는 중국공산당의 당 관리와 통제 규율에 대한 인식이 진일보 심화되었음을 방증한다.

(1) 깊은 사상적 근원

전면적인 종엄치당에 관한 중요한 논술은 시진핑 총서기가 마르크스주의 철학을 운용한 데 근원을 두고 있다. 그는 "마르크스주의 철학은 객관적인 세계, 특히 인류 사회 발전의 일반적인 법칙을 밝혀낸 것으로 현 시대에서도 강한 생명력을 지니고 있으며 여전히 중국공산당원의 전진을 지도하는 강력한 사상적 무기라고 강조했다.[2] 그러면서 "오늘날 중국공산당이 인민을 단결시키고 인솔해 '두 개 100년' 분투 목표를 달성하고 중화민족의 위대한 부흥인 '중국의 꿈'을 실현하려면 마르크스주의 철학 지혜의 자양분을 끊임없이 흡수해야 한다"고 말했다.[3]

18차 당대회 이후 시진핑 총서기는 잇달아 5차례 중공중앙정치국 집단학습을 주재해 마르크스주의 이론을 전문적으로 학습했다. 학습의 목적은 마르크스주의에 대해 더욱 전면적이고 완전하게 파악하고, 그 기본 원리와 방법론을 견지하는 동시에 중국의 경제·사회 발전의 실제 상황과 접목해 새로운 이론 성과를 형성함으로써 중국 특색 사회주의 이론 실천을 더욱 잘 지도하기 위함이었다. 첫째, 변증법적 유물주의 세계관과 방법론을 더욱 자발적으로 견지하고 운용하면서 변증법적 사유와 전략적 사고력

---

2 「시진핑, 공산당 중앙정치국 제11차 집단학습에서 당 전체가 역사 유물주의를 학습하고 숙지하여 법칙을 더 잘 인식하고 업무를 더욱 능동적으로 추진하라고 강조」, 인민일보, 2013년 12월 5일, 1면.

3 시진핑, 「변증법적 유물주의는 중국공산당원의 세계관과 방법론이다」, 구시, 2019년 1호.

을 강화해 중국 개혁 발전의 기본적인 문제를 해결하는 역량 제고에 힘써야 한다. 특히 유물 변증법의 근본적인 방법을 배우고 문제의식을 끊임없이 강화해 전진하는 과정에서 부딪치는 갈등을 적극적으로 마주하고 해결하면서 객관적인 실제에서 출발해 정책을 마련하고 업무를 추진하는 것을 견지해 변증법적 사고력을 부단히 강화하며, 복잡한 국면을 지배하고 복잡한 문제를 처리하는 능력을 높였다. 둘째, 역사 유물주의를 잘 운용해 중국의 사회 운동 및 그 발전 법칙을 체계적이고, 구체적이며, 역사적으로 분석하는 한편, 세계를 인식하고 세계를 개조하는 과정에서 끊임없이 법칙을 파악하고 법칙을 적극적으로 운용해 중국 특색 사회주의 법칙에 대한 인식을 부단히 새로운 수준으로 끌어올림으로써 끊임없이 당대 중국 마르크스주의 발전의 새로운 장을 열어야 한다.

전면적인 종엄치당에 관한 중요한 논술은 마르크스주의 정당 건설 사상에서 연유한 것으로 마르크스주의 정당 건설 사상을 풍부히 하고 발전시킨 것이다. 마르크스주의 정당 건설 사상 중 최대 다수의 인민을 위해 이익을 도모하는 것이 근본적인 출발점과 지향점이다. 레닌은 소련의 사회주의 실천을 이끄는 과정에서 비교적 완벽한 마르크스주의 정당 건설 사상을 점진적으로 형성했다. 그는 당의 선진성은 기초이므로 공산당은 집권 위상을 획득한 후 반드시 자신의 부패화와 변질을 방지해야 한다고 지적했다. 전면적인 종엄치당은 마르크스주의 정당 건설 사상의 기본적인 원리를 구현했고, 중국공산당이 역사 시기별로 형성한 치당(治黨) 사상과 이론을 계승 및 발전시켰다. 시진핑 총서기는 "이론의 생명력은 부단한 혁신에 있다. 마르크스주의의 부단한 발전을 추진하는 것은 중국공산당원의 신성한 직책이다. 우리는 마르크스주의를 이용해 시대를 관찰하고, 해독하고, 이끌어 나가야 할뿐만 아니라 신선하고 풍부한 당대 중국의 실천을 이용해 마르크스주의 발전을 추동해야 하고, 광활한 시야를 이용해 인류가 창조한 모든 우수한 문명 성과를 흡수하는 것을 견지해야 한다. 또 개혁 중에서 정도(正道)를 지키면서 새로운 성과를 내고, 끊임없이 자신을 초월하며, 개방하는 과정에서 여러 장점을 널리 받아들여 부단히 자신을 개선하고, 공산당 집권 법칙과 사회주의 건설 법칙, 인류사회 발전 법칙에 대한 인식을 부단히 심화시켜 당대 중국 마르크스주의와 21세기 마르크스주의의 새로운 경지를 부단히 개척해야 한다"고 강조했다.[4] 전면적인 종엄치당에 관한 시진핑 총서기의 중요한 논술에 시종일관 관철되는 것은 마르크스주의의 세계관과 방법론인 마르크스주의의 기본 입장과 관점, 방법이다. 마르크스주의는 전면적인 종엄치당 중요한 논술에 관한 시진핑 총서기의 살아 있는 영혼이자 정신적 본질이다.

전면적인 종엄치당에 관한 중요한 논술은 시진핑 총서기의 역사적 지혜에 대한 중시와 운용에서 연유했다. 2013년 4월, 그는 18기 중공중앙 정치국 제5차 집단학습 시 "역사적 지혜를 운용해 반부패·청렴제창 건설을 추진해야 한다. 역사적 경험은 주의를 기울일 만한 가치가 있으며, 역사적 교훈은 더욱 거울로 삼아야 한다. 우리 당이 당 기풍과 청렴한 정치 확립, 반부패 투쟁을 당과 국가의 생사존망에 관계되는 높은 수준으로 끌어올려 인식하는 것은 동서고금의 역사적 교훈을 깊이 총괄한 것이다. 당풍 청렴건설, 반부패 투쟁을 심도 있게 추진하려면 우리 당이 반부패·청렴제

---

4   시진핑, 「마르크스 탄생 200주년 기념식에서의 연설」(2018년 5월 4일), 인민일보, 2018년 5월 5일, 2면.

창 건설의 장기간 실천 중에서 축적한 성공적인 경험을 견지 및 발양해야 할 뿐만 아니라 세계 각국의 반부패·청렴제창의 유익한 방법을 적극적으로 참고해야 한다. 또 우리나라 역사상 반부패·청렴제창의 소중한 유산을 적극적으로 거울로 삼아야 한다"고 강조했다.[5] 2018년 11월, 그는 19기 중공중앙정치국 제10차 집단학습을 주재하면서 "역사는 가장 훌륭한 교과서이다. 역사는 인류의 가장 훌륭한 선생님이다. 역사는 옛사람의 성공과 실패를 기술한 것이므로 역사를 중요하게 여겨 연구하고 거울로 삼아 역사상 흥망치란(興亡治亂)의 법칙을 이해하면 우리는 어제를 이해하고, 오늘을 진단하며, 내일을 여는 시사점을 더 많이 얻을 수 있다. 오늘날, 우리가 위대한 투쟁을 단행하고, 위대한 프로젝트를 건설하고, 위대한 사업을 추진하고, 위대한 꿈을 달성하려면 역사를 중요시하고 연구하고 거울로 삼는 것이 더더욱 필요하다. 이는 우리가 두뇌를 풍부하게 하고, 시야를 넓히고, 수양을 쌓고, 실력을 키우는데 중요한 의미가 있다. 우리나라의 역사상 관리를 다스린 문제에서 형성한 정확한 사상과 유익한 방법을 참고하는 동시에 중국 봉건사회가 관료를 다스린 문제에서 있었던 각종 폐단을 분명하게 인식해야 한다. 자신과 다른 사람은 배척하는 코드 인사, 작당하여 사리사욕 추구, 불공정 인사, 매관매직, 인신 예속, 당쟁 일삼기, 사치와 탐욕, 인민 유린, 심각한 관본위(官本位) 현상, '원님 덕에 나발 분다'고 남에게 편승해 권세와 이득을 누리는 현상, 인사비리 등은 우리나라 역대 왕조가 패망의 길로 치닫는 중요한 원인으로 작용하기도 했다. 이는 우리가 반

---

5   「시진핑, 중국공산당중앙정치국 제5차 집단학습에서 중국 역사상 우수한 청렴정치 문화를 거울로 삼아 부패와 변절 방지 및 리스크 방어 능력을 높여야 한다고 강조」, 인민일보, 2013년 4월 21일, 1면.

전면적인 종엄치당에는 마침표가 없다

드시 배워야 하는 역사적 교훈이다. 우리는 우리나라 역사상 관리를 다스린 득실을 종합적으로 분석해 간부 관리 업무를 강화하고 개선해 역사의 주기율을 뛰어넘어 당과 국가사업의 왕성한 발전과 장기적인 안정을 위해 참고를 제공해야 한다"고 지적했다.[6] 시진핑 총서기는 또 도덕 확립에 큰 중요성을 부여했다. 그는 "중국 역사상 이 분야에서 대량의 사상적 유산을 형성하고 남겼다. 비록 봉건사회의 찌꺼기가 남아있긴 하지만 많은 관점은 지금까지도 여전히 시사적인 의미가 있다. 옛 것을 오늘의 현실에 맞게 이용하고, 진부한 것은 버리고 정수를 취해 새롭게 창조함으로써 이러한 것들이 새로운 정세에서 반부패·청렴제창 교육 및 깨끗한 정치와 문화확립의 중요한 자원이 되도록 해야 한다"고 말했다. 그는 또 고대의 '팔부순안(八府巡按)'를 참고해 순시를 종엄치당의 이기(利器)로 만들어야 한다고 강조했다.

시진핑 총서기의 전면적인 종엄치당에 관한 중요한 논술은 심오한 문화적 연원을 가지고 있으며 문화적 자신감을 구현했다. 그는 문화적 자신감은 노선 자신감, 이론 자신감, 제도 자신감과 함께 논할 수 있다면서 중국 특색 사회주의의 문화적 자신감을 확고히 해야 한다고 강조했다. 문화적 자신감은 민족 자신감의 근원이며, 역사, 문화, 전통은 노선 선택을 결정한다. 오천년 문명 발전 과정에 내포된 중국의 우수한 전통 문화는 당과 인민의 위대한 투쟁 중에 형성된 혁명문화와 사회주의 선진문화로 중화민족의 가장 심층적인 정신적 추구를 축적하고 있으며, 중화민족 특유

6　시진핑, 「충성스럽고 깨끗하며 책임을 감당할 수 있는 자질이 뛰어난 간부 양성에 힘쓰자」, 구시, 2019년 2호.

의 정신적 표상을 대표한다.

18차 당대회 이후 시진핑 총서기는 많은 중요한 행사에서 중국 전통문화, 혁명문화, 우수한 정치문화의 창조적인 전환과 혁신적인 발전을 실현해야 한다고 밝혔다. 첫째, 중국의 우수한 전통문화를 흡수하고 참고하는 것을 매우 중요시했다. 그는 공자 탄생 2565주년 국제학술 세미나 및 국제유학연합회 제5회 회원대회 개막식에서 다음과 같이 피력했다. "유가 사상을 포함한 중국의 우수한 전통문화 중에는 당대 인류가 직면한 난제를 해결하는 중요한 시사점을 담고 있다. 예를 들면, 도는 자연을 법으로 삼는다는 도법자연(道法自然)과 하늘과 사람을 하나로 여기는 천인합일(天人合一)에 관한 사상, 세상은 모든 사람의 공유물이란 천하위공(天下爲公)과 이상적 세계를 일컫는 대동세계(大同世界)에 관한 사상, 목표를 향해 쉬지 않고 노력하라는 자강불식(自强不息)과 덕을 먼저 쌓은 후 재물을 쌓으라는 후덕재물(厚德載物)에 관한 사상, 백성을 근본으로 삼는 이민위본(以民爲本)과 백성이 편안하고, 부유하며, 즐거운 생활을 영위하도록 해야 한다는 안민(安民), 부민(富民), 낙민(樂民)에 관한 사상, 정치는 덕으로 해야 한다는 위정이덕(爲政以德)과 '정(政)이라는 글자의 본뜻은 나라를 바르게 한다'는 정자정야(政者正也) 관한 사상, 진실로 하루가 새로워지려거든 나날이 새롭게 하고, 또 날로 새롭게 하라는 '구일신, 일일신, 우일신(苟日新, 日日新, 又日新)'과 옛 것을 뜯어고치고 새로운 것을 창조한다는 혁고정신(革故鼎新), 유연한 자세로 시대의 흐름에 맞게 나아간다는 여시구진(與時俱進)에 관한 사상, 어떤 일을 할 때는 발로 뛰며 직접 현장을 확인해야 한다는 각답실지(脚踏實地)와 사실에 토대하여 진리를 탐구하는 실사구시(實事求是)에 관한 사상, 학문은 실제 사회에 이바지할 수 있어야 한다는 경세치용(經世致用)과 참지식은 실행이 뒤따라야 한다는 지행합일(知行合一), 그리고 실제로 밟고 몸소 행한다는 궁행실천(躬行實踐)에 관한 사상, 여러 사람의 생각을 모아 이익을 더한다는 집사광익(集思廣益)과 널리 은혜를 베풀어 대중을 이롭게 한다는 박시중리(博施衆利), 많은 사람의 지혜와 힘을 모아 활용한다는 군책군력(群策群力)에 관한 사상, 어진 사람은 남을 사랑한다는 인자애인(仁者愛人)과 덕으로 다른 사람을 먼저 세운다는 이덕입인(以德立人)에 관한 사상, 성실과 신용으로 사람을 대하라는 이성대인(以誠待人)과 신용을 지켜야 화목할 수 있음을 일컫는 강신수목(講信修睦)에 관한 사상, 청렴하게 정치에 임하고 부지런히 공적인 일을 위해 힘쓰라는 것에 관한 사상, 근검절약하고 행실이나 말을 스스로 조심하며, 사치를 힘껏 경계하라는 것에 관한 사상, 중화(中和), 태화(泰和), 그리고 서로 다른 점은 인정하면서 공동의 이익을 추구하라는 구동존이(求同存異)와 남과 사이좋게 지내되 의(義)를 굽혀 좇지 아니한다는 화이부동(和而不同), 서로 화목하게 지내는 것을 일컫는 화협상처(和協相處)에 관한 사상, 또 편안한 가운데서도 늘 위험을 잊지 말고(安不忘危), 살아있을 때 멸망을 잊지 말며(存不忘亡), 치세에서도 난세를 잊지 말고(治不忘亂), 편안할 때도 위험과 어려움이 닥칠 때를 생각하며 항상 대비하라(居安思危)는 사상 등등이 있다. 중국의 우수한 전통 문화의 풍부한 철학사상과 인문정신, 교화사상, 도덕이념 등은 사람들의 인식과 세계 개조를 위해 유익한 시사점을 줄 수 있을 뿐 아니라 국정운영에 유익한 시사점을 줄 수 있고, 도덕 확립을 위해서도 유익한 시사점을 던져줄 수 있다. 전통문화 가운데 사회관계를 가르치고 사람들의 향상과 선을 지향하는 것을 독려하는 데 적합한 내용은 우리가 시대적 조건과 결합해 더욱 계승하고 고양하면서 새로운 함의를 부여해야 한다."[7]

둘째, 혁명문화 선양에 큰 중요성을 부여했다. 시진핑 총서기는 홍색 유전자가 혈액과 마음속에 스며들도록 해야 한다고 밝혔다. 19차 당대회 폐막 1주일, 시진핑 총서기는 새로 선출된 중공중앙정치국 상무위원들과 상하이를 방문해 1차 당대회 개최 유적지를 시찰하고, 저장(浙江)성 자싱(嘉興)시 난후(南湖)를 방문해 중국공산당 탄생을 선언한 혁명 성지 '홍선(紅船)'을 참배했다. 그는 "상하이 제1차 전국대표대회 유적지와 자싱 난후 홍선은 우리 당의 꿈이 출항한 곳이다. 우리 당은 이곳에서 탄생했고, 이곳에서 출정했고, 이곳에서 전국 집권으로 향해갔다. 이곳은 우리당의 뿌리와 혈통(根脉)이다"[8]라고 말했다. 자싱 난후에서 그는 '홍선정신'을 특별히 거듭 천명하면서 '홍선정신'은 유사 이래 남이 하지 않은 일을 대담히 하는 개척정신, 이상을 굳건히 하는 백절불굴의 분투정신, 당을 세워 공익에 이바지하고, 인민에 충성하는 공헌하는 정신으로 요약할 수 있다면서, 시대의 특징과 접목해 '홍선정신'을 대대적으로 발양하라고 전(全) 당에 주문했다. '홍선정신' 외에도 여러 장소에서 징강산(井冈山) 정신과 소비에트지구 정신은 중국공산당의 소중한 정신적 자산이라면서 이를 영원히 아로새기고 대대로 전승해야 한다고 주문했다. 또한 전면적인 종엄치당은 계속해서 옌안정신에서 역량을 흡수해야 하며, 옌안정신과 같은 우수한 전통

---

7   시진핑, 「공자 탄생 2565주년 국제학술 세미나 및 국제유학연합회 제5회 회원총회 개막식에서의 연설」, 인민일보, 2014년 9월 25일, 2면.

8   시진핑, 「시진핑, 중국공산당 제1차 전국대표대회 회의 개최지 참배…'당의 분투 역사과정을 늘 가슴에 새기고 항상 초심을 잊지 말고 당의 숭고한 사명을 떠맡아 뜻을 세우고 영원히 분투하자」, 인민일보, 2017년 11월 1일, 1면.

전면적인 종엄치당에는 마침표가 없다

은 발양해야 한다고 주문했다. 그는 홍군 장정(長征) 승리 80주년 기념식에서 위대한 대장정 정신은 중국공산당원의 홍색 유전자와 정신 족보의 중요한 일부분으로서 이미 중화민족의 혈맥과 영혼 깊숙이 스며들어 사회주의 핵심가치관의 풍부한 자양분이 되었고, 중국 인민이 부단히 어려움을 극복하고 승리에서 승리를 향해 나아가도록 고무하고 격려하는 강한 정신적 원동력으로 자리매김 했다고 말했다. 그러면서 위대한 장정 정신을 고양하고 오늘의 장정길을 잘 걷기 위해서는 당의 지도를 강화하고 전면적인 종엄치당을 견지하여 당의 건설을 추진하기 위한 새로운 위대한 프로젝트를 위해 뜻을 세우고 분투해야 한다고 했다.[9] 시진핑 총서기는 마오쩌둥(毛澤東), 저우언라이(周恩來), 류샤오치(劉小奇), 주더(朱德), 덩샤오핑(鄧小平), 천윈(陳雲), 후야오방(胡耀邦), 완리(萬里), 류화칭(劉華清) 등 당의 선배들에게서 우수한 혁명문화와 혁명정신을 흡수하는 것을 매우 중시했고, 앞세대 혁명가들의 탄생 기념 행사에 참석했을 때마다 그들의 고귀한 정신을 학습하고 전승하고 발양하라고 주문했다. 그는 홍색유전자는 전승해야 한다고 거듭 강조했다. 중화민족이 일어서서 부유해지고 강해지기까지는 많은 풍파를 겪었고 많은 기적을 창조했다면서 초심을 잊지 말고 영원히 방향과 길을 잃어서는 안 된다는 것을 후세들이 명심하도록 해야 한다고 했다.

셋째, 사회주의 선진문화 확립을 중시했다. 시진핑 총서기는 다음과 같이 강조했다. "사회주의 선진문화의 전진방향을 견지해야 한다. 사회주의 핵심가치관을 이용하여 공감대를 응집하고 역량을 한데 모아야 하고,

---

9   시진핑, 「홍군 장정 승리 80주년 기념식에서의 연설」(2016년 10월 21일), 인민일보, 2016년 10월 22일, 2면.

우수한 문화 상품을 활용해 민심을 고무시키고 사기를 북돋워야 한다.[10] 사회주의 선진문화를 발양하고 문화체제 개혁을 심화해 사회주의 문화의 발전과 번영을 추동하고, 민족 전체 문화의 창조 활력을 강화해 문화사업의 전면적인 번영과 문화산업의 신속한 발전을 추동하며, 인민의 정신세계를 풍부하게 하고 인민의 정신역량을 강화하고, 문화 전반 실력과 경쟁력을 부단히 강화함으로써 사회주의 강국 건설의 목표를 향해 부단히 전진해야 한다.[11] 중국의 우수한 전통문화를 대대적으로 고양하고 인류 각종 문명의 교류와 융합, 상호 벤치마킹을 추진하는 과정에서 중국의 문화 소프트파워를 강화해야 한다."[12]

(2) 탄탄한 실천적 기반

전면적인 종엄치당에 관한 시진핑 총서기의 중요한 논술은 18차 당대회 이후 당 관리와 통제에서 실천모색한 이론적인 개괄이다. 시진핑 총서기는 전면적인 종엄치당을 '4개 전면'의 전략적인 포석에 포함시키고, 다음 7가지에 역점을 두어야 한다고 강조했다. ① 엄격하고 세심하게 당을 관리하고 다스리며, 당내 정치생활을 강화 및 규범화하고, 당내 정치 생태계를 정화해야 한다. ② 기풍 건설을 돌파구로 삼아 중앙 8항 규정 정신을 엄격하게 이행하고 '4풍'을 척결해야 한다. ③ 당의 규율 건설을 강화하고

---

10 「시진핑의 사회주의 문화 건설에 관한 논술 요약집」, 중앙문헌출판사, 2017년판, 12면.

11 시진핑, 중공중앙정치국 제12차 집단학습에서 사회주의 문화강국 건설을 위해 국가 문화 소프트파워 제고에 힘써야 한다고 강조」, 인민일보, 2014년 1월 11일, 1면.

12 「시진핑, 중국국제문화교류센터 설립 30주년 맞아 특별지시…'민간 왕래의 우위 발휘로 인류 문명 교류의 상호 벤치마킹 추진해야」, 인민일보, 2014년 10월 31일, 1면.

기율과 규칙을 전면에 내세우는 것을 견지하며, 당의 정치기율과 정치규범을 엄정히 하고, 감독 및 기율 집행에서 '4가지 형태'를 실천해야 한다. ④ 확실하고, 과감하고, 장기적으로 엄격하게 관리하며, 성역 없는 전범위의 무관용 원칙을 견지하면서 억제 중시, 압력 강화, 장기적 위협을 통해 부패가 자생하고 만연하는 추세를 억제해야 한다. ⑤ 당내 감독을 강화하고 순시의 '날카로운 칼' 역할을 발휘하며, 간부를 엄격하게 관리하고 적재적소에 활용해야 한다. ⑥ 당규와 제도에 의해 당을 관리하고, 당내 법규제도 체계를 정비해 권력을 제도권 안으로 끌어들여야 한다. ⑦ 당위원회의 주체적 책임과 기율위의 감독 책임을 이행하고, 전면적인 종엄치당을 끊임없이 심층적으로 발전시켜야 한다. 당 18기 6중전회에서는 시진핑 총서기가 '엄격함'을 강조한 사상, 당 관리, 기율집행, 관료 관리, 기풍, 반부패 등에서의 실천을 '6개 엄격(六个從嚴)'으로 요약했다.[13]

19기 중앙기율검사위원회 2차 전체회의에서 시진핑 총서기는 18차 당대회 이후 전면적인 종엄치당의 효과적인 훌륭한 경험과 좋은 방법을 종합하여 당 관리·통제 규율에 대한 인식을 심화했다. 첫째, 사상을 통한 당 건설 방침과 제도를 통한 치당 방침의 유기적인 통일을 견지해 사상문제를 해결해야 할 뿐만 아니라 제도적인 문제도 해결해야 하고, 이상과 신념을 굳건히 하는 것을 근본 임무로 삼고, 제도 확립을 당의 각종 건설에 관철시켜야 한다. 둘째, 사명 완수와 문제 지향의 통일을 견지하여 현재에 입각하고 문제를 직시해 대중의 불만이 가장 큰 문제 해결에 공을 들

---

13   시진핑, 「당 18기 6중전회 제2차 전회에서의 연설(발췌)」(2016년 10월 27일), 구시, 2017년 1호.

여야 할 뿐만 아니라 미래에 착안해 먼 안목으로 총괄적인 계획을 세우고 상부 차원의 설계 강화에도 힘써야 한다. 셋째, '관건적 소수'를 잡고 '절대 다수'를 관리하는 것의 통일을 견지해 수많은 당원에게 보편적인 요구를 제시해야 할 뿐만 아니라 '관건적 소수', 특히 고위급 간부에게 더 높고 엄격한 기준을 제시하고, 더 엄격하게 관리하고 감독해야 한다. 넷째, 권력 행사와 책임 감당의 통일을 견지해 당 관리 및 통제의 정치적 책임 이행을 가장 근본적인 정치적 책임으로 삼고, '책임'에 초점을 맞춰 '문책'이라는 급소를 잡아야 한다. 다섯째, 엄격한 관리와 관심·신뢰의 통일을 견지하고, 확실하고, 과감하게, 장기적으로 엄격하게 관리하는 것을 견지하고, 실패를 교훈으로 삼아 경계하고 병을 치료하고 사람을 구하는 일관된 방침을 관철해 나쁜 싹은 초기에, 사소할 때 잡아 미연에 방지함으로써 간부에게 문제가 생기는 것을 최대한 막고, 간부의 적극성을 최대한 고취시켜야 한다. 여섯째, 당내 감독과 대중 감독의 통일을 견지해 당내 감독으로 기타 감독을 이끌고, 인민 대중의 정책 건의와 비판 감독 루트를 적극적으로 원활하게 소통시켜 대중 감독, 여론감독 역할을 충분히 발휘한다. '18차 당대회 이후 전면적인 종엄치당 실천의 정수로 꼽히는 '6개 통일'은 장기적으로 견지하고 부단히 심화해야 하는 것들로서 전면적인 종엄치당의 체계성, 창조성, 실효성을 구현했다.

전면적인 종엄치당에 관한 시진핑 총서기의 중요한 논술의 형성은 시진핑 총서기 개인의 풍부한 인생 경력과도 긴밀한 연관이 있다. 그는 1969년 1월부터 산시(陝西)성 옌촨(延川)현 량자허(梁家河)촌에서 7년간 하방(下放)[14] 생활을 했다. 훗날 그 시절을 회상하며 그는 "산베이(陝北) 고원은 내게 신념을 주었고, 내 인생 이후의 발자취를 정했다고도 할 수 있다. 산베이(陝北)의 인생수업을 받은 후 나는 앞으로 무엇을 해야 할지를 정했다. 산베이는 내가 무엇을 해야 할지 가르쳐 주었다. 하방 자체는 상징적으로 확정된 하나의 단계다. 하방 전에 우리가 알았고 얻었던 것이 있었다고 한다면 나는 늘 이런 것들이 하방 이후에 승화되고 정화되었다고 느꼈다. 개인적으로 확실히 환골탈태한 느낌이었다. 그 이후 우리가 어떤 정확하고 깊이 있는 통찰력이 생겼다고 한다면, 우리가 성숙해지고 성공했다고 한다면, 우리가 인민의 사정과 형편을 잘 알게 되었거나 실제에 접근했다면 모두가 여기서 비롯된 것이고, 여기서 얻은 것이라고 생각한다"고 말했다.[15] 산시에서 보낸 하방 시절 7년은 시진핑 총서기가 인생관과 세계관, 가치관을 형성한 중요한 시간이었다. 그는 "나는 확고한 인생목표가 있었고 자신감으로 가득 차 있었다. 인민의 일꾼으로서 산베이 고원은 나의 근본이다. 왜냐하면 이곳에서 나는 인민을 위해 실제적인 일을 하겠다는 불변의 신념을 길렀기 때문이다"라고 했다.[16] 2000년 출간된 제7기 〈중화의 아들딸(中華兒女)〉은 시진핑 동지를 인터뷰한 글을 실었다. 당시 푸젠성 성장이었던 그는 자신의 정치 여정에 대해 똑똑하게 인식하고 있었다. 첫째, 뜻을 세우고 '공복(公僕)'으로서 큰일을 해야 한다. 두 마리 토끼를 다 잡을 수 없듯이 정계에 진출하면 부자가 되려고 생각해선 안 된다. 둘째, 정치를

14   옮긴이 주: 문화대혁명 시기 사상 개조를 위해 지식인을 노동 현장으로 보냄.

15   옌안방송국, 「나는 옌안인이다」, 프로그램: 시진핑 특집보도(2004년 8월 14일).

16   시진핑, 「나는 황토의 아들이다」, 서부대개발(西部大開發), 2012년 9호.

하는 전 과정에서 개인의 발전과 승진을 반드시 얻어야 하는 것으로 삼아
서는 안 된다. 셋째, 곤란과 좌절, 위험과 장애를 두려워하지 않고 끈기를
가지고 일을 할 준비를 해야 한다.[17] 이런 귀중한 인생 편력과 사상적 인식
은 전면적인 종엄치당의 중요한 논술을 위해 정신적 자양분을 제공하였다.

(3) 체계적인 이론 구조

시진핑 총서기의 전면적인 종엄치당에 관한 중요한 논설은 논리적으
로 치밀하고, 내용이 풍부하며, 단계가 분명하다. 다음 5가지 특징으로 요
약할 수 있다.

1) 당의 전면적인 지도 강화라는 핵심에 포커스를 맞추었다

중국 특색 사회주의의 가장 본질적인 특징은 중국 공산당의 지도이
고, 중국 특색 사회주의의 최대 우위는 중국 공산당의 지도이다. 이는 전면
적인 종엄치당의 출발점이자 전면적인 종엄치당의 지향점이다.

18차 당대회 이후 새로운 시대적 여정에서 전면적인 종엄치당은 새
로운 시대 당 건설의 총체적 요구에 따라 당의 전면적인 지도를 견지하고
강화했다. 시진핑 총서기는 "위대한 사업은 강력한 당이 지도해야 한다"[18]
고 거듭 강조하고 당 전체에 "추호의 흔들림 없이 당의 지도를 견지하고

---

17   「시진핑, 나는 왜 정계에 입문했는가」, 중화의 아들딸(中華兒女), 2000년 7호.
18   시진핑, 「전면적인 샤오캉 사회 실현으로 신시대 중국 특색 사회주의의 위대한 승리 쟁
      취-19차 당대회에서의 보고」(2017년 10월 18일), 「19차 당대회 문건 모음집」, 인민출판사,
      2017년판, 55면.

완비하며, 추호의 흔들림 없이 당을 더욱 강하고 힘 있게 건설해야 한다"[19]고 호소해 강력한 당을 건설하는 극단적인 중요성과 현실적인 긴박성을 천명했다. 당의 전면적인 지도를 견지하고 강화하려면 당 건설의 질을 높이고, 당의 정치적 리더십과 사상적 통솔력, 대중적 조직력, 사회적 호소력을 부단히 강화하여 중국공산당이 영원히 왕성한 생명력과 강한 전투력을 유지하도록 확보해야 한다. 당의 지도가 당의 과학적인 이론, 정확한 노선과 방침, 정책에서 구현되도록 해야 하고, 당의 집권 능력과 집권 수준에서 구현되도록 해야 한다. 동시에 당의 치밀한 조직 체계와 강한 조직 능력에서도 구현되도록 해야 한다. 전면적인 종엄치당의 핵심은 당의 지도력 강화이다. 주체적 책임을 이행하는 관건은 당의 지도가 실질적으로 이행되도록 함으로써 당 중앙의 정책과 법령이 원활하게 소통되도록 확보하고, 당이 시종일관 중국 특색 사회주의 사업의 강력한 지도 핵심이 되도록 확보하는 것이다.

2) 당의 장기 집권 능력 건설과 선진성·순결성 건설 강화라는 기본 축에 밀접하게 맞추었다

마르크스주의 정당의 본질적인 특징은 당의 선진성과 순결성 건설을 필히 강화할 것을 요구한다. 이는 당 건설에 있어서 영원한 과제다. 집권 능력 건설은 당 집권 후 당 건설의 근본적인 임무이므로 반드시 당의 장기 집권 위상을 공고히 해야 한다.

---

19 시진핑, 「전면적인 샤오캉사회 실현으로 신시대 중국특색 사회주의의 위대한 승리쟁취-19차 당대회에서의 보고」(2017년 10월 18일), 「19차 당대회 문건 모음집」, 인민출판사, 2017년판, 49면.

18차 당대회 이후 당의 자체적인 관리 및 전면적인 종엄치당의 시급한 현실적 요구는 자정 능력과 자체적 완비, 혁신, 향상 능력 강화에 집중적으로 구현되고, 당의 장기 집권 능력 제고에도 집중적으로 구현되며, 당의 선진성과 순결성을 유지하고 발전시키는 것에서도 집중적으로 구현된다. 시진핑 총서기는 당의 장기 집권 능력 건설, 선진성과 순결성 건설 강화에 대해 새로운 논술과 요구를 제시하고, 당의 선진성과 순결성은 수많은 당원의 선진성과 순결성에 의존해 구현해야 하고, 당의 장기 집권 위상은 수많은 당원이 탁월한 성과를 낸 업무로 공고히 해야 하며, 당의 자체 관리 및 종엄치당은 반드시 당원들을 관리하는 과정에서 수행해야 한다고 강조했다. 그는 또 초심을 잊지 말고 계속 전진해 당의 선진성과 순결성을 시종일관 유지하는 동시에 선진성을 약화시키고 순결성을 훼손하는 모든 문제에 맞서 자아 혁명의 정치적 용기로 자정 능력과 자체적 완비, 혁신, 향상 능력을 부단히 강화해 '4대 시련'을 이겨내고 '4종 위험'을 극복함으로써 인민들이 생업에 종사하면서 편안한 생활을 영위하고, 당이 장기 집권하며, 국가가 장기적인 안정을 실현하도록 해야 한다고 주문했다. 이런 새로운 요구와 배치는 중국공산당이 90여 년, 특히 18차 당대회 이후 당의 집권 능력 건설, 선진성과 순결성 건설을 강화하는 기본적인 경험을 계승해 발전시킨 것으로서 공산당 집권 법칙에 대한 당 전체의 인식을 심화시켰다. 이는 필연적으로 전면적인 종엄치당의 종적 발전을 강력하게 추진했다.

3) 당의 정치 건설이라는 이 근본을 부각시켰다

당의 전면적인 지도를 강화하고, 당의 선진성과 순결성을 유지하며,

당의 장기 집권 위상을 공고히 하고, 당의 장기 집권 능력을 강화하기 위해서는 당의 정치 건설을 최우선으로 삼아 당의 각종 건설을 강화해야 한다. 18차 당대회 이후 마르크스주의 정당으로서 중국공산당은 항상 인민을 위해 행복을 도모하고, 민족을 위해 부흥을 도모하는 것을 초심과 사명으로 삼아 왔다. 당의 정치 건설에 큰 중요성을 부여하여 당의 정치 건설을 최초로 당의 총체적 포석에 포함시키고, 당의 정치 건설은 당의 근본적인 건설이라고 강조하고, 당의 정치 건설을 최우선 순위에 두고 당의 정치 건설을 최우선으로 삼으라고 역설했다. 이는 마르크스주의 정당 건설 사상에 대한 발전이자 혁신이다.

새로운 시대 당의 자체 건설은 일련의 새로운 상황과 새로운 문제, 새로운 도전에 직면했다. 당의 자체 관리 및 종엄치당의 임무 수행은 과거 그 어느 때보다도 막중하고 긴박해졌다. 이는 중국공산당이 마르크스주의 정당이 정치를 중요시하는 특징과 우위를 강화해 정치의식과 대국의식, 핵심의식, 일치의식을 확고하게 확립하고, 당의 정치기율과 정치규범을 엄중하게 하며, 당의 기본 이론과 기본 노선, 기본 방략을 견지하면서 정치적 입장과 정치 방향, 정치 원칙, 정치 노선에서 당 전체가 시진핑 총서기를 핵심으로 하는 당 중앙과 같은 차원의 수준을 유지할 것을 요구한다. 당 규약을 존숭하고 당내 정치생활을 엄격히 해 당내 정치생활의 '용광로' 안에서 당 전체가 당성을 연마하고, 기풍을 정화하며, 더욱 깨끗하고 공정한 정치 생태계를 조성해 공산당원의 정치적 진면목을 영원히 간직하도록 해야 한다. 당 중앙의 권위와 집중적이고 통일적인 지도를 견지하고, 개인주의와 분산주의, 자유주의, 집단이기주의, 호인주의를 단호하게 방지하고 배격하며, 당의 단결과 통일을 수호하고, 당의 노선방침과 정책, 중앙의 중대한 결정과 배치의 관철 이행을 확보해야 한다. 충성, 성실, 정직, 공명정대, 실사구시, 청렴결백 등의 가치관을 선양하되, 종파주의, 끼리끼리만 모이는 패거리 문화, 텃세 문화를 철저히 방지 및 배척해야 하고, 기회주의자와 이중인격자가 되는 것을 철저히 배격해야 한다. 당의 정치 건설 강화를 최우선에 두는 동시에 정치 건설을 당의 각 분야 건설에 융합하는 것에 대해 일련의 새로운 요구를 제시했다. 이를 테면 간부단 건설 측면에서는 정치 기준을, 기층조직 건설 측면에서는 정치 기능을 부각할 것을 강조했다. 규율 확립 측면에서는 정치기율과 조직기율을 중점적으로 강화할 것을 강조했다. 당과 국가의 감독 체계 완비 측면에서는 정치 순시 심화, 정치 감독 강화를 강조했다. 집권 능력 건설 측면에서는 정치 리더십 강화를 강조했다. 이런 새로운 요구와 배치는 종엄치당의 요구가 실질적으로 이행되도록 함으로써 중국공산당이 나날이 성숙해지고, 강대해지고, 전투력이 있고, 더욱 강인해지고 힘 있도록 하는데 중요한 의미가 있다. 오직 당을 잘 건설하고, 강하게 건설해야만 인민을 이끌고 커다란 도전에 성공적으로 대응하고, 큰 위험을 막아내며, 큰 방해를 극복하고, 심각한 갈등을 해소해 승리에서 새로운 승리를 향해 끊임없이 나아갈 수 있다.

4) '관리'와 '통제', 이 핵심에 역점을 두었다

시진핑 총서기는 일관되게 '관리'와 '통제'를 전면적인 종엄치당의 주안점으로 삼았다. 그는 8,900여 만 명의 당원을 보유한 13여 억 인구 대국에서 장기 집권한 당은 당을 관리하고 다스림에 있어 한 순간도 긴장의 끈을 늦추어서는 안 된다는 것을 잘 알고 있다. 당 관리가 미흡하거나 당을 엄격하게 다스리지 않으면 대중이 강한 불만을 제기하는 당내 두드러진 문제들을 해결할 수 없고, 그렇게 되면 중국공산당은 머지않아 집권 자격을 상실하게 되어 역사에서 도태되는 것을 피할 수 없다. 따라서 반드시 전면적인 종엄치당의 정치적 책임을 지고 엄중한 문책으로 책임을 이행하도록 하고, 압력을 아래로 전달하고 당원의 일상 관리감독을 강화하며, 당 관리와 통제의 나사를 꽉 조여야 한다. 당을 관리하고 통제함에 있어서는 반드시 엄격해야 하고, 엄격함 요구를 전 과정에 관철해 확실하고, 과감하고, 장기적으로 엄격하게 관리해야 한다. 당 관리와 통제는 당의 앞날과 운명뿐만 아니라 국가와 민족의 앞날과 운명에도 직결되는 것인 만큼 더 큰 결심과 패기, 용기로 철저히 관리해야 한다. 18차 당대회 이후 중국공산당은 엄격을 최우선에 두고, 사상으로 당을 건설하는 것을 기초로, 제도로서 당을 다스리는 것을 뒷받침으로, 엄격한 당내 정치생활을 수단으로, 엄격한 관료 관리를 중점으로 하여 겉으로 드러난 현상과 근본적 원인을 동시에 해결하는 종합적인 효과를 발휘해 인민과 마음이 통하고, 인민과 동고동락하며, 인민과 단결하고 분투해 마르크스주의 집권당의 진면목을 영원히 유지하고, 영원히 시대의 선두주자로 나서며, 영원히 중국 인민과 중화민족의 기둥이 되도록 해야 한다.

5) 당풍청렴건설 및 반부패 투쟁 임무 실행에 매진했다

당풍청렴건설 및 반부패 투쟁은 전면적인 종엄치당의 중요한 일환이며, 새로운 정세에서 많은 새로운 역사적 특징을 지닌 위대한 투쟁을 단행하는 중요한 내용이자, '4개 전면' 전략 포석을 조율하고 추진하는 중요한 보장이다. 시진핑 총서기는 당풍청렴건설 및 반부패 투쟁을 당 건설의 중대한 임무로 삼아 추진했다. 그는 당풍청렴건설 및 반부패 투쟁은 '영원히 길 위에 있다'고 천명하면서 다음과 같이 말했다. "개혁심화를 통해 당풍청렴건설 및 반부패 투쟁을 추진하고, 당의 기율검사체제와 국가감찰체제, 기검감찰기관 개혁을 일괄적으로 추진하며, 반부패 체제 메커니즘을 정비하고, 권력에 대한 제약과 감독효과를 강화해 각급 기율위와 감찰위 감독권의 상대적인 독립성과 권위성을 보장해야 한다. 강한 정치적 집중력을 유지하고 전면적인 종엄치당, 당규에 의한 당 관리를 견지하며, 현상과 근원의 동시 해결을 심화하고, 체제 메커니즘을 혁신하고, 법규제도를 정비하며, 당과 국가의 감독체계를 완비해야 한다. 감독, 기율집행, 문책과 감독조사 처리에 초점을 맞춰 기율과 규칙을 전면에 내세우고 중앙 8항 규정 정신을 끈기있게 이행하면서 대중 주변의 그릇된 풍조와 부패 문제 해결에 힘써 부패가 만연하는 추세를 단호하게 막아 당풍청렴건설, 반부패 투쟁이 새로운 성과를 끊임없이 이룩하도록 한다." 18차 당대회 이후 시진핑 총서기는 반부패의 고압적인 자세를 유지하고 당의 기풍과 기강을 바로잡는 것을 꾸준히 견지하여 반부패 투쟁을 끊임없이 심화해야 한다고 거듭 강조했다.

2. 전면적인 종엄치당의 사상방법

전면적인 종엄치당에 관한 시진핑 총서기의 중요한 논술은 마르크스주의 이론과 당대 중국의 실제 상황의 접목을 견지하고, 역사와 현실, 이론과 실천, 계승과 혁신, 견지와 발전 등 변증법적 관계를 심오하게 파악해 당 통치와 국가 통치, 특히 당규에 의한 당 관리와 법치 국가 건설의 관계를 정확하게 처리하고, 당의 자아 정화, 자아 완비, 자아 혁신, 자아 향상과 중국 특색 사회주의를 공고히 하고 발전시키는 관계를 정확하게 처리했다. 또한 변증법적 사유를 견지하고 문제 지향성을 부각시키고, 전면적인 엄격에 착안해 당의 우수한 전통 계승을 바탕으로 이론 혁신과 실천 혁신을 끊임없이 추진해 실천모색과 이론 향상, 자신의 경험 총괄과 세계의 경험 참고, 전통 계승과 개혁 혁신, 역사 성찰과 현실 인식 등 여러 분야를 결합한 선명한 특징을 띠고 있다. 뿐만 아니라 매우 강한 사상성과 실천성, 포용성, 창의성을 가지고 있어 새로운 시대의 중국 특색과 품격과 패기를 구현하고 있다.

(1) 문제 지향적 태도 견지

문제 지향적 태도는 마르크스주의 세계관과 방법론의 중요한 구현이자 당의 우수한 전통과 소중한 경험이다. 문제는 곧 실제이고, 방향이며, 과녁을 겨누고 화살을 쏠 때의 표적이다. 전면적인 종엄치당은 전면을 보장하고, '성역 없는 전범위의 무관용' 원칙을 실천해야 한다. 뿐만 아니라 중점과 난점 문제를 겨냥하고, 주요 갈등 및 갈등의 주요 측면에 주목해야만 전면적인 종엄치당의 효과를 극대화할 수 있다. 18차 당대회 이후 시진핑 총서기가 추진한 전면적인 종엄치당의 중요한 특징은 문제 지향성을 견지하고, 문제의식을 강화해 문제가 있으면 문제를 해결하고 두드러진 문제를 중점적으로 해결하는 것을 고수하고, 지나치게 느슨하고, 해이하며, 물렁해진 당 관리 문제 해결에 주력한 점이다. 그는 18차 당대회 전에 한동안 당내 존재하는 두드러진 문제에 직면해 당도 걱정이 태산이고, 자신도 걱정이 태산이었다고 기탄없이 지적하면서 고심 끝에 쇠를 벼리려면 자신부터 단단해야 한다는 생각을 하게 되었다고 말했다. 18차 당대회 이후 당 중앙은 전면적인 종엄치당을 전략적 포석에 놓았다.[20]

첫째, 문제의식을 강화한다. 2013년 11월, 시진핑 총서기는 당 18기 3 중전회에서 〈전면적인 개혁 심화를 위한 몇 가지 중대 사안에 관한 중공 주앙의 결정〉에 관한 설명을 하면서 강한 문제의식이 있어야 하고, 중대한 문제를 방향으로 하여 핵심문제를 보다 더 연구하고 사고하여 중국의 발전이 직면한 일련의 심각한 모순과 문제를 해결하는 데 힘써야 한다고 지적했다. 그는 중국공산당원이 혁명을 하고 건설을 하며 개혁에 힘을 쏟은 것은 모두 중국의 현실적인 문제를 해결하기 위함이었다고 강조했다. 12월, 그는 허베이성위원회 당의 군중노선 교육실천활동 전반 상황 보고를 받는 자리에서 "문제 지향성을 더욱 강화하고 실제 문제 해결에 주목해야 한다. 특히 편중해서 해결할 필요가 있는 문제는 조사와 정리를 진행해 사전에 잘 파악하고 있어야 하며, 구체적인 문제 해결에서부터 착수해 고쳐야 한다"[21]고 지적했다. 2016년 4월, 그는 당 차원에서 실시한 '양학일주' 학습 교육에서 중요한 지침을 내리면서 문제 지향성을 부각시키고 구체적인 문제의식을 가지고 배워 구체적인 문제를 고쳐야 한다고 강조했다.[22] 7월, 그는 중국공산당 창당 95주년 기념식에서 당 관리가 미흡하거나 당을 엄격하게 다스리지 않으면 대중이 강한 불만을 제기하는 당내 두드러진

---

20 시진핑, 「전국조직업무회의에서의 연설」(2018년 7월 3일), 당건연구, 2018년 9호.

21 「시진핑, 허베이성위원회의 당의 대중노선 교육실천활동 전반 상황 보고 청취, '1차 활동 마감 및 2차 활동 준비 업무 철저히 해야'」, 인민일보, 2013년 12월 10일, 1면.

22 「시진핑, '양학일주' 학습 교육 실시에 대해 특별지시, '문제 지향성 부각해 실질적인 성과 거두고, 전면적인 종엄치당이 각 지부에서 이행되도록 해야'」, 인민일보, 2016년 4월 7일, 1면.

전면적인 종엄치당에는 마침표가 없다

문제들을 해결할 수 없고, 그렇게 되면 중국공산당은 머지않아 집권 자격을 상실하게 되어 역사에서 도태되는 것을 피할 수 없다고 말했다.[23]

둘째, 용감하게 문제를 직시한다. 2012년 11월, 시진핑 총서기는 18기 중공중앙정치국 상무위원과 함께 내외신 기자들을 만난 자리에서 "새로운 정세에서 중국공산당은 심각한 도전에 많이 직면해 있고, 당내에는 시급히 해결해야 할 문제들이 산적해 있다. 특히 일부 당원과 간부 사이에서 발생하는 부정부패, 대중 이탈, 형식주의, 관료주의 등의 문제 해결에 총력을 기울여야 한다"고 지적했다. 그는 중공중앙정치국 상무위원회 중앙순시조 순시 상황 보고를 받는 자리에서 "문제가 있는 것을 두려워해서는 안 된다. 두려워해야 하는 것은 문제에 대해 마비되는 것"이라면서 "문제의 상황에 맞는 해결책을 마련해 소 잃고 외양간 고치는 일이 없도록 해야 한다"고 지적했다. 또 "많은 문제는 보편성을 가지고 있다. 우리는 문제를 직시해야 한다. 보고도 못 본 척하거나, 유야무야 처리하거나, 문제를 보고도 처리하지 않는다면 폐단이 누적돼 고치기 어렵고, 치유 불능의 상태에 이르게 된다"고 지적했다.

셋째, 문제 해결에 역점을 둔다. 2013년 9월, 시진핑 총서기는 2013년 상반기 중앙순시조 순시 상황 보고를 받는 자리에서 순시를 받는 지역 부처 기관 당위원회(당조직)에 문제 해결의 중임을 맡기고 책임을 명확히 하여 기한 내에 정비하도록 하고, 감찰과 감독을 강화하여 문제를 해결하도록 하라고 지시했다.[24] 2014년 10월, 당의 군중노선 교육실천활동 결산 회

---

23 시진핑, 「중국공산당 창당 95주년 기념식에서의 연설」(2016년 7월 1일), 인민일보, 2016년 7월 2일, 2면.

24 「시진핑의 당풍·청렴정치 확립 및 반부패 투쟁에 관한 논술 요약집」, 중앙문헌출판사, 중

의에서 기풍 분야에 대두되는 새로운 변화와 문제를 주시해 적시에 상응하는 대책과 조치를 마련함으로써 상황 파악에 둔감해선 안 되고, 문제 해결을 지체해선 안 되며, 갈등을 해소해 누적되지 않도록 하며, 고의로 범법 행위를 하는 사람은 누구든지 철저하게 바로잡고 조사해 처벌해야 한다고 말했다.[25] 2016년 1월, 18기 중앙기율검사위원회 6차 전체회의에서 자신의 문제는 스스로가 책임을 지도록 하여 문제를 적발한 후에 '구경꾼'이나 '로비스트'가 되는 일이 없도록 해야 한다고 지적했다.[26] 2018년 7월, 그는 전국조직업무회의에서 전면적인 종엄치당은 목표 지향성과 문제 지향성의 결합을 견지해 상부 차원의 설계에서 당의 건설 배치를 계획하고, 조처와 방법 면에서는 두드러진 문제 해결에 초점을 맞춰 현재 '개혁'해야 하는 것과 오래도록 '확립'해야 하는 것에 대해 잘 짜여진 대책을 내놔야 한다고 강조했다.[27]

18차 당대회 이후 시진핑 총서기는 문제 의식과 문제 지향성을 당을 관리하고 다스리는 모든 분야의 구체적인 업무에 적용했다. 당원과 간부의 사상에 존재하는 문제에 대해 이상과 신념을 확고히 하고 정신적인 '철분을 보충'할 것을 강조했다. 기층 조직이 연약하고 느슨한 문제에 대해 당의 조직 체계 건설을 중점으로 당의 조직 기초를 다지는 것에 힘쓰라고 밝

국방정출판사, 2015년판, 109면.

25 시진핑, 「당의 군중노선 교육실천활동 결산 회의에서의 연설」(2014년 10월 8일), 인민일보, 2014년 10월 9일, 2면.

26 시진핑, 「18기 중앙기율검사위원회 제6차 전체회의에서의 연설」(2016년 1월 12일), 인민일보, 2016년 5월 3일, 2면.

27 시진핑, 「전국조직업무회의에서의 연설」(2018년 7월 3일), 당건연구, 2018년 9호.

혔다. 간부 관리 중의 문제에 대해 당원과 간부의 관리 강도를 확대하라고 밝히고, 관료를 엄격하게 관리하고, '관건적 소수'를 틀어쥘 것을 강조했다. '4풍' 등 기풍 분야의 문제를 겨냥해 전당 차원에서 당의 군중노선 교육실천활동, '삼엄삼실' 교육과 '양학일주' 학습을 잇달아 실시했다. 제도 분야에 존재하는 문제를 겨냥해 새로운 당내 법규를 공포해 제도적 결점을 보완했다. 당내에 존재하는 부패 문제를 겨냥, '호랑이와 파리, 여우 소탕'을 강조하고, 당풍청렴건설, 반부패 투쟁을 끝까지 밀고 나가야 한다고 강조했다. 문제의식을 견지하고 문제 지향을 파악해야만 실사구시를 할 수 있고, 당 관리와 통제의 부단한 혁신과 발전을 추진할 수 있음이 실천으로 입증되었다.

시진핑 총서기는 이론과 실천의 결합을 견지해 겸손하게 실무에 힘쓰고 말은 적게 하되 일을 많이 하는 기풍을 대대적으로 제창하고, 형식주의와 관료주의를 배척해야 한다면서 "실제적으로 행동해야 하고 말만 늘어놓거나 허풍을 떨지 말아야 한다. 투철한 책임감으로 과감하게 책임지고 적극적으로 행동하며, 더욱 분투적인 정신상태와 더욱 두려움 없는 사업적 책임감으로 문제를 직시하고, 문제를 해결해야 한다"고 강조했다. 많은 간부, 특히 지도간부는 정확한 치적관을 확립하여 큰 공을 세우기를 좋아하거나 눈앞의 성공과 이익에만 급급한 관념과 방법을 결단코 바로잡고, 인민을 혹사시키고 재물만 낭비하는 보여주기식 전시행정이나 치적 쌓기 사업을 벌이지 말라고 주문했다. 대신에 돌을 밟으면 돌에 발자국을 남기고, 쇠를 잡으면 쇠에 흔적을 남긴다는 정신으로 진리를 추구하고 실질적인 것에 힘쓰고, 현장을 발로 뛰면서 기초를 다지고 장기적으로 이득이 되는 일을 해야 한다고 말했다. 아울러 어렵게 얻은 기회를 아끼고 중시하는 기회의식과 진취의식, 책임의식을 증진하고 전면적으로 개혁을 심화해 단단한 뼈다귀도 씹어야 하고 위험한 여울도 건너야 하며, 일부 중점 분야와 관건 단계에서 적극적으로 모색해 돌파를 이루도록 힘써야 한다고 강조했다.

(2) 변증법적 사고 견지

시진핑 총서기는 변증법을 능숙하게 운용하여 사물을 정확하게 관찰, 분석하고, 전략적 사고와 변증법적 사고, 체계적 사고, 혁신적 사고, 마지노선 사고력을 강화해 당을 관리하고 다스리는 중에 존재하는 두드러진 문제를 연구해 해결하고, 과학성, 전망성, 능동성을 끊임없이 강화해야 한다고 강조했다. 또 사물의 표상에서 흐름을 판단하고, 전면적인 종엄치당의 내재적인 규칙을 파악하며, 전면적인 종엄치당을 시스템 공학으로 삼고 정층설계를 강화하고, 방법과 조치의 전반성과 체계성, 효과성을 강화하는 데 중점을 두고 당의 건설에 대한 전체 계획을 진행하여 각 분야의 연관성, 체계성, 협동성 연구를 강화함으로써 당 관리 및 치당 방침이 제도와 가치관에서 서로 조화를 이루고, 시행 과정에서 상호 촉진하며, 실제적인 효과에서 시너지를 내도록 해야 한다고 설파했다.

시진핑 총서기는 사물의 모순 법칙을 연구하여 이를 대립물의 통일 법칙으로 파악한 '모순론(矛盾論)' 및 사물을 파악하려면 두 가지 측면을 모두 들여다봐야 한다는 '양점론(兩點論)'을 능숙하게 적용해 문제를 관찰하고 처리했다. 전면적인 종엄치당의 중대한 관계를 파악해 사상을 통한 당 건설과 제도를 통한 치당 중시, 사상·신념 교육과 기강 확립 강화, 기풍 확립과 반부패 투쟁에 매진, 당위원회의 주체적 책임과 기율위의 감독책임 강화, 겉으로 드러난 현상과 근본적 원인의 동시 해결, 엄격하고 세부적이면서 실제적이고 확실한 일 처리 등을 주문했다. 또 당과 법, 법치와 덕치, 공과 사, 당조직과 당원, 위대한 사업과 위대한 프로젝트 간의 변증법적 관계를 정확하게 처리하고, 주요 모순을 잡는 것에 큰 중요성을 부여했다. 아울러 전면적인 종엄치당 중 가장 근본적이고, 핵심적이며, 가장 크고, 가장 중요한 분야를 틀어쥐어야 한다고 강조하는 등 변증법적 사유를 부각시켰다.

(3) 무실역행 견지

실사구시는 사실에 입각하여 진리를 탐구하는 것으로 마르크스주의 철학의 정수라고 할 수 있다. 세부적인 것에 착수하여 실제적인 방향을 향해 힘써 세부적이고 실제적인 것에 매진하는 것은 시진핑 총서기가 주창한 전면적인 종엄치당의 중요한 원칙이다. 2013년 2월, 시진핑 총서기는 중국 공산당 기관지 인민일보에 발표한 〈공금으로 먹고 마시는 것을 억제하는 것에 관한 전문가 및 학자들의 분석과 건의〉 등에서 실제적인 것을 잡는 것에 대해 형식적이거나 일회성에 그치는 현상을 철저하게 방지하고 끝까지 밀어붙여 유종의 미를 거두도록 해야 하며, 잡았으되 꽉 잡지 않고, 성과가 없으며, 항상 잡지 않으면 헛수고한 것이나 마찬가지라고 강조했다.[28] 2014년 5월, 그는 베이징대학교 사제간담회에서 노자의 말을 인용해 세부적인 일을 잡는 것에 대해 "어려운 일을 하려면 그것이 쉬울 때 해

---

28 시진핑, 「근검절약을 실천하고 겉치레와 낭비를 배격하자」(2013년 1월 17일, 2월 22일), 「18차 당대회 이후 주요 문헌 선집」(상), 중앙문헌출판사, 2014년판, 120면.

야 하고, 큰일을 하려면 그것이 작을 때 해야 한다. 세상의 모든 어려운 일은 반드시 쉬운 것에서부터 시작하고, 세상의 큰일은 반드시 작은 일에서부터 시작해야 한다"고 설명했다.

첫째, 세부적인 것에서 착수해야 한다. 이는 시진핑 총서기의 전면적인 종엄치당 실천의 기본적인 방법이다. 2013년 8월, 그는 랴오닝 시찰 업무에서 "중추절과 국경절이 곧 다가오는데 공금으로 선물을 보내는 행위, 공금으로 먹고 마시는 행위, 공금으로 여행을 가는 행위와 사치·낭비하는 그릇된 풍조를 근절해 깨끗한 명절 분위기를 조성해야 한다"고 언급했다.[29] 이런 세부적인 것에서 시작해 중앙기율검사위원회는 '월병(月餠) 단속'과 그릇된 풍조를 응징하는 서막을 열었다. 12월, 그는 중앙 농촌업무회의에서 식탁 위의 낭비를 특별히 언급했다. 조사를 통해 연간 식탁 위에서 낭비되는 음식이 2억 명 이상의 1년치 식량에 맞먹는 2천억 위안 규모에 달하는 것으로 추산됐다. 한 대학 식당의 쓰레기통에 버려지는 만두와 밥을 보고 청소부가 아까워서 주워 먹었다는 보도도 있었다. 그는 "이런 분야의 예는 부지기수"라며 "식량 낭비 풍조를 철저히 근절해야 한다"고 말했다.[30] 이로부터 식량 낭비를 배격하는 '접시 비우기 캠페인(Clear your plate campaign)'이 시작됐다. 반부패 분야에서 호랑이를 잡는 것뿐만 아니라 파리 잡기와 대중 주변의 미시적인 부패 척결을 중시했다. 2014년 1월, 그는 18기 중앙기율검사위원회 3차 전체회의에서 반부패를 거론하면서 초기에,

---

29 「시진핑, 랴오닝 시찰, '혁신에 의한 발전 전략 시행으로 노후공업기지 진흥에 원동력 보태야」, 인민일보, 2013년 9월 2일, 1면.

30 시진핑, 「중앙 농촌업무회의에서의 연설」(2013년 12월 23일), 「18차 당대회 이후 주요 문헌 선집」(상), 중앙문헌출판사, 2014년판, 667-668면.

사소할 때 잡아야 하고 병이 있으면 곧장 치료해야 하며, 문제를 발견하면 즉시 처리해 화근을 내버려 두어 후환을 남기지 않도록 해야 한다고 지적했다.[31] 5월, 그는 란카오현위원회 상무위원회 주제 민주생활회를 지도하면서 세부적인 것을 잡는 것에 대해 상세하게 설명했다. 세부적인 것을 잡는 것이란 간부와 대중, 특히 기층 대중이 불만을 표출하는 기풍 문제에 일일이 답하고 구체적으로 해결해야 한다는 것이다. 또한 현상을 통해 본질을 꿰뚫어 보고 개별적이고 구체적인 문제를 해결하는 동시에 보편적인 문제 해결에 힘써야 한다는 것이다.[32]

둘째, 실질적인 것에 힘써야 한다. 진리를 추구하고 실질적인 성과를 내는 것에 힘쓰는 것은 전면적인 종엄치당의 진수다. 항상 실천을 중요한 위치에 두고 있는 시진핑 총서기는 임무가 물거품이 되지 않도록 하기 위해서는 '계획이 1할, 실천이 9할'이라고 강조했다. 2014년 2월, 그는 성부급 주요 지도간부 대상 '당 18기 6중전회 정신을 학습하고 관철하자'를 주제로 열린 세미나반 개강식에서 "관철하고 실행에 옮김에 있어서 실속 없이 빈말만 늘어놓는 행위, 사태를 관망하는 행위, 눈앞의 성공과 이익에만 급급한 행위를 방지해야 하고, '시간은 나를 기다려주지 않는다'는 긴박감과 불철주야 공무 수행에 힘쓰는 책임의식을 가지고 실질적인 것에 힘쓰고 또 힘써야 한다"고 지적했다.[33] 이런 원칙은 당 관리 및 통제의 곳곳에

31   「시진핑의 당풍·청렴정치 확립 및 반부패 투쟁에 관한 논술 요약집」, 중앙문헌출판사, 중국방정출판사, 2015년판, 98면.

32   「시진핑, 란카오현위원회 상무위원회 특별 민주생활회 지도에서 기풍 확립에 꾸준히 매진해 교육실천활동의 성과를 굳히고 확대해 나가야 한다고 강조」, 인민일보, 2014년 5월 10일, 1면.

33   「시진핑, 성부급 주요 지도간부의 당 18기 6중전회 정신 학습·관철 및 전면적 개혁 심화

서 구현된다. 기풍 확립의 경우 그는 진리를 추구하고 실질적인 것에 힘쓰는 태도를 강조해 수많은 당원과 간부들이 실정을 관찰하고, 솔직히 말하며, 실제적인 방법을 내놓고, 실제적인 일을 하며, 참실력을 기르는데 힘쓰고 실효를 추구하도록 지도했다. 2004년 12월, 저장성위원회 서기 시절 실제적인 것에 힘쓰는 원칙에 대해 예리한 논술을 펼쳤다. 이는 주로 세 가지 관계 처리에 관한 논술에서 구체적으로 나타난다. 일. 최선을 다해 유종의 미를 거두기 위해 계획과 실천의 관계를 잘 처리해야 한다. 이. 한층 더 분발하기 위해 견지와 심화의 관계를 잘 처리해야 한다. 삼. 종합적으로 계획하고 두루 아우르기 위해 현재와 장기적인 관점의 관계를 잘 처리해야 한다. 이 세 가지 관계를 시간적으로 살펴보면 첫 번째 관계는 어제와 오늘의 관계를 잘 처리하는 것으로 어제 계획한 것을 오늘 실천하는 것을 말하고, 두 번째 관계는 어제와 오늘, 내일의 관계를 잘 처리하는 것으로 어제의 일은 견지해 나가고, 오늘의 일은 더 심화해야 하며, 내일의 일은 더 큰 성과를 내도록 해야 한다는 것을 말한다. 세 번째 관계는 오늘과 내일의 관계를 잘 처리하는 것으로 오늘의 모든 것은 내일을 두루 고려해야 하며, 내일의 발전은 오늘의 기초 위에 세워야 한다는 뜻이다.[34] 이런 심오한 논술과 사상 인식을 기반으로 시진핑 총서기는 당을 관리하고 다스림에 있어 기풍 확립, 당풍청렴건설 및 반부패 투쟁, 전면적인 종엄치당은 '영원히 길 위에 있다'고 피력했다.

셋째, 대소, 내외, 상하 간의 관계를 잘 처리해야 한다. 시진핑 총서기

주제 세미나반 개강식에서 "중국 특색 사회주의제도 개선·발전 및 국가 거버넌스 체계와 거버넌스 능력의 현대화 추진" 강조」, 인민일보, 2014년 2월 18일, 1면.

34 「지강신어」, 저장인민출판사, 2007년판, 91면.

전면적인 종엄치당에는 마침표가 없다

는 세부적인 것에 착수해 실제적인 일에 주력해야 한다고 강조했다. 아울러 대소, 내외, 상하 간의 변증법적 관계를 잘 처리해야 한다고 특히 강조했다. 2014년 8월, 그는 덩샤오핑 탄생 110주년 기념 좌담회에서 연설을 하면서 작은 것으로 큰 것을 보고, 미세한 조짐을 보고 대세를 읽는 것의 중대한 의미를 설명했다. 그는 "전략 문제는 한 정당, 한 국가의 근본적인 문제이다. 전략상 판단이 정확하고, 전략상 계획이 과학적이며, 전략상 주도적이어야만 당과 인민의 사업에 큰 희망이 있다"고 언급했다. 또 "'세계로 눈을 돌리고, 미래에 눈을 돌리며, 현재에도 눈을 돌리고, 모든 방면에 눈을 돌려라'는 덩샤오핑 동지의 세계적인 안목과 전략적인 사고를 배우고, 관건을 잡고 강거목장(綱擧目張)에 능한 덩샤오핑 동지의 사상적 방법과 업무 방법을 배워 시대의 선두에 서서 문제를 관찰하고 사고하고, 당과 인민의 사업을 역사의 강과 글로벌적인 시야에 놓고 계획하며, 작은 것으로 큰 것을 보고, 미세한 조짐을 보고 문제의 본질을 꿰뚫어 보아 중요한 문제 해결에서 전략적 돌파를 실현하고, 전략적 대국을 파악하는 중에 각종 업무를 추진해야 한다"고 피력했다.[35] 시진핑 총서기는 또 때로는 대를 위해 소를 희생하고, 큰 것으로 작은 것을 겸해야 하는 경우도 있고, 때로는 작은 것으로 큰 국면을 이끌어 나가고, 작을 것을 통해 큰 것을 알 수 있는 경우도 있다고 강조했다.[36] 반부패 투쟁 분야에서 국내외를 결합했다. 대내적으로 호랑이와 파리를 함께 잡고 부패를 엄중 처벌해 당심과 민심을 얻었다. 대외적으로는 해외 도피사범을 송환하고 은닉자산을 환수하는 강도를 강

---

35 시진핑, 「덩샤오핑 동지 탄생 110주년 기념 좌담회에서 연설」(2014년 8월 20일), 「18차 당대회 이후 주요 문헌 선집」(중), 중앙문헌출판사, 2016년판, 45-46면.

36 「시진핑, 러시아 방송국 특별 인터뷰」, 인민일보, 2014년 2월 9일, 1면.

화해 부정부패 인사들이 숨을 곳이 없도록 했고, 국제 도덕과 정의의 고지를 선점했다. 당내 감독 강화 분야에서 상급이 하급을 이끌 것을 강조하고, 중앙기관, 고위직 간부의 솔선수범 역할을 강조했을 뿐 아니라 하급에 대한 상급의 감독을 강조했고, 위에서 아래로의 감독을 당내 감독의 가장 중요한 내용으로 삼았다.

18차 당대회 이후 당 관리와 통제를 가뿐히 실천하고 혁신적인 발전을 거듭할 수 있었던 것은 시진핑 총서기의 뛰어난 변증법적 사고 덕분이다. 세부와 실제, 대소, 내외 등 관계 처리는 철학적 광채로 가득하고 변증법적 사고의 빛으로 반짝인다.

(4) 계승과 혁신 견지

계승과 혁신의 유기적인 통일은 전면적인 종엄치당의 선명한 특징이다. 시진핑 총서기는 전통 계승과 개혁 혁신의 결합, 자신의 경험 총괄과 세계 여타 정당의 경험참고의 결합을 중시하고 종엄치당의 체계성, 예견성, 창조성, 실효성을 강화함으로써 종엄치당의 모든 노력을 당의 자정 능력과 자체적 완비, 혁신, 향상 능력 강화에 집중하고, 당의 리더십과 집권 능력 향상, 당의 선진성과 순결성을 유지하고 발전시키는데 집중해야 한다고 지적했다.

전면적인 종엄치당은 계승과 혁신이라는 관건 단계에 주목해 장기적으로 형성된 영광스러운 전통을 계승할 뿐만 아니라 이념, 내용, 형식, 매개체, 방법, 수단 등 분야에서 끊임없는 개선과 혁신을 단행하고, 마르크스주의의 자원과 중화 우수한 전통 문화의 자원, 외국의 철학 사회 과학적인 자원을 능숙하게 융합해 본모습을 잊지 않고 외래의 것을 받아들이고 미래 지향을 견지한다.

첫째, 비판적 계승. 중국 전통문화는 중화민족이 끊임없이 번성하고 크게 발전하는 풍부한 자양분이자 중국이 전면적인 종엄치당, 중국 특색 사회주의 사업을 추진하는 강한 정신적 역량이다. 시진핑 총서기는 "중국 의 우수한 전통문화의 사상적 정수와 도덕적 정수를 성실히 흡수해야 한 다. 역사와 문화, 특히 선인으로부터 전해 내려오는 가치관과 도덕 규범에 대해 옛 것을 오늘의 현실에 맞게 이용하고, 진부한 것은 버리고 정수를 취 해 새롭게 창조해야 하고, 좋은 것과 나쁜 것을 가려내는 분별력을 가져야 하며, 나쁜 것은 버리고 훌륭한 것은 계승하는 자세를 견지해야 한다"고 지적했다. 2013년 1월, 그는 18기 중앙기율검사위원회 2차 전체회의에서 청렴정치와 청렴문화 확립을 강화할 것을 강조하고 지도간부에게 이상과 신념을 확고히 하고 공산당원의 고상한 품격과 청렴한 지조를 유지해 부 패와 변질을 방지하는 능력을 높이도록 독촉하고, 사회 전체에서 청렴결 백한 가치관을 길러 깨끗하고 정직한 기풍이 고양되도록 해야 한다고 밝 혔다.[37] 4월 그는 18기 중공중앙정치국 제5차 집단학습을 주재하면서 청렴 한 정치와 문화 확립을 거듭 강조하고 옛 것을 오늘의 현실에 맞게 이용하 고, 진부한 것은 버리고 정수를 취해 새롭게 창조함으로써 이러한 것들이 새로운 정세에서 반부패·청렴제창 교육 및 깨끗한 정치와 문화 확립의 중 요한 자원이 되도록 해야 한다고 주문했다. 청렴 준칙은 중국의 우수한 전 통 문화가 강조하는 가치관을 현재 시대적 특징과 당내 실제 상황을 접목

---

37 시진핑, 「기율과 법에 의거해 부패를 엄중 처벌하고, 대중이 강하게 불만을 제기하는 두드 러진 문제 해결에 힘쓰자」(2013년 1월 22일), 「18차 당대회 이후 주요 문헌 선집」(상), 중앙 문헌출판사, 2014년판, 135면.

해 발전시킨 것으로 중국의 우수한 전통적 가치관의 혁신적인 발전이다.

둘째, 창조적 전환. 중국의 우수한 전통문화를 계승하는 것은 그대로 모방하거나 대추를 통째로 삼키 듯 기계적으로 받아들여서는 안 된다. 핵심은 이를 '창조적으로 전환'하는 데 있다. 시진핑 총서기는 중국 전통 문화를 대하는 태도에 대해 언급하면서 계승과 창조적 발전의 관계를 잘 처리하기 위해서는 창조적 전환과 혁신적 발전의 관계를 중점적으로 잘 다루어야 한다고 말했다. 역사적으로 순찰제도를 참고하고 개조해 순시제도를 전면적인 종엄치당의 '전가의 보도'로 만든 것을 전형적인 예로 꼽을 수 있다. 시진핑 총서기는 명나라 시대 이후 팔부순안은 가는 곳마다 황제가 하사한 상방보검(尙方寶劍)을 휘두르며 위세를 떨쳤다고 언급했다. 2014년 6월, 그는 중공중앙정치국 상임위원회 2014년 중앙순시조 1차 순시상황 보고를 청취하면서 현재의 순시는 '팔부순안'적인 느낌이 있어서 대중들이 "포공이 왔다" "포청천의 느낌이 있다"고 말하며 문제가 있는 간부들은 두려워한다고 지적했다.[38] 당의 우수한 전통을 계승하여 실패를 교훈으로 삼아 경계하고 병폐를 고쳐 사람을 구하는 원칙을 감독 및 기율집행에 적용하고, 감독 및 기율 집행에 있어 '4가지 형태'를 창의적으로 제시해 이념과 사고, 방식, 방법, 경로에서 감독 및 기율집행의 중대한 전환을 이루어냈다.

---

38 「시진핑의 당풍·청렴정치 확립 및 반부패 투쟁에 관한 논술 요약집」, 중앙문헌출판사, 중국방정출판사, 2015년판, 114면.

3. 전면적인 종엄치당의 중대한 이론적 의의

전면적인 종엄치당에 관한 시진핑 총서기의 중요한 논술은 '시진핑 신시대 중국 특색 사회주의 사상'의 중요한 내용이자 마르크스주의 정당 건설 사상 중국화의 최신 성과로 전면적인 종엄치당과 전면적인 샤오캉 사회 실현, 전면적인 개혁 심화, 전면적인 법치의 관계를 심오하게 천명했고, 당 관리·통제와 위대한 투쟁, 위대한 사업, 위대한 프로젝트, 위대한 꿈의 관계를 심오하게 설명했으며, 당 관리·통제의 법칙, 당 건설의 법칙, 중국 특색 사회주의의 발전의 법칙을 심오하게 파헤쳤다. 전면적인 종엄치당이 이룬 이러한 성과들은 마르크스주의 정당 건설의 중요한 내용을 발전시킨 것으로 마르크스주의 정당 건설 사상의 중국화에 독창적인 기여를 했고 당을 관리하고 다스리는 데 있어 새로운 지평을 열었다.

(1) 당 건설의 중요한 준칙

18차 당대회 이후 당의 지도와 당의 건설을 강화하는 중요한 내용인 전면적인 종엄치당은 당 건설의 중요한 버팀목으로 자리잡았다. 전면적인 종엄치당에 관한 중요한 논술은 중국공산당의 70년 집권 경험을 총괄하고 업그레이드시킨 것이자 과거 당 통치의 사상적 이론과 새로운 실천을 접목한 최신적인 이론 성과다. 전면적인 종엄치당은 당이 직면한 두드러진 문제 해결에 초점을 맞춰 법과 기율에 따른 당 관리·통제의 전략적 배치를 부각시킴으로써 사상을 통한 당 건설 방침과 제도를 통한 치당 방침의 접목, 겉으로 드러난 현상 해결과 근본적 원인의 동시 해결을 접목하는 당 건설의 새로운 사고를 구현했고, 당 관리 및 통제의 의미를 심화하고 확장했으며, 당 건설 이론을 다양하게 발전시켜 당 건설을 강화하고 당 건설 업무의 과학화 수준을 전면적으로 높이는 데 방향을 제시한 것이자 당 건설을 강화하는 중요한 준칙이다.

전면적인 종엄치당은 새로운 정세에서 당 건설의 총체적 포석을 새롭게 발전시켰다. 17차 당대회 보고는 사상 건설, 조직 건설, 기풍 건설, 반부패·청렴제창 건설과 제도 건설 등을 포함한 당 건설의 총체적 포석을 제시했다. 이를 바탕으로 시진핑 총서기는 정치 건설을 당의 각 분야 건설의 필두로 삼고, 기율 건설을 당을 관리하고 다스리는 근본 정책으로 삼은 정치 건설과 기율 건설을 독창적으로 제시했다. 정치 건설은 마르크스주의 정당인 중국공산당의 정치적 속성을 부각시켰고, 기율 건설은 당규약 중 기율에 관한 요구를 부각시켜 당을 관리하고 다스리기 위한 준칙과 잣대를 구체화해 상호 연계시키면서 과학적인 제도체계를 마련해 강력한 구속력을 형성했다. 이로부터 당 건설의 총체적 포석 중에서 정치 건설과 기율 건설의 중요한 위상과 역할이 두드러지면서 당 건설의 중요한 내용으로 자리잡았고, 당의 선진성과 순결성의 중요한 뒤받침이 되었다. 18차 당대회 이후 중국공산당은 확고한 태도로 정치를 중요시했고 당 중앙의 권위와 집중적이고 통일적인 지도를 강화했으며, 당의 정치 노선을 확고히 집행했다. 또 당의 정치기율과 정치규범을 엄중히 했고, 당내 정치생활을 엄숙히 하고 적극적이고 건전한 당내 정치 문화를 확립하고 구축했다. 규율 건설을 전면적으로 추진하고 기율집행 방식을 혁신했으며, 감독 및 기율집행에서 '4가지 형태를 실천하고 순시감독, 파견감독의 역할을 발휘하여 부패가 만연하는 추세를 철저히 억제함으로써 깨끗하고 정직한 정치 생태계를 조성했다. 전면적인 종엄치당은 새로운 정세에서 당 건설 실천을 위해 강력한 버팀목이 되었다.

(2) 마르크스주의 정당 건설 사상 중국화의 최신 이론 성과

위대한 시대는 위대한 사상을 낳는다. 새로운 위대한 투쟁은 중국공산당에게 새로운 시대에 적응하고 새로운 도전에 맞서 사상을 새롭게 혁신하고, 새로운 이론을 함양하여 새로운 실천을 이끌어 나갈 것을 요구하고 있다. 전면적인 종엄치당에 관한 중요한 논술이 관통하는 사상적 정수는 마르크스주의 과학적 세계관과 방법론이다. 이는 마르크스주의 정당 건설 사상의 기본적인 원리를 구현했고, 중국공산당의 당 통치 사상을 계승 및 발전시켰으며, 새로운 시대 당 건설의 중대한 이론과 현실적인 문제에 대해 명확하게 답변하는 한편 일련의 새로운 사상과 관점, 결론을 제시하고 형성하여 중국 특색 사회주의의 본질을 더욱 심오하게 밝혀냄으로써 새로운 정세에서 당을 관리하고 다스린 역사적인 논리와 이론적 논리, 실천적 논리에 부합했다. 아울러 중국 특색 사회주의 이론 체계를 더욱 더 알차게 했고 발전시켰으며 혁신했다.

전면적인 종엄치당에 관한 중요한 논술은 새로운 정세에서 당 통치와 국가 통치의 관계를 정확하게 처리하는 시대적 과제를 해결하여 국가 거버넌스 체계와 거버넌스 능력 현대화 실현을 위해 사상적 장애물을 없애고, 당의 장기 집권과 국가의 장기적인 안녕, 안정적이고 건전한 발전을 위한 논증적 지침을 제공했다. 마르크스주의에 이론적 기반을 둔 전면적인 종엄치당은 마르크스주의의 입장, 관점, 방법을 운용하여 당을 관리하고 다스리는 과정에서의 현실적인 문제를 해결했다. 전면적인 종엄치당의 실질적인 내용은 새로운 시대 당을 관리하고 다스린 실천의 이론에 대한 개괄과 사상적 표현이다. 전면적인 종엄치당은 중국 특색 사회주의의 내재적인 규정성과 독특한 본질을 반영하며, 마르크스주의 정당 건설 사상을 다양화하고 발전시켰다.

(3) 중국 특색 사회주의 위대한 사업의 근본 보장

중국 특색 사회주의 사업은 중국공산당이 13억이 넘는 인민을 이끌고 현대화를 향해 가는 공전의 위대한 사업이자 중화민족의 위대한 꿈을 실현하고 민족이 위대한 부흥으로 향해 가는 위대한 사업이며, 중국공산당이 인류를 위해 더 크게 기여하겠다는 장엄한 약속을 실현하는 위대한 사업이다. 돌이켜보면 전면적인 종엄치당이 없었더라면 당과 국가가 오늘 같은 훌륭한 국면을 가지기란 불가능했을 것이다. 앞날은 밝지만 길은 순탄치 않다. 부패와의 전쟁이 압도적인 승기를 잡았고, 전면적인 종엄치당이 탁월한 성과를 거두긴 했지만 부패와의 투쟁 형세는 여전히 험난하고 복잡다단한 만큼 전면적인 종엄치당은 여전히 임무가 막중하고 갈 길이 멀다. 전면적인 종엄치당에 관한 시진핑 총서기의 중요한 논술은 당의 지도 강화, 당 건설 강화, 당풍청렴건설, 반부패 투쟁 추진 등 일련의 중대한 문제에서 당원들의 사상과 행동을 통일시켜 방향을 정하고, 인솔하고, 마음과 힘을 결집하는 중차대한 역할을 했다. 시진핑 총서기는 당 전체가 견지해야 할 것과 배격해야 할 것, 인정해야 할 것과 부정해야 할 것, 해야 할 것과 하지 말아야 할 것에 대해 명확하게 규정했다. 이는 마르크스-레닌주의, 마오쩌둥 사상과 중국 특색 사회주의 이론 체계에 대한 신앙을 더욱 확고히 하고, 공산주의의 원대한 이상과 중국 특색 사회주의 공동 이상에 대한 신념을 더욱 확고히 하며, 중국 특색 사회주의 노선에 대한 결심과 신념을 더욱 확고히 하는데 도움이 된다.

전면적인 종엄치당은 당의 장기 집권을 위한 근본적인 요구이자 중화민족의 위대한 부흥을 실현하도록 보장하는 근본이다. 중국공산당이 인민을 단합시키고 인솔하여 위대한 투쟁을 하고, 위대한 사업을 추진하고, 위대한 꿈을 실현하려면 추호의 흔들림 없이 당을 더욱더 강력하게 건설해야 한다. 오직 당을 강력하게 건설해야만 중국공산당이 인민을 단결시켜 이끌면서 큰 도전에 유력하게 대응하고, 큰 리스크를 막아내고, 큰 장애물을 극복하고, 큰 갈등을 해결할 수 있으며, 우위를 확보하고 주도권을 잡고, 미래를 쟁취할 수 있다. 전면적인 종엄치당을 확고하게 심층적으로 추진하려면 '시진핑 신시대 중국 특색 사회주의 사상'을 지도로 하는 것을 일관되게 견지하면서 당 관리 및 통제 관련 분야의 여러 업무를 착실하게 추진해야 한다. 전면적인 종엄치당의 모든 의미는 당의 자체 건설을 잘 추진하는 것을 통해 세계 정세가 심각하게 변화하는 역사적 과정에서 당이 항상 시대의 선두에 서고, 국내외 각종 리스크와 시련에 대응하는 역사적 과정에서 당이 항상 전국 인민의 기둥이 되며, 중국 특색 사회주의를 발전시키는 역사적 과정에서 당이 항상 강력한 리더 핵심이 되도록 하는 데 있다.

18차 당대회 이후 전면적인 종엄치당에서 탁월한 성과를 거두고 새로운 지평을 열 수 있었던 결정적인 계기는 시진핑 총서기를 위시한 당 중앙의 강력한 리더십에 있고, 시진핑 신시대 중국 특색 사회주의 사상의 과학적 지침에 있다. 이는 당과 국가 사업의 발전을 위해 강력한 정치적 버팀목이 되었다. 아울러 전면적인 종엄치당은 영원히 길 위에 있으며, 오직 진행형만 있을 뿐 완성형이 없다는 점을 분명하게 인식해야 한다. 시진핑 총서기는 19차 당대회 구이저우성 대표단 토론에 참석했을 때 당원들에게 엄중히 경고했다. "전면적인 종엄치당의 문제에서 이만하면 됐으니 한 시름 놓고 쉬어야겠다는 생각을 해선 안 되고, 한 번 잘 싸웠다고 해서 한 번 고생으로 영원히 편할 수 있다고 생각해서도 안 되며, 초기 성과를 봤다고 해서 이제 그만 접어야겠다고 생각해서도 안 된다. 꾸준히 지속해 유종의 미를 거두어야 한다. 당 관리와 통제의 나사를 바짝 조여 전면적인 종엄치당의 사고와 조치가 더욱 과학적이고 치밀하며 효과적이 되도록 해야 하고, 전면적인 종엄치당을 심층적으로 발전시켜야 한다."[39] 시진핑 총서기는 19기 중앙기율검사위원회 2차 전체회의 업무보고를 심의하면서 전면적인 종엄치당은 오늘 큰 걸음으로 다시 넘어가는(而今邁步從頭越) 것처럼 초심으로 돌아가 매진하고, 적이 쇠약해지고 아군이 흥성하는 호기를 틈타 적을 추격하여(宜將剩追勇窮寇) 계속해서 적극적이고 진취적인 추세를 형성해 나가야 한다고 지적했다.[40] 성부급 주요 지도간부를 대상으로 하여 '마지노선 사고를 견지해 중대한 리스크를 예방하고 해소하는 데 힘쓰자'를 주제로 열린 세미나반 개강식에서 시진핑 총서기는 "18차 당대회 이후 자아혁명 정신으로 전면적인 종엄치당을 추진해 당내에 존재하는 심각한 우환을 일소하는 등 뚜렷한 성과를 거뒀지만 이것이 이제 두발 쭉 뻗고 잘 수 있다는 것을 의미하는 건 아니다. 당이 직면한 장기 집권, 개혁·개방, 시장 경제, 외부 환경 같은 시련은 장기성과 복잡성을 띠고 있고, 당이 직면

---

39 「시진핑, 19차 당대회의 구이저우성 대표단 토론에 참석하여 연설, '모두가 한 마음으로 진취적으로 개척하여 신시대 중국 특색 사회주의를 발전시키자'」, 인민일보, 2017년 10월 20일, 1면.

40 「반부패 투쟁의 압도적인 승리를 공고히 하고 발전시키자」, 중국기검감찰보, 2019년 2월 25일, 1면.

한 정신적 나태, 능력 부족, 대중 이탈, 소극적 부패 위험은 첨예성과 심각성을 지니고 있다. 이는 실제 상황에 따라 내린 중대한 판단"이라고 엄중히 지적했다.[41]

　　시대는 사상의 어머니이고, 실천은 이론의 원천이다. 전면적인 종엄치당의 위대한 실천은 마르크스주의 집권 정당 건설에 대한 우리의 인식을 심화시켰다. 전면적인 종엄치당이 이룩한 실천적 성과와 이론적 성과는 장기적으로 견지하고 끊임없이 공고히 하면서 발전시켜 나가야 한다. 전면적인 종엄치당은 중국공산당이 장기 집권하고, 당 전체와 민족, 인민을 단합시키고 인솔하여 중화 민족의 위대한 부흥의 역사 과정을 실현하는 과정에서 늘 함께 할 것이며, 중국 인민의 위대한 꿈을 실은 중국호(號)가 격랑을 헤치고 전진해 찬란한 승리의 피안을 향해 가도록 이끌 것이다. 시진핑 총서기의 전면적인 종엄치당에 관한 중요한 논술은 실천 과정에서 부단히 심화하고 승화하여 당을 관리하고 당을 다스리는 데 시종일관 강력한 사상적 뒷받침이 되고, 중화민족의 위대한 부흥을 위한 정신적 힘의 원천이 될 것이다.

41　「시진핑, 성부급 주요 지도간부의 '마지노선 사고를 견지해 중대한 리스크를 예방하고 해소하는 데 힘쓰자'를 주제로 열린 세미나 개강식에서 중요 연설 발표, '예방·통제 능력을 높여 중대한 위험을 예방하고 해결하는 데 힘써 지속적이고 건강한 경제 발전 및 사회 안정 유지해야'」, 인민일보, 2019년 1월 22일, 1면.

마르크스주의 중요 저서 및 중국 국가 지도자 저서

『마르크스엥겔스선집(1-4권)』, 인민출판사, 2012년판.

『레닌선집(1-4권)』, 인민출판사, 2012년판.

『마오쩌둥선집(1-4권)』, 인민출판사, 1991년판.

『덩샤오핑문선』, 제1권, 인민출판사, 1994년판.

『덩샤오핑문선』, 제2권, 인민출판사, 1994년판.

『덩샤오핑문선』, 제3권, 인민출판사, 1993년판.

『장쩌민문선(1-3권)』, 인민출판사, 2006년판.

『후진타오문선(1-3권)』, 인민출판사, 2016년판.

『시진핑 국정운영을 논하다』, 외문출판사, 2014년판.

『시진핑 국정운영을 논하다(제2권)』, 외문출판사, 2017년판.

시진핑, 『빈곤에서 벗어나자』, 푸젠인민출판사, 1992년판.

시진핑, 『지강신어』, 저장인민출판사, 2007년판.

시진핑, 『실제적으로 일하고 앞장서 나아가자-저장의 새로운 발전을 추진할데 대한 사고 및 그 실천』, 중공중앙당교출판사, 2013년판.

시진핑, 『깊은 이해, 절박한 사랑』, 허베이인민출판사, 2015년판.

시진핑, 『자오위루(焦裕祿)와 같은 현위원회서기가 되자』, 중앙문헌출판사, 2015년판.

시진핑, 『인류운명공동체 구축 추진 논함』, 중앙문헌출판사, 2018년판.

시진핑, 『전면적인 개혁심화 논함』, 중앙문헌출판사, 2018년판.

　　전면적인 종엄치당에는 마침표가 없다

전문 저서 및 문집

『시진핑, 중화민족의 위대한 부흥이라는 중국의 꿈을 실현할데 관한 논술모음집』, 중앙
　　　문헌출판사, 2013년판.

『시진핑, 당의 대중노선 교육실천활동 관련 논술모음집』, 중앙문헌출판사, 당건서적출
　　　판사, 2014년판.

『시진핑, 전면적인 개혁심화 관련 논술모음집』, 중앙문헌출판사, 2014년판.

『시진핑, 당풍청렴건설과 반부패 투쟁 관련 논술 모음집』, 중앙문헌출판사, 중국방정출
　　　판사, 2015년판.

『시진핑, 전면적인 의법치국 관련 논술모음집』, 중앙문헌출판사, 2015년판.

『시진핑, '4가지 전면'의 전략적 배치를 조화롭게 추진하자는 것과 관련한 논술 모음
　　　집』, 중앙문헌출판사, 2015년판.

『시진핑, 엄격한 당의 기율과 규칙 관련 논술모음집』, 중앙문헌출판사, 중국방정출판
　　　사, 2016년판.

『시진핑, 샤오캉사회의 전면적인 실현 관련 논술모음집』, 중앙문헌출판사, 2016년판.

『시진핑, 전면적인 종엄치당 관련 논술모음집』, 중앙문헌출판사, 2016년판.

『시진핑총서기의 일련의 중요 연설책자(2016년판)』, 학습출판사, 인민출판사, 2016년판.

『시진핑, 사회주의 정치건설 관련 논술모음집』, 중앙문헌출판사, 2017년판.

『시진핑, 사회주의 문화건설 관련 논술모음집』, 중앙문헌출판사, 2017년판.

『시진핑, 20개국 지도자 항주 정상회의 연설선집』, 외문출판사, 2017년판.

『시진핑, '일대일로'국제협력 정상포럼에서의 중요 연설』, 외문출판사, 201년판.

『시진핑, 7년간의 지식청년 세월』, 중공중앙당교출판사, 2017년판.

『시진핑 신시대 중국 특색 사회주의 사상 30강』, 학습출판사, 2018년판.

『시진핑, '일대일로'에 대하여』, 중앙문헌출판사, 2018년판.

『시진핑, 빈곤구제 관련 논술모음집』, 중앙문헌출판사, 2018년판.

『시진핑, 정딩(正定)에서』, 중공중앙당교출판사, 2019년판.

『쇠를 벼리려면 자신부터 단단해야 한다』, 중국방정출판사, 2017년판.

『19차 당대회 업무보고 지도책자』, 인민출판사, 2017년판.

『19차 당대회의 전면적인 종엄치당 정신 관련 12강』, 중국방정출판사, 2018년판.

『「새로운 정세하의 당내정치생활의 몇가지 준칙」, 「중국공산당 당내감독조례」지도책
　　자』, 인민출판사, 2016년판.

『19기 중앙기율위원회 3차 전체회의 정신 관철실시 관련 8강』, 중국방정출판사, 2019
　　년판.

『적색수배』, 중국방정출판사, 2019년판.

『감독과 기율 집행에서의 기초 법칙(제5판)』, 중국방정출판사, 2019년판.

『시진핑총서기의 '7·26'중요연설 정신 학습 및 관철을 논함』, 인민출판사, 2017년판.

『시진핑총서기의 '1·5'중요연설 학습 및 관철을 논함』, 인민출판사, 2018년판.

『전면적인 종엄치당에 대하여』, 학습출판사, 인민출판사, 2017년판.

『5년간의 전면적인 종엄치당-18차 당대회이래 당건설과 조직업무 성과 및 경험』, 당건
　　도서출판사, 2018년판.

『19기 중앙기율위원회 2차 전체회의 정신을 깊이 학습하자』, 인민출판사, 2018년판.

『19기 중앙기율위원회 3차 전체회의 정신을 깊이 학습하자』, 인민출판사, 2019년판.

『18차 당대회 이래의 중요문헌선집(상)』, 중앙문헌출판사, 2014년판.

『18차 당대회 이래의 중요문헌선집(하)』, 중앙문헌출판사, 2018년판.

『18차 당대회 이래의 중요문헌선집(중)』, 중앙문헌출판사, 2016년판.

『18기 중앙기율위원회 역대 전체회의 문건자료모음집』, 중국방정출판사, 2017년판.

『11기 3중 전체회의 이래의 역대 당대회, 중앙전체회의 보고, 공보, 결의, 결정(상, 하
　　책)』, 중국방정출판사, 2008년판.

『신시대에 관하여』, 학습출판사, 인민출판사, 2018년판.

『학습, 사고, 실천, 터득』, 중국방정출판사, 2017년판.

『시진핑동지의 당건설에 관한 중요한 논술을 학습하자(개정본)』, 당건서적출판사, 2016
　　년판.

『순시이검(巡視利劍)』, 인민출판사, 중국방정출판사, 2017년판.

『시진핑동지를 핵심으로 하는 당중앙의 새로운 국정운영 이념, 사상, 전략』, 인민출판사, 2017년판.

『시진핑 신시대 중국 특색 사회주의 사상을 지침으로 삼아 19차 당대회의 전면적인 종엄치당 전략과 포치를 확고부동하게 실시하자-중국공산당 19기 중앙기율검사위원회 2차 전체회의 특집』, 중국방정출판사, 2018년판.

『마침표가 없다』, 중국방정출판사, 2016년판.

『「당과 국가기구 개혁을 심화할 데 관한 중공중앙의 결정」, 「당과 국가기구 개혁에 관한 심화방안」지도책자』, 인민출판사, 2019년판.

『중국공산당의 90년』, 중공당사출판사, 당건서적출판사, 2016년판.

『19차 당대회 문건모음집』, 인민출판사, 2017년판.

『중앙당내법규와 규범성 문건 모음집(1949년 10월-2016년 12월)(상하권)』, 법률출판사, 2017년판.

간행물

시진핑, 『당 19기 1중 전체회의에서의 연설』(2017년 10월 25일), 구시, 2018년 1호.

시진핑, 『전국조직업무회의에서의 연설』(2018년7월 3일), 당건연구, 2018년 9호

시진핑, 『충성스럽고 깨끗하며 책임을 감당할 수 있는 자질이 뛰어난 간부 양성에 힘쓰자』, 구시, 2019년 2호.

시진핑, 『당의 전면적인 법치에 대한 지도를 강화하자』, 구시, 2019년 4호.

시진핑, 『새로운 출발점에서 국가감찰체제 개혁을 심화하자』, 구시, 2019년 5호.

신문

『시진핑, 19기 중공중앙정치국 상무위원회와 내외신기자회견시 '신시대에는 새로운 기상으로 새로운 성과를 내야 하고 중국인민의 생활은 나날이 더 좋아질 것'을 강조』, 인민일보, 2017년 10월 26일, 2면.

『시진핑, 중국공산당 제1차 전국대표대회 회의 개최지 참배시 '당의 분투력사를 늘 가슴에 새기고 항상 초심을 잊지 말고 숭고한 사명감을 가지고 뜻을 이어 영원히 분투하자'를 강조』, 인민일보, 2017년 11월 1일, 1면.

시진핑, 『보다 아름다운 세계를 함께 건설하자-중국공산당과 세계정당 고위층대화회의에서의 기조연설』, (2017년 12월 1일), 인민일보, 2017년 12월 2일, 2면.

『시진핑, '4풍' 척결은 멈출 수 없으며 기풍 확립은 마침표가 없다고 최근 중요지시에서 강조』, 인민일보, 2017년 12월 12일, 1면.

『시진핑 신시대 중국 특색 사회주의 사상에 대한 착실한 학습과 관철, 시진핑동지를 핵심으로 하는 당중앙의 권위와 집중적인 통일 지도에 대한 견결한 수호, 19차 당대회의 제반 정책결정과 배치에 대한 전면적인 관철실시 상황을 주제로 중공중앙정치국 민주생활회의에서 대조검사 진행』, 인민일보, 2017년 12월 27일, 1면.

『중공중앙정치국회의에서 19기 2중 전체회의를 열어 당풍청렴건설과 반부패업무를 연구 배치하기로 결정』, 인민일보, 2017년 12월 28일, 1면.

『시진핑, 19차당대회정신학습및관철세미나 개강식에서 중요 연설 발표, '시간은 흐르면 없어지기 때문에 분초를 다투어 업무에 열중하고 신시대 중국 특색 사회주의 사업의 새로운 국면을 열어나가자'를 강조』, 인민일보, 2018년 1월 6일, 1면.

시진핑, 『마르크스 탄생 200주년 기념식에서의 연설』, (2018월 5월 4일), 인민일보, 2018월 5월 5일, 2면.

『시진핑, 중공중앙정치국 제6차 집단학습에서 '당의 정치건설을 당의 근본적인 건설로 삼아 당이 승리에서 승리를 향해 나아가는데 중요한 보장을 제공하자'를 강조』, 인민일보, 2018년 7월 1일, 1면.

『시진핑, 중앙과 국가기관의 당 정치건설을 추진할 데 대한 특별지시에서 당중앙의 권위와 집중적이고 통일적인 지도를 수호하는데 앞장서서 당중앙을 안심시키고 인민을 만족하게 하는 모범기관을 건설해야 한다고 강조』, 인민일보, 2018년 7월 13일, 1면.

『시진핑, 전국사상홍보업무회의에서 기치를 세우고 민심을 모으고 신인을 양성하고 문화를 발전시키고 이미지를 수립하여 새 정세하에서 사상홍보사업과 관련한 사명임무를 더욱 잘 완수할 것을 강조』, 인민일보, 2018년 8월 23일, 1면.

『중공중앙정치국회의에서 「중국공산당 지부업무조례(시행)」와 「2018-2022년 전국간부

전면적인 종엄치당에는 마침표가 없다

교육양성계획」을 심의, 중공중앙 총서기 시진핑 회의 주재』, 인민일보, 2018
년 9월 22일, 1면.

『시진핑은 전국 당위원회 비서장회의에 중요한 지시를 내리고 당중앙의 권위와 집중
적인 통일 지도를 결연히 수호하고 당중앙의 정책결정과 배치에 대한 관철집
행을 전폭적으로 추진할 것을 강조』, 인민일보, 2018년 10월 21일, 1면.

『중공중앙 「중국공산당 지부업무조례(시행)」 발표』, 인민일보, 2018년 11월 26일, 1면.

『중공중앙정치국회의에서 「중국공산당 농촌조직업무조례」와 「중국공산당 기율검사기
관 감독 및 기율집행 업무 규칙」을 심의, 중공중앙 총서기 시진핑 회의 주재』,
인민일보, 2018년 11월 27일, 1면.

『중공중앙정치국회의에서 2019년 경제업무를 분석연구, 당풍청렴건설과 반부척결 업
무 연구배치, 시진핑 총서기 회의 주재』, 인민일보, 2018년 12월 14일, 1면.

『'4가지 의식'을 수립하고 '4가지 자신감'을 확고히 하고 '2가지 수호'를 결연히 진행하
고 과감하게 책임지고 무실역행의 자세로 당중앙의 정책결정과 배치를 실행
할 것을 중공중앙정치국 민주생활회의에서 강조, 중공중앙 총서기 시진핑 회
의 주재 및 중요 연설 발표』, 인민일보, 2018년 12월 27일, 1면.

『시진핑, 19기 중앙기율검사위원회 3차 전체회의에서 중요 연설 발표, '전면적 종엄치
당에서 더욱 큰 전략적 성과 쟁취해 반부패 투쟁의 압도적인 승리를 공고히
하고 발전시켜야'를 강조』, 인민일보, 2019년 1월 12일, 1면.

『중공중앙정치국회의에서 「전국인대상무위원회, 국무원, 전국정협, 최고인민법원, 최
고인민검찰원 당조의 업무보고와 중앙서기처 업무보고를 청취하고 검토한
중공중앙정치국 상무위원회의 종합상황보고」, 「당의 정치건설을 강화할데
관한 중공중앙의 의견」, 「중국공산당 중대사항 지시요청조례」, 「당정지도간
부 선발 및 임용 업무조례」 심의, 중공중앙 총서기 시진핑 회의주재』, 인민일
보, 2019년 1월 26일, 1면.

찾아보기

전면적인 종엄치당에는 마침표가 없다

전면적인 종엄치당에는 마침표가 없다

　　18차 당대회 이후, 국정운영에 대한 당 중앙의 새로운 이념과 사상 및 전략 연구를 위해 국가사회 과학기금은 '시진핑 국정운영에 대한 새로운 사상 연구'(승인번호:16ZZD001) 특별 프로젝트를 추진했습니다. 이 책은 프로젝트 연구성과 중 하나로서 전국철학 사회과학사업 판공실의 비준하에 시진핑 신시대 중국 특색 사회주의 사상에 대한 학습과 터득을 바탕으로 하여 이루어진 성과물입니다. 이 책은 19차 당대회 정 신을 지침으로 삼아 18차 당대회 이후에 시진핑 총서 기가 제기한 당 관리와 다스림에 있어 중대한 이론 관 점과 논술을 체계적으로 정리하였으며 전면적인 종엄 치당의 중요한 의의, 지위와 역할, 방침과 원칙, 정세 와 임무, 내포와 구상, 제도와 메커니즘, 방식과 방법, 경로와 조치, 기본법칙 등에 대하여 체계적으로 총화 하고 이론적으로 서술하였습니다.

　　이 프로젝트는 중앙기율검사위원회에서 파견한 중국사회과학원 기율검사팀 원 팀장이며 중국사회과 학원 원 당조 구성원인 장잉웨이(張英偉)가 팀장을 맡 았고, 부팀장은 중앙기율위원회 국가감찰위원회에서 파견한 중국사회과학원 기율검사감찰팀 부팀장 궁모 우훙(公茂虹)이 담당했습니다. 중국사회과학원 당대중 국연구소 연구원 숭웨훙(宋月紅), 중국사회과학평가 연구원의 연구원 우버(吳波), 정치학연구소 연구원 톈

가웨이(田改偉)가 프로젝트의 초기 연구에 참여하고 궁모우홍(公茂虹), 우버(吳波), 후난양(胡楠陽), 이밍(李明), 안산(安山)이 집필에 참여했습니다. 이 책은 궁모우홍이 집필하고 수정하고 통일하고 장잉웨이가 심사하고 검수했습니다. 중앙기율검사위원회 국가 감찰위원회에서 파견한 중국사회과학원 기율검사감찰팀 부팀장 후웨성(胡樂生)이 관련 토론에 참여하고 수정의견을 제기했습니다. 중공중앙선전부 사상정치사업연구소 소장 류한쥔(劉漢俊), 중국사회과학원 학부위원이며 법학연구소 전임 소장 리린(李林), 중국사회과학원 중국역사연구원 역사이론연구소 당위원회 서기이며 소장인 샤춘토우(夏春濤), 중국사회과학잡지사 부총편이며 중국사회과학넷 총편 루원둥(羅文東), 중국사회과학원 정보연구원 기율위원회 서기이며 부원장인 신상양(辛向陽), 상해대학 교수 순웨이핑(孫偉平)이 소중한 의견을 내놓았습니다. 중국사회과학출판사 사장 조우젠잉(趙劍英), 편집장 보조 왕인(王茵), 편집 왕치(王琪)등이 이 책의 출판을 위하여 많은 심혈을 기울였으며 각별한 중시를 해주었습니다. 이 책의 편찬에 지지와 도움을 준 단위와 여러분에게 진심으로 감사를 드립니다.

집필진의 능력 한계로 인해 미흡한 부분이 있을 수 있습니다. 독자 여러분들의 지도편달을 부탁드립니다.

집필진
2019년 3월

지은이 소개

장잉웨이(張英偉) 중앙기율검사위원회에서 파견한 중국사회과학원 기율검사팀 전임 팀장, 중국사회과학원 전임 당조 구성원, 전국 당건연구회 부회장. 중국사상정치업무연구회 부회장, 중앙문명판공실 미성년자사상도덕건설 업무팀 팀장, 중국공산당 중앙선전부판공실 부주임 겸 기관서비스센터 주임, 중공중앙 선전부 부비서장 겸 전국선전간부학원 상무부원장, 당위서기. 『인민일보』, 『광명일보』, 『중국기율검사감찰보』, 『구시』, 『중국기율검사감찰』에 『기율건설을 논함』, 『전면적인 종엄치당 중대 조치』, 『기율검사위원회 정치적 직책을 실제적으로 수행하자』, 『당내감독강화에서는 몇가지 관계를 잘 처리해야 한다』, 『과학연구단위 당풍청렴화 건설 강화에 관한 사고』 등 문장 발표. 『당규약의 기율』, 『중국 부패척결 청렴화창도 건설 보고No.5』, 『중국 부패척결 청렴화창도 건설 보고No.6』 주필.

궁모우훙(公茂虹)

옮긴이 소개

김선녀(金善女) 베이징대학 석사학위 취득.(2008년)
현재 중앙민족언어번역국 부교수.

왕맹(王萌) 베이징대학 박사학위 취득.(2020년)
현재 천진사범대학 강사.

시진핑 신시대 중국 특색 사회주의 사상 학습 총서

전면적인 종엄치당에는 마침표가 없다
全面從嚴治黨永遠在路上

초판1쇄 인쇄 2021년 12월 10일
초판1쇄 발행 2021년 12월 20일

지은이 　장잉웨이張英偉 궁모우훙公茂虹
옮긴이 　김선녀金善女 왕맹王萌
펴낸이 　이대현
편집 　이태곤 권분옥 문선희 임애정 강윤경
디자인 　안혜진 최선주 이경진
마케팅 　박태훈 안현진

펴낸곳 　도서출판 역락
출판등록 　1999년 4월 19일 제303-2002-000014호
주소 　서울시 서초구 동광로 46길 6-6 문창빌딩 2층 (우06589)
전화 　02-3409-2060
팩스 　02-3409-2059
홈페이지 　www.youkrackbooks.com
이메일 　youkrack@hanmail.net

ISBN 979-11-6742-045-9 94300
　　　979-11-6742-041-1 94300(세트)